城中年鉴

CHENGZHONG YEARBOOK

2018

柳州市城中区地方志编纂委员会　编

方志出版社
Publishing House of Local Records

图书在版编目（CIP）数据

城中年鉴．2018 / 柳州市城中区地方志编纂委员会编．-- 北京 ：方志出版社，2018.12
ISBN 978-7-5144-3677-8

Ⅰ．①城… Ⅱ．①柳… Ⅲ．①区（城市）—柳州—2018—年鉴 Ⅳ．① Z526.74

中国版本图书馆 CIP 数据核字(2019)第 034158 号

城中年鉴（2018）

编　　者：柳州市城中区地方志编纂委员会
责任编辑：黄　彦

出 版 人：冀祥德
出 版 者：方志出版社
地址　北京市朝阳区潘家园东里 9 号（国家方志馆 4 层）
邮编　100021
网址　http://www.fzph.org
发　　行：方志出版社发行中心
电话（010）67110500
经　　销：各地新华书店
装帧设计：南宁市佳彩广告设计有限公司
印　　刷：深圳市精一瑞兰印刷有限公司

开　　本：889 ×1194　　1/16
印　　张：25
字　　数：675 千字
版　　次：2018 年 12 月第 1 版　　2018 年 12 月第 1 次印刷
印　　数：001 ～ 600 册

ISBN　978-7-5144-3677-8　　定价：180.00 元

柳州市地图

比例尺 1:904 000

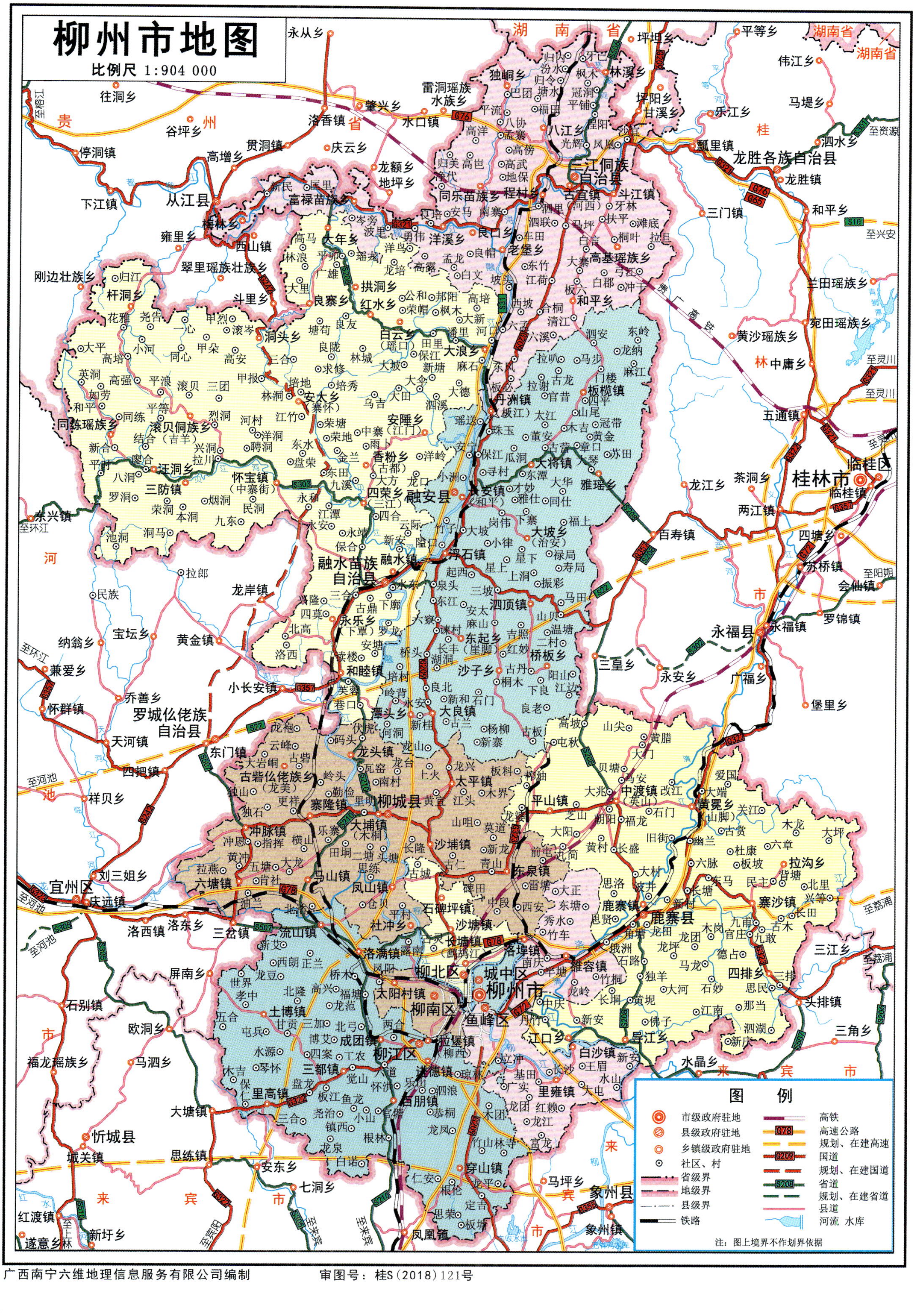

广西南宁六维地理信息服务有限公司编制　　审图号：桂S（2018）121号

柳州市城中区地图

比例尺 1:84200

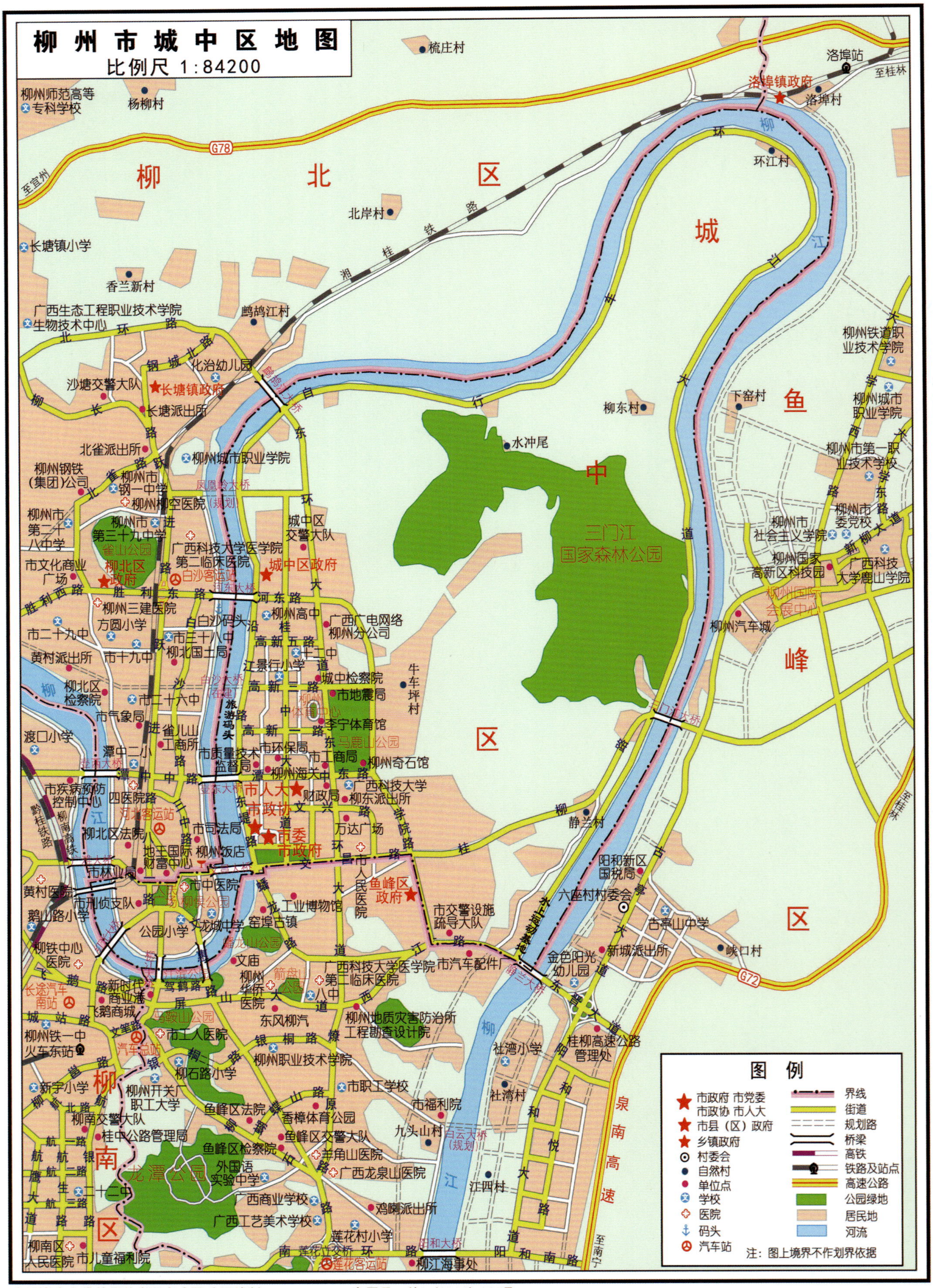

广西南宁六维地理信息服务有限公司编制　　　　审图号：桂S（2018）122号

年度掠影

数字城中 2017

SHUZI CHENGZHONG

◎ 行政区域面积：77.56平方公里
◎ 街道办事处：7个
◎ 村民委员会：6个
◎ 社区居民委员会：27个
◎ 常住人口：17.39万人
◎ 户籍人口：16.28万人
◎ 人口自然增长率：8.48‰
◎ 城镇化率：99.23%
◎ 耕地面积：347.9公顷
◎ 园地面积：683.14公顷
◎ 林地面积：2577.39公顷
◎ 草地面积：47.29公顷
◎ 城中村及工矿用地面积：2551.99公顷
◎ 交通运输用地面积：344.94公顷
◎ 水域及水利设施用地面积：927.76公顷
◎ 其他土地面积：224.47公顷
◎ 地区生产总值：280.83亿元
◎ 农林牧渔总产值：1.8亿元
◎ 全部工业总产值（全口径）：110.36亿元
◎ 规模以上工业总产值：7.83亿元
◎ 招商引资在建项目：26个
◎ 实际利用外资：6660万美元

- 规模以上工业企业：14家
- 个体工商户：1.14万户
- 私营企业：6232户
- 财政收入：26.48亿元
- 公共财政预算收入：5.98亿元
- 公共财政预算支出：7.5亿元
- 全社会固定资产投资：243.05亿元
- 社会消费品零售总额：179.21亿元
- 粮食总产量：1104吨
- 蔬菜总产量：9506吨
- 水果总产量：688吨
- 肉类总产量：2089吨
- 水产品总产量：327吨
- 城镇居民人均可支配收入：39978元
- 农村居民人均纯收入：20675元
- 大中专院校：1所
- 普通高中：2所
- 普通中学：6所
- 小学：16所
- 幼儿园：22所

滨水大道“风雨桥”　杨庆玲　摄

领 导 调 研

①

②

③

④

⑧

⑤

⑨

⑥

⑦

①2017年11月3日，自治区党委副书记孙大伟（前右二）视察美丽乡村　　区委宣传部　提供

②2017年5月25日，自治区党委常委、宣传部部长范晓莉（右一）一行在市委书记郑俊康（右二）、城中区区长李柳彬（左一）等领导陪同下，详细查看和现场了解柳江文化带水上救援等志愿服务活动开展情况　　区委宣传部　提供

③2017年12月8日，市委书记郑俊康（左四）到牛车坪村调研　　区委宣传部　提供

④2017年1月24日，市长吴炜（右三）带队到城中区检查安全生产工作　　区委宣传部　提供

⑤2017年6月6日，区委书记金忠在公园街道办调研　　区委宣传部　提供

⑥2017年11月13日,城中区人大常委会主任曾明（右二）到区人民检察院调研　　区人大　提供

⑦2017年7月31日，区政协主席李梅（左一）到滨水大道调研基础设施　　《品质城中》编辑部　提供

⑧2017年11月16日，市委副书记梁旭辉（右二）到城中区调研　　《品质城中》编辑部　提供

⑨2017年9月15日,区长李柳彬（右三）检查老年中心　　区委宣传部　提供

经 济 视 角

①

②

③

① 12月21日，城中区委、区政府与广西科技大学、柳州市万达广场投资有限公司三方联合签约，城中区科技信息产业园正式落户万达中心广场　区委宣传部　提供

② 2017年8月18日，城中区举办“环江村第六届龙眼节”　环江村　提供

③ 城中区2017年一季度重大民生项目集中开竣工仪式　区委宣传部　提供

④ 2017年6月7日，城中区政府举办“柳州市城中区创新创业大赛”　区委宣传部　提供

⑤ 2017年8月30日，区委书记金忠（右四）率队考察碧桂园项目　区委宣传部　提供

⑥ 2017年9月5日，城中区政府召开“莲花山核心保护区用地协调会”　区委宣传部　提供

⑦ 2017年新建成的柳州市儿童医院、柳州市妇女医院　区委宣传部　提供

⑧ 柳州港鹿寨港区江口作业区一期工程　柳州港航管理处　提供

精　神　文　明

①

②

③

① 2017年4月21日，城中区举行首届“感动城中”2016年度人物颁奖典礼 区委宣传部 提供

② 在金沙角五月花书吧举办“与阅读大使相约柳江文化带”阅读分享活动 区委宣传部 提供

③ 2017年7页21日，柳州市海事局表彰6位“爱岗敬业、奉献社会”道德标兵 区文明办 提供

④ 2017年1月，城中区人民检察院首批入额检察官合影 城中区检察院 提供

⑤ 2017年3月1日，城中区总工会举办“中国画欣赏与坚持文化自信”讲座 区总工会 提供

⑥ 2017年9月10日，城中区在柳州火车站举行欢送新兵入伍仪式 区委宣传部 提供

⑦ 城中区第二届教育科研成果评比颁奖仪式 区教育局 提供

④

⑤

⑥

⑦

管理透视

①

②

③

① 2017年10月31日，景行小学教育集团排练的小同学们与前来视察的城中区领导合影　区委办　提供

② 2017年12月18日，柳州市机关幼儿园一分园正式开学

区委宣传部　提供

③ 2017年5月10日，城中区组织市场建设经验交流现场会

区委宣传部　提供

④ 2017年2月17日，城中区妇联、人社局承办“柳州市2017年‘春风行动’女性专场招聘会暨就业技能展示活动”　区委宣传部　提供

⑤ 2017年3月23日，城中区召开环江滨水大道管理工作阶段性总结会

区委宣传部　提供

⑥ 2017年3月24日，城中区食品药品监督管理局开展食品药品安全宣传　区委宣传部　提供

⑦ 城中区安心姬养中心

区委宣传部　提供

④

⑤

⑥

⑦

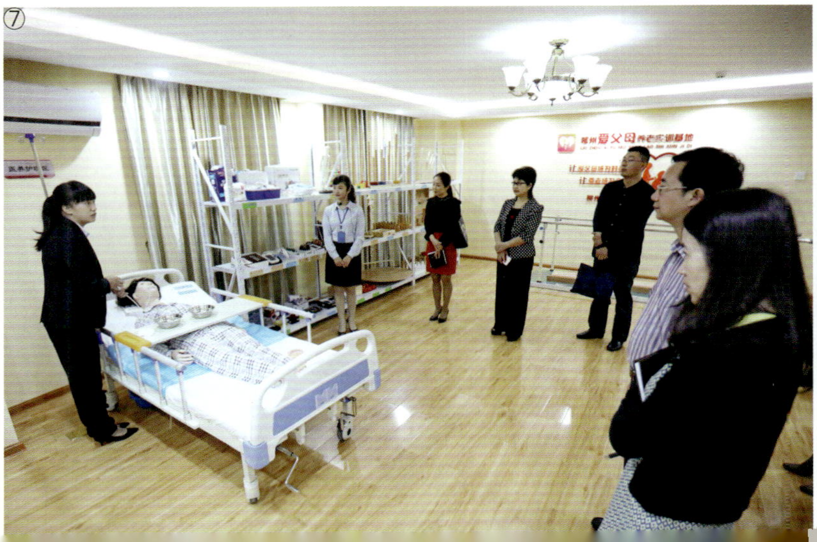

文 化 掠 影

①

②

③

① 2017年11月，柳州市首届三角花展在市人民广场举办	周秀妹	摄
② 城中区风情港时光影院	区委宣传部	提供
③ 2017年5月26日，创文明城市象棋大赛	区委宣传部	提供
④ 2017年4月20日，柳州市龙城中学组织“世界读书日”活动	区委宣传部	提供
⑤ 英姿飒爽的广场舞	周秀妹	摄
⑥ 柳州市第十二中学学生军训	区委宣传部	提供

④

⑤

⑥

社　会　聚　焦

①

③

②

①2017年1月3日城中区举行迎新年升国旗仪式　区委宣传部　提供
②2017年7月12日，柳州市中医院到社区义诊服务　区委宣传部　提供
③2017年5月26日，城中区开展志愿者服务活动　区委宣传部　提供
④2017年12月14日，城中区律师化解矛盾纠纷人民调解委员会成立　区司法局　提供
⑤2017年10月14日，城中区文明委主办“童心向党·喜迎十九大”未成年人素质教育成果展演　区委宣传部　提供

④

⑤

旅 游 动 态

①

②

① 柳侯公园　《品质城中》编辑部　提供
② 2017年10月，水上狂欢节之一——水上“叠罗汉”　《品质城中》编辑部　提供
③ 2017年10月，水上摩托艇赛　《品质城中》编辑部　提供
④ 射弩比赛　区委宣传部　提供
⑤ 2017年环广西公路自行车世界巡回赛　周秀妹　摄
⑥ 摄影迷　区委宣传部　提供

旅 游 动 态

① 2017年10月，水上摩托艇比赛　　周秀妹　摄
② 城中区环江滨水大道　　区委宣传部　提供
③ 2017年8月1日，城中区建成柳州市首家美丽乡愁木工馆　　区委办《大事记》　提供
④ 环广西公路自行车世界巡回赛　　区委宣传部　提供
⑤ 文惠桥　　《品质城中》编辑部　提供

②

③

④

⑤

城中风光

①

②

③

① 姹紫嫣红　　周秀妹　摄
② 紫荆花映——妇幼保健院
周秀妹　摄
③ 柳州市人民广场
区委宣传部　提供
④ 远眺华灯初放的城中区
《品质城中》编辑部　提供
⑤ 2017年“重阳节”，城中区组织老年人乡村游
区委宣传部　提供
⑥ 夏日柳江上惬意时光
周秀妹　摄

① 乡村篮球啦啦队　　区委宣传部　提供

② 美丽乡村——雷村屯　　区委宣传部　提供

③ 星光梦幻　　周秀妹　摄

④ 2017年4月1日，铁人三项比赛　　《品质城中》编辑部　提供

⑤ 梦幻　　周秀妹　摄

⑥ 粉黛桃花　　周秀妹　摄

城 中 风 光

④

⑤

⑥

编辑说明

一、以马克思列宁主义、毛泽东思想、邓小平理论、“三个代表”重要思想、科学发展观、习近平新时代中国特色社会主义思想为指导，坚持辩证唯物主义和历史唯物主义的立场、观点和方法。

二、《城中年鉴(2018)》卷是由中共柳州市城中区委员会、柳州市城中区人民政府组织编纂的第三部综合性年刊。是系统记述城中区2017年自然、政治、经济、文化和社会等方面情况的年度资料性文献，旨在为领导决策提供及时可靠的信息服务，为社会各界、海外人士了解和研究城中区提供较全面的资料，同时也为今后续修地方志积累历史资料。《城中年鉴(2018)》卷的编纂遵循严谨科学、全面系统的原则，力求做到资料翔实、行文规范，突出行业性、资料性和实用性。

三、《城中年鉴(2018)》卷记载的是城中区2017年发生的事情。设有概况、年度关注、中共城中区委员会、城中区人民代表大会、城中区人民政府、政协城中区委员会、民主党派和工商联、社会团体、法治、国防建设、农林牧渔业、工业与信息化、信息业、商贸服务业、旅游业、交通·邮政、财税·金融、建设·环保、经济行政管理、人力资源·社会保障·民政、教育·科技、文化·体育·卫生计生、社会生活、街道(办事处)概况、集体荣誉·先进人物、大事记、特载、调研报告、文件选编等29个类目，类目之下设有分目，部分分目下还设有次分目。机构、企事业单位等排序和层次一般不表示其地位和规模。

四、本年鉴资料来源于城中区机关各部门(街道办事处)、驻辖区各企事业单位，文稿经供稿单位领导审核盖章。编辑工作由《城中年鉴》编辑部完成，部分条目由编辑部按提供的材料增设。内文中的“区”，非未冠以行政区划专名的，均为城中区。

五、本年鉴凡涉及城中区国民经济和社会发展全局性数据以城中区统计局提供的统计数据为准；统计局未作统计的，由各单位、部门提供并核实载入，少数资料来源和统计口径不尽一致，数值也不尽相同。

六、为便于读者查阅，本年鉴配备双重检索系统，卷首设有中文目录和英文目录，卷末设有索引。

七、本年鉴是城中区人民政府自2018年5月出版发行《城中年鉴(2017)》后编纂出版的第四部年鉴，所采用的照片为2017年的照片。

《城中年鉴》编纂委员会

《城中年鉴（2018）》编辑部

《城中年鉴（2018）》编写组

（按文稿刊载先后顺序排列）

中共城中区委办公室
城中区人大常委会办公室
城中区人民政府办公室
政协城中区委员会办公室
城中区地方志编纂委员会办公室
柳州市气象局
柳州市水文水资源局
中共城中区委组织部
《品质城中》编辑部
城中区精神文明建设委员会办公室
城中区“美丽城中”乡村建设领导小组办公室
中共城中区委宣传部
城中区关心下一代工作委员会
中共城中区委政法委员会
城中区社会治安综合治理委员会办公室
中共城中区委统战部
中共城中区纪律检查委员会
城中区监察局
城中区机构编制委员会办公室
城中区信访办
城中区直属机关工作委员会
城中区法制办公室
城中区政务服务中心
城中区绩效考评领导小组办公室
城中区机关后勤服务中心
中国国民党革命委员会柳州市委员会
中国民主同盟柳州市委员会
中国民主建国会柳州市委员会
中国民主促进会柳州市委员会
中国农工民主党柳州市委员会
中国致公党柳州市委员会
九三学社柳州市委员会
城中区工商业联合会
城中区总工会
共青团城中区委员会
城中区妇女联合会
城中区科学技术协会
城中区残疾人联合会
城中区红十字会
城中区社会科学界联合会
城中区人民法院
城中区人民检察院
柳州市公安局城中分局
城中公安消防大队
柳州市交警支队城中大队
城中区司法局
城中区人民武装部
城中区人民防空办公室
城中区农林水利局
城中区水产畜牧兽医局
城中区工业和信息化局
中国移动通信柳州城中分公司
中国电信柳州城中区分公司
中国联通柳州城中分公司
城中区商务局
城中区投资促进局
柳州市旅游局
柳州市交通局
柳州市港口航道事务管理局
柳州市恒达巴士股份有限公司

广西邮政公司柳州分公司
城中区财政局
城中区国家税务局
城中区地方税务局
柳州银监分局
交通银行柳州分行
中国银行柳州分行
农业银行柳州城中支行
农业银行柳州立新支行
工商银行柳州龙城支行
柳州市区农村信用合作联社
柳州银行股份有限公司
邮政储蓄银行柳州市分行
兴业银行股份有限公司柳州支行
中信银行股份有限公司柳州分行
招商银行股份有限公司柳州分行
上海浦东发展银行股份有限公司柳州分行
光大银行柳州分行
桂林银行柳州分行营业部
柳州市保险协会
中国人寿保险股份有限公司柳州分公司
中国平安人寿保险股份有限公司柳州中心支公司
华安保险股份有限公司柳州中心支公司
天安保险股份有限公司柳州中心支公司
西部证券柳州海关路营业部
招商证券柳州解放北路营业部
申万宏源证券柳州东环大道营业部
大通证券柳州中山东路营业部
海通证券柳州桂中大道营业部
银河证券柳州友谊路营业部
柳州市规划局城中分局
城中区住房和城乡建设局
城中区城市管理行政执法局
城中区征地拆迁办公室
城中区环境卫生管理所
城中区园林绿化管理所
柳州威立雅水务有限公司城中水厂
柳州中燃城市燃气发展有限公司
柳州市供电局城中分局
柳州市城市照明管理处
柳州市城投公司
柳州市防洪排涝工程管理处
柳州市政设施维护管理处
城中区环境保护局
城中区发展和改革局
柳州市工商行政管理局城中分局
柳州市国土资源局城中分局
城中区物价局
城中区审计局
城中区统计局
城中区食品药品监督管理局
城中区安全生产监督管理局
城中区人力资源和社会保障局
城中区民政局
城中区教育局
城中区科学技术局
柳州高中
广西科技大学
城中区文化体育和新闻出版局
城中区卫生和计划生育局
城中区档案局
城中区城中街道办事处
城中区公园街道办事处
城中区中南街道办事处
城中区潭中街道办事处
城中区河东街道办事处
城中区静兰街道办事处

缩 略 语

专门用语原型词	缩略语
“一区”是环江中央休闲区,“两核”是五星中央活动区发展核、河东高端商务区和CBD核心区发展核,“三带”是沿江滨水活力休闲带、生态文化旅游带、水上狂欢娱乐带三大旅游经济带。	“一区两核三带”
第一个建成目标是与全国同步全面建成小康社会;第二个建成目标是基本建成中央赋予广西的“三大定位”,即建成面向东盟的国际大通道、西南中南地区开放发展新的战略支点、21世纪海上丝绸之路和丝绸之路经济带有机衔接的重要门户。	“三大定位”、 “两个建成”
指行政机关依照法定权限和规定程序制定的,涉及不特定的公民、法人或者其他组织的权利义务,在一定时期内反复适用,在本行政区域内具有普遍约束力的各类行政文件统一登记、统一编号、统一发布的制度。	规范性文件 “三统一”制度
在一定区域内,以旅游业为优势产业,通过对区域内经济社会资源尤其是旅游资源、相关产业、生态环境、公共服务、体制机制、政策法规、文明素质等进行全方位、系统化的优化提升。	全域旅游
虚拟实境(Virtual Reality),简称VR技术,也称灵境技术或人工环境,是利用电脑模拟产生一个三度空间的虚拟世界,提供使用者关于视觉、听觉、触觉等感官的模拟,让使用者如同身历其境一般,可以及时、没有限制地观察三度空间内的事物。	VR
柳州市轨道交通投资发展集团有限公司、柳州市城市建设投资发展集团有限公司、柳州市金融投资发展集团有限公司、柳州市农业基础设施投资建设集团有限公司、柳州北城投资发展集团有限公司。	市级五家国有控股集团公司
推行权力清单和责任清单“两单融合”,调整完善本级政府部门权责清单,将责任清单与权力清单相对应,逐一厘清与行政权力相对应的责任事项,实现权责一致。	“两单融合”
即实施产业富民和村级集体经济谋划进村、实施种植业结构调整和三品提升进村、实施生态养殖进村、实施林下经济提升进村、实施新型经营主体进村、实施农旅结合休闲农业进村、实施科技推广和改革创新进村、实施农产品保鲜加工和冷链物流进村、实施电子商务进村、实施社会化服务提质进村。	“十项进村”

目　录

概　况

年度关注

中共柳州市城中区委员会

柳州市城中区人民代表大会

柳州市城中区人民政府

中国人民政治协商会议 柳州市城中区委员会

民主党派·工商联

社会团体

法　　治

国防建设

农林牧渔业

工业与信息化

信 息 业

商贸服务业

旅 游 业

交通 · 邮政

财税 · 金融

建设·环保

经济行政管理

人力资源·社会保障·民政

教育·科技

文化·体育·卫生计生

社会生活

街道(办事处)概况

集体荣誉·先进人物

大 事 记

特　　载

调研报告

文件选编

索　　引

Contents

Survey

Annual Concern

Liuzhou Municipal Chengzhong District Committee of the Communist Party of China

Liuzhou Municipal Chengzhong District People' s Congress

Liuzhou Municipal Chengzhong District People' s Government

Liuzhou Municipal Chengzhong District Committee of Chinese People' s Political Consultative Conference

Democratic Party & Industry & Commerce Federation

Mass Organizations

Rule By Law

National Defense Construction

Agriculture, Forestry & Animal Husbandry & Fishery

Industry & Informatization

Information Industry

Business & Trade Services

Tourist Industry

Traffic & Postal Service

Finance & Taxation

Special Publication

Research Report

Document Selection

Indexes

概　　况

城中区概貌

【基本情况】 城中区位于广西壮族自治区柳州市区中心。由河北半岛和河东新区组成。地处北纬24° 18′ 34″—24° 25′ 55″，东经109° 23′ 51″—109° 30′ 56″之间。属亚热带气候，夏季炎热，冬短不寒，雨量充沛，光照充足，无霜期长。城中区是有33个民族聚居的多民族城区，历史悠久，商贸繁华，风景秀丽，山清水秀地干净。

2017年，城中辖区有城中、公园、中南、水上、潭中、河东、静兰7个街道办事处及27个社区和6个行政村。行政区域面积77.56平方公里。城中区是一个多民族聚居的城区，有汉、壮、苗、瑶、侗、仫佬、回、满、毛南族等33个民族，据2010年第六次全国人口普查统计，辖区汉族人口占常住人口72.78%，少数人口占常住人口27.22%。2017年年末，有户籍人口16.28万，常住人口17.39万，人口自然增长率8.48‰，人口死亡率2.3‰。

城中区位于柳州市中心区域，由河北半岛和河东新区组成，是柳州市政治、文化、教育、金融、商贸中心的城区。历史悠久、积淀丰富、人杰地灵。12座造型各异的大桥跨过“江流曲似九回肠”的柳江，将河北半岛和河东新区与柳北区、鱼峰区、柳南区相连，交通便捷，四通八达。河北半岛位居素有“桂中商埠”核心区，自古以来就是湘黔桂三省区的重要商品集散地。五星商圈汇集工贸、五星大厦、国美、苏宁等众多商家，商圈品质提档升级，商圈辐射效应凸显，商贸中心地位巩固，是柳州市传统的重要的商贸经济区。河东新区是柳州市政治、文化、教育、金融、科技中心区，聚集众多党政领导机关和企事业单位。有中共柳州市委、市人大、市政府、市政协四家领导机关，也有广电中心、体育中心、广西科技大学、柳州高中等文体教育单位；有10多家银行、证券公司，还有自治区级跨境电子商务园区，通过阿里巴巴国际站开辟海外市场的企业达110家，20家本地企业实现外贸出口零的突破。

紫荆花绽放　　（周秀妹　摄）

2017年，城中区实现地区生产总值308.06亿元（当年价），比2016年增长9.5%。其中，第一产业增加值1.06亿元，增长3%；第二产业增加值108.85亿元，增长9.7%；第三产业增加值198.15亿元，增长9.4%。人均地区生产总值178431元。财政收入26.48亿元，比2016年增长8.5%，其中公共财政预算收入 5.98 亿元，增长 5.7%。公共财政预算支出 7.5 亿元，增长 13.98%。固定资产投资完成 243.05 亿元，比 2016 年增长 10.4%；城镇居民人均可支配收入 39978 元，增长 7.7%；农村居民人均可支配收入 20675 元，增长 8.4%。文化教育发达、其他产业综合发展。耕地面积 347.9 公顷。其中，粮食播种面积 245 公顷，林地面积 2577.39 公顷。有国家级 AAAA 级景区 5 个(柳侯公园、百里柳江旅游景区、柳州市博物馆、柳州城市规划展览馆、马鹿山奇石博览园)。全国重点文物保护单位有柳侯祠和柳侯祠内的韩(愈)文、苏(轼)书、柳(宗元)事而称“三绝”的《荔子碑》等历代碑刻；古遗址与古建筑有明清时期修建的柳州东门城楼和南门古城墙，是柳州及广西标志性建筑之一；宗教寺庙有西来寺。近现代重要史迹及代表性建筑有廖磊公馆等。著名地方产品有“两面针”牙膏、“真龙”牌香烟等。城中区政府驻沿江路河东管理大厦。年内，城中区被评为全国校园足球先进城区、全国基层中医药先进单位。

2017 年，城中区全面贯彻落实党的十九大、十九大一中全会、习近平总书记视察广西重要讲话精神，牢固树立创新、协调、绿色、开放、共享发展理念，全力营造“三大生态”，认真分解“七大优化升级”，统筹推进经济、政治、文化、社会、生态文明建设，进一步深化改革，突出创新驱动，产业发展提质增效，城乡面貌持续改善，社会事业不断进步，民计民生保障有力，社会大局和谐稳定，开创“品质城中、幸福生活”建设新局面，为在全市率先全面建成小康社会，向打造广西商贸金融、科教文化强区迈出一大步。

【地理位置】 城中区位于广西壮族自治区柳州市城市中心。由河北半岛和河东新区组成。地处北纬 24° 18′ 34″—24° 25′ 55″，东经 109° 23′ 51″—109° 30′ 56″之间。城中区以柳江河自然流域中心线为界，北面与柳北区接壤，东面和东北面与柳东开发区为邻，南与鱼峰区、西与柳南区隔江相望。

【历史沿革】 西汉元鼎六年(公元前 111 年)设置潭中县，属郁林郡，为柳州建城之开端。三国末期，吴末帝孙皓于凤凰三年(274 年)从郁林郡分出桂林郡，潭中县属桂林郡。西晋太康三年(282 年)为桂林郡治所。南朝齐(479—502 年)，从潭中县地分置齐熙郡(今融安、融水及罗城、三江县地)，南朝梁大同六年(540 年)后潭中置马平郡治。隋开皇十一年(591 年)，潭中县改为桂林县，后又改为马平县。大业元年(605 年)，马平县属桂州；大业三年(607 年)，马平县属始安郡。唐武德四年(621 年)，马平县为昆州治所，后昆州又改为南昆州。唐贞观八年(634 年)，改南昆州为柳州，因柳江而名。唐天宝元年(742 年)，柳州改名龙城郡，马平县仍属之。唐乾元元年(758 年)，龙城郡复名柳州。

城中区清代为马平县辖地，部分为柳城、雒容县在厢、在乡辖地。民国时期先分属县辖中区、一区；继而分属雍和区、大同区、维新区；后分属中团区、洛满区。

1949 年，中华人民共和国成立。1949 年 11 月 25 日，柳江县(今柳州市市区)解放。12 月 9 日，广西省人民政府设立柳州市，受柳州专员公署领导。1950 年 3 月柳州市升为地级市，为广西省辖市。柳州市先后划为四、五区和五、六、七、八区，又并为第三区；1955 年，柳州市撤区建街道办事处，成立文惠、中南街道办事处。1958 年 7 月，柳州市改属柳州行政公署管辖。1960 年，撤销区公所，分属雀儿山、鹅山、城中、鱼峰等公社；1961 年复设郊区。1968 年，柳州市改人民公社为城区，成立城中区、鱼峰区、郊区革命委员会。1972 年，城中区、鱼峰区 2 个革命委员会合并为柳州市城区革命委员会。下辖 11 个街道革命委员会。1978 年 11 月，撤销郊区，郊区由市农业办公室接管；1979 年，柳州市成立城中区。属县级行政单位。2015 年 11 月，城中区人民政府办公地址从龙城路西一巷迁至河东管理大厦。

【行政区划】 1979 年 9 月 28 日，成立城中区人民政府，行使县一级政权职能，直辖 34 个居委会。1984 年 7 月恢复郊区建制。同年 11 月，城中区人民政府设立 4 个街道办事处，作为区政府的派出机构，下辖 36 个居委会。2002 年 6 月 22 日，国务院批准，撤销柳州市郊区，将原郊区的长塘镇、沙塘镇、石碑坪镇、洛埠镇、白露乡和黄村乡白沙、黄村、雅莲 3 个村划归柳州市柳北区管辖，羊角山镇的水南、驾鹤、鸡喇、社湾、阳和 5 个村和鸡喇居委会划归柳州市鱼峰区管辖，太阳村镇、西鹅乡和羊角山镇的新云、门头、帽合 3 个村以及黄村乡的渡口、基隆、磨滩 3 个村划归柳州市柳南区管辖，柳东镇和

2017 年城中区街道行政区划一览表

名 称	所辖社区、村屯
城中街道	龙城社区、五星社区、东门社区
公园街道(含水上街道)	弯塘社区、东台社区、柳侯社区、罗池社区
中南街道	青云社区、映山社区、西门社区、福柳新都社区
潭中街道	桂中社区、潭东社区、文昌社区、工学院社区、金泰苑社区、西雅社区、王座社区、阳光 100 社区、康顺社区、窑埠村
河东街道	河东村、牛车坪村、鹿山社区、山水社区、文博社区、清华坊社区、文源社区
静兰街道	三门江社区、华展社区、静兰村、环江村、柳东村

鱼峰区的潭中街道划归柳州市城中区管辖。

2017 年,城中区辖城中、公园(含水上)、中南、潭中、河东、静兰 7 个街道,27 个社区,还有窑埠、静兰、环江、河东、牛车坪、柳东 6 个村。

【面积 · 人口】 2017 年年末,城中区行政区域面积 77.56 平方公里。城中区总人口数 17.92 万,户籍人口 16.28 万,常住人口 17.39 万,人口自然增长率 8.48‰,人口死亡率 2.3‰。

【自然环境】

地形地貌 城中区位于桂中凹陷的断裂褶皱带。其东部为柳州至来宾断裂褶皱带,构造线为北东向。城中区河东部分的北面断层(王家村断层)的存在,对市区内的岩石,尤其是白云岩岩体中裂隙的发育及岩溶作用都有重大影响。城中区西部(河北半岛)为河流阶地,以冲积地形为主,属侵蚀溶蚀性河谷平原,无石山,无土岭。东部地势北高南低,地貌类型为构造溶蚀、剥蚀类型,山地连绵,海拔在 100 米以上的峰岭有 5 座。

土壤植被 城中区的土壤共有水稻土类、红壤土类、紫色土类、冲积土类 4 个土类;矿产资源主要是锰矿,软锰为主,次为硬锰;植被分岩溶山地植被和砂页岩丘陵植被两大类型。岩溶山地植被有:常绿阔叶林、常绿落叶阔叶混交林、次生灌丛植被。砂页岩丘陵植被类型广泛,分布在城中区河东新区部分丘陵上,有马尾松、桃金娘、铁芒萁群落,杉木、盐肤木、五节芒群落,湿地桦、桃金娘、铁芒萁群落等,此外还有毛竹林。

土地资源 2017 年,城中区土地总面积 7756.12 公顷,其中耕地 347.9 公顷、园地 683.14 公顷、林地 2577.39 公顷、草地 47.29 公顷、城镇村及工矿用地 2551.99 公顷、交通运输用地 344.94 公顷、水域及水利设施用地 927.76 公顷、其他土地 224.47 公顷。

水资源 城中区水资源主要来自柳江。柳江是珠江流域西江水系的一级支流,发源于贵州省独山县更顶山,河长 773 公里,流域面积 582.70 平方公里。城中区管辖水域从柳江上游的柴山塘起到下游柳江县的牛蹄岩石,长 74.9 公里,江面面积约 40 平方公里。地表水资源有当地径流和过境河川径流。经过柳州市和城中辖区的河川径流为唯一的柳江河的河水流量,年径流量为 402.6 亿立方米。城中区的当地径流,其多年平均径流量为 4.55 亿立方米。因此,城中区地表水的年径流量,多年平均值 407.15 亿立方米。地下水资源源于柳江河水,并由地面雨水、池塘、水沟的渗透、补给而积聚起来的,地下水天然资源量每年约为 1.57 亿立方米。水资源可利用量 400 亿立方米,可供水量 390 亿立方米,需水量 380 亿立方米,供需基本平衡。 (张柳钢)

动植物资源 城中区野生动物种类共有 280 余种,其中兽类 23 种,鸟类 51 种,爬行类 26 种,鱼类 120 种。兽类、鸟类、爬行类等动物资源主要分布在东部丘陵、山岭地带,特别是三门江国家森林公园内,鱼类资源主要在柳江河及其支流中;城中区境内植物资源主要分布在三门江林场和三门江国家森林公园及柳东村一带,天然林只有三门江国家森林公园尚存少量。在三门江国家森林公园内罗汉冲景区有沙椤科植物,属国家二级重点保护野生植物。城中辖区内森林植物种类共 157 科 525 属 1104 种,其中蕨类植物 17 科 27 属 36 种,裸子植物 10 科 19 属 40 种,被子植物 130 科 479 属 1028 种。

气候 · 水文

【气候】

气候特点 2017 年,城中区气候特点:光温条件正常到偏好,冬季偏暖明显,夏季高温日数偏

幸福城中　　（周秀妹　摄）

多，持续时间长；降水偏多，但分布不均，暴雨、强对流过程多，暴雨洪涝灾害偏重。

辖区年平均气温 20.8℃，较上年偏高 0.3℃。年内各季平均气温与 2016 年相比：冬季(2016 年 12 月至 2017 年 2 月)偏高，其余各季偏低。年内各月平均气温与 2016 年同期相比：1— 2 月、9 月偏高，其余接近上年值到偏低。年极端最高气温 39.9℃，出现在广西科技大学一带。年极端最低气温 0.7℃，出现在楼梯山一带。辖区平均年降水量 1776.3 毫米，比 2016 年偏多 6%。降水量的季节变化：冬季最少，夏季最多，与 2016 年相比，春夏偏多、秋冬偏少。汛期(4—9 月)，汛期平均降水量 1362.6 毫米，占全年降水量的 77%，比 2016 年同期偏多 7%。年内各月降水量分布不均匀，与常年同期相比，3 月、5 月和 7—9 月、12 月偏多，其余月份偏少。年内一日最大降水量为 131.4 毫米，出现在三门江林场一带。辖区年日照时数 1418 小时左右，比 2016 年偏少 7%。日照时数的年变化，夏季、秋季最多，冬季最少。与上年相比：冬季、春季偏多，夏季、秋季偏少。年内各月日照时数与常年同期相比，1 月、4—5 月、8—9 月正常到偏多，其余月份偏少。

主要气候事件及其影响　2017 年，辖区受暴雨、强对流天气过程影响频繁，共出现 5 次暴雨天气过程，造成局部洪涝灾害的发生，其中有 2 次造成较大的经济损失。年内没有极寒天气影响，霜、冰冻日数偏少，低温寒冻害影响总体偏轻。夏季高温日数偏多，持续时间长。主要气象灾害是暴雨洪涝、高温热害。

暴雨洪涝　6 月 26 日—7 月 3 日暴雨洪涝受切变线、低涡和西南急流影响，6 月 25 日至 7 月 3 日，柳州出现年内降雨范围最广、强度最强、持续时间最长的致洪暴雨过程。辖区 7 月 2 日，出现大范围的大暴雨天气，造成城中区低洼地带排水不畅，出现积水，沿江地带因柳江水位上涨也淹没道路及门面。8 月 9 日—16 日暴雨洪涝受高空槽和切变线影响，8 月 9 日—16 日柳江流域上游地区出现严重的持续致洪暴雨过程，降水汇流至柳州市柳江流域，使流域内的大部分子流域超警戒水位，造成辖区沿江地带道路、门面受淹。

高温热害　2017 年，辖区平均高温日数 43 天，较上年偏多。年内有 9 次较大范围的高温天气过程，出现在 6 月 5 日、6 月 12 日、7 月 12 日—16 日、7 月 21 日—8 月 10 日、8 月 18 日—23 日、8 月 26 日、8 月 31 日—9 月 6 日、9 月 16 日—19 日、9 月 22 日—28 日。其中以 7 月 21 日—8 月 10 日的高温过程持续时间最长、影响范围最广。

【水文】　城中区管辖水域设有 4 个水质监测断面，没有设立水文站和雨量站点。其辖区上游约 400 米处，设有柳州水文站，柳州水文站监测项目有水位、流量、降水、蒸发、水温、泥沙、水质。其中水位、降雨量采用遥测仪器监测，蒸发量采用人工观测，流量测验采用固定式 ADCP 进行在线监测。

水文资料　根据水文资料整编成果统计，2017 年柳江主要控制站柳州水文站，年最高水位 85.56 米，年最低水位 76.95 米，年平均水位 77.89 米；年最大流量 2.06 万立方米 / 秒，年最小流量 96.5 立方米 / 秒，年平均流量 1610 立方米 / 秒；年最大断面平均含沙量 4.72 千克 / 立方米，年最小断面平均含沙量 0.006 千克 / 立方米，年平均含沙量 0.500 千克 / 立方米；年最高水温 30.5℃，年最低水温 13.8℃，年平均水温 21.6℃；年降水量 1530.0 毫米；年最大日水面蒸发量 8.8 毫米，年最小日水面蒸发量 0.0 毫米，年水面蒸发量 1227.9 毫米。

水文情报　2017年，柳州市城中区发生4次超警洪水和1场接近警戒水位的洪水，为柳州水文站民国28年(1939年)建站以来年内超警次数最多的年份，其中柳江柳州水文站7月3日4：50分出现85.56米的洪峰，为2009年以来的最大洪水，洪水重现期约5年一遇。

水情服务　按照“预测—预警—预报”水情分析工作模式以及“一张纸专报”和“一键式短信”的水情信息服务模式，柳州市水文水资源局积极向柳州市政府部门提供水情服务。年内，共发送水情短信息7.08万人次、编写《水情信息专报》48期、《重要水情信息专报》3期；发布洪水黄色预警4次，蓝色预警7次，预警发布率为100%；发布10场高洪以上洪水预报，预报合格率100%。开展柳州水文站日常化预报工作，完成上传预报54次。积极开展水文服务法定节假日、重要涉水赛事和中、高考专项工作，及时高效的水情服务得到各级领导的充分肯定和媒体的重视，柳州新闻、新播报等主流媒体多次聚焦柳州水文，到抗洪一线采访水文工作者。

水环境监测　柳州市水环境监测中心对城中区河东大桥、鹧鸪江、洛埠、冷水冲4个断面进行水质监测，监测频率为每月1次，年平均水质达到或优于国家《地表水环境质量标准》GB3838-2002 Ⅲ类水标准(粪大肠菌群不参与评价)，辖区河流水质总体良好。

（朱雪梅）

【旅游】　2017年，辖区有国家级AAAA级景区5个：柳侯公园、百里柳江旅游景区、柳州市博物馆、柳州城市规划展览馆、马鹿山奇石博览园。全国重点文物保护单位有柳侯祠碑刻；古遗址与古建筑有明清时期修建的柳州东门城楼和南门古城墙；宗教寺庙有西来古寺。近现代重要史迹及代表性建筑有廖磊公馆等。

同年，城中区有旅行社40家，其中国际社13家、分社9家。旅游星级饭店7家，其中五星级2家：柳州饭店、丽笙酒店；四星级2家：丽晶大酒店、柳州宾馆；三星级3家：中交大酒店、泽丰大酒店、华锡大厦。

【文物古迹】　自唐柳宗元任柳州刺史以来，历代先贤在今城中区范围留下文化瑰宝，尤以始建于唐长庆二年(822年)的柳侯祠闻名全国，柳侯祠内有韩(愈)文、苏(轼)书、柳(宗元)事而称“三绝”的《荔子碑》等历代碑刻。柳东蓝家村的陆道岩有宋代摩崖，洞内的铭文、对联、诗词众多，反映了历代柳州城市发展、社会经济和宗教活动情况。有600多年历史的东门城楼是广西境内已不多见的古城楼建筑，也是柳州及广西的标志性建筑之一。新民主主义革命时期，中共组织在柳州进行了长期的革命斗争，留下很多具有纪念意义的活动遗址，其中90%位于城中区。至2017年，城中区有文物保护单位18处，其中柳侯祠碑刻为国家级文物保护单位，有东门城楼、廖磊公馆等自治区级文物保护单位5处，蓝家村遗址、西来寺等市级文物保护单位12处。

【民族】　据2010年第六次人口普查(最近一次)，城中辖区内有33个民族。汉族人口为116613人，占常住人口72.78%；少数民族人口为43604人，占常住人口27.22%，其中壮族33993人，苗族2524人，瑶族2114人，侗族1722人，仫佬族1065人，回族797人，满族414人，毛南族202人。

【语言】　普通话和柳州话是城中区人民使用最为广泛的日常交际用语。此外，由于城中区位于柳州城市中心，工商聚会，各地民众来往频繁，各种方言也随之涌入，因此，在城中区运用较多的还有壮话、平话、客家话(俗称“麻介话”)和粤语等。

【宗教】　城中辖区主要宗教有佛教、伊斯兰教、基督教。有佛教、伊斯兰教活动场所3处。佛教场所为位于雅儒路临江西侧的西来寺和位于柳东乡牛车坪村的文殊寺；伊斯兰教场所为位于公园路6号的清真寺；辖区无基督教堂(点)，基督教徒、信众多到柳南区谷埠街维新巷教堂及柳北区北雀路教堂做礼拜。有柳州市认定备案的宗教教职人员14人，其中西来寺9人、文殊寺3人、清真寺2人。各信教群众占全区总人口的2‰。

（编辑部）

党派团体及街道负责人

（截至2017年底）

中共柳州市城中区委员会

书　记：金　忠(女)
副书记：李柳彬
　　　　唐　伟

常　委:刘照清(任至9月)
　　刘杰华
　　叶永东(女)
　　黄水育
　　王国辉
　　赵　扬
　　王　琦(女)
　　杨豪明
　　廖志高(挂职)
副调研员:余海元
办公室主任:杨豪明
组织部部长:王　琦(女)
宣传部部长:叶永东(女)
统战部部长:赵　扬
政法委书记:王国辉
直属机关工作委员会书记:
　　谭长青
机构编制委员会办公室主任:
　　陈　樑(女)
督查室主任:沙昱彤(女,任至3月)
　　苏丽华(女,3月任职)
党史研究室主任:韦黎杰
信访局局长:屈　健
保密办副主任:彭建湘(女)
精神文明建设办公室主任:
　　覃胜利
绩效考核领导小组办公室主任:
　　刘长河
社会治安综合治理委员会办公室主任:刘　挺(任至6月)
　　陈　浩(7月任职)
维护稳定工作领导小组办公室主任:张　勇
防范和处理邪教问题领导小组办公室主任:张　勇
非公有制经济组织和社会组织党工委书记:潘　静(女,任至10月)
　　陈文杰(10月任职)
区档案馆(局)馆(局)长:潘炳华
企业离休干部服务管理中心主任:
　　韦彦如(女)

中共柳州市城中区纪律检查委员会

书　记:黄水育
副书记:陆海鹏
　　李祥富
常　委:刘高林
　　陆　茜(女)
　　李　威
　　符勇军
办公室主任:李祥富(任至11月)
　　刘高林(11月任职)
纠风办主任:李　威
党风政风监督室主任:李　威
纪检监察室主任:符勇军

2017年8月,根据柳编〔2017〕101号文件《关于同意设立城中区纪委派驻机构的批复》要求,城中区纪委设3个派驻机构,即区纪委驻区委办纪检组、驻区政府办纪检组、驻区委政法委纪检组:

区纪委驻区委办纪检组组长:
　　罗朝阳(6月任职)
区纪委驻区政府办纪检组组长:
　　林燕玲(女,6月任职)
区纪委驻区委政法委纪检组组长:
　　邱　景(10月任职)

中共柳州市城中区人大常委会党组

党组书记:曾　明
党组成员:杨建伟
　　李　莉(女)
　　林洲明
　　陈庆文

柳州市城中区人民代表大会常务委员会

主　任:曾　明
副主任:杨建伟
　　李　莉(女)
　　吴柳勇
　　林洲明
办公室主任:陈庆文
办公室副主任、信访办公室主任:
　　覃浩巍(12月任职)
法制与内务司法专门委员会主任:
　　罗　勇
财政经济专门委员会主任:
　　吴德学
教科文卫与民族工作委员会主任:
　　陈远锵(任至12月)
　　邓柳红(女,12月任职)
选举联络工作委员会主任:潘家新
农业农村与环资城建工作委员会主任:刘志军

中共柳州市城中区人民政府党组

党组书记:李柳彬
党组副书记:刘杰华
党组成员:叶永东(女)
　　周卫东
　　周　明
　　佟德军
　　唐宏虎
　　张光禄
　　刘长河

柳州市城中区人民政府

区　长:李柳彬
副区长:刘杰华
　　叶永东(女)
　　廖志高(挂职)
　　周卫东
　　周　明
　　佟德军
　　冷　晶(女)
　　周伟平(12月挂职,挂任期二年)
副调研员:覃　琢
　　冉文忠
区长助理:梁　颖(女,挂任至9月)
　　黎　海(9月挂职,挂任期一年)
办公室主任:刘长河

发展和改革局局长：
贺耀军(任至2月)
柳昇宏(6月任职)
工业和信息化局局长：晁耀杰
教育局党组书记、局长：
张献军(任至10月)
陈远锵(10月任职)
科学技术局局长：
贺耀军(2月任职)
监察局局长：陆海鹏
民政局党组书记：
赵　鑫(任至2月)
宋旭峰(3月任职)
局　长：赵　鑫(任至2月)
宋旭峰(5月任职)
司法局局长：侯邦振
财政局局长：陈玮荣(女)
人力资源和社会保障局局长：
冯志明
环境保护局局长：
覃　延(任至10月)
住房和城乡建设局局长：
覃晓璇(女)
商务局党组书记：
沙昱彤(3月任职)
局　长：沙昱彤(5月任职)
农林水利局党组书记、局长：
覃云飞
文化体育和新闻出版局局长：
韦　晓(女)
卫生和计划生育局党组书记：
廖明妮(女,8月任职,任至11月)
局　长：廖明妮(女,任至12月)
段文连(12月任职)
审计局局长：熊建华(女)
食品药品监督管理局党组书记：
郭永华(任至3月)
安擎(3月任职)
局　长：安　擎
统计局局长：赵毅忠
安全生产监督管理局局长：
谭戟雄(任至2月)
喻晓光(5月任职)
城市管理行政执法局(大队)局长(大队长)、市容管理局局长：
彭平义
城市管理行政执法局(大队)教导员：刘　元
法制办公室主任：韦小柳(女)
水产畜牧兽医局局长：
宁家友(任至5月)
朱　辉(5月任职)
民族和宗教事务局局长：
刘春卉(女,1月任职)
物价局局长：钟剑华(女)
老龄工作委员会办公室主任：
唐丽晖(女)
人民防空办公室主任：
肖淑俊(任至9月)
许华举(9月任职)
投资促进局局长：邹仰罡
爱国卫生运动委员会办公室主任：
廖明妮(女,任至12月)
段文连(12月任职)
食品安全委员会办公室主任：
安　擎
安全生产委员会办公室主任：
谭戟雄(任至2月)
喻晓光(3月任职)
房屋征收与补偿办公室副主任：
文苏杰
食品药品稽查大队大队长：
徐永刚(任至2月)
谭戟雄(2月任职)
教研室副主任：阮开德
梁远征
征地拆迁办公室党组书记：
喻萍(女,任至3月)
陈　斌(3月任职)
主　任：陈　斌
动物卫生监督所所长：
李书念(1月任职)
水库移民工作管理局局长：王小兵
劳动保障监察大队大队长：喻国建
城市居民最低生活保障管理服务中心主任：田　风
法律援助中心主任：孙成禹
国库集中支付中心主任：
陈玮荣(女,任至7月)
颜嘉诤(7月任职)
劳动保障管理服务中心主任：
江庆文(女)
地方志编纂委员会办公室主任：
韦　冰(女)
机关后勤服务中心主任：肖神辉
接待办公室主任：梁　捷(女)
园林绿化所所长：覃　晴
文化馆馆长：贾　争(任至6月)
李丽芳(女,9月任职)
图书馆馆长：熊柳旋
计划生育宣传技术指导站副站长：
廖宇平
计划生育协会常务专职副会长：
刘海燕(女)
农业服务中心主任：覃云飞
环卫所党支部书记：
孙传坤(任至10月)
刘小螺(10月任职)；
所　长：刘小螺(任至10月)
周毅松(10月任职)
动物疫病预防控制中心主任：
覃　维

根据柳州市机构编制委员会《关于印发〈柳州市城中区疾病预防控制中心机构编制方案〉的通知》文件精神，城中区成立疾病预防控制中心，市疾控中心划转编制人员到我区，区疾控中心设主任1名，副主任2名：

疾病预防控制中心主任：
钟祥海(6月任职)

中共政协柳州市城中区委员会党组

党组书记:李　梅(女)
党组成员:周红梅(女)
　　王　春
　　于朝晖(女)

中国人民政治协商会议柳州市城中区委员会

主　席:李　梅(女)
副主席:梁光玉
　　周红梅(女)
　　黄革文(女)
　　王　春
办公室主任:于朝晖(女)
提案法制委员会主任:肖孟常
经济科技联谊委员会主任:
　　莫炎凡(女)
文史文教卫体委员会主任:廖建华

中共柳州市城中区人民法院党组

党组书记:黄武雄
党组副书记;陈开文(1 月任职)
党组成员:陈开文
　　骆　欢(任至 11 月)
　　郑　伟(女)
　　张　坤

城中区人民法院

院　长:黄武雄
副院长:陈开文
　　骆　欢(任至 12 月)
　　郑　伟(女)
　　张　坤(12 月任职)

中共柳州市城中区人民检察院党组

党组书记:黄庆荣(女)
党组成员:王晓君
　　陈　斌
　　张志平
　　叶　敏(女)

城中区人民检察院

检察长:黄庆荣(女)
副检察长:王晓君
　　陈　斌
　　张志平

中国人民解放军柳州市城中区人民武装部

政　委:曹令柱(6 月任职)
部　长:於鹤峰(6 月任职)

群团组织

城中区总工会主席:
　　周红梅(女,兼)
城中区总工会副主席、党组书记:
　　苏丽华(女,任至 3 月)
　　宁家友(3 月任职)
共青团城中区委员会书记:
　　钟宏珊(女,任至 4 月)
　　蓝佳鑫(女,4 月任职)
城中区妇女联合会主席:
　　邓柳红(女,任至 12 月)
　　廖明妮(女,12 月任职)
城中区残疾人联合会理事长:
　　陆贵周
城中区工商业联合会党组书记:
　　阮　冰(女);
主　席:何　忠
城中区关心下一代工作委员会名誉主任:唐　伟
主　任:王　琦(女)

派出工作机构

城中街道党工委书记:张德霖
城中街道办事处主任:
　　宋旭峰(任至 3 月)
　　喻　萍(女,3 月任职)
公园街道党工委书记:雷　伟
公园街道办事处主任:
　　张小磊(任至 1 月)
　　赵　鑫(2 月任职)
中南街道党工委书记:黄　馨(女)
中南街道办事处主任:贺　勋
潭中街道党工委书记:
　　柳昇宏(任至 6 月)
　　钟宏珊(女,6 月任职)
潭中街道办事处主任:
　　钟宏珊(女,任至 6 月)
　　刘　挺(6 月任职)
河东街道党工委书记:曾凡凯
河东街道办事处主任:袁志耀
静兰街道党工委书记:唐锦雄
静兰街道办事处主任:李伟平
城中街道办事处公共就业服务保障事务所所长:覃克旅
公园街道办事处公共就业服务保障事务所所长:廖云燕(女)
中南街道办事处公共就业服务保障事务所所长:王远萍(女)
河东街道办事处公共就业服务保障事务所所长:付庆利(女)
潭中街道办事处公共就业服务保障事务所所长:潘　红(女)
静兰街道办事处公共就业服务保障事务所所长:黄海廷

(陈文杰　陆欣然)

国民经济和社会发展

【年度经济】 2017 年,城中区实现地区生产总值 308.06 亿元(当年价),比 2016 年增长 9.5%。其中,第一产业增加值 1.06 亿元,比上年增长 3%;第二产业增加值 108.85 亿元,比 2016 年增长 9.7%(工业增加值 75.40 亿元),第三产业增加值 198.15 亿元,增长 9.4%。财政收入 26.48 亿元,增长 8.5%(公共财政预算收入 5.98 亿元,增长 5.84%。公共财政预算支出7.5亿元，增长13.98%）。全社会固定资产投资完成243.05亿元，增长10.4%；城镇居民人均可支配收入39978元，增长7.7%，农村居民人均纯收入20675元，增长8.4%。

工业　2017年，城中区全部工业总产值（全口径）110.36亿元，比2016年增长12.3%。城中区区属工业总产值15亿元，下降9.3%，规模以上工业总产值7.83亿元，下降17.8%。完成更新改造投资32.61亿元，比2016年增长8.3%；投入资金328万元，完成电子政务外网建设第一期工程。

农业　2017年，城中区农林牧渔业总产值1.8亿元，比2016年增长2.2%。农作物总播种面积1012公顷。其中，粮食种植面积245公顷，产量1104吨；蔬菜种植面积738公顷，产量9506万吨；水果种植面积266公顷，产量688吨。绿化造林10万株。完成肉类总产量2089吨，比2016年增长0.6%，其中猪肉产量1008吨，增长2.2%；家禽肉类产量1793吨，增长2.3%；牛肉产量8吨，与2016年持平。水产品产量327吨，增长4.8%。牛奶总产量190吨，增长25.5%。发放各类惠农补贴资金87.45万元。推动“互联网+农业”模式，设立河东、柳东、牛车坪村电子商务服务站，拓宽农产品销售渠道。推广生态养殖技术，将传统养殖方式转型升级为生态、特色养殖方式。水产畜牧业稳定增长，无重大动物疫情和畜禽产品质量安全事故。年内，城中区向柳城县、鹿寨县分别投入扶贫资金各100万元，向结对帮扶融安县投入扶贫资金180万元，并派驻3人工作组开展对点帮扶。

第三产业　2017年，城中区第三产业增加值198.15亿元，占GDP比重62.9%。社会消费品零售总额179.21亿元，比2016年增长10.1%，其中规模以上营利性服务企业营收增长率50%。规模限上企业入库数比2016年增长136%。广西柳州市轨道交通投资发展集团有限公司、广西柳州市城市建设投资发展集团有限公司、广西柳州市金融投资发展集团有限公司等5家市级国有控股集团公司落户城中。碧桂园·十里江湾、彰泰红、红星新天地等大型房地产项目征地35.75公顷，项目建设持续推进。建设商品房销售面积80万平方米。打造自治区级跨境电子商务园，通过阿里巴巴官网开辟海外市场的企业110家。年内，正式投入运营的“柳邮惠”电子商务产业园区入驻13家企业。推进“互联网+供应链协同服务体系”“智能化物流信息系统”助力新兴产业发展。与广西科技大学联办的城中科技信息产业园落户万达中心。

城中区2017年“劳动者之·欢乐合唱”合唱比赛（区委宣传部　供稿）

【招商引资】　2017年，城中区引进彰泰红、红星新天地、碧桂园·滨江府等。新建内资项目20个、外资项目6个。市外境内到位资金164.29亿元，比2016年增长7.2%，实际利用外资6660万美元，比2016年增长48.9%。

【基础设施建设】　2017年，城中区辖内固定资产投资243.05亿元。其中，城中区投入1210万元完成7项小街巷改造工程，改造城乡道路面积约5万平方米。投入1383万元完成13个棚户区改造项目，1479户困难群众居住环境得到改善。投入1.25亿元，实施2017环广西公路自行车世界巡回赛城中赛段沿线村庄和雷村屯风貌改造，1746户居民受益。建成新能源汽车充电桩示范小区18个，充电桩408个。深化花园城市2.0版建设，6个绿化园提升工程全面竣工。五一路与龙城路西一巷合围片区改造，纳入全市首批引入社会资本参与旧城改造项目正式启动。

2017 年 9 月 21 日,柳州市美丽乡村建设推进会 (区委宣传部 供稿)

"美丽城中·宜居乡村"活动

【乡村办机构及概况】2017 年,城中区"美丽城中·宜居乡村"建设领导小组组长由区委书记金忠,区委副书记、区长李柳彬担任;区委副书记唐伟担任常务副组长,城中区委、区政府的相关领导担任副组长,区机关相关部门负责人、各涉农街道办事处负责人组成领导小组成员。城中区"美丽城中"乡村建设领导小组办公室(简称乡村办)主任:区委副书记唐伟;副主任:区委常委、副区长、驻城中区"美丽广西"乡村建设(扶贫)工作队队长廖志高,区政府党组成员张光禄;专职副主任:区农业服务中心副主任杨晓丽。乡村办主要职责是:负责辖区乡村建设工作。

2017 年,城中区根据"美丽城中·宜居乡村"建设工作任务转段升级要求,在原有清洁乡村活动的"清洁家园""清洁水源""清洁田园"和生态乡村活动的"村屯绿化""道路硬化""饮水净化"6 个专项活动的基础上,新增宜居乡村活动的"产业富民""服务惠民""基础便民"3 个专项活动专责小组和"示范村建设"专项活动专责小组。专责小组下设综合组、"产业富民"组、"服务惠民"组、"基础便民"组、"道路硬化"组、"村屯绿化"组、"饮水净化"组、家园组、水源组、田园组、宣传组、资金组、督查组及材料组,主要负责活动整体策划、宣传报道、规划建设、资金调配、督查整改和考核验收等。

城中区通过抓党建、打基础、优服务、强产业、树标杆等系列有效措施,打造"美丽城中"乡村建设升级版,取得了新成绩:雷村屯被确定为柳州市 2017 年度"美丽柳州"乡村建设综合示范村屯,承办柳州市"美丽柳州·宜居乡村"活动推进会,会上作经验介绍;创建自治区级"五星级"党支部 5 个、四星级党支部 1 个;城中区获柳州市"美丽柳州·宜居乡村"建设综合活动评定二等奖。以雷村屯为主要核心区的"大美环江"旅游小镇获评柳州市首批特色小镇,环江村获 2016 年度自治区"美丽广西"乡村建设示范村、柳州市"十佳"示范村,环江村东流屯获 2016 年度"美丽广西"绿色村屯称号。"美丽乡愁"纪事馆群之木工馆项目完工,农耕文化馆正在建设。2017 年,城中区农村居民人均纯收入 19073 元,增长 9.3%。

【综合协调】2017 年,城中区乡村办开展"产业富民""服务惠民""基础便民""示范村建设"活动,快速推进宜居乡村工作,着力推进重点区域建设,多次召开工作会议,部署工作。通过及时总结、上下联动,确保各项工作得到及时跟进和解决。印发《关于印发〈"美丽城中·宜居乡村"活动指导意见〉及四个配套文件的通知》《关于调整柳州市城中区"美丽城中"乡村建设领导小组的通知》《关于印发"美丽城中"乡村建设活动宜居乡村阶段四个专项活动专责小组成员名单的通知》等文件,从制度上、组织上保证工作顺利开展,稳步推进。

【长效管理】2017 年,城中区乡村办完善村屯管理制度,落实各项政策,让村民进一步享受到乡村建设带来的实惠。根据各涉农街道办事处的实际情况,城中区政府加大支持力度,配置村屯保洁人员,共为下辖街道办配备村屯保洁员 126 名,其中河东街道办 53 名,静兰街道办 43 名,潭中街道办 30 名,确保乡村街道垃圾及时清理。城中区乡村办加大对责任制落实的监管力度,提前防范,重点督查,对落实不到位的问题及时督查整改。

【资金管理】 城中区财政编制2017年乡村工作经费，主要用于办公经费、宣传经费、村屯保洁员补贴及相关设备购置、维修等，投入7500多万元实施环江村雷村屯综合示范村建设。

【产业富民】 2017年，城中区围绕“产业增效、农民增收”的目标，推动农业结构调整，加快现代农业发展，农业综合效益和竞争力明显提升。2017年，城中区农民人均可支配收入达到20675元，较2016年增长8.4%。1.“五个一”目标完成情况：6个行政村制定村级经济发展计划，完成任务数的100%；培育4个带动农户增收的新型农业经营主体，完成任务数的100%；打造4个现代农业生产示范基地，完成任务数的100%；6个行政村都有50000元以上的村集体经济收入，完成任务的100%；建设3个农村电子商务服务点，完成任务数的100%。2.“十项进村”行动完成情况：通过走访、调研、讨论，全面完成“产业富民”和村级集体经济谋划进村行动；建设环江村现代农业示范区，为农民引进沃柑、四季金芒等水果新品种，加紧实施种植业结构调整和三品提升进村行动；引进瑶鸡二代与凤翔二代鸡苗新品种，实施生态养殖进村行动和林下经济提升进村行动；培育红肉蜜柚种植合作社等4个带动农户增收的合作社，实施新型经营主体进村行动；打造环江滨水大道黄金生态旅游线路，实施农旅结合休闲农业进村行动；推广高效、生态的种养技术，培训农民3000多人次，做好农村土地承包经营权确权登记颁证工作，实施科技推广和改革创新进村行动；研究、分析实施农产品保鲜加工和冷链物流进村行动的可行性；在河东村、柳东村、牛车坪村建设村级电商服务点，实施电子商务进村行动；推进所有行政村就业和社保服务中心建设等，实施社会化服务提质进村行动。3.打造半小时乡村旅游圈。充分利用得天独厚的地理环境和依山傍水的优越自然环境，充分利用财政资金的引导作用，大力挖掘村庄自然风光、风土人情、农业生态、历史文化等资源要素，规划、建设一批适合运用市场化机制引进社会资本参与的休闲农业、乡村旅游、现代农村服务业等生态经济项目。一是助推农旅结合，发展乡村旅游。在环江村建设一个300亩的现代农业示范区、在河东村建设一个180亩脆蜜金柑种植基地、在静兰村建设一个300亩的紫薇花海，成为乡村旅游新热点。二是举办节庆活动，拓宽致富渠道。举办龙眼节、蜜柚节、铁人三项世界巡回赛、环广西公路自行车世界巡回赛等活动，拓宽乡村旅游产品，使“美丽城中”乡村建设逐步形成社会投资有回报、农民参与更富裕和乡村建设更美丽的良性循环，走出了一条产业强、百姓富、生态美的绿色转型、绿色崛起之路。环江滨水大道已成为城中区“美丽乡村”建设的风景带、文化带、旅游带。据统计，2017年，环江滨水大道共接待八方游客超过35万人次，有效带动了沿途农民增收、致富。

2017年6月22日，美丽乡村——独静路　　（区乡村办　供稿）

【服务惠民】 2017年，城中区对牛车坪村、河东村、柳东村的村级综合服务中心按照“六有”标准进行规范化建设，其中，牛车坪村和河东村已打造成城中区的“服务惠民”示范村。同时，为城中区6个行政村的村级综合服务中心各配备3~4名专职人员和兼职人员，确保村级公共服务正常进行。城中区为村民做好六项服务：1.村级就业服务。在全市首推“掌上民生”微信公众服务平台，举办致富技能培训班，开展“送岗位下村屯”活动。城镇新增就业人数占全年任务的131%；2.社保经办服务。农村居民养老保险金待遇标准连续6年全市最高，城乡居民养老保险参保率100%,60周岁以上参保老年人100%享受养老待遇。6个行政村配备村级儿童福利督导员,占任务数的100%;3.教育助学服务。建档立卡贫困子女入学资助实现100%全覆盖,发放教育助学资金12.6万元;4.卫生健康服务。6个行政村配有村医生和1名康复协调员,开展医生签约服务;5.文化体育服务。广播电视综合覆盖率达到100%,组织文艺演出14场、放映免费电影72场,分别占任务数的233%和100%;6.法律调解服务。律师挂点服务实现村屯全覆盖,调解民间矛盾纠纷200多起,调解率为100%,调解成功率为98%,主动把矛盾纠纷化解在基层。通过开展就业、社保、教育、卫生、文体、法律等六项服务活动,助推"服务惠民"工作全覆盖。

【基础便民】 2017年,城中区投资30多万元,为环江村深水屯安装32盏大功率LED路灯;为柳东村牛姆坪屯、大冲口屯安装50盏太阳能路灯;投资599.08万元,建设环江村的饮水示范工程,以及改造柳东村等3个村的饮水工程;投资920万元,对牛车坪村等3个村的村屯道路进行安防设施改造;投资110.17万元建设环江村的移民道路工程。投入1.16亿元,实施"环广西公路自行车世界巡回赛"城中赛段沿线村庄和雷村屯风貌改造,1746户居民直接受益。

【综合示范村建设】 2017年,城中区获市级项目建设补助资金3000万元,城区配套4500多万元,用于环江村雷村屯综合示范村屯建设。建设的主要内容有:改造房屋风貌、屯内道路、厨房厕所,建设村级综合服务中心、游客服务中心、自行车骑行驿站、池塘景观、绿化景观、古渡遗风码头、公厕、污水处理设施、管线入地等10多个项目。3月,雷村屯开展"走基层·办实事"之"打造宜居示范村·切磋技艺送文化"主题实践系列活动,有篮球联赛、象棋比赛、群众议事会、摄影比赛、乡村文明示范户评选、村志村史编写等系列活动,丰富环江村雷村屯综合示范村屯的创建内容。9月21日,柳州市"美丽柳州·宜居乡村"活动推进会在雷村屯召开。市领导郑俊康等出席会议,各县(区)200多名与会人员参观考察雷村屯"美丽柳州"乡村建设综合示范村。会上,区委书记金忠代表城中区作经验介绍。

【"清洁乡村"活动】 2017年,城中区各有关部门对环江滨水大道累计开展巡查4000余次,出动人员1万余人次,开展露天烧烤等专项整治55次,纠正或清理占道经营、露天烧烤、焚烧秸秆等违法行为729余次;依法拆除"两违"建筑695户,拆除面积723395.67平方米;查处"扬尘"污染违章案件29起,罚款金额11.9万元;清理违章广告牌400余块,处理环境卫生案件220余起。

【宣传工作】 2017年,城中区在人民网、《广西日报》《南国今报》等主流媒体发表"美丽城中·宜居乡村"新闻稿件130多篇;启动以"留住美丽的乡愁"为主题的环江滨水大道美丽乡愁文化项目,编纂美丽乡愁故事20篇,创作绘画作品40件,摄制环江滨水大道公益广告短片并在柳州电视台和各大新媒体平台播放,建设完成"美丽乡愁"纪事馆群——环江雷村木工馆,筹备柳东村农耕文化馆等馆所。

【督查整改】 2017年,城中区开展"美丽城中"乡村建设重要节点督查4次,定期督查12次,不定期督查近百次,印发《督查简报》,落实整改问题100多处。(莫　方)

精神文明

【精神文明建设硕果累累】 2017年,城中区精神文明建设以培育和践行社会主义核心价值观为根本,唱响主旋律、传播正能量、树立新风尚,城乡居民文明素质和社会文明程度普遍提升,文明创建成果喜人。在柳州市优秀志愿者、优秀志愿组织、志愿服务先进单位、志愿服务先进县区评选活动中被评为志愿服务先进县区。荣获柳州市"文明创建·助力创城"文明交通劝导志愿服务先进单位。荣获柳州市"家和万事兴　争创文明城"——家风家训情景剧比赛优秀组织奖。3个文明单位被授予自治区文明单位荣誉称号,47个文明单位顺利通过自治区文明单位审核,辖区市公安局交警支队、市工商局、市海事局入选全国文明单位候选名单。陈文被评为柳州市"最美柳州人"年度人物。城中区首届"感动城中"2016年度人物评选活动得到社会各界广泛关注,梁双成等10人获得"感动城中"

2017年4月21日，城中区五老报告团、爱心公益献血团队荣获“感动城中”2016年度人物特别奖　　（区委宣传部　供稿）

十大年度人物奖，张献军等10人获得“感动城中”十大年度人物提名奖，区五老报告团等2个集体获得“感动城中”年度人物特别奖，圆之园乐队等3个集体及个人获得“感动城中”年度最受欢迎网络人气奖。

【精神文明基础得到夯实】 2017年，城中区注重抓好基层精神文明建设，夯实精神文明建设基础。2月23日，城中区召开2017年区宣传工作会议，区委常委、宣传部部长、副区长叶永东传达全国、自治区、柳州市宣传工作会议精神，并对2017年的宣传思想工作进行部署。参会全区文明委各成员单位负责人深入学习会议精神，统一思想、认清形势、提振精神，凝聚共识，明确前进方向。区委文明办通过以会代训的形式，加强区文明委各成员单位之间的交流，提高基层精神文明建设工作者业务素质。先后组织全区志愿服务信息系统应用培训班，全区争创全国文明城市测评体系材料培训会，全区创建全国文明城市工作培训班。推动未成年人思想道德建设，未成年人思想道德阵地得到拓展。组织全国、自治区级文明单位和各级文明委成员单位为未成年人做一件好事、实事，近30余家单位为未成年人办好事、实事103件，累计金额70余万元。“童心向党”“喜迎十九大　争当时代小先锋”“戏曲进校园”“我们的节日”等10多项未成年人主题实践活动富有成效，参与人数8万多人次，进一步促进了未成年人思想道德素质的提升。年末，对全区“文明校园”主题教育活动进行考核评估，景行小学等7所学校成为柳州市文明校园。

【重点工作领域新突破】 2017年，城中区加强文明城市动态管理，把文明城市创建作为“一把手工程”来抓。调整充实城中区争创全国文明城市活动领导小组。召开全区各类创城工作动员会、协调会、推进会、现场会、反馈会10次，下发《全国文明城市测评体系任务分解》，将任务分解到各责任单位，成立城中区争创全国文明城市挂点巡查组，严格按照“一天一曝光、一周一分析、一月一通报”的工作要求，对创城工作中出现的突出问题逐一进行梳理，推进文明城市创建常态化、制度化。深入开展“讲文明树新风”公益广告宣传。组织开展第三届全区“讲文明树新风”公益广告征集活动，策划制作具有城中特色的公益广告精品《环江滨水

2017年3月3日，城中区举办“学雷锋争当志愿者·共创文明美丽城中”志愿服务活动　　（区委办《大事记》　供稿）

大道宣传片》。发放“创城”海报5万张、宣传折页2.5万份,下发遵德守礼牌、楼层贴及文明餐桌相关宣传用品6万份。制作社会主义核心价值观及创文明城户外墙体喷绘4200多平方米,积极培育和弘扬社会主义核心价值观,传递正能量,开展文明交通劝导活动。5月,市委文明办下发《关于广泛开展文明督导活动的通知》,辖区共有40余家文明单位积极参与文明督导活动,每周六、周日组织安排30余名志愿者在辖区各重点路口开展文明交通劝导。充分调动广大干部、群众的自觉性,在辖区10个路口开展文明交通劝导活动,活动期间共有841名志愿者参与活动。提高城市文明交通氛围和群众出行安全感。此外,各项主题实践活动成效显著。“微笑柳州”“道德巡讲巡演”“星级文明户”活动蓬勃开展,诚信建设制度化取得新成效,文明旅游宣传持续推进。联合举办第一届城中区“文明家庭”评选活动,评选出10户全区“文明家庭”。志愿服务品牌培育力度进一步加大,打造金沙角志愿服务站及五月花书吧。

【宣传工作取得新成效】 2017年,城中区文明办协助做好《创城热线》栏目访谈。发挥“品质城中”公众微信号、手机客户端作用,实现全媒体大容量集中报道、推送,全区精神文明建设工作成果和先进典型事迹得到广泛展示,深入人心。其中,在“文明中国”手机APP等网络媒体为“学雷锋志愿服务‘四个100’先进典型活动”互动投票人数千余人;参与第四届自治区道德模范韦金喜、朱世文网络评选投票4000余票,活动的覆盖面和群众参与度比往届更广泛。开展“我们的节日·春节、元宵节——辞旧迎新、祝福美好”暨“文化惠民——免费书写春联”系列主题活动、“和谐建设在基层”2017(丁酉)年春联作品征集活动、编撰出版《柳娃漫说社会主义核心价值观》漫画读本等等。通过群众喜闻乐见的形式,让核心价值观宣传得到形象化解读、故事化表达,走进人们心灵。

科学技术 2017年,城中区财政投入科技经费1062.5万元,实施科技项目7项。申请发明专利906件,获授权442件,科技成果转化4件。2家科技企业孵化器获市级认定,5家众创空间获市级备案,2家众创空间获自治区级备案,柳州市够力金融服务有限公司等5家企业被定为国家高新企业。举办城中区首届创新创业大赛,推动辖区小微企业科技创新。

教育 2017年,城中区探索集团办学模式。12月18日,柳州市首个公办幼教集团——市直机关幼儿园教育集团成立,龙城中学教育集团、文韬小学暨文惠小学教育集团总部成立。投入资金2.71亿元,新建河东幼儿园、前茅小学等4所学校整体项目,并按期竣工投入使用。制订《城中区德育工作评估体系》,坚持“以德立人,德育先行”的育人原则。开展全国第三届“关爱明天 普法先行”青少年普法教育活动及“零犯罪学校”创建活动。组队参加柳州市第十四届校园文化艺术节。推进校园足球活动,市十二中、市公园路小学等9所中小学被评为全国青少年校园足球特色学校。城中区被评为自治区足球试点县(区)、全国校园足球先进县(区)。全年辖区各校获市级以上奖项242项,其中国际级竞赛8项、国家级54项、自治区级29项、市级151项。

文化体育 2017年,城中区制订并实施《关于加快构建现代公共文化服务体系的实施方案》。群众文化:继续做强“欢乐城中”文化品牌,开展“我们的节日”主题大型系列文艺演出、柳堤大众舞台“月月演”“我们的中国梦 文化进万家”优秀节目巡演、“文化走基层——送戏下乡”等活动783场。《欢天喜地》《妈妈的饺子》《火红的壮乡》等9部优秀作品获自治区级奖项。新建成文化馆、图书馆、档案馆。开展全民阅读活动,在全社会营造“读书好、读好书、好读书”的浓厚氛围,组织文化讲座、阅读推广活动20场,放映公益电影134场。保护文化遗产,开展中小学“戏曲进校园”活动,推动戏曲事业传承和振兴,拍摄《“非遗”传承录—螺蛳粉纪录片》。全民健身活动:举办“欢乐城中”气排球大赛、千人健步走、太极剑(拳)比赛、五人制足球赛、轮滑、篮球、象棋、广场健身舞、拔河、羽毛球、乒乓球、篓竹、门球等活动,各年龄层次的人群都能参与到全民健身活动当中,圆满完成200人的国民体质监测工作,举办1期社会体育指导员(足球专项)培训班和10期“八段锦”社会体育指导员培训班;体育赛事:4月,配合市级部门做好2017年柳州世界铁人赛。6月,举办“欢乐城中 远道香颂诺丁山”杯2017年柳州市第一届U45足球联赛。9月,举办“欢乐城中·中辰阳光郡”五人制足球比赛。举办城中区“舞动广西　我是舞王”广西民族健身舞比赛，有19支健身舞团参赛，获得城中区“舞王”称号的城中区红舞鞋艺术团代表柳州市参加自治区比赛，参赛的民族健身舞《火红的壮乡》获得第二名。举办“2017年中国柳州体育舞蹈全国公开赛暨体育舞蹈柳州邀请赛公开赛”，承办“2017年中国柳州世界水上极速运动大赛”。认真做好“2017环广西公路自行车世界巡回赛”城中赛段风貌改造、宣传氛围营造、志愿者招募、安保等工作，确保这一世界顶级自行车赛事圆满成功。

卫生计生　2017年，城中区城镇居民和农村居民参加基本医疗6.63万人，参保率104.2%，建立居民健康档案13.49万份，建档率79.5%。城中区投入基本公共卫生服务资金845万元，筹建河东街道社区卫生服务中心，柳东卫生院通过自治区“群众满意乡镇卫生院”评估验收。创建全国基层中医药先进单位，12月，通过国家级督查。12月城中区疾病控制中心挂牌成立。全面落实“两孩”政策，办理二孩生育登记1066人。发放计划生育各项奖励扶助金366.41万元。全年举办健康教育知识讲座69场次，参加讲座及接受健康咨询6.8万余人次，发放健康知识印刷资料8.9万余份。

劳动就业和社会保障　2017年，城中区城镇新增就业1.12万人，失业人员再就业2398人，就业困难人员再就业860人。城乡居民基本养老保险参保4417人，其中60周岁以上领取待遇人数1214人，发放率100%。城区财政筹措资金67.09万元，足额将财政部门划转的中央财政下拨专项补助资金和自治区财政下拨的专项补助资金计入社保专户。

民政救助　2017年，城中区全年发放城市低保金352万元，救助5733户次8657人次，平均救助水平达到408元/人·月；发放农村低保金17万元，救助402户次690人次，平均救助224元/人·月。发放困难残疾人生活补贴1111人，金额10.73万元；发放重度残疾人护理补贴1904人，金额9.52万元；发放重度残疾人特困生活补助901人，金额25.05万元。

社会综合治理　2017年，城中区公安“110”平台接警案件3866起，比2016年下降12.5%，立各类刑事案件2249件，破案1202件，破案率53.5%，检察机关批捕犯罪嫌疑人356人。审判机关受理各类案件8935件，审结6974件，审结率78%。排查矛盾纠纷案件1681件，调解案件1681件，调解成功1677件，调解率100%，调解成功率99.8%。

食品药品安全　2017年，城中区制订印发《柳州市城中区创建广西食品安全城市实施方案》，将食品安全与城市创建工作的组织管理、能力建设、日常监督执法、企业主体责任等六大方面34项任务96项指标落实到责任单位。办理食品经营许可审批1542件，小餐饮登记8件，小摊贩备案129件。出动执法人员1.12万人次，检查经营户2999家次。二类医疗器械备案现场核验17家，完成食品抽检315批次，化妆品抽检58批次，药品抽检25批次。办理“12331”投诉举报案件306件，查处违法经营案件59起，罚没款23万元。完成药品经营企业GSP跟踪检查26家，药品不良反应上报592例，完成160%；医疗器械不良事件上报198例，完成86%；化妆品不良反应上报18例，完成360%。餐饮服务“明厨亮灶”工作完成率26.8%，量化分级完成率达65%。生产电子监管平台检查覆盖率100%，流通电子监管平台检查覆盖率38.8%，餐饮电子监管平台检查覆盖率48.7%。

柳侯公园　　（《品质城中》编辑部　供稿）

城中区国民经济和社会发展主要指标表(2017年)

项目	单位	数量	比上年增减(%)	提供数据部门
年末户籍人口	万人	16.28	3.8	市统计局
年末常住人口	万人	17.39	1.5	
当年出生人口	人	2029	22.6	区卫计局
人口出生率	‰	10.78	1.27	
人口死亡率	‰	2.3	0.18	
土地面积	平方千米	77.56	0	区国土分局
年末实有耕地面积	公顷	347.9	8	
地区生产总值	亿元	308.06	9.5	区统计局
其中:第一产业增加值	亿元	1.06	3	
第二产业增加值	亿元	108.85	9.7	
工业增加值	亿元	75.40	12.8	
第三产业增加值	亿元	198.15	9.4	
粮食总产量	万吨	0.11	−15.4	
规模以上工业企业利税总额	亿元	7.78	−7.8	区统计局
人均地区生产总值	元	178431	7.9	区统计局
固定资产投资完成额	亿元	243.05	10.4	
全部财政收入	亿元	26.48	8.5	
其中:公共预算收入	亿元	5.98	5.84	
公共预算支出	亿元	7.5	13.98	
社会消费品零售总额	亿元	179.21	10.1	
城镇居民可支配收入	元	39978	7.7	
农民人均可支配收入	元	20675	8.4	
普通中学(未含高中)	所	6	0	区教育局
普通中学在校生	人	8900	3.35	
小学	所	13	−18.75	
小学在校生	人	16583	−4.02	

编辑:韦　冰

年度关注

创新城管模式　打造最美画廊

柳州市城中区综合治理环江滨水大道纪实

柳州市环江滨水大道，环绕百里柳江画廊中的精品景区，有城市绿肺莲花山、百年龙眼林、柳州古八景之一的“龙壁回澜”等。自2017年初通车以来，沿路如画的风景吸引了众多市民和游客观光游玩。但随之而来的露天烧烤、乱摆乱卖乱象开始出现，不仅破坏了景致，还带来各种隐患。

为了保护百里柳江画廊，打造最美的环江滨水大道，柳州市城中区城市管理行政执法局创新城市管理模式，从“点”到“面”的管理上均开创先河，取得良好的成效和社会效应。

整体部署　健全机制

柳州市环江滨水大道，起于河东大桥东端桥头，沿柳江沿岸经鹧鸪江大桥、三门江大桥至静兰大桥西，总长约30公里，沿线及周边有23个村屯和32个沿边停车场，总面积约4211公顷。

城中区城市管理行政执法局为此增设环江中队，联合交巡警、环卫等多个部门，把环江滨水大道的市容秩序、环境卫生、交通秩序等公共管理方面的工作纳入日常管理，对环江滨水大道进行相对独立的管理。

柳州市城中区城市管理行政执法局环江中队依据《柳州市莲花山保护条例(草案)》《城中区莲花山地区管理实施方案》，制定了具体的工作管理实施方案，对环江滨水大道沿线及周边开展市容市貌日常管理、整治。

柳州市城中区委、区政府主要领导多次强调，开展城市管理工作，必须要有一支纪律严明的队伍。为此，柳州市城中区城市管理行政执

城中区环江滨水大道　　（区委宣传部　供稿）

法局制定和完善相应的管理制度并予以施行。通过“大培训、大考核、大督查”的工作部署,以准军事化的模式,全面加强队员法律知识、业务技能以及如何应对突发事件等方面培训,全面提高城管队伍执行力、战斗力,促进工作效能提升。建立定期军训制度,将准军事化管理贯穿城管工作全过程,培养城管队员听从指挥、乐于奉献、敢打敢拼的斗志,并健全考核激励机制,充分调动了执法队员的工作积极性。

城中区环江滨水大道　（区委宣传部　供稿）

整治乱象　守护风景

环江滨水大道沿线山水秀丽、景观怡人,但有不少市民在此违规烧烤,且过后往往留下一片狼藉,大煞风景。

2017 年 10 月底,城中区城市管理行政执法局在沿线设置 46 块固定式警示牌,并开展专项整治。

城管执法人员巡查发现,各种烧烤乱象,让原本秀丽的滨江风光乌烟瘴气,杂乱无章。有的将烧烤炉架直接悬空在河面上,有的在现场搭建帐篷,设置电瓶、照明灯,有的一边烧烤,一边打起红薯窑……大多数烧烤点集中在滨水大道沿途草地,个别则设在路边人行道。

在前期的集中宣传阶段,最多的一天曾劝离 150 多个烧烤点,一个星期内整治 409 例。执法人员对被劝离的烧烤当事人发放城市管理相关的法律法规手册,面对面进行宣传劝导,该举措取得了明显的效果,违规烧烤现象大幅减少。

环江滨水大道全线贯通后,沿线地块价值飙升。在利益的驱使下,违建出现回潮现象。部分违建当事人在没有取得任何规划、建设许可手续的前提下,大兴土木建起农家乐,或者以自住的名义,沿途盖起宽敞的住宅楼房,环绕柳江的风景线刚刚贯通,就开始受到违建侵蚀。

自 2017 年 4 月开始,柳州市城中区对沿线抢建的违建,依法拉开重拳打击的序幕。截至目前,环江滨水大道沿线共拆除违法建筑 42 户,违建总面积 70000 多平方米。有效地遏制了抢搭抢建风气的蔓延。

联合治理　共同维护

2016 年 8 月 31 日,柳州市委书记郑俊康对烧烤乱象作出批示,柳州市城市管理委员会办公室随后针对桥底、沿岸河堤烧烤,出台整治行动方案,要求“对家庭、朋友聚会等自发形成的露天烧烤行为要加强教育,对屡教不改的要依法暂扣烧烤用具,并向全社会公布其不文明行为”。

2017 年来,除了城管部门每天对环江滨水大道沿线的露天烧烤和各类违规行为进行整治外,城中区公安分局也安排人手,按每天 6 班次的密度对环江滨水大道巡查。城中区环卫部门在环江滨水大道沿线增加投放垃圾箱和保洁班次,保障道路的干净整洁。

据了解,一些流动商贩总是想尽办法钻漏洞,往往是城管执法人员前脚走,后面就又随意占道摆摊设点;当城管队员发现后进行管理时,有些商贩以“不知道这里不能摆摊”为由强词夺理,而市民的休闲式烤烧也屡见不鲜。

根据《广西壮族自治区实施〈城市市容和环境卫生管理条例〉办法》,对于占道经营、露天烧烤,城管部门可处以 200 元至 1000 元罚款。对休闲烧烤的普通市民,城管部门虽然一般都以教育为主,但这并不意味着城管部门不会动用执法权。城管执法人员呼吁,市民如果发现有占道经营的违章现象,可以现场提醒告诫,也可向“12319”城市管理热线投诉举报,共同维护市容环境卫生和景观道路的公共秩序。　（邓湖广）

城中区：打出乡村建设“组合拳” 打造乡村建设“升级版”

谭 薇

2017年以来，城中区创新工作方法、强化工作措施，打出乡村建设“组合拳”，有力助推“宜居乡村”建设上台阶、上水平，使山水更绿、村民更富、村庄更美。

强化大局意识，增强乡村建设的责任感和紧迫感。为将“宜居乡村”工作抓紧、抓好、抓出成效，城中区各级各部门牢固树立“一盘棋”的思想，从全区经济社会发展大局出发，密切配合、真抓实干，打造“美丽城中”乡村建设升级版。城中区制定了“产业富民”“服务惠民”“基础便民”“示范村建设”4个专项活动方案并成立了4个专责小组，层层分解任务、落实责任，形成了区委、区政府主要领导亲自抓，牵头单位具体抓，各责任单位、涉农街道办、村“两委”、驻村工作队员等齐抓共管的“大乡村建设”格局。

强化责任担当，打好乡村建设的持久战和攻坚战。城中区认真贯彻落实《广西壮族自治区清洁乡村条例》精神，将“清洁乡村”“生态乡村”“宜居乡村”工作一同部署、一同推进、一同检查。在实际工作中，结合全国农村生活垃圾治理验收工作、“冲刺第五届全国文明城市暨国家卫生城市复审年”活动、环广西公路自行车世界巡回赛赛道沿线环境综合整治、清理整治违法建设“飓风行动”等活动，按“一清二拆三整理”（即清理垃圾，拆除违章建筑和乱搭乱盖、拆除有碍观瞻的临时建筑和闲置建筑，整理房前屋后环境、整理杂物、整理村庄环境）的要求，加大对乡村清洁卫生的整治力度，总体消除环境“脏、乱、差”现象，营造洁净、优美的生产生活环境。

强化党员作用，发挥先锋模范和战斗堡垒作用。城中区有在职党员3022人、党支部410个。城中区充分发挥党员的先锋模范作用和党支部的战斗堡垒作用，通过不断增强农村基层党组织政治功能和服务功能，助推乡村建设上台阶、上水平，让农民群众有更多获得感和幸福感。各村建立便民服务站，组建党员为民代理服务队，开展“党员承诺制”“党员示范岗”等活动，党员带头维护乡村和公路沿线环境卫生，为村民和游客提供贴心服务；加强村党组织带头人队伍建设，大力培养农村致富能手；党员模范带头助推城中村产业发展步伐，城中村成为“三产”发展黄金地；组织失地农民技能培训，提高农民就业能力。城中区通过打造一批示范效应好、带动作用强、个性特色鲜明的农村党组织示范群，推动农村基层党建工作全面进步、全面过硬，涌现出村民富、环境好、风气正的环江村、柳东村等自治区级“绿色村屯”，创自治区级“五星级”党支部5个，四星级党支部1个。

雷村屯设计效果图 （区委宣传部 供稿）

强化示范引领，形成以点带面和串珠成链的良好格局。城中区整合资源投入7500万元对雷村屯开展了以风貌改造为主的“综合示范村”建设。根据规划，雷村屯重点开展房屋外立面改造、骑行驿站景观改造、古渡遗风景观改造、水电通信管网设施综合部署以及村屯基础设施建设等；建设100亩的现代农业采摘园、集吃住玩购物于一体的四星级农家乐；启动环江滨水大道美丽乡愁文化项目，深入挖掘、整理雷村屯的历史文化，增加文化底蕴和吸引力。通过一系列规划设计的建设落实，雷村屯将进一步增强现代农业及民宿经济的带动作用，实现从单一产业或住宿空间功能，向综合产业、居住旅游、住宿餐饮、休闲娱乐等复合空间功能转变。

如今的雷村屯瓜果飘香、风景独好、乡风文明、游客不断，综合示范村已渐露雏形、初显效益。城中区将通过雷村屯的示范引领，以点带面，带动其他各村屯的“宜居乡村”建设，大力推进乡村产业结构调整和优化升级、大力推进城乡公共服务均等化、大力推进乡村基础设施建设，打造一批“生态宜居、产业互动、农旅融合、富裕文明”的综合性、示范性、辐射带动作用强的示范村，为柳州市民打造一条“山水秀美、生态宜居、城景交融、和谐发展”的黄金生态旅游线，争创广西展示美丽乡村建设和统筹城乡发展成果的示范样板。

强化问题导向，破解乡村建设的瓶颈和困局。针对“清洁乡村”“生态乡村”长效机制尚不健全；群众主体作用发挥有待提高；乡村建设资金不足，把生态优势转化为发展优势的办法不多等问题，城中区牢固树立创新、协调、绿色、开放、共享五大发展理念，根据村屯发展基础、人口规模、资源禀赋、民俗文化、农民群众实际需要等方面的差异，以问题为导向，因地制宜、因村施策，整合人、财、物等资源、协同推进项目建设，使“宜居乡村”活动开展既能很好贯彻中央、自治区精神，又能体现城中区特色。项目建设力求切合村屯实际、符合农民需求、彰显农村特色，切实避免盲目攀比、贪大求全、增加群众负担等现象，杜绝花架子和各种形象工程。

（作者单位：区乡村办）

以监督执纪“四种形态”　打造新型“干部之家”

李祥富

当前，社会上有到纪委“串门”的要么是来举报别人的“好同志”、要么是去交代问题“阶下囚”的片面说法，因此，如何从严从实、从早从细，管住“好同志”到“阶下囚”的中间地带，需要从基层纪检监察机关主动出击。以监督执纪“四种形态”入手，按照“惩前毖后、治病救人”方针和宽严相济政策，管住干部“中间地带”，让广大干部有事主动找纪委反映，有不懂的问题主动找纪委咨询，犯错时主动向纪委倾诉并寻求帮助，以打造新型“干部之家”。

胡锦涛多次谆谆告诫和殷切希望我们广大纪检监察干部，要增强政治责任感和工作紧迫感，发扬光荣传统，与时俱进，开拓创新，要“做党的忠诚卫士，当群众贴心人”，做到为民、务实、清廉，树立可亲、可信、可敬、可爱的形象。要胸襟坦荡，光明磊落，以宽阔的胸怀对待同志，有容人、容事、容错之量。坚持以事业为重，多谋事，少谋人，努力形成凝心聚力谋发展抓硬件，全心全意服务干部，服务大局的观念。把基层纪检监察机关真正建成干部之家，让所有干部充分感受到组织的关怀和“家”的温暖，使纪检监察干部成为

美丽的雷村屯三面环江　　（区委宣传部　供稿）

组织上可托付、工作上可解难、生活上可信赖的人。

一、监督执纪“四种形态”总体思路

“四种形态”既是工作要求，更是责任担当。既是实践过程，也是工作目标，为新形势下深化落实全面从严治党战略，忠诚履行党章赋予的神圣职责，切实把纪律和规矩挺在前面、强化监督执纪问责指明了方向、提供了遵循。也为宽严相济政策提供了依据，对融洽基层纪检监察机关与党员干部之间的关系，以打造新型“干部之家”具有里程碑的意义。

城中区委常委、纪委书记黄水育（右一）在首个社区党风廉政教育微基地——金泰苑微型警示教育基地启动仪式　　（区委宣传部　供稿）

（一）正确把握实践监督执纪“四种形态”

破法必先破纪，破纪必有苗头。如果在出现苗头时，党组织能“大喝一声”“猛击一掌”，很多违纪违法问题就可能消灭在萌芽状态。因此，从严治党，要在运用“四种形态”上多下功夫，抓常、抓细、抓长，让红红脸、出出汗成为常态，使党内政治生活有战斗性和锋芒，真正严肃起来。把握运用“四种形态”，一不能误读，二不能误判更不能误处，关键在第一种形态上下功夫，把基层纪检监察机关建设成“干部之家”。

1. 实践“四种形态”是对弘扬党的优良传统和作风的回归。早在延安整风运动中，我们党就从丰富的实践经验和深刻的历史教训中总结出“惩前毖后、治病救人”方针，正如毛泽东指出，好像医生治病一样，完全是为了救人，而不是为了把人整死。“四种形态”要求运用好批评教育、组织处理、谈话函询、纪律处分等方式，对党员干部违规违纪行为做到宽严相济、区别情况、对症下药，给有问题的干部“回头是岸”的机会，既是治“已病”，更是治“未病”，真正体现“严管就是厚爱”理念，更体现了纪委也是“干部之家”的理念。

2. 实践“四种形态”是对纪检干部履行监督责任的新挑战新考验。对纪委工作而言，实践“四种形态”，责任不是轻了，而是更重了，执纪的力度不是小了，而是更大了。监督执纪要从原来的重点盯违法、盯少数转变为盯违纪、管全体，既要治“病树”、拔“烂树”，又要保护“森林”，这对纪检监察干部及时发现问题线索、分类处置问题、提高纪律审查效率等都提出了新的更高要求，必须提高思想政治水准和把握政策能力，实现惩处极少数、教育大多数的政治效果和社会效果。

（二）狠抓“惩前毖后　治病救人”方针

惩前毖后、治病救人，是我们党从丰富的实践经验和深刻的历史教训中总结出来的。什么是“惩前毖后”？毛泽东在《整顿党的作风》中指出，“对以前的错误一定要揭发，不讲情面，要以科学的态度来分析批判过去的坏东西，以便使后来的工作慎重些，做得好些”。什么是“治病救人”？毛泽东进一步指出，“我们揭发错误、批判缺点的目的，好像医生治病一样，完全是为了救人，而不是为了把人整死。任何犯错误的人，只要他不讳疾忌医，不固执错误，以至于达到不可救药的地步，而是老老实实，真正愿意医治，愿意改正，我们就要欢迎他，把他的毛病治好，使他变为一个好同志”。对于犯错误的同志不能“一棍子打死”或“置之死地而后快”，而应依照我们党“惩前毖后、治病救人”的一贯方针，帮其改正、改了就好。这是我们党对待和处理犯错误同志秉持的科学态度和方法，也是成熟的执政党走向兴旺发达的重要标志。基层纪检监察机关“干部之家”要起到监督作用，要围绕党在一个时期的中心任务开展工作，纪委的职责定位、方式创新、作风转变，都必须充分体现惩前毖后、治病救人的方针。纪检干部对党忠诚，就要坚决维护党的纪律，在敢于亮剑、“拔烂树”的同时,对犯错误同志应采取慎重态度,不应简单草率,一“处”了之。“惩”不“痛”,则不“通”。若要“心”“通”,“干部之家”还要拿出真心挽救的本事,把惩前毖后、治病救人的方针做深做实,使犯错误的同志真心感受到党组织的关怀和温暖,更好地改正错误、真心向党。

(三)宽严相济政策,管住干部“中间地带”

习近平总书记强调,各级党组织要担负起全面从严治党主体责任。全面从严治党,核心是加强党的领导,基础在全面,关键在严,要害在治。实践证明,如果各级党组织认真履行全面从严治党的主体责任,对党员干部的教育管理监督更加从严从实、从早从细,管住从“好同志”到“阶下囚”的中间地带,不少党员干部就不至于从违纪滑向违法的深渊。

“干部之家”应该突出王岐山倡导的“严管就是厚爱,信任不能代替监督”的内涵,为此,城中区委积极开展廉政谈话和警示教育,对干部出现的小毛病、小问题及时敲打、告诫,早打预防针、常敲警示钟,当好“保健医生”。2016 年 1 月—8 月区委主要领导开展集体廉政谈话、廉政约谈 3 批 593 人次;区纪委主要领导约谈各级领导干部 9 批 132 人次;各级党员干部 3447 人次签订了《廉洁承诺书》。通过门户网站、微信公众平台向社会通报曝光违纪案件 11 批次,涉及 50 人次;召开“以案明纪”警示教育大会 2 场次、纪律审查推进会 1 场次。打造纪检监察机关新型“干部之家”,对于“中间地带”的干部更要通过关爱保护、教育提醒、监督管理、惩罚训诫、表率示范、鼓励进步等六个方面来体现对干部的“厚爱”,让所有党员干部感受到组织的关怀和“家”的温暖。

二、打造新型“干部之家”主要做法

(一)加强干部队伍建设,提升干部政治认识,奠基“干部之家”

建设新型“干部之家”要集中机关各部门的力量,团结每一位干部,以廉政教育为抓手,重点开展示范教育、警示教育和岗位廉政教育,增强拒腐防变意识,把干部团结到党的周围。开展争创“廉政部门”和“廉洁干部”等活动,向全社会开展廉政文化宣传,大力营造廉政氛围,推动廉政文化发展繁荣。对党内监督各项制度要认真履行,加强对党政领导班子特别是主要领导干部的监督,以及对关键岗位、重点环节的监督,不到位的要严格按照“一案双查”追究相关责任。党员领导干部要主动学习《中国共产党廉洁自律准则》、《中国共产党纪律处分条例》《中国共产党党内监督条例》、中央“八项规定”精神等规章,加强党性培养,提高干部们的廉洁从政意识,增强自身的约束力;纪检干部要以身作则,率先垂范,践行十八大以来的各项精神,坚持依纪依法、安全文明办案,推进办案规范化建设,推行案件质量评析制度,不断提高案件查办质量和水平。健全反腐败领导体制和工作机制,充分发挥组织协调作用,集中力量解决反腐倡廉建设中人民群众反映强烈的突出问题。保持惩治腐败高压态势,把查办案件作为从严治党、惩治腐败的关键环节,严肃查处官商勾结、权钱交易、买官卖官、行贿受贿、失职渎职和严重侵害群众利益等案件,以反腐败工作的实际成效取信于民。同时也要坚持问题导向,做到小错约谈提醒、咬耳扯袖、红脸出汗成为常态,党纪轻处分和组织处理要成为大多数,为把纪检机关建成“干部之家”奠定基础。

(二)深化落实“三转”,完善制度建设,搭建“干部之家”

结合基层纪委的实际情况,按照“转职能”的要求,开展清理纪检监察机关参加的议事协调机构的工作,把不该管的工作交还主责部门,把该管的工作管好管到位,将有限的力量集中到拳头上,聚焦到主业上来,种好自家“责任田”;“转方式”,在外部环境上,更注重发挥网络、新闻媒体、群众监督的作用,更广泛地依靠群众的参与,拓展监督方式。在内部环境上,突出明察暗访、公开曝光、专项检查等,转变工作方式,使各项检查能真正查到实处;“转作风”深入基层开展工作,着重加强对基层组织的业务指导和帮助,大胆走基层,走部门,问党员干部的思想动态,问党员干部的工作情况,问党员干部的生活状况。化解干部的思想问题,解决干部的工作疑难,消除干部思想顾虑,使他们乐于向纪委“诉苦”。

(三)切实运用监督执纪“四种形态”,建成“干部之家”

监督执纪“四种形态”即让咬耳朵、扯袖子,红红脸、出出汗成为常态,党纪轻处分、组织调整成为大多数,重处分、重大职务调整的是少数,而严重违纪涉嫌违法立案审查的只能是极少数。这是对党的十八大以来管党治党实践经验的总结,是纪律检查机关开展监督执纪问责的基本要求,在全面从严治党新形势

城中区委常委、纪委书记黄水育（左二）参加静兰村“两学一做”教育活动　　（区委宣传部　供稿）

下，正确把握监督执纪“四种形态”对管好“中间地带”的干部意义重大。从防微杜渐、未雨绸缪到绳之以法、严惩不贷，“四种形态”为纪律审查提供了基本规范，明确了执纪重点，规范了执纪流程，在信访举报受理、问题线索排查等环节，都要以“四种形态”为标准，进行分类处理。对不收敛、不收手的严重违纪违法行为，从严从重处理，形成威慑，以减少腐败存量，遏制腐败增量。对苗头问题及时教育提醒，抓早抓小，关口前移，通过面对面谈话提醒等方式，与干部零距离接触，做到苗头性、倾向性问题早发现、早提醒、早纠正、早处理。在日常工作中围绕加强对干部的培养、教育、管理等目标，拓宽约谈对象，着力把纪检监察机关建成“干部之家”，要让党员干部想干事能干事，敢担当善作为，要构建容错负责机制，对改革创新中的一些工作失误、无意过失要区分对待，鼓励干部改革创新、有新作为，要保护和激发干部的工作激情和活力，积极为干部澄清是非，弘扬正气，营造风清气正氛围，使纪检检察机关成为创业干事干部的家。

“惩前毖后，治病救人”是党的一贯方针，多年来在管理干部上秉持着“严管就是厚爱”的认识，但往往缺乏具体的标准，对“严”没有一套精细化的落实流程，日常化提醒教育监督干部上力度不足，“四种形态”的提出，凸显了组织保护干部的初心本意，也是把基层纪委建设成“干部之家”必须遵循的常态管理手段。

践行“四种形态”就是惩前毖后、治病救人，它改变了要么是“好同志”、要么是“阶下囚”的状况，真正体现对党员的严格要求和关心爱护。我们要通过发挥关爱保护、教育提醒、监督管理、惩罚训诫、表率示范和鼓励进步等职能作用，把纪检监察机关建设成为新型“干部之家”，让广大干部有事愿找纪委反映，不懂愿找纪委咨询，犯错愿向纪委倾诉。使小错批评提醒，咬耳扯袖、红脸出汗成为常态；使动辄则咎，党纪轻处分，组织处理成为常态，坚决遏制腐败增量。

（作者单位：区纪委）

编辑：刘世平

中共柳州市城中区委员会

【中共城中区委机构概况】 2017年，中共城中区委员会设8个工作部门：办公室、组织部、宣传部、统一战线工作部、政法委员会、直属机关工作委员会、区机构编制委员会办公室和纪律检查委员会。中共城中区委辖党委24个，党工委10个，党总支9个，党支部506个，党的基层组织539个，党员7144名。1月，成立党委巡察办，设在同级纪委机关，与纪委机关的一个内设机构合署办公。6月，设立城中区纪委派驻机构，分别为：区纪委驻区委办纪检组、区纪委驻政府办纪检组、区纪委驻政法委纪检组。2017年，中共城中区委带领各级党组织和广大党员干部群众，全面贯彻落实党的十九大、十九大一中全会、习近平总书记视察广西重要讲话，紧密团结在以习近平为核心的党中央周围，坚决贯彻落实党中央的战略部署和自治区党委、市委的工作要求，牢固树立创新、协调、绿色、开放、共享发展理念，全力营造“三大生态”，认真分解“七大优化升级”，围绕“创新”，广开思路、广纳良言、开拓创新，以扎实的工作，力争在创新驱动、结构转型、城乡发展、共享成果和党的建设上实现“五新”跨越：抓好全面创新战略实施，在创新驱动上谋求新突破；抓好转变经济发展方式，在结构升级上谋求新成效；抓好统筹联动协调发展，在城乡发展上谋求新格局；抓好以人为本服务宗旨，在共享成果上谋求新发展；抓好全面从严治党核心，在党建工作上谋求新局面。努力开创“品质城中、幸福生活”建设新局面，为在全市率先全面建成小康社会，打造广西商贸金融、科教文化强区而努力奋斗。

重要会议

【中共柳州市城中区第十届委员会第四次全体（扩大）会议】 2017年1月11日，中共柳州市城中区第十届委员会第四次全体(扩大)会议在河东管理大厦三楼第一会议室召开。会议听取、讨论和审议区委书记金忠代表区委常委会作《奏响不忘初心主旋律　开启品质城中新征程》的工作报告。区委副书记、区长李柳彬传达自治区、柳州市经济工作会议精神并部署城中区2017年经济工作。出席会议的有区委委员28人、候补委员7人。列席会议的有区四家班子、区人武部、法院、检察院的处级领导，区机关各部委办局、各街道、区属事业单位的领导干部121人、特邀人员12人。

【城中区组织、宣传、统战、政法工作会议】 2017年2月23日，城中区组织、宣传、统战、政法工作会

2017年1月11日，党委十届四次全会　　（区委宣传部　供稿）

2017年1月11日，区委书记金忠在中共柳州市城中区委十届四次（扩大）全会上
（区委宣传部　供稿）

议在河东管理大厦三楼第一会议室召开。会议传达自治区和柳州市组织、宣传、统战、政法工作会议精神，听取区委组织部、宣传部、统战部、政法委2016年工作总结和2017年工作部署。

【自治区党委第一巡视组巡视城中区情况反馈会】 2017年6月29日，自治区党委第一巡视组巡视城中区情况反馈会在河东管理大厦三楼第二会议室召开。根据自治区党委统一部署，自治区党委第一巡视组于2017年2月23日至5月23日对城中区开展巡视，自治区党委书记专题会议和自治区党委巡视工作领导小组会议分别听取巡视情况汇报。会上，自治区党委第一巡视组向柳州市城中区反馈巡视情况。第一巡视组副组长彭绍萌向城中区委书记金忠进行反馈。彭绍萌代表巡视组向城中区领导班子进行反馈。市委常委、宣传部部长、副市长焦耀光代表市委就整改工作作了讲话。区委书记金忠主持会议并作表态讲话。

【自治区党委第一巡视组巡视城中区反馈意见整改工作部署】 2017年7月9日，城中区召开自治区党委第一巡视组巡视城中区反馈意见整改工作动员部署会，会议要求各单位统一思想认识，落实整改责任和要求，虚心接受第一巡视组指出的问题，并认真研究整改措施，按照第一巡视组要求抓紧抓实整改落实。7月10日，召开区委常委会专题研究整改工作方案，细化整改工作任务。要求整改方案于7月27日正式印发。成立以区委副书记唐伟为主任的整改工作办公室，下设综合组、协调组、宣传组、督导组4个工作组。会后，全区上下形成以区委书记抓总责、区整改工作办公室统筹协调、5个单位牵头抓总责、10个单位具体负责的工作格局。通过区委书记与整改办主任谈话、整改办主任与牵头单位负责人谈话、牵头单位负责人与责任单位负责人谈话，层层传导压力，压紧压实工作责任。

【城中区年中工作会】 2017年8月21日，城中区年中工作会议在河东管理大厦三楼第二会议室召开，会议传达贯彻自治区、柳州市年中工作会议精神，总结全区2017年上半年工作，研究部署2017年下半年工作，并对年中经济工作提出要求。区委书记金忠，区委副书记、区长李柳彬，区政协主席李梅、区委副书记唐伟等四家班子领导出席会议。

【城中精神宣讲会】 2017年10月19日，用“城中精神”引领打造一流干事创业团队主题宣讲会在河东管理大厦三楼第一会议室召开。会上，区委书记金忠传达党的十九大精神，重点结合城中区工作实际，总结“教育”“抗洪”“征地”“大爱”四大城中精神，对这四大精神以身边市民、党员干部为例，聚焦基层，关注民生，进行了深入阐述剖析。参加宣讲会有区人大常委会主任曾明、区委副书记唐伟等四家班子领导及各街道、社区、学校负责人、干部职工共300多人。

【发展壮大村级集体经济工作会议】 2017年11月13日，发展壮大村级集体经济工作会议在城中区河东管理大厦三楼第三会议室召开。区委副书记唐伟强调要加强对发展壮大村级集体经济工作的组织保障，做到“组织领导到位、项目政策到位、责任落实到位”，形成工作合力，破解城中区在发展壮大村级集体经济工作的难题。会议深入学习彭清华书记关于发展壮大村级集体经济的一系列重要指示，学习自治区发展壮大村级集体经济工作领导小组及柳州市发展壮大村级集体经济工作领导小组第一次会议精神。区委办、区政府办、区委组织部等单位主要领导参加了会议。

重大决策

【确定2017年年度经济社会发展预期目标】 2017年1月11日，中共城中区委在十届四次全体(扩大)会议上提出，城中区2017年经济社会发展预期目标是：地区生产总值增长7.5%左右；组织财政收入增长7%；城镇居民人均可支配收入增长8.5%，农村居民人均可支配收入增长10%；社会消费品零售总额、固定资产投资、招商引资等工作完成柳州市下达的目标任务。

【确定2017年工作总目标和战略重点】 2017年1月11日，中共城中区委在十届四次全体(扩大)会议提出：要牢固树立创新、协调、绿色、开放、共享发展理念，全力营造"三大生态"，认真分解"七大优化升级"，围绕"创新"这一关键词，广开思路、广纳良言、开拓创新，以扎实的工作，力争在创新驱动、结构转型、城乡发展、共享成果和党的建设上实现"五新"跨越：抓好全面创新战略实施，在创新驱动上谋求新突破；抓好转变经济发展方式，在结构升级上谋求新成效；抓好统筹联动协调发展，在城乡发展上谋求新格局；抓好以人为本服务宗旨，在共享成果上谋求新发展；抓好全面从严治党核心，在党建工作上谋求新局面。努力开创"品质城中、幸福生活"建设新局面，为在全市率先全面建成小康社会，打造广西商贸金融、科教文化强区而努力奋斗！

重要工作

【强化扶贫工作】 2017年2月16日，区委书记金忠带队到融安县长安镇安宁村检查精准扶贫工作，融安县委书记陈宏、县长陈文敏全程陪同。金忠一行通过看建设、问规划、查落实等方式察看了城中区扶贫帮扶项目，召开座谈会，听取相关工作情况介绍，与融安县、长安镇相关负责人共商扶贫对策。区委书记金忠提出要理清扶贫工作思路，重点在"精准"上下功夫，切实帮助贫困群众选择好切合实际的脱贫致富项目，确保脱贫效果；要用好上级相关政策，用活扶贫资金，强化资金监管；要留下工作痕迹，确保项目落地见成效。

【加强青少年普法教育工作】 2017年3月17日，城中区委召开2017年城中区创全国"青少年普法示范区"第二次推进会。会议强调进一步统一思想，深化认识，强化部署，做好城中区创建工作。参加会议有市关工委副主任刘伟加，城中区委副书记唐伟，区委常委、宣传部长、副区长叶永东，区委常委、组织部长、区关工委主任王琦，区关工委、文明办、综治办、司法局、教育局、团区委等部门负责人，各街道关工委主任和"五老"副主任、"五老"青少年普法教育志愿者30多人。

【强化党风廉政建设】 2017年，为贯彻落实《中国共产党问责条例》《中国共产党党内监督条例》，城中区委决定在全区范围内开展"纪律教育年"活动，进一步聚焦全面从严治党，突出管党治党政治责任，教育引导党员干部增强纪律意识、规矩意识。"两部法规"。4月7日，召开"两部党内法规"主题宣讲会，柳州市"两部党内法规"主题宣讲团成员、市委讲师团副团长陈谨礼应邀宣讲"两部法规"。参加宣讲

2017年1月6日，国家县域义务教育均衡发展督导组到城中区对均衡教育发展工作进行督导评估 （区委宣传部 供稿）

会的有区机关各党支部非领导职务党员干部代表、各街道、社区(村)非领导职务党员干部共250余人。

【推进“两委”换届顺利进行】 2017年5月11日,城中区召开2017年村(社区)“两委”换届工作推进会。会上,区委常委、组织部部长王琦传达自治区党委、市委和区委相关文件精神,通报村(社区)“两委”换届工作前期进展情况,副区长冷晶对做好下一步换届工作做部署安排。区委副书记唐伟出席会议并作讲话,参加会议还有区领导刘杰华、黄水育等。

【探索创新联建工作新模式】 2017年6月9日,城中区与广西科技大学在城中万达广场举办校地党建联建活动启动仪式,实现校地党建同频共振,互建共赢。仪式上,广西科技大学6个二级学院党委与城中区6个街道党工委签订校地党建联建活动党组织结对共建协议。双方党组织将在结对共建、双向宣讲、党员志愿服务、大学生党员骨干挂职锻炼、大学生社会实践创新、校企合作项目等多方面进行合作,达到互惠共赢的效果。城中区将为广西科技大学提供实践基地和个人展示平台;广西科技大学的学科、人才和人文优势也将助力城中区党建工作完善发展。广西科技大学将与城中区共同探索党组织联动、共同发展的新路子,扩大校地党建合作范围,提升基层党组织凝聚力、战斗力和创造力。参加仪式有城中区和广西科技大学的300多名党员和入党积极分子。

【推进乡村建设】 2017年8月1日,城中区美丽乡愁纪事馆群项目中的第一个民间馆——环江雷村木工馆正式揭牌开馆,区委书记金忠参加活动并为木工馆揭牌,标志着城中区美丽乡村建设向软文化环境转型升级。环江雷村木工馆,由城中区注入资金,引入柳州市创意协会,导入乡愁文化和木工体验项目,馆藏内容丰富。该馆的建成,不但拉开了“美丽乡愁”馆群的序幕,还创造性地践行了中央关于挖掘和保护乡土文化资源,建设新乡贤文化,培训和扶持乡村文化干部,形成良性乡村文化生态,也为环江滨水大道沿途的村庄,保留一道质朴、浓郁、传统的文明痕迹。

2017年6月9日,城中区与广西科技大学在城中万达广场举办校地党建联建活动启动仪式
(区委办《大事记》 供稿)

【推动创城工作】 2017年8月7日,区委书记金忠带领区委办、文明办、执法局、住建局等部门负责人到公园街道检查指导创城工作。金书记查看金鱼巷,听取罗池社区创城工作情况汇报。针对创城工作中存在的电动车乱停乱放、路面缺损和卫生治理等问题,金书记要求街道、社区要积极联系执法局、住建局等部门,尽快地想办法解决。之后,金书记一行又到解放北路、柳高宿舍区,认真查看创城工作成效和突出问题,并现场提出针对性解决方案。针对创城工作中的突出问题,公园街道将持续推进创城工作。继续加大辖区内的创城宣传力度,积极营造舆论氛围,充分调动广大群众参与创城的积极性和主动性;加强协调,进一步加强小街小巷基础设施建设及环境卫生和交通秩序整治力度;整改薄弱环节,针对创城工作中暴露出来的突出问题和群众反映的热点难点问题,继续下大力进行整改,全力以赴做好创城工作。

【加大项目引进投资力度】 2017年8月30日,城中区委书记金忠带队考察碧桂园·十里江湾以及城区项目地块。参与此次考察的有区委常委、区委办主任杨豪明,副区长佟德军,副主任苏丽华,以及区投促局部门成员。十里江湾营销经理向金忠一行介绍碧桂园的销售情况,以及未来的发展前景,并陪同考察了住宅小区的设施环境。此后,金忠一行前往城区11处重点项目地块,如环江滨水大道地块、两面针厂区以东地块、三门江大桥西侧地块。这些地块是城区2017—2018年的重点土地项目,通过一一实地走访,了解周边配套设施,为以后重点推荐客商做好功课。此次实地考察城区重点项目,对全区经济发展有了更加直观、更加深入的了解和体会。金忠书记表示,要用好行业资源,发挥渠道优势招商,重点吸纳高端业态资本,集聚一批带动能力强的优质项目,带动未来河东片区的发展。

【全面深化改革工作】 2017年8月31日,成立中共柳州市城中区委全面深化改革领导小组,下设办公室和七个专项工作组,统筹推进城中区各个领域的改革。城中区积极推进全面深化改革工作,结合城中区实际制定《城中区2017年全面深化改革工作方案》,明确经济体制改革、开放合作体制改革、农村和生态文明改革、文化教育卫生体制改革、党的建设制度改革、纪律检查体制方面改革、承担改革试点和需配合市委完成的改革工作等七个方面共计20项具体改革任务,并逐项提出改革措施、完成时限和责任单位。年内,城中区通过抓研究、抓部署、抓落实、抓督查等一系列组合拳,确保年度工作方案中各项改革任务、措施落地生根。截至2017年12月31日,各项改革任务均完成,特别是承担的国家知识产权强县工程试点县(区)工作取得突破,并于2017年10月通过自治区知识产权局考核验收,以优秀成绩(85分以上)顺利通过考核,并具备申报国家知识产权强县工程示范县(区)资格。

【优化教育资源】 2017年8月31日,城中区举行柳州市文韬小学暨文惠小学教育集团总部挂牌仪式,城中区委书记金忠,城中区委副书记、区长李柳彬,柳州市教育局副局长苏敏以及相关部门领导和全校教师出席仪式。9月2日,柳州龙城中学教育集团映山校区正式成立,区委书记金忠,区委副书记、区长李柳彬,区委常委、宣传部部长、副区长叶永东,区委常委、区委办主任杨豪明等四家班子领导及城中区各学校代表参加揭牌仪式。12月18日,柳州市机关幼儿园第一分园正式开园。集团化办学,大大的缓解城中区学位紧张局面,实现义务教育资源配置更加优化。

【强化安全排查工作】 2017年9月18日,城中区委书记金忠带领区安监局、区住建局等有关成员单位人员,对城中辖区重点企业及建筑施工、人员密集场所等重点行业领域进行安全生产大检查。检查督查主要采取听取汇报、查阅资料、现场检查等形式,对存在的问题,要求立即整改,此次督查为城中辖区人民过一个安全、祥和的节日,创造一个和谐、稳定的安全生产环境和生活环境。

【加强民生工程建设】 2017年10月28日,城中区安心颐养中心正式开园,这是柳州市首家采取公建民营运作模式的养老机构,这一运作模式将减轻政府运营管理负担,形成政府监管、团队运营、职权明晰、优势互补的养老服务新模式,不仅为入驻老年人提供从生理到心理的康复护理服务,同时聘请专家设立门诊为老年人开展健康咨询、制定健康档案、开展全方位健康管理。另外,该中心还将在全市率先开通医保定点服务,为老年人提供更方便的医疗服务,为全市养老服务业发展,实现社会医疗资源有序进入养老服务机构、实现医养

2017年1月16日,城中区召开创建"法治学校""零犯罪学校"工作推进会

(区委宣传部 供稿)

有效结合做出示范和样板，实现了资源共享、合作双赢的社会效果。

【加强食品安全监督工作】 2017年11月21日，城中区委书记金忠，区委常委、党办主任杨豪明，副区长冷晶到城中区食品药品监督管理局开展调研视察。调研组重点检查菜市和超市，了解蔬菜、肉类等副食品，以及各类日常餐饮原料的生产流通环节，要求经营单位确保经销渠道合规合法，绿色环保；并检查农贸市场和超市的食品快速检测室。金忠书记强调，食安工作要党政同责。食品安全问题，要引起党委和政府的高度重视。为此，城中区食药监部门还要继续加强专业学习和培训工作，学习先进地区的先进管理经验，借他山之石以攻玉，为城中区的重大赛事和节庆活动提供强有力的安全保障。

【加强十九大教育宣传】 2017年12月7日，城中区委书记金忠参加城中街道学习宣讲十九大精神报告会，在宣讲中，金忠书记从十九大报告中的13个亮点、新点讲起，详述共产党人的初心和使命，要求广大党员干部要学习好、宣传好、贯彻好十九大精神。结合城中区实际，聚焦基层群众关注的民生教育等问题，分别从“教育、抗洪、征地、大爱”等四个方面总结诠释城中精神，对十九大报告中的新提法、新判断、新精神进行学习体会；号召大家以“品质城中、幸福生活”为目标，同心同德，脚踏实地，苦干巧干，加快打造广西商贸科教金融强区，在柳州市率先实现小康社会建设目标。会上，金忠书记与在座党员群众一起探讨如何立足城区实际，学习、贯彻、落实党的十九大精神。来自社区的“两委”成员、“两新”党组织党员、居民党员，以及公园街道的驻室党代表、干部群众130多人参加宣讲会。

【加强青少年爱国主义思想教育】 2017年12月22日，城中区青少年爱国主义教育电影公益放映基地在柳州市风情港时光影院成立。该基地由城中区委宣传部、城中区教育局，以及柳州市战争史博物馆、柳州市国防教育协会和风情港时光影院等多家单位联合运作，将在各重要节点面向中小学生开展以爱国主义电影展播为主题的系列活动，运用优秀影片对中小学生进行思想道德教育，帮助中小学生树立正确的世界观、人生观、价值观，培育和践行社会主义核心价值观。

（陈　发）

2017年10月28日，柳州市首家公建民营养老机构——城中区安心颐养中心正式开园

（区委办《大事记》 供稿）

“两学一做”学习教育常态化制度化

【概况】 2017年3月，中共中央办公厅印发《关于推进“两学一做”学习教育常态化制度化的意见》，要求各地区各部门认真贯彻落实。按照中央、自治区党委及市委的统一部署安排，城中区于2017年8月7日向全区党组织下发《关于推进“两学一做”学习教育常态化制度化的实施方案》，全面启动“两学一做”学习教育常态化制度化。2017年，全区共有506个基层党组织、6507名党员参加了学习教育。

城中区把“两学一做”学习教育作为一项重要政治任务摆在首要位置，促使党员把党章党规和系列讲话内化于心，把学习成果付诸实践、外化于行。在“两学一做”学习教育中，积极探索推动“两学一做”学习教育常态化、制度化的做法，通过“创新学”“搭平台”“严规范”三个实招，推动党性教育常态化、推动党员发挥作用常态化、推动从严治党制度化上精准发力，全力巩固“两学一做”学习教育成果。建立了“处级领导干部挂点社区（村）”的有效联动机制，开展

2017 年 2 月 24 日，自治区党委第一巡视组巡视城中区工作动员会

（区委宣传部　供稿）

“下基层，讲党课，听民意”活动，组织全区 32 名处级党员领导到社区（村）讲党课。对于年老体弱、行动不便的党员，积极开展“送学上门”活动，利用主流即时通信软件等新媒体建立空中党校，方便党员及时获取资料开展学习。区领导带头联系辖区非公有制企业，积极听取企业的意见建议。继续开展机关党员进社区“亮身份、树形象、作奉献”活动，机关党员领导干部进社区为民服务。实行美丽乡村工作“领导挂点”工作责任制，处级领导挂点联系指导 6 个农村“美丽乡村”工作。在不同领域开展“争当八桂先锋、争做合格党员”活动。实施“五规范、五提升”工程，五个维度规范建设党组织，夯实党组织基础，为实现党组织的强大战斗力、高度凝聚力提供了保障。印发基层党建工作“11+N”制度，建立完善严肃党内组织生活相关制度，有效解决了长期以来困扰基层党支部“党的建设工作该做什么，该怎么做”的问题。全区各级党组织结合学雷锋活动月、“三八”国际妇女节等，围绕学习教育、服务群众等开展了一系列丰富多彩的“主题党日”活动。

【开展专题学习研讨】 城中区委为区属各级党组织、党员征订《十九大党章修正案学习问答》《十九大党章学习讲座》、新修订的《中国共产党党章》等书籍一批，并分发给各基层党组织和广大党员开展学习。组织全区各基层党组织、党员观看《榜样》教育片，累计观看和学习 570 余场，参与学习的党员人数达 6000 余人次。各党组织在安排专题学习研讨时，坚持根据方案要求、密切联系实际，在深入学习习近平总书记系列讲话精神，并开展《中国共产党党章》《中国共产党巡视工作条例》《关于认真做好中央、自治区关于规范津贴补贴政策文件学习活动的通知》《习近平关于制度治党、依规治党论述摘编》等相关主题的学习，不断强化政治纪律、政治规矩和组织纪律意识，牢固思想防线。区委中心组带头进行专题学习，坚持集中学习与个人自学相结合，先后组织集中学习 5 次，主题发言 25 人次，讨论发言 150 人次。2017 年，区委中心组、9 个党（工）委及 15 个党组开展“学习党的十九大”专题的学习讨论。全区各基层党组织通过支部会议、专题党课等方式，组织党员进行集中学习 114 次，开展专题学习研讨 753 次，参与党员达 6000 多人次。

【开展十九大专题宣讲活动】 城中区共组建宣讲团队 35 个，招募宣讲员 320 名，先后开展了党的十九大、习近平总书记系列重要讲话精神、社会主义核心价值观、“城中精神”等百姓宣讲活动 10 多场。将党员宣讲引入区委中心组学习，通过邀请专家到“城中大讲堂”开展相关培训和辅导讲座，进一步提升党员理论宣传水平。由处级干部带头组建的“城中区学习贯彻党的十九大精神宣讲团”，深入机关各部门开展十九大精神为主题宣讲活动，党员受众达 400 余人。城中区委书记金忠带头在机关向党员宣讲十九大报告中的新提法、新判断、新精神，结合城中区实际，聚焦基层群众关注的民生教育等问题，分别从“教育、抗洪、征地、大爱”等四个方面总结诠释城中精神。

【召开民主生活会与组织生活会】 2017 年 12 月下旬，城中区委精心开展民主生活会和组织生活会会前各项准备工作。组织集中学习、广泛征求意见、深刻剖析和查摆问题、深入开展谈心活动。城中区委通过设置征求意见箱、召开座谈会、发放征求意见表等方式广泛听取干部群众和基层的意见，区委班子共收到各类意见建议 16 条，

2017 年 10 月 27 日，全市传达学习党的十九大精神大会城中分会场

（区委宣传部　供稿）

班子成员共征求到意见建议 14 条。2018 年 1 月 23 日，城中区召开 2017 年度区委领导班子民主生活会，市委常委、宣传部部长、副市长焦耀光，市纪委第八纪检监察室主任苏民，市考评办主任刘旻到会指导。会上，城中区委书记金忠通报了 2016 年度民主生活会征求意见整改落实情况、2017 年度民主生活会征求意见建议情况，并代表区委领导班子作对照检查发言，班子成员及区委副调研员分别作了个人对照检查发言，并相互提出批评意见。城中区 9 个党(工)委、15 个党组在区委领导的指导下召开专题民主生活会 24 场。组织全区各级党组织以支部为单位召开“两学一做”专题组织生活会，支部班子及其成员按照“两学一做”的要求，对照职能职责，进行党性分析，查摆在思想、组织、作风、纪律等方面存在的问题，针对突出问题和薄弱环节提出整改措施。

【开展民主评议党员】 全区党支部以党员大会形式开展民主评议党员。对照党员标准和合格党员的具体要求，确定民主评议的内容，重点围绕履行党员义务、参加组织生活、完成组织交给的任务以及在工作、学习和社会生活中发挥作用等开展评议。党支部综合民主评议情况和党员日常表现，确定评议等次，对优秀党员予以表扬；对有不合格表现的党员，按照党章和党内有关规定，区别不同情况，稳妥慎重给予组织处置。全区 506 个党支部分别召开 2017 年度组织生活会，6507 名党员参加了民主评议，其中评定为“优秀”2141 名，评定为“合格”4225 名，评定为“基本合格”137 名，评定为“不合格”4 名。

（彭哲云）

组织工作

【组织机构概况】 2017 年，中共城中区委管理基层党组织 539 个，其中党委 24 个，党总支 9 个，党支部 506 个。全区共有党员 7144 名，其中女党员 3564 名，占党员总数的 50%；少数民族党员 1328 名，占党员总数的 19%；35 岁及以下的党员 1477 名，占党员总数的 21%。设城中街道党工委、公园街道党工委、水上街道党工委、中南街道党工委、潭中街道党工委、河东街道党工委、静兰街道党工委、机关党工委、企业党工委、非公有制经济组织和新社会组织党工委 10 个党工委。其中，城中街道党工委有委员 5 人，管理基层党组织 80 个，党员 726 人；公园街道党工委有委员 5 人，管理基层党组织 43 个，党员 933 人；中南街道党工委有委员 5 人，管理基层党组织 67 个，党员 921 人；潭中街道党工委有委员 5 人，管理基层党组织 153 个，党员 1644 人；河东街道党工委有委员 5 人，管理基层党组织 68 个，党员 759 人；静兰街道党工委有委员 5 人，管理基层党组织 19 个，党员 344 人；机关党工委有委员 2 人，管理基层党组织 38 个，党员 823 人；教育局机关党委有委员 5 人，管理基层党组织 23 个，党员 614 人；企业党工委有委员 4 人，管理基层党组织 48 个，党员 380 人。

（邹晓妮）

【干部选拔任用】 2017 年，中共城中区委认真贯彻落实习近平总书记选人用人重要思想，坚持党管干部原则，坚持正确用人导向，坚守选人用人纪律，坚持从严抓好干部日常监督管理，加快构建新时代干事创业团队。认真贯彻《党政领导干部选拔任用工作条例》，严格遵守选拔任用步骤要求，严格执行干部选任全程纪实，严格落实“凡提四必”工作要求。加强对后备干部的培养和管理，及时调整更新中层后备干部人才库；加大对年轻干部、妇女干部、少数民族干部、党外干部的培养选拔力度，不断优化领导班子结构。全区中层领导干部共212人，其中科级正职79人，平均年龄45.6岁，科级副职133人，平均年龄40.5岁；女干部78人，占36.8%，少数民族干部60人，占28.3%，党外干部34人，占16%。2017年，区委常委会共研究讨论干部任免8批次96人次，提拔中层干部18名，重用干部2名，调整交流中层干部67人次，选派、接收9名优秀干部到市直机关、区机关各部门、街道挂职锻炼；根据中央《关于严禁超职数配备干部的通知》及市委对整顿超职数配备工作的要求，区委组织部、区编办、区人社局制定整改消化措施。共综合消化超职数干部48人，其中正科职5人，副科职15人，科级非领导职务28人。9月份，圆满完成超职数配备干部整改任务；开展混编混岗整改工作。根据市编办对混编混岗整改的通知要求，区委组织部、区人社局、区编办对城中区人员混编混岗情况自查自纠，建立混编混岗人员台账，并对筛查出区教育局2个岗位进行整改消化。

2017年10月12日，全市城市基层党建工作经验交流会人员到城中区东台社区观摩社区党建工作

（区委宣传部　供稿）

【干部监督管理】 2017年，城中区委组织部以习近平总书记提出的“好干部”标准为指向标，坚持从严治党，强化干部监督，严格把好人选廉政关，认真听取纪检监察机关意见，加强干部任前信息审核，做好任职谈话、廉政谈话、任前公示，严防干部“带病提拔”等违规违纪行为的发生。2017年共对14名后备干部开展个人有关事项的登记备案工作。加强对科级领导干部因私出国（境）的管理和审批，集中保管因私出国（境）证件225本，审批出国（境）34人次，没有未经审批出国（境）的情况。扎实开展领导干部提醒、函询、诫勉工作，全年对7名科级干部进行书面提醒。6月完成城中区纪委派驻机构设置改革，3名纪检组长分别派驻区委办公室、驻区政府办公室、驻区委政法委，专门履行监督职责。

2017年2月23日，召开城中区2017年组织、宣传、统战、政法工作会议

（区委宣传部　供稿）

【职务与职级并行制度】 2017年，中共城中区委贯彻落实中共中央办公厅、国务院办公厅《关于县以下机关建立公务员职务与职级并行制度的意见》精神，由区委组织部、区人社局定期对干部进行摸底，按时筛选符合条件的干部，分批次完成考核程序。全年共完成干部职务职级晋升31人，其中符合晋升正处级干部2人，符合晋升副处级干部11人，符合晋升正科级干部11人，符合晋升副科级干部7人。

【干部教育培训】 2017年，城中区委组织部加强和改进干部教育培训工作，坚持统筹规划、突出重点、按需施教、改革创新、注重实效的原则，制定详细的计划，为建设一支高素质专业化干部队伍作积极探索。7月—8月举办区中层以上领导干部井冈山“加强领导力建设”专题培训班，各机关、法院、检察院、公安、街道等单位部门近260多名干部参加，强化干部党性修养，进一步坚定理想信念。按照党性教育+业务培训“1+1”的培训思路，组织农村党员“党性教育”培训示范班、社区党务干部培训班、企业和“两新”党组织书记、党务工作者培训、村“两委”干部培训班、组工干部和干部考察员培训班等11期，培训党员干部600多人次，学习培训着重领会党的十九大会议精神、习近平新时代中国特色社会主义思想，提高党员干部思想理论水平。

【“村党支部建设年”活动】 2017年，城中区开展“村党支部建设年”活动，激发村级党组织争先进位的内在动力，助推村级党组织在星级化管理中升星晋级。推行农村党员积分管理制度，通过量化积分考核，实现村干部和农村党员管理精细化、规范化、常态化。在星级评定机制促动下，村级党组织之间、农村党员之间形成了你追我赶、争先进位的浓厚氛围。年末，6个村中获评自治区五星级党组织5个，四星级党组织1个。

（冯　璐　黎世平）

【村(社区)“两委”换届】 2017年7月，中共城中区委印发《关于成立城中区2017年村(社区)“两委”换届选举工作领导小组的通知》，成立区委书记、区长为组长，区直相关部门负责人为成员的换届选举工作领导小组。领导小组下设办公室、业务指导组、宣传和舆论监控组、财务清理审计工作组、治安问题和信访矛盾纠纷工作组，负责对全区“两委”换届选举工作指导。6月22日，召开城中区村(社区)“两委”换届选举工作动员大会，明确换届选举的日程安排等各项要求。组织各项换届选举工作培训，参加有城中区换届选举指导组和督导组成员、街道分管领导、各村(社区)“两委”干部、驻村工作队员200余人；开展换届宣传工作，发放指导手册500多册，换届工作流程图200多份，悬挂横幅160余条，利用手机向党员、候选人发送短信1万余条，利用城中微信公众号连载换届政策宣传4期，柳州电视台报道城中区村(社区)“两委”换届工作2次，《柳州晚报》刊登头版文章1篇，通过广泛宣传动员，提高了广大选民对换届选举工作的认识和参与换届选举的积极性；3月份，全面展开调研摸底工作，对初步候选人做到心中有数，制定职数配备方案，合理设置“两委”岗位和职数。严格进行资格审查，按照“17不宜”标准对参选的相关人员进行教育和劝导，撤销3名正式候选人资格。5月，开展重点难点村集中整顿和“村霸”问题专项整治工作，做好排查摸底工作，及时掌握各村不稳定因素，对群众反映强烈的问题进行严肃处理。换届选举期间，收到信访件3件，来访31人次，处理答复3宗；为加强选举日正常秩序，城中区成立3个换届风气督导组，对各村、社区进行现场督导41次，选举日共派出警力1000余人次，工作人员732人次，车辆96车次。截至9月16日，城中区27个社区，6个行政村“两委”全部一次性选举成功，换届工作圆满完成。在村(社区)“两委”换届中，共选举产生新一届村(社区)“两委”班子成员370人，其中，书记主任一肩挑2人，交叉任职79人；大专及以上学历284人，占76.76%；妇女干部287人，占了77.6%；35岁以下137人，占37.03%，少数民族69人，占18.65%。党员群众参选率为77.9%。（冯　璐　黎世平）

【社区党组织建设】 2017年，城

2017年6月13日，中共柳州市党代表、市委常委、柳州军分区司令员徐斌大校(左七)在2017年第二季度“党代表接待日”深入中南街道映山社区议事亭听取党员、居民代表的意见和建议　　（中南街道办事处　供稿）

中区统筹推进社区服务场所建设。制定社区服务场所建设工作实施方案,分两批向市级单位申报立项14个社区项目,总投资金额1.01亿元,为27个社区落实500平方米以上的房源,其中1000平方米以上的社区达到7个,提前一年率先完成柳州市制定的目标任务;圆满完成社区“两委”班子换届选举工作,27个社区选举产生新一届社区“两委”班子成员320人,其中21个社区升格为党委,社区党组织力量得到增强;持续打造社区党建特色品牌,按照“一街道一特色,一社区一品牌”的工作思路,指导街道和社区开展党建品牌创新项目,按照“项目申报、组织实施、年中督导、年末验收、项目推广”的步骤,全年成功打造出“金沙角支部庭院”“讲好东门故事”“绿荫党建”等一批可复制、可推广的好经验好做法。（史海龙）

【村党组织建设】 2017年,城中区6个村“两委”换届选举产生新一届村“两委”班子成员48人,交叉任职6人;大专及以上学历5人,占10.42%;妇女干部17人,占了35.4%;35岁以下2人,占4.17%,少数民族3人,占6.25%,学历结构和年龄结构得到明显优化;加强农村基层党建工作基础保障。落实村干部基本报酬和村级组织办公经费,保证村级组织每年不低于9万元,办公经费不低于2万元标准,通过大幅度提高村“两委”干部报酬待遇和村级组织运转经费,为创建村级星级党组织提供物质基础。村级活动场所得到提档升级,投入6万元打造柳东村党建示范点,投入1万元支持牛车坪村修建党建长廊,2017年,城中区6个村中有5个村被评为自治区五星级村级党组织,1个村被评为自治区四星级村级党组织。

（冯　璐　黎世平）

【非公有制经济组织和社会组织党建】

概况 2017年,城中区有非公企业1372家,建立党组织总数298个,党组织覆盖非公企业1165家,覆盖率为84.9%。社会组织47个,建立党组织总数27个,党组织覆盖社会组织41家,覆盖率为87.2%。隶属城中区两新党工委管辖党组织43个,其中党委1个,党总支2个,党员总数380人,其余两新组织党组织均按属地关系由各街道党(工)委负责管理。2017年新增33家非公企业党支部,9家社会组织党支部,党组织总数、党员总数、非公党组织单独组建率都比2016年有所增长,党组织覆盖率稳中有升。

“621”归口党建,扩大“两个覆盖” 2017年,城中区两新党工委以“百日攻坚”行动为契机,实施“621”归口党建工作,为扩大“两个覆盖”。“6”是指督促、指导区所辖6个街道党工委做好两新组织党建工作的开展,建立六本台账,进行活页管理;“2”指抓好阳光100楼宇党建服务中心以及五星商圈联合党委等2个重点区域的两新党建工作。“1”指重点抓好一批优势比较突出、特色明显的两新组织党组织,开展“评星定级”“示范点”党建工作。打造市鑫鑫农业科技有限公司党支部、市汇森建筑劳务有限公司党支部、市河池商会党支部等3个示范点,助推市弘耀汽车销售服务有限公司党支部、市硬笔书法家协会党支部等两新组织开展“创星评星”工作。通过开展“621”归口党建工作,有效抓实覆盖、扩大党组织影响力,促进两新党建组织发展。

“四培五建”,抓好“三支”队伍建设 2017年,城中区两新党工委以党务知识与业务知识“1+1”为模式,抓住提高骨干队伍专业化能力这个关键点,不断加强两新党组织书记、党员和出资人“三支队伍”建设,结合两新组织发展实际,从党的路线、方针、党史国史、现代企业管理、创新创业等方

2017年9月,中共城中区委组织部开展“第一书记到两新组织挂职暨党务知识培训会”活动　（区委组织部　供稿）

面加大培训力度、丰富培训内容，扩大培训覆盖面，确保党员教育培训常态化。同时，拓展“百场大培训”系列活动，增强党员的党性观念及提升素质能力。以“党旗领航”活动为突破，激发党组织活力，结合“两学一做”学习教育及城中区委党建工作部署，在两新组织领域深入开展“助力发展”“活力向党”“党员争先”“校地合作”“七一献礼”“诚信商圈”“岗号联创”“爱心闪耀”等8个系列“党旗领航”主题系列活动，有效破解部分基层党组织活动开展难、作用发挥难等问题。截至2017年12月底，城中区共开展两新领域培训15余次，培训参与人数近千人次，培训经费达61.63万元。2017年，为加强两新组织党建工作，柳州市选派9名机关非领导职务干部到18个两新组织党组织中担任第一书记和党建指导员，城中区选聘5名两新组织党建组织员到区两新组织党工委、阳光100楼宇党委、五星商圈联合党委、柳州市柳饮饮食有限责任公司党委、城中区社会组织联合党委等规模大、有影响的两新党组织中，加强党建工作。全年为新建的两新组织党组织提供启动经费1万元，两新组织党建专项工作经费35万元。

“两联动”工作 2017年，城中区两新党工委在两新组织党组织管理工作中，重点抓好“两联动”工作，即联动阳光100楼宇党建、五星商圈，建立立体非公党建架构；联动两新党组织，开展丰富多彩活动。采取分级管理模式，打造党建品牌。建成10个四星级两新组织党组织和4个五星级两新组织党组织。打造阳光100楼宇党建、五星商圈2个党建“红色品牌”，率先突破城市传统平面城市基层党建做法，探索“商务楼宇党建”新模式，在阳光100二号楼开辟一个占地约500平方米的楼宇党建服务中心，形成楼宇里互融共赢的红色家园，起到加浓基层党建政治色彩、扩大“两个覆盖”和织密党的组织网络的作用。五星商圈地处柳州市中心核心商业区，五星商圈两新组织因地制宜打造“三联”模式，即组织联建、资源联享、活动联办构建商圈党建综合体，使区域化党建得到升级，有效实现了党建工作与商圈繁荣双赢的局面。2个党建“红色品牌”得到自治区领导多次肯定。城中区两新党工委还通过开展文化、扶贫活动，不断激发党员的党性意识。创新活动载体，丰富党员文化生活。借重大节日之际，开展形式多样的活动，如民办小学联合党支部党员重温入党誓词、唱国歌活动、柳饮党支部开展诗歌朗诵大赛等活动，通过到柳侯祠参观，开展廉政文化教育活动，增强党组织凝聚力。开拓“校地共建”党建新路子，与广西科技大学联合开展校地党建联建活动，探索党组织联动新思路，通过结对共建、党员志愿服务、大学生党员骨干挂职锻炼等项目进行多方面的校企合作，实现校地党建的同频共振、互建共赢。在金沙角小区打造一个综合性的党群服务活动中心——公益坊，由柳州市惠众社会工作服务中心、柳州市智新公益志愿者协会等多家社会组织和志愿服务团队入驻开展工作。通过“党建”牵手“公益”，创新“党建”载体，引导非公经济组织和社会组织开展公益活动。（韦妮坚）

【党代表任期制】 2017年，城中区共有6个街道党代表工作室，33个村（社区）工作站。其中城中区有市党代表工作室活动组6组，市级党代表35名；自治区级党代表5名，市委常委1名，市委委员2名。中共柳州市城中区第十届代表大会代表数额为217名，由于有

2017年11月7日，河东街道文源华都社区党总支组织党员、居民学习中共十九大会议精神，聚精会神搞好社区精神文明建设

（河东街道办事处 供稿）

6名党代表调离城中区，截至2017年12月31日，城区级党代表实有人数为211名。同时担任市级和城区级的党代表为17名。党代表工作室(站)逐步规范化、常态化运行，为各级党代表履职提供平台，市级党代表积极参加基层一线代表培训班，提高作为基层一线党代表主体意识，提高落实党的路线方针政策、议党议政和联系服务群众的能力。据统计，各级党代表走访调研40余次，进驻工作室党代表80多人，接待、走访基层党员群众630多人次；受理或转办党员群众反映的意见建议90余条，现场解决60余条，转办到城区级意见建议16条，向市级转办意见建议5条；为困难群众兑现微心愿160多个；开展2017年度专题调研工作，撰写完成《强化街道党工委职能与推进街域化党建工作研究》。在柳州市第十二届党代表大会第三次会议上，金忠、徐新国、胡海兰等10名市级党代表联名提交《关于提高非公企业党务人员工作水平的提案》《关于加强新形势下基层党务干部培养的提案》，委托中共柳州市委常委在闭会期间审议(后转为提议)。党代表们积极建言献策，自觉提高身份意识和责任感，认真履职尽责。（吴园园）

【党建信息工作】 2017年，城中区委组织部紧扣区委中心工作、基层工作热点以及十九大精神实质，以提升组织力为重要抓手，不断提高党建信息质量。全年城中区党建网共刊登信息274条，其中评论文章82条，动态信息158条，经验类信息34条；获市级以上采用文章46篇，其中柳州党建网采用26篇，柳州组工采用12篇，柳州组工综合采用5篇，广西组工综合采用3篇。2017年征集党的建设和组织工作课题调研活动论文80余篇，其中上报市委组织部共16篇，包括重点课题4篇，自选课题12篇。城中区获柳州市重点课题优秀成果二等奖1篇。

（韦彦如　黄吉聪）

宣传工作

【宣传机构及工作概况】 2017年，中共城中区委宣传部(精神文明建设委员会办公室、城中区互联网新闻传播研究中心、城中区社会科学界联合会)在职人员7人。年内，全区以学习贯彻习近平新时代中国特色社会主义思想、党的十九大精神作为主题主线贯彻各项工作，深入贯彻落实习近平总书记视察广西重要讲话精神，牢牢把握习近平总书记治国理政新思想、新理念和新战略的总要求，全面推进意识形态、宣传思想、文明创建和对外宣传各项工作。为城中区经济社会发展提供良好宣传舆论氛围和精神文化支撑。

【意识形态工作】 2017年，城中区委、区政府严格落实意识形态主体责任，成立城中区意识形态工作领导小组，建立意识形态工作联席会议制度，出台《关于加强新形势下意识形态和宣传思想工作的实施细则》《城中区党委(组)加强意识形态工作责任制的规定》等系列文件，与22个党工委(党组)签订意识形态工作责任书，将意识形态工作纳入绩效考核，列入各级党组织述职述责内容。召开区委常委会专题研究意识形态工作会2次、意识形态工作督查会2次，意识形态工作联系会3次，举办党员领导干部培训11期，压紧压实意识形态工作主体责任。

【理论宣传】 2017年，城中区委宣传部坚持联系实际，抓紧抓牢意识形态工作思想引领，不断增强理论学习实效；同时，坚持正确导向，实现意识形态宣传工作新突破。

区委中心组集中学习　2017年，区委中心组紧紧围绕迎接学习贯彻党的十九大会议精神、党的十九大报告、习近平总书记系列重要讲话精神、中央“八项规定”、《中国共产党党内监督条例》《中国共产党党组工作条例》《中国共产党巡视工作条例》等10个重点专题，开展集中学习5次、基层宣讲12次，重点传达中央、自治区、市委在经济发展、脱贫攻坚等文件精神，就“两学一做”学习教育常态化制度化等问题进行10余次讨论；区委中心组成员撰写十九大理论文章41篇；推荐的4篇理论文章在《广西法治日报》《柳州日报》《今日柳州》等媒体刊物发表5次；立足实际问题、围绕当前意识形态中心工作，开展20个课题的理论调研，为城中区经济社会发展献计献策。

理论宣讲　2017年，柳州市理论宣讲示范基地在环江村雷村屯挂牌成立；区委常委带头到辖区各小区庭院、田间地头、农家小院、龙眼树下宣讲党的十九大精神，以家庭党校、空中党校的形式送课上门；开展党的十九大精神文创产品征集评比展示活动，征集到十九大文创作品100多件，并在五星商业步行街举行展示活动；辖区各街道、各中小学校分别成立百姓宣讲分团，创新社区、村屯宣讲活动形式和载体，在小区庭院开展“庭院微宣讲”活动，各村委利用村屯绿茵场地开展“绿荫下的微宣讲”。各级宣讲团充分结合重大活动、重要时间点，深入基层开展“七五普法”“社会主义核心价值观”“感动城中年度人物”等主题宣讲67场，受众达到3.8万人次。

【舆论宣传】 2017年，城中区委宣传部成立网信工作领导小组及办公室，把学习贯彻落实党的十九大会议精神作为重中之重任务，唱响宣传党的十九大大合唱；做广做深舆论宣传，扎实推进柳江文化带建设，培育践行社会主义核心价值观活动，树优树强意识形态工作活动品牌；“五个一”打造环江滨水大道美丽乡愁文化带，在各级媒体发稿1000多条，打造“品质城中”微信公众号品牌，推送政务微新闻800多条。

媒体融合宣传持续发力，依托报纸、广播、电视等新闻媒体，开展创建全域旅游示范区、“品质教育·幸福城中”、重大项目建设等主题宣传，在各级媒体发稿500多条，举办新闻发布会3场。面向全国，开展城中区创建全域旅游示范区主题口号、LOGO设计征集活动，共征集口号5000余条，logo设计稿50余篇，树立品质城中良好形象。

加强网络正面宣传引导 2017年，品质城中政务微信根据时间节点、重大会议精神推送新闻内容，与市民进行良性互动。共推送信息329条，总点击量6万次。在企鹅号、搜狐号、今日头条平台同步推送，阅读总量达35万次，发布信息1000余条。其中，单篇新闻《重磅！城中区与柳高强强联手，推进优质高中与中》点击量达到9896次。回应社会关切热点舆情问题，进行正面引导，如《城中区食药监部门迅速处置网传老鼠啃食鸡翅视频舆情》《城中区食药监部门迅速处置“老鼠啃食熟鸭脖”投诉举报》等推送，及时化解舆情，做好后续报道，消除潜在的社会舆情隐患。出台《城中区政务新媒体管理办法》，建立城中区新媒体骨干群，加强对辖区政务新媒体的管理。年末，全区登记在册的政务新媒体24个，主要分布在区机关、公检法、街道社区和学校。通过建立新媒体的设立、采编、审核、发布、激励考核制度，确保新媒体在党的管控下，正确发声、准确发声、及时发声。

2017年2月27日，召开2017年城中区冲刺第五届全国文明城市暨国家卫生城市复审工作动员大会　（区委宣传部　供稿）

社会主义核心价值观品牌 2017年，城中区开展社会主义核心价值观活动，创建社会主义核心价值观品牌。社会主义核心价值观柳江文化带各节点活动载体丰富，举办首届“感动城中”年度人物评选表彰活动，辖区3个单位新晋全国文明单位，7所学校成为柳州市文明校园；开展特色主题区活动，如友善主题区金沙角志愿服务站和五月花公益书吧、诚信主题区青云街区诚信文化宣传示范街、东门城楼和谐主题区传统婚俗体验、端午祭祀、七夕等活动精彩纷呈；依托社会组织，成立城中区青少年国防教育协会，广泛开展爱国主义和国防教育进校园进社区活动。编纂发行《柳娃漫说核心价值观》漫画读本1万册和柳娃核心价值观书签2万份；投入40多万元制作柳娃漫说核心价值观动画片12集，完成12集动画片的剧本创作和第一集《富强梦　中国梦》样片制作。

环江滨水大道美丽乡愁文化带　城中区以制作“一本画册”、编撰“一部故事”、手绘“一幅旅游地图”、打造“一座乡愁馆”、拍摄“一部公益广告”为抓手，不断丰富环江滨水大道文化内涵和人文景观。其中，编纂美丽乡愁故事20篇、创作绘画作品30幅、制作美丽乡愁画册、制作环江滨水大道公益宣传片及手绘地图，建设雷村屯木工馆，环江滨水大道公益广告在柳州电视台、公交车及其站台、各大LED显示屏刊播。

【关心下一代工作及工作概况】 1984年8月，城中区关心下一代工作委员会(简称城中区关工委)成立。2017年城中区关工委开展青少年“三史(纪念中国共产党成立96周年、中国人民解放军建军90周年和中华人民共和国成立65周年)”主题报告会16场；辖区11个社区、村青少年校外学习站(市级8个、城中区级3个)开设特色课程，因需施教，开办书法绘画、读书交流、语言才艺、音乐体育、手工制作、生活技巧和科学种植等特色课程76个。参与学习站活动的辅导老师、“五老”报告员和大学生志愿者有80多人。参加活动和受教育的中、小学生达4000多人次。

按照区委、区政府开展创“全国青少年普法教育示范区”的部署，区关工委联合区司法局、区综治办、区教育局和团区委开展第三届“关爱明天、普法先行”青少年普法教育活动，在辖区17所公办学校开展创“零犯罪学校”活动，向辖区2.5万名学生发出“创零犯罪学校——我参与”倡议书。结合“七五”普法举办普法宣讲教育260多场，受教育青少年10万多人次。8月，经中国关工委、司法部、中央综治办评选，区关工委被评为先进单位；区司法局、区综治办、区教育局被评为优秀组织奖；景行小学、弯塘小学文华校区被评为“零犯罪学校”；区委副书记、区关工委名誉主任唐伟，区委组织部长、区关工委主任王琦以及范苏云、侯邦振、刘挺、张献军、黄清等7人获先进个人称号。

2017年4月27日，城中区教育局关工委、区关工委、教育局、团区委联合在辖区小学开展“2017年城中区‘春风童韵、欢乐校园’大手拉小手主题活动”（区关工委 供稿）

2017年12月19日，区委宣传部、教育局在龙城中学主办“贯彻十九大·迈向新征程”爱国主义教育活动周（区委宣传部 供稿）

【“五老”作用】 2017年，城中区关工委“五老”志愿者和市关工委讲师团报告员分别在辖区21所中小学校、12个社区(村)以纪念中国共产党成立96周年、中国人民解放军建军90周年和中华人民共和国成立65周年、青少年普法等内容，为4000多名青少年和家长作了题为“党的光辉历程”“学习民族英雄、传承英雄精神”“学法守法、从我做起”等专题报告会、活动26场，普及法律法规知识讲座18场。“五老”志愿者撰写青少年思想教育和宣传十九大报告稿和体会文章50多篇。21名“五老”网吧监督员常年对10家网吧进行监督，预防未成年人进入。区关工委获市关工委宣传工作“一等奖”；“五老”报告员林明章家庭获柳州市“五好文明家庭、最美家庭”标兵户。

政法工作

【政法机关及工作概况】 2017年，中共城中区委政法委（简称区委政法委）分别与社会治安综合治理委员会办公室、维护社会稳定工作领导小组办公室、防范和处理邪教问题领导小组办公室、国家安全工作领导小组办公室、禁毒办公室5个办公室合署办公。城中区下设街道综治委6个，综治信访维稳中心6个。年内，城中区委、区政府分别与6个街道签订综治、维稳、反邪教、国家安全、反恐、禁毒、铁路护路联防等工作责任状，严格落实检查、督查、讲评、通报、整改、“一票否决”等制度。完善《平安城中建设实施方案》《重大活动期间及敏感期维护稳定工作机制》等各项规章机制，把综治维稳工作纳入城中区“十三五”社会经济发展总体规划，建立目标责任、考核评估、部门联动、公众互动等体系，并将工作任务分解到辖区各相关单位。把各级党政干部抓平安创建工作情况列入干部考核，强化责任保障，为政法工作有序推进提供坚强制度保障。

【政法建设综述】 2017年，城中公安机关共立各类刑事案件1714起；破获各类刑事案件952起，其中破获侵财类案件829起，破案率40.43%；辖区发生命案1起，破案1起，命案破案率100%。共刑事拘留嫌疑人350人，提请批准逮捕犯罪嫌疑人246人，移送起诉425人，抓获逃犯36人。检察机关受理侦查机关提请批准逮捕的案件288件341人；批准逮捕252件298人；不批准逮捕42件52人；共受理审查起诉案件360件439人；提起公诉302件367人；决定不起诉14件20人；审判机关共受理各类案件7310件，审结、执结4265件，收案同比增长12%；受理刑事案件280件，审结260件，结案率92.86%，判处罪犯417人；受理各类民商事案件3682件，审结1926件，其中调解、撤诉结案468件，调解撤诉率为12.7%，受理执行案件2885件，执结1671件，执行到位标的8049.3万元。城中区司法局累计接收社区服刑人员309人，解除矫正237人，在矫72人（其中：缓刑63人，假释4人，暂予监外执行5人），没有发生社区矫正服刑人员脱管、漏管、虚管和重新犯罪现象。

【司法公信力提升】 2017年，城中区以保障公正廉洁执法为重点，狠抓重点案件研判、涉法涉诉信访问题化解、司法救助落实、案件评查活动等工作，提高执法司法公信力。通过严格评查，发现日常执法办案中出现的问题及存在的不足，及时进行整改。坚持每个月、每个季度开展执法质量考评工作，发现案件存在的问题后立即督促各办案单位进行整改并完善，定期开展执法培训，对新修订的或常用的法律条文进行学习讲解、规范法律文书的制作；把开展案件评查工作作为促进政法队伍公正廉洁的重要契机和强化内部执法监督一项重要手段来抓，严把案件质量关，认真开展案件评查工作，从中发现问题，整改问题，正视不足，分类解决案件质量问题；通过认真评查，促进执法办案工作全方位的提高。

2017年案件评查工作中，开展对法院的各类案件100件进行评查。其中刑事案件25件，民商事案件50件，执行案件25件。评为优秀96件，占评查案件总数96%；良好4件，占总数4%。被评查的案件事实清楚、证据充分、定性准确、量刑适当、程序合法，总体质量好，取得了良好的司法效果和社会效果。2017年办理司法救助案件27件，救助27人，发放救助金39.33万元。涉法涉诉信访案件答复率和回访率均达100%。无民事案件转刑事案件。

【社会稳定维护】 2017年，城中区坚持以为来访群众解决问题作为每月大接访的出发点和落脚点，全年受理群众来信20件，不予以受理8件，不再受理6件，转送交办6件，到期按时答复6件；接待群众来访85批，不予以受理9件，不再受理1件，转送交办75件，到期按时答复75件。对辖区内重大项目、司法强拆、行政强拆等进行风险评估，有效化解社会风险。安排好重要节点值班稳控工作，在全国两会、“一带一路”高峰论坛、东盟博览会、党的十九大召开时期安排人员24小时值班，实行“零报告”制度。落实“公、检、法”三长会议制度，成立处置非正常上访涉嫌扰乱社会秩序案件专案组，2017

2017 年 5 月 19 日,城中区政法委重启召开公检法联席会议

(区政法委　供稿)

年,依法批捕 3 人,起到很大的震慑作用。处置因本辖区原因导致的群体性事件 12 起 278 人,处置因外辖区原因导致的群体事件 21 起 669 人,处置群体事件总数 28 起 817 人;处置到文昌综合楼上访 22 批 421 人次,其中涉及本辖区 1 批 11 人次,外辖区 20 批 410 人次。2017 年“非访”人次比上年同期下降 95%。在党的十九大期间,城中区严格按照信访维稳工作要求,认真开展排查化解矛盾工作,确保社会大局政治稳定,实现“零”非访的工作目标。

【社会矛盾化解】 2017 年,城中区坚持以“大排查、大接访、大防控、大调处”为抓手,坚持社区(村)、企事业单位日排查,街道、部门系统周排查,每周召开综治维稳形势分析会;城区月排查,每季度召开综治维稳形势分析会,分析研判城中区综治维稳信访形势。健全各级领导干部首接首办责任制、干部下访机制和信访困难人员帮扶救助机制及非正常上访依法处置机制,严格综治维稳信访工作责任查究制度。完善领导干部挂牌、群众点名接访制度和城区级领导包抓化解重点信访问题责任制,对中央、自治区、柳州市交办信访案件及排查的重点矛盾纠纷和信访突出问题,对涉军等群体和重点人员逐一落实城区级领导包案到位,明确责任单位、责任人和办结时限,强化刚性约束,力促及监控,确保重大活动期间无人参与聚集活动、赴会上访和无重大安全事故发生。通过城中区综合治理“微网格”(即城中区利用现代移动通信技术,把 6 个街道 32 个社区、村划分为 209 个网格的所有住户建立 209 个微信群,实行网格化管理),使社区和群众零距离、无时差联系在一起,成为密切联系群众和广泛发动群众高效的新载体,成为群众参与社区管理和快速反映问题的绿色通道。据统计,2017 年共排查矛盾纠纷 1366 起,调解 1366 件,调解成功 1362 起,调解率 100%,调解成功率 99.7%,涉及当事人数 3036 人,协议涉及金额 378.57 万元,辖区内无因纠纷调处不当或调处不及时引起的自杀、民转刑、群众性械斗、群众性集访事件,有力地维护了社会稳定。

【铁路护路联防】 2017 年,城中区在辖区内仅有的 0.5 公里铁路沿线加强铁路护路宣传,街道和社区工作人员深入沿线学校、收购站点,开展宣传教育 55 次,巡逻巡线 54 余次,清理铁路沿线垃圾 78 余次,进行矛盾纠纷排查 35 次,清理和劝阻在铁路边滞留的流浪乞讨人员 24 人次,劝阻居民不要在铁路围栏上晾晒衣物 69 次,检查辖区内 2 处废品收购站,发放各类宣传资料 8000 余份,严格落实铁路沿线“三防三控”(防入网、控危行,防上道、控路伤,防牲畜、控相撞)措施,确保辖区铁路安全畅通。

【禁毒工作】 2017 年,城中区创新推广“一个都不能少”的禁毒宣传。紧紧以校园为主阵地、在校学生为重点,不断深化青少年毒品预防教育“6·27”工程。根据青少年的心理特点与认知能力,精心策划、精心编排,历时半年多统一制作小学版、中学版、大学版的禁毒宣传微视频,到辖区各中小学、大学开展禁毒宣传活动,播放视频,小学要求学生及学生家长共同观看,中学、大学要求全员必须收看,坚持做到一个都不能少。同时把小学版、中学版、大学版禁毒视频放到互联网上,让更多人收看并接受禁毒宣传教育。真正做到内容统一、对象必看、宣传到位、组织到位、措施到位,增强师生的防毒、拒毒意识,营造文明、净化的校园环境;坚持教育基地、园地全覆盖,推进毒品预防教育示范学校创建活

2017年2月24日，全市公共安全视频监控建设联网应用工作现场会在城中区召开
（区政法委 供稿）

动。在原有的柳州市第十二中学禁毒宣传长廊的基础上，新建文华中学、第十六中、公园路小学、弯塘路小学等学校禁毒教育长廊，逐步向辖区所有中小学推行禁毒教育基地与禁毒示范园地的建设，创造性地开展禁毒系列教育活动，提高全体师生识毒、防毒、拒毒的意识，增强学生毒品预防教育的科学性、针对性和实效性。

2017年，城中区共申报毒品预防教育示范学校13所，有211名教师参加毒品预防教育师资培训，全部通过考核。弯塘路小学、景行小学、十二中学等16所中、小学校被评为市级“毒品预防教育示范学校”。公园路小学荣获2016年全国毒品预防教育工程奖。

【防范邪教工作】 2017年，城中区以公开和秘密方式开展对邪教组织和人员基础调查工作，从中掌握预警性、动态性信息。接报邪教“法轮功”组织情报信息1条，成功转化1名“法轮功”邪教组织人员。城中区还对在册邪教人员全部入户调查，了解其思想及现实表现等情况。创立和依托新型媒体加大反邪教宣传工作，在各新媒体、报纸杂志共发表原创宣传报告70余篇。落实网上反邪教签名，开展争创无邪教街道、社区（村）活动。

【国家安全工作】 2017年，城中区加大情报信息搜集力度，及时上报预警性、内幕性、动态性情报信息，积极做好确保重要敏感时段社会政治稳定。落实责任制。7个街道办事处成立国家安全小组，33个社区（村）配备国家安全信息员，与公安机关建立密切联系，实现信息共享。共收集情报信息16条，所上报信息中，预警性情报信息3条，维护了重大节日、重要敏感时期的国家安全和社会政治稳定；开展宣传反奸防谍活动。4月15日、11月1日，分别在市五星商业步行街举办以“宣传国家安全知识，增强国家安全意识”为主题的宣传教育活动。通过精彩的文艺表演、图文并茂的展板和现场专业的答疑解惑等，充分地向观众宣传国家安全的重要性，发放《中华人民共和国国家安全法》《中华人民共和国反间谍法》《中华人民共和国国家情报法》等宣传资料5000份，宣传购物袋2000个，小礼品200余份，现场解答群众法律政策咨询50余件次，宣传活动取得良好的社会效果，扩大民众知晓率、覆盖率。

【政法队伍建设】 2017年，城中区落实从严治警“五查五整顿”（查思想，着力整顿理想信念滑坡问题；查纪律，着力整顿有令不行问题；查作风，着力整顿不严不实问题；查担当，着力整顿不作为、乱作为问题；查管理，着力整顿领导责任落实不力问题）专项行动。通过动员部署、集中学习、问题调查、自测自评等环节，查找政法队伍中存在的问题，辖区政法各部门和单位按照步骤进行立制时化解。按照“五个坚决防止”（坚决防止发生政治事件、坚决防止发生暴力恐怖事件、坚决防止发生重大群体性事件及规模性赴省进京非访、坚决防止发生重大安全事故、坚决防止发生重大网络舆情炒作事件）要求，加强情报信息收集、分析研判和网络整改、小结讲评。据统计，组织各种学习100次2462人次，中央媒体报道3篇，自治区媒体报道10篇，市级媒体报道14篇，查找问题29个，已整改问题29个，修改制度11项，新建制度7项，明察暗访单位13次24个，发现问题12个，已整改问题12个，受理信访举报14件，信访件办结14件。落实廉政谈话制度，针对辖区政法部门“六大纪律”（政治纪律、组织纪律、廉洁纪律、群众纪律、工作纪律、生活纪律）存在问题，采取“一对一、一对多”的形式,每月与辖区政法各部门领导及全委人员进行约谈提醒。全年政法队伍中未发现违纪违规现象。

社会治安综合治理

【平安城中】 2017年,城中区狠抓治安混乱小区整治、专项案件整治、压降案发数、群防群治队伍培训、平安建设宣传、群众安全感自测自评、视频监控系统建设、禁毒人民战争等基础工作。通过平安创建,辖区群众安全感和满意度为93.58%;坚持信息导向,构筑立体防控体系。按照“统一组织领导,统一技术标准,统一产品规格,统一施工建设”的模式,织建“雪亮网”,全面构筑治安立体防控体系网络;建成城中区综治维稳监控中心综治中心,实现公安、交警和城管执法三网合一、落实框架工作运行模式。“雪亮网”推进社会治安综合治理信息系统、综治视联网等大数据与综治信息系统的联网共享和深度应用,实现政法综治专业数据、政府部门管理数据、公共服务机构业务数据、互联网数据的集成应用,运用云计算、大数据技术开展数据挖掘、综治考评、信息预警、研判分析,提高社会治理智能化水平,强化打、防、控平安建设基础。城中区作为柳州市综治维稳监控中心综治中心示范县(区),成为广西乃至外省市的参观学习基地。

2017年8月30日,召开2017年城中区“五查五整顿”推进政法队伍建设暨十九大维稳工作会议 (区政法委 供稿)

【专项整治】 2017年,城中区抓住人民群众反映强烈和社会秩序中突出的治安问题,以情报主导警务,深入打击整治多发性侵财犯罪、电信诈骗犯罪等违法犯罪。对治安问题突出的地区开展专项重点整治,优化治安秩序;开展流动人口专项治理,开展校园周边整治活动,特殊人群帮教,预防青少年犯罪活动;群防群治,联合辖区教育、安监、公安、交警、食药监、消防、城市行政执法等部门开展2期校园周边安全隐患排查整治、校园欺凌专项治理和校园周边食品安全专项整治工作,出动339人次,查扣电动三轮车5辆、液化气3罐、推车3辆、桌椅数套,检查门面5间。

【创新建立“微信调处室”】 2017年,城中区创新建立“微信调处室”,即为及时化解矛盾,将各相关职能部门人员及矛盾纠纷双方加入到同一个微信群,在群里开展调处工作。不仅节省大量的人力、财力和时间,而且提高矛盾纠纷调处工作的效率。在“微信调处室”内各人的发言都是极为有序的,发言的过程不会被打断,不会出现插话的情况,使发言方能够完整的表达自己的意愿,而另一方也有时间去理解、思考,避免由于插话造成的言语冲突,也避免矛盾纠纷双方情绪恶化、争吵等情况的发生。“微信调处室”不受时间、地点、距离的限制,随时可进行调处,有序、高效。

【建立网格平安志愿者队伍】 2017年,城中区创新建立以退休热心人员为主,党员优先,有且会用智能手机的人员组成的300名平安志愿者队伍,实现小区、村屯、户平安志愿者的全覆盖。志愿者负有发现治安隐患或治安事件、矛盾纠纷、新租房人员、可疑爆炸物或暴恐人员、不明加工点或工厂、可疑吸毒者或毒品加工点、消防隐患等七大任务。充分发挥平安志愿者作用。

【用好“村规民约”】 2017年,城中区以村规民约为抓手,指导辖区6个村委重新制定村规民约,村规民约包含遵纪守法，依法维权，依法上访，不越级上访，不非法上访、预防、拒绝邪教等相关内容。把宣传村规民约与党员干部下基层活动结合起来，一边宣传村规民约，一边服务上门。同时，强化村两委主要领导在矛盾纠纷化解工作中的责任。

【平安维稳宣传】 2017 年，城中区开展政法综治宣传工作，利用微博、柳侯清风微信公众号等新媒体进行强大的综治宣传，实现新媒体宣传与传统媒体宣传相结合的模式，大大提高了政法综治宣传工作力度，使平安工作深入人心，形成“平安你我他，安全靠大家”的和谐氛围。在综治宣传月及重要节点期间，开展“平安城中”宣传活动 615 场次，制作展板 1245 块、横幅 980 余条，发放资料 21320 份、宣传袋 1530 个，进一步推进社会管理创新，维护社会和谐稳定。

统一战线

【统一战线机构及概况】 2017 年，中共城中区委统一战线工作部(简称区委统战部)是中共城中区委主管统一战线工作的职能部门，与城中区工商业联合会(以下简称区工商联)合署办公，负责宣传、贯彻党的统一战线政策，管理民主党派、少数民族、宗教团体、工商联、非党知识分子，协调各党派、团体之间的关系，当好区委在统战工作方面的参谋，完成区委和上级统战部门交办的各项工作任务。有在编人员 5 人(其中 2 人为区工商联编制)，聘用 2 人。

【统战政治引领】 2017 年，区委统战部深入学习贯彻党的十八大和十八届三中、四中、五中、六中全会精神，深入学习贯彻习近平总书记系列重要讲话精神和治国理政新理念新思想新战略，同时以迎接党的十九大召开为主线，坚持以政治引领为核心，进一步筑牢巩固统一战线共同思想政治基础。深入学习贯彻中央统战工作会议和《中国共产党统一战线工作条例(试行)》精神，引导统战干部和统战成员始终做到思想上统一、政治上团结、行动上一致。扎实开展思想教育引领活动，持续深入开展以“坚定信心、诚信守法”为重点的非公有制经济人士理想信念教育实践活动，引导广大统战成员听党话、跟党走，坚定立场、遵纪守法、凝聚共识、共克时艰。10 月 16 日，在党的十九大召开之前，组织辖区近 50 名非公经济人士开展主题为“喜迎十九大，不忘初心跟党走”的工商联轮值活动；在党的十九大召开期间，组织引导统战干部和统战成员通过收看大会盛况和有关新闻报道等形式进行学习；党的十九大胜利闭幕后，引导广大统战成员积极参加柳州市和城中区组织的学习活动共 10 场。11 月 23 日，城中区委常委、统战部部长赵扬为城中区工商联执委以上 36 名非公企业家进行十九大精神的专题宣讲。

【统战会议】 2017 年 2 月 23 日，中共城中区委召开统战工作会议，传达自治区、市委统战工作会议精神。会上，区委书记金忠强调统战部门要不断巩固和发展全区统一战线团结、稳定、开拓、创新的新局面，构建“亲”“清”新型政商关系，力争服务非公经济发展、建设党外代表人士队伍等工作再上新台阶。区委常委、统战部部长赵扬总结 2016 年统战工作情况，部署 2017 年统战工作。参加会议有区属各级中共组织、区机关各部委办局负责人、全区统战委员 150 人。

2017 年 4 月 12 日，中共城中区委常委、统战部部长赵扬(右四)走访湖南商会

(区委统战部 供稿)

10月19日,区委书记金忠主持召开区委常委会,听取区委统战部贯彻落实《中国共产党统一战线工作条例(试行)》情况汇报,并提出统战部门要深入学习习近平总书记在党的十九大开幕式上所做关于统战工作的重要论述,认真领会,抓好落实,为"品质城中"的建设贡献力量。

【党外干部工作】 2017年,在春节、中秋两个中国传统节日,区委统战部、区工商联领导及干部职工分别慰问城中区党外代表人士,发放慰问金2万元。9月18日,区委统战部在重庆大学举办城中区党外干部和基层统战干部综合能力提升培训班。辖区30名党外干部参加。11月,区委统战部根据《中国共产党统一战线工作条例(试行)》中有关党外干部任职的规定,及时向区委汇报,增补1名党外干部担任中层正职。2017年,城中区担任领导职务的党外领导干部副处级4人,正科级8人。

【非公经济】 2017年,区委、区政府制定并下发《关于建立城中区处级领导联系帮扶非公有制企业发展工作制度的通知》文件。先后走访辖区12家非公企业,解决16家非公企业实际问题。9月,自治区党委统战部推出广西非公经济服务平台APP,要求各县区按时完成注册、认证及运行工作。年末,城中区在广西非公经济服务平台上注册认证的非公经济人士共4009名,完成任务的88.6%,位列全市第二;通过非公经济服务平台共受理、处置4件企业反映的问题及投诉,实现政办人员、督办人员的全覆盖。按照自治区,柳州市《关于动员组织民营企业参与"百家民营企业扶助百个贫困村"的通知》精神,区委统战部、区工商联组织、动员辖区民营企业家积极参加扶贫工作,城中区与融安县板榄镇里鸟村、融水县安陲乡吉曼村等贫困村签订结对帮扶协议。1月16日,区委统战部副部长、工商联党组书记阮冰,区工商联主席何忠带领辖区部分民营企业家到融安县板榄镇里鸟村参加城中区"百企扶百村"捐助里鸟村建桥建成仪式。12月20日,区委常委、统战部部长赵扬和部分爱心企业家到融水县安陲乡吉曼村开展爱心助学捐赠活动。为吉曼村小学学生捐赠价值2万元冬衣,与当地农户签订农产品采购协议。

【统战民族工作】 2017年,区委统战部紧紧围绕"共同团结进步、共同繁荣发展"的民族工作主题,贯彻中央和自治区民族工作会议精神,落实工作责任制,发挥"民族团结之家"和"民族工作服务站"联动性,进一步完善城中区民族宗教工作网络。开展以"和谐壮乡·团结进步"为主题的民族团结进步宣传月活动,在辖区6个街道、27个社区、6个村委等主要路口、单位门口以及人员密集场所悬挂横幅标语210幅(条)(其中,使用壮汉两种文字宣传标语116条);利用政务服务中心及辖区路段中心街口电子显示屏滚动播放壮汉文字标语50多条;开展以"进机关、进学校、进企业、进社区、进乡镇、进宗教场所"为基本内容的民族团结进步创建活动;举办3场以"三月三"民族风情文化为主题的文艺演出活动,增强民族团结,弘扬民族文化,促进各民族之间的交流,交融。

【统战宗教工作】 2017年,区委统战部贯彻全国、自治区宗教工作会议精神以及新修订的《宗教事务条例》,认真执行党的宗教政策,充分运用三级工作网络体系,依法管理和属地管理相结合,开展宗教工作,加强政策法规宣传和宗教场所安全管理,推进和完善基层工作网络,充分发挥基层组织的能动性和创造性。9月13日,召开城中区宗教工作联席全体(扩大)会议,传达上级宗教工作会议精神,布置相关工作。年内,区委统战部充分发挥三级宗教网络及两层工作责任制的作用,妥善处置文殊寺的寺庙建设事宜;帮助西来寺做好洪灾后的清淤工作;完善区民宗局执法资格相关工作。全年辖区未发生涉及宗教因素的重大事件。

【港澳台侨务工作】 2017年5月,区委统战部协助市委统战部、市台办先后接待台湾花莲县新城乡新城小学、台湾花莲县化仁中学、台湾北投中学到城中区公园路小学、龙城中学、文华中学、十二中学开展文化体育联谊交流活动,增进中小学生沟通与友谊。

【民主党派工作】 2017年,区委统战部以"大团结大联合"为主题,积极支持各民主党派工作。4月,民盟柳州市委到城中区就民盟传统教育基地建设暨"法治进校园"工作进行调研。5月15日,区委统战部协助民盟柳州市委在公园路小学举办“法治进校园”启动仪式，为城中区借助社会力量争创全国青少年普法示范区做出的有益尝试。

纪律检查和行政监督

【纪律检查和行政监察机构概况】 2017年，中共柳州市城中区纪律检查委员会（简称区纪委）和柳州市城中区监察局合署办公，有编制11人。城中区纪委监察局设3个科室：办公室（同时履行监察综合、干部监督管理、宣传教育、信访举报、案件审理、研究法规职能，其中，信访举报职能须指定专人负责）、党风政风监督室（区人民政府纠正行业不正之风办公室）、纪检监察室（同时履行案件监督管理职能）。辖6个街道纪工委，分别是城中街道纪工委、公园街道纪工委、中南街道纪工委、潭中街道纪工委、河东街道纪工委、静兰街道纪工委。2017年6月设立3个派驻纪检组，分别是区纪委驻区委办纪检组、驻政府办纪检组、驻区委政法委纪检组，同时不再保留机关工委纪工委、企业工委纪工委、教育局纪工委。

【中共城中区第十届纪律检查委员会第二次全体会议】 2017年2月20日，召开中国共产党柳州市城中区第十届纪律检查委员会第二次全体会议。出席会议的有区纪委委员20人，列席191人。会议认真学习贯彻中共中央总书记习近平系列重要讲话精神和中共十八届六中全会、中纪委十八届七次全会、自治区纪委十一届二次全会和柳州市纪委十二届二次、三次全会精神，听取并审议通过城中区委常委、区纪委书记黄水育代表区纪委常委会所作的《聚焦主责　砥砺前行　奋力开创党风廉政建设和反腐败工作新局面》工作报告。会议总结回顾2016年全区党风廉政建设和反腐败工作，研究部署2017年工作任务。

2017年2月20日，中共城中区纪委十届二次全会在河东管理大厦二楼会议室召开　　（区纪委　供稿）

【聚焦“两个责任”】 2017年，区委书记带头履行第一责任人责任，主持召开区委常委会研究部署党风廉政建设工作10次，听取专题汇报5次，开展廉政约谈9次，约谈干部209人。以签订责任书明确管党治党责任，签订主体责任责任书67份、监督责任责任书11份。强化履职意识，推行“一单一册”举措，督促制定“两个责任”个性化清单190份，制定领导干部履职纪实手册600本。定期开展落实“两个责任”查访核验；开展党（工）委书记落实主体责任述职评议考核工作，9名党（工）委书记作大会述职并接受评议；开展述责述廉活动，181名科级干部上交书面述职述廉报告。严格落实《问责条例》，实行“一案双查”，查处“两个责任”落实不力问题3件，问责3人。

【执纪审查】 2017年，城中区纪检监察机关通过来信来访来电及网络渠道共收到信访举报件136件，办结133件，办结率97.79%；立案78件，结案81件（含上年遗留案件），给予党纪政纪处分67人，组织处理14人，挽回经济损失25.01万元。坚持把纪律挺在前面，既严格执纪，又提前介入，抓早抓小，体现“严管就是厚爱”，用严明的纪律管住全体党员。2017年，全区纪检监察机关运用监督执纪“四种形态”处理109人，其中第一种形态处理41人，占37.6%；第二种形态处理58人，占53.2%；第三种形态处理4人，占3.7%；第四种形态处理6人，占5.5%。

【作风建设】 2017年，区纪委深入开展“作风整治年”活动。狠抓干部日常监督。紧盯元旦、春节、中秋、国庆等重要时间节点,下发进一步严明纪律要求的通知,组织党员干部开展学习教育,定期发送廉政短信,保持时刻提醒,坚持实行约谈制度,各级领导干部开展廉政谈话245次,约谈干部1232人次;狠抓专项治理。扎实开展贯彻落实中央“八项规定”精神自查自纠活动,对2013年以来违反中央“八项规定”精神问题进行大起底、大清理、大整治,重点围绕违规发放津补贴、违规公款购买消费高档白酒、违规收受礼品礼金、组织生活娱乐化、公款吃喝等问题全面排查整治,发现问题27个,查处违反中央“八项规定”精神问题8件,处理党员干部8人;狠抓制度建设。坚持标本兼治,扎紧制度的笼子,建立和完善《中共柳州市城中区委员会关于进一步贯彻落实中央“八项规定”精神的实施方案》等制度14项。

【扶贫领域】 2017年,区纪委深入学习贯彻习近平总书记四次跨省区扶贫工作座谈会上的重要讲话精神,结合城中区已为脱贫城区的实际,将扶贫领域监督执纪问责专项工作拓宽到民生领域。制定《城中区2017年扶贫领域监督执纪问责工作措施》,强化民生资金使用情况核查,围绕扶贫领域重点责任单位启动专项巡察。开展三级公开大接访活动,接访群众50人次。组织区人大代表、政协委员到街道、村(社区)开展巡查调研,推动工作落实。2017年,全区纪检监察机关共受理扶贫(民生)领域信访举报27件,排查问题线索44条,立案17件,结案17件,给予党政纪处理13人,解除劳动合同1人,组织处理3人,扶贫(民生)领域不正之风得到有效遏制。

【巡视巡察】 2017年,区纪委紧扣自治区党委第一巡视组巡视反馈的问题,细化分解74条整改措施,列出问题清单、整改责任清单,逐一明确责任单位,实行巡视整改周报、月报制度。认真办理巡视转办件,核查问题线索42个,立案3件,给予党政纪处理3人。同时,区纪委出台《城中区巡察工作实施细则》,规范本级党委巡察工作程序。针对党的领导弱化、党的建设缺失、全面从严治党不力等三个方面问题,组织开展本级巡察一批次,成立巡察组2个,巡察党组织4个,涵盖区直单位12个。通过接收信访、谈话了解、检查台账、核查账务、延伸巡察等方式,发现问题38个,督促制定整改措施30条。

【纪检派驻机构改革】 2017年6月,区纪委坚持以综合派驻为主,分别在区委办、区政府办、区委政法委设置区纪委派驻纪检组,实行统一领导、统一名称、统一管理,实现对45家区一级党和国家机关派驻监督全覆盖。3个派驻纪检组组建后共核查问题线索6件,立案4件,实现查办案件全覆盖,以“派”的权威和“驻”的优势充分发挥监督“探头”和“前哨”作用。

【廉政文化建设】 2017年,区纪委坚持正面教育和反面教育相结合,举办“两个条例”主题宣讲报告会2场次,组织旁听法院庭审3场次,召开“以案明纪”警示教育大会2场次,接受教育980人次;开展廉政文化巡演和廉政电影展播活动,深入社区、农村巡演5场次,展播廉政电影4场次;对253名村(社区)“两委”干部开展廉政教育,实现纪律教育从机关到村(社区)全覆盖。加大宣传力度,开通城中区纪检监察微信公众号,促进传统媒体和新兴媒体有机融合,全年纪检监察外宣稿件累计获各级媒体采用16篇,其中中央媒体1篇,自治区级媒体4篇,市级媒体11篇。

【队伍建设】 2017年,区纪委深入开展“能力提升年”活动,加强对纪检干部的学习、教育和管理,全面提升综合素质。组织纪检干部畅谈十九大新时代新使命新精神,撰写心得体会33篇;组织开展纪检干部“示警明纪、筑牢防线”专题教育活动,观看《打铁还需自身硬》警示教育片,促进纪检干部提高拒腐防变的意识和能力。举办业务培训10场次,培训干部188人次;积极选派干部参加上级培训,参训干部46人次。开展干部跟班学习、挂职锻炼等活动,选派干部到上级纪委跟班学习9人次,挂职锻炼1人,有力提升干部能力素质。坚持从严要求、从严教育、从严管理、从严监督,纪委书记约谈纪检干部9次69人次。

【家风建设】 2017年,区纪委深入开展党员干部好家风建设活动,打造特色廉政文化,构建“读本+活动+基地”家风家训教育模式。编印并下发《城中区廉洁家风家训读本》3000本,在全区营造浓厚的家风学习氛围。开展家风主题学习会、宣讲会、专题讲座、干部家访、情景剧展示、家风节目录制、警示教育会等活动，教育引导干部带头传承良好家风。建成金沙角家风家训教育园，开展电视家风节目《家长会》录制、家教知识分享、家风家训宣传学习等活动，共接待30批1000人次参观学习。

机构编制

【概况】 2017年，城中区机构编制委员会办公室为城中区机构编制委员会的常设办事机构，列入党委序列，既是党委的工作部门，也是政府工作部门。主要负责城中区机关（含党委、人大、政府、政协、法院、检察院机关，各人民团体机关）、街道和事业单位机构编制的日常管理工作，行政审批制度改革工作。2017年核定编制2名，实有2人。截至2017年12月31日，城中区新录用公务员9人，公开招聘事业单位在编人员12人，办理免笔试进编人员13人。审批公务员编制使用计划15人，审批事业单位使用编计划150人。

2017年2月20日，区委常委、纪委书记黄水育　　（区纪委　供稿）

【编制实名制系统】 2017年，城中区编制办发挥机构编制实名制系统作用，落实机构编制综合管理信息系统管理制度，对进出编人员信息进行仔细审查核对，加强与中共城中区委组织部、城中区人力资源和社会保障局信息互通，实时动态调整机构编制台账，确保数据更新及时、安全和准确。

【纪检监察体制改革】 2017年，根据柳编办函〔2017〕2号文件，在城中区纪委机关设立党委巡察办，为党委巡察工作领导小组日常办事机构，与城中区纪委机关一个内设机构合署办公。根据柳编〔2017〕101号文件，设立城中区纪委驻区委办纪检组、城中区纪委驻区政府办纪检组、城中区纪委驻区政法委纪检组。

【行政审批制度改革】 2017年，根据《广西壮族自治区人民政府关于印发行政许可事项目录的通知》（桂政发〔2016〕76号）文件精神，依据国家、自治区相关行业管理的法律法规及规范性文件，以《柳州市行政许可事项目录》为基础，制定《城中区行政许可事项目录》，事项共计136项，涉及行政审批部门共计17个。认真做好行政审批事项清理，督促各相关行政审批主管部门做好上级取消、下放和调整的行政审批事项的落实、承接及公开工作。2017年，取消行政许可事项共计28项，涉及行政审批部门共计9个；调整行政许可事项共计113项，涉及行政审批部门共计15个。

【机构设置和人员编制】 2017年，根据柳州市机构编制委员会办公室下文，同意城中区开办柳州市马鹿山中学，下达全额拨款事业编制38名，聘用教师控制数十名；开办柳州市学院路中学，下达全额拨款事业编制62名，聘用教师控制数16名；开办柳州市前茅中学，下达全额拨款事业编制32名，聘用教师控制数8名；开办柳州市前茅小学，下达全额拨款事业编制12名，聘用教师控制数3名；下达柳州市马鹿山小学编制21名，聘用教师控制数5名；下达柳州市民族实验小学编制12名，聘用教师控制数3名；下达柳州市文韬小学编制14名，聘用教师控制数4名。增核柳州市城中区疾病预防控制中心全额拨款事业编制10名，调整后编制共计25名。根据柳编〔2017〕7号文件，下达城中区所辖中小学（不含新建校）教职工编制总量控制数1608名，其中：编制1279名，聘用教师控制数329名，原核定的中小学教职工编制予以注销。根据柳编办通〔2017〕25号文件，柳州市文化系统幼儿园整建制划转至城中区，为城中区人民政府主办，城中区教育局管理的差额拨款事业单位，划转差额拨款事业编制11名。根据柳编〔2017〕113号文件，下放家畜屠宰日常监管职能至城中区水产畜牧兽医局，划转参公管理全额拨款事业编制2名至动物卫生监督所。根据柳编〔2017〕117号文件，城中区科学技术局设立城中区科学技术协会。根据柳编〔2017〕125号文件，根据柳编办函〔2017〕40号文件，核销城中区各街道办事处机关事业编制空编19名，增核全额拨款事业编制19名，用于各街道办事处综合事务管理服务中心。2017年，城中区合计减少事业编制3名。

【机构及领导职数核定】 2017年，城中区机构编制办根据柳州市有关文件精神，确定城中区计划生育协会、城中区城市居民最低生活保障管理服务中心(城中区城乡居民最低生活保障管理办公室、城中区低收入居民家庭经济状况核对中心)2个单位为相当副科级事业单位。核定城中区教育局(教育督导办)领导职数1正2副，共3名；城中区卫生和计划生育(爱卫办)领导职数1正2副，共3名；城中区食品药品监督管理局(食安委)领导职数1正2副，共3名；中国共产主义青年团柳州市城中区委员会领导职数1正1副，共2名；城中区妇女联合会领导职数1正1副，共2名；城中区工商联合会领导职数1正1副，共2名；城中区残联领导职数1正1副，共2名。

【政府部门权责清单“两单融合”】 2017年4月，根据自治区及柳州市统一部署，由城中区编制办牵头，在全区政府推行部门权力清单责任清单两单融合工作。按照自治区、柳州市相关规定，城中区共有22个推行“两单融合”部门。各部门要求在2016年政府部门权力清单基础上，依据权责一致、依法确责、因地制宜原则，进一步调整完善权责清单，将权力清单和责任清单相对应，逐一厘清与行政权力相对应的责任事项，实现权责一致，两单融合。经过清理编制权责清单、集中审核、修改上会等流程，22个部门保留行政权责事项共计2528项，责任事项共计18684项，其中，行政许可134项，责任事项804项；行政处罚1888项，责任事项15104项；行政强制87项，责任事项522项；行政征收14项，责任事项70项；行政给付36项，责任事项180项；行政检查153项，责任事项765项；行政确认28项，责任事项140项；行政奖励29项，责任事项145项；行政裁决1项，责任事项6项；其他行政权力158项；责任事项948项。2017年6月，城中区政府部门权责清单工作顺利完成，并通过城中区政府门户网站向社会公示。

【机构编制云平台建设】 2017年7月，根据中央编办探索“互联网+机构编制”新模式的要求和部署，城中区编制办按照自治区和柳州市工作要求，做好各项数据收集前期准备工作，通过统一录入各部门基本数据，逐一审核确认，机构编制云平台管理系统信息数据录入工作顺利完成。据统计，城中区列入机构编制云平台部门目录库的单位共计114个，其中机关单位46个，事业单位68个，相关批文149份。

【政务和公益中文域名注册工作】 2017年，城中区编制办认真落实政务和公益中文域名注册管理工作精神，保障经费纳入本级财政预算，及时缴交域名注册、管理费用，确保政务和公益域名注册管理工作的正常进行。2017年政务和公益中文域名注册、续费单位共计33个。 (杨茜麟)

信访工作

【机构概况】 1994年12月，成立中共城中区委、区政府信访办公室。1996年12月，机构改革，区委、区政府信访办公室在区委办公室挂牌，编制纳入区委办公室。2010年8月区委、区政府信访办公室更名为区委、区政府信访局。2017年，城中区信访局有在职人员6人，聘用人员3人。其职能是受理、交办、转送信访人提出的信访事项；承办上级和本级人民政府交由处理的信访事项；协调处理重要信访事项；督促检查信访事项的处理；研究、分析信访情况，开展调查研究，及时向本级人民政府提出完善政策和改进工作的建议；对本级人民政府其他工作部门和下级人民政府信访工作机构的信访工作进行指导。2017年，城中区信访局认真化解信访积案，组织党政领导干部“大接访”活动，建设和应

2017 年 3 月 29 日下午，区直机关工委召开“2017 年城中区直属机关党建暨党风廉政建设工作动员会”（杜美玲 摄）

用视频信访信息系统，处理日常信访件等。

【工作概况】 2017 年，区信访局共受理群众来信来访 126 件 263 人次，同比增长 46.51%，46.93%，其中来访 64 件 107 人次，同比增长 68.42%，44.59%；党政领导干部“大接访”活动受理信访事项 62 件 156 人次，同比增长 29.17%，48.57%；受理信访事项到期办结率为 100%；承办市信访局、市有关部门转办、交办信访事项（含网上交办事项）82 件，同比增长 156.25%，到期办结率 100%；受理信访事项复查申请 7 件，同比增长 40%，到期办结率 100%；群众信访反映的热点问题主要涉及征地拆迁。2017 年自治区重点交办信访积案 2 件，均已程序性办结，并将办结情况及时书面上报市级部门，结案率达 100%。此外，一个长达 8 年的信访积案（石秀金案）在区委书记金忠的协调下成功化解。

【党政领导干部大接访】 2017 年，区信访局全面落实每月一次党政领导干部“大接访”活动，区委书记、区长亲自接访协调、解决群众反映热点、难点问题。全年共有 15 位区领导参加大接访 62 件，共接到群众 156 人次，当场答复 24 件，交办 38 件，全年解决信访突出问题 62 件。

【矛盾纠纷排查化解】 2017 年，区信访局坚持每季度进行一次信访隐患排查工作，将排查出来的矛盾建立台账，落实到位。特别是在重大节日、重大活动等敏感时期做好矛盾纠纷排查化解以及信访维稳工作，实行 24 小时值班制度和每日“零报告”制度。2017 年，柳州市、自治区以及全国“两会”、十九大等各个重大节日以及敏感期间为确保社会稳定，根据上级部署，区信访局制定下发活动实施方案，组织开展一系列工作，切实解决人民群众的合理诉求，坚决守住不发生大事的底线，全力做好敏感时期信访维稳工作。2017 年共开展矛盾排查 12 次，对排查出的矛盾纠纷进行积极调处；上报信访形势研判分析 12 期，使分管领导全面掌握全区信访动态，及时化解各种矛盾和纠纷。（侯梦婷）

中共城中区直属机关工作委员会

【机关党组织概况】 2017 年，中共城中区直属机关工作委员会（简称城中区直属机关工委）辖基层党组织 38 个，其中机关党支部 28 个，机关离退休党支部 10 个。党员 823 人，其中在职党员 582 人，离退休党员 241 人。

【思想政治建设】 2017 年，城中区直属机关工委深入开展“两学一做”学习教育，推进“两学一做”学习教育制度化常态化。制定区机关理论学习计划，抓好党章、党规和习近平系列讲话、党的十九大精神和习近平新时代中国特色社会主义思想等理论学习，提高党员的思想政治觉悟，牢固树立“四个意识”，坚定“四个自信”，在政治上、思想上、行动上同以习近平为核心的党中央保持高度一致。严肃党支部的组织生活，着重抓好“三会一课”制度落实，领导干部带头上党课。广泛开展做合格党员的专题讨论和立足工作实际，践行合格党员标准的活动。全年，机关各党支部领导带头讲党课 132 次，集中学习 167 次，开展专题学习讨论 92 次。组织党员观看教育影片6部。

【组织建设】 2017年,城中区直属机关工委加强对换届选举工作的督促指导,城中区直机关28个党支部(总支)和10个离退休党支部完成党组织换届选举;指导9个支部做好发展党员工作,发展党员9人。抓好在职、离退休党支部的党费收缴管理工作。开展创建"五好"党支部活动,对申请验收的党支部进行检查,对验收合格的17个党支部给予通报奖励;8月1日—5日在贵州大学开办"城中区机关党务工作者培训班";55名党务工作者参加培训。

【作风建设】 2017年3月29日,城中区直属机关工委召开2017年直属机关党建暨党风廉政建设工作动员会,全面部署2017年城中区机关党建和党风廉政建设工作。制定《2017年城中区直属机关党的建设工作要点》和《2017年城中区直属机关工委党风廉政建设工作方案》,加强工作指导,推进工作落实。制定《城中区机关党支部党建工作档案指导目录》《城中区机关党支部党风廉政建设工作档案指导目录》,指导区机关28个党支部对材料进行规范整理,提高工作档案的规范管理水平。

城中区直属机关工委在贵州大学举办2017年党务工作者培训班

(杜美玲　摄)

【精神文明建设】 2017年,城中区直属机关工委开展"争做八桂先锋、争做合格党员"活动。制定活动方案,广泛动员部署,督促各党支部制定"双争讲堂"计划,明确宣讲时间、主题、宣讲人,并按计划开展宣讲活动。要求各党支部制定"先锋岗、先锋号"创建计划、方案。并对各支部开展"争创八桂先锋、争做合格党员"活动的情况进行不定期检查,检查结果作为支部评先评优依据。共宣讲56次,创建党员先锋岗56个、党员先锋号4个。

【群团活动】 2017年,城中区直属机关工委组织"城中区机关干部职工乒乓球比赛""城中区机关干部职工羽毛球比赛""城中区机关干部职工拖拉机、象棋比赛",区机关28个在职党支部300多人参加了比赛;联合城中区团委开展"向上吧青年"定向挑战赛活动,来自辖区学校、企事业单位以及街道、社区等200多人参加活动。

(范　鹰　杜美玲)

编辑:刘世平

柳州市城中区人民代表大会

【人大机构及工作概况】 2017年，城中区有本级人民代表大会1个。有市、区两级人大代表170人，其中，市十四届人大代表23人，区十二届人大代表147人。区十二届人大常委会组成人员23人，其中主任1人，副主任4人，委员18人。城中区人民代表大会设立法制与内务司法、财政经济2个专门委员会；城中区人大常委会下设办公室、教科文卫与民族工作委员会、农业农村与环资城建工作委员会、选举联络工作委员会。共有工作人员29人，其中在编人员22人，聘用7人。年内共组织召开人民代表大会1次，常委会会议6次，主任会议7次，听取和审议“一府两院”工作报告15项，作出决议决定2项，组织视察调研12次，任免国家机关工作人员27人次，办理代表意见建议17件，受理和处理人民群众来信来访25件次。充分发挥地方国家权力机关的作用，保证宪法和法律在本辖区的顺利实施。

2017年1月20日，区人大常委会主任曾明在城中区人大十二届二次会议上 （区人大　供稿）

重要会议

【第十二届人民代表大会第二次会议】 2017年1月19日—21日，城中区第十二届人民代表大会第二次会议召开，大会听取和审查区人大常委会及区“一府两院”工作报告并作出决议；会议还审查批准《城中区2016年财政预算执行情况和2017年财政预算报告（草案）》《城中区2016年国民经济与社会发展计划完成情况和2017年国民经济和社会发展计划报告（草案）》。

【第十二届人大常委会会议】 2017年，城中区第十二届人大常委会共召开人大常委会会议6次，即城中区第十二届人大常委会第3次至第8次会议。

第3次会议 2017年2月28日在区人大常委会会议室举行。会议审议通过《城中区人民政府关于义务教育均衡发展情况的报告》。依法决定人事任免事项5项。

第4次会议 2017年5月4日在区人大常委会会议室举行。会议审议通过《柳州市城中区人民法院关于审理金融借款合同案件工作情况的报告》。依法决定人事任免事项9项。

第5次会议 2017年6月30日在区人大常委会会议室举行。

2017 年 11 月 13 日，城中区人大常委会主任曾明(右四)到城中区人民检察院调研　　　　（区人大　供稿）

会议审议通过《柳州市城中区人民政府关于 2016 年度本级财政决算（草案）的报告》《柳州市城中区人民政府关于 2016 年度本级财政预算执行和其他财政收支的审计工作报告》和《柳州市城中区人民代表大会常务委员会关于批准 2016 年城中区本级财政决算的决议》。依法决定人事任免事项 1 项。依法补选孟宗民为柳州市第十四届人民代表大会代表。

第 6 次会议　2017 年 8 月 31 日在区人大常委会会议室举行。会议审议通过《城中区 2017 年上半年国民经济和社会发展计划执行情况报告》《城中区 2017 年上半年财政预算执行情况报告》。依法决定人事任免事项 9 项。

第 7 次会议　2017 年 10 月 27 日在区人大常委会会议室举行。会议审议通过《城中区人民政府关于莲花山森林保护工作情况的报告》《关于接受陈远锵等同志辞去城中区第十二届人大常委会委员职务的决定》。依法决定人事任免事项 3 项。

第 8 次会议　2017 年 12 月 26 日在区人大会常委会议室举行。会议审议通过《城中区人民政府关于调整 2017 年财政预算收支的报告》《关于城中区 2017 年国民经济和社会发展计划执行情况及 2018 年国民经济和社会发展(草案)的报告》《城中区 2017 年财政预算执行情况和 2018 年财政预算报告(草案)》《柳州市城中区人民代表大会常务委员会批准城中区人民政府关于调整 2017 年财政预算收支议案的决定》《柳州市城中区人民代表大会常务委员会关于召开柳州市城中区第十二届人民代表大会第三次会议的决定》和《柳州市城中区人民代表大会常务委员会关于柳州市城中区第十二届人民代表大会第三次会议列席人员的决定》。依法决定人事任免事项 9 项。

城中区人大常委会任免国家机关工作人员名单一览表

（2017 年，城中区人大常委会依法任免区人大常委会和区“一府两院”工作人员 27 人次）

时间	会议	任免	姓名	职务
2 月 28 日	城中区第十二届人大常委会第 3 次会议	任免	贺耀军	柳州市城中区科学技术局局长，免去其柳州市城中区发展和改革局局长职务
2 月 28 日	城中区第十二届人大常委会第 3 次会议	免去	赵鑫	柳州市城中区民政局局长职务
2 月 28 日	城中区第十二届人大常委会第 3 次会议	免去	谭戟雄	柳州市城中区安全生产监督管理局局长职务
2 月 28 日	城中区第十二届人大常委会第 3 次会议	免去	王斌	柳州市城中区人民法院审判委员会委员、审判员职务
2 月 28 日	城中区第十二届人大常委会第 3 次会议	免去	田梅	柳州市城中区人民法院人民陪审员职务
5 月 4 日	城中区第十二届人大常委会第 4 次会议	任命	宋旭峰	柳州市城中区民政局局长
5 月 4 日	城中区第十二届人大常委会第 4 次会议	任命	沙昱彤	柳州市城中区商务局局长

续表

时间	会议	任免	姓名	职务
5月4日	城中区第十二届人大常委会第4次会议	任命	喻晓光	柳州市城中区安全生产监督管理局局长
5月4日	城中区第十二届人大常委会第4次会议	任命	朱辉	柳州市城中区水产畜牧兽医局局长
5月4日	城中区第十二届人大常委会第4次会议	免去	宁家友	柳州市城中区水产畜牧兽医局局长职务
5月4日	城中区第十二届人大常委会第4次会议	任命	覃云	柳州市城中区人民检察院检察委员会委员
5月4日	城中区第十二届人大常委会第4次会议	任命	苏甦	柳州市城中区人民检察院检察委员会委员
5月4日	城中区第十二届人大常委会第4次会议	免去	袁秀清	柳州市城中区人民检察院检察委员会委员职务
5月4日	城中区第十二届人大常委会第4次会议	免去	巫立华	柳州市城中区人民检察院检察委员会委员职务
6月30日	城中区第十二届人大常委会第5次会议	任命	柳昇宏	柳州市城中区发展和改革局局长
10月27日	城中区第十二届人大常委会第7次会议	任命	陈远锵	柳州市城中区教育局局长
10月27日	城中区第十二届人大常委会第7次会议	免去	张献军	柳州市城中区教育局局长职务
10月27日	城中区第十二届人大常委会第7次会议	免去	覃延	柳州市城中区环境保护局局长职务
12月26日	城中区第十二届人大常委会第8次会议	任命	邓柳红	柳州市城中区人大常委会教科文卫与民族工作委员会主任
12月26日	城中区第十二届人大常委会第8次会议	任命	覃浩巍	柳州市城中区人大常委会办公室副主任、信访办公室主任(试用期一年)
12月26日	城中区第十二届人大常委会第8次会议	免去	陈远锵	柳州市城中区人大常委会教科文卫与民族工作委员会主任职务
12月26日	城中区第十二届人大常委会第8次会议	任命	周伟平	柳州市城中区人民政府副区长(挂任期2年)
12月26日	城中区第十二届人大常委会第8次会议	任命	段文连	柳州市城中区卫生和计划生育局局长
12月26日	城中区第十二届人大常委会第8次会议	免去	廖明妮	柳州市城中区卫生和计划生育局局长职务
12月26日	城中区第十二届人大常委会第8次会议	任命	张坤	柳州市城中区人民法院副院长
12月26日	城中区第十二届人大常委会第8次会议	任命	蒙鹏燕	柳州市城中区人民法院审判员
12月26日	城中区第十二届人大常委会第8次会议	免去	骆欢	柳州市城中区人民法院副院长、审判委员会委员、审判员职务

重要工作

【人大代表建议、意见收集和办理】 2017年,城中区第十二届人民代表大会第二次会议期间,共收到代表提出的建议、意见18件,其中,代表主动撤回1件,实际承办建议、意见17件。覆盖城市管理、人力资源和社会保障、民政事务、“三农”问题、教科文卫等经济建设和社会发展的各个方面,涉及工信局、商务局、教育局、文体新局、执法局、住建局、民政局、征地办、物价局、五星管委会和街道办事处等21个单位、部门。城中区人大常委会及时对区政府进行交办和督办,并在规定的时间内全部办结,办结率100%,满意率100%。其中,已解决和列入计划逐步解决的代表建议、意见共13件,占总承办量的76.5%;因条

城中区第十二届人民代表大会第二次会议代表建议、意见一览表

序号	议案建议标题
第1号	关于加快落实网络全面覆盖“城中村”的建议
第2号	关于加快窑埠村三产用地手续办理进度的建议
第3号	关于加快村级公共服务中心建设的建议
第4号	关于解决被征地农民“失地证”征地基准日问题的建议
第5号	关于将学校绿化、保洁等后勤工作经费纳入公共财政预算的建议
第6号	关于莲花山学区中医院周边弃土堆放安全问题的建议
第7号	关于增加五星步行街商业氛围的建议
第8号	关于加强社区三无小区管理的建议
第9号	关于解决城中村住户小孩入学问题的建议
第10号	关于“推进社区职能改革、全面激发基层活力”的建议
第11号	关于对城中辖区范围内乱收停车管理费行为进行严查和管理的建议
第12号	关于对社区社会组织资金扶持的建议
第13号	关于加快推进学前教育优质均衡发展的建议
第14号	关于社区委员以上人员退休一次性补偿的建议
第15号	关于设立被拆迁征地居民发展三产服务业扶持基金的建议
第16号	关于提高社区工作人员工资的建议
第17号	关于实现社区协管退休人员移交社区实行属地管理的建议

件不具备暂时未能实施的部分代表建议、意见4件，占总承办量的23.5%。

【调研视察】 2017年，城中区人大常委会对“一府两院”开展专项视察和调研12次。常委会对区人民政府落实义务教育均衡发展情况进行视察。提出尽快出台城中区义务教育集团化办学管理办法，切实解决教师队伍建设中出现的新情况、新问题，针对国家义务教育均衡发展检查验收中存在的问题抓好整改，对相对薄弱学校给予专项扶持，加强软硬件建设，缩小强弱差距等意见。常委会对区人民政府莲花山片区森林保护工作情况进行视察，提出加大对《柳州市莲花山保护条例》的宣传贯彻落实，加强与市有关主管部门沟通联系，进一步理清职责，落实监督责任，建立健全协调机制，共同做好莲花山保护的相关工作，采取有效措施，遏制莲花山保护区内违法建设、违法占用林地、乱砍滥伐及违规采脂等破坏林业生态的行为等意见。常委会对区人民法院审理金融借款合同案件工作情况进行视察，提出要积极探索化解金融借款合同纠纷的方法和对策，同时加大类型化案件繁简分流力度，更加注重审判机制的优化，提高审判质效的意见。常委会还视察调研区人民检察院自侦案件办案情况和综合检务中心建设情况，对区人民检察院反贪、职务犯罪和反渎职案件类侦办情况进行深入的了解和工作审议。常委会开展对“两院”进行司法体制改革工作的进度调查，研究司法体制改革形势下人大开展监督工作的新任务新措施；调研城中公安分局开展规范化执法工作相关情况；调研区人民政府依法治区工作；对“七五”普法开局情况和进度问题进行工作交流；对城中区村屯文化建设的现状、民族宗教情况开展专

2017年1月20日，区人大代表出席城中区人大十二届二次会议并认真听取《城中区人大常委会工作报告》 （区人大 供稿）

题调研。通过视察调研形成《司法体制改革形势下基层人大监督工作的应对》《城中区民族宗教工作情况调研报告》《城中区村屯文化建设的现状和建议》3篇调研报告,为区委、区政府决策提供参考。协助市人大城中团代表开展《关于取消城市生活垃圾处理费征收的议案》和《柳州市解决城市中心区噪声扰民问题实施方案》两项议案的调研工作,为市人大城中团代表提出议案提供依据和参考,这些议案的提出和实施为规范柳州市生活垃圾分类管理奠定基础,为消除城市中心区噪声扰民问题找到了办法。

【执法检查】 2017年,城中区人大常委会配合参与柳州市人大及其常委会关于《中华人民共和国刑事诉讼法》《中华人民共和国国旗法》《中华人民共和国国徽法》《柳州市莲花山保护条例》《柳州市人大常委会规范性文件备案审查办法》等多部法律法规的专题调研、执法检查等活动,促进这些法律法规在城中区的贯彻落实。

(吴　瑕)

编辑:叶玉生

柳州市城中区人民政府

【政府机构及工作概况】 1979年9月，城中区人民政府成立。设有办公室、劳动科、工业科、民政科、文教科、卫生科、服务管理科、人民防空办公室等8个工作机构。1982年3月，设立城市建设管理科，同年6月，设立财务科。1984年11月，劳动科更名为劳动人事局。工业科更名为经济办公室。民政科更名为民政局。城市建设管理科更名为城市建设管理局。同时，设立精神文明建设办公室、计划生育办公室。1985年6月—7月，先后设立审计科、司法局。1986年7月，经济办公室更名为计划经济委员会。1988年1月，设立监察局。同年2月，财务科改称财政局。1989年5月，设立老龄问题工作委员会办公室(简称老龄委办公室)。同年4月，计划生育办公室改称计划生育委员会，审计科改称审计局。1991年，城中区人民政府设有：办公室、劳动人事局、民政局、计划经济委员会、文教科、卫生科、城市建设管理局、财政局、审计局、计划生育委员会、司法局、三产办公室、监察局、人民防空办公室、科学技术委员会(简称科委)、精神文明建设委员会办公室、老龄委办公室等17个工作机构。1992年10月，设立机关行政科。1993年，监察局与中共城中区纪律检查委员会合署办公。1994年2月，撤销行政科。成立区委、区政府信访室(设在区政府办公室)。科学技术委员会与计划经济委员会合署办公。同年4月，精神文明建设委员会办公室与区委宣传部合署办公。1995年2月，调整工作机构，区委办公室与政府办公室合署办公。区纪委、监察局、审计局合署办公。人武部与人防办合署办公。第三产办公室与团委合署办公。成立离退人员管理办公室，与老龄委办公室合署办公。成立统计室，隶属计划经济委员会。1996年，城中区党政机构改革，区人民政府保留办公室。撤销城市建设管理局，组建建设环保局。撤销科学技术委员会和文教科，分别组建教育与科学技术局和文化体育局。撤销三产办，组建流通服务行业管理办公室。撤销卫生科，组建卫生局。组建统计局。人防办在建设环保局挂牌。撤销地志办，职能并入教育与科学技术局。计划经济委员会更名为计划与经济局。计划生育委员会更名为计划生育局。劳动人事局更名为人事与劳动局。城区综合管理办公室在建设环保局挂牌。老龄委办公室在人事与劳动局挂牌。爱国卫生运

2017年1月20日，区长李柳彬在城中区人大十二届二次会议上

（区委宣传部　供稿）

动委员会办公室在卫生局挂牌。拥军优属、拥政爱民工作领导小组办公室在民政局挂牌。改革后，政府工作机构由1991年的17个减为14个。核定行政编制74名。1999年8月，城中区成立教育工作领导办公室。2001年，城中区党政机构改革，区人民政府保留办公室、科学技术局、监察局、民政局、司法局、财政局、建设局、卫生局、计划生育局、审计局，文化体育局更名为文化和体育局，人事与劳动局更名为人事劳动和社会保障局。在计划与经济局和统计局的基础上，组建经济计划统计局。在流通服务行业管理办公室的基础上，组建贸易发展局，在教育工作领导办公室基础上组建教育局。安全生产监督局在计划与经济局挂牌。市容局、人防办在城建局挂牌。爱国卫生运动委员会办公室在卫生局挂牌，拥军优属拥政爱民工作领导小组办公室、老龄委办公室在民政局挂牌，抗灾救灾领导小组办公室设在民政局，纠正行业不正之风领导小组办公室设在监察局。改革后，政府工作部门仍为14个，核定行政编制59名。2002年，对城中区工作机构设置进行调整，城中区审计局改为市审计局派出机构。同年9月，柳州市部分市辖区行政区划调整，城中区增设1个政府工作部门：农林水利局，区人民政府机构变为15个，2003年4月重新核定行政编制81名。2004年，城中区党政机构改革，增设安全生产监督管理局。区人民政府机构有：办公室、发展经济局、贸易发展局、教育局、科学技术局、监察局、民政局、司法局、财政局、人事劳动和社会保障局、建设局、文化和体育局、卫生局、人口和计划生育局、农林水利局、统计局、安全生产监督管理局16个工作部门，核定行政编制84名。其中：发展经济局加挂招商促进局牌子；纠正行业不正之风领导小组办公室设在监察局；民政局加挂拥军优属拥政爱民工作领导小组办公室、老龄工作委员会办公室牌子，抗灾救灾领导小组办公室设在民政局；建设局加挂市容管理局、人民防空办公室牌子；卫生局加挂爱国卫生动员委员会办公室牌子；安全生产监督管理局加挂安全生产委员会办公室牌子。监察局与纪律检查委员会机关合署办公。审计局作为市审计局的派出机构，人财物管理体制维持不变。2005年柳东镇撤销，其行政编制除划入新建的河东、静兰街道办事处的16名行政编制，余下9名行政编制划入人大机关1名，政府8名。同年10月，因城市管理发展需要，增设城市管理行政执法局，挂市容管理局牌子，核定4名行政编制。2007年1月，新增1个政府工作部门：畜牧兽医局，核定4名行政编制；4月更名为水产畜牧兽医局。2008年3月，新增环境保护局，为政府工作部门，核定行政编制5名。2010年机构改革，保留工作部门：办公室（挂宗教事务局、民族事务局牌子）、教育局、科学技术局、监察局、民政局（挂老龄工作委员会办公室牌子）、司法局、财政局、审计局、文化和体育局（挂新闻出版局牌子）、卫生局、人口和计划生育局、农林水利局、统计局、安全生产监督管理局、城市管理行政执法局（挂市容管理局牌子）、水产畜牧兽医局、环境保护局；重新组建发展和改革局（挂物价局牌子）、工业和信息化局、住房和城乡建设局（挂人民防空办公室牌子）、商务局（挂招商促进局、现代服务业管理局牌子）；人事劳动和社会保障局更名为城中区人力资源和社会保障局；法制办公室不在政府办公室挂牌，调整为政府工作部门。改革后设置工作部门为22个，核定行政编制98名。2016年3月，新增疾病预防控制中心，事业编制15名。2017年1月，增加疾病预防控制中心编制10名，事业编制总计25名。

2017年5月16日，城中区政府在五星商业步行街开展“深入推进依法行政，加强建设法治政府”主题宣传活动　（区法制办　供稿）

5月,核销各街道办事处机关事业编制19名,增核全额拨款事业编制19名,用于各街道办事处综合事务管理服务中心。9月,核定城中区教育局(教育督导办)领导职数3名,城中区卫生和计划生育局(爱卫办)领导职数3名,城中区食品药品监督管理局(食安委)领导职数3名。10月,家畜屠宰管理职能下放至城区水产畜牧兽医局,划转参公编制2名至动物卫生监督所,核定编制共计5名。12月,在科技局设立城中区科学技术协会。 (韦超辉 杨茜麟)

重要会议

【政府全体会议】 2017年召开1次,即1月3日召开的2017年城中区第十二届人民政府第一次全体(扩大)会议。

城中区第十二届人民政府第一次全体(扩大)会议 1月3日召开,审议通过《政府工作报告》。

【政府常务会议】 2017年召开区第十二届人民政府常务会议15次,即城中区第十二届人民政府第8次至第22次常务会议;召开区政府党组(扩大)会议7次,即分别于5月8日、7月27日、8月29日、9月26日、10月30日、11月9日、12月8日召开的城中区第十二届人民政府第2、3、4、5、6、7、8次党组(扩大)会议;召开区长办公会2次,即分别于9月26日、12月15日召开的城中区第十二届人民政府第1、2次区长办公会。

第8次政府常务会议 1月16日召开,会议审议并原则同意区人社局关于增加聘用人员的事宜,其中区人武部增聘6人,区工信局增聘1人,区法院增聘10人;原则通过《2016年度城中区绩效考评奖励预发方案》;原则通过《2016年度城中区编外人员绩效考评奖励预发方案》;原则通过《柳州市城中区法治政府建设实施方案(2016—2020年)》。

第9次政府常务会议 3月6日召开,会议审议并原则同意实施金沙角人工沙滩整治工程;原则同意对结算送审价超出合同价30%以上的社区矫正中心装饰装修工程进行结算审计;原则同意实施柳东小学原教学楼等维修改造工程;原则同意实施文华中学校园消防及给水管网改造工程;原则同意实施2017年中小学幼儿园暑期维修项目;原则同意拨付2016年度教育系统聘用制工作人员绩效考核经费;原则同意区人社局关于招聘机关聘用人员的事宜,其中区征地办招聘4人,河东办事处转聘1人;同意区人社局关于选派柳州市2017年赴美国温斯洛普大学攻读硕士学位项目人员的事宜;原则同意拨付环江滨水大道、自行车道保洁车辆购置经费;原则同意给予李昳昉行政开除处分。

第10次政府常务会议 3月29日召开,会议审议并原则同意配套拨付环江村雷村屯风貌改造项目资金2333.60万元;原则同意通过《城中区机关会计核算改革实施方案》,要求严格按照时间节点推进工作进度;原则同意招聘8名建筑类相关专业聘用制人员,工资支付参照城中区专业技术岗位聘用人员工资标准(即:大专学历,具有1年内相关工作经历月薪2000元,1~2年相关工作经历月薪2400元,2年以上相关工作经历月薪2700元;本科学历月薪增加100元;具有全国造价员资格证月薪增加100元/专业,最高增加200元,或者具有施工员、预算员、质检员、试验员、测量员、安全员、材料员、资料员等相关资格证月薪增加200元;具有中级工程师或审计师职称的月薪增加300元;具有注册造价师、注册建造师资格证月薪增加300元。以上月薪增加部分可累计,均含"五险"中个人缴纳部分)执行;原则同意区审计局关于进一步厘清财政、审计部门职责权限,推进财政投资评审工作的事宜;原则同意拨付《城中区电子商务产业孵化器》二期运营资金250万元;原则同意实施静兰街道社区卫生服务中心增容配电工程建设。

第11次政府常务会议 5月2日召开,会议审议并原则同意区机关后勤服务中心关于河东管理大厦聘请物业管理公司的事宜;原则同意立项实施罗池社区办公场地装修改造工程;原则同意潭中街道办事处、河东街道办事处、静兰街道办事处各增加3名聘用人员;原则同意通过《2017年城中区非领导职务干部培训方案》;原则同意丰鑫公司关于合资成立环境工程有限公司的事宜;原则同意区民政局关于增加柳州市河东老人公寓工程预算的事宜,金额以结算部门最终核定为准;原则通过《柳州市城中区创建广西食品安全城市工作方案》;同意区住建局关于拆除并新建环江村委办公楼的事宜;同意拨付城中区人民武装部独立营院迁建项目建设资金,金额以结算部门最终核定为准;同意拨付城中区为民服务中心工程建设资金2100万元;同意委托柳州市旧城改造服务处实施环广西公路自行车世界巡回赛柳州赛段(东堤路、环江滨水大道)风貌改造项目动员工作;同意2017年村屯道路安防设施改造工程立项;同意区住建局关于对辖区内部分破损路面进行维修改造的事宜;同意实施2017年小街小巷改造项目;原则同意城中区社区服务场所建设项目立项实施。

第12次政府常务会议 5月22日召开,会议审议并原则同意区财政局关于规范柳州市城中区机关单位伙食补助费管理的事宜;原则同意区财政局关于截至2016年12月31日财政存量资金整合的事宜;原则同意实施环广西公路自行车世界巡回赛(城中赛段)沿线村庄风貌改造工程,由区发改局分批立项,相关单位分批实施;原则同意拨付《公小教育集团东校生态植物墙》课题经费20万元;原则通过《柳州市城中区关于加快构建现代化公共文化服务体系的实施方案》;同意并通过《城中区人民政府关于开展作风建设年活动的工作方案》;原则同意拨付城中交警大队办公经费1385622元,具体金额以实际支出为准;同意区发改局立项新建2个环江滨水大道交通岗亭,由区住建局负责组织实施;原则同意招聘5名合同制纪检监察专业技术人员,招聘专业由区监察局商区纪委确定后,报区人社局组织实施。

第13次政府常务会议 6月8日召开,审议并同意丰鑫公司与广西海富环境工程有限公司合资成立一家环境工程有限公司,要求区法制办严把合作协议关口;根据《关于做好盘活中央和自治区本级预算内投资存量资金进一步加快计划执行进度等有关事项的通知》(桂发改投资〔2015〕626号)文件精神,原则同意区发改局关于调整柳州市城中区石漠化综合治理工程的事宜;原则同意城中区花园城市2.0版建设工程(滨江西路桥边坡绿地改造工程、高新一路绿化景观提升工程、静兰小学绿化提升改造工程、潭中路小学绿化提升工程、映山街绿化景观提升工程及斜阳、景行路绿化景观提升工程)立项实施,项目资金由区财政追加;同意增加实施秦家村及山水福地东侧道路改造工程;原则同意区住建局关于滨江路、弯塘路外立面改造及灯光亮化项目实行代建制模式建设的事宜;原则同意西门社区、福柳新都社区办公场地实施装修改造工程,请区机关后勤服务中心根据会议讨论重新修改装修方案,并报区财政投资评审办公室预审;同意拨付拍摄法治微电影经费20万元;原则同意增加24名聘用制工作人员,其中3名人民调解协管员、6名村级综合服务中心就业社保服务窗口工作人员、15名交通协管员,要求专人专岗专用;同意追加2017年税务经费150万元;同意通过《河东幼儿园筹办方案》。

2017年1月3日,城中区政府在河东大厦二楼会议室召开"2017年城中区人民政府第一次全体(扩大)会议" (区政府办　供稿)

第14次政府常务会议 6月28日召开,审议并原则同意区民政局关于成立康顺社区的事宜;原则同意增加60名聘用制城管执法队员;原则同意拨付两违专项工作经费300万元;原则同意拨付2017年城管执法制式服装和标志经费2188002元;原则同意拨付12集《柳娃漫说社会主义核心价值观》动画片制作经费48万元;原则同意区农水局关于聘请专业公司对沿江景观大道自行车道清淤清理的事宜;原则同意拨付文惠小学特色工作室维修装饰经费299722.20元;原则同意拨付环广西公路自行车世界巡回赛(城中赛段)沿线村庄风貌改造工程经费500万元;原则同意追加2017年社会稳定、严打专项整治经费预算300万元;原则同意区编办关于审定、公布《城中区行政许可事项目录》的事宜;

2017 年 8 月 21 日,城中区政府在河东大厦二楼会议室召开“2017 年柳州市城中区年中工作会议”（区政府办　供稿）

原则同意区编办关于城中区政府部门权力清单和责任清单“两单融合”的事宜。

第 15 次政府常务会议　7 月 27 日召开,审议并原则同意区机关后勤服务中心关于对东门社区、青云社区、康顺社区办公场地进行装修改造的事宜;原则同意追加城中区人民检察院综合检务服务中心装修经费 90 万元;同意区卫计局关于购置河东街道社区卫生服务中心、城中区疾病预防控制中心、城中区卫生监督机构业务用房的事宜;原则同意将柳州市河东老人公寓、城中区人民武装部独立营院、柳州市文化系统幼儿园不动产权证书登记的权利人确定为广西柳州市丰鑫投资有限公司;原则同意丰鑫投资有限公司关于成立河东私营经济区开发办业务代理公司的事宜;原则同意区农水局关于建设乡级现代特色农业示范区的事宜,要求区农水局按照会议精神调整、细化建设方案;原则同意立项实施城中区农业示范区道路扩宽工程,由区住建局负责组织实施;原则同意追加 2017 年防汛抗旱工作经费 3291125.12 元;原则通过《柳州市城中区创建自治区级基层应急管理示范点工作方案》;原则同意实施柳州市第十二中学荣誉展示大厅建设项目,请区教育局依照中央“八项规定”精神对第十二中学举办的校庆活动严格把关;原则同意实施柳州市民族实验小学图书阅览室建设项目,请区教育局按照会议精神调整建设方案,报区政府分管领导同意后实施;原则同意实施文韬小学、龙城中学映山校区、河东幼儿园校园文化建设项目,请区教育局按照会议精神调整文韬小学、龙城中学映山校区建设项目方案,报区政府分管领导同意后实施;原则同意调整 2017 年社区“两委”成员及社工人数配置,其中新补充社区“两委”成员 55 人,新招聘社工 8 人;原则同意追加拨付 2017 年村(社区)换届选举经费 493392 元。

第 16 次政府常务会议　8 月 24 日召开,审议并原则同意立项实施 2017 年户外广告、门店招牌示范路改造建设工程;原则同意在环江村雷村屯新建村级服务中心和游客中心两处建筑外立面配置室外全彩 LED 显示系统及设置智能监控设备,经费 224533.20 元从区科技经费列支;原则同意先为环江村雷村屯游客中心配置 1 块室外全彩 LED 显示屏,经费 166062 元从区科技经费列支,雷村屯村级服务中心建设完成后再根据实际情况配置 LED 显示屏规格;原则同意区教育局关于核增 2017 年暑期校园维修项目部分工程的事宜,最终投资额以审计部门审核为准;原则同意追加河东幼儿园厨房设施设备购置经费 495651 元,最终支出以审计部门审核为准;原则同意实施河东幼儿园校园信息系统安装项目,并对该项目实施费用 938205 元予以追加,最终支出以审计部门审核为准;原则同意追加河东幼儿园教学设施设备购置经费 1756740 元,最终支出以审计部门审核为准;原则同意区农水局关于开展清理由松材线虫病引起枯死的松木的事宜,要求按照不超过 500 元 / 株的清理标准进行限价招标,由区农水局负责委托第三方机构进行枯死松木统计工作,并出具相关证明材料,作为经费支出依据;原则同意拨付五星社区、金泰苑社区办公场地装修改造费用 1647292.88 元,最终支出以审计部门审核为准。请区机关后勤服务中心根据会议讨论对以上两个社区装修方案进行完善,并与各街道办事处、社区充分沟通其他社区办公场地装修方案,确保每个社区内部风格、氛围有特色,装修方案需经区民政局、相关街道办事处、社区签字确认;原则同意追加国卫复审工作经费70万元;原则同意由城中区人民政府为截至2017年8月28日18时前报送材料,并经审核符合条件的申请单位出具P(2017)33号地块竞买资格确认函;原则同意区人社局关于城中检察院增加5名聘用人员的事宜。

第17次政府常务会议 9月25日召开,审议并原则同意区环卫所关于向市场运营公司购买道路深度清洁服务的事宜,从2017年10月份起试行,并予追加100万元,其余费用列入2018年财政预算;同意立项实施环江村高效节水灌溉工程,项目经费列入2018年财政预算;同意立项实施柳东小学教学设施设备更新改造工程,项目经费列入2018年财政预算;原则同意立项实施河东幼儿园绿化提升项目;原则同意立项实施柳州市民族实验小学教学楼及综合楼功能室装修工程;原则同意追加河东私营开发区第二期改造工程项目工程量,要求多从便车便民的人性化角度考虑,对施工方案进行优化,工程量可适当再增加;原则同意拨付城中公安分局业务技术办公大楼改造项目和河东执法办案中心改扩建项目经费,拨付金额为项目经费总额的二分之一并列入2018年财政预算,其余经费由城中公安分局向市级财政部门申请拨付;原则同意拨付2017年第二批科技项目经费119万元,要求区科技局加强项目督查,及时形成反馈报告,确保科技项目质量;原则通过《柳州市城中区环保举报热线工作管理办法》,该办法自2017年10月1日起正式施行;同意区机关后勤服务中心关于向丰鑫投资有限公司租用河东管理大厦作为城中区办公用房的事宜;同意区财政局关于收回第二批财政存量资金进行整合的事宜,要求回收资金超过100万元的部门(区人民法院、区农水局、区教育局、区科技局)向区政府提交情况说明。

第18次政府常务会议 10月16日召开,审议并同意追加2017年税务经费180万元;原则同意追加城中区运动与健康科普教育基地建设经费117997.62元;根据《柳州市人民政府办公室关于市丰鑫投资有限公司资产划转有关问题的批复》(柳政办函〔2009〕11号)文件精神,同意将城中区政府位于海关南路48号1栋的部分固定资产(海关南路48号1栋1单元1–1、海关南路48号1栋1单元1–2、海关南路48号1栋2单元1–1、海关南路48号1栋2单元1–2)划转广西柳州市丰鑫投资有限公司;同意立项实施2017年“美丽广西·宜居乡村”村屯公共照明设施建设,由区财政局对城中区承担的项目资金予以追加;原则同意在环广西公路自行车世界巡回赛(城中赛段)沿线村庄风貌改造工程一期项目中增设两个子项目,一是在环江滨水大道沿线增设固定广告牌、移动广告牌及在已完成改造的农户住宅楼空调格摆放花卉、部分村民楼房及路桥栏杆挂彩旗彩带等,二是在环江滨水大道沿线增设8~9座自行车主题雕塑,由区住建局组织实施;原则同意《城中区全面推行河长制工作方案》;原则同意追加国卫复审、创城期间城中区农贸市场专项行动整治应急改造工程经费1589600.56元;原则同意立项实施东台社区老年“日间照料中心”装修工程,由区民政局会同区机关后勤服务中心对该中心设施设备进行政府采购;原则同意区民政局关于各街道办事处管辖范围重新调整方案一,即:一是将原水上街道办事处管辖水上区域,由各街道办事处按照陆上管辖区域延伸至柳江河中线分段管辖。二是水上街道办事处迁至河东片区,将潭中街道桂中、王座、潭东、金泰苑4个社区及河东街道鹿山、文源2个社区划入水上街道管辖;同意追加城中区2017年社区换届新进工作人员生活补贴等经费1285834.91元;同意通过《柳州市城中区2016年度绩效考评奖励方案》;同意通过《柳州市城中区2016年度聘用人员绩效考评奖励方案》;同意立项实施景行小学总部体育馆维修项目;原则同意拨付景行小学开展系列宣传活动经费40万元,要求严格依照政府采购程序实施;原则同意追加2017年抗洪抢险费用1804811.11元;根据《柳州市财政局 柳州市人力资源和社会保障局 中国共产党柳州市委员会老干部局关于发放离退休生活补助有关事项的通知》(柳财综〔2017〕15号)文件精神,同意区人社局关于发放离退休生活补助事宜。

第19次政府常务会议 11月13日召开,审议并原则同意《城中区全面治理拖欠农民工工资问题的实施方案》;原则同意追加全区基层党组织、党员开展组织生活经费42.38万元;原则同意人社局关于城中区法院增加15名聘用书记员的事宜;原则同意追加柳州市文化系统幼儿园2017年7月—12月份部门预算支出经费408303.64元;原则同意追加中考质量考核经费 80 万元;原则同意追加定点帮扶融安县扶贫资金 80 万元;原则同意城中区以前年度结转结余资金(第一批)29391482 元调整事项;原则同意将水上街道办事处更名为沿江街道办事处;原则同意追加社区办公经费 10.65 万元;同意给予黄淦钲开除处分;原则同意《柳州市城中区加快推进网上政府服务工作实施方案(征求意见稿)》;原则同意《城中区食品安全信息员管理办法(征求意见稿)》;原则同意拨付 426.79 万元对潭东社区、清华坊社区等 6 个社区办公场地进行装修改造;原则同意拨付 258714.96 元实施三门江中学女生宿舍楼新增步梯建设项目;原则同意将城中区为民服务中心不动产权证书的权利人确定为丰鑫公司;原则同意拨付 142 万元用于弯塘小学教育集团文华校区、龙城中学、文华中学创客空间建设;原则同意《柳州市城中区培育高新技术企业暂行办法》;原则同意《柳州市城中区支持科技企业孵化器和众创空间建设发展暂行办法》;原则同意新增 70 人开展道路保洁工作,人员经费纳入 2018 年预算;原则同意追加城中区环卫所办公楼电气设备安装经费 249015.91 元;原则同意重新装修柳东村村级服务中心外墙;原则同意追加城中区 6 个行政村农民合作社筹建工作经费 48 万元;原则同意城中区以前年度结转结余资金(第二批)53024976 元调整事项;原则同意聘请第三方专业机构开展编制指导城中区创建自治区级全域旅游示范区工作,工作经费 68 万元纳入 2018 年预算;原则同意设立城中区科技信息产业园区。

第 20 次政府常务会议 12 月 13 日召开,审议并原则同意 2018 年《政府工作报告(审议稿)》。

第 21 次政府常务会议 12 月 20 日召开,审议 2018 年《政府工作报告(审议稿)》。

第 22 次政府常务会议 12 月 29 日召开,审议并原则同意《关于城中区 2017 年国民经济和社会发展计划执行情况及 2018 年国民经济和社会发展计划草案的报告》《城中区 2017 年财政预算执行情况和 2018 年财政预算报告(草案)》《城中区本级行政权力运行流程》。

(韦超辉)

重要施政

【加速发展第三产业】 2017 年,城中区第三产业发展保持平稳较快增长态势,第三产业增加值 198.15 亿元,占 GDP 比重达 62.9%。社会消费品零售总额 179 亿元,增长 10.1%,其中规模以上其他营利性服务业企业营收增长率达 50%。规模限上企业入库工作取得新突破,入库企业数同比增长 136%。商圈辐射效应日益凸显,商贸中心地位稳固,商圈品质提档升级。总部经济集聚壮大,市级五家国有控股集团公司落户城中。楼宇经济快速发展,重点打造集信息化、智能化为一体的特色商贸楼宇。房地产业支柱地位稳固,河东北片区高端房产开发加速,静兰片区渐成热土,碧桂园·十里江湾等大型项目建设扎实推进,彰泰集团等知名房产品牌成功入驻,房地产交易市场火热,商品房销售面积达 80 万平方米。金融业发展势头强劲,引进新型金融机构,金融服务框架构建成型。电商产业前景可期,加速打造自治区级跨境电子商务园区,通过阿里巴巴国际站开辟海外市场的企业达 110 家,20 家本地企业实现外贸出口零突破。2017 年正式投入运营的"柳邮惠"电子商务产业园已入驻 13 家企业,"互联网+供应链协同服务体系"及"智能化物流信息系统"助推新兴业态飞速发展。与广西科技大学联办的城中区科技信息产业园正式签

2017 年 4 月 21 日,"智慧城市"柳州市信息化展厅"和生活体验馆"顺利揭牌

(中国移动柳州分公司　供稿)

约落户万达中心。积极打造全域旅游格局,深挖环江滨水大道、三门江国家森林公园、莲花山片区周边历史文化、自然旅游资源。

【优化招商引资】 2017年,城中区以“精准招商”“二次招商”为核心,细致分类抓好项目推介,利用网络招商等新模式,成功引进“彰泰红”“红星新天地”“碧桂园·滨江府”等带动能力强的优质项目。招大引强效果明显,2017年新建内资项目20个、外资项目6个,市外境内到位资金164.29亿元,同比增长7.2%,实际利用外资6660万美元,同比增长48.9%。顺利推介完成村集体三产用地上市交易,彻底解决该地块土地闲置、河东村集体经济发展迟滞等一系列问题。

【推进“两化融合”】 2017年,城中区全方位开展“质量强区”活动,“抓大壮小扶微工程”有效实施,支持传统产业优化升级,扎实推进节能降耗工作,小微企业依托第三方服务平台开展业务。“两化融合”发展水平位列全市前茅,“智慧城中”项目一期启动实施,电子政务外网建设一期项目竣工并通过验收,整体运行良好。

【农村经济发展】 2017年,城中区强农惠农政策全面落实,发放各类惠农补贴资金87.45万元。“一村一品”种植格局升级,现代农业发展取得进步。推动“互联网+农业”模式,在河东、柳东、牛车坪村设立农村电子商务服务点,农作物销售途径拓宽。推广生态养殖技术,积极引导养殖户将传统养殖方式转型升级为生态、特色养殖方式。水产畜牧业平稳增长,重大动物疫病有效防控。森林防火、防汛抗旱等工作扎实开展。

【重大项目征地拆迁】 2017年,城中区完善项目推进机制,强化重点项目攻坚,区域产业功能布局更加优化,预算效能逐渐提升,政府投资项目管理能力加强。圆满完成61个自治区、市级层面重大项目征地拆迁、建设任务,整宗完成数和拆迁完成量位列全市前茅,有效保障莲花大道等十大城市建设项目、桂中公园等五大改扩建项目供地,按时交付河东路以北片区路网等六大项目施工用地,供地面积767.4亩。

【加快城乡建设】 2017年,城中区实施城乡建设项目33个,建筑业产值逾2.2亿元,增长603%。投入1210万元完成7项小街巷改造工程,改造城乡道路面积约5万平方米。投入1383万元完成13个棚户区改造项目,1479户困难群众居住环境得到明显改善。投入1.16亿元,实施“环广西公路自行车世界巡回赛”城中赛段沿线村庄和雷村屯风貌改造,1746户居民直接受益。推进绿色节能产业发展,创建新能源汽车充电桩建设示范小区18个,建设充电桩408个。深化“花园城市2.0”建设,6个绿化提升工程全面竣工。五一路与龙城路西一巷合围片区改造纳入全市首批引入社会资本参与旧城改造的土地熟化项目并正式启动。

【提高城乡管理水平】 2017年,城中区管好“三节点”,坚持全天候,走好“三部曲”,坚持治源头,推行“721”工作法,城市管理更精细。数管信息中心处理各类案件88057件,办结率达100%。开展市容市貌专项整治行动430余次,开展农贸市场及周边环境大规模整治行动100余次。以“飓风行动”为突破口,一次性彻底拆除美庐新居项目内违法建筑28户,确保美庐新居保障性住房项目顺利实施。全年开展拆违行动96次,共计拆除违法建筑593户、总面积64.38万平方米,完成拆违存量任务58.26%。完成柳侯社区“无违建社区”示范点创建工作。“以克论净”“深度清洁”工作全面铺开,63条一、二级主干道路采取全覆盖保洁模式。新建项目环评和“三同时”执行率100%,环境信访投诉案件结案率100%。全市首套噪声扬尘自动监测系统在金沙角区域投入使用,噪音污染得到有效控制。

【“美丽乡村”建设】 2017年,城中区聚焦“产业富民”,因地制宜促进农旅结合,引进沃柑等特色水果,300亩“乡级精品农业示范园”、180亩脆蜜金柑种植基地、300亩紫薇花海园相继建成,“半小时乡村旅游圈”初步形成。推动“服务惠民”,建制村综合服务平台实现全覆盖。夯实“基础便民”,投入1220多万元用于农村公共照明、道路安防、饮水安全、污水处理等基础设施建设,村庄人均道路面积及绿化率居全市首位,“屯屯通道路”全面实现。投资7500万元的雷村屯被确定为柳州市2017年度“美丽柳州”乡村建设综合示范村屯,以其为主要核心区的“大美环江”旅游小镇获评柳州市首批特色小镇。“美丽乡愁”纪事馆群之木工馆建设完成,启动两个城区级农家乐示范点建设顺利推进。

【精准扶贫】 2017年,城中区向柳城县、鹿寨县共投入帮扶资金200万元,向结对帮扶县融安县投入帮扶资金180万元,用于改善帮扶地区基础设施条件。派驻3人工作组开展对点帮扶,精准扶贫工作取得实效。

【"五抓"教育事业】 2017年,城中区抓争先创优,以高分通过国家级义务教育均衡督导评估,公园路幼儿园、市直机关幼儿园通过自治区示范园复查评估,辖区各校年内共获市级以上荣誉222项,等级及人数居自治区前列,中考总体评价分连续六年蝉联全市第一。抓优质均衡,深入探索集团化办学模式,全市首个公办幼教集团——机关幼儿园教育集团成立,龙城中学教育集团、文韬小学暨文惠小学集团总部成立。抓布局优化,文韬小学、前茅中学等4个建设项目主体部分已竣工,马鹿山中学等6校建设项目加速推进,顺利接收市文化系统幼儿园。抓师资提升,深推"三名二室一坊"工程,打造"教育人才小高地",在第十七届柳州市中学青年教师汇报课比赛中,4个学科夺魁,位列全市第一。抓素质教育,制定《城中区德育工作评估体系》,坚持以德立人,德育先行。

【深化科技事业】 2017年,城中区狠抓知识产权强区工作,顺利通过国家知识产权强县工程试点县(区)验收。经济与社会发展领域的科技项目库初步建成。全面完成"两创"工作目标任务,全年完成发明专利申请量952件,超额完成市级年度目标任务。2家科技企业孵化器获得市级认定,5家众创空间获市级备案,2家众创空间获自治区级备案,5家企业通过国家级高新企业评审。完成3项科技成果转化。成功举办城中区首届创新创业大赛,推动辖区小微企业科技创新。加强对"科普e站"建设的扶持和指导,打造科普进校园、进社区品牌。

【发展文体事业】 2017年,城中区制定实施《关于加快构建现代公共文化服务体系的实施方案》。做大做强"欢乐城中"品牌,全年开展各类惠民活动783场,让辖区群众尽享文化盛宴。新建城中区文化馆、图书馆、档案馆。加大"非遗"保护传承力度,"戏曲进校园"全面覆盖辖区中小学,《"非遗"传承录——螺蛳粉纪录片》获得好评。用心打造文艺精品,器乐合奏《欢天喜地》等9个优秀作品获自治区级奖项。启动环江滨水大道"美丽乡愁"文化带项目建设。开展"扫黄打非"工作,柳侯社区、阳光100社区分别荣获自治区首批"扫黄打非"进基层标兵点、示范点。获评"全国青少年校园足球特色试点县(区)",办好"环广西公路自行车世界巡回赛"(城中赛段)等系列国际级别重大赛事,助跑全民健身事业。

【夯实健康事业】 2017年,城中区圆满完成"国卫"复审工作。医药卫生体制改革不断深化,城中区疾控中心挂牌成立,疾病预防控制体系逐步完善。投入基本公共卫生服务资金845万元,建立居民健康电子档案13.49万份。积极筹建河东街道社区卫生服务中心,柳东卫生院通过自治区级"群众满意乡镇卫生院"评估验收,医疗服务能力和水平稳步提升,"15分钟医疗卫生服务圈"目标逐步实现。创建"全国基层中医药先进单位"顺利通过国家级督查。"全面二孩"政策有效落实,人口和计划生育目标管理各项任务全面完成。扎实做好妇女儿童权益保障工作。加大食品药品安全监管力度,顺利完成"为民办实事"快检实验室项目

广西柳江红花水利枢纽二线船闸工程

(市防洪排涝工程管理处 供稿)

蜜蜂采花　　（周秀妹　摄）

建设任务，实现辖区公立学校食堂“明厨亮灶”全覆盖，争创“广西食品安全城市”工作稳步推进。

【精编“民生保障网”】 2017年，城中区发放各类救助资金780万元，建成全方位的社会救助体系。圆满完成“全民参保登记”任务，城乡居民养老金待遇发放标准连续六年保持全市最高档次。在全市率先迈出“养老设施公建民营”步伐，引进专业机构运营河东老人公寓。独创“三特色”就业服务模式，全年城镇新增就业1.1万人，完成指标任务数132.5%。劳动监察执法力度加大，为劳动者追回被拖欠工资73.39万元。分配公租房372套，发放租赁补贴85.8万元，累计309户1133人受益。

【打造“基层服务窗”】 2017年，城中区顺利完成社区、村“两委”换届选举工作，选举新一届社区、村“两委”班子310人，学历和年龄结构极大优化。为更好地服务居民，新成立“康顺社区”。在全市率先扩面提标，提前一年落实城中区27个社区的服务用房房源。打造“一社区一品牌”，突出社区特色服务功能建设，金泰苑、阳光100社区获“全市最美社区”称号，东台社区成为“全市社区标准化建设示范点”，“智慧社区”试点数量、质量全市领先。

【筑牢“平安防护墙”】 2017年，城中区“110”平台接警案件4314起，同比下降6.78%，开展“神剑·打黑除恶”及治安大整治等系列专项行动，推行派出所责任区警务模式。创新“微网格”“雪亮网”构建模式，建成“柳州市综治维稳监控中心示范区”。在自治区率先成立“律师化解矛盾纠纷人民调解委员会”，社会矛盾纠纷排查调处效果明显，调解矛盾纠纷1681起，成功率99.8%。降低法律援助门槛，法律援助覆盖面不断扩大。首创“五平台”工作模式，实现对社区服刑人员的全天候立体式监管，区司法局被评为“自治区社区矫正中心建设工作共建试点单位”。深化信访工作制度改革和信访法制化建设，领导公开大接访机制有效推行，中共十九大及东盟博览会期间实现“零非访”目标。扎实开展安全生产大检查，深化“打非治违”和重点行业领域专项整治，事故控制指标同比实现双降。应急管理不断深入，积极推进示范点创建工作，公园小学教育集团总部获评“自治区基层应急管理示范点”。“网格化”价格监管和价格诚信档案信息采集工作深入开展。

【铺设“精神文明路”】 2017年，城中区“品质城中”微信公众号推送微新闻800多条，位居全市前列。创城成果喜人，文明城市动态管理加强，辖区新增三家“全国文明单位”，全国文明单位总数居全市第一，7所学校获评“柳州市文明校园”。志愿服务工作广泛开展，荣获“柳州市志愿服务先进县区”称号。推出《环江滨水大道宣传片》等独具特色的公益广告。举办首届“感动城中”2016年度人物评选表彰活动。开展百姓宣讲百余场，受众超6万人。环江村雷村屯成为“柳州市理论宣讲示范基地”。

【民主法治建设】 2017年，城中区政府坚持民主协商，广泛听取社会各界意见，自觉接受区人大及其常委会法律监督和区政协民主监督，办理区人大代表建议和政协委员提案25件，办复率100%，满意率100%。坚持依法行政，将法律学习纳入区政府重要会议议程，实施规范性文件“三统一”制度。坚持严格执法，进一步厘清、确认各行政执法部门主体资格，组织行政执法培训，开展行政执法案卷评查工作，树立执法部门良好形象。坚持全民学法，深入开展“法治城中”创建活动，“七五”普法工作全面推进，获自治区推荐申报第四批“全国法治县区创建活动先进单位”。

【提升公共服务水平】 2017年，城中区扎实做好“放管服”工作，公开《城中区行政许可事项目录》，取消行政许可事项28项，调整行政许可事项113项，顺利完成“两单融合”工作。全年共受理各类行政审批事项1727件，群众满意率100%。政务公开和政府信息公开工作进一步深化，城中区政府门户网站全面改版升级。超额完成自治区下达的30万页档案数字化任务，查阅便民服务水平大大提高。

【持续加强廉洁政府建设】 2017年，城中区深入贯彻落实中央“八项规定”精神，做好“回头看”工作，加大“四风”问题督查检查力度，推进政府系统廉政建设。完善全口径预算体系建设，严格控制“三公”经费开支，开源节流的理财观念得到进一步贯彻，“三公”经费规模较2016年下降22%。严格执行工程项目管理办法，严格规范政府采购、公务接待、公车配备使用管理，行政监督和审计监督得到强化。

（刘长河　钱雪春　张靖涵　马佳志　韦永才）

2017年1月16日，城中区召开创建“法制学校”“零犯罪学校”工作推进会

（区委宣传部　供稿）

法治政府建设

【法制办机构及工作概况】 城中区法制办公室（简称城中区法制办）成立于2007年5月。2017年有工作人员6名，其中在编人员4名，聘用人员2名。主要负责为城中区人民政府重大决策提供法律服务，研究提出城中区贯彻实施国家重要法律、法规、规章的方案（草案）或意见；参与和审核对外签订的协议、合同；负责行政执法主体资格、行政许可主体资格的审查确认工作，并对行政执法程序、行政许可程序进行审查、监督和检查；承办城中区人民政府交办的行政处罚决定的审查和城中区人民政府决定的重大行政处罚的听证工作；负责城中区行政执法监督工作；协调城中区人民政府工作部门之间在行政执法中的交叉矛盾；负责组织、指导行政执法队伍建设工作；组织执法单位开展法制宣传、法制培训及执法人员上岗资格培训等工作；开展政府法制理论研究，组织对外法制业务交流活动；承办城中区人民政府交办的其他事项。

【行政复议】 2017年，城中区法制办严格按照《广西壮族自治区人民政府办公厅印发关于进一步加强行政复议工作规范化建设的实施方案的通知》要求，进一步完善行政复议协调机制，设置行政复议庭，公布行政复议流程，对辖区内执法单位进行监督检查的过程中要求行政处罚的作出要明确救济途径，畅通复议渠道。年内，共收到行政复议申请3件，其中：因申请人撤回复议申请，终止1件；维持原具体行政行为的2件，均在规定时间内办结。

【行政执法监督】 2017年，城中区法制办根据《关于推行政府部门权力清单和责任清单“两单融合”的通知》要求，按照城中区政府的统一部署，配合区编办全面完成政府部门权力清单和责任清单“两单融合”工作。年内，以2016年各部门确认保留的权力事项为基础，将权力清单和责任清单进行融合，全区22个部门共计梳理出行政权责事项2528项，责任事项共计18684

2017年10月26日，城中区举办“柳州市法律机器人入驻城中区社区培训班”（区司法局　供稿）

项，并对社会公布，会同区编办共同统筹推进清理规范证明事项试点工作，简化优化公共服务办事流程。城中区法制办根据《广西壮族自治区行政执法监督办法》及柳州市行政执法监督工作部署，牵头组织开展城中区2017年度行政执法案卷评查活动，此次案卷评查活动包含部门自查和集中评查两部分，共评查案卷60余件。8月，城中区法制办按照自治区法制办通知要求，组织城中区7名行政执法人员参加自治区行政执法资格考试的报名工作，7人均通过行政执法资格考试。城中区制定并下发《柳州市城中区建立行政执法公示制度实施方案》，成立柳州市城中区实施行政执法公示制度工作领导小组，有步骤、有计划地开展建立行政执法公示制度工作，将建立行政执法公示制度落到实处。城区本级及时清理并公布行政执法主体名单，包括24个具有行政执法主体资格的法定行政机关、6个法律法规授权具有行政执法主体资格的组织、4个受委托行使行政执法权的组织。同时，全区24个行政执法部门均开展建立行政执法公示制度工作，并在规定时间内按照要求将行政执法公示内容在城中区政府门户网站公开。全区各行政执法部门进一步建立健全行政自由裁量权基准制度，细化量化裁量权工作基本完成。建立和完善行政执法“四项制度”（行政执法评价制度、调查取证和报告制度、全过程记录制度、与刑事司法衔接机制），规范了行政执法行为。

【行政执法队伍建设】 2017年9月21日—22日，城中区法制办为进一步加强城中区各相关单位依法行政水平和能力，全面推进城中区2017年法治政府建设，组织全区行政执法人员在柳州铁道职业技术学院举办行政执法人员培训班，参加培训50余人。培训采取集中培训方式，内容涉及《中华人民共和国行政处罚法》《中华人民共和国行政许可法》《中华人民共和国行政诉讼法》《中华人民共和国国家赔偿法》《广西壮族自治区行政执法监督办法》等行政法律法规。通过培训，提高城中区行政执法人员的综合素质和执法水平，牢固树立公正执法和文明执法理念。12月19日，城中区法制办在市委党校举办行政复议专项业务培训和《柳州市莲花山保护条例》专题

2017年7月19日，城中区司法局工作人员深入香沟冲林区，调处该林区与当地村民的土地纠纷（区司法局　供稿）

培训班，城中区各执法单位共50余人参加培训。

【规范性文件、合同监督管理】 2017年，城中区法制办严格按照《广西壮族自治区法制办公室规范性文件备案审查办法》《柳州市城中区规范性文件制定和备案审查规定》等文件精神，对城中区各部门制定的规范性文件进行审查及备案，年内城中区未制发规范性文件。9月，根据《柳州市人民政府办公室关于实行规范性文件“三统一”制度的通知》(柳政办〔2017〕164号)要求，城中区印发《柳州市城中区人民政府办公室关于实行规范性文件“三统一”制度的通知》(城中政办〔2017〕50号)，进一步加强对城中区规范性文件的监督管理工作，要求规范性文件统一登记、统一编号、统一印发，区人民政府规范性文件统一以“城中政规”作为规范性文件的公文字号，按照年度编排文号，并通过城中区政府门户网站和广西壮族自治区政府信息公开统一平台等便于公众知晓的方式发布。10月，为规范政府文件法制审查送审流程，提供及时、有效的法律服务，依据《广西壮族自治区规范性文件监督管理办法》和《广西壮族自治区重大行政决策程序规定》等文件要求，结合城中区实际，制定《柳州市城中区人民政府法制备审文件送审程序规定》(城中政办〔2017〕54号)，规定合同(协议)类、涉法涉诉类、重大行政决策、规范性文件等法制备审文件的具体备审材料、送审程序、时限规定等，进一步规范城中区规范性文件监督管理工作。城中区法制办对城中区各部门拟签订的合同进行严格审查，认真修改，对重要合同出具法律审查意见书，确保政府合同依法有效履行，全年审查合同305份，出具法律意见12件。

【行政诉讼】 2017年，城中区法制办高度重视行政诉讼案件的审理，认真与执法单位沟通，组织相关人员对案件进行分析、讨论研究，收集有力证据，起草答辩意见，尽力维护区政府及委托人的合法权益。年内，接受委托参与诉讼案件26起。区政府及政府各部门行政首长出庭应诉4件，其中法院开庭审理以区政府为被告的行政案件2件(10月19日和11月15日，区政府副区长冷晶、周伟平分别代表区政府在人民法院出庭应诉)，区政府行政首长出庭应诉率为100%。

【法律顾问制度】 2017年，城中区政府共有法律顾问3名，外聘法律顾问2名，法律顾问助理2名。区政府法律顾问积极参与政府重大行政决策和规范性文件的合法性审查、行政复议与行政诉讼、合同审查和法治宣传培训等工作，为保障区政府和政府工作部门用法治思维和法治方式履行职责发挥积极作用。各街道办事处法律顾问制度运行良好。

【法治宣传】 2017年5月16日，城中区法制办联合城中区主要执法单位在五星步行街开展“深入推进依法行政，加强建设法治政府”主题宣传活动。通过开展文艺演出、有奖知识问答、发放宣传资料、接受群众咨询等多种形式，向广大群众宣传法治政府建设，共悬挂横幅4条，发放普法宣传资料300份。让群众切身体会到城中区政府深入推进依法行政的决心，同时也让群众的法治观念得到提高，遵纪守法的自觉性和运用法律维护自身合法权益的能力不断增强。

(邹　猛　孙楚楚)

政务服务

【规范政务服务管理】 2017年，城中区政务服务工作以促进阳光施政、提高行政效能为目标，以规范权力运行、服务基层群众为主线，以提升服务标准化、规范化为重点，进一步完善政务服务管理体制机制，提高工作效率和服务质量，全力推进政务服务工作的巩固、深化、提质、增效。继续开展行政审批事项清理工作，促进部门依法行使审批职权，进一步转变政府职能。继续加强政务服务规范化建设，推进行政审批项目的动态管理，加强监督，使政务服务中心工作做到事事有人管、时时有监控、工作有记录，推动政务服务工作顺利运转，审批服务规范进行。通过整合基层各站所资源，继续建立和完善城区、街道、社区(村)三级基层政务服务网络，年内辖区6个街道、32个社区(不包括2017年9月社区换届中新成立的潭中办事处康顺社区)(村)100%建成基层政务服务中心，实现基层政务服务网点辖区内全覆盖，城区、街道、社区(村)三级基层政务服务网络规模。年内政务服务中心办理审批服务事

2017 年 10 月 17 日，城中区政府召开“城中区社区服务场所建设工作推进会” （区委宣传部 供稿）

项 1536 件，按时办结率 100%，群众满意率 100%，无投诉状况。

【政务公开】 2017 年，城中区政府依托自治区政府信息公开统一平台及城中区政府门户网站等载体，及时主动公开各类政务信息，不断完善政务服务中心、档案馆及图书馆等政府信息公开查阅点。完善政府信息依申请公开工作流程，明确各相关部门工作职责及办理时限，进一步为政府信息依申请公开工作提供制度保障。年内，城中区收到政府信息依申请公开共计 5 件，均按时答复完毕。继续完善政府信息公开载体建设，积极配合自治区工作部署，在街道、社区全面推行基层信息化平台。辖区所有街道、社区均已开通使用基层信息化平台。推进行政权力规范透明运行。积极开展“政务公开日”活动，进一步提高行政机关行政管理透明度，增强行政机关的社会公信力。截至 12 月，城中区在自治区政府信息公开统一平台上公开各类政府信息共计 8311 条，在区政府门户网站上公开各类政府信息共计 1858 条。 （石单丽）

绩效考评

【绩效考评机构与工作概况】 城中区绩效考评领导小组办公室成立于 2008 年。2017 年有工作人员 2 名。主要负责城中区绩效考评领导小组的日常工作，建立健全各项工作制度；负责落实柳州市绩效考评工作指标任务的协调和督促工作；根据城中区经济社会发展不同时期的情况，修订和完善城中区开展绩效考评工作方案。年内，按照“争先创优、创新提升”的目标要求，积极完成 2017 年度绩效考评各项任务。经过严格的考评程序，城中区在 2017 年度柳州市绩效考评中获得优秀等次。

【年度考评】 2017 年年初，相继组织自治区、柳州市及城区本级的各项绩效考评指标严格按照工作程序开展年终自评。根据各级绩效考评方案及评分细则的要求，城中区严格按照时间节点完成 2017 年度各级绩效考评工作。经过组织开展公众评议、领导评价、答辩复议等程序，城区本级对辖区 6 个街道办事处、12 个综合管理及审判检察机关、11 个经

2017 年 10 月 19 日，区绩效办在河东大厦二楼会议室召开“2017 年度自治区绩效考评目标任务落实情况督查意见反馈会” （区绩效办 供稿）

济管理类部门、13个公共管理类部门、6个专项事务类部门、4个党委群团类部门实施年度绩效考评。通过指标考核、公众评议、领导评价和察访核验,其中4个办事处、37个单位(部门)获得城中区本级优秀等次。

【科学运用考评结果】 2017年,城中区在原有的表彰奖励、推广经验、领导批示、对外宣传和列入重点指标考核等5大项加分激励措施之外,新增一项“因本部门工作表现突出,成绩优异,对城中区荣誉和形象有大幅提升的”措施,以此提高全区各级部门的竞争意识,营造“创先争优”的内部环境和竞争氛围。同时,从工作效能、工作纪律、工作实绩等方面出台相关减分细则和黄牌警告制度,并对年度绩效考评总分排名最后二名的单位(部门)负责人进行诫勉谈话,以有奖亦有罚,奖惩并举来实行绩效考评的综合管理。

【智慧城市】 2017年年底,城中区以“智慧城市”为契机,着力打造城区本级的绩效考评系统,通过系统全面实行网上考评和无纸化办公,并通过技术手段将本城区的系统衔接自治区、市级指标,使考评更细化、更清晰、更高效。

(麦　莉　彭承成)

机关事务管理

【机关后勤服务中心概况】 柳州市城中区机关后勤服务中心成立于1996年12月,为事业编制单位。2017年底,事业编制人数17人,聘用人员23人。主要负责城中区区机关车辆交通管理、固定资产管理、物业管理、公共机构节能、会议保障,房屋、水电安装维修,通信及网络管理、文印室管理,区机关食堂管理,政府采购、办公用品采购、发放,保障区机关正常运转的绿化、消防、安全、卫生、秩序等各项后勤管理工作。

【公共机构节能】 2017年,由政府常务副区长担任组长,后勤服务中心、政府办、发改局、法制办等部门为成员的公共机构节能工作领导小组(简称公节小组),制定《城中区2017年公共机构节能工作计划》。年内,城中区公节小组开展公共机构节能宣传工作、能耗统计工作及节能技术改造工作。在公共机构节能宣传方面,开展节能宣传周、节水宣传周及能源紧缺体验日等节能活动;在节能技术改造方面,将河东管理大厦会议室原灯具全部更换为LED节能灯。

【政府采购】 2017年,城中区纳入政府采购范围的单位包括区机关各部门、各街道办、法院、检察院及区属各学校。年内,实行公开招标17次,竞争谈判23次,询价4次,定点采购190次,协议供货392次,竞争性磋商5次,总计金额为10124.72万元。对于政府投资大型建设工程项目,城中区严格按照建设工程代建制的相关规定,由市政府直属建设公司代建,建设过程中所需物资均由代建公司依法采购。

(梁儒贝)

编辑:叶玉生

中国人民政治协商会议柳州市城中区委员会

【政协机构及工作概况】 中国人民政治协商会议柳州市城中区委员会(简称城中区政协)成立于1984年,时设办公室、经济科技委员会、教文卫体委员会、社会法制提案委员会4个工作机构。2001年,城中区政协进行机构改革,经市编委审定,区政协常委会决定撤销经济科技委员会、教文卫体委员会、社会法制提案委员会3个专门委员会,成立城中区政协专门委员会,履行经济科技委员会、教文卫体委员会、社会法制提案委员的职能。2011年,城中区政协进行机构改革,经市编委审定,区政协常委会决定撤销专门委员会,成立城中区政协提案法制委员会、经济科技联谊委员会、文史文教卫体委员会。2017年,城中区政协常务委员会下设办公室、提案法制委员会、经济科技联谊委员会、文史文教卫体委员会。城中区政协常务委员会由主席、副主席、秘书长和常务委员会委员组成。第九届城中区政协设主席1人,副主席4人,秘书长1人,常务委员会委员25人,委员131人。年内,召开政协城中区全体委员会会议1次、常务委员会会议5次,委员视察18次及开展“委员讲堂”“委员活动日”活动,举办“柳州市汽车产业转型之路”专题讲座、委员汽排球联赛3场次,形成视察调研报告11份。收到政协委员提案43件,立案23件,其中提交市政协处理15件,提交区政府办理8件,办结率和满意率均达100%。

重要会议

【城中区政协第九届二次会议】 2017年1月18日—20日,城中区政协第九届二次会议在河东管理大厦三楼第一会议室召开,会议听取和审议梁光玉副主席代表城中区政协第九届委员会常务委员会作工作报告;听取和审议黄革文副主席代表城中区政协第九届委员会常务委员会作城中区政协九届一次会议以来提案收集情况说明;进行大会发言;列席区人大十二届二次会议;听取和讨论城中区人民政府工作报告、城中区人民法院工作报告、城中区人民检察院工作报告;审议通过政协城中区第九届委员会第二次会议政治决议。

【城中区政协常务委员会会议】 2017年,城中区政协召开4次常

2017年1月20日,城中区政协主席李梅在政协城中区九届二次会议上

(政协办　供稿)

委会,即政协城中区第九届常务委员会第四、五、六、七次会议。

区政协九届四次常委会 2017年3月7日,在城中区政协会议室召开。区政协常委到糖网和城中电商城调研;协商通过《政协柳州市城中区委员会委员履行职责管理办法》;协商通过《政协常委会2017年工作要点》;协商通过2个常委会调研课题;协商通过委员请辞、增补事宜。

区政协九届五次常委会 2017年8月1日,在城中区政协会议室召开。会议围绕城中区滨水大道景观改造和相关设施建设议题开展调研活动;滨水大道景观改造和相关设施建设专题协商座谈会:区住建局报告滨水大道景观改造和相关设施建设情况、对滨水大道景观改造和相关设施建设开展专题协商;区政府领导讲话;各委员工作组汇报上半年活动情况及下半年工作计划;区政协主席李梅讲话。

区政协九届六次常委会 2017年9月26日,在城中区政协会议室召开。区政府领导通报城中区2017年上半年经济社会发展情况;通报区政协九届一次会议以来提案办理情况;协商通过城中区政府购买居家养老服务调研报告;协商通过对当前城中区住宅小区物业管理突出问题的调研报告;区政协主席李梅讲话。

区政协九届七次常委会 2017年12月27日,在城中区政协会议室召开。协商通过政协城中区第九届委员会委员请辞、增补事宜,政协城中区第九届委员会常务委员会工作报告,政协城中区第九届委员会常务委员会关于九届一、二次会议以来提案工作情况的报告,政协城中区第九届委员会2018年工作要点,政协城中区第九届委员会2018年协商计划,政协城中区第九届委员会第三次会议有关事项等。

重要工作

【专题学习】 2017年,城中区政协把迎接、服务和学习宣传贯彻中共十九大精神,作为贯穿全年的一项重大政治任务,着力抓好政协委员和机关干部两支队伍建设,召开党组扩大会议专题学习讨论中共十九大报告,切实把十九大精神落实到政协履职实践中。主动适应新时期、新形势、新任务对政协工作提出的新要求,通过主席会议、小组会议等多种形式,组织政协委员和机关干部学习中共中央办公厅《关于加强人民政协协商民主建设的实施意见》和《关于加强和改进人民政协民主监督工作的意见》,进一步明确协商议政和民主监督的方向和重点。认真落实自治区党委第一巡视组反馈意见整改工作,扎实推进"两学一做"学习教育常态化制度化,坚持每月一次支部集中学习,深入学习《关于新形势下党内政治生活的若干准则》《中国共产党党组工作条例(试行)》等党内法规,扎实开展中央八项规定精神"回头看"工作,切实增强政治意识、大局意识、核心意识、看齐意识。全年区政协召开党组会议13次,党组成员为政协机关干部上专题党课4次。

【文史宣传】 2017年,城中区政协充分发挥文史资料"存史、资政、团结、育人"的重要作用,坚持统战和"三亲"特色,加强文史资料的征集、整理和研究。《柳宗元在柳州》文史研究科研课题获立项审批,完成部分《柳宗元在柳州》文史资料的收集撰稿及编制工作。政协文史资料室加快建设,数字化采编室

2017年7月16日,城中区政协主席李梅(后排左二)一行到文惠小学调研小学生科普教学情况
(政协办 供稿)

基本能满足文史资料征集、出版、传播数字化、多媒体化、网络化的要求。把握正确的宣传舆论导向，以市政协网站城中板块和品质城中公众微信号为主要平台，积极宣传政协工作动态、委员履职情况以及城中区经济社会发展的成果，努力做到经常性工作及时宣传、重大活动重点宣传、专题活动集中宣传，把政协的声音传播出去，持续扩大政协工作的影响力。

【专题协商】2017 年，城中区政协完善全体会议、主席会议等会议协商，开展专题议政性常委会协商，聚焦党委政府重视、人民群众期盼、政协有能力做好的课题进行协商议政，推动政协的全面工作和履职层次质量的提升。不断健全委员知情明政制度，组织委员听取区政府工作报告、区政府关于全区上半年经济社会发展情况的通报，邀请区政府领导、区相关部门主要负责人与政协委员同台协商议政。重点围绕“环江滨水大道景观改造和相关设施建设”召开专题议政性常委会，组织政协常委实地调研雷村屯试点风貌改造情况，提出增加基础设施建设、整治草坪露天烧烤不文明现象等建议，专题议政性常委会成为城中区协商议政的亮点和品牌。柳州市政协反映社情民意工作座谈会在城中区召开，结合这一主题，收集反映城乡风貌改造、城市建设与管理、莲花山片区保护与开发建设、“百里柳江”景区管理等方面的意见建议，对促进城中区“品质城中·幸福生活”建设起到积极作用。应邀参加自治区、市、县(区)政协工作经验座谈会，并作为柳州市两个代表县(区)之一，在大会上作题为《推进政协协商民主在城中区的生动实践》的大会发言。

【民主监督】2017 年，城中区政协坚持和完善主席会议督办重点提案、专委会对口督办、提案委协调督办、委员参与督办等制度，推进提案办理协商制度化、规范化、程序化。2016 年换届以来共收到政协委员提案 43 件，审查立案 23 件，其中提交市政协处理 15 件，提交区政府办理 8 件，办结率和满意率均达 100%。例如，阮开德委员在《关于解决城中区各学校出现教师临时性紧缺情况的建议》中，提出增加招聘教师名额的建议，被区政府采纳，城中区公开招聘 265 人充实到教师队伍。金咏梅委员在《关于加强市民卡普及的提案》中，提出加强使用引导、扩大市民卡服务覆盖范围等建议，柳州市发展和改革委员会非常重视，采取加大宣传力度、增加市民卡服务项目等针对性的措施。突出常委监督的作用，通过政协常委会安排监督性议题，对城中区电子商务产业园区发展等进行重点监督，使政协民主监督工作在服务大局中发挥更大作用。强化大会发言的监督作用，遴选确定物业收费等级和标准、中小学创客教育、柳江河水上公共安全、中小学教材发行等 4 个民生问题作为发言选题，推动相关工作改进和措施出台。发挥政协民主监督员的作用，组织委员参加《柳州市餐厨废弃物管理办法(草案)(送审稿)》的征求意见座谈会、广西公安消防部队消防工作满意度调查、柳州市绩效考评公众评议工作等，实现民主监督与民意愿望的契合。

【专题调研】2017 年，城中区政协常委会紧扣党委政府中心工作献计出力，形成《城中区政府购买居家养老服务调研报告》《对当前我区住宅小区物业管理突出问题的研究》2 个调研报告，提出拓宽服务对象范围，加大居家养老服务机构建设；增强物业管理工作合力，引入社会组织第三方评估机制等 9 条意见和建议，为党委、政府工作决策提供有价值的参考。各委员工作组深入推进履职实践工作，围绕经济社会发展大局参政议政，形成《城中区中学集团化办学现状的调研报告》《城中区社区矫正中心的考察报告》等 9 篇小组调研报告，提出加大学科人才引进、交流和培养力度；引导更多的社会组织参与社区矫正工作等 33 条意见和建议。同时，加强与兄弟市县(区)政协的交流，协同江西省丰城市政协、河池宜州市政协等开展走访调研活动 10 次。

【委员队伍建设】2017 年，城中区政协分批组织政协常委、委员 190 人次到区外高校培训及开展党性教育，在市委党校举办政协委员提案知识培训班 1 期 92 人参与，切实增强委员的履职能力和使命意识。更好发挥人民政协统战职能，加强与区委统战部在联合开展学习培训等方面的合作，凝聚政协委员团队力量，搭建政协委员交流平台，助力城中区工商联连续三年荣获“全国五好县级工商联”称号。积极开展“委员讲堂”“委员活动日”活动，举办“柳州市汽车产业转型之路”专题讲座、委员汽排球联赛 3 场次，有效激发委员履职活力。开展“委员集中走访”活动，及时了解和协调解决委员实际困难,征询委员对城区经济社会发展和政协工作的意见建议,走访委员48人次,赢得委员们的信任。如区政协班子集体走访文华中学、龙城中学等一批委员学校,帮助协调解决教师队伍建设、校园基础设施建设等问题。出台《政协柳州市城中区委员会委员履行职责管理办法》,建立委员履职档案,对委员履职情况进行量化考核,为委员们常态化、制度化、有组织地开展活动和建言献策搭建新平台,委员履职率得到提升。

【捐资助学】 2017年,城中区政协组织开展"为贫困户在校大学生捐资助学"活动,政协委员及政协机关干部共捐款3.32万元。区政协科技组与鱼峰区政协科技、文教组联合开展"爱心凝聚、书送希望"捐书活动,为柳城县东泉镇雷塘村小学捐赠书籍、教学设备等一批物资,并提供价值7.5万元的在线创客教育服务与课程套件。区政协经济组委员对口定点帮扶城中区中南街道贫困户,为贫困家庭孩子捐资助学,助力打好精准脱贫攻坚战。

2017年8月8日,城中区政协举办一期"委员讲堂" (政协办 供稿)

【政协委员荣誉】 2017年,城中区政协积极引导政协委员根据自身的特点和优势,立足岗位,为辖区经济社会发展做贡献。委员们的工作和事迹得到上级及各行业的肯定,收获各种荣誉:麦良华委员获"2017年中国餐饮杰出企业家"称号,其创办的华禹大酒店在第六届广西民族地方特色美食大赛上获团体金奖;李伟春委员管理的广西糖网食糖批发市场有限责任公司获"全国电子商务示范企业"称号;谢其托委员带领的柳州市公安局交通警察支队获"全国文明单位"称号;崔俊委员获"中国旅游志愿服务先锋人物"称号;关苇委员执教的柳州市体操学校技巧队在2017年第十届亚洲技巧锦标赛、全国技巧比赛上均取得优异成绩,个人获记广西体育系统二等功;陈丹委员荣获"广西科协区域责任部门先进工作者"称号;莫佳妮委员、彭湘华委员、黄珺委员、张莉委员、黄翔委员获评柳州市级荣誉称号。

编辑:叶玉生

民主党派·工商联

中国国民党革命委员会柳州市委员会城中基层组织

【概况】 2017年，中国国民党革命委员会(简称民革)柳州市委员会在城中区设城中一支部、城中二支部2个基层支部，党员51人，其中女党员23人，占党员总数的45.1%；具有研究生学历6人，大专以上学历36人，中高级职称以上39人。党员中有柳州市第十二届政协委员4人，其中常委1人；城中区政协委员1人，各级政协委员人数占党员总数的9.8%。

【组织建设】 2017年，民革城中基层组织根据民革市委会的安排，认真开展基层组织工作。1月，支部党员中的各级政协委员参加市委会组织的参政议政会议，为城中区和柳州市“两会”的召开作准备工作，组织支部党员参加市委会举办的新春茶话会；4月，参加中共柳州市委统战部举办的“满城紫荆，不忘初心”专题摄影书画展，并提供15幅书画作品；9月，组织辖区内基层党员参加市委会举行的国庆、中秋、重阳三节同庆茶话会；10月，组织支部骨干党员参加市委会赴贺州举办的“不忘合作初心，继续携手前进”主题培训班；因工作表现突出，城中一支部基层党员资道铭成为第三批柳州市工业企业享受市政府特殊津贴的专家；12月，城中一支部、城中二支部分别开展学习中共十九大精神知识竞赛活动，用以赛促学、以学促做的方式引导广大民革党员深刻领会中共十九大精神。年内，2个支部慰问老党员及到医院探望生病的党员30余人次，增强了基层组织的凝聚力；辖区内民革基层组织有2名党员获得市委会先进个人称号，城中二支部被评为2017年度民革柳州市委会先进支部；基层支部党员梁溪、陈佚生、龙国刚收到民革中央主席万鄂湘的生日祝福和贺卡。

【思想建设】 2017年，民革城中基层组织积极开展“两个文件”(《关于加强人民政协协商民主建设的实施意见》和《关于加强和改进人民政协民主监督工作的意见》)学习活动、“不忘合作初心，继续携手前进”主题教育活动及深入学习贯彻宣传中共十九大精神活动等主题活动。4月，组织基层党员参加民革柳州市委会与民建柳州市委会联合举办的“着眼民族复兴，坚定文化自信”主题报告会；11月，骨干党员参加市委会组织的由中共自治区委员会统战部政策理论研究室学者授课的“中共十九大精

2017年12月3日，民革城中一支部组织开展“中共十九大知识竞赛”

(市民革委　供稿)

神宣传员培训”学习。年内,城中基层组织向市委会提交学习心得、活动信息4篇,其中民革广西区委会网站采用1篇。

【参政议政】 2017年,民革城中基层组织围绕中共市委、市政府中心工作以及群众普遍关心的热点、难点问题,履行职能,建言献策,深入开展调查研究,提出意见和建议。向市政协第十二届二次会议提交个人提案3件。党员向市委会报送《关于城市配送快递车辆管理的建议》《关于加强甘蔗产业人才队伍建设的建议》等社情民意信息10余件,内容涉及交通、城市建设等方面。支部党员有3人被行政机关单位聘为特约四员(即特约监察员、检察员、审计员和教育督导员),参与政治生活,发挥参政议政和民主监督的作用。

【促进祖国统一】 2017年,民革城中基层组织注重利用党员中“三胞”关系(台胞、海外侨胞、港澳同胞)的优势,在市委会祖统专委会的指导下,发挥民革特色,不断探索,做好促进祖国统一工作。扩大两岸民间交流与往来,鼓励民革党员通过探亲、访友,帮助台湾亲友进一步了解大陆,传达两岸同胞真实的社情民意。6月,组织辖区内骨干党员参加民革广西区委会在柳州召开的自治区祖统工作会议,聆听民革中央常委兼联络部部长李霭君作的台海形势报告。

【社会服务】 2017年,民革城中基层组织党员围绕关注社会法治、扶贫攻坚等内容,稳步推进社会服务工作。拓展中山书画院交流平台,组织支部党员积极参与三江县独峒镇农民漆画的特色扶贫工作;3月,组织部分党员参加在南宁举办的农民漆画展活动。继续提升“法律同心”服务品牌的影响力,开展“法律六进”活动。12月,组织支部2名党员参加民革广西区委会到柳州市第二看守所开展法律帮扶工作交流活动。

(范盛任　黄于芳)

2017年12月20日,民建城中基层组织、柳北基层组织联合组织非公企业家20多人到融水苗族自治县安陲乡吉曼村开展爱心助学捐赠活动

(市民建委　供稿)

中国民主同盟柳州市委员会城中基层组织

【民盟城中区基层组织概况】 2017年,中国民主同盟(简称民盟)柳州市委员会在城中区设有广西科技大学支部、柳州高中支部、柳州市第二中学支部、龙城中学支部、河北小学支部、文艺支部、河北科技支部、柳州市第十二中学支部、民盟市委机关支部、医卫支部、律师支部、留学人员支部、政策研究支部等13个支部,盟员总数270人。其中女盟员148人;高级职称105人,中级职称112人;柳州市人大常委会副主任1人;自治区政协委员3人,其中常委1人;柳州市政协委员10人,其中常委2人;城中区政协委员5人,其中常委1人。

【组织建设】 2017年,民盟城中各基层组织根据民盟柳州市委的安排,认真开展基层组织工作,全年共发展新盟员32人。3月4日,召开民盟柳州市第十四届委员会第四次全体会议,蒋世云等12名民盟城中基层组织盟员参加会议,会议选举出席民盟广西区第十三次代表大会柳州市代表并推荐民盟广西区第十三届委员会委员候选人。4月14日,由中共柳州市城中区委统战部主持,民盟柳州市委、城中区教育局、龙城中学、公园路小学、民盟柳州市律师支部在城中区政府三楼会议室召开联席会议,共商民盟柳州市委倡议的“法治进校园”活动和建设民盟传统教育基地事宜。5月27日,民盟柳州市政策研究支部成立大会在民盟市委会议室举行,选举黄荣华等6人为首届支部委员。6月12日至14日,民盟广西第十三次代表大会在南宁饭店召开,民盟城中基层组织盟员10人作为柳州市的代表参加会议,罗革生当选民盟广西区第十三届委员会常委,3人当选民盟广西区第十三届委员会委员。11月23日,民盟柳州市委主委罗革生带队到广西科技大学调研,与该校中共党委书记覃伟年,统战部部长、组织部副部长麦林等进行座谈,共商该校盟组织建设事宜。12月6日至10日,民盟第十二次全国代表大会在北京召开,民盟柳州市委主委罗革生参加大会。12月12日,罗革生主委率队到柳州高中调研,与该校中共党总支书记韦振益等领导进行座谈。12月28日,民盟柳州市委主委罗革生率队走访中共城中区委统战部,征求对民盟柳州市委龙城中学传统教育基地建设意见。

【思想建设】 2017年,民盟城中各基层组织按照民盟柳州市委部署,学习中共十八届六中全会、十九大精神,进行学习交流活动,动员盟员撰写学习心得;开展“不忘合作初心,继续携手前进”专题教育和中国共产党历史、多党合作历史和民盟历史传统教育。5月20日,民盟城中各基层组织所属16名盟员参加民盟柳州市委组织的到金秀六巷乡民盟传统教育基地参观学习,重走费孝通社会调查实践之路,接受民盟政治交接教育。6月14日—18日,中共柳州市委统战部、各民主党派市委在柳州艺术馆举办“满城紫荆,不忘初心”摄影书画展,河北科技支部、机关支部、文艺支部、医卫支部盟员的部分书画、摄影作品参加展出。10月18日,中共十九大召开,民盟柳州市机关支部集中组织收看习近平工作报告实况。11月25日至26日,民盟城中各基层组织所属48名盟员参加民盟柳州市委在中共柳州市委党校举办的盟务骨干及新盟员培训班培训学习。11月27日至12月1日,柳州市政协2017社情民意信息培训班在中共市委党校举行,民盟城中各基层组织所属2位盟员参加培训。年内,民盟城中各基层组织共报送通信报道71条,分别被民盟广西区委网站采用64条,中共市委统战部采用17条,政协网民盟柳州市委栏目采用71条。

【参政议政】 2017年,民盟城中各基层组织及其所属盟员围绕中共柳州市委、市人民政府中心工作和本单位的重点工作以及人民群众普遍关心的热点、难点问题,开展调查研究,提出意见和建议,全年报送社情民意信息35条,中共市委办、市政府办、市政协合计采用13条。民盟城中基层组织所属盟员执笔向市政协提交集体提案5件均获立案,提交委员提案7件均获立案。年内,机关支部盟员向民盟广西区委“议政建言”论坛报送论文2篇,分获二等奖和优秀奖;向市政协提交政协理论研讨会论文1篇;向中共市委统战部报送论文1篇并获三等奖。8月,民盟城中基层组织所属2位盟员参加由中共市纪委组织的“两代表一委员”、民主党派和无党派人士、党风政风监督员开展扶贫领域监督执纪问责工作巡查调研活动,并参加9月26日中共市纪委召开的扶贫领域监督执纪问责工作巡查调研座谈会。

【社会服务】 2017年,民盟柳州市委共组织河北小学支部、龙城中学支部的数名柳州市名校的优秀盟员教师到阳和工业新区古亭山小学、古亭山中学开展支教活动3次,到方圆小学开展支教1次。5月4日,柳州市龙城中学被确定为“千校计划”第二批捐赠学校之一。5月15日,中共柳州市委统战部、民盟柳州市委共同主办的“法治进校园”活动启动仪式在公园小学教育集团总部举行,中共市委统战部副部长李玉芬,中共城中区委常委、统战部部长赵杨参加启动仪式。启动仪式结束后,民盟柳州市律师支部主委朱宁为公园路小学的师生们上了一节生动的法治课。10月14日,民盟柳州市委召开社会服务工作会议,讨论研究民盟柳州市委下半年社会服务主要工作,民盟柳州市河北小学支部、龙城中学支部、律师支部、医卫支部分别派员参加。10月27日,城中区政协委员、机关支部盟员孔汉生参加城中区政协科技组和鱼峰区政协科技组、教育组到柳城县东泉镇雷塘村雷塘小学开展“爱心凝聚 书送希望”大型捐书活动。12月11日,民盟柳州市委副调研员丁昌东率律师支部盟员到古亭山中学开展"法治进校园"活动,对学生进行"模拟法庭"指导。12月28日至29日,民盟柳州市委组织律师、农业种养殖专家和医生前往融水县杆洞乡,开展"精准扶贫惠民生"活动,为当地群众提供法律咨询、种养咨询和义诊等服务,医卫支部、政策研究支部派员参加了本次活动。 (项攀峰)

中国民主建国会柳州市委员会城中基层组织

【民建城中区基层组织概况】 2017年,中国民主建国会(简称民建)柳州市委员会在城中区设城中总支部委员会,下设科大支部、工商一支部和工商二支部3个基层支部,会员63人,其中女会员24人。会员以经济界人士为主,另从事行政工作21人,从事教育工作9人;具有研究生学历10人,大学学历26人;高级职称15人,中级职称17人。会员中当选柳州市政协委员2人,城中区人大代表1人,城中区政协委员5人。年内,走访慰问高龄、患病会员及家属2次。为会员解决实际困难10余件。向《柳州民建》和民建柳州市委网站等媒体报送宣传报道及各类文章4篇,社情民意信息9篇,论文1篇。

【组织建设】 2017年,民建城中基层组织共召开总支、支部会议6次。先后组织会员参加市委会主办的新年团拜会、"三八"妇女节活动和中秋茶话会。在中共柳州市委统战部举办的"满城紫荆,不忘初心"书画摄影比赛中,工商一支部会员罗漫雪的作品《花中行》获奖展出。在市委会举办的"不忘初心 继续携手前进"主题演讲比赛中,工商一支部会员雷龙文获三等奖。9月,由民建城中总支牵头,组织30余名会员赴阳和工业新区,参观柳州延龙汽车有限公司。

【思想建设】 2017年,民建城中基层组织深入学习中共十八届六中全会、十九大和民建十大精神,传达全国、自治区、柳州市"两会"精神。先后组织会员参加中共柳州市委讲师团副团长陈谨礼主讲的"着眼民族复兴、坚定文化自信"学习讲座;中共柳州市委党校经济管理研究室主任张曙主讲的"新战略,新机遇,新发展"学习讲座;柳州市统计局服务业科科长刘进主讲的柳州市2017年上半年国民经济运行情况分析讲座;民建柳州市委员会主委吴卫南及中共柳州市委党校讲师、民建会员乔耀聪主讲的学习宣传中共十九大精神报告会。

【参政议政】 2017年,民建城中基层组织向民建柳州市委员会提案2件,其中《关于加快柳州市发动机零部件本地配套体系建设的建议》《关于加快我市城区道路交通管控系统智能化建设的建议》作为民建柳州市委员会集体提案在柳州市政协十二届二次会议上提交。民建城中基层组织担任城中区政协委员职务的会员,在城中区政协九届二次会议上向大会提交《关于对城中区部分林荫干道路灯重新进行调查的提案》《关于在柳州市区内禁止销售及燃放孔明灯的提案》等提案2件。年内,民建城中基层组织先后组织会员到柳州加美实业公司、融水县安陲乡开展调研活动。3月,配合市委会做好接待民建中央副主席吴晓青到柳调研活动。10月,工商一支部会员傅莉芳、温毅杰等参加市委会参政议政评议会,对年度调研报告进行审议并提出修改意见。

【社会服务】 2017年,民建城中基层组织响应中共柳州市委统战部、民建柳州市委的号召,组织会员开展社会服务活动。2月、9月分别两次组织热心会员,走访慰问高龄、患病会员及家属。12月20日,与民建柳北基层组织联合牵头,组织非公企业家赴融水县安陲乡吉曼村开展爱心助学捐赠活动,向当地贫困学生捐赠棉服、文具等爱心物资,并收购贫困家庭农产品3.80万余元。

(杨 阳 龙金全)

中国民主促进会柳州市委员会城中基层组织

【民进城中区基层组织概况】 2017年,中国民主促进会(简称民进)柳州市委员会在城中区设立有民进广西科技大学支部、民进柳州高级中学支部、民进柳州市龙城中学支部、民进柳州市第二中学支部、民进柳州市第十二中学支部、民进柳州市文艺支部、民进柳州市经济支部、民进柳州市机关支部、民进柳州市城中退休支部共9个基层支部,会员总数160人。会员以从事教育和文化工作为主，大部分具有中、高级职称。其中有自治区政协委员1人，柳州市政协常委2人、委员4人，城中区政协常委1人、委员2人。

【思想建设】 2017年，民进城中区各基层组织深入学习中共十九大和十九届一中、二中全会精神，学习习近平总书记系列重要讲话和中央统战工作会议精神，不断增强巩固全会的道路认同、目标认同和价值认同。各支部组织专题学习以及积极参加市委会组织的全国“两会”精神座谈会，认真学习和贯彻落实民进广西区第十一次代表大会精神，在支部主任会议上专题学习中共十九大会议精神。通过系统的理论学习，引导和组织广大会员深刻认识中国特色社会主义政治发展道路的历史必然性和现实优越性，不断增强接受中国共产党领导的自觉性和坚定性。同时，引导广大会员理解改革、支持改革、参与改革、宣传改革，从建设中国特色社会主义参政党的高度出发，继承优良传统，立足本职，双岗建功，进一步推进政治交接。

【组织建设】 2017年，民进城中区各基层支部认真贯彻落实民进中央关于组织建设的工作部署和要求，按照强化“人才强会”理念，采取切实有效的措施，组织建设取得新成绩。在广西民进2017年度基层组织“创星争旗”活动总结评选中，民进柳州高级中学支部、民进柳州市龙城中学支部、民进柳州市第二中学支部被评为“十星级支部”。年内，民进城中区各支部根据自身实际，为增强组织凝聚力，开展丰富多彩、形式多样的组织活动，组织会员参加“迎春”“三八”妇女节、教师节、中秋节、国庆节等庆祝活动。民进城中区各基层支部参加民进柳州市委2017年气排球比赛，会员们以球会友，加深相互了解与合作，展现民进会员蓬勃向上的精神风貌，突出精诚团结的运动精神。为迎接中共十九大胜利召开，民进柳州高级中学支部等4个支部30名会员在各支部主任的带领下，到柳版“九寨沟”柳江县纳社屯开展支部活动，并传达民进广西区委“十一大”会议精神。

【参政议政】 2017年，民进城中区各基层支部会员和各级委员密切关注民生，围绕群众普遍关心及反映出的各种问题，认真开展调研，撰写提案和建议，在各级政协会议上履行参政职责，提出民生方面的提案和建议。8月13日，民进柳州城市职业学院支部、民进机关支部、二中支部的代表到柳钢钢铁物流园广西壹点科技公司、柳州市海通汽车运输公司参观考察物流监控管理技术，了解柳州市化学品运输的背景、现状以及未来发展趋势。通过参观交流活动，既了解了互联网时代柳州互联网+物流迅猛发展的背景、现状以及未来发展趋势，同时也了解了柳州危险化学品物流(运输)特种行业的基本概况，明确身为柳州民进会员在全球经济一体化时代如何适应现代社会发展的需要，为日后的民主党派参政议政以及为柳州市经济等各方面发展在本职工作的双岗中建功立业。

【社会服务】 2017年，民进城中区各基层支部继续发挥在教育、文化方面的资源优势，拓展社会服务领域，组织开展社会服务活动。为促进教育均衡发展，民进城中区各支部充分发挥成员智力优势，到

2017年12月6日，农工党柳州市人民医院总支党员袁振宁(右一)、潘信义(右二)参加柳州市统一战线专家服务团社会服务活动三江行，到三江侗族自治县程村乡开展社会服务活动 （市农工党 供稿）

薄弱学校开展讲课、听课、评课等活动,从师资队伍建设方面进行扶助。6月1日,在柳州市第二中学领导的大力支持下,民进柳州市委和民进二中支部开展以“送教下乡”为主题的政治交接教育实践活动,组织柳州市第二中学优秀教师,针对融水县民族高中高一、高二年级的同学进行公开授课。为帮助家庭经济困难且品学兼优的贫困生完成高中学业,民进柳州市医卫支部与民进柳高支部连续两年联合资助柳州高中两位学生,帮助他们完成高中学业。

(吴　昊　冯　珊)

中国农工民主党柳州市委员会城中基层组织

【农工党城中区基层组织概况】2017年,中国农工民主党(简称农工党)柳州市委员会在城中区设有市人民医院总支部委员会、市红会医院支部委员会、市妇幼保健院支部委员会、城中支部委员会、财贸支部委员会、机关支部委员会6个基层组织,共有党员123人,其中,年内发展党员7人。党员中从事医疗卫生工作的有83人;有大学学历50人、硕士(含在职)15人、博士1人;有高级职称34人、中级职称82人。6月7日,在中国农工民主党广西区第十二次代表大会闭幕会上,农工党柳州市委主委闭兆田,市委副主委柳元、袁天柱、唐召力当选为农工党广西区第十二届委员会委员;市委副主委郭小文当选为农工党广西区第十二届监督委员会委员;闭兆田主委当选为农工党广西区第十二届委员会常委,并当选农工党广西区委出席农工党第十六次全国代表大会的代表。

【思想建设】为积极响应农工党中央号召,进一步把“开展坚持和发展中国特色社会主义学习实践活动”推向深入,重温合作初心,凝聚合作共识,继续在中国特色社会主义道路上前进。2017年8月1日—3日,市人民医院总支部委员会2名党员,市红会医院支部委员会1名党员,市妇幼保健院支部委员会1名党员,城中支部委员会1名党员、财贸支部委员会1名党员、机关支部委员会6名党员参加农工党柳州市委员会在湖南大学举办的“不忘合作初心,继续携手前进”主题培训班,并到长沙市蜚声中外的橘子洲,瞻仰青年毛泽东雕像。党员们一致表示,要不忘合作初心,紧跟中共中央步伐,立足自身特色,结合关注重点,提供真知灼见,体现参政党作用和价值,进一步凝聚改革发展的共识,进一步释放同心同行的爱国情怀,向着民族复兴的伟大中国梦共同迈进。

【组织建设】2017年,农工党广西区委继续深入开展“五个一”(一支部一提案,一支部一建议,一支部一信息,一支部做一件实事,一支部发展一名新党员)活动,突出基层组织“为所在单位建良言”主题活动。年内,市红会医院支部委员会主委肖权提出的《关于区属市属三级医院医联体尽快组建眼科专科医院医联体的建议》被农工党广西区委授予2017年度基层组织“为所在单位建良言”活动三等奖。市人民医院总支部委员会被农工党广西区委授予“社会服务工作先进基层组织”称号,市人民医院总支部委员会委员汪春华被授予“社会服务工作先进个人”称号。

【参政议政】2017年,农工党柳州市委城中区基层组织围绕中共柳州市委、市政府中心工作,履行职能,参政议政,建言献策。在深入调研的基础上,以政协提案、社情民意信息等方式提出意见和建议。在年内各级“两会”上,向市政协提交个人提案2篇,向城中区政协提交个人提案5篇。

【社会服务】2017年1月17日,在农工党柳州市委郭小文副主委的带领下,由市人民医院总支党员医卫专家和五亿汽车销售公司员工组成的送温暖团队,驱车6个多小时,到融水县同练乡朋平村开展春节送温暖服务活动。12月6日,市人民医院总支党员袁振宁、潘信义参加柳州市统一战线专家服务团社会服务活动三江行,到该县程村乡开展社会服务活动,为当地群众答疑、诊断、开处方。12月13日—15日,由中共柳州市委统战部牵头组织以“同心同行·情系民族地区、促进民族团结”为主题的为少数民族聚居区办实事好事活动,在柳城县古砦乡独山村、融水县白云乡荣帽村、三江县良口乡南寨村开展。市人民医院总支党员郭小文、邬佩云参加此次活动。进一步展示农工党员行医送药送健康、促进民族大团结的良好风采。

(梁文瑶)

中国致公党柳州市委员会城中基层组织

【致公党城中区基层组织概况】2017年，中国致公党柳州市委员会在城中区设立城中支部、综合支部、综合二支部、科技大支部4个基层支部。4个基层支部共有党员148名，其中女党员53人，大学学历54人，硕士研究生17人，博士研究生7人，高级职称7人。分别来自于文化、医疗、金融等行业。城中区4个基层支部中，有广西壮族自治区政协委员2人、柳州市政协委员9人、城中区政协委员5人，

【思想建设】 2017年，致公党城中区4个基层支部共发展新党员7人。年内，4个基层支部开展“不忘初心，携手继续前进”主题活动，各支部集中收看和学习习近平总书记在中共十九大会议上的重要讲话精神，举办“我心中的十九大”征文活动，撰写心得体会文章，其中有4篇入选致公党广西区委《凝聚新共识提升新境界——十九大精神理论文章汇编》。通过学习，各基层支部党员进一步坚定理想信念，夯实共同的思想政治基础。11月，4个基层支部多名新党员、骨干党员参加致公党柳州市委会组织的新党员暨骨干党员学习中共十九大精神培训班，自治区人大常委、外事侨委副主任、致公党广西区委会原副主委在培训班上对中共十九大精神作精要解读，并对致公党史作生动介绍，全面提升党员的政治思想素质和履职能力水平，坚定贯彻落实中共十九大精神，全心全意拥护中国共产党领导的信念。11月8日，致公党中央“中国梦　侨海情”宣讲团柳州站巡讲会召开，综合二支部党员作为致公党柳州市委代表参加宣讲会，致公党中央、省、市组织130人参加了此次活动。

【参政议政】 2017年，致公党城中区4个基层支部积极参政议政和开展社会服务工作。部分党员参加当年致公党柳州市委重点课题调研选题会，并作为执笔人参与《优化柳州市归国留学人员创新创业环境研究》重大调研课题，课题组赴上海、无锡、南宁和桂林等地进行实地调研走访，赴北京参加致公党中央“归国留学人员成果转化与产业化”专题座谈会，完成课题研究报告，在市政协十二届三次会议上作题为《关于优化我市归国留学人员创新创业环境的建议》的大会发言，为柳州市归国留学人员创新创业提出合理化建议，得到有关部门的重视。积极配合市委会开展“致公讲堂”活动，6月8日，与柳州市政协在柳州市政协讲堂联合举办“巅峰之路　致公风采——致公党员刘政攀登珠峰分享会”，综合支部党员刘政主讲，柳州市政协委员、致公党员、柳职院学生300余人参加活动。

2017年11月8日，致公党柳州市党员代表参加致公党中央“中国梦、侨海情”宣讲团巡讲会(柳州站)
（市致公党　供稿）

【社会服务】 2017年，致公党城中区4个基层支部积极参与市委会扶贫助侨活动，配合市委会倾力打造“致善暖心”扶贫工作品牌，组织支部党员下基层，对口帮扶柳城华侨农场和伏虎华侨农场贫困小学生6名，捐款1.2万元。还为致公党广西区委会发放“致福助侨”奖学金牵线搭桥，为来自柳城华侨农场和伏虎华侨农场的3名准大学生争取1.5万元善款。充分发挥侨海优势，不断拓展联络对象范围。4月12日，各基层支部留学归国人员参加了致公党柳州市委在柳州市博物馆举办的“致公党柳州市委‘赤子心　侨海情’归国留学人员交流座谈会”，搭建留学人员回国发展新平台，40余名归国

留学人员参加座谈会,会后还组织归国留学党员参加“海归如何对接资本市场”座谈交流会。

(李　玲)

九三学社柳州市委员会城中基层组织

【九三学社城中区基层组织概况】2017年,九三学社柳州市委员会在城中区设有城中支社、经卫支社、广西科技大学支社、市中医院支社和市人民医院支社5个基层组织,社员146人。其中,女社员68人,高级职称58人;担任全国人大代表1人;柳州市政协委员4人,其中市政协常委2人;城中区人大代表1人,城中区政协常委1人。

【组织建设】2017年,九三学社城中区基层组织根据九三学社组织工作精神,重点发展高素质、高学历、高职称优秀人才入社,共发展14名新社员入社。城中支社获九三学社广西区委优秀基层组织称号,韦秋利等4人获社广西区委参政议政工作先进个人称号,何忠等3人获社广西区委宣传思想工作先进个人称号,马荣麟获社广西区委社会服务工作先进个人称号,张敏敏等2人获社广西区委组织工作先进个人称号,刘立华获社广西区委优秀基层组织工作者称号,郭荣等19人获社广西区委优秀社员称号。

【思想建设】2017年,九三学社城中区基层组织坚持定期开展组织生活,传达上级指示,学习时事政策。根据九三学社广西区委及社柳州市委的统一部署,各基层组织分别组织社员进行“四个怎么”大讨论活动、学习中共十九大报告精神活动以及学习社中央十一大精神等活动。通过讨论和学习,提高社员的理论水平,更坚定走中国特色社会主义道路的信心和决心。

城中区工商业联合会

【工商联概况】城中区工商业联合会成立于1999年6月(简称工商联,又称商会)。于1999年6月18日、2002年2月1日、2006年12月5日、2012年3月15日、2016年12月27日先后召开第一次、第二次、第三次、第四次、第五次会员代表大会。2005年6月12日,潭中街道商会成立,是广西第一家街道商会。接着城中、公园、中南、河东、静兰等5个街道办事处相继成立街道商会。至2017年12月,城中区工商联有在职在编2人。领导班子有专职主席1人,党组书记兼副主席1人,专职副主席兼秘书长1人,企业家兼职副主席10人,副会长12人,会员总数392人。

【执委会工作】2017年,城中区工商联先后召开五届一次、二次常委会,五届二次执委会,传达上级有关文件精神,建立健全各项规章制度,制定通过会员管理办法、常委轮值制度、商会财务管理制度,明确有关管理人员,完善工商联的内部管理。

【服务企业】2017年,城中区工商联分别组织辖区非公企业家参加“全国年轻一代民营企业家理想信念报告会”、2017年城中区非公企业家综合素质提升班、清华大学——柳州市非公有制企业家专题研修班和“打造诚信守法企业,促进企业和谐发展”为主题的法律服务活动。年内,还组织会员参加

2017年3月2日,城中区工商联召开第五届常委会第一次会议

(区委宣传部　供稿)

城中“道德讲堂”活动2次。

【专项经费】 2017年,中共城中区委、区政府把区工商联的办公、活动、培训等经费纳入区财政预算,区工商联每年下拨各街道商会活动经费5000元,主要用于组织会员开展培训、联谊座谈、文体活动等。4月,城中区工商联向商会执委以上的会员免费赠送2017年《中华工商时报》共计40份,价值14640元。年内,区工商联获批五好创建工作专项经费15万元。

【服务非公企业】 2017年,中共城中区委统战部、区工商联积极打造“沟通交流平台”和“服务非公企业平台”。制定城中区工商联(商会)常委轮值工作制度,定期组织开展活动,先后开展“迎春旗袍秀”“六一儿童节慰问民办小学”“抗洪清淤慰问,军民共建联欢”“喜迎十九大,不忘初心跟党走”和“百企扶百村”主题活动,其中10月开展的“喜迎十九大,永远跟党走”活动得到柳州电视台、《柳州日报》等媒体报道。通过“服务非公企业平台”为企业办实事解难题,截至12月已为会员企业解决16个实际困难和具体问题。如为广西科正房地产评估有限责任公司等企业解决问题。年内,区工商联还制定出台《城中区工商联服务非公企业平台建设方案》,召开城中区非公经济座谈会,做好政企对接,协调解决非公企业生产经营中存在的困难、问题。

【参政议政】 2017年,城中区工商联共有43名会员担任市、区级人大代表和政协委员。年内向区政协提交4件提案,涉及社会热点和民生问题。

【光彩事业】 2017年,城中区工商联引导非公有制经济人士积极参与攻坚扶贫工作:带领辖区部分民营企业家到融安县板榄镇里乌村参加城中区“百企扶百村”捐助里乌村建桥竣工仪式;组织泉州商会到柳州市二中开展献爱心活动,对5名贫困生提供每年600元的资助;组织45位爱心企业家为柳州市二桥小学捐赠学习、文体用品价值近2万元;组织企业家到部队开展抗洪清淤主题慰问活动,为部队赠送价值5万多元的慰问品;组织20名爱心企业家到融水县安陲乡吉曼村,为吉曼村小学学生送上价值2万元的冬衣,并与当地农户签订农产品采购协议,定期安排购买当地的土特产、竹木等产品,增加农民收入。

【争创全国、自治区“五好”工商联】 2017年,城中区工商联以扎实推进领导班子好、会员发展好、商会建设好、作用发挥好、工作保障好的“五好”县级工商联建设为目标,争创全国、广西“五好”县级工商联,并按当年全国、广西“五好”县级工商联建设工作评估要求完成档案工作。至12月底,区工商联创建成功,获得全国“五好”县级工商联、广西“五好”县级工商联称号。城中区工商联连续三年获此殊荣。 (刘　彦)

编辑:叶玉生

社会团体

城中区总工会

【工会组织概况】 柳州市城中区工会成立于1981年12月19日。2015年12月31日，柳州市总工会批复成立柳州市城中区总工会。2016年9月26日至27日，城中区总工会召开城中区工会第一次代表大会。2017年，城中区总工会有工作人员12人，其中在编人员3人，区机关聘用制工作人员1人，社会化专职工会工作者6人，工资集体协商专职指导员2人。下辖城中、公园、中南、潭中、河东、静兰等6个街道工会联合会，27个社区工会联合会，有基层工会组织2908个，会员34791人。

2017年1月23日，城中区政协副主席、总工会主席周红梅（右一）在新春佳节前慰问困难职工、农民工 （彭景泉 摄）

【城中区总工会一届二次全委（扩大）会议】 2017年3月1日，在柳州市河东管理大厦三楼第二会议室召开。城中区总工会党组书记、副主席苏丽华作题为《凝心聚力 奋发有为 团结带领广大职工为“品质城中·幸福生活”建设建功立业》工作报告。城中区政协副主席、区总工会主席周红梅，中共城中区委常委、组织部部长王琦分别讲话。城中区人大常委会副主任李莉，城中区总工会一届委员会委员、经费审查委员会委员、女职工委员会委员和各基层工会干部120余人与会。

【建功立业】 2017年，城中区总工会以创建“工人先锋号”为载体，广泛开展“当好主力军、建功十三五”劳动竞赛和系列争创活动。柳州市中联小额贷款有限责任公司小贷一部荣获柳州市“窗口”服务行业“工人先锋号”，柳州市明桂司法鉴定中心法医临床组、中国铁塔股份有限公司柳州市分公司荣获2017年度柳州市“工人先锋号”。组织环卫工人开展岗位练兵技能大赛——扎扫帚比赛，有30个班组90名选手参加竞赛。开展创建劳模创新工作室活动，在整装待发理发店新建宋仁杰劳模创新工作室，公园小学教育集团班向红先模创新工作室荣获柳州市先模创新工作室，弯塘小学教育集团冯玮先模创新工作室荣获柳州市优秀先模创新工作室。在广大女职工中开展争创、争当“五一巾帼标兵单位、岗、标兵”活动，柳州市市民卡运营服务有限公司荣获“柳州市五一巾帼标兵单位”，柳州市龙城中学物理组等7个基层工会小组荣获“柳州市五一巾帼标兵岗”，周柳娥、韦金喜、韦冬迪荣获“柳州市五一巾帼标兵”。城中区总工会表彰4个城中区“五一巾帼标兵单位”、10个“标兵岗”、20名“巾帼标兵”。

【“两个普遍”工作】 2017年，城中区总工会依法推动企业普遍建立工会组织，加大基层企业，特别是非公经济组织建会力度，年内，有基层工会组织2908个，会员34791人。依法推动企业普遍开展工资集体协商工作，全区企业签订集体合同124份，覆盖企业2977家，完成柳州市下达任务数的102.4%。

【法律援助】 2017年，城中区总工会与广西和清律师事务所续签合作协议，实行法律援助律师团律师坐班制度，由3名法律援助律师每周三轮流值班，接待职工来访，解答法律问题，免费为困难职工、农民工提供法律援助服务。年内，免费为符合条件的12名职工受理、办结劳动争议纠纷案件12件。

【送温暖工程】 2017年，城中区总工会深入开展“春送岗位、夏送清凉、金秋助学、冬送温暖”活动。会同有关部门在五星步行街开展“春风行动”女性专场招聘会，提供2000多个岗位供广大求职者选择，达成就业意向751人；春节前夕帮扶困难职工、农民工71人，发放慰问品、慰问金7.85万元。向25名特困职工每人每月发放300元的日常救助金。开展“新春关爱一线职工慰问活动”，向在寒风中坚守岗位的交警、执法人员及出租车司机送去暖手宝、速食食品等1000多件。暑期，向高温天气坚守岗位的执法、交警、环卫、绿化、工地等户外作业的职工送去价值1.4万元消暑物品；8—9月，资助困难职工、农民工子女13人，发放金秋助学金2.45万元；开展中秋、国庆慰问，向17名困难职工、农民工发放慰问金1.53万元。

【送培创工程】 2017年，城中区总工会以下岗失业人员、农民工和困难职工家庭高校毕业生等为重点，开展职业技能和就业创业服务。与职业培训机构合作，开办月嫂、家政、面点师、烹饪、茶艺等各类职业技能培训班，培训合格并颁发职业资格证550人，通过提高技能促进困难下岗职工、农民工就业再就业。

【服务劳模工作】 2017年，城中区总工会开展劳模迎春慰问活动，走访和慰问35名各级劳模，发放慰问金2.36万元。开展劳模生活状况调查，向4名困难劳模发放救助金5万元。关注劳模健康，组织全区35名各级劳模到市中医院体检。落实劳模待遇，向4名企业劳模发放荣誉津贴7200元。组织2名劳模参加柳州市总工会在云南腾冲开展的劳模疗休养。

【关爱女职工】 2017年，城中区总工会拨款1.9万元新建2家“爱心妈咪小屋”及完善原有3家“爱心妈咪小屋”建设，为孕产期、哺乳期女职工提供人性化温馨服务。开展防艾培训长课进单位、短课下一线活动，举办8期防艾培训班，参加培训有1000多人。免费为30名女职工开展两癌筛查。举办女职工心理健康讲座1期。

【关爱农民工活动】 2017年，城中区总工会开展关爱农民工新春慰问“暖流行动”活动，为150多名坚守建筑工地的农民工送去大礼包及新年祝福，其间还为农民工代购返乡车票45张。分别在景行小学本部、荣和天誉建筑工地项目部职工培训室、城中区碧桂园二期项目建设工地开展关爱农民工新春游园、读书、文艺演出等活动。组织外来务工家庭开展“关爱农民工·幸福烘焙”亲子体验活动，让留守儿童开心愉快地度过暑假。

【职工医疗互助保障活动】 2017年，城中区总工会组织各基层单位3972名职工参加广西职工医疗互助保障活动，对符合补助标准的40名职工发放住院、身故补助金40798.3元。

【民主管理】 2017年，城中区总工会在非公有制企业工会中开展“三亮”活动，覆盖面达95.8%。职工代表大会、厂务公开制度建制率在公有制企业及事业单位均达100%，在非公有制企业均达96%。开展“会员评家”活动，覆盖面达93.8%。在基层工会广泛开展创建城中区优秀合格职工之家和创建柳州市“模范职工之家(小家)”活动，柳州市市民卡运营服务有限公司、柳东中心校、市直属机关幼儿园等3个基层工会荣获城中区优秀合格职工之家。柳州市景行小学本部一年级，柳州市十二中语文工会小组、行政工会后勤小组等3

个基层工会小组荣获柳州市“模范职工小家”称号,宋业昌等12人荣获柳州市“优秀工会干部”称号,罗兰等12人荣获柳州市“优秀工会积极分子”称号。

【趣味运动会】 2017年,城中区总工会在柳州市体育中心举办城中区干部职工首届趣味运动会,充满趣味的团体协同项目有“龟兔赛跑”“幸运风火轮”“编织中国梦”“陆地龙舟”和“前呼后拥”等。城中区各部委办局、街道办事处、企业、农民工代表队400余人组成22支队伍参加比赛。

【微信订阅号上线】 2017年,城中区总工会主动适应信息化和新媒体广泛应用的新趋势,把“网上工会”工作作为一项工程扎实推进。12月31日,城中区2017年十大党群项目之一城中区总工会微信订阅号正式上线,实现工会工作从线下向线上聚集,打造方便快捷、务实高效的工会工作新阵地和服务职工新通道。

(宁家友　韦　晞)

2017年7月27日,城中区团委举办“七彩假期”青年志愿者关爱“菜场娃娃”活动

(团区委　供稿)

共青团城中区委员会

【共青团组织概况】 1979年9月,共青团柳州市城中区委员会(简称团区委)成立。2017年,团区委有专职团干1名,工作人员4名;有基层团组织124个,团员1515名。其中,党政机关基层团组织11个,事业单位基层团组织(含学校)19个,国有企事业单位基层团组织11个,非公(指非公有制经济组织)及两新(指新经济组织和新社会组织)团组织85个。

【共青团柳州市城中区第八次代表大会】 2017年11月27日上午,共青团柳州市城中区第八次代表大会在城中区河东管理大厦第一会议室召开。中共城中区委书记金忠、共青团柳州市委书记张闰出席开幕式并讲话。区委副书记、区长李柳彬,区人大常委会主任曾明,区政协主席李梅,区委副书记唐伟,区委常委、组织部部长王琦出席大会开幕式,100余名代表参加。

【基层组织建设】 2017年年初,团区委下拨“2+2”(各街道每年团的工作经费不少于2万元、街道预防青少年违法犯罪经费不少于2万元)经费到6个街道团工委。团区委6名团建指导员对下辖6个街道团工委、27个社区团支部进行走访和调研,了解辖区基层团组织各项团工作开展情况及团经费使用情况,加大制度执行和监督力度,确保2017年街道共青团工作顺利开展。加强团教协作机制,筹备成立城中区教育团工委,配齐团工委成员,接受团区委及教育局党组的双重领导;建立团教协作联席会议制度,统筹推进城中区共青团改革。严格执行发展团员制度,将初中毕业班团员青年比例控制在30%以内,发挥城中区教育教学资源优势,逐步落实一系列共青团改革工作部署,做出具有城中区特色的改革工作成果。在共青团广西区委员会开展的“两红两优”评选中,共青团城中区委员会荣获2017年度“广西五四红旗团委”称号,在共青团柳州市委员会开展的2017年度“两红两优”评选活动中,广西国有三门江林场团委、城中区城中街道团工委获得柳州市“五四红旗团委”称号,阳光100社区团支部等4个单位被评为柳州市“五四红旗团支部(总支)”,何曦等10人获评2017年度柳州市“优秀共青团干部”,黄宝萍等18人获评柳州市“优秀共青团员”。

【系列志愿服务活动】 2017年，团区委围绕区委和团市委中心工作，结合重大节假日及团组织实际，开展“学雷锋志愿服务月”“1+100”志愿服务月等一系列志愿服务活动近百场，覆盖人群5万余人，服务项目涵盖就业创业、法律咨询、卫生清洁、平安出行、环保宣传等内容，并先后为世界铁人三项大赛、环广西公路自行车世界巡回赛等重大赛事、创建全国文明城市、创建全国卫生城市等提供志愿服务近1700人次。整合社会各方资源，依托辖区企业、高校等志愿服务集体，对特殊青少年群体、外来务工青少年开展一系列“雷锋侠”“菜场娃娃”“春风童韵 欢乐校园”等关爱活动，覆盖未成年人800余名。暑期关爱“菜场娃娃”大行动，共发放宣传单200余份，调查问卷50余份，征集到30余条微心愿，以“专业社工+志愿者”模式为“菜场娃娃”们设计丰富多彩的暑期课堂——文明礼仪、安全教育、趣味折纸、绘画、柳州历史文化，并组织参观柳州科技馆。活动中，发放礼包30余份，“菜场娃娃”的微心愿全部实现。开展“青年之家”关爱环卫工人暖冬行动，为50余名环卫工人送上爱心姜汤和暖心礼包。

【助力扶贫】 2017年，团区委结合“青春扶贫行动”，开展“1+100”团干部集中服务青年月活动3场，向奋战在重点工程一线的建筑工人、返乡务工青年、留守儿童等需要帮助的困难群体开展赠送新年礼包、书籍、文艺演出等主题活动，活动覆盖300余人。赴融安县长安镇太平小学开展爱心助学活动，捐赠电脑、体育器材、学习用品、爱心服装以及1000多本爱心书籍，并派出公园路小学名师代表为孩子们带去充满趣味性的课堂；柳州市中医院的青年志愿者免费为孩子们做基础体检。

【青少年权益“三社”联动工作网络建设】 青少年权益“三社”联动工作网络建设是城中区2017年党群十大项目之一，项目结合当前共青团改革工作要求以及青少年权益工作面临的困难和挑战，以社区“雷锋超市”为基础，建设基层青少年服务站点，以政府购买服务的形式，推动青少年权益工作“三社”（社区+社会组织+社工）联动工作网络的建设，围绕青少年权益维护、预防青少年违法犯罪、青少年法制宣传等开展专业服务，建立权益工作与社会组织和专业社工的衔接机制，多元参与青少年权益保护，形成有阵地、有队伍、有项目、专业更突出、服务更精准的社会化工作体系。10月，团区委与柳州市志新公益志愿者协会签订合作协议，截至年底，共在五星社区、文华中学等开展各类法制宣传、禁毒教育、安全自护教育、倾听日等活动12场，覆盖青少年600余人。

【少先队工作】 2017年，城中区扎实推进少先队改革工作，举办“红领巾喜迎十九大”社团展示暨“我是光荣的少先队员”主题队日活动，通过主题队日示范，让全区少先队员进一步了解少先队的光荣历史及基本知识。与区教育局联合开办城中区少先队工作者骨干培训班，带领各学校大队辅导员、少先队工作者观摩徐汇区向阳小学、普陀区长征中心小学、静安区中山北路小学少先队工作，并与上海市基层辅导员代表面对面座谈，交流经验。柳州市弯塘路小学党支部书记黄珺荣获2016—2017年度柳州市“星星火炬纪念章”；柳州市景行小学少先队大队、柳州市公园路小学少先队大队等6个大队荣获柳州市“红旗大队”称号；柳州市景行小学总部2012（5）中队、本部2016（4）中队等16个中队荣获柳州市“红旗中队”称号；黄颖、李珊等23名辅导员荣获柳州市“优秀辅导员”称号；黄子翔、蒙治颢等6名少先队队干荣获柳州市“优秀少先队干”称号。韦楚朝、韦乔议等121名少先队员荣获柳州市“优秀少先队员”称号。

【创业创优活动】 2017年，团区委着力推进“青年文明号”建设，新增1家市级“青年文明号”集体。在青年创优创效活动中，柳州市红十字会医院钱玉珠荣获2017年度柳州市“杰出青年岗位能手”称号，潘顺等5人荣获2017年度柳州市“青年岗位能手”称号。与相关部门联合举办民营企业周末招聘会暨创业项目推介活动3场，开展创业沙龙进社区活动7场，覆盖创业就业青年500余人。在城中区创业创新宣传活动暨首届“城中杯”大学生创业创新作品展中，会同区科技局等发放创业创新工作资料500余册。

【青少年综合服务平台建设】 2017年，城中区4个街道都已建立青少年综合服务平台，覆盖率过半。其中，山水社区青少年综合服务平台获评“全国示范性青少年综合服务平台”。该平台又称“青年之家”云平台，是依托微信、可覆盖全国所有“青年之家”和广大青年的服务应用平台，通过云平台，城中区各“青年之家”可全面实现网上管理运行、活动发布、报名管理、活动展示、活动评价等功能；青年可实现平台搜索、地址导航、服务选择、活动参与、活动评价、互动交流等功能；上级团组织可实现对“青年之家”建设、管理和活动情况的及时掌握和评估。服务项目涉及文化学习、信息咨询、创业服务、婚恋交友、休闲娱乐等青年需求的各个领域。截至年底，城中区辖“青年之家”云平台已开展学习培训、志愿服务、联谊交友等各类活动20余场。

【青少年文化活动】 2017年，城中区开展“喜迎十九大”系列活动4场，营造良好舆论氛围，迎接中共十九大胜利召开；举办“优秀传统文化在身边”系列活动3场，引导城中区青少年继承和发扬中华民族优秀传统文化，倡导社会文明新风；举办“五四”青年文化节系列活动4场，进一步凝聚青年、活跃青年文化，拓宽广大青年沟通交流渠道，为广大青年搭建平等、友好、真诚交往的平台。活动覆盖辖区团组织70余个(非公团组织35个)，青少年3500余名。(阮雪芳)

城中区妇女联合会

【妇联组织概况】 柳州市城中区妇女联合会(简称城中区妇联)重新组建于1979年。2017年有工作人员4名，其中在职人员2人，聘用人员2人。城中区有基层妇联组织39个，其中街道办事处妇联6个，社区妇联27个，村妇联6个。

【双维双促平安建设】 2017年，城中区妇联以“三八”维权周、“12·1”“12·3”等活动为依托，开展“建设法制中国·巾帼在行动”及“百万妇女学法律”等各种学习宣传活动4场次；发放《中华人民共和国妇女权益保障法》《中华人民共和国未成年人保护法》《中华人民共和国婚姻法》《中华人民共和国反家庭暴力法》等各种法律法规和妇幼保健知识宣传资料、宣传图册1万余份，为100多名群众提供法律咨询服务。组织法律法规宣讲团深入学校、社区(村)开展普法学法讲座5场次，发放宣传资料1万余份，受益的妇女家庭成员达3000多人次；选派金泰苑社区的“惜缘工作室”负责人到自治区妇女干部学校培训学习，实现维权工作人员持证上岗[全国婚姻家庭咨询师(三级)]的要求。年内各妇女之家共接待来访妇女30起，电话接访约50起，处结率达到100%。

【扶弱助困】 2017年，城中区妇联坚持摸排特困妇女儿童，联合民政部门建立辖区特困妇女儿童数据库，在特殊节日进行慰问。年内有36名贫困儿童获得慰问金8400元；有32名贫困妇女获得慰问金9800元，其中2名贫困两癌妇女获得国家贫困母亲两癌救助专项基金各1万元。

【“好家风好家训、家庭好故事”活动】 2017年，城中区持续开展“好家风好家训、家庭好故事”宣传展示活动，依托社区(村)妇女之家，引导广大妇女积极参与；利用宣传单、现场答疑、征集家训家规等方式，开展以“寻找最美家庭，弘扬文明家风”为主题的宣传活动，通过比一比、晒一晒、秀一秀等方式

2017年1月24日，区妇联主席邓柳红(左一)慰问辖区“两癌”贫困妇女
(区妇联　供稿)

评选出“最美家庭”3户、“最美家庭”标兵户1户；年内组织“美丽家庭”大讲堂2场，举办“家庭故事分享”会5场。由城中区妇联推荐的韦江州家庭荣获2017年“全国最美家庭”称号。以“争做合格家长 培养合格人才”家庭教育大讲堂进企业、进社区、进农村为主题，组织家庭教育骨干师资，深入农村、社区及流动务工人员多的企业，面向广大家长及农村留守儿童监护人，开展形式多样的家庭教育宣讲活动，组织进企业、社区、农村开展家庭教育讲座10余场，推动家教知识的普及传播，帮助家长提高素质，促进未成年人健康成长，受益家长近万名。

【社区儿童家园】 2017年，城中区利用社区现有的资源办好社区儿童家园，在2016年创建工作基础上，新创建福柳新都、三门江、柳东、潭东社区4所“儿童家园”，严格按照“七个有”的标准进行规划管理。“儿童家园”自建设以来，每天按时开放，保证留守流动儿童阅读到有益的书籍，组织开展儿童喜闻乐见的文体、科技制作、体育比赛等活动，让他们在玩中长智、在玩中健体。暑假期间，还组织开展“返乡大学生服务儿童家园”活动5场。

【社区(村)妇联换届】 2017年，按照全国妇联和自治区妇联改革的精神和要求，城中区认真抓好社区(村)妇联组织换届选举工作，大力推进妇女参与基层民主政治建设，充分发挥“半边天”作用。9月底，完成妇联换届暨会改联工作，实现100%的社区(村)“两委”有一名以上女干部，100%的妇联主席(妇代会主任)进入社区(村)“两委”班子，100%社区(村)妇代会改建妇联。改建后的基层妇联组织切实加强和改进联系服务妇女的方式方法，充分发挥执委、代表、妇女先进的作用，紧密联系辖区妇女群众，听心声、交朋友、传帮带，切实为她们办实事、做好事、解难事，引领带动广大妇女支持和参与妇联工作。年内共开展5次下基层为民服务活动。

【巾帼建功活动】 2017年，城中区开展的“春风送岗位”活动中为妇女群众送信息、送政策、送温暖，发放《中华人民共和国反家庭暴力法》《中华人民共和国妇女权益保障法》及女童保护、男女平等画册等宣传资料近1000份。9月，在环江“巾帼示范基地”开展“双学双比”红肉蜜柚擂台赛活动，20多名女种植能手参加比赛。年内，城中区创建“巾帼文明岗”5个。

（曾 洁）

城中区科学技术协会

【科协机构概况】 1982年5月26日，城中区成立科学技术筹备工作委员会；6月14日城中区科学技术协会(简称城中区科协)召开第一次代表大会，选举产生第一届科协领导成员。2017年12月，柳州市机构编制委员会同意设立城中区科学技术协会，城中区科学技术协会设在城中区科学技术局，增核城中区科学技术局行政编制1名。城中区科协有工作人员7名，其中在职在编4人、聘用人员3人；有科协会员90人，科普志愿者600人。

【创建广西科普示范社区】 2017年，城中区科协在成功申报柳州市科普示范基地的基础上，推荐山水社区申报广西科普示范社区。城中区科协配合市科协在市级科普项目中给山水社区和柳侯社区各申请投入2万元用于支持其开展科普活动。两个社区将在城中区科协的指导和监督下，利用奖补资金购买科普图书，根据时下热点制作宣传资料、科普展板、宣传橱窗，开展知识讲座、科普活动，进一步丰富社区科普设施建设，为开展科普工作提供强有力的保障。城中区科协推进城区科普服务体系建设，按照市科协总体要求和辖区实际，全方位推进科普示范社区建设。同时，对辖区社区科普基础设施建设工作进行摸底调查，通过调研总结不足，积极调动各方科普资源，服务于基层科普社区建设。城中区积极鼓励在科普工作上较为突出的社区申报自治区级、国家级科普示范社区，建设科学有效的科普宣传教育体系，推动城区居民科学素质阵地建设，优化科普宣传教育载体，全面服务于城区群众科学素质提升。

【“十月科普大行动”】 2017年9月11日，城中区2017年“十月科普大行动”启动仪式在景行小学总校区隆重举行。柳州市科协副主席任俊峰、城中区副区长佟德军、景行小学教育集团总校校长韦莉出席。在启动仪式上，市科技馆科普大篷车展示科技知识和科普表演秀，让3000多名师生在观看表演的过程中接受科学知识、感受科学精神，学会用科学思维辨伪存真，具有较高的感染力和互动性。“十月科普大行动”以围绕“创新驱动发展，科学破除愚昧”为主题的多种内容的科普活动，活动持续到12月底结束。

【科普进社区进学校】 2017年，城中区科协充分利用驻辖区柳州市科技馆、柳州市青少年活动中心、柳州市博物馆等科普资源，深入推进“科教进社区、学校”：在“科技活动周”和“十月科普大行动”期间，协助辖区各学校、社区根据实际，开展各种科普活动；各学校、社区依托青少年科普活动室，利用多媒体、信息网络载体，大力开展科普教育宣传活动，举办防治艾滋病、食品药品安全、环保知识等科普系列讲座，邀请各领域的专家进社区、学校，举办20次健康讲座和义诊医疗卫生活动；开展预防煤气中毒、节能减排、环保知识、疾病防治知识及“反对邪教，崇尚科学”社区宣传服务活动共计22次；发放科普宣传资料约1万份，举办科普知识咨询和有奖问答比赛3场；为静兰小学、文韬小学、公园路小学马鹿山校区和景行双语实验学校配置科普图书3116册，引导学生增强科学意识和鉴别能力，破除愚昧思想和落后习俗，建立科学文明的生活方式，提高学生的精神生活质量，让科学思想在校园广泛传播，形成爱科学、学科学、讲科学、用科学的社会风尚，为“品质城中和谐生活”贡献力量。

（李秋亭）

城中区残疾人联合会

【机构及工作概况】 1991年6月6日，中共城中区委、区人民政府筹备成立城中区残疾人联合会（简称城中区残联），为副科级事业单位。残联组织由残疾人代表大会选举产生，每五年召开一次代表大会，设主席、执行理事。1993年，城中区被中国残疾人联合会定名为全国社区康复示范区。1995年8月，城中区残联升为正科级事业单位。1996年，城中区被国务院残疾人工作协调委员会授予“全国残疾人工作先进区”称号，被自治区计委、教委、卫生厅等6个单位授予“自治区社区康复先进区”称号；1997年3月被评为“全国残疾人劳动就业先进单位”。2000年3月，城中区成立残疾人劳动就业服务管理所；5月，被评为“自治区残疾人先进城区”。2001年2月，建立城中区残疾人医疗康复综合门诊部，并在辖区范围内建立起社区康复三级网络。2004年6月2日，城中区成立第一届肢体残疾人协会。2005年10月，柳东镇和各街道办事处成立残疾人联合会，由一名副镇长或办事处副主任负责残联工作，并配备残联专干，各居委会也成立残疾人工作领导小组。2007年，荣获“全国残疾人社区康复示范区”称号。2014年，荣获“全国白内障无障碍县”称号。2017年12月26日，城中区残疾人联合会第六次代表大会在华锡大厦会议室召开，大会选举产生城中区残疾人联合会第六届主席团委员13名，其中主席1名，副主席2人；聘请名誉主席1名；推荐城中区残疾人联合会执行理事会理事长1名。同年，城中区残联有工作人员6名，下辖6个街道残疾人联合会、5个残疾人协会，有残疾人专职委员32人。

【残疾人基本服务及专项调查】 2017

2017年5月16日，城中区残联、静兰街道办事处、柳州市象棋协会联合举办“2017年城中区残疾人文化体育周”活动（区残联 供稿）

年，城中区残联以在全国残疾人基础数据库中持有第二代“中华人民共和国残疾人证”的残疾人为主要对象，以上一年度全国残疾人基本服务状况和需求专项调查涉及的残疾人基本状况各项调查指标为基础，将一年之内残疾人基本服务状况和需求信息进行动态更新。共完成登记3304人，其中入户登记2616人，电话登记26人，查无此人10人，已搬迁360人，空挂户153人，外出40人，死亡99人，电话调查26人，入户调查率达99.02%，调查完成率100%。为残疾人小康进程的推进状况提供翔实的数据。

【残疾人精准康复服务】 2017年，城中区残联确定柳州市妇幼保健院、柳州市中医院、广西脑科医院为定点康复评估服务机构，对辖区内有康复需求的残疾儿童和持证残疾人进行评估和开展精准康复服务。年内共完成康复服务142人，为37人发放辅助器具并指导适配训练。扎实推进“十三五”残疾人康复工作，确保全面实现“残疾人人人享有康复服务”的目标。

【“阳光家园计划”】 2017年，城中区残联高标准完成“阳光家园计划”工作，组织各社区残疾人专职委员对辖区内残疾人进行摸底筛查，准确掌握有托养服务需求的残疾人数和具体需求，以需求为导向，采用政府购买的形式，分别向柳州市惠众社会工作服务中心、柳州市中医医院等专业医疗机构，为辖区内73名智力、精神和重度肢体残疾人购买家政、康复训练、按摩理疗、心理疏导等服务，极大地方便残疾人及家庭，实现居家康复服务专业化、社会化。

【创建城中区残疾人辅助性就业中心】 2017年5月17日，城中区残疾人辅助性就业中心正式挂牌启用。通过组织残疾人开展简单的轻手工业工作，培养劳动观念、增进身心健康，提高残疾人融入社会、参与社会的能力，更好地帮助智力、精神和重度肢体残疾等困难残疾人就业。下半年，城中区残联完善中心管理、使用，聘请专职工作人员管理。年内有12名登记在册的智力、精神和重度肢体残疾人在中心开展轻手工业工作。

【慰问贫困残疾人】 2017年春节前夕，城中区残联组织开展春节慰问贫困残疾人活动，走访慰问贫困残疾人200户，为辖区贫困残疾人送去现金及各类慰问品（含慰问物品折价）共计12万元。5月21日是第二十七个“全国助残日”，城中区开展“心系残疾人，真情送温暖”慰问活动，现场为10名贫困残疾人代表发放慰问品。在“全国助残日”期间，城中区委、区政府领导和有关部门人员走访慰问300名贫困残疾人，慰问品经费共计6万元。中秋节前夕，城中区残联对辖区内300户贫困残疾人进行慰问，给他们送去慰问品和节日的问候，慰问品折合人民币6万元。

【残疾人保险】 2017年，城中区政府投入27.79万元为辖区内2779名残疾人购买100元的残疾人人身意外伤害保险，保险期限为一年，最高赔付金额可达4万元。此项工作进一步完善城中区残疾人社会保障服务，增强残疾人抵御风险的能力，把为残疾人办实事工作落到实处。 （戈　杰）

城中区红十字会

【红十字会机构概况】 城中区红十字会于1992年成立，在城中区卫生局（今城中区卫生和计划生育局）挂牌。2017年，城中区红十字会有兼职人员1人。

【“红十字会法”宣传活动】 2017年5月10日，城中区在柳东卫生院举办“5·12”国际护士节暨卫计系统“争创先锋”宣传文艺晚会，城中区红十字会在会上组织宣传《中华人民共和国红十字会法》（简称“红十字会法”），使“红十字会法”深入人心，为红十字会依法开展工作和维护自身的合法权益营造良好的社会氛围。12月4日，城中区红十字会联合各部门在五星步行街开展城中区2017年“12·4”国家宪法日集中宣传活动。通过文艺演出、法制知识抢答、发放《中华人民共和国红十字会法》等各类普法资料、法制宣传袋、解答居民法律咨询等，引导群众办事依法、遇事照法、解决问题用法，增强群众的法制意识。

【世界急救日知识讲座宣传活动】 2017年9月7日—11日，城中区红十字会组织辖区各基层医疗卫生机构等单位开展健康讲座、义诊、救护培训、应急演练、街头宣传等各类主题宣传活动，通过形式多样的宣传普及救护知识技能,让更多的人掌握急救技能技巧,调动群众参与积极性。活动中举办健康讲座6次,救护培训、应急演练6次,街头宣传、开展义诊10次,发放宣传资料800余份,接受急救知识咨询300余人次,免费测量血压150人次,参加居民群众500余人。通过"急救与家庭意外伤害——世界急救日"活动的开展,增强居民群众的自救互救意识,提升群众在遇到突发情况时的自我救护和救助他人的技能。

【"白内障免费复明手术"和糖尿病视网膜病变筛查工作】 2017年,城中区红十字会配合柳州市红十字会医院实施"白内障免费复明手术"和糖尿病视网膜病变筛查工作。3月21日,城中区红十字会组织召开辖区6家基层医疗卫生机构负责人会议,布置各基层医疗卫生机构准备好相关场地和物资,以便更好开展筛查工作。5月4日—19日,城中区共筛查确诊白内障患者76人,并且全部免费做了白内障复明手术。

【无偿献血活动】 2017年,城中区红十字会组织城中区双拥办公室、区工信局、区团委、区机关相关部门和各街道,分别负责协调机关、企业、部队、院校等单位开展以"无偿献血,用爱心为生命加油"为主题的无偿献血活动。柳州市血站的医务人员通过"四进"(进机关、进企业、进军营、进院校)活动实施血液采集活动,城中区有近200名18周岁至55周岁的健康公民参加自愿无偿献血活动,共捐献血液137500毫升。

【慰问活动】 2017年春节前夕,城中区红十字会对辖区40户因病致贫或患重大疾病、艾滋病困难儿童家庭进行慰问,送去慰问金8000元。 (城中区红十字会)

城中区社会科学界联合会

【社科联机构概况】 城中区社会科学界联合会(简称城中区社科联)成立于2014年5月。设在中共城中区委宣传部。2017年年末有团体会员16个,个人会员46个;专兼职工作人员1人。现任领导机构是第一届理事会,有理事33人,会长1人,秘书长1人。

【协同活动】 2017年5月31日,城中区社科联协同区科技局、区科协以"科技强国 创新圆梦"为主题,邀请两位健康方面的专家给辖区近百名村民讲解儿童疾病防治和老年高血压防治的知识,并举办农产品展示活动以及科普养生饮食比赛,发放科普宣传资料300多份和《科学技术普及丛书》300多本。

【培训学习】 2017年11月5日—10日,城中区社科联组织辖区单位会员54名,由社科联常务会长叶永东带队,到湖南大学进行文化创新能力培训学习。培训学习采取集中面授与现场教学相结合的形式,让会员们深刻领会中共十九大精神及政治经济哲学方面的知识。其间参观岳麓书院、湖南第一师范学校和红色圣地韶山。通过培训学习,进一步提升了会员们的综合素质。

【柳娃漫说社会主义核心价值观动漫片】 2017年,城中区社科联自筹资金42万元,策划《柳娃漫说——社会主义核心价值观动漫片》一部。动漫片共分12集,分别为"中国梦富强梦""民主的力量""文明礼仪之邦""我们的大同世界——和谐社会""柳娃探寻自由路""沐浴平等阳光绽放幸福花朵""公平正义的光辉""法治的力量""高唱爱国之歌""敬业成就最美人生""诚信似金""友善之花开遍人间"。动漫片以柳州城市卡通人物形象柳娃的视角,通过动画的形式讲述中外历史典故、人物、事件及先进道德模范人物事迹,旁征博引,系统、深刻、形象地诠释24字社会主义核心价值观的内涵、意义和现实要求。

编辑:叶玉生

法　治

公　安

【公安机构及工作概况】 1980年2月柳州市公安局城中分局成立，位于中山东路41号。2003年8月，因城市建设拆迁，城中分局搬迁至弯塘路26号原柳州地区行署大院。2017年，城中分局有编制民警252名，文职8人，协警566人。设纪检监察室、政秘科、治安科、户政科、内保科、法制大队、国内安全保卫大队、禁毒大队、经侦大队、预审大队、4个刑侦大队（综合、五星、河东、桂中），7个派出所（城中、公园、中南、柳东、水上、潭中、桂中）。年内，城中分局以党的十九大精神和习近平总书记系列重要讲话精神为指导，以提升人民群众安全感和满意度为根本，深入开展"两学一做"教育活动，推进队伍规范化建设，推进维稳、打击、防控、整治，推进公安行政管理和服务，圆满完成各项公安工作任务，维护辖区社会稳定，为服务经济社会发展、构建"品质城中"做出积极贡献。

【维稳反恐】 2017年，城中分局开展情报信息收集、网络舆情引导、处置群体性事件等工作，全年共收集情报信息132条，上报上级各部门132条，其中利用手机、微博、互联网等方式收集上报信息5条，通过特情耳目、民警工作等人工方式收集3条。城中分局在自治区"两会"、全国"两会""三月三"、清明节、"一带一路"国际合作高峰论坛、中共十九大、环广西公路自行车世界巡回赛（柳州段）等重大活动及68次安保警卫活动中，每日安排50名警力备勤。对可能影响、干扰全区、全国"两会"等重要活动的重点人进行认真排查梳理，共排查出重点人22人；处置因本辖区原因导致的群体性事件12起，涉及人数278人；处置因外辖区原因导致的群体事件21起，涉及人数669人；处置群体事件总数33起，涉及总人数947人；处置到文昌综合楼上访22批421人次，其中涉及本辖区2批11人次，外辖区20批410人次。

【打击邪教】 2017年，城中分局加大对邪教"法轮功"等的打击力度，继续加大对"法轮功"等邪教组织人员的管控，开展对有害气功组织公开聚练点以及对冒用宗教名义邪教组织的调查工作，做到底数清、控得住。在元旦、春节、全国"两会""4·25""五一""5·13"、中秋节、国庆节、中共十九大、自行车赛等重大敏感节日活动期间，对辖区在册的43名邪教"法轮功"人员以及冒用宗教名义的20名邪教组织人员均落实监控措施；办理冒用宗教名义邪教组织案件"0910"专案1起。年内，共接报各类反邪教情报信息26条，其中：邪教"法轮功"煽动性电话1起，邮寄2起，张贴3起，散发2起，其他18起。立案侦破邪教"法轮功"等案件5起。积极开展"敲门行动"，对在册的112名邪教人员全部入户调查，了解思想及现实表现等情况，确定辖区人员变动及表现情况，掌握思想动态及现实表现等。

【打击犯罪】 2017年，城中分局共立各类刑事案件2249起；破获各类刑事案件1335起；辖区发生命案1起，破1起，命案破案率达100%。共刑事拘留嫌疑人483人，提请批准逮捕犯罪嫌疑人356人；移送起诉513人；抓获逃犯60人。开展"打黑除恶"专项行动，打击涉恶犯罪嫌疑人15名，破案7起，打掉涉恶团伙7个。开展打击整治多发性侵财犯罪行动，提请批准逮捕或直诉侵财类嫌疑人193名，破获侵财性案件829起，追回赃款

7.74万元，电动车30辆，手机58部，电脑8台，摩托车4辆，汽车1辆。开展打击涉枪涉爆违法犯罪工作，破获网络贩枪3起，提请批准逮捕3名贩卖枪支犯罪嫌疑人，缴获火药动力枪支4支。严打各类新型犯罪，对电信网络诈骗、侵害公民个人信息、非法生产销售窃听窃照器材、非法生产、销售、使用"伪基站"等新型犯罪行为，始终保持严打高压态势，共破获电信网络诈骗案件7起，提请批准逮捕犯罪嫌疑人8人；打掉电信诈骗团伙1个；主办跨辖区团伙系列案件1串；共起诉破案6起；抓获逃犯36人，其中抓获自治区公安厅通报"千名督捕"逃犯5人。

【综合整治】 2017年，城中分局受理治安案件2814起，行政拘留1286人，移送刑事拘留342人。年内，辖区共有宾馆、旅社86家、桑拿洗浴场所16家、娱乐场所41家；"十小"特种行业中，共审批、备案辖区开锁服务企业备案10家、典当业1家，寄卖业4家、印刷业12家、汽车租赁公司1家、金银首饰加工和置换业6家、机动车维修企业32家，并按要求将机动车维修企业录入广西机动车修理业治安管理系统，共上传500条修理信息，上传率达53.13%。年内还加大对辖区"黄、赌、毒"违法活动的查处力度，共组织大、小规模行动60多次，共查处"黄、赌、毒"案件439起。开展净化社会治安环境大整治行动，共出动警力760人次，警车120辆次，核查人员1555人。结合辖区实际，为"飓风行动"保驾护航，共开展61次清理整治行动，共出动警力8965人次，警车964辆次；配合清理违法建筑238次，清查238户，共清除违法建筑243433.85平方米。

【户政管理】 2017年，城中分局组建"社区治安微信群"，采取网上讲事情、见面办实事的方式，提高警民沟通质量。年内，辖区各派出所共举办警民恳谈会、警民座谈会、"警营开放日""相约警务室"等活动共400余次，接待群众共1万余人，发放宣传资料1万余册。扩展24小时自助办证厅功能，在设置身份证自助办理、领取一体机的基础上，增设身份证发放机、出入境签注一体机以及交通违法缴纳罚款POS机，实现"让信息多跑路、群众少跑腿"。年内，城中分局24小时自助办证厅共办理身份证业务3202张，发放身份证239张；签注业务185起；缴纳交通违法罚款15起。年内有登记常住人口54061户、162429人；审核审批各类户口材料3772份，其中申请入户3565户、8914人；更改姓名182份，更正年龄1份；更改民族成分14份；门牌申请材料10份。年内分局人员共加班或延时为辖区群众办户口、身份证等业务200余人；特事特办户籍业务60余人次；上门服务700余人次。全面启动居民身份证登记指纹信息，培训办证厅工作人员12人，每个所配备1台指纹采集、1台阅读机具设备，受理登记指纹信息居民身份证19156张，采集指纹信息19129条。

2017年6月22日，在广西科技大学禁毒宣传活动周期间，城中公安分局民警向该校学生宣传有关禁毒知识 （汤金贵 摄）

【"四项建设"】

基层信息化建设 2017年，城中分局结合辖区实际，7所3队分别在半岛、柳东、桂中成"品"字形结构，新建3个覆盖整个辖区的办案中心。结合在江浙一带公安机关考察结果，在市局法制支队的指导下，城中分局首先在五星刑侦责任大队和中南派出所建成分局中南执法办案中心，引进先进的办案系统，重新打造出规范、透明的办案中心、案管中心、物管中心。4月24日至25日，自治区公安改革暨"四项建设"工作会议在柳州市召开，自治区副主席、公安厅党委

2017年4月24日，在广西壮族自治区公安改革暨“四项建设”工作现场会期间，自治区公安厅、市公安局领导到城中区中南派出所参观指导工作

（汤金贵 摄）

书记、厅长胡焯出席会议并作重要讲话。柳州市市长吴炜及公安部、自治区公安厅、各市公安局领导等290余人到中南派出所参观执法办案中心。

执法规范化建设 2017年，城中分局制定《城中分局2017年度执法质量考评办法》，新增派驻专职法制员，围绕分局新成立的办案中心开展执法监督和执法考评工作。派驻到办案中心的专职法制员负责监督考评本人对应的相关单位办理的刑事案件、治安行政案件。法制大队对日常执法办案进行监督指导，坚持每周对案卷考评情况进行通报；审核案件中发现的问题及时与办案单位和办案民警沟通，督促民警及时整改并将案卷整改情况进行反馈。全年共提出案卷整改意见800余条。

警务实战建设 2017年，城中分局以提高群众工作能力、信息应用能力和执法办案能力为重点，以提升队伍综合能力素质、民警的精神状态、业务素质和纪律作风建设为目标，开展强化岗位练兵、依法使用武器警械、业务等各类培训10余次；组织实兵实弹演练，所有在职民警每人射击训练用弹120发，切实提高民警“1、3、5”分钟快速反应圈联勤联动和“三道防线”执勤卡点车辆查控处置能力。

队伍正规化建设 2017年，城中分局贯彻执行中央八项规定“回头看”的监督检查，把纠正“四风”往深里抓、实里做，开展全面从严治警“五查五整顿”、扶贫领域监督执纪问责、违规公款购买消费高档白酒集中排查、违规发放津补贴、涉“枪、车、酒、赌、毒”问题等公安队伍整风肃纪专项整治。按照“四种形态”的要求规范和强化监督工作，及时发现和纠正、处理民警中存在的问题。年内，给予警示扣分6人次13分、黄牌警告1人次；受理核查各级部门转办及群众来人来访来信投诉举报件49件，全部予以办结；队伍建设连续11年无违法违纪现象发生。

（储 云 韦沿利）

公安消防

【公安消防机构及工作概况】 2017年，柳州市消防支队城中区大队紧紧围绕重点工作目标，以深入学习中共十九大会议精神和习近平总书记系列重要讲话、全军及公安现役部队政治工作会议精神为主线，严格落实“三个经常性”工作，抢抓机遇，开拓进取，务实工作；狠抓社会消防管理创新，强力推动消防安全责任制落实；忠实履行消防监督执法和灭火应急抢险救援职责。年内，共接处警354次，出动消防官兵2643人次；出动消防车462辆次；辖区共发生火灾51起，死亡0人，受伤2人，直接财产损失523155元。未发生较大以上和群死群伤火灾事故。2017年，大队被中共柳州市委精神文明建设委员会授予“柳州市文明单位”称号，1个中队党支部被广西消防总队评为“先进党支部”。

【队伍建设】 2017年，城中区大队抓好“七大教育”（喜迎“十九大”主题教育、“两会”精神教育、形势政策教育、庆祝建军90周年教育、改革强警教育、反腐倡廉教育及法纪道德教育、“历史使命专题教育”“爱国奉献教育”“坚定维护核心、坚决听党指挥”“学历史、忆传统、励斗志”和“形势政策专项教育”）等各类主题教育8次。下发专项教育整顿问卷调查，撰写形势政策学习心得体会、开展“巨大成绩是什么、取得成就靠什么、

2017 年 5 月 26 日,市消防支队城中区大队到柳侯社区宣传消防知识
（公园办事处　供稿）

履行使命怎么办”主题演讲比赛,观看红色电影等一系列活动;严格落实《公安消防部队思想政治教育大纲》,让官兵走上讲台当教员,组织活动当主力,着力培养官兵的军人意识、服从意识和奉献精神。用好“三种资源”,创新形式,全力打造特色警营文化。组织官兵到韦必江纪念馆参观和缅怀烈士;开展廉政教育、读书和演讲评比等系列活动。通过形式多样的活动丰富警营文化生活,陶冶官兵思想道德情操,在下半年各项连续安保中调节官兵思想情绪,减缓官兵的厌战心理。始终坚持把警地文化共建作为密切警民关系的“桥梁”,在共建单位的参与和帮助下,聘请专业老师,创作舞蹈《洪流中的橙色战队》,参加支队“119 宣传日”演出,获得好评。

【灭火救援】 2017 年,城中区大队强化“六熟悉”工作。中队开展 60 次灭火救援实战演练,大队按要求每月参与一次演练,其中夜间、出水演练到达 30%。中队每周至少 2 天开展辖区“六熟悉”,每月开展一次市政消火栓普查;编印道路水源手册 2 份;制作完成重点单位预案 60 份;修改“六熟悉”卡片 30 余份。年内,大队共接警 90 起,其中火灾 22 起,抢险救援 24 起,社会救助 22 起,公务执勤 22 起。在“6·14”抗洪抢险救援中,中队官兵共抢救被困群众 84 人,被总队荣记集体三等功一次;2 名作战英勇,荣立个人三等功。

【火灾防控】 2017 年,城中区大队执法质量大幅度提高。年内,共检查单位 5480 家次,发现火灾隐患或违法行为 11631 处,督促整改火灾隐患或违法行为 11544 处;下发《责令改正通知书》5208 份;责令“三停”46 家;临时查封 87 家;处罚单位 152 家,罚款 41 万元。辖区 32 个社区(村)、94 个重点单位建成微型消防站,并初步形成战斗力;重点打造五星商圈周边 13 家重点单位的消防区域联防组织,督促 97 人进行消防控制室培训。全面开展高层建筑、电动车消防安全综合治理,推动辖区内的高层建筑建立高层住宅建筑“楼长”制度、高层公共建筑专职消防安全经理人制度。推动政府督促各街道利用惠民资金在“三无小区”统一安装电动车充电桩。在“环广西公路自行车世界巡回赛”、中共十九大保卫期间,大队非常时期采用非常手段,对辖区单位、场所做到前期全面排查,找出存在的消防安全隐患;中期对每个存在隐患的单位采取“对症下药”的方式,逐个开出整改“药方”,督促其及时整改;后期对在保卫期间还不能及时整改隐患的单位、场所采取小组包片、个人包点,对单位、施工工地、小区、高层建筑采取劝其停止施工、停止营业的方式确保安保安全。

【消防宣传】 2017 年,城中区大队深入部门、街道社区、单位开展消防演练、讲课、培训 200 多次,参加人员近 4 万人;发放宣传资料 3 万多份。重点单位消防安全宣传“三提示”和员工“一懂三会”知晓率达到 100%。大队租用五星街的 10 块大型电子显示屏建立“消防宣传一条街”,评选出 2 名社区消防“宣传大使”;10 所学校做到消防安全有课程、有教材。(罗海生)

道路交通管理

【道路交通管理机构和工作概况】 2017 年,城中区公安交通警察大队(以下简称“城中交警大队”)有民警 47 人、协警 133 人,其中大队领导班子成员4人；下辖3个路面中队、1个内务中队和1个事故档案组。大队全体民警紧紧围绕习近平总书记“对党忠诚，服务人民，执法公正，纪律严明”重要指示精神，牢牢抓住提升群众安全感满意度这一根本，时时紧扣“秩序良好、交通畅通、事故下降、执法规范”的工作核心，通过大力整治交通秩序，查隐患，堵缺口，确保道路交通事故稳中有降，杜绝重特大道路交通事故发生。大队创建“快乐工作法”，搭起干群“连心桥”，健全完善忠诚培育、思想教育、文化塑造、法治思维“四位一体”的政治教育体系，让每一个民警、协警都有存在感、归属感、尊严感和幸福感。年内，大队接警处理交通事故2344起，查处交通违法行为202615起；开具当场处罚决定书20899张，开具违法停车告知单62300张；电子警察拍摄248912起；立案上报道路交通事故5起、死亡7人、受伤119人、直接经济损失145.84万元，同比2016年交通事故上升7.42%、死亡人数持平、受伤人数下降39.9%、经济损失上升15.6%。大队获得自治区优秀公安基层单位“十佳交警大队”“全区人民满意公务员集体”“柳州市先进基层党组织”称号，大队民警舒婧、朱艳芳获得2017年度第四届“柳州最美警察”称号。

【队伍建设】 2017年，城中交警大队注重抓班子建设，按照“抓班子、带队伍、促工作”的思路，以党建推动干警队伍建设，落实“一岗双责”制度；根据实际划分和调整党小组，加强对党员管理。利用网络便捷、共享、图文资料丰富等特点，建立“微信党支部”，让民警由被动参训变为主动学习，推动交警队伍培训工作多样化、信息化、便捷化。组织召开民、辅警纪律作风教育整顿动员部署会，深入查找、梳理反腐倡廉建设方面可能存在的问题和隐患，贯彻落实中央“八项规定”、《廉洁自律准则》《纪律处分条例》《问责条例》和公安部“三项纪律”规定，防患于未然。以高标准制度化推进思想政治建设，率先在广西交警队伍中成立协管员党员基层党支部，并获得“优秀协管员党支部”称号。坚持把文明执法作为执法工作的首要标准，推行“开放式”窗口服务，树立为民服务的执法意识，从“建制度、立标准、抓培训、树标杆”入手，将岗位培训和集中培训有机结合，全面开展民警执勤执法、事故处理、违法处理等专业技能培训，提高执法水平。年内有正式党员36名，预备党员1名，党员占大队民警比例为80%；有入党积极分子3人。

2017年4月21日，城中交警黄飞翔荣获“感动城中”2016年度人物奖

（区委宣传部 供稿）

【预防道路交通事故】

快处快赔工作机制 2017年，城中交警大队整合法院、检察、公安、司法行政、保险等部门的资源和力量，构建行政调解、人民调解、司法调解“三调联动”，检察监督、保险紧密衔接，卫生、物价等部门协作配合的道路交通事故纠纷调处“五位一体一站式”服务平台，建立道路交通事故纠纷调处中心，实现道路交通事故“一个平台全程受理、无缝对接高效服务、透明公正和谐解决”的目的。年内，辖区内共发生交通事故9259起，查获醉驾35起；事后报案738人次；结案率达98%。“五位一体”调解1200人次，调解成功率、履约率达100%。办理的交通事故案件无一起群众投诉和信访事件，群众满意率达99%。

道路交通隐患防控 2017年，城中交警大队以临水临崖、急弯陡坡、桥面等易发生结冰、车辆翻坠事故的路段为重点，对交通事故频发和无标志标线、无安全防护设施的“三无”路段，重点增加急弯、陡坡等路段警告标志，增加施划减速标线或增设减速带、设置安全防护栏等。对排查出来的事故“黑点”,通报相关部门实施整改;重点对施工路段交通安全防护设施和标志标线进行排查,对存在安全隐患的,要求施工单位立即整改。

事故调处机制创新 2017年,城中交警大队启动轻微财产损失道路交通事故快处理机制,增设事故快速理赔服务网点,保险公司和交警驻点服务;利用手机微信自主协商处理轻微交通事故,推出轻微事故现场处置“6·2工作法”即快速联系、快速核查、快速派警、快速到达、快速取证、快速排开及事后回访。实现接处警全员化的目标。

法制建设 2017年,城中交警大队建立定期分析队伍情况工作机制,落实领导与民警的点评制度。对每件警情回访工作和每起不满意警情,落实专人进行处理;对发现存在的问题立即督促整改,能在当日内整改到位的绝不拖延。坚持每月一小结,对共同性和差异性的问题,有针对性地开展队伍教育管理工作。坚持每年向社会聘请警风警纪监督员,及时发现自身不足,消除队伍存在的隐患。年内,无一起国家赔偿案件、行政复议和行政诉讼被变更或被撤销案件,无一例执法过错案件。共回访“110”警情3235起,警情回访率达80.2%;报警群众对大队接处警表示满意度达93.5%,实现了大队队伍连续多年“零违纪”。

【道路交通秩序管理】 2017年,城中交警大队结合各重大活动、节假日交通安全管理工作,先后开展各项安保工作,共参加道路交通警卫工作累计181项,合计247天、375次,其中,一级警卫5次,三级警卫2次。开展道路交通整治120余次,参加人员2000余人次;整治违法行为304778起。

道路运输平安年活动 2017年,城中交警大队贯彻2018年自治区春运道路交通安全管理工作会议精神,按照上级《关于印发2016年“道路运输平安年”活动方案的通知》工作部署,从“人、车、路”三方面消除春运道路交通安全隐患;加强对货运车辆、客车、危化品车等“三类驾驶人”为重点逐一摸底排查;认真排查辖区内有重大安全隐患的点段,尤其加强施工路段安全隐患的巡查,定时定期检查更新完善安全设施。

不文明交通违法行为整治 2017年,城中交警大队按照“路段包干、责任到人”的要求,建立长效管理机制,在违法行为突出、多发的解放北路、金沙角、文惠路等路段设置临时检查点,对过往车辆逐一检查。加强东环大道、桂中大道、文昌路、东堤路等重点路段的巡逻管控,严格整治辖区乱停乱放车辆等交通违法行为。对电动车等非机动车随意横穿道路、走机动车道、闯信号等违法行为及时纠正,加大劝止力度。年内大队查处违法停车57692起,对非机动车进行现场处罚5220起。

酒驾毒驾专项整治 2017年,城中交警大队结合整治方案,对货运车、客车、农用车和摩托车等重点车辆、酒后驾驶违法行为易发的13时至14时、19时至24时、凌晨1时至3时等三个重点时段,以及各餐馆、娱乐场所、餐饮大排档、酒吧等重点区域排查管理;在龙城路、潭中东路、广电中心路口设立酒驾检查点进行逢车必查,违驾必惩。年内,查处酒驾109起,醉驾34起、毒驾5起。

货车超限超载专项整治 2017年,城中交警大队会同交通、安监等部门,深入运输企业,督促落实交通安全主体责任,强化对车辆的动态安全监管和驾驶人的教育管理。严格落实支队“桥梁保卫战”专项整治,在中午12时至下午14时,凌晨0时至3时,加强重点时段、路段管控力度。针对客货运车辆趁夜间、中午、凌晨“空挡”时段或绕道通行、踩点通行等逃避检查的情况,发挥检查卡口和临时执勤点的作用,对过往重点车辆进行详细登记、检查。年内在对货车整治行动中,查处货车超载120起,现场处罚437起。

科技强警 2017年,城中交警大队率先在全区建成“智能交通综合管理平台”,通过实时采集交通流信息,接到报警后,民警均能在10分钟内赶到现场;通过稽查布控系统及时准确拦截可疑车辆;通过对远程信号灯进行控制,通行效率提高25.6%,行车速度提高20%。引进便携式反恐阻车器,利用其携带方便、布障快捷、防撞及拦截效果强的特点,在设卡盘查中有效避免冲卡冲撞民警事件。

“护学通道”建设 2017年,城中交警大队主动联合辖区教育、交通运输、安监部门对辖区42所中小学、幼儿园进行检查,设置“护学通道”,在校门外的人行道上用隔离栏将人行道一分为二,“学生专用道”设在靠校园一侧,全长

165 米，在走道尽头设置 150 平方米的“学生接送等候区”，接送学生车辆可临时停放，即停即走，全路线总长近 300 米。女子护学岗以“全区主要路口示范岗”——三中岗为依托。每天早晚高峰时段都由女警在学校周边路段，以规范的执法行为、灵活的执法方式、亲和的执法形象，护送学生安全出入，维护校园周边秩序畅通。

畅通工程　2017 年，城中交警大队将华信国际停车场出口的人行道改为机动车右转车道与非机动车道，将原机动车右转道改为直行通道，原人行道上的自行车租赁点及天网摄像头移至别处，扩充高峰期直行车辆的候车数量，解决机动车因非机动车候车区车辆繁杂无法进行右转的问题。将步步高门前、广场西通道、康顺路万达广场的停车场入口改成出口，减少车辆因进入地下车库排队引起的拥堵情况；东环大道与文昌路交叉路口的红绿灯由原来的先直行后左转改为先左转后直行；在东堤路增设隔离带与红绿灯进行管控，根据高峰、平峰时段车流量的不同，使对向双向车道变一股车道，同向双向车流量变三股车道。

停车泊位建设　2017 年，城中交警大队与柳州市政府机关事务管理局有关部门研究探讨停车问题并召开座谈会。经过努力，由政府部门主动牵头，在市政府支持与协调下，年内辖区内已有机动车泊位 49989 个、非机动车泊位 14445 个，增设机动车泊位 440 个、非机动车泊位 85 个。

【交通安全宣传】

媒体宣传　2017 年，城中交警大队与柳州广播电视台新播报合作，把日常工作中遇到的交通安全典型事件通过电视报道的形式传播，起到震慑作用，年内电视台共报道大队相关内容 10 余次。同时，大队还在抗洪抢险为民保平安行动中，涌现出大批优秀民、辅警，《柳州晚报》报道城中大队辅警温杰救助群众的抗洪事迹。

阵地宣传　2017 年，城中交警大队深入“七进”，加大道路交通安全宣传力度。通过为学生授课，在社区、企业（工厂）设立交通安全咨询点，定期召开车属单位座谈会等形式，营造浓厚的交通安全宣传教育氛围。年内，大队开展交安宣传 16 次，进入社区 8 个、学校 23 所、企业 50 家，发放交通安全宣传资料 10 万份，受教育人数 16 万多人次。

礼让斑马线宣传活动　2017 年，城中交警大队把警力部署到“一口两线”（即路口和斑马线、停止线），加强交通高峰时段和重点路段的管控疏导，发动学校、驾校、社区的 220 余名志愿者，在辖区主要路段设志愿服务点 6 个；加大对主要路口、重点路段机动车未礼让斑马线违法行为现场劝导力度；在辖区人流量较大的路口路段确定示范点 2 处，每周开展集中统一行动不少于 2 次，对斑马线前不让行交通违法行为进行现场查纠和处罚。

路况信息　2017 年，城中交警大队借助交通频道、广播电台、新闻报纸等媒体的平台，向广大群众发布交通管理信息和交通安全法律法规常识，随时提醒交通参与者注意交通安全，文明驾驶；主动邀请电视台、广播电台等新闻媒体参与道路交通安全宣传工作，让记者随警出动，通过报刊、电视台、广播电台向广大群众曝光不文明行为。年内，大队通过广播电台等媒体频道发布交通信息 600 余条，进行交通直播 12 次。　（刘建锋）

检　察

【检察机构及工作概况】　柳州市城中区人民检察院成立于 1980 年。2017 年，有检察工作人员 42 人，经内设机构改革后，整合为反贪污贿赂局、侦查监督部、公诉部、诉讼监督部、业务管理部、检务保障部共 6 个部门，办公地址在东环大道 173 号。

【职务犯罪预防】　2017 年，城中区人民检察院贯彻中央和上级检察机关对反腐败工作的总体部署和要求，坚决支持国家监察体制改革，坚持反腐败力度不减、尺度不松、节奏不变。年内，成功侦破融水苗族自治县教育局局长赵彬、副局长蒋小龙受贿案及多人行贿案，柳州市电力房开行受贿系列案，柳州市体育系统审查体育产业发展资金申报材料的渎职案等。全年共受理贪污贿赂等职务犯罪案件 23 件 23 人，立案侦查 15 件 15 人，其中大案 15 件 15 人，有效判决 12 件 12 人，立案数和有效判决数均名列全市各基层院相应系列第一位。查办渎职侵权案 2 件 2 人，判决 2 件 2 人，其中立案数位列全市各基层院立案数第二位。

【注重职务预防】　2017 年，城中

2017年4月13日，城中区人民检察院检察长主持某盗窃案逮捕诉讼式审查，为柳州市首例检察长主持诉讼式审查逮捕案件　（欧庆春　摄）

区人民检察院共发出预防职务犯罪检察建议5份；有效开展预防调查21次；职务犯罪案例分析12次；开展警示宣传教育21次；行贿档案查询2934次，职务犯罪预防工作居全市职务犯罪预防系列第一位。派出人员为城中区纪委举办家风建设的警示教育作讲座，深入浅出地讲解家风建设的重要性和渎职侵权的内涵；还为一些非公企业作针对行业性质的专题讲座。

【打击刑事犯罪】 2017年，城中区人民检察院始终把维护社会和谐稳定作为服务城区经济社会发展大局的主要任务，充分发挥批捕起诉职能作用，依法打击各类刑事犯罪活动。年内，受理侦查机关提请批准逮捕的案件384件447人；批准逮捕337件391人；受理审查起诉案件503件618人；提起公诉439件532人。依法公正办理余仁长、宁春成等人集资诈骗800万元，莫志伟非法吸收公众存款近亿元的案件，维护社会主义市场经济秩序。办理一批盗滥伐林木、非法占有农用地、组织留容他人卖淫、妨害公务、妨害社会管理秩序案件，保障“品质城中”城市形象。公诉业务在全市公诉系列排名第三位。

【强化法律监督】 2017年，城中区人民检察院增强对司法活动监督的针对性和有效性，对应当立案而不立案的，监督立案11件；对不应当立案而立案的，监督撤案16件；纠正漏捕9件12人。审查民事申请监督案件10件，提起抗诉1件，终结审查2件，向法院发出审判活动违法监督检察建议书2件。紧紧围绕全国检察机关全面开展公益诉讼工作会议精神，制定本院开展公益诉讼工作实施方案，积极排查案件线索，完成公益诉讼案件1件。民事行政检察业务名列全市各基层院民事行政检察业务第一位。5月19日，城中区召开第一次公检法联席会议，法院、检察院、公安局相关负责人参加会议，共同讨论新的问题、新的法律规定，保证在执法过程通明、监督到位有效。

【开展“阳光检务”】 2017年，城中区人民检察院顺应互联网时代发展的趋势，探索互联网与检察工作的深度融合，构建“四个平台+两微一端”工作模式。年内，通过四个“平台”（案件程序性信息查询平台、法律文书公开平台、重要案件信息发布平台、辩护与代理预约申请平台），公开案件程序性信息722条、法律文书415份；发布重要案件信息9条；受理辩护人、诉讼代理人预约92次。完善“两微一端”（官方微博、微信、头条号客户端）建设，依托互联网传递检察正能量，运用动漫视频、图解新闻等方式宣传检察职能和工作成效，全年通过“两微一端”制作推送检察微文276篇次。

【推进司法改革】 2017年，城中区人民检察院制定10余项配套制度推动司法责任制落实。实行人员分类管理，全院15名员额检察官、17名检察辅助人员、8名司法行政人员全部分类定岗到位。2月，正式施行员额办案，检察长、副检察长带头办理疑难复杂案件。全年班子领导共办理各类案件127件，亲自出庭40余次，制作法律文书100余份。深化内设机构改革，将原有的13个内设机构整合为反贪污贿赂局、侦查监督部、公诉部、诉讼监督部、业务管理部、检务保障部共6个部门，保障检察权科学有效行使。推进检察官单独职务序列和检察人员职业保障改革，促进检察人员积极依法履职、公正规范办案。

【推进监察体制改革】 2017年，城中区人民检察院积极落实国家监察体制改革的重大决策部署，开展人员测算摸底、全面调研等基础性工作，做到清理积压线索、久立未决案件、涉案款物的“五清”工作要求；掌握反贪、反渎、职务预防人员的实际状况，以及改革后可能出现的压力、矛盾及工作重点，为部门转隶打好基础。加强管理、开展谈心谈话，消除涉转人员的后顾之忧，为他们提供合理的权益保障。

【探索诉讼式审查】 2017年，城中区人民检察院成为柳州市检察机关开展“诉讼式审查”工作的两个试点院之一。4月11日，城中区人民检察院检察员对邵某某涉嫌集资诈骗一案的案件事实、证据及社会危害性进行“诉讼式审查”，为柳州市首例诉讼式审查逮捕案件。4月13日，检察长主持对赵某某涉嫌盗窃案进行逮捕诉讼式审查，为柳州市首例检察长主持的诉讼式审查逮捕案件。该试点工作将审查逮捕案件从“公开审查”到“诉讼式审查”，是一次大胆的实践，将有利于加强司法公开性，保障当事人的合法权益，提高司法公信力。

【规范队伍管理】 2017年，城中区人民检察院落实全面从严治党主体责任，扎实开展“两学一做”常态化学习教育，开展家访活动2次，廉政谈话13次。发挥党员的先锋模范作用，争做“忠诚、干净、担当”好干部。年内，共有13名干警和11个集体获表彰，其中3个部门获自治区级表彰，6个部门（集体）、11名干警获市级表彰，2个部门（集体）、2名干警获城区表彰。

（欧庆春）

法　院

【审判机构及工作概况】 1980年，城中区人民法院成立。2010年11月，城中区人民法院迁至柳州市高新五路8号。2017年，法院内设办公室、政工科、立案庭、审判监督庭、行政审判庭、刑事审判庭、民事审判第一庭、民事审判第二庭、执行局、纪检监察室、法警大队等11个部门；有在职在编干警66人，员额法官24人。年内，共受理各类案件8935件；审结、执结6974件，收结案同比上升19.1%和9%；员额法官人均收案388件，结案303件，员额法官人均收结案数均居全市10个基层法院第一位。先后有4个集体和20名个人荣获市级以上表彰奖励。

【刑事审判】 2017年，城中区人民法院共受理刑事案件443件，审结429件，结案率96.8%；判处罪犯537人。严厉打击危害公民人身权利和财产权利的暴力刑事犯罪，审结故意伤害、抢劫、强奸等严重侵害公民人身权利犯罪案件15件15人；审结抢夺、盗窃、诈骗等多发性侵财犯罪案件240件304人。依法严惩危害公共安全犯罪，审结危险驾驶、交通肇事犯罪案件61件61人。依法严惩职务犯罪，审结贪污、贿赂、渎职类犯罪案件10件10人。严厉打击毒品犯罪，审结贩卖、非法持有毒品犯罪20件22人。加强大要案审理，完成广西睡宝集团非法吸收公众存款案的一审审理工作。积极参与社会治安防控体系建设，深入开展未成年人犯罪预防、帮教，全年接待中小学生230余人次到院警示教育基地参观学习。

【民商事审判】 2017年，城中区人民法院受理各类民商事案件4537件，结案3428件，收案同比

2017年12月15日，城中区人民法院和市人民医院共建医疗纠纷诉前调解室挂牌仪式　　（吴漩漩　摄）

增长6.5%,结案与2016年持平。保护诚实守信,制裁违约欺诈,审结买卖合同、担保合同、租赁合同案件404件,涉案标的9640万元。保护民间融资交易安全,审结民间借贷案件748件,涉案标的9.5亿元。维护国家金融债权安全,审结金融借款、保险合同案件1148件,涉案标的26亿元;开展送法进企业活动,为金融机构举办涉金融借款诉讼的法律知识讲座,提供风险防范法律分析,有效防范金融风险。妥善处理涉众型房地产纠纷,维护社会稳定,审结涉房地产合同纠纷案件212件,涉案标的4400万元。审结劳动争议案件138件,涉案标的1050万元。继续扎实做好诉讼保全工作,对857件案件采取保全措施,为当事人实现胜诉权提供有效保障。

【行政审判】 2017年,城中区人民法院依法保护行政相对人合法权益,支持和促进依法行政,年内受理行政诉讼案件95件,审结78件。积极落实行政机关负责人出庭应诉制度,促进争议实质性解决,行政机关负责人出庭应诉22人次。加强非诉行政案件执行审查工作,促进化解行政矛盾,共审查行政非诉执行案件447件,较2016年增长44.2%。

【案件执行】 2017年,城中区人民法院坚持改革创新,加强信息化建设,坚决打赢基本解决执行难这场硬仗,年内共受理执行案件3377件,执结(含程序终结)2598件,同比分别上升52%和27%,执行到位标的1.48亿元。加强执行财产查控力度,全年网络查询银行账户9万余个,房产、车辆、土地2985次。加大对失信被执行人的信用惩戒力度,对855名失信被执行人进行信用惩戒。加大对抗拒执行的强制执行力度,司法拘留被执行人23人。不断探索执行新举措,发出广西首张悬赏执行公告。积极推进“以网络拍卖为常态、传统拍卖为例外”的工作机制,所有裁定拍卖的标的物均推送网络进行司法拍卖,共进行传统拍卖91件,网络拍卖404件,成交金额达1.08亿元。引进司法拍卖辅助服务,节约当事人司法成本,提高执行质量效率。与工商银行签订合作协议,引入司法拍卖按揭贷款,启动执行案款“一案一账户”管理系统和个人法拍房贷款执行模式。继续加大征地拆迁执行力度,共受理该类案件6件,全部结案,涉及河东村、静兰村等城中村整体改造、柳东中心校建设用地征收等重大建设项目,保障柳州城市建设的顺利推进。加大执行宣传力度,通过各级各类媒体全方位的报道,对失信被执行人形成震慑与警示,执结的刘建龙等4人申请执行广西桂飘香食品有限公司拖欠劳动报酬一案入选最高人民法院涉民生执行典型案例。

【司法公开】 2017年,城中区人民法院全面推进审判流程公开、裁判文书公开、执行信息公开三大平台建设,全年网上公布裁判文书7019份,实现能够上网的生效裁判文书全部上网的目标。接待社会公众查阅诉讼档案1700余人次。构建“互联网+”法院工作媒体沟通新模式,在自治区级以上媒体发稿34篇,发布微博240条、微信41条。依托信息化技术进一步强化科技法庭功能,推动庭审公开,在科技法庭开通中国庭审公开网庭审视频直播,全年视频直播庭审233次。

【司法为民】 2017年,城中区人民法院拓展司法便民利民举措,努力减轻当事人诉累、问累、跑累。深化立案登记制改革,巩固改革成果,以群众需求为导向,修订完善立案工作规程,进一步规范立案和管辖标准,年内98.8%的案件当场立案。加强诉讼服务中心建设,立案大厅实现立案、信访、缴费、法律援助、人民调解、判后答疑等职能,构建“一站式”工作平台,做到“诉讼有人引,案件有人立,材料有人收,查询有人复,咨询有人答,上诉有人办”。推动矛盾纠纷多元化解机制,与律师协会签订协议,每周二有专职律师在立案大厅为群众提供法律咨询。实施诉前调解,有效减轻当事人诉累,降低当事人诉讼成本,与城中区司法局签订协议,由司法局聘请的专职律师作为人民调解员,每周四进驻法院立案大厅开展人民调解工作。与柳州市人民医院共建医疗纠纷诉前调解室,以市人民医院的医疗纠纷案件为试点,依托法院的专业法律知识,积极探索建立便捷、公正、高效的医患纠纷诉前调解新机制。加大司法救助力度,对经济确有困难,符合司法救助条件的当事人减、免、缓交诉讼费用,年内共减、免、缓交诉讼费用29.6万元。为执行案件中被执行人没有履行能力、生活特别困难的29名申请执行人发放司法救助金 39.3 万元，彰显司法人文关怀。

【**深化司法改革**】 2017 年，城中区人民法院稳妥推进以法官员额制为核心的人员分类管理改革，首次遴选 24 名综合素质过硬的员额法官，初步确定员额法官、审判辅助人员配置比例和职责权限。结合城中区法院实际，组建“法官 + 书记员”的“1+2”新型审判团队，明确法官、书记员工作职责，规范审判团队工作流程。探索建立专业法官会议制度，成立了民商事、刑事、行政领域的专业法官会议。推动审判权运行“去行政化”，切实解决“审者不判、判者不审、权责不明”等审判权运行中长期存在的“行政化”问题，让独任法官、合议庭真正成为审判主体，院长、庭长不再签发本人未参加审理案件的裁判文书。改革审判委员会工作机制，明确审判委员会只讨论重大复杂案件以及对法律适用有重大争议的案件，缩小提请审判委员会讨论案件的范围。落实院庭长办案责任，院庭长主动办案常态化，年内主审案件 1662 件，占结案总数的 23.8%。 （吴漩漩）

司法行政

【**司法机构及工作概况**】 城中区司法局于 1985 年 7 月设立，人事、经费、业务领导均隶属于柳州市司法局，党员的组织关系隶属于中共城中区委。1988 年 12 月，柳州市司法局将城中区司法局移交城中区政府，但人员编制由市司法局管理。司法局是区政府主管司法行政工作的职能部门。2003 年 8 月，区调解处理土地山林水利纠纷领导小组成立，挂牌在区司法局。1998 年 4 月，城中区依法治区领导小组办公室（以下简称“城中区依法治区办公室”）成立并挂牌在司法局。2017 年，城中区司法局获得“全国人民调解工作先进集体”称号、第三届“‘关爱明天　普法先进’全国青少年普法教育活动优秀组织奖”“全国人民调解宣传先进单位”称号；侯邦振获得第三届“‘关爱明天　普法先进’全国青少年普法教育活动先进个人”称号。截至 2017 年 12 月，有工作人员 28 名。

【**矛盾纠纷调解**】 2017 年，城中区司法局率先在自治区正式成立律师化解矛盾纠纷调解委员会，将律师力量引入平安建设的法律服务项目，聚焦信访纠纷、民间纠纷、诉前调解“三大领域”；分别组建律师专家库，要求律师每月 2 次与人民调解员一起进社区（村）开展矛盾排查；每月至少 1 次为社区（村）群众举办法治讲座；每月至少 1 次为社区（村）人民调解员开展法律培训；每月 1 次至少为社区（村）人民调解员开展重大疑难案件咨询；在城中区法院建立驻点诉前调解工作室，派驻律师开展民事诉前调解工作，当事人可以从公示的律师专家库中自主挑选喜欢的律师为自己调解。通过选择具有丰富执业经验和较高政治素养的律师参与城中区的化解矛盾纠纷工作，开辟律师化解矛盾纠纷新途径。年内，律师共参与矛盾纠纷排查并调解 1600 余件，参与“大接访”12 次，为来访群众提供法律咨询 55 次，助力领导包案化解信访积案 26 件。辖区各级人民调解委员会共排查矛盾纠纷 1681 起，调处 1681 件，调处率 100%；成功调解矛盾纠纷 1677 起，调解成功率为 99.7%。年内还成功调处香沟冲林区纠纷。静兰村第四、第五村民小组（以下简称“静兰 4、5 队”）与柳州市苗圃林场长达三十多年

2017 年 8 月 8 日，城中区司法局为 111 位农民工讨薪圆满成功，图为该局律师与农民工代表合影
（区司法局　供）

的纠纷,由于历史原因,双方均对位于城中区香沟冲尾东南面、射击场东面和北面约1100亩争议山林土地进行过经营管理,且双方均未能提供有力的山林权属证、登记确权底册等有力证明。在市“三大纠纷”调处办及市林业局的指导下,城中区调处办牵头、多个部门联动,多次组织双方当事人进行现场勘察并召开调解会。最终,当事双方于4月达成调解协议:静兰4、5队村民将无条件协助市苗圃林场办理该纠纷地的林木权属证;静兰4、5队村民不再提出任何土地及地上附着物的权属和补偿要求;根据相关会议精神,为鼓励静兰村民配合支持政府相关工作,市苗圃林场同意给予静兰村4、5队一笔生产发展扶持资金。

【法制教育】 2017年,城中区司法局探索法律机器人普及应用,组织召开柳州市法律机器人“成成”入驻城中区社区培训会,在辖区各街道办、社区(村)普及应用“互联网+”法律咨询新方式,成为全市率先推广并全面铺开法律机器人应用的试点城区。用手机微信扫描二维码,关注“龙城普法”微信公众号,然后注册登录,即可与机器人“成成”聊天。该功能通过微信实现7*24时时在线、人机自由对话、七大法律领域问题免费解答、案情结果预测、证据采信率预估等功能,让居民足不出户即可实现随时随地获得专业法律咨询与解答,实现法律服务贴近群众的目标。年内,还成立城中区青少年普法讲师团,组织辖区法官、检察官、警官、行政执法人员、律师等共同开展巡讲活动,为辖区10余所中小学开展普法教育讲座25场;以政府买单的形式为辖区中小学订购《青少年法制课堂》55018册。坚持发挥学校第一课堂的作用,以宪法、未成年人保护法等法律为基础,禁毒、交通、消防安全等为主题,组织开展“精彩说法2分钟”演讲比赛、法律知识竞赛、法制报告会、模拟法庭、普法情景剧展演、法制漫画展、法制板报比赛、法治剪刻纸比赛等法制教育活动共计60余次。引导帮助辖区中小学配备法制宣传长廊、模拟法庭及毒品预防教育室、安全教育馆、法制宣传室等法制教育展室。开展“体验式”教育,协助静兰小学、市三十中、三门江中学完成青少年校园法治教育实践基地建设工作,年内辖区内设有法制宣传长廊的中小学校达到100%。公园路小学、市十六中、潭中路小学、马鹿山小学等学校模拟法庭及法制展室建设全部建设完成。11月27日—30日,联合区教育局、区关工委等部门组成督查小组,对辖区17所中小学开展“法治学校”先进单位创建工作进行检查评比,促进青少年法治教育“三位一体”工作。

【法律援助】 2017年,城中区司法局与六个律师事务所签约,组建律师专家库,实行指定律师每天轮流到法律援助中心值班制度,化解矛盾纠纷,维护群众合法权益。组建“城中法援律师值班微信群”,共受理法律援助案件68件,接听“148”法律服务热线电话370多个,接待来访咨询160余人次。年内还通过法律援助方式为河东村东岸盛世商业广场111名农民工成功讨薪。2016年4月,城中区法援中心接到河东村东岸盛世商业广场项目承建方——重庆帝安建筑劳务有限公司拖欠111名农民工共314.64万元工资的案件,此案由某律师事务所吴岚等律师负责具体援助工作。在为农民工讨薪的1年多时间里,律师们克服重重困难,最终在区政府和相关部门的共同努力下,在9月中共“十九大”召开前夕最终通过非诉方式解决案件,由工程发包方先行垫付拖欠的农民工工资314.64万元,交主办案件的律师事务所负责发放。年内,城中区司法局还多措并举为村(社区)“两委”换届选举保驾护航。通过拓展法治宣传渠道,充分利用网站、报刊、微博、微信等新闻媒体,宣传有关换届选举方面的法律知识;开辟换届专栏专题,以挂图、横幅、墙报等传统载体立体宣传;充分利用法治公园、长廊等法治文化阵地现场发放宣传资料、宣传册等贴近宣传;举办“两委”换届选举法治文艺演出等与群众互动的方式进行生动宣传。年内,开展针对性普法宣传讲座32次,换届选举法治文艺演出10场,发放宣传材料2000多份,解答干部和群众有关村级组织换届选举有关问题26个。

【社区矫正】 2017年,城中区司法局继续沿用探索出的“五平台”(社矫中心平台、刑罚体验平台、信息系统平台、专业教育平台、亲情改造平台)社矫工作模式,实现对社区服刑人员的全天候、立体式的监管。年内,累计接收社区服刑人员310名,解除矫正人员241名,

2017年3月13日，城中区社区矫正中心举行社区服刑人员解矫宣告仪式 （区司法局 供稿）

在矫人员69名，无脱管、漏管，无重新犯罪。6月，城中区社区矫正中心正式投入使用，建筑面积800平方米，位于柳州市雅儒路75号，是独立于区司法局与司法所的专门场所，拥有包括综合办公区、监管指挥区、教育矫正区、辅助功能区在内的四大功能区，与各司法所明确分工，各负其责。城中区与柳州监狱结对共建“社区服刑人员刑罚体验日”基地，每季度组织社区服刑人员在监狱体验一整天监狱罪犯的生活、作息、操练、劳动等内容。在广西区内率先采用“电子镣铐”监控系统，对社区服刑人员实行全天候24小时不间断定位管理；采取政府购买服务的形式委托柳州市志新公益志愿者协会对社区服刑人员开展集中教育、个别教育、心理矫正工作，年内组织开展集中教育1850人次，个别教育2540人次，心理辅导840人次，社区服务2350人次。

（侯邦振 罗 丹 陈薇屹）

编辑：苏贵忠

国防建设

人民武装

【人民武装部机构和工作概况】 中国人民解放军广西柳州市城中区人民武装部于1959年3月成立。1960年5月，改称城中人民公社武装部；1961年1月复称城中区人民武装部。1986年人民武装部改归地方建制。1996年4月1日，城中区人民武装部改归部队建制，称中国人民解放军广西柳州市城中区人民武装部（简称城中区人武部），为正团级编制，设军事科、政工科、后勤科，为本地区的军事领导指挥机关，是同级地方党委的军事部，兼同级人民政府的兵役机关，接受上级军事机关和同级地方党委政府双重领导。2017年1月，城中区人武部由海关南路48号搬迁到东环大道北端办公。2017年，在编现役干部8人，设基层人民武装部17个（其中街道办事处人武部6个，企事业单位人武部11个），基层人民武装专职武装干部39人。2017年，柳州市城中区人民武装部在军分区党委和区委、区政府的正确领导下，落实上级决策部署，围绕"迎接十九大、学习贯彻十九大"这个根本，依令推动改革举措落地，科学筹划工作，精心组织实施，全力狠抓落实，较好地完成全年各项任务，确保全面建设保持向上向好。

2017年7月16日，城中区举行"党员干部进军营国防教育活动"，区武装部组织党员干部参观某集团军军史馆　　（区双拥办　供稿）

【党管武装工作】 2017年，城中区人武部始终坚持党管武装工作"双重领导"制度，城中区委、区人民政府把武装工作纳入全区经济和社会发展总体规划，作为建设"品质城中、幸福生活"的重点、亮点工程抓实抓好，国防和后备力量建设不断加强。在第一书记主管、武委会主任主抓武装工作的同时，由区委副书记主抓双拥工作、常务副区长主抓武装工作具体落实。坚持管政治方向、管思想政治建设、管组织指挥和管解决重大问题，对武装工作常议常抓，"四套班子"领导真情关心武装、支持武装，为区武装工作开展提供强有力的保障。认真落实"双重领导制度、议军制度、例会制度、军事日制度、军队领导双向兼职制度、现场办公制度、工作报告和述职制度"等党管武装工作制度，带头高标准贯彻执行。组织城中区党政领导分2批共计116人开展"军事日"活动；8月，组织专武干部培训，组织专武干部讲评述职，增强专武干部业务能力，规范基层武装工作流程；11月，区委召开常委议军会，学习研究关于持续推进全民国防教育相关文件，研究市武委会、市国动委会暨人武部正规化建设现场会的责任分工及武装工作经费保障等问题。区委、区政府领导多次到区人武部调研走访，参加新任主官任职命令大会、党委民主生活会，组织新营院建设搬迁、兵员征集、“八一”慰问、迎接上级检查工作等；还多次带领各部门负责人到人武部，对人武部营院围墙抢险工程、附属设施调整建设等问题进行现场办公，能现场解决的现场解决，不能现场解决的，责成相关部门限期落实，切实做到在武装工作该花的钱不抠、该做的事不推、该定的事不拖。2017年，新营院调整建设等项目投入595万元，累计投入4800余万元。11月，区委召开常委议军会，决定追加225万元，以确保新营院配套设施建设任务圆满完成。

【思想政治建设】 2017年，城中区人武部坚持把“维护核心、看齐追随”作为首要政治任务，深入推进“两学一做”学习教育常态化制度化，始终保持正确的政治方向。党委班子建设进一步加强，年内，人武部党委班子调整面大，面对新营院搬迁后续建设任务重的困难，党委一班人不忘初心、牢记使命，聚精会神谋发展、瞄准先进创一流。班子成员坚决贯彻全面从严治党要求，在工程建设、住房清理、用钱管物、对外交往等问题上慎独慎微，始终保持政治上的清醒坚定。理论学习成果转化明显，围绕十九大精神“学懂、弄通、做实”要求，利用理论培训、制度规范、军事训练、应急抢险等时机，统一各级思想认识，创建献身国防、团结创业的浓厚氛围。组织干部职工开展“党员活动日”活动，参观成团革命旧址和原41集团军军史馆，重温入党誓词，走访慰问革命伤残军人和军烈属等。广泛深入基层调查研究，2017年在市级以上新闻（网络）媒体发表各类宣传报道稿件28篇（幅）。

【军事战备训练】 2017年，城中区人武部坚持党委议训制度，细化新形势下各类岗位人员能力素质标准，强化个人研训、参训意识和行动自觉，不断强化指挥技能和体能训练，坚持每周一个三公里、每月一次摸底考核，达到以考促训，以比促练、以练促备的目的，现役干部业务技能及基础体能得到提高。按照“任务牵扯引，训以致用”原则，突出抓好民兵应急分队训练，全年共组织5期225人次参加民兵训练，提高民兵军事训练质量和履职尽责的能力。按照“平时服务、急时应急、战时应战”的要求，持续抓好战备训练工作落实，结合驻地防汛和当前社会形势，组织力量对应急防卫、抗洪抢险、社会维稳等20个方案计划进行认真修改完善。3月，出动民兵3次180余人次在静兰水上运动中心进行柳州市抗洪搜救演练；6—8月，组织辖区民兵应急分队6次共计560人次参加柳江河清淤。

【兵员征集任务圆满完成】 2017年，城中区人武部按照“一季征兵、四季准备”的要求，立足早筹划、早部署。3月，下发《关于组织辖区适龄青年进行兵役登记的通知》，在辖区开展兵员潜力调查，圆满完成“适龄青年100%落实兵役登记”的工作目标，通过严把兵役登记质量关，摸清兵员底数，经调查、调整筛选后，确定预征对象217名。4月，及时对征兵工作领导小组进行调整，同时区征兵办公室正式集中办公，为后期征兵工作奠定基础。5月至8月，先后深入2所高校和6个街道办开展征兵宣传，7月31日，在河东管理大厦召开城中区征兵工作会议，区长李柳彬、区武装部长於鹤峰与街道办（院校）签订《征兵工作责任状》，把责任压力层层传达到基层。8月6日至7日，对承担体检任务的158医院23名体检医生和10名政治考核工作人员进行业务培训。

【国防动员和后备力量建设】 2017年，城中区人武部认真贯彻全国民兵工作会议精神，全面推进民兵工作调整改革。年初及时调整武委会、国动委会和各专业办公室领导成员；1月至3月，为做好民兵工作调整改革兵役潜力调查摸底工作，进一步规范民兵整组潜力调查的内容、方法和标准，重点围绕建设储备、支援、应急3支队伍建设的调研，摸清城中区底数。3月到6月，结合国防后备力量整组，重点抓好支援保障军兵种部队作战民兵专业技术分队建设；落实人员编制，配齐配强装备，加强与被保障部队联系搞好专业训练。配合做好广西军区组织的预备役炮兵团退伍军人和地方与军事专业对口人员编组，提高预备役部队退伍军人和专业对口率。深入贯彻全军非战争军事行动研讨活动精神，调整充实城市防空袭、重要目标防护、主要干线地区的支援保障力量，重视加强勤务保障、应急维稳和抢险救灾等专业力量建设，形成与遂行多样化军事任务相适应的民兵力量体系。为落实2016年柳州会议精神，投资20余万元，依托国有三门江林场，采取“对口共建”式组建三门江民兵应急排。不断加大对基层武装部的建设力度，提高基层武装部的正规化水平，2017年，6个街道办武装部已经完成基础武装部达标建设。采取有效举措，组织退伍军人、地方与军事专业对口技术人预备役登记、统计、核对，确保2014年退伍军人服预备役登记率达100%。

【双拥共建活动】 2017年，城中区人武部积极开展双拥工作，不断提高城中区的双拥工作水平，努力为城中区争创自治区“双拥模范区(县)”发挥积极作用。3月，开展“学雷锋活动月”活动，先后协调组织辖区部队及民兵800多人次，为群众义务修理电话、单车、理发、医疗咨询等，义务植树2000余株。坚决贯彻落实上级精准扶贫工作的指示精神，对鹿寨县寨沙镇教化村开展定点帮扶工作，筹措资金4万元，帮助教化屯17户人家硬化村内道路890米，硬化面积2200余平方米；对4户贫困户进行走访慰问，同时重点帮扶5名贫困学生。提高入伍优待金标准，累计发放义务兵优待金共163万多元(新兵入伍年优待金由2016年的1.4万元增加至1.7万元，增长21.4%)、大学生入伍奖励金10万元，向优抚对象困难家庭、抗战老兵、共建部队发放慰问金共56万元。将国防建设理论纳入每年科处级干部培训班课程，在政府网站设立;“国防教育”专栏，通过开展抗日战争胜利纪念日、征兵宣传周、国防教育宣传月、革命烈士公祭、中小学生防空袭等一系列国防教育活动，全面普及国防教育，不断推进国防教育进机关、进社区、进学校，不断增强城中区全民国防意识。8月，协调解决为部队239名子女入学、入托问题，切实消除官兵后顾之忧。 （黄　龙）

人民防空

【人防机构及工作概况】 城中区人民防空办公室(以下称“人防办”)于1979年9月设立，主要负责拟制城中辖区内人民防空建设和防空袭预案，组织实施人防工程建设，管理人防工事。1987年11月后，人民防空办公室延续。1995年2月与人民武装部合署办公。1996年12月，在区城市建设环境保护局挂牌。2011年1月30日柳州市人民政府下文组建城中区住房和城乡建设局，同时，挂城中区人民防空办公室的牌子。主要职责是负责城区人民防空指挥所工程的建设和管理，防空通信警报建设和管理，人民群众的人民防空知识教育，依法管理人民防空经费和人防国有资产，落实区政府依法负担的人民防空经费。2017年，有工作人员2人。

【工程设施建设】 2017年，城中区人防办按照“三级管理”(市、城区，警报器所在单位)的原则，加强对警报器的管理，建立健全管理的长效机制，建立警报器管理人员档案，经常走访设有警报器的单位，确保人员在职在位。全辖区共有33台警报器，在“9·18”前请市人防办的专业人员对警报器的管理人员进行专业培训，发现问题及时处理，保障防空袭警报器正常工作。

【宣传教育】 2017年，城中区人防办利用板报、墙报、横幅、宣传栏及入户宣传等多种形式进行人防宣传。分别为街道、初级中学和有关职能部门征订《中国人民防空》杂志20份，为初级中学征订《人防知识教育》课本，为居民发放防空防灾应急手册600多册。

【防空疏散演练】 2017年，柳州市人防办在“9·18”活动期间，组织四城区在鹿寨县举行模拟战时疏散演练，根据城中区人口数量模拟疏散到鹿寨县疏散点，城中区按照演习方案组织实施，达到预期目的。加强人口疏散地域建设，按照2017年疏散城市人口20%的比例建设疏散地域(点)的要求，完成2万多人疏散任务。 （李伟萍）

农林牧渔业

农林水利

【农林水利机构及工作概况】 2002年9月，城中区农林水利局成立，属政府工作部门，内设城中区农业服务中心和城中区水库移民工作管理局。2011年10月28日，成立城中区农林水利局党组。2012年12月21日加挂城中区农产品质量安全监督管理站牌子；2017年11月30日成立城中区“河长制”办公室。含有4个领导小组办公室，分别是森林防火指挥部办公室、防汛抗旱指挥部办公室、扶贫开发领导小组办公室、“河长制”领导小组办公室。2017年，城中区农林水利局共有工作人员20人(含内设机构)，其中在编17人，聘用3人。农林水利局主要职责：贯彻执行国家农业、林业、水利、库区移民方针政策和法规，以农村稳定、农业增产、农民增收为原则，拟订辖区农业、林业、水利、库区移民和农村经济发展战略，主管辖区的农业、林业、水利、库区移民和农村经济发展工作，进行农、林、水利综合开发、利用和治理，推动农业和农村经济结构战略性调整，审批和发放农机购置补贴。2017年，农林水利局各项职能工作平稳开展。农业生产情况较2016年略增，各项经济指标任务均超额完成。为民办实事项目全部完成，各项补贴资金均及时足额发放。各项目建设进展情况良好。

农　　业

【粮食和经济作物种植】 2017年，城中区种植业生产与2016年相比略增，主要以粮食、蔬菜、水果为主。粮食生产任务面积为3000亩、产量900吨，以玉米和水稻种植为主，实际完成种植面积(含复种面积)4050亩，其中玉米种植面积2100亩，水稻种植面积1650亩，完成全年目标任务的135%；粮食总产量1215吨完成全年目标任务的135%。蔬菜以叶菜类为主，种植面积11500亩，产量10170吨。木薯种植面积300亩，花生种植面积400亩。水果种植以红肉蜜柚、甜黄皮果、甜柿子、芭蕉等品种为主，种植面积4000亩，其中新种果树面积100亩，水果总产量约750吨，比2016年同期略增。

【农民技能培训】 2017年，城中区农林水利局开展农业科技下乡活动，为广大农户提供现场咨询服

2017年3月11日，在春耕期间，城中区农林水利局覃云飞局长(右一)向环江村村民发放农用物资　　　　(区农林水利局　供稿)

务。分别在环江村和柳东村举办蔬菜、水果和粮食种植及病虫害防治等各类实用技术培训班18期，培训农民2500余人次，发放各种技术资料3500份。

【现代示范园建设】 2017年，城中区水果“一村一品”特色种植发展势头良好。结合休闲观光农业的发展方向，在环江村龙村屯创建一个约300亩的乡级精品农业示范园。示范园依托现有的红肉蜜柚和沙田柚产业基础，重点种植沃柑、四季杧果、荔枝等水果新品种，水果呈现多元化种植模式，因地制宜发展观光、采摘、垂钓及农家乐等项目，延长农业产业链，增加农民收入。完成示范园前期设计工作，种植沙糖橘150亩，沃柑60亩，四季金芒30亩，荔枝、龙眼等水果60亩。年内，在果树种植管理关键时期，区农林水利局邀请福建、市农业局水果办及其他县区的水果专家深入实地指导，以合作社为切入口引导和帮助农户重点抓好果树种植技术管理，确保进入投产期的果树稳产增产。

【农村土地承包经营权确权登记颁证】 2017年，是柳州市农村土地承包经营权确权工作的攻坚年，城中区全力以赴推进农村土地承包经营权确权工作。举办宣传动员及确权工作业务培训班，培训人员635人次，展出宣传展板3版、悬挂横幅12条、张贴宣传标语180条、发放宣传册528册、发放《致村民的一封信》3000余份。

【扶贫工作】 2017年，城中区共投入帮扶资金380万元，其中定点帮扶180万元，其他帮扶200万元。定点帮扶融安县长安镇，分别向长安镇安宁村、太平村、竹子村派驻1名工作队员开展扶贫工作。共投入帮扶融安县扶贫资金180万元(其中：安宁村综合文化楼项目36万元、安宁村大袍屯民俗活动文化广场项目54.94万元、安宁村大袍屯路面修建及排水设施项目9.06万元、安宁村大袍屯民居外墙改造项目80万元)。通过与鹿寨县、柳城县扶贫办沟通，城中区支持鹿寨县扶贫项目资金100万元，用于建设鹿寨县黄冕镇石门村真权屯、定村屯、石门屯通屯道路硬化工程；支持柳城县扶贫项目资金100万元，用于建设柳城县大埔镇田垌村莲藕种植基地——县主干道道路硬化项目和社冲乡社冲村新社冲屯巨猿洞——乡主干道道路硬化工程。为落实项目建设进度，城中区农林水利局局长带队，分管扶贫副局长等一行人分别于2017年9月12日赴鹿寨县、柳城县，12月5日赴融安县就帮扶项目进行对接，工程项目按计划建设中。

2017年3月11日，城中区农林水利局在环江村举办“2017年城中区春耕生产培训会”
(区农林水利局　供稿)

林　业

【植树造林】 2017年，城中区农林水利局以植树节为契机，组织机关干部、村民到环江村等村屯开展植树造林活动，共种植木棉、洋紫荆等苗木1200株。在春季植树季节，农林水利局、区绿化所等部门组织辖区机关干部、市民、村民，在辖区街道旁、路边、村民房前屋后种植绿化树。全年共完成山上绿化造林120亩，四旁零星植树10万株，森林覆盖率稳定在42.09%。

【林地保护与行政审批】 2017年，城中区农林水利局严格执行林地审批制度，对工程需征占用林地的项目，严格按照森林资源管理办法的相关规定执行。年内共办理林木采伐许可行政审批14项，采伐商品林1069立方米，征占用林地2项，无违法审批或群众投诉案件。

【森林防火】 2017年，城中区认真落实森林防火责任制，做好防火宣传和巡逻工作，组织森林消防人员

环江村龙眼树硕果累累　（《品质城中》编辑部　供稿）

集中培训，在重大节假日及高火险期安排人员24小时值班，组织人员到各涉林街道办事处和村委检查防火机具运行情况及防火物资储备情况；与三门江林场签订联防协议，确保发生重大火灾时能及时有效扑救。年内共举办森林防火培训1次，培训人员100人次；悬挂森林防火宣传横幅30条、张贴宣传标语1000张，分发宣传单1万份；出动防火巡逻人员120人次；开展森林火灾应急演练1次。

【林业有害生物监测防治】 2017年，城中区继续加强林业有害生物的监测及防治，与柳州市新锐林木病虫害防治技术服务中心签订协议，委托其负责城中区2017年的林业有害生物监测调查及防治工作。全年开展林业有害生物监测调查135次，应施监测累计面积176.96万亩，其中林业病害监测次数27次，应施监测累计面积18.29万亩；虫害监测次数99次，应施监测累计面积81.27万亩；有害植物监测次数9次，应施监测累计面积38.7万亩。林业有害生物分布面积0.05万亩，其中：轻下面积458.52亩，发生面积42.09亩（全部为轻度面积），发生率0.98‰。成灾面积为零，成灾率为零。

【古树名木调查】 2017年，城中区农林水利局开展第二次古树名木调查工作，完成古树名木调查514株，完成录入审核古树514株。对514株古树名木按等级划分：一级古树3株，二级古树14株，三级古树318株，准古树170株，名木9株，古树名木2株，古树群1个。本次调查补充和完善了城中区古树名木普查资料，建立城中区古树名木信息管理系统，为全面加强城中区古树名木管理提供依据。

【集体林地林权证查缺补漏】 2017年，城中区农林水利局按照自治区、柳州市政府要求，启动城中区集体林地林权证查缺补漏纠错工作，编制印发《城中区开展集体林地林权证发放查缺补漏纠错工作实施方案》，成立城中区集体林地林权证发放查缺补漏纠错工作领导小组。城中区争取用5年左右的时间将本辖区林权证发放准确率提高到85%以上。同时，对照集体林权制度改革和农村土地承包经营权确权登记颁证工作的有关政策要求进行自查，对程序不规范、档案不齐全等遗漏问题进行补充完善，对界限不清晰、面积不准确的差错问题进行全面纠正，使发放的林权证达到程序规范、权属清楚、界限清晰、数据准确、档案齐全、图表册一致和人地证相符；对已发放的林权证，加强档案资料分类整理，并做好与不动产登记的衔接工作。

【惠农政策】 2017年，城中区落实惠农资金的发放和监管工作，全年森林生态效益补偿金已通过各相关街道办事处全部下拨到各村委。补偿生态林面积2.24亩，补偿金额33.04万元。组织街道办事处、村委相关人员学习相关法规、规定，预防资金使用出现问题。

水　利

【水利建设】

人饮安全工程　环江村人饮示范工程：为深入开展“美丽广西·宜居乡村”建设活动，区农林水利局组织实施人饮示范工程，把环江村人饮工程打造成“饮水净化”示范项目，工程总投资59.18万元，工程设计新建管理房192平方米，钢架棚52平方米，水池贴瓷砖240平方米，围墙贴瓷砖423平方米，硬化路面120平方米，种植绿化树10棵。工程经区政府同意立项建设，并通过区审计局的预算审计,2017 年 2 月 28 日开工建设,11 月 22 日通过竣工验收。

2017 年城中区政府共拨款 21.01 万元用于辖区内环江村、柳东村、牛车坪村的农村水利基础设施维修养护,有效保障农村居民饮用水安全,保障水利灌溉设施正常运行。

山塘除险加固工程 继续建设环江村三组山塘维修加固除险工程;工程总投资 100.01 万元。工程计划维修加固除险山塘土坝 1 座,开挖土方 1027 立方米,填土石方 1971 立方米,混凝土 337.5 立方米,浆砌石 109 立方米,干砌石 127 立方米,模板 250 平方米,新建管理用房 35 平方米。工程设计灌溉面积 350 亩,实际灌溉面积 150 亩,灌区以水稻为主,兼顾甘蔗、玉米和冬种作物,工程完工后可使环江村村民 950 人、280 亩耕地免受山塘垮坝的影响,工程于 2016 年 9 月 25 日开工建设,2017 年 11 月通过竣工验收。

村屯道路建设工程 环江村 7、8 组移民道路工程设计总概算 110.17 万元,工程新建硬化道路主道路 550 米,岔道 80 米,维修道路 200 米,项目建设完成后,受益农户 94 户,359 人,其中移民户 19 户 90 人,改善 80 多亩耕地的耕作条件,盘活道路延伸的林下耕地面积 150 亩,方便群众在林下发展养殖、种植业,推进农业产业结构调整,间接性的提高农民收入和生活水平,促进移民区的和谐稳定。工程于 2015 年 12 月开工建设,2017 年 3 月通过竣工验收,并投入使用。城中区农业示范园道路扩宽工程,设计总投资 111.38 万元。工程主要建设硬化标准为 C25 混凝土路面,扩宽后路基宽 4.85 米,路面宽 4.5 米,硬化道路长 1.94 千米。工程通过区长办公会并提交预算书给区财政局财审后,于 2017 年 12 月 25 日开工建设。

【水库移民】 2017 年城中区农林水利局通过“一卡通”形式将四个季度的移民后期扶持资金 25.92 万元及时足额发放到移民手中,完成拨付率 100%;按照自治区和市移民局文件要求,开展区大中型水库移民自然减员情况调查工作,认真调查、核实,完成移民自然减员工作。

【防汛工作】 2017 年,城中区全力以赴做好防汛工作。根据人事变动调整城中区防汛抗旱指挥部成员,调整各办事处防汛抗旱工作领导小组;将城中辖区划分为 6 个防汛抗旱责任区,修订和完善《城中区防汛应急预案》;根据机关各部门上报防汛物资需求数量采用现储和活储形式储备防汛物资;入汛后,城中区农林水利局组织相关部门、办事处加强对水利工程、山洪地质灾害点的检查力度,加强防汛抗旱工作督查。

2017 年主汛期(4 月—9 月)柳江河市区段分别出现五次涨水过程,城中区累计投入防洪清淤费用 521.7 万元。洪水淹没辖区滨江东路、滨江西路、新建环江景观大道自行车道亲水平台、沿江绿化带、沿街铺面、住户、地下车库等。洪峰过后,区政府领导和全体干部按照《城中区清淤工作预案》开展清淤并顺利完成清淤工作。洪水给辖区 6 个街道办造成不同程度影响,被淹道路超过 24 公里(含沿江景观大道自行车道)。沿江环江景观大道中段两处道路中断四次,中断时长 5 个小时,中断路段分别是油榨屯至牛车坪村水冲口,长 6 公里;柳东村大冲口屯,长 1 公里。河东村油榨屯塌方一处,柳东村鱼岩屯塌方一处,塌方未对村民生产生活造成影响,直接经济损失不大。辖区累计有 3 个大型地下车库、5 家单位小型车库被淹 4 次,被淹门面达 924 间,汽车 5 辆,电动车 50 多辆;紧急搬迁、转移人口 5650 多人。洪水期间,城中区出动交警 260 人次,警车 20 多辆,摆放各类交通提示牌、临时信号、管制标志等设备 300 多个,转移路面车辆 3400 多辆,转移地下车库车辆近千辆。五次涨水过程中,辖区均无村民房屋倒塌,无人员伤亡,直接经济损失较小。

水产畜牧业

【水产畜牧兽医机构及工作概况】 2017 年,城中区水产畜牧兽医局设行政编制 4 人,城中区动物卫生监督所编制 5 人,城中区动物疫病预防控制中心事业编制 3 人。全局共有工作人员 13 人,在职在编人员 11 人,聘用人员 2 人。下设城中区动物卫生监督所和城中区动物疫病预防控制中心 2 个工作机构。辖区有规模养猪场 3 家,规模养鸡场 3 家。生猪存栏 1.31 万头,家禽存栏 25 万羽,奶牛存栏 25 头。全年累计生猪出栏 1.34 万头,家禽出栏 98.9 万羽。完成肉类总产量 2809 吨,其中猪肉产量 1008 吨,家禽肉类产量 1793 吨,牛肉产量8吨；水产品327吨；牛奶总产量190吨。牧业增加值2705万元，完成全年任务的104.44%，与上年同比增加0.63%；渔业增加值150万元，完成全年任务的113.63%，与上年同比增加4.9%。全年未发生重大动物疫情及畜禽产品质量安全事故。

【畜牧业养殖项目】 2017年，城中区水产畜牧兽医局引导农民开展清洁环保的林下土鸡养殖。7月，引进瑶鸡二代鸡苗3000羽与凤翔二代鸡苗3000羽，分发给柳东村、环江村养殖户20户，同时，分别就林下养鸡饲养管理、疫病防治等养殖技术问题进行专门指导。同时，该局通过举办培训班、宣传板报、发放资料等方式，宣传特色养殖技术及动物疫病防控技术，助推养殖业转产增效。2017年共举办各类养殖技术培训班4期，培训村“两委”干部、村级动物防疫员、养殖场主、养殖能手共190人次，接受技术咨询380余次，印发宣传资料500多份。

【渔业渔政管理】 2017年2月3日，城中区水产畜牧兽医局在柳州市金沙角码头开展渔业资源增殖放流活动，共投放青鱼、草鱼、鲢鱼、鳙鱼在内的四大家鱼鱼种10万尾。城中区各单位职工、群众、志愿者等200余人参与。3月1日0时至6月30日24时，柳江（含融江）干流上起三江县老堡乡三江汇合口（都柳江、寻江和融江），下至柳江县白沙乡与来宾市象州县运江镇交界处，全长约400公里水域除沿岸休闲渔业、娱乐性垂钓外，禁止所有捕捞作业。为落实珠江禁渔工作，城中区水产畜牧兽医局在柳江河沿岸悬挂珠江禁渔宣传横幅，向江边渔民、垂钓爱好者、市民发放禁渔期宣传资料。设立禁渔举报电话，接受广大渔民、群众和舆论的监督。禁渔期结束后及时审核发放辖区43条渔船2017年度珠江禁渔期渔民生活补助8.6万元。

【莲花山片区养殖场环境集中治理】 自2017年8月1日起，《柳州市莲花山条例》正式施行，城中区水产畜牧兽医局结合区情，开展保护莲花山片区环境的法律法规政策宣传。配合区环境保护局做好新建养殖场的劝导和停止养殖场的监管等工作，对继续违法养殖的养殖户进行教育劝导，依法进行处理。

2017年11月8日，城中区水产畜牧兽医局组织辖区各村水产养殖户参观北海市宏昭龟蛇养殖基地 （区水产畜牧兽医局 供稿）

【应急管理】 2017年，城中区水产畜牧兽医局建立健全冷链设备和工作管理制度，落实防疫保障物资。按规定建立疫苗台账档案，由专人负责，做到入库、发放有记录，出入账目清楚。年内累计为辖区养殖户免费发放猪口蹄疫疫苗、牛Ⅰ型、A型口蹄疫疫苗、猪瘟疫苗、猪蓝耳病疫苗、禽流感疫苗和鸡新城疫疫苗等共计21.23万毫升。常年储备足够的应急物资如消毒药、应急灯、安全防护服、动物尸袋、手动喷雾器、轻便发动机、冷藏箱、冷柜、冰箱等物资，以备发生疫情时能及时启动应急预案。10月，城中区水产畜牧兽医局在柳东村牛牯坪举办突发重大动物疫情防控应急演练。演练以城中区某养禽场发生高致病性禽流感Ⅳ疫情，需要采取应急响应措施为设计背景，重点演练染疫动物扑杀完成后开展疫点环境消毒工作。区水产畜牧兽医局工作人员及辖区内禽类规模养殖户、村级动物防疫员等50人参加了此次演练。

动物卫生

【重大动物疫病集中免疫工作】 2017年，城中区未发生重大动物疫情，累计完成猪口蹄疫免疫2.43

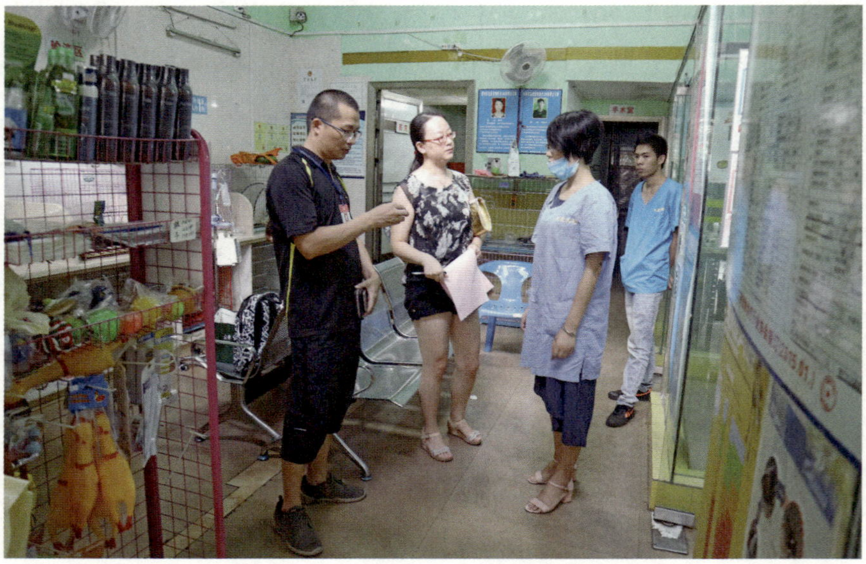

2017 年 8 月 7 日，城中区动物卫生监督所工作人员到辖区动物诊所检查工作（区水产畜牧兽医局 供稿）

万头，牛口蹄疫免疫 25 头，猪高致病性蓝耳病免疫 1.07 万头，猪瘟免疫 2.2 万头，家禽禽流感免疫 13.67 万羽。免疫密度达到 100%，免疫样品合格率均达到 95% 以上。对辖区奶牛实施布鲁氏菌病、结核菌病（简称：奶牛“两病”）监测工作，对辖区奶牛养殖场的奶牛进行结核菌素皮下接种试验，并抽取血清送上级业务部门进行化学监测。其中，结核菌病检测奶牛 23 头；布鲁氏菌病检测奶牛 21 头。经过布鲁氏菌病血清分离检测、结核菌素皮内变态反应检测，检查结果均为阴性。同时，城中区狂犬病免疫工作采取向社会购买服务的方式，由城中区水产畜牧兽医局与城中区旺旺宠物诊疗中心签订服务协议，委托其为城中辖区内的宠物犬猫全年免费接种狂犬病疫苗，同时为了方便农村家养犬猫免疫，该局以流动免疫注射点的形式，组织执业兽医师到辖区牛车坪村、环江村、柳东村、河东村进行免疫上门服务，拉近注射点与农村的距离。年内共免疫犬只 821 只，其中城市犬只 598 只，农村犬只 223 只。

【家禽 H7N9 流感防控工作】 2017 年，广西壮族自治区个别地区发生人感染 H7N9 流感病例、活禽市场外环境检出 H7N9 流感病毒等情况，自治区水产畜牧兽医局要求全力抓好 H7N9 流感防控工作。城中区动物疫病预防控制中心组织开展辖区家禽的 H7N9 流感排查灭源、采样送检和紧急检测工作，3 月 7 日至 3 月 10 日，实地排查辖区禽类养殖场 12 家，排查家禽总数 5.46 万羽。共采集并送检家禽血清 130 份，家禽泄殖腔、喉头棉拭子 120 份，环境棉拭子 10 份。城中区水产畜牧兽医局开展宣传教育活动，提高家禽从业人员和群众的自我防护意识，并按照市场活禽交易区“1110”休市消毒制度（即一日一清洗、一周一消毒、一月一休市、过夜零存栏）的要求，免费提供消毒药品并指导辖区 5 家活禽交易市场开展消毒灭源工作。年内，辖区未发生 H7N9 流感疫情。7 月，农业部决定在广东省、广西壮族自治区先行开展 H7N9 免疫试点工作，使用针对 H7N9 变异株的重组禽流感病毒二价灭活疫苗（H5N1 Re-8 株 +H7N9-Re-1 株）免疫禽只。区动物疫病预防控制中心自 8 月领回 H5-H7 二价苗，年内免疫 0.625 万毫升。

【动物产品质量安全监管】 2017 年，城中区水产畜牧兽医局与辖区内的动物规模养殖场签订《动物防疫安全责任告知书》，明确养殖户主体责任，严禁养殖过程购进和使用违法养殖投入品，严格执行出栏动物休药期相关制度。开展对各养殖场（户）生产档案、免疫档案、饲料兽药进货、用药记录和销售记录，产品出栏是否符合兽药休药期的要求进行监督检查。检查未发现存放和使用违禁药品、饲料、饲料添加剂和不合格投入品现象。该局强化产地检疫，8 月 2 日，城中区动物检疫申报点规范化建设通过市动物卫生监督机构检查验收，申报点全面实施动物产地检疫电子出证工作，年内共产地检疫猪 7263 头；产地检疫禽类 26.52 万羽；产地检疫犬猫 15 只。检疫全部合格，按程序开具检疫证明。年内未发生产地检疫问题被倒查追责事件。城中区动物卫生监督所严格落实水产畜牧产品质量安全检测工作，共进行猪尿快速检测 357 份，水产品（鱼肉）快速检测 10 份；采集饲料样品 12 份、牛奶样品 6 份送柳州

2017年8月2日，城中区动物检疫申报点通过柳州市动物卫生监督机构检查验收 （区水产畜牧兽医局 供稿）

市动物疫病预防控制中心进行检测，检测结果全部合格。

【病死畜禽无害化处理】 2017年，城中区建立健全病死畜禽无害化处理机制，严格落实对病死畜禽不准宰杀、不准食用、不准出售、不准转运，必须进行无害化处理的“四不准一处理”的要求。全面开展对畜禽规模养殖场的排查，督促建立无害化处理设施，并按要求建立无害化处理档案。全年累计无害化处理规模场病死猪1头，政府热线通知处理乱丢弃死猪3头，死犬7只，死猫2只，死鸡36羽。

【动物诊疗机构监管】 城中区动物卫生监督所督促辖区5家动物诊疗机构做好诊疗活动中的卫生安全防护、消毒、隔离，依法对诊疗废弃物、病死宠物进行无害化处理。检查动物诊疗机构用药、处方签填写规范。 （朱 辉 张俊杰）

编辑：刘世平

工业与信息化

工　　业

【工业与信息化机构及工作概况】 城中区工业和信息化局于2010年7月成立。2017年有工作人员6人，其中行政编4人，事业编1人，聘用人员1人，办公地点在柳州市沿江路河东管理大厦9楼。2017年，全区规模以上工业总产值实现108.4亿，增长12.4%；区属规模以上工业总产值实现7.83亿元，同比下降17.76%，完成工业投资32.61亿元，同比增长8.43%；投入资金330万元，完成电子政务外网建设第一期工程。在全市工业投资工作目标任务考评中，荣获2017年工业投资先进单位；在全区政府门户网站绩效考核评分中位列全区第四名。

【工业投资】 2017年，受市场影响，城中区预拌混凝土行业的两家企业均加大固定资产投资，添置新的生产线，产能和产值比2016年有较大提高。机械加工企业加大技术改造力度，努力提升产品的技术水平，产值稳步增长。2017年城中区完成更新改造投资32.61亿元，同比增长8.43%，完成全年任务目标的112.48%。

【企业节能降耗】 2017年，城中区规模以上工业企业5家，综合能源累计消耗量1911吨标准煤，同比增加–0.74%，其中轻工业企业3家，占规模以上工业能耗比重89.55%。城中区规模以上工业企业所属3个行业，其中化学原料及化学制品制造业消费量为142吨标准煤，同比上升1.30%；汽车制造业综合能源消费量为199吨标准煤，同比下降49.83%，化学原料及化学制品制造企业2017年经济效益有所回升，累计产值较之前有所增加，同比增长3.23%。柳州市鼎福通用机械厂由于受合作企业的影响，能耗同比增长65.37%。非金属矿物制品业2家企业，产量上升，能耗增加13.12%。

【质量品牌建设】 2017年，城中区按照《质量发展纲要》要求及《关于印发2014年实施质量强市战略工作要点的通知》（柳质强办发〔2014〕1号）等文件精神，坚持需求导向，健全质量标准，以标准抓品牌，以品牌提质量，增强企业竞争力，品牌建设总分评比四城区第一。在推进品牌建设中，共获广西名牌产品认定1个：即柳州两面针

2017年，“GSMN广西糖网”位于城中区电子商务产业园区

（区委宣传部　供稿）

股份有限公司的牙膏。广西优质工程奖认定8个：即荣和天誉1#、2#、3#楼及地下室、万达广场5、6、7栋及地下室、柳州市马鹿山路（东环大道—学院路段）、华展·华园26#楼、27#楼、30#楼、34#楼、柳州投资大厦B座。广西工程建设优秀QC小组活动成果奖认定2个：即柳州市东环路与文昌路交叉口改造工程项目部QC小组的提高旋挖灌注桩桩位偏差合格率成果、柳州市金城大厦项目部QC小组的提高现浇超高混凝土圆柱成型质量成果。

【工业行业】 2017年，城中区主要工业行业包括三大类，分别为建材、机械配件和日化行业。建材类工业企业，有柳州展南预拌混凝土有限公司和柳州万诚预拌混凝土有限公司；机械配件类企业，有柳州市鼎福通用机械有限公司，由于城市总体规划的需要，星裕机械配件有限公司于2017年6月停产；日化类工业企业有柳州市中兴日用化工厂。

区属和驻区工业企业选介

【区属企业选介】 柳州万诚预拌混凝土有限公司，2003年4月16日在柳州工商局登记注册，公司注册资本1000万元，总投资3000万元，拥有3条生产线。主要经营预拌混凝土、水泥预制构件生产、销售，预拌混凝土年产量可达60万立方米。2017年，公司在职员工140人，主营业务收入达到2.14亿元，总产值达到2.14亿元，同比增长22.84%。

【驻区工业企业选介】

柳州两面针股份有限公司 源于民国30年（1941年）成立的亚洲枧厂等5家小型私营肥皂厂。1956年经公私合营组成“柳州市肥皂厂”，1963年肥皂厂更名为“柳州市日用化工厂”。1980年新厂建成，1994年改制为股份公司；2004年成为行业内首家挂牌上市的企业。现有员工近5000人。公司拥有大日化产业、纸业产业，精细化工产业、医药产业、房地产产业5个产业板块，主要产品有：口腔护理用品、洗涤护肤用品、生活纸品、卫生纸制品、药品、制浆造纸产品、酒店用品和精细化工产品。公司主导产品“两面针中药牙膏”为中国名牌产品，是行业内最早拥有临床数据的中药牙膏，最早拥有临床数据证实有效减少牙龈出血的牙膏，连续20多年在国内同类产品中产销量第一，被认定为“国家质量标准示范产品”和“全国用户满意产品”，并评为“中国最受公众喜爱的十大民族品牌”。“两面针”商标为中国驰名商标，公司拥有自治区级企业技术中心、博士后科研工作站以及两面针GAP种植生产基地，是中国口腔清洁护理用品工业协会副理事长单位，是国家高新技术企业，两次荣获“全国五一劳动奖状”，行业内首家通过ISO 9001国际质量体系认证和首家获准设立博士后科研工作站的企业。

广西中烟工业有限责任公司柳州卷烟分厂 民国35年（1946年）创建的私营新华烟厂和1950年创建的公营新新烟厂，广西中烟工业有限责任公司是直属中国烟草总公司的国有大型企业和重点卷烟工业企业，也是全国少数民族地区唯一的省级中烟工业公司。2017年柳州烟厂全年生产卷烟72.13万箱，实现工业总产值88.44亿元，同比增加4.28%，实现税利73.49亿元，同比增加3.10%。（张缤元）

信息化建设

【信息化管理机构概况】 2017年，成立城中区信息化工作领导小组、城中区电子政务外网建设领导小组、城中区“智慧城市”建设领导小组，办公室均设在城中区工信局，主要负责区政府门户网站日常的管理维护，电子政务外网及“智慧城中”项目建设。主要工作人员共4名，其中主管领导1名，分管领导1名，主要技术人员2名。

【推进信息化建设】 2017年，城中区加快城中区“智慧城中”一期项目建设、乡村移动手机无线网络建设。已完工信息化项目包括城中区电子政务外网BOT一期项目，城中区政府门户网站升级改版、公文OA系统、区教育局教研网、区教育局公文传输系统、食药监局门户网站、食药监局电子地图系统、城中区网上社区信息化平台、柳侯社区服务大厅等。“智慧城中”一期项目投入1516万元，包括指挥运营中心建设、应用系统建设、应用支撑平台建设、视频监控系统建设、机房配套工程建设；截至2017年年底，该项目已完成招标，进入全面实施阶段；通过“智慧城中”

一期项目的建设,将建成先进的信息通信和感知基础设施,实现城区感知能力、网络传输及信息处理能力全面提升,提高政府建设管理和服务的智慧化水平,为领导指挥决策提供辅助支撑,促进“智慧城中”格局的初步形成,保障智慧城市管理工作的长效运行。截至2017年年底,城中区电子政务外网BOT一期项目通过专家组最终竣工验收;城中区电子政务外网一期项目覆盖城中区政府办公楼、62个委办局及6个街道办,建设了自治区、柳州市电子政务外网出口,并统一互联网出口。2017年年中,完成“智慧城中”(一期)项目可行性研究报告和初步设计方案。

【信息系统的管理与维护】

城中区门户网站及其手机网站 城中区政府门户网站由区人民政府主办,区工业和信息化局承办并负责运营维护工作,技术支持由广西盈和动力提供。2017年,网站共发布约5万条信息,采用率为90%,信息采集来源于城中区55个部门,信息员89人;新闻发布采用三级审核流程与CA数字证书进行管理;网站内容汇集城中区政治、经济、社会、文化、教育、生活、旅游、美食等各个方面,是区党委、政府面向公众实施政务公开的窗口、服务社会的平台。同时年内对网站进行改版升级,以集约化、智能化、生态化的模式进行升级,有效利用部门信息资源为目标。为加强区门户网站信息安全,已经将改版好的门户网站整体迁移至柳州市电子政务云平台,提升了城中区政府的美誉度。

城中区办公OA系统 通达OA系统采用基于WEB的企业计算,主HTTP服务器采用世界上最先进的Apache服务器,系统提供在线日常办公业务,通知公告、邮件系统和公文工作流功能,并开发有网站、苹果手机和安卓手机三个版本,由政府办及机关后勤服务中心信息员专人负责运维;2014年更新改版后,至2017年年底共有51个部门正常使用系统。

城中区教育局网站 该网站于2013年由学校独立设立,并于2015年升级改版;2017年网站管理主要领导1人,专项工作人员1人;教育局二层机构学校网站共6个:即公园路小学、景行小学、弯塘路小学、文化中心、十二中学网站;每个学校网站管理专设技术人员1人。网站栏目:教育概况、新闻中心、党建工作、政务公开、办事指南、城中教研、公共参与、专题报道和网上办公9个栏目,主要是城中区教育资讯的发布。

城中区食品药品监督网站 2014年建设食药监局网站,独立域名网站。主要由城中区食药监局信息管理中心负责日常的管理和维护,共2名工作人员:分管领导1人,专业技术人员1人,技术安全维护由广西盈和动力公司负责。目前网站设置栏目:食品药品监督局概况、新闻中心、政务公开、网上办事、公众参与、专题展示和政策法规等7个栏目,主要发布城中区食品药品监督的政务信息。

柳州城中政府官方微博 2016年11月30日由区工信局开设柳州市城中区官方微博,维护和发布主要由工信局一名科员进行日常的运行维护。主要内容为回应社会关切,引导舆论。该微博号列入城中区门户网站绩效考核。

(张缤元)

编辑:刘世平

信 息 业

电 信

【中国电信股份有限公司柳州分公司概况】 中国电信股份有限公司柳州分公司在柳州市城中区共有3个城市支局，分别为城中支局、北站支局和河东支局。主要经营范围：在本市行政区域内经营CDMA移动通信业务，固定网电话业务、互联网数据业务等。

【营业网点】 2017年，分公司在柳州市城中区设有营业网点82个，各营业网点主要负责电信业务的咨询服务、投诉接待、综合受理等工作。

【业务发展】 2017年，分公司突出云网融合优势，打造新兴ICT生态圈，全面推进“平安柳州”建设，逐步构建立体化社会治安防控体系，年内完成天网七期项目、卡口联网平台项目和市区内300个点及柳城、融水、柳江人脸识别试点建设。中标柳州市公共安全视频监控建设联网应用项目(一期)。聚焦行业智能应用需求，拓展重点领域新业务，成为柳州市首家与医院开展全面信息化合作的运营商，签约柳铁中心医院等12家医联体单位，为柳州市各级医疗单位提供院间远程会诊、远程分诊、远程影像和远程心电等信息化建设服务。签约智慧校园25所，深化顶层设计，推进规模发展。签约上通五工业云，树立全区标杆，引领柳州工业企业云发展使用步伐。积极开拓物联网产业链上游市场，签约14家客户，渗透全国车联网、动漫、交通等物联领域。校园市场创新销售模式，强运营，促发展，与鹿山学院签署新五年期智慧校园战略合作协议。

2017年11月24日，中国电信柳州分公司与广西科技大学第一附属医院举行签订“互联网+医疗”战略合作签约仪式。中国电信柳州分公司党委书记、总经理唐广炬(前排左一)和广西科技大学第一附属医院院长、党委副书记谢苇(前排右一)代表双方签订协议 (中国电信柳州分公司 供稿)

【网络建设】 2017年，分公司围绕“4G大提速”和“光宽大提速”两个核心，大力推进光网建设和4G网络深度覆盖，稳步推进互联网化转型，有效支撑市场规模发展。全网4G覆盖率79.08%，其中1.8G覆盖率95.62%，800M覆盖率79.08%，以全光网为目标，加快光纤入户进度，加强农村区域FTTH覆盖，资源向农村区域倾斜，行政村通FTTH率达96.34%，自然村、屯FTTH覆盖率达74.53%。全网推广智能组网服务，建立智能组网实验基地，打造智慧家庭生态圈。全面推进“以店包片、营维一体”改革，装维嵌入55个包片区，提升现场维护效率。持续做好网络优化，提升宽带服务质量，有效支撑宽带大提速及IPTV规模发展,完成十四扩IP城域网扩容项目,宽带互联网出口达800G。稳步推进线路维护工作,有效支撑网络运营,完成重要节假日及十九大干线光缆安全运行重要通信保障工作。

【**电信服务**】 2017年,分公司立足感知、夯实基础、细化支撑、推进转型,重复投诉率按优排名全区第二;宽带装移机履约率按优排名全区第一。持续推进服务能力提升,营造服务品牌优势,营业厅暗访测评满意度排名全区第二,服务工单集约率达100%。为提升百兆宽带客户的服务感知,分公司围绕客户关注的需求点,从售前受理优先、售中介绍优先和售后装维优先三个环节着手,打造百兆宽带"三优"服务。深入推进现场综合维护划小,提升运维工作价值,以"当天装、当天修"服务提升为抓手,全面优化完善装维服务支撑体系,装维服务指标均完成区公司考核指标且排名前列。

【**筹建云计算数据中心**】 为加大柳州信息基础设施建设,助力政府发展现代互联网产业体系,促进"互联网+"行动落地生根,中国电信柳州分公司经过努力,与柳东新区管理委员会多次洽谈协商,在柳州市柳东新区启动建设柳州电信云计算数据中心项目。

为保证项目落实,2017年2月14日,在柳州市土地交易储备中心举办的国有建设用地使用权挂牌出让活动中,中国电信柳州分公司竞得柳东新区商务中心区Z-51-01地块,该地块土地面积为33124.54平方米(49.69亩)。柳州电信云计算数据中心将投资约9.6亿,建设总面积约10万平方米,建成后可为整个桂北地区提供专业的综合智能信息服务,打造智能连接、智能平台、智能应用,以及三者深度融合形成的业务生态,将推动柳东新区,乃至周边地区的信息化建设更上一层台阶。

中国移动柳州分公司

【**中国移动通信集团广西有限公司柳州分公司**】 2017年,中国移动通信集团广西有限公司柳州分公司(简称中国移动通信柳州分公司)内设15个部门,业务经营范围:主要为基础电信业务、增值电信业务,从事通信、IP电话和互联网等网络的设计、投资和建设;通信、IP电话和互联网设施的安装、工程施工和维修;经营与通信、IP电话和互联网业务相关的系统集成、漫游结算清算、技术开发、技术服务、设备销售以及其他电信及信息服务等。其中,在城中辖区设有中环营业厅(柳州市公园路47号9-13号铺面)、五一营业厅(柳州市五一路1号振亿大厦一楼1-3#、1-5#门面)、星河营业厅(柳州市公园路72号星河大厦1-55、62、63号门面)。

市场运营 2017年,运营收入18.17亿元,客户数约278万户,2017年存量4G客户的保有作为工作主线,通过配套的营销政策以及支撑手段来有效保有存量的4G客户流量释放。本地官微累计订阅粉丝82万,订阅粉丝量全区排名第一名。头条平均阅读量4万次,平台影响力全市企业类排名前三。

2017年主抓有线业务、和校园、物联网等重点信息化产品的规模发展,积极拓展重大项目深耕行业发展,取得有效进展:成功中标市级公共安全视频监控建设联网应用、警务通、远程诊疗、人社局五级网络等重大项目。

向上汽通用五菱、柳钢、柳银、公安局、政府办等72家重要集团单位递送年度服务报告,涵盖了基础网络服务、信息化合作项目、日

2017年5月23日,在中国电信柳州分公司与广西科技大学鹿山学院"智慧校园"战略合作签约仪式上,中国电信柳州分公司党委书记、总经理唐广炬(左一)向该院领导及师生介绍光纤宽带技术 (中国电信柳州分公司 供稿)

常服务、服务优化举措、合作规划和展望等多项内容。通过建立远程诊疗平台，打通卫生院与市级诊断平台连接通道，让县里乡镇居民在家门口享受三甲医院服务。

与柳州市人社局合作村级就业社保网络项目涉及市区65个村屯，解决了村民获取就业和社保信息必须现场到达政务大厅的难题，加快村屯青壮劳动力的就业步伐，对辖区内社保参保人员提供极大便利。

网络运营网络及LTE网络100%覆盖市区、县城、乡镇和98%以上的行政村；2017年全年网络运维工作坚持以质量为核心，以客户感知为导向，以网络安全为保障，多方面推动维护和优化工作落地，并立足实际业务需求，深化四网协同发展，动态释放资源，开展2/3G拆闲补盲，2017年开展120个3G宏站的拆闲补盲，解决部分区域的语音通话问题，同时加大4G网络优化及提升分流效果。注重强化网络与市场业务联动，全年共完成34项重大活动赛事的网络保障，不断增强网络支撑能力。

2017年10月23日，环广西公路自行车世界巡回赛(“环广西”)柳州—桂林赛段在柳州举行，柳州分公司尽力做好网络保障，在赛前共完成17个站点补点，111个小区扩容，同时对各赛段起点、终点、赛段线路、2个重要酒店等重点会场开展网络测试，累计完成6轮拉网测试，整治优化64个路测问题点，处理162个故障告警站点，派出3架通信应急车。比赛期间，赛段沿线的数据业务总流量较日常增长89.16%；VoLTE语音话务量增长21.3%；GSM话务增长16.04%，整体网络运行平稳，客户感知良好。

中国移动通信柳州分公司保障环广西公路自行车世界循环赛通信技术支持

（中国移动柳州分公司　供稿）

2017年柳州分公司继续加强防范打击通信信息诈骗的各项工作。加强实名登记手段的建设，确保登记过程认证合一。加强不良信息治理，特别是骚扰诈骗电话的处置工作，全年共处理工信部骚扰诈骗电话举报233件、“呼死你”电话举报97件、语音群呼违规号码12个。2017年继续配合公安机关联动打击伪基站违法行为，共查获伪基站案件3起，抓获不法分子2人，全年伪基站诈骗短信投诉大幅减少。柳州分公司还积极配合柳州市公安局反诈中心打击通信信息诈骗的相关工作，自该中心2017年1月11日成立以来，柳州移动全年共配合协查涉嫌通信信息诈骗工单180单，处置移动号码590个，工作成绩得到市公安局的充分肯定。

2017年市区重点关注住宅小区、高楼、高校、城市重大建设项目等场景，2017年形成本地网络攻坚建设需求共708个，灵活运用宏站、微站、室分、皮基站等多类站型解决覆盖问题，促进4G网络深度覆盖有效提升。　（李鹤月）

【中国联合网络通信有限公司柳州市分公司】 简称中国联通柳州市分公司内设机构有综合部、党委办公室、纪委办公室、财务部、人力资源部、稽核中心、市场营销部、固网销售部、集团客户事业部、战略客户部、电子商务与新业务运营中心、客户服务部、系统集成/云数据部、运行维护部、网络建设部、网络优化中心16个部门。下辖基层承包单元35个和基层支撑单元10个，其中基层承包单元为柳北区移固分公司、柳南区移固分公司、鱼峰区移固分公司、柳江县移固分公司、柳城县移固分公司、鹿寨县移固分公司、融安县移固分公司、融水县移固分公司、三江县移固分公司；院校分公司；柳东区乡镇分公司、城郊乡镇分公司、柳江县乡镇分公司、柳城县乡镇分公司、鹿寨县乡镇分公司、融安县乡镇分公司、融水县乡镇分公司、三江县乡镇分公司；柳北区集客分公司、柳南区集客分公司、鱼峰区集客分公司、柳东区集客分公司、柳江县集客分公司、柳城县集客分公司、鹿寨县集客分公司、融安县集客分公司、融水县集客分公司、三江县集客分公司;战略客户部第一营服中心(政府)、战略客户部第二营服中心(军警法)、战略客户部第三营服中心(金融)、战略客户部第四营服中心(车联网)、战略客户部第五营服中心(园区)、战略客户部第六营服中心(大企业)、战略客户部第七营服中心(农业教育);基层支撑单位为柳北区综合支撑中心、柳南区综合支撑中心、鱼峰区综合支撑中心、柳东区综合支撑中心、柳江县综合支撑中心、柳城县综合支撑中心、鹿寨县综合支撑中心、融安县综合支撑中心、融水县综合支撑中心、三江县综合支撑中心。全公司职工600余人。公司办公地址位于柳州市城中区潭中东路5号。

2017年,中国联通柳州市分公司秉承“一切为了客户,一切为了一线,一切为了市场”的经营理念,坚持“客户为本、团队共进、开放创新、追求卓越”的核心价值观,营造良好的企业氛围,企业综合实力得到明显提升,公司资产收入、市场用户规模明显扩大。全年营业收入约4.15亿元,资产总值约8.75亿元,移动用户出账用户达62.58万户,柳州移动业务市场占有率16.44%,全区排名第7位,年累计收入份额12.2%,全区排名第5,较2017年年初份额增长0.3%。

2017年中国联通实施混改,引入百度、阿里、腾讯、京东等四家互联网巨头以及多家垂直行业企业和两家基金,通过产业各方协同发展,实现合作“共赢”。在集团总部实施混改转型的大背景下,中国联通柳州市分公司一是积极推动政企机构改革,提升“铁三角”作战能力,前后台协同拓展一体化,提升平台聚合引领能力。聚焦七大重点行业(政要、政法、金融、车联网、工业园区、大企业、农业与教育),实现集团业务专业化营销模式。

二是专注于互联网营销转型,精耕细作互联网项目,提升线上线下整体效能,2017年柳州电子渠道移动宽带出账用户129.7户,带来收入5928.4万元。其中公司与腾讯、阿里巴巴、百度等互联网公司合作的21项目带来收入3356.3万元,占移动业务新发展带来收入的比例为36.9%,在互联网改革浪潮中迈出坚实有力的一步。2017年针对21项目的营业厅自提、上门配送、线下地推等模块开展精细化运营。为公司提炼了优秀工作经验,用于帮助暂时落后的营业厅剖析症结,共同进步;同时开创“弱关系火炬传播法”,促使最大面积的接触服务用户;并组织渠道经理、专职配送员、代理商、小组团队等树立为榜样标兵,号召公司员工与合作伙伴发挥踏石留印、抓铁有痕的精神,扎实开展互联网项目的线下推广工作。中国联通柳州市分公司在大数据、物联网、移动互联网、云计算、智慧城市五大重点领域开发近百种4G的无线行业应用产品及方案,涉及政、军警法、金融、交通、物流、教育、工业制造等领域;在固网综合通信、移动通信、云计算平台和各类应用系统积累丰富的大型项目组织实施和运维服务能力,拥有一批高素质的项目实施和运维服务团队。

三是聚焦4G+业务发展,发挥4G+大流量、速度快的优势吸引用户;同时加强一线人员4G+业务培训,充分利用开业、炒店、新品到货、周年庆等促销手段,全力推介4G+业务优势,全渠道利用终端合约、单卡合约松耦合优惠,全面启动2/3G转4G迁移,使4G业务呈现强劲的发展势头。

四是秉承工匠精神,打造匠心网络。新增移动网LTE4G基站248个,进一步完善了市区、县城LTE精品网覆盖;开通90个4G桂海高铁动车站点,已全程覆盖桂海高铁线路;开通61个LTE室分站点,增加市区、城区室内楼宇覆盖率;全年建设宽带小区61个共建设端口7120个,光纤化改造小区92个新增端口11918个,扩张覆盖方面根据市场导向,注重效益,确保投资聚焦于高价值区域。

五是坚持“以客户为中心”的服务理念,不断提升服务感知度。深化问题解决,推动外部客户感知和内部运营效率的双提升,全年推动问题解决率达70%,客户满意率由年初77%提升至88.3%。改进营业服务短板,完善内部监督、通过营业NPS评价对营业厅进行常规服务监督管控,营业厅服务NPS由年初82.8提升至97.1。推进装移维队伍服务,对装维团队服务质量及专业技能进行评价,组织开展“宽带用户感知提升专项工作”,建立客户体验导向的服务改善计划,提升宽带服务感知。

六是开展形式多样的团队比拼和竞赛活动,营造绩效文化和榜样文化,形成良好的竞争氛围,提升员工团队协作能力和企业凝聚力。优化员工考核机制和扩宽员工晋升渠道,坚持“向贡献倾斜、向骨干倾斜、向一线倾斜”,多层次选拔和激励优秀人才,营造“比、学、赶、帮、超”的公司内部良性竞争氛围。

(中国联通柳州市分公司)

编辑:刘世平

商贸服务业

商　　务

【城中区商务局机构及工作概况】 2011年7月27日，根据《中共柳州市委办公室　柳州市人民政府办公室关于印发〈柳州市城中区人民政府机构改革方案〉的通知》的通知（城中办〔2010〕35号）设立城中区商务局，为区人民政府工作部门，城中区商务局主要职责：贯彻执行国家、自治区、柳州市有关贸易和国际经济合作的发展战略、政策；拟订全区对外贸易、对外经济合作、内贸流通和招商引资的政策措施；承担推进全区流通产业结构调整，指导流通企业改革、商贸服务业和社区商业发展，负责全区现代服务业行业管理。研究现代服务业集聚区布局、现代服务业发展重大项目等重大问题，提出相关对策和建议，城中区辖区内企业的进出口经营、加工贸易的协调服务工作；负责指导城中区直接利用外资工作，制定相关措施；负责城中区对外经济合作工作，为辖区内境外企业和机构提供服务。承办区人民政府交办其他事项。

【商贸经济】 2017年，城中区认真履行职责，持续保持第三产业健康发展，不断创造新的亮点，在企业引进、项目推动等方面取得新成效。三产经济运行良好，据区统计局经济指标统计：2017年第三产业增加值为198.15亿元，比上年同期增长9.4%；社会消费品零售完成179.21亿元，比上年同期增长10.11%。

五星商业大厦精品服装专柜　　（区委宣传部　供稿）

【商贸重点项目建设】 2017年，城中区商贸重点项目建设进展顺利。结合2017年自治区服务业发展专项资金商贸服务项目申报工作，鼓励辖区符合条件的商贸企业参与申报，扩大项目影响力。房地产项目发展势头良好，稳步推进碧桂园、十里江湾和红星美凯龙等项目，彰泰集团投资的彰泰红、彰泰城项目相继开工，碧桂园集团拍下沿江东路鹧鸪江桥头西侧154亩地块，这是该集团在城中区的第三个大型房地产项目。

【商贸小微企业“双创”示范基地】 2017年，为落实柳州市和城中区小微企业创业创新园区基地示范工作，城中区各部门高度重视，迅速行动，做好各项工作，结合商务系统行业特点，对辖区的商业综合体、特色商业街、专业市场等平台类别进行调查摸底，初步梳理出各相关集聚区平台，建好计划台账，积极组织企业向市商务委申报。在开展两创工作中区商务局与区工信局、区科技局、区人社局等部门密切配合,着力把两创工作向全系统全面建设延伸,在工作中精进,逐步形成各部门业务工作相融入的工作局面。在区人社局的指导配合下,申报的城中区电子商务产业园区被市人社局认定为柳州市创业孵化基地。

【商贸电子商务发展】 2017年,城中区电子商务产业园区入驻企业共计31家,涵盖农产品、工程机械类销售、家具销售、传媒、企业服务、餐饮等。其中二楼独立办公区域进驻6家电商企业(不涉及跨境业务),三楼独立办公区域及公共办公区域进驻25家企业,均为跨境电商。园区三楼的功能定位是打造广西跨境电商聚集区,已经引进的阿里巴巴LBS(柳州)运营服务中心,为中小企业开展跨境电子商务提供配套服务。2016年,阿里巴巴国际站柳州会员为35家,截至2017年年底,柳州本地企业上阿里巴巴国际站开拓海外市场数量增至90家,增幅为157%。行业包括:家具、板材、汽配、化工、工程机械、机械制造、轻工业、工艺品、食品等。目前园区入驻设点办公的会员企业为13家,跨境电商企业逐步聚集,电商氛围逐步成型。LBS运营中心的入驻和运营对进一步加快城中"互联网+"步伐,推动大众创业、万众创新,探索区域中小企业跨境电商成长新模式,具有十分重要的意义。

【市场建设和管理】 2017年,城中区努力做好市场建设和管理服务工作。加大楼宇经济建设力度,培育打造楼宇总部经济。加强商务楼宇招商,吸引知名大企业、大集团入驻;以城中区电子商务产业园区为中心,推动互联网和实体经济融合,积极稳妥发展跨境电子商务。电子商务产业园区签约入驻实体企业近31家。4月,举办园区企业代表座谈会,了解园区企业发展状况及需求,为下一步做好服务工作打下基础;发挥组织协调作用,跟踪服务重点商贸项目,服务商贸投资企业;响应上级部门号召,开展促进大众消费民生工程建设。结合2017年自治区服务业百项重点工程申报工作中的促消费项目(百店大促销)申报要求,鼓励辖区内符合申报条件的企业参加。工贸公司、五星百货公司、尚龙电器、丽笙酒店、国美电器、苏宁电器、盈通汽车公司等企业积极申报,通过举办促销活动,营造良好的消费环境和氛围,推动实体经济增长,惠及百姓民生;加大限额以上企业培育力度,建立服务业重点企业项目库,做好限上企业培育工作。

【商贸流通领域监管】 2017,城中区商务局在柳州市商务委的指导下,认真开展商贸服务业行业管理、成品油市场管理、零售商促销管理、零售商与供应商公平交易管理、再生资源回收管理、单用途商务预付卡管理等各项商贸流通领域监管工作,积极发挥职能作用,充分利用宣传栏、发放宣传册等多种形式,广泛开展宣传工作,营造良好氛围。根据自治区商务厅在全区商务领域开展2017年度商务诚信示范单位创建活动的要求,积极鼓励辖区企业开展创建活动,柳州工贸、五星百货、广西糖网公司等企业积极申报。通过开展商务诚信示范单位创建活动,引领带动全区商贸流通企业诚信经营,以诚信促发展,提高全社会对商贸流通行业的满意度,促进行业健康发展。

【农贸市场升级改造】 2017年,为确保创建全国文明城市和国家卫生城复审迎检工作,城中区商务局结合辖区的实际情况,认真做好农贸市场升级改造工作。5月,召开"城中区'创卫创城'市场整治专题工作会",与会相关部门领导对迎检工作中发现市场存在的一些问题进行分析,明确各部门工作职责,坚定农贸市场升级改造工作的决心。邀请辖区6个农贸市场负责

2017年8月4日,城中区商务局在五角星商业步行街开展"防范和打击非法集资宣传活动"
(区商务局　供稿)

人与各职能部门的领导亲临现场进行“市场管理交流观摩会”，对6个市场进行有针对性的综合检查。通过严格检查、现场执法，使整治工作切切实实地整出实效。针对各市场硬件设施不达标、创城氛围不足等问题，开展对农贸市场进行升级改造工程，重点改造市场公厕，保证市场面貌焕然一新，达到国家卫生城复审和创文明城工作要求。

【旅游业发展】 2017年，城中区认真做好辖区旅游业的各项工作。5月19日，市旅发委联合城中区人民政府等单位共同举办的“5·19中国旅游日”柳州市旅游嘉年华活动，5月19日至21日在城中万达广场进行。城中区商务局多次陪同市旅发委和专家小组到环江滨水大道周边进行乡村旅游资源考察。结合环江村整村风貌改造工作，向市旅发委递交“将雷村屯打造成为乡村旅游精品示范项目的请示”，获得市旅发委的认可。城中区围绕区域经济发展积极开展打造全域旅游工作。

【推动企业上市】 2017年，根据市金融办、区政府部署，城中区做好推动企业上市工作，把培育优质企业作为上市融资的前提，提高企业的整体素质和发展水平，继续鼓励具有发展潜力的企业开展上市工作，在市金融办的指导下，继续做好协调工作，努力解决企业在工作遇到的困难和问题。

【限额以上批零住餐业保持平稳】 2017年，城中区限额以上批零住餐企业和限上企业产业活动单位(个体经营户)共完成销售额134.09亿元，比上年增长7.44%。批零住餐四大行业总体运行平稳，其中批发业、零售业、餐饮业运行较好，住宿业略有下降。

批发业保持稳步增长 2017年，城中区限额以上批发业完成销售额80.45亿元，比2016年增长8.83%。其中占比较大的烟草、石油等批发类商品销售额与2016年相比都有明显增长，增长率均超过8%。

零售业增长放缓 2017年，城中区限额以上零售业完成销售额47.68亿元，比2016年增长5.79%。主要是有新增企业柳州国美电器有限公司没有同期数，拉动销售增长较快，占比较大的五星百货、尚龙电器保持较好的经营态势。

住宿业略有下降 2017年，城中区限额以上住宿业完成营业额2.55亿元，比2016年下降1.1%。原因是占比最大的丽笙酒店由于经营调整，将餐饮业务全部剥离，营业额大幅下降，累计下降–12.06%，对住宿业整体数据影响较大。

餐饮业稳步增长 2017年，城中区限额以上餐饮业完成销售额3.01亿元，比2016年增长5.47%，稳步增长。

【房地产】 2017年，城中区完成房地产投资58.9亿元，同比下降0.95%；商品房销售面积79.1万平方米，同比增长5.8%。房地产业全年投资、销售增速均呈高开低走态势，从年初的高速增长开始逐渐下滑，房地产投资年终增速为负值，商品房销售面积增长率为个位数。房地产业下行的主要原因有；房地产投资、销售总量前两年基数较大，随着住宅用地的不断减少，新开房地产项目在规模和数量上均有所下滑。

招商引资

【招商引资机构及工作概况】 2004年7月14日，城中区招商促进局成立，挂靠城中区发展经济局。2014年9月29日，城中区招商促进局更名为城中区投资促进局，挂靠城中区商务局。2017年，城中区投资促进局有工作人员6人，其中在职在编人员4人，聘用人员2人。

2017年，城中区引入市外境内到位资金121.29亿元，同比增长–20.9%，完成年度目标105亿元的115.52%；实际利用外资5581万美元，同比增长85.55%，完成年度目标3500亿元的159.46%。

年末，城中区投资促进局获2017年度柳州市投资促进工作进步奖。

【项目落地】 2017年2月8日上午，柳州市国土资源局举办首场土地拍卖会，广西柳州彰泰房地产开发有限公司以7.46亿元拍得东环路与文兴路交会处西南角地块，彰泰集团顺利进驻城中区。

2017年2月17日上午，柳州市国土资源局拍卖东环路延长线西侧187.2亩地块，上海红星美凯龙以底价5.958亿元拍得，顺利进驻城中区。

2017年6月28日，城中区沿江东路鸸鸪江桥头西侧154亩地块在市土地交易储备中心进行国有土地使用权拍卖，最终碧桂园以16亿元竞得该地块，溢价率135.64%，楼面地价7357.08元/平方米。

2017年8月30日，位于东环

2017年2月17日,上海红星美凯龙拍地签约仪式顺利进行

(区招商局　供稿)

路北延长线西侧的146亩商住用地成功出让,彰泰集团以6.84亿元底价拍下该宗地块,楼面地价2509元/平方米。

【经贸考察】 2017年,城中区投促局调整招商模式,通过投资调研座谈会、意向投资企业实地考察等多种形式,组织招商小分队到各地开展招商活动,宣传城中区良好的区位、人文和资源优势,进一步提高城中区的知名度。

2017年3月22日—24日,由柳州市投资促进局副局长马春生带队,市国土局、市规划局、城中区投资促进局等领导前往昆明市、重庆市考察红星美凯龙家居集团有限公司项目。

2017年9月14日下午,在第十四届中国—东盟博览会上,中共城中区委书记金忠带队到广西大都投资集团,考察集团旗下大都公馆、建工城等项目。参加考察有区委常委、常务副区长刘杰华,区委常委、统战部部长赵扬,区委常委、区委办公室主任杨豪明等。

【优化营商环境建设】 2017年,城中区把优化营商环境建设活动与投促工作重心结合起来,按照职责分工,狠抓工作落实。从用地选址、规划报建、办理立项到工商证照等手续实行"一条龙"服务政策;对已落户辖区企业,城中区经常走访,了解情况,征求意见,解决问题;城中区投资促进局经常深入基层、深入企业,协调解决项目在落地过程中遇到的问题,加强政策宣传,努力把政策优势转化为发展优势,为企业做正确决策提供指引。

2017年2月17日,红星美凯龙顺利拍下东环路延长线西侧187.2亩地块,将投资43亿元建设红星国际广场。在原有项目跟踪服务机制的基础上,城中区投促局根据现实情况进行完善,包括项目具体进展情况、项目进展图片信息、项目各项资金进资情况,将重点项目按前期接洽、进驻落地以及落地发展三个阶段进行分类,安排专人对接,按企业需求进行跟踪服务。红星美凯龙在落地前期,安排专人协同办理营业执照等相关证件,打造招商引资项目"绿色通道",节省企业的时间成本。

2017年5月27日上午,红星美凯龙郑建升总经理到访,向城中区政府区长李柳彬汇报项目进展情况。公司所设计商场,配套儿童城、主题餐厅、咖啡厅、商务会所等商铺。按照合同原定在6月底完成前期工程建设,但土方施工缓慢严重影响工程进度。李柳彬区长了解企业存在的困难后,指示协调相关部门推进项目建设,加快工程进度。城中区委、区政府领导还与市国土局、市投促局等有关部门进行协调,争取企业项目能够早日平整土地,及早开工。

经过相应的协调之后,2017年10月26日上午,红星美凯龙举行招商中心启幕仪式,宣布红星天铂样板区开放。

【东盟签约】 2017中国—东盟柳州投资合作座谈会上,在中共柳州市委书记郑俊康等领导的见证下,城中区区长李柳彬代表城区上台分别与碧桂园·滨江府、彰泰红签署合作意向。9月13日,在中国—东盟博览会国内、国外经济合作项目集中签约仪式上,区长李柳彬代表城区参加,此次签约的项目是红星美凯龙的红星国际广场项目。

碧桂园集团投资58亿元建设的柳州碧桂园·滨江府项目,该项目位于鹧鸪江桥头地块,将打造成一座名优时尚河东北片区住宅区。彰泰集团投资4.36亿美元建成彰泰红项目,红星美凯龙集团投资43亿元建设红星国际广场项目,为繁荣城中区及河东片区作出重要贡献。(欧志康)

编辑:刘世平

旅游业

【旅游概况】 2017年，城中辖区有国家级AAAA级景区5个：位于文惠路62号的柳侯公园、东堤旅游码头的百里柳江旅游景区、解放北路37号的柳州市博物馆、文昌楼66号的柳州城市规划展览馆、东环大道272号的马鹿山奇石博览园。全国重点文物保护单位有柳侯祠碑刻；古遗址与古建筑有明清时期修建的柳州东门城楼和南门古城墙；宗教寺庙有西来古寺。近现代重要史迹及代表性建筑有廖磊公馆等。年内，百里柳江景区成为广西唯一入选国家体育旅游示范基地创建单位；F1摩托艇世界锦标赛中国柳州大奖赛获评国家体育旅游精品赛事；柳州市工业博物馆获评国家工业遗产旅游基地；丽笙酒店获评2017年度广西智慧旅游示范企业。

【旅游配套】 2017年，城中区有旅行社40家，其中国际社13家、分社9家。旅游星级饭店7家，其中五星级2家：位于友谊路的柳州饭店、桂中大道南段的丽笙酒店；四星级2家：位于龙城路的丽晶大酒店、柳州宾馆；三星级3家：位于解放北路的中交大酒店、莲塘路的泽丰大酒店、桂中大道的华锡大厦。

【旅游宣传】 2017年3月25日至26日，柳州市在河东公园（文昌市民广场）举行“E城E车E花”2017紫荆花赏花旅游主题活动。活动围绕打造“壮族三月三·八桂嘉年华”旅游文化消费品牌，吸引全市各族群众、国内外游客广泛参与。来自全国各地近30家媒体对活动进行宣传报道，该次活动突出活动宣传面大、影响力强、活动设置多样、互动性强等特点，并首次与市汽车生产企业联合，把人、车、景融合为一体，突出形式时尚有新意的亮点，增强柳州城市知名度和影响力，提升市民幸福感和获得感。

【旅游市场推广】 2017年5月19日，柳州市旅发委、城中区人民政府在城中万达广场联合举办2017柳州旅游嘉年华主题活动。在“旅游+”的概念基础上，突出全面打造“全域旅游”新格局及新方向，活动围绕“旅游让生活更幸福”这一主题口号，自线上到线下完整地呈现“旅游+”的概念和氛围，同时切实结合乡村旅游、旅游扶贫、旅游特色产品及旅游文化四个基本方向进行融会贯通。旅游主题展区推出近60个展位，涵盖旅游风情、旅游特色产品、旅游扶贫项目、旅游特惠线路、乡村旅游地等多个方面，针对每个展区都设置特惠的产品、套餐，使之优惠于民。

5月19日，柳州市旅发委、城中区人民政府在城中万达广场联合举办2017柳州旅游嘉年华主题活动。图为2017柳州旅游节启动仪式

【2017 中国柳州国际水上狂欢节】 从 2017 年 9 月 23 日至 10 月 7 日，历时 15 天。2017 中国柳州国际水上狂欢节以百里柳江为展示平台，组织水上大巡游、大巡演及线上直播，开展深受百姓喜爱的水上活动项目集中展示。绿色水上嘉年华项目，亲水互动、水上体验、沙雕大赛、水上智勇大冲关，参与门槛低，市民参与性、互动性、体验性强。同时，活动还融合第六届柳州螺蛳粉美食街、百里柳江畅游和第三届森林音乐节，将城市生态景观与低碳休闲理念完美融合，逐渐打响"水上娱乐运动之都"品牌。对于那些不能亲临现场的民众，专门增加巡演结合、线上直播环节，让民众多角度近距离接触水上大巡游。此外，还由柳州市与德国大使馆联合主办"德心映柳"国际文化交流活动，通过演出展现音乐、足球、汽车、教育等文化元素，为游客奉献丰富多彩的中德文化盛宴。据统计，2017 中国柳州国际水上狂欢节(含国庆黄金周)期间，全市共接待游客总人数 289.18 万人次，同比增长 21.41%；旅游总收入 16.50 亿元，同比增长 29.79%。

【卡乐星球主题乐园落户柳州】 "卡乐星球欢乐世界·柳州"是华侨城推出的以互联网文化为内容，以高科技 AR/VR 等技术为手段打造的新一代共享概念主题公园，由华侨城旗下深圳华侨城文化旅游科技股份有限公司和广西柳州市东城投资开发集团有限公司合力打造。2017 年 6 月 22 日，在深圳华侨城总部举办"卡乐星球欢乐世界·柳州"深圳新闻发布会。7 月 6 日，"卡乐星球欢乐世界·柳州"举行开园仪式，公园正式进入试运营阶段。中秋、国庆黄金周期间接待人数达到 3.25 万人次。

2017 年 10 月 25 日，城中街道办事处组织一批老年人饶有兴趣地参观东门古城 （城中街道办事处　供稿）

【旅游扶贫宣传引导】 2017 年 5 月 19 日，在万达广场举办 2017 年柳州市旅游扶贫推介活动，现场设置乡村旅游地及"第一书记"精准旅游扶贫项目联合展区，由旅行社与旅游定点扶贫村合力推出"柳州旅游扶贫线路"，邀请 31 个乡村旅游扶贫点及各村"第一

柳州市城中区 A 级景区一览表(2017 年)

景区名称	等级	地址
柳侯公园	AAAA	文惠路 62 号
柳州博物馆	AAAA	解放北路 37 号
柳州城市规划展览馆	AAAA	文昌路 66 号
马鹿山奇石博览园	AAAA	东环大道 272 号
柳州市工业博物馆	AAAA	柳东路 220 号
百里柳江旅游景区	AAAA	东堤旅游码头

柳州市城中区旅游宾馆(饭店)一览表(2017 年)

名称	星级	地址
柳州饭店	五星	友谊路 1 号
丽笙酒店	五星	桂中大道南端 2 号阳光 100 城市广场 1 号楼
丽晶大酒店	四星	柳州市龙城路 32 号
柳州宾馆	四星	龙城路 2 号
中交大酒店	三星	解放北路 1 号(停业)
泽丰大酒店	三星	连塘路 23 号
华锡大厦	三星	桂中大道 9 号

书记”联展，展示旅游特色产品和旅游风景等。

【旅游教育培训】 2017年9月，柳州市旅游部门联合市总工会举办2017风情柳州旅游饭店服务技能大赛，以赛促训，提升旅游行业服务质量。10月，组织旅游饭店服务技术能手参加2017广西旅游饭店服务技能大赛。年内，组织旅游管理人员100余人次在上海复旦大学举办柳州市旅游业务干部素质提升班；组织协调旅行社、星级酒店、景区等管理人员及导游培训，提高从业人员的综合素质和管理水平；组织乡村旅游管理提升培训班、旅游贫困村党员和致富带头人培训班，培训120余人次，帮助村干部、乡村旅游从业人员及村民掌握科学发展乡村旅游及农家乐的新知识、新理念、新方法和新技能。

【旅游安全管理】 2017年6月，自治区旅游安全与应急管理培训班及旅游行业消防和食品安全应急演练在柳州饭店举办，演练效果良好，获得自治区旅发委领导的肯定和各市参会人员的好评。10月，开展自治区、柳州市两级旅游市场秩序联合执法检查，整治旅游市场秩序。

（市旅发委）

编辑：叶玉生

交通·邮政

交　通

【交通运输概况】 2017年，城中区有一级道路18条，二级道路47条，三级道路42条、四级道路38条。境内水陆交通发达。水路运输有车渡码头、港口码头；陆路有209国道、322国道、323国道过境；城区有柳州恒达巴士股份有限公司公共汽车途经辖区线路80多条（其中快速线路10条）。有柳州市顺达水上公交有限公司游览渡船线路8条经停21个停靠点。境内跨江大桥有柳江铁路特大桥、柳州公路大桥（柳江大桥）、河东大桥、壶东大桥、文惠桥、静兰大桥、红光大桥、文昌大桥和文惠新桥等，将城中区与河南、河西市区连成一片。年内，改造城乡道路面积约5万平方米；莲花大道工程、白沙大桥工程和环江滨水大道B段景观工程建设顺利推进。

【交通基础设施建设】

凤凰岭大桥工程 凤凰岭大桥位于柳州市鹧鸪江大桥上游，是柳州市“百里柳江景观工程”的重要组成部分。项目西起柳江西岸现状支路交叉口（跨跃进路跨线桥落地）、东至东岸河东新区规划路，包含凤凰岭大桥及其接线道路，总长约2.31千米。其中西岸北引桥设置匝道（A匝道）1条，长约180米；东岸引桥设置匝道2条，其中B匝道长约215米，C匝道长约182米；跨线桥南线设置右转匝道（WS匝道）1条，长约451米。并改建跃进路，南起胜利路立交末端，北至跨湘桂铁路跨线桥桥头，南北向全长约1.25千米，其中地道长度约604米。同步配套建设滨江世纪城路连接段道路（滨江世纪城小区—凤凰岭大桥接线），道路长约172米。主要建设内容包括道路工程、桥梁工程、地道工程、排水工程、交通工程、照明工程、绿化工程等。项目总概算投资为212034.22万元。工程主要技术标准：道路等级，凤凰岭大桥及其连接线（含雀儿山路）、纬六路、跃进路为城市主干路，辅路为城市次干路，滨江世纪城路连接线为城市支路；设计车速，凤凰岭大桥及其连接线、纬六路、跃进路为60千米/时，雀儿山路为40千米/时，滨江世纪城路连接线、辅路、匝道为20千米/时；红线宽度，凤凰岭大桥连接线45至60米，凤凰岭大桥主桥段46.6米，雀儿山路30米，跃进路45米，辅路7.25米；设计荷载为城-A级；车道数，主线双向六车道；设计洪水频率1/300；航道

2017年11月9日，柳州恒达巴士股份有限公司纯电动新能源公交车整装待发　　（恒达巴士股份有限公司　供稿）

等级，按Ⅱ级航道，通航2000吨级单货船、一顶二排一列1000吨级船队，通航净高10米，通航孔净宽110米；设计水位，常水位为78.47米、最高通航水位为85.56米、百年一遇洪水位为91.77米；抗震设防，道路按6度设防，桥梁按7度设防；设计风速24.3米/秒；设计使用年限，沥青混凝土路面年限15年，桥梁设计基准期100年；桥梁结构安全等级为一级。建设期限：2018—2020年。该工程将使柳州中心城区北部区域的过江交通组织得到改善，促进柳州北部城区柳江两岸的城市开发。

河东新区河东路以北片区路网工程　纬六路　河东新区河东路以北片区路网工程纬六路位于柳州市河东片区，西接凤凰岭大桥，连续下穿桂中大道和东环大道，同时保留桂中大道与东环大道之间地道进出口匝道，从而形成桂中大道为双向四车道下穿，东环大道包含匝道为双向六车道下穿，地道穿过东环大道后与辅道会合，以双向六车道对接莲花山隧道。纬六路与轻轨2号线和4号线分别相交和同向共线，呈东西走向，路线全长1.36千米，其中包含主线下穿地道暗埋段470米。项目包含道路工程、地道工程、排水工程、绿化工程、电气工程及交通工程等建设内容，概算总投资为69402.83万元。建设期限：2018年5月至2019年9月。工程主要技术标准：道路等级为城市主干路，主线行车速度为60千米/时、地道地面道路行车速度40千米/时、匝道行车速度40千米/时；道路红线宽度为52.2~67.2米，主线地面道路双向6车道，下穿地道双向4车道，辅道双向4车道；道路荷载为BZZ-100标准荷载；路面结构采用沥青砼路面，设计年限为15年；地道工程技术标准，顶部车辆荷载等级为城-A级，结构安全等级为一级，结构防水等级为二级，抗渗等级为P8，结构设计使用年限为100年。该项目是柳州市城市道路规划主干路网的重要组成部分，纬六路与凤凰岭大桥、莲花山隧道、官塘大桥等重大工程一起构成“一环五一环五射三通道”中的北横通道，是连接柳北区、河东片区和柳东新区的交通主动脉。

（戴卫卫）

【国道过境】

209国道城中区段　起于内蒙古呼和浩特，终点广西北海。209国道经柳北区长塘镇进入市区，在城中区河北半岛的八一路南、五一路、龙城路过柳江大桥进入鱼峰区，过境城中区域约1.5千米。

322国道城中区段　起于湖南衡阳市，终点广西凭祥市，为贯穿广西南北的国际干线。322国际干线从城中区南面入境，经静兰大桥进入鱼峰区的西江路出境，过境城中区域约2.5千米。

323国道城中区段　起于江西瑞金，终点云南临沧。从静兰大桥入境，然后与322国际干线重合，经柳邕路至忻城县大塘镇。

【桥梁简介】　见《城中年鉴(2015)》

【主干道简介】　见《城中年鉴(2015)》

【次干道简介】　见《城中年鉴(2016)》

【支干道简介】

文惠路　市区南西向支干道。南起曙光东路，西接解放北路。长701米，宽10米，沥青路面。民国6年(1917年)前，是一条自然形成的城外小路，称太平桥，向南一段叫东城脚，近公园一段叫公园口。民国6年(1917年)，由广西督军陈炳焜出资近三千元大洋建成三合土道路，宽4米，时为柳州第一条大马路，称大马路。民国24年(1935年)为纪念文惠侯柳宗元在柳州做刺史时的政绩改称文惠路。1957年，将道路拓宽改造为5.5米宽水泥混凝土路面，但没有完整的人行道。后进行多次维修，逐段铺为沥青路面。“文化大革命”时称五一东路，1975年复称今名。1982年2月—3月，解放北路与文惠路西端交接处至弯塘路南端拓宽为7米沥青路面。1989年，将车行道扩宽为10米，两边人行道各宽3~5米。2003年8月，对道路进行扩宽改造，长604.6米，宽29米，沥青路面。沿线有柳侯公园、市教育局等建筑和单位。

立新路　市区北南向支干道。北起中山东路，南接柳江路，是古城主要街道之一。全长307.1米，车行道宽12.6米，骑楼下人行道各宽4米，沥青路面。清代知府衙门居此，称府前街。民国15年(1926年)，地方富户唐培初与柳州绅士合资买得柳州府台衙门的地皮，民国20年(1931年)建成北段，称培新路。同年，国民革命军第四集团军第七军军长廖磊支持开辟南段，并召集居民动员拆迁，在五福社中心点拆房屋。10月修建，长74.07米，宽12.19米，开辟新码头直通柳江畔，铺水泥混凝土路面，是柳州

第一条水泥混凝土道路。民国36年(1947年)称民族路。1950年复名培新路。1954年,在原路面重铺水泥混凝土。1966年称今名。20世纪40年代,该路繁华,两侧是砖木结构的骑楼店铺,除省属广西银行柳州分行外,还有华侨联合银行和中央、中国、农民等19家银行,有"银行街"之称。

中山路 市区东西向支干道。柳州古城内贯穿东、西城门的主要干道及商业贸易繁华街道。宽约3米,原为青石板路面,民国时期逐渐加长扩建,为纪念孙中山而命名。分中山东、中、西路。

中山东路 因中山路分为三段,该路属东段,故名。位于城中区东南部,东起文惠路,西至中山中路。全长472米,宽12米,分车、人行道,沥青路面。民国18年(1929年)前称三官厅、箭道口、县前街。民国21年(1932年)11月至次年3月修建(包括今东台路一段),并改名东大路。东段长222.5米,宽12.19米,三合土路面;西段长323.84米,宽12.19米,水固泥结碎石路面。竣工不久,因质量问题,路面普遍出现坑槽。驻此路的国民革命军第七军军部和第二十四师师部,使用2000桶水泥将路铺为水泥混凝土路面。民国36年(1947年)改为中山东路。1954年,在原路上重铺水泥混凝土路面,车行道宽12米,人行道各宽6米。1963年5月—9月,车行道铺沥青混凝土路面。1966年改为红卫一路,1975年复今名。2010年6月17日至8月17日,对中山东路进行改造。建设单位为柳州市路桥建设管理处,监理单位为广西恒大项目管理有限公司,由市政设施维护管理处施工。工程起点为解放南路口,终点接文惠路口,全长439.33米,道路扩宽至12米,两侧人行道宽3~6米,沥青砼路面。沿路有市规划局、市工商联、廖磊公馆等单位和建筑。

中山中路 因中山路分为三段,该路属中段,故名。位于城中区南部,东起中山东路,西至中山西路。全长472米,宽12米。分车、人行道,东段为混凝土、西段为沥青路面。民国18年(1929年)前称四码头、弓箭街;民国19年(1930年)改为庆云路;民国21年(1932年)11月,建东段和中段,长283.26米,宽12.19米,水固泥结碎石路面;民国36年(1947年),行政院善后救济总署广西分署"以工代赈"对该路进行维修,称中山中路;1954年,在路面铺水泥混凝土;1966年改为红卫二路;1975年复今名。1980年1月—3月,改造龙城路口至小南路一段,填高加厚路基,车行道铺沥青混凝土,人行道铺水泥混凝土道板,两侧安装直径600毫米钢筋混凝土下水道管。1999年12月9日至2000年4月8日,对中山中路进行改造。建设单位为柳州市道路桥梁管理处,由中国有色十一冶建设公司施工。工程起点为龙城路口,终点接解放南路,全长169.36米,道路扩宽至9~13米。2000年8月,市政府把解放南路口至龙城路口这段改为柳州市第一条步行街,长240米,宽34米;西段从龙城路口至小南路长110米,宽24.3米,沥青路面。沿线有工贸、五星商厦、东都百货等大型商场。

中山西路 因中山路分三段,该路属西段,故名。位于城中区西南部,南起小南路口,北至柳荫路口(原路名已不存在,现分属于雅儒路与中山西路的其中一段)。全长375米,宽13米,分车、人行道,混凝土路面。民国18年(1929年)前分为人字街、考棚街和西门大街;民国25年(1936年)6月合并扩建称西大路,长372.88米,宽12.19米,水固泥结碎石路面;民国36年(1947年)改为中山西路。1966年改为红卫三路;1975年复今名。2008年8月17日至10月30日,对中山西路进行改造。建设单位为柳州市路桥建设管理处,由市政设施维护管理处施工。工程起点为红光桥上桥辅道,终点接龙城路,全长373.71米,道路扩宽至18米,沥青砼路面。沿线有人保财险、柳州银行等单位。

柳江路 市区东西向支干道。位于柳江北岸,东起滨江东路,西接滨江西路。全长435.40米,路面宽24米,车行道宽12米,人行道各宽6米,水泥混凝土路面。清代时是柳州古城外一条临江商业街,石板路。民谣云:"沙街三年火不烧水不淹,母猪也带金耳环。"因常遭洪水淹没,水退后,满街泥沙,故民国18年(1929年)前称沙街,西段称米行街,又因路傍柳江,故名。该路历来是桂中大宗货物的集散地。民国23年(1934年)2月将路拓宽20米,人行道各宽4米,水泥混凝土路面,时称柳江路。民国31年至34年(1942—1945年)西端称木行街;1949—1950年又称柳江东路。1966年改为灭资路,1978年复称今名。1983年11月1日—25日,将部分路面翻挖,重新铺筑2028平方米的水泥混凝土路面。1988年,为配合柳江河堤建设,柳江路两侧房屋全部拆迁，路南侧改建为公共游园。

海关路 市区南北向支干道。因路旁的柳州海关得名。1993年建成，1997年4月命名。南起潭中东路柳州海关西侧，北至高新三路西段。长1.43千米，宽28米。与高新南路、高新一路、高新二路相交。沿途有柳州海关、柳州出入境检验检疫局、市中级人民法院等单位和温馨嘉园、经典时代、钻石苑、金榜来大厦等居民小区。

（编辑部）

【水路运输】

管理机构及工作概况 柳州市港航管理处，位于市区解放北路1号。前身为1986年10月成立的柳州市交通运输管理处水运管理科。1989年11月成立柳州市航务管理处，隶属柳州市交通局。2010年8月30日，柳州市航务管理处更名为柳州市港航管理处，人员编制由原来5人增加到18人。内设3个职能科室。其职能是对水路运输行业、港口建设、地方航道实施管理。2016年获"广西航务系统文明单位"称号。2017年，柳州市港航管理处增设航道管理科，增加自收自支事业编制6名，增加内设机构科级领导职数1正1副。年内，柳州市港口建设完成投资6.9亿元，为自治区交通运输厅下达计划6.7亿元的103.9%。其中，官塘作业区工程空心板预制完成1082件，占设计工程量的100%。后方陆域堆场场地清表及土石方工程基本完成；综合楼、候工楼及3000平方米仓库、1#堆场已完成。江口作业区一期工程完成项目土地征用483亩，项目陆域形成工程完成95%，挖方完成95%、填方完成90%，地基处理完成100%，完成航道疏浚40%，完成水工工程12%，完成道路堆场工程18%。红花二线船闸工程完成土地征收协议签订2622亩，完成率83%，其中完成永久征地1137亩，完成临时用地1485亩。融江船闸（麻石、浮石、古顶、大埔）改扩建工程四个船闸改扩建工程工可报告初稿、各专题报告已编制完成。为确保行业安全稳定，加强风险预控和隐患排查治理，市港航处开展安全管理工作，全年检查船舶156艘，渡口35处、码头作业区7处。在汛期部署汛期安全生产防范工作，督促市港航企业全面落实安全生产责任制。对危险品运输企业开展安全综合治理检查，做到零事故发生。市港航处还购买行业咨询服务，充分运用第三方检查评价成果做好监督管理。在每个季度，联合海事、航道、船检、安监、水利等涉水部门开展水上交通安全检查联合巡航，进一步加强乡镇渡口渡船和砂石船舶的安全监督管理。同年，港航管理部门对全市22家跨省水运企业、5家客运企业，5家水运服务企业开展年度核查工作，有6家企业未参加核查，核查率82%，核查合格率93%。对营运船舶543艘，249632总吨，448942载重吨，998客位进行核查，其中：省际货船270艘，173449总吨、325910载重吨；广西区内货船265艘，73960总吨，123032载重吨；旅游客船8艘，2223总吨，996客位。参加核查船舶513艘，核查率95%，核查合格率97%，其中：省际货船参加核查240艘，核查率89%，合格率96%；广西区内货船核查265艘，核查率100%，合格率98%；旅游客船参加核查8艘，核查率100%，合格率100%。全年累计完成客运量16.98万人，同比减少14.66%，客运周转量169.83万人千米，同比减少14.77%，货运量753.3万吨，同比增长3.57%，货运周转量396477万吨公里，同比增长1.83%。

航道 柳江河呈"S"字形流经城中区域，1991—2002年，盘绕市区的74.9千米河面为城中区管辖。2003年，柳江河从柳州铁桥开始南下环绕城中区的河北半岛后，北上流经河东大桥环绕城中区的河东新区至河东村，经环江村南下过三门江大桥到静兰桥出境，流经城中区域长约15千米，面积约10平方千米。是城中区主要航运干流。

码头 2017年，城中区辖区内仍在使用的渡口码头有东堤旅游码头、雷村渡口码头、龙村渡口码头、深水渡口码头、东流渡口码头。

东堤旅游码头 位于壶东大桥下游约800米的柳江右岸，经营单位为柳州市城通港湾投资管理有限公司，码头全长232米，宽10米，200客座旅游船（长41.5米×宽13米×型深2.85米，吃水2米）停船泊位5个，设计年旅客吞吐量约110万人次。码头主体工程下游亲水平台长250米。后方生态停车场面积分别为438平方米，大型停车场面积为384平方米，拉膜遮雨棚面积约为200平方米，候船区及候船广场面积为1700平方米。东堤旅游码头是自治区和柳州市两级政府的重点建设项目和柳州市"十大旅游工程"之一，于2010年9月10日开工，2011年5

柳州市顺达水上公交有限公司的水上公交运营船舶

（市港航管理处　供稿）

月底完工，主要是为柳州水上旅游公司船舶提供码头服务，游船在市区河段夜游柳江。

雷村渡口码头　位于静兰街道环江村，2017年有1艘横渡船。

龙村渡口码头　位于静兰街道环江村，2017年有1艘圩渡船。

深水渡口码头　位于静兰街道环江村，2017年有1艘圩渡船。

东流渡口码头　位于静兰街道环江村，2017年有1艘圩渡船。

水上公交　2017年，水上公交有序运营，“公交都市”创建工作有序推进。截至12月31日，柳州市顺达水上公交有限公司水上公交运营船舶共8艘，停靠站点21个，开通线路8条，完成运营航班40407班次，运送乘客258362人次。具体线路为：1号线下行线，南车渡停靠点—海员码头停靠点—窑埠码头停靠点—市政办证厅停靠点—三桥东停靠点—双鱼汇停靠点—东堤码头停靠点；1号线上行线，东堤码头停靠点—白沙码头停靠点—大江郡停靠点—三桥西停靠点—市委东门停靠点—弯塘路东一巷停靠点—金沙角停靠点—东门码头停靠点—北车渡停靠点—西来寺停靠点—红光景江苑停靠点—南车渡停靠点。2、3、4、5号横渡线分别为南车渡停靠点—北车渡停靠点、海员码头停靠点—东门停靠点、市委东门停靠点—市政办证厅停靠点、海员码头停靠点—金沙角停靠点。6号线，市委东门停靠点—三桥西停靠点—三桥东停靠点—双鱼汇停靠点—大江郡停靠点—东堤码头停靠点—白沙码头停靠点。7号线，南车渡停靠点—红光景江苑停靠点—西来寺停靠点—雅儒新居停靠点—磨滩村停靠点—在水一方停靠点—黄村码头停靠点。8号线，窑埠停靠点—金沙角停靠点。

（柳州市港航管理处）

邮　政

【邮政机构概况】　中国邮政集团公司柳州市分公司（原名柳州市邮政局、广西壮族自治区邮政公司柳州市分公司）隶属于中国邮政集团公司，是集代理金融、代理保险、邮件寄递、电子商务、文化传媒、综合便民服务等产业为一体的多元化社会公用服务企业。承担着全市1.86万平方千米内370万群众的邮政通信服务任务。2017年，柳州邮政继续保持“广西壮族自治区文明单位”荣誉称号。

【邮政营业】　2017年，城中区所辖邮政营业网点4个，其中自有营业网点2个，即：龙城路邮政所、广场邮政所，两所共有营业人员7人；代办营业网点2个，即：湾塘邮政所、北站邮政所，两所共有营业人员2人。城中区内邮政所开办的业务种类有函件、国际挂、包件、国

2017年8月29日，中国邮政储蓄银行三农金融事业部柳州市分部成立仪式

（邮政储蓄银行柳州市分行　供稿）

际包、国际小包、电汇、邮政快件、邮政储蓄、报刊、集邮。邮政营业严格执行收寄验视制度，落实金属探测仪使用，有效防止易燃、易爆危险品进入邮政寄递渠道。年内，城中区所辖邮政所收寄国内函件3.85万件、国内包裹0.37万件、国际包裹0.11万件、国内速递1.31万件，国际及中国港澳台速递0.05万件，各类集邮品收入10.7万元。

【邮政投递】 2017年，城中区主要由广场商投部和高新商投部负责包裹投递和揽收，高新商投部城中区所辖投递段道12个，投递员12人，电动车投递段11个，汽车投递段1个。其中城市投递段12个，每日投送2次，邮路12.98万千米。广场商投部负责城中区和部分柳北区包裹揽收投递，投递段道21个，邮路14.46万千米。城中区所辖投递段道6.5个，投递员10人，电动车投递段6.5个，汽车投递段0个。其中城市投递段6.5个，每日投送2次。年末，原位于广场路2号的广场商投部一分为二，分为广场商投部和跃进商投部，新广场商投部位于雅儒路188号，负责城中区和柳北区部分区域投递和揽收工作，商投部投递人员每人配备有PDA手持反馈终端，加快信息的反馈速度，提高邮政投递的效率。投递交通工具主要有小型汽车、电动自行车和电动三轮车。

【邮政服务】 2017年1月5日，柳州市邮政分公司在市区广场路2号广场路邮政所举行《戊戌年》生肖“狗”邮票首发仪式。发行的《戊戌年》邮票1套2枚，图案分别为：犬守平安、家和业兴，全套邮票面值为2.40元。该套邮票延续第四轮生肖票“合家欢”的设计理念，展示中华田园犬的形象。第一图为“犬守平安”，画面中的公犬昂首挺胸，目光炯炯注视前方，好像随时能离地飞奔、抵御外敌、守护家宅。第二图为“家和业兴”，棕色母犬深情凝视幼崽，黑色小狗昂头挺立，活泼可爱，母子相依，舐犊情深。两图相连，预示着家的平安和睦与国的兴旺富强。该套邮票还特邀曾参加中华人民共和国国徽、政协会徽等设计，担任第二、三、四套人民币票面整体美术设计的著名艺术家周令钊担纲设计。第一轮生肖狗邮票就是其中的佳作。

【服务质量优化】 2017年，通过优化流程、强化培训督导、加大推介邮件保险保价系统预警监控等措施，进一步提高柳州市查验赔偿工作质效，快速解决用户投诉问题，推动邮政服务质量与用户体验的双提升。加强工单分析，开展非现场检查。对最小生产机构的工单判责结果进行汇总及分析，结合工单的日常监控数据，对用户投诉多、问题隐患多的机构或部门引用以上数据开展非现场检查，并下达整改通知书。对批量虚假反馈、投递信息不实、收寄把关不到位等情况进行全面的分析及整改。合理布局城市及远郊投递网络，依据电子地图功能实现投递区域规范清晰、咬界邮件无错分、错分邮件当日达，做好邮件投递最后100米闭环工作，全面提升用户体验。

（尹志翎）

编辑：叶玉生

财税·金融

财　政

【财政机构及工作概况】 城中区财政局是城中区人民政府综合管理全区财政收支工作的职能部门，下设城中区国库集中支付中心，在编在职人员共 19 人。2017 年，城中区财政局紧紧围绕区委、区政府确定的经济工作重点，围绕中心，服务大局，着重从促进收入新增长，优先保障民生支出，强化财政监督职能，理顺财政职责权限等方面着手，全力支持全区经济发展。全年组织财政收入 26.48 亿元，同比增长 8.5%。城区本级财政总收入 8.98 亿元，同比增长 11%，其中一般公共预算收入 5.98 亿元，同比增长 6%；本级财政总支出 8.44 亿元，同比增长 11%，其中一般公共预算支出 7.50 亿元，同比增长 14%。

【财税征收】 2017 年，全面推进“营改增”改革，积极与税务和相关经济部门联系，加强重点税源监控，紧盯“碧桂园·十里江湾”“恒大华府”和“彰泰红”等房地产开发项目，时时关注税源变化情况，充分利用地税部门收入范围调整契机，对辖区企业进行税源调查分析，摸清家底，构建全方位、多层次的现代收入征管体系。2017 年，全区税收收入 5.3 亿元，同比增长 5%。其中，增值税 1.86 亿元，同比增长 82%；个人所得税 0.38 亿元，同比增长 67%。同时，进一步规范非税收入管理，加强行政事业性收费、罚没收入等非税收入的征收管理。严控非税收入占一般公共预算收入比重，财政收入质量明显提高。2017 年，全区非税收入 0.68 亿元，同比增长 10%。其中，行政事业性收费 0.15 亿元，同比增长 34%；罚没收入 0.05 亿元，同比增长 6%。

【民生领域支出】 通过优化财政支出结构，优先保障民生支出，民生保障水平有效提升。2017 年，教育、医疗卫生、社会保障、城乡发展等方面的民生支出 5.37 亿元，占当年一般公共预算支出的 72%。

支持教育事业发展 2017 年，通过大力支持学前教育发展，深入推进集团办学模式，重视农村学校校园建设，推进新建学校基础建设，全年安排教育投入 3.03 亿元，同比增长 9%，持续巩固义务教育均衡发展，城中区教育事业成效显著。

2017 年 4 月 17 日，成立城中区财政投资评审办公室

（城中区财政局　供稿）

深化医疗卫生体制改革 2017年,安排医疗卫生支出5034万元,其中1595万元用于河东社区卫生服务中心建设项目,797万元用于基本公共卫生服务项目,基本公共卫生服务项目得到有效落实。

加强社会保障体系建设 2017年,安排社会保障和就业投入6573万元,同比增长9%。落实基层社区办公场所建设、社会救助、城乡居民养老保险等经费,确保已出台的社会保障政策落实到位,拨付社区服务场所建设经费9965万元,基层服务功能进一步增强。加大全方位的社会救助体系建设力度,发放城乡低保金394万元,发放高龄老人补贴224万元,提高重点人群生活质量水平。

推动城乡协调发展 加大城乡建设的资金支持力度,助力城乡一体化建设。2017年,城乡社区支出11868万元,同比增长26%,其中,安排4909万元用于环广西自行车赛道沿线风貌改造项目,两年拨付雷村屯风貌改造项目7500万元,城乡风貌得到显著提升。投入1220万元用于农村公共照明、道路安防、饮水安全、污水处理等基础设施建设,全面实现"屯屯通道路"。帮扶融安、柳城、鹿寨县381万元,用于改善贫困地区基础设施条件。安排48万元用于农民合作社项目经费,强农惠农政策落实到位,农民生活水平稳步提升。

【财政监督】 始终坚持将财政监督贯穿于财政管理工作运行全过程之中,切实履行财政监督职能,严肃财经纪律,确保财政资金安全高效,促进城中区经济建设持续健康发展。

预决算公开检查 根据自治区财政厅《关于设立预决算公开统一平台的通知》(桂财预〔2017〕16号)文件要求,按照《财政部关于印发〈地方预决算操作规程〉的通知》的规定,各部门预算经区人大批准后20日内须在城中区政府门户网站的预决算统一公开平台上挂网公开。通过财政对各部门预决算公开检查,提高财政信息公开的透明度,推进新型"阳光财政"的建设。

财政监督检查 2017年,城中区财政局牵头开展"小金库"问题专项检查、非税收入收缴情况、以政府购买服务名义变相融资排查整改工作、防治艾滋病攻坚工程、耕地地力保护补贴项目专项资金检查。协同其他部门开展违规发放津补贴、违规公款购买消费高档白酒、落实中央"八项规定""回头看"监督检查、城中区第二轮巡察等检查工作。通过财政监督检查工作,加强财政资金收支管理和监督,促进财政资金规范使用,严肃财经纪律,坚决纠正和查处各种财经违法违纪行为。

"三公"经费 继续压减一般性支出,巩固严控"三公"经费开支成果,2017年"三公"经费224万元,比2016年下降12%,"三公"经费支出规模连续五年下降,行政运行成本得到有效控制。

【财政改革】 通过理顺财政职责权限,积极构建财政预算项目评审工作机制,有效落实财政预算改革新理念,进一步提高财政管理运行效率。

会计核算改革 2017年,为厘清财政与预算单位在会计核算、财务管理职责,明确各自职能定位,根据《城中区机关会计核算改革实施方案》,完成区民政局、区农林水利局、区食品药品监督管理局、区城市管理行政执法局、区司法局、区劳动保障管理服务中心、区企业离休管理中心、区卫生和计划生育局、区住房与城乡建设局、区教育局、区园林绿化所的账务移交工作,恢复11个预算单位的会计核算权和财务管理权,逐步取消城中区财政局代理会计核算职能,有效推进城中区国库集中支付改革进程。

财政投资评审 为履行财政职能,规范财政性资金的使用,2017年4月17日成立城中区财政投资评审办公室,制定《柳州市城中区财政投资预算评审管理办法(试行)》,负责本城区财政投资项目资金的前期预算评估与审查。全年受理送审工程项目135个,评审资金5401万元,审定金额4762万元,核减财政资金638万元,项目资金核减率达12%。

预算管理改革 2017年,按照实施全面规范、公开透明预算制度的总体要求,开展支出经济分类科目改革,不断提高预算透明度。全面设置预算绩效目标,财政资金使用的效益责任传导到各预算单位。加强绩效评价管理,聘请第三方中介机构开展预算绩效评价,提高绩效评价的客观性和专业性。

存量资金清理 2017年,通过制定存量资金盘活方案,分4次收回存量资金,收回金额达1.4亿元,统筹安排用于教育、医疗卫生、农业等民生领域,清理盘活规模和力度均为历年最大,提高财政资金使用效益。

(黄　俊)

城中区组织财政收入完成情况表(2017 年)

单位:万元

项目	2017 年 1 月—12 月收入完成数	较上年同期增长
组织财政收入	264830	8.5%
(一)上划中央税收	125406	14%
(二)上划省税收	35980	2%
(三)上划市税收	43666	3%
(四)一般公共预算收入	59778	6%

城中区本级财政收入完成情况表(2017 年)

单位:万元

项目	2017 年 1 月—12 月收入完成数	较上年同期增长
一、本级财政总收入	89798	11%
(一)一般公共预算收入	59778	6%
(1)增值税	18575	82%
(2)营业税	–	–
(3)企业所得税	7475	−22%
(4)个人所得税	3806	67%
(5)城市维护建设税	6940	28%
(6)房产税	6965	−4%
(7)印花税	3362	15%
(8)车船税	5886	4%
(9)专项收入(教育费附加)	2930	28%
(10)行政事业性收费收入	1528	34%
(11)罚没收入	554	6%
(12)国有资源资产有偿使用收入	1754	−20%
(13)捐赠收入	3	−91%
(二)上级补助收入	30020	23%
二、上年结余	9	−84%
三、预算稳定调节基金	5200	–
合计	95007	17%

城中区本级财政支出完成情况表(2017 年)

单位:万元

项目	2017 年 1 月—12 月支出完成数	较上年同期增长
一、本级财政总支出	84427	11%
(一)一般公共财政支出	75016	14%
(1)一般公共服务支出	11167	35%
(2)公共安全支出	5954	17%
(3)教育支出	30301	9%

续表

项目	2017年1月—12月支出完成数	较上年同期增长
(4)科学技术支出	975	-5%
(5)文化体育与传媒支出	495	32%
(6)社会保障和就业支出	6573	9%
(7)医疗卫生与计划生育支出	5034	-2%
(8)节能环保支出	76	-21%
(9)城乡社区支出	11868	26%
(10)农林水支出	1094	-16%
(11)交通运输	7	-
(12)资源勘探信息等支出	148	21%
(13)住房保障支出	745	7%
(14)其他支出	596	36%
(二)上解上级支出	9411	-7%
二、预算稳定调节基金	10532	-
三、年终滚存结余	48	433%
合计	95007	17%

国家税务

【国家税务机构及工作概况】 柳州市城中区国家税务局(简称国税局)成立于1994年,其前身是柳州市税务局河北分局。2017年,有在编人员77人,内设办公室、政策法规股、征收管理股、税源管理一股、税源管理二股、税源管理三股、人事教育股、监察室、机关党办、纳税服务股、收入核算股、信息中心、财务管理股13个股室,下设龙城税务分局。年内城中区国税局有纳税人15576户,其中一般纳税人2680户,小规模纳税人6895户,个体工商户6001户。全年累计组织税收收入9.32亿元,增长90%,其中增值税86451万元,消费税188万元,企业所得税6114万元,房地产业、金融业和批发零售分列税源结构前三位,完成税收任务的100%。

【税收执法】 2017年,柳州市城中区国税局在维护税法尊严,提高税收征收率、降低税收流失率的同时,推进简政放权,提升了纳税人满意度和获得感;着眼于“执法准确性”,在全区率先试行总局“三项制度”,法治国税建设迈出坚实步伐;着眼于税收改革,征管体制改革纵深推进,“营改增”改革红利不断释放,2017年2月,成为广西壮族自治区唯一获得首个“全国法治税务示范基地”国税单位称号。

2017年8月29日,城中区国税局召开“柳州市城中区国税局‘营改增’建筑业专题座谈会”

(城中区国税局　供稿)

【税收征管】 2017年,城中区国税局各项征管数据指标在柳州市国税局和广西区国税局名列前茅。依托"互联网+"建设,充分发挥税收大数据系统优势,在税收征管方面迈开了长足步伐。研发"柳州国税税收大数据智能分析统计系统"并在全市推广运行,打破各类征管系统"各自为政"的数据壁垒,实现税收大数据的互联互通和高效应用,极大减轻基层工作负担,为领导决策提供有力支撑。通过"大数据系统"推动风险评估质量的稳步提升,有效提高了风险防范的精准度。年内,柳州市国税系统完成纳税评估201户,评估总成效8566万元,较2016年同期增加1498.45万元,增长21.20%。全市国税系统全年核减977户一般纳税人增值税专用发票用量3万多份,风险管理成效突破8亿元,其中查补入库税款5亿多元,加收滞纳金810万元,罚款152万元。

【税收宣传】 2017年,城中区国税局围绕"优化税收营商环境,助力经济高质量发展"的主题,坚持"落实地、多方式、准定位"理念,开展多项便民办税春风行动,为城中区企业排忧解难,保驾护航。通过座谈、培训、QQ群在线辅导、大走访、网上办税厅及"12366"微信、短信平台等形式,扩大税法宣传,以"走出去"和"请进来"为导向,通过召开座谈会、深入企业宣传、举办辅导培训班等多种渠道,着力打通政策落实的"最后一公分"。在税宣内容上注重时效性和针对性,紧扣企业所得税汇算清缴主题,强化城中区企业申报辅导,特别是高新技术企业优惠政策、科技型中小企业研发费用优惠政策辅导;注重增值税税制改革辅导,结合企业情况,对税率变化、纳税义务发生时间确定、正确开具发票等事项进行个性化答疑解惑,确保深化增值税改革工作落实到位,助推企业享受改革红利,助力区域经济高质量发展。全年累计发放宣传资料1.35万份,印制发放税收业务指南书籍9000余本,共对2038户进行辅导培训,让纳税人充分享受到新税制带来的"红利"。

【信息化建设】 2017年,城中区国税局在信息化建设中,多措并举,从征管、服务、电子化等多方面入手,运用"互联网+"思维,依托"金税三期"大数据管理优势积极拓展功能应用,在征管质效、纳税服务、风险防控、税收治理能力以及信息化水平等方面取得了长足进步,为推动实现城中区税收现代化打下了坚实基础。在提升"管理有效性"上取得新突破,实现国地税系统数据之间的互联互通,提升税收数据的运用质量,它的使用带来了办税流程上的便利,电子档案的高效利用极大地减少纳税人以及办税人员的工作量。"金税三期"优化版将实名办税与电子档案系统集成到核心征管系统中,搭建起"三位一体"的工作平台,实现办税人员信息和税收征管纸质档案电子化管理。

【国地税合作】 2017年,城中区国税局全面落实国地税征管体制改革,立足高起点、坚持高标准、定位高水平,构建国、地税合作新格局,不断拓宽合作事项,优化资源共享,通过优势互补,促进管理和服务的深度融合,提升纳税人的满意度和获得感。依托"金税三期"征收管理系统,办税便利通,同城通办同频共振。构建国、地税"金税三期"系统数据联合处理长效机制。双方以信息交换共享为突破口,明确对接、提取、核对和分工等具体事项。通过定期交换税收数据,充分整合信息资源,有效发挥税收大数据分析优势,促进双方信息共享互联互通,确保国、地税税

2017年10月17日,城中区国税局举办"青思享"主题沙龙——学生初创企业生存与发展的十里春风座谈会 (城中区国税局 供稿)

收信息系统进一步融合。“办税便利通”调整办税服务厅咨询台、自助区和巡场人员配比，梳理网上办税与窗口办税衔接关键点，实现对纳税人“一对一”服务，不断提升纳税人满意度。同时，进一步有序推广同城通办，2017年度自助终端同城通办达16206户，办税服务厅窗口同城通办达5466户，均为全市第一。

【减免税款】 2017年，城中区国税局落实政策不打折扣，切实加强纳税服务工作，着力优化营商环境，受到纳税人欢迎和好评。面对经济下行压力加大、堵漏增收难度增大、政策减收规模扩大的严峻形势，将依法收税贯穿组织收入工作始终，既依法征税又依法减免。全年累计为企业减免各类税款9889万元，全力支持大众创业、万众创新。

【实名办税】 2017年，城中区国税局依托“金税三期”系统，自主打造“柳州国税实名办税+电子底账为核心的事中事后风险闭环管理新模式”并在全市推行，实现实名办税风险源头防控。采取合理分流、三厅联动、责任到人、重点到户、下户采集详细的推广实施方案。实名采集持续深化，实现终端自助办理业务，切实提升纳税人办税体验，不断夯实税收征管基础，为风险管理提供有力保障。2017年，城中区国税局已采集7902户，采集率99.91%，全部项目已采集完成有7716户，采集完整率为97.56%。采集率和完整率分别排在柳州市第2和第3名。

（虞　永）

地方税务

【地方税务机构及工作概况】 城中区地方税务局成立于2006年3月，其前身是柳州市地方税务局城中分局。2017年，有在编人员52人，助征员15人，内设办公室、法规税政股、征管和科技发展股、征收服务股、收入规划核算和财务管理股、人事股、监察室，派出机构有第一税务所、第二税务所、第三税务所。年内，城中区地方税务局在税收管理工作中重点强化组织收入目标责任制，分解落实，严格考核；对重点税源企业税收情况按月动态监控，对企业的生产、销售、资金和税收增减变化原因进行剖析，摸清其税源增减情况；分析各税源管理股当月税收收入情况与上月的差异所在，及时提出整改措施，保证税收充足入库；重点掌握政府平台公司的税源情况，确保及时平衡入库。全年组织税收收入15.37亿元，完成全年收入目标任务的102.19%。

【税收征管】 2017年，城中区地方税务局加大税收征管力度，强化风险评估，合理调整征管机构职能，科学确定税源管理岗位，细化税源管理职责分工。抓好单项税种管理，通过上门提供纳税服务和风险前移，重点做好绩效奖的个人所得税管理工作，全年共征收个人所得税15841万元，同比增长43.93%。做好企业所得税管理，2016年度有1083户查账征收企业和19户核定征收企业进行了企业所得税年度汇算清缴，共清缴税款326万元。加强征管数据监控，派专人定期登录金三系统，及时将系统中筛选出的异常数据及时通知专管员进行修改，确保户籍信息的完整性和一致性。加强政务协作，强化源泉控管。继续加强与国土部门的合作，抓好土地交易税收管理，严格执行“先税后证”措施，防止税收流失，全年征收土地交易契税100615万元，同比增长66.48%。做好2016年度纳税人纳税信用评价工作，参评的纳税人1804户，其中评定A级纳税人33户、B级纳税人1502户、C级纳税人219户、D级纳税人50户。

【纳税服务】 2017年，城中区地方税务局在服务工作中注重提升服务质量、优化服务功能。在办税大厅设置预审台，集税收咨询、复印资料、排号功能为一体，避免纳税人重复排队、多头跑，节约办税时间。做好国税地税“一窗式”服务，以柳州市城中区办税服务中心“一站式+一窗式”为基本模式，在办税大厅实现了纳税人进一家门，到一个窗口，办两家税，最大限度地方便纳税人。开展“便民办税春风行动”活动，以提高纳税人满意度为目标，积极简化业务流程，从细节着手，完善升级便民措施，推出双人导税、专人纳税辅导、免费复印、设置国地税自助办税终端等一系列便民服务，避免纳税人来回跑，多头跑的问题，有效提高了办税效率，得到纳税人的一致好评。简化注销手续，由征管部门责成税收管理员定期登录税收协同共治平台查看申请信息，并相应开展清税工作。联合城中区国税局、工商

局进驻广西科技大学,全面启动促进创业创新“先驱计划”,该项工作得到时任自治区政府常务副主席蓝天立点赞。

【税收宣传】 2017年,城中区地方税务局与多家单位合作,做好税收宣传工作。税收宣传月期间,与城中区国税局、地税直属一分局、文华中学和城中区宣传部合作,联合开展“税收带来校园美”税法进校园活动、“争做小小税宣员 童眼妙笔话税收”“柳州市城中区第一届税收宣传漫画大赛”等活动,通过活动引导广大青少年学习税法、了解税法、宣传税法,营造“教育学生、带动家庭、辐射社会”的税收宣传氛围,构建诚信纳税的良好社会环境。

【绩效管理】 2017年,城中区地方税务局高度重视绩效管理工作,在组织领导方面,及时成立绩效考评领导小组,形成“一把手”负总责、亲自抓,班子其他成员具体抓好相应工作的绩效考评工作格局,为绩效工作的顺利开展奠定基础;在制度建设方面,建立及完善绩效管理工作细则、考评规则和考评结果运用办法等制度,使工作做到有的放矢;在完善机制方面,配备组建12人的绩效管理团队,绩效专员11人,各部门都配备一名绩效专员,多次组织绩效管理专员采取专题、实际操作培训,为绩效管理各项工作落实提供人员保证;在强化工作督查方面,对绩效管理工作进行定期、不定期及专项督查,将考核工作贯穿在全年工作之中,彻底改变以前年底集中准备考核资料的被动局面,确保绩效管理工作有效开展和对工作的实时促进。2017年城中区地方税务局荣获全市地税系统绩效管理一等奖,实现三连冠。

(熊　斌　刘清华　崔国利)

银　行

【银行业概况】 2017年,柳州辖内共有政策性银行、国有商业银行、股份制商业银行、邮政储蓄银行、城市商业银行、村镇银行、农村合作金融机构等银行业金融机构29家,共设有营业机构网点663个。年内,辖区各银行业金融机构认真落实柳州市“实业兴市,开放强柳”战略,紧扣地方经济特点,优化信贷结构,不断增强服务实体经济质效,供给侧结构性改革、精准扶贫和薄弱环节金融创新与服务等方面取得了新成效,各项经营业务持续保持健康发展。至年末,柳州辖区银行业金融机构本外币各项存款余额3630.93亿元,各项贷款余额2462.39亿元,各项贷款增速超过地方GDP增速0.92个百分点,投向制造业356.98亿元,投向批发和零售业338.09亿元,投向水利环境和公共设施管理业375.83亿元,投向工业转型升级项目、节能环保、文化等产业120.4亿元,为柳州市经济和社会发展做出了重要的贡献。(柳州银监分局)

【农业银行柳州城中支行】 农业银行柳州城中支行全称中国农业银行股份有限公司柳州城中支行。2017年,农业银行柳州城中支行有员工131人,内设综合管理部、运营财会部、风险管理部、个人金融部、公司业务部5个部室,下辖8个对外营业网点和1个轻型网点。年内,农业银行柳州城中支行深入贯彻学习党的十八大和十九大会议精神,围绕农行转型升级的发展要求和上级行的工作部署,加强党建和作风建设,狠抓服务和市场营销,强化内控和风险管理,实现了全行业务经营的平稳发展。年末,本外币各项存款余额54.75亿元,比年初增加5.55亿元,增长11.28%。人民币各项贷款余额11.1亿元,其中法人贷款余额6.04亿元,个人贷款余额5.08亿元。荣获农行广西分行2017年度一级支行竞争力提升奖中的“存款提升奖”和“内部控制奖”2个奖项。

公司业务 2017年,农业银行柳州城中支行对公存款余额28.09亿元,比2016年增加3.49亿元;各项贷款余额11.1亿元。年内累计投放柳州绿城房地产开发有限公司前期整块土地整理贷款3000万元,商业开发贷款2.2亿元。全力支持实体企业建设,柳州市龙溪水利水电建设投资有限公司落久水利枢纽工程11亿元项目贷款已获区分行审批。

零售业务 2017年,农业银行柳州城中支行储蓄存款余额26.59亿元,比上年增加2亿元。年内,该行零售业务加速发展,将壶西分理处改造成适合社区服务的金融便利店,全部营业网点增加了各类自助业务办理设备,极大的方便客户自助办理业务。积极支持个人购房及生产经营,全年累计投放个人贷款120笔金额1亿元,助力百姓改善住房条件和就业。全力打造网点“6S”精细化管理,成功创建营业室银联协四星级网点，有效提升营业网点标准化服务，更好地为市民服务。

中间业务 2017年，农业银行柳州城中支行在传统的营销模式基础上，实行创新转型，深度挖掘传统结算业务收入，创新收入产品，拓宽收入渠道，重点营销零售板块中收入较高的产品。同时，大力发展理财、投行、机构、基金、保险、贵金属等业务，提升中间业务收入。年末，全行实现中间业务收入2463.9万元。

社会责任 2017年，农业银行柳州城中支行在服务地方经济发展的同时，积极从事社会公益事业活动，勇担社会责任。组织志愿者参加义务植树活动，配合柳州市文明办做好文明出行交通疏导；开展反假币反洗钱宣传，送金融知识进企业、进社区、进市场、进学校，全年发放宣传资料1万余份，接受公众咨询2000余人次。做好发放养老待遇金工作，并把其作为稳定社会的一项重要工作来抓，2017年新发放社保卡48531张，发放养老待遇金7.24亿元，累计归集社保资金14.05亿元。（叶冰琳）

【农业银行柳州立新支行】 农业银行柳州立新支行成立于1995年，前身是农业银行柳州分行营业部，2017年有员工158人，内设综合管理部、运营财会部、风险管理部、个人金融部、公司业务部5个部室，下辖11个对外营业网点和2个轻型网点。年末，全行人民币存款余额66.02亿元，比上年增加5.6亿元，增长9.27%；人民币各项贷款余额57.79亿元。荣获农业银行总行2017年度运营基础管理先进单位、广西区分行2017年度“先进基层党组织”称号、广西区分行2017年度一级支行竞争力提升奖之内部控制奖，下辖网点龙城世家支行荣获农业银行总行2017年度“巾帼文明岗”称号、广西区分行2017年度“基层党建标杆”称号。

对公业务 2017年，农业银行柳州立新支行持续服务实体经济，推动柳州市经济社会发展。至年末，人民币对公存款余额29.88亿元，比2016年增加3.11亿元，对公贷款余额48.70亿元。全年累计投放贷款总额（不含贴现）42.96亿元；上下联动营销票据业务，全年累计办理银行承兑汇票15.76亿元，累计办理贴现5.34亿元，有效地支持柳钢集团、柳工、金嗓子、中铁四局等柳州市重点企业的经营发展。创新推出“资金池”业务，充分利用“资金池”功能从票贴、承兑、贷款入手，加大对小微企业的金融支持，引来第一批26户新成员客户开户。同时注重风险防控，保证稳健经营，信贷质量明显提升。

零售业务 2017年，农业银行柳州立新支行稳步推进网点6S标准化管理转型，提升网点产能和服务质效，更好地为市民服务。年末，人民币储蓄存款余额36.14亿元，比上年增加2.49亿元，增长7.40%。个贷业务稳健发展，全年共拓展二手房中介1个，营销准入一手楼盘1个，存量准入楼盘3个，共发放住房贷款1.38亿元。累计投放个人消费类贷款3803万元，助力百姓提高生活质量，激发市场经济活力。加快推进电商业务，努力抓活电商客户拓展。以柳州市批发业龙头企业为突破口，采用“一企一策”“一对一服务”的营销策略，成功营销E商管家核心商户4户、E商管家渠道商户73户，为客户提供便捷的对账服务与高效的销售效率。

中间业务 2017年，农业银行柳州立新支行按照传统业务重在“坚守”、新兴业务重在“强攻”的思路，全年实现中间业务收入2999.2万元。承接上年中间业务发展势头，该行提升信用卡发展速度和质量，做大信用卡客户基群，持续开展信用卡刷卡促销活动，稳步提升信用卡透支额，有效拉动社

柑橘喜获丰收　（《品质城中》编辑部　供稿）

会消费经济,从而助推实体经济发展。此外,全力以赴做大分期业务,特别是车位、汽车等专项分期业务,为金融消费者提供便利。扎实推进“农银 e 管家”的拓展营销,推广“代理保险 +”等产品营销模式,加快拓展交易类贵金属业务。在做大做强传统中间业务渠道的同时,创新拓展中间业务渠道,更多地关注到“互联网 +”、电子支付等方式上,充分挖掘消费领域的市场潜力。

社会责任 2017 年,农业银行柳州立新支行在服务地方经济发展的同时,秉承“责任为先、兼善天下、勇于担当、造福社会”的理念,积极开展形式多样的社会公益事业活动,践行国有大型商业银行的社会责任。开展志愿服务工作包括“小积分,大梦想”公益行动、“保护母亲河”环保活动、义务植树活动和交通劝导志愿服务等,全年参与志愿服务 200 余人次,为柳州市创建全国文明城市贡献力量。此外,农业银行柳州立新支行立足行业本身,开展“普及金融知识万里行”宣传活动,送金融知识进企业、进社区、进市场、进学校,全年接受社会公众咨询、解答各类金融问题 1500 余人次,发放宣传金融知识材料 9000 余份,致力于提升广大金融消费者的风险意识,努力构建和谐的金融消费环境。

(黄曼菲)

【工商银行柳州市龙城支行】 工商银行柳州市龙城支行全称为“中国工商银行股份有限公司柳州市龙城支行”,成立于 1973 年 5 月。2017 年,工商银行柳州市龙城支行内设综合管理部和客户经理部,下辖 10 个二级支行,有员工 168 人。年内,该行坚持以“提质增效”为核心,以精细化管理为抓手,以党建工作引领银行业务和谐发展。年末,人民币各项存款余额为 99.28 亿元,比年初增长 4 亿元;人民币各项贷款余额为 76.53 亿元,比年初增长 12.21 亿元。

贷款业务 2017 年,工商银行柳州市龙城支行主动融入国家“一带一路”建设,积极把握广西“双核驱动”“三区统筹”多重叠加的政策机遇,紧紧围绕服务实体经济大局,贯彻实施“大投行”战略,秉承“创新引领、投行驱动、转型发展”理念,加大业务创新力度,着力推动品牌投行业务发展,努力打造经营一体化、服务综合化、营销策略城市化的投行业务发展新格局。通过投行先行、商投互动,打通融资业务第一步,敲开金融服务深化合作之门,积极发展项目贷款、个人贷款和小微企业票据业务。充分发挥票据业务的多元化功能,在吸收存款的同时,进一步加大票据业务转型发展和产品创新力度。全年办理银行承兑汇票 2.3 亿元。坚持经济责任和社会责任相统一,围绕服务实体经济本源,聚焦小微企业需求,从整体市场规划到客户营销精耕细作,做好小微企业“大文章”。抓住小微企业融资“短、平、快”的特点,全力为小企业提供多元化综合服务,全面提升金融服务能力。全年累计投放小微企业贷款 4937 万元、公司项目贷款 19 亿元、个人贷款 11 亿元。

存款业务 2017 年,工商银行柳州市龙城支行坚定“客户立行”信念,开展全员营销。通过狠抓服务、强化管理,全力抓好系统客户和同业客户的营销维护管理工作,进一步优化存款结构。推进大零售战略的实施,在拓展新市场、新客户、新资源的同时,进一步巩固和维护好现有中高端客户、贷款户、重点公司机构户,不断完善联动营销机制,以推广重点产品为纽带,内强服务,外拓市场,通过组织管理推动、精准营销带动、优质服务促动等措施,取得显著成效。各项存款时点余额为 99.28 亿元,比年初增长 4 亿元,各项存款日均余额为 99.85 亿元,比年初增长 9.11 亿元。

中间业务 2017 年,工商银行柳州市龙城支行公私联动营销,各类业务拓展有声有色,努力拓宽中间业务增收渠道,积极开展投资银行业务,加大产品创新力度,开辟中间业务收入新的增长点;加大各类理财产品和重点基金的营销力度;加大代理保险业务推广力度;全力拓展银行卡业务和特约商户;做大做强电子银行业务,采用互联网思维全面营销二维码拓户、一键支付、扫码取现、融 e 行、融 e 联、融 e 购等金融业务,结合外拓营销活动扩大“三融”系列产品覆盖面,为广大客户提供方便、快捷、高效的金融服务。年末,全行实现中间业务收入 1.65 亿元。

社会责任 2017 年,工商银行柳州市龙城支行在服务地方经济和社会发展的同时,积极践行大行应有的社会责任。全体员工始终把支持公益事业发展同塑造工商银行良好行业形象有机结合起来,开展创建文明单位、青年文明号、巾帼文明示范岗和军民共建、社区共建等活动,将工商银行的奉献乐章汇入全社会文明、进步的旋律之中。通过开展扶贫帮困、助老助残、捐资助学、无偿献血等助人活动，展现工行良好的社会形象。全行上下联动，积极开展“金融知识万里行”和“防范非法集资宣传月”活动，全年接受社会公众咨询、解答各类金融业务问题3000余人次，柜面成功堵截冒名开卡及注册网银79笔。通过积极做好风险提示，提醒广大人民群众警惕近年非法集资出现的新手法以及主要的表现形式等，提高广大人民群众的风险意识和识别能力，树立正确的投资理念，自觉远离和抵制非法集资。

（工商银行柳州市龙城支行）

【柳州银行】 柳州银行成立于1997年，是一家由地方财政、地方优势骨干企业和个人投资入股成立的城市商业银行，为柳州市当地龙头企业，也是中国服务业企业500强，广西企业100强。2017年，柳州银行有分支机构网点111家，业务范围覆盖南宁、柳州、来宾、河池、桂林、梧州、贵港、百色等区域。至年末，柳州银行总资产达1175亿元，比年初增加118亿元，增幅11.14%；存款余额804亿元，比年初增长143亿元，增幅21.62%；贷款余额400亿元，比年初增长76亿元，增幅23.27%。各项核心指标实现监管动态达标。同时，2017年柳州银行获中国内部审计协会内部审计质量最高评级“3A”级，为国内商业银行和西部省区首家获得该评级的单位，同时荣获“2017年区域性商业银行最佳手机银行成长奖”、第14届东盟博览会“2017年度最佳贸易企业伙伴银行”等奖项。

公司业务 2017年年末，柳州银行对公存款余额598亿元，较年初增长92亿元。公司贷款余额335亿元，比年初增长57亿元。年内，柳州银行率先推出企业注册登记“一站式”服务，成为柳州市第一批为企业提供“政银”一站式服务的银行。积极贯彻“一带一路”发展战略，发放项目贷款和基金委贷共2.8亿元，支持搭建边贸互市及口岸建设。同时，快速推动糖业产业供应链金融系统成功上线，为该行带来新的业务增长点。2017年，该行成立票据贴现中心，已向人民银行办理3.6亿元再贴现业务，促进了公司业务的发展。此外，贸易金融结算业务取得突破，全年实现国际结算量达3亿美元，同比增长1.42亿元，增幅47.81%，取得越南盾挂牌交易资质。

零售业务 2017年年末，柳州银行个人存款余额206亿元，比年初增长51亿元，增幅32.68%；个人贷款65亿元，比年初增长18亿元。年内，柳州银行通过开展“易生活”、厅堂微沙龙及各类主题营销活动带动个人客户增长；并打造全区唯一“ETC+桂民卡”交通出行品牌，柳州银行桂民卡发卡4.72万张，ETC全年累计发行量3.05万户，在全区各代理发行银行中排名第二；针对不同消费群体，推出个人购房按揭贷款、个人综合消费贷款、个人汽车消费贷款等各类个人消费金融授信业务。同时，对原有的司法拍卖按揭贷款产品进行升级，提高网络司法拍卖的服务能力。在优化网点服务方面，手机银行全面升级，实现“自助设备刷脸取款”“手机银行刷脸登录”“自助发卡机人脸应用”等功能。

中间业务 2017年，柳州银行继续扩大代收付业务规模，加强理财业务的产品体系建设，加快金融产品创新，全力提高本行中间业务收入，实现中间收入的贡献度不断增加。2017年累计发售理财产品165期，募集资金同比增长316.64%；累计兑付理财产品118期，兑付理财本金88.5亿元。通过推出“龙行e码付”二维码收单服务，全年累计拓展实体商户9000户，实现资金归集6.8亿元；“龙行e融”全年实现平台资金募集13.25亿元，业务收入694万元。全年，该行实现中间业务收入1.08亿元，同比增加0.25亿元，增幅29.80%。

企业文化 2017年，柳州银行秉承“团结、安全、高效、特色”的企业精神，开展丰富的企业文化活动。成功举办庆祝柳州银行成立20周年系列活动，对外树立了良好企业形象；组织开展庆祝“七一”主题会演、职工运动会、迎春晚会，不断丰富职工业余生活；积极参加金融系统体育比赛，在广西金融体育联合会举办的职工气排球比赛中荣获男女双冠军；举办“五四”纪念大会、“最青春·书香满行”读书活动，为青年员工搭建良好的成长平台，荣获中央金融团工委授予“全国金融系统五四红旗团委”荣誉称号；并在银行系统演讲比赛中荣获团队冠军，包揽全部3个个人奖项，充分展示了柳州银行良好的青年形象；积极履行社会责任，向广西禁毒委员会捐款100万元支持广西禁毒公益活动；积极落实中央“精准扶贫”要求，捐助20万元推动融水县东田村扶贫项目落地；向派驻扶贫点学校捐赠款项及学习用品1万多元，献出了企

业爱心。（柳州银行）

【邮政储蓄银行柳州市分行】 2017年，中国邮政储蓄银行股份有限公司广西柳州市分行（简称邮储银行柳州市分行）位于柳州市柳北区广场路2号，内设一级部门13个，二级部门7个。下辖一级县支行3个，二级支行21个，邮政金融代理网点36个。在职员工407人。年末，各项存款余额89.1亿元，比年初增长2.87亿元，各项贷款余额43.6亿元，比年初增长4.3亿元。在城中辖区的邮政储蓄银行有龙城路支行、桂中大道支行。其中，龙城路支行位于柳州市龙城路32号，属于单一功能网点，开办个人储蓄业务，员工7人。桂中大道支行位于柳州市桂中大道南端5号，属于多功能网点，开办对公业务、个人储蓄业务及个人零售信贷业务，员工12人。

负债业务 2017年，邮储银行柳州市分行在主题营销活动、低息拓展负债等方式推动下，稳固了个人存款来源，优化了个人存款结构。通过分层营销、派驻专员、市县联动的方式，深耕县域机构类客户，成功承接三江县政府与国开行扶贫贷款资金2亿元，10月30日首笔精准扶贫贷款项目资金5000万元成功落地三江县侗乡大道支行。全年个人存款余额80.33亿元，累计新增6.36亿元；单位存款余额8.77亿元，累计减少3.49亿元；其他存款（含汇出汇款、应解汇款）11.89万元，比2016年增加11.08万元。其中，龙城路支行储蓄存款余额1.7亿元，比上年增长3.74%；桂中大道支行储蓄存款余额1.21亿元，比上年增长2.24%。

资产业务 2017年，邮储银行柳州市分行着力推进金融精准扶贫工作，在做好“再就业贷款”为主的政府平台类等贷款项目的基础上，持续做好传统小额贷款。小企业贷款围绕“四大金融”的思路，实现助保贷落地投放，加快民生金融发展，实现民营医院贷、小水电法人贷款零突破，推进发票贷、新三版股权质押等补充贷款业务落地投放，全面完成三个不低于指标（即小微企业贷款增速不低于各项贷款平均增速、小微企业贷款户数不低于上年同期户数、小微企业申贷获得率不低于2016年同期水平），成为柳州银行业金融系统两家完成三个不低于的金融机构之一。个人消费贷款支持房地产市场平稳发展，助推楼市去库存。全年小额贷款新增1.84亿元，小企业法人贷款新增0.14亿元，消费贷款新增2.82亿元，个商贷款新增0.55亿元。其中，桂中大道支行贷款余额10.26亿元，比上年增长9%，发放个商贷款1352万元。发放消费类贷款2.42亿元，其中一手房贷款1.18亿元，二手房贷款0.48亿元。在公司业务上，先后为广西五建发放流动资金贷款2亿元，实现公司信贷零突破。另外，8月29日，根据总行安排部署，中国邮政储蓄银行三农金融事业部柳州市分部成立，健全专业化为农服务体系，开创服务“三农”新局面。

中间业务 2017年，邮储银行柳州市分行主抓核心业务，突出中间业务拉动作用。全年累计发放信用卡18931张，同比增幅205.93%。发放社保IC卡110018张，继续为金融、政府、教育等20多个单位提供服务；发放金融IC卡89253张。贵金属业务累计销售2216.6万元，销售实物金265.98万元，人民币理财实销量19.71亿元，代理保险4.34亿元，代理基金业务累计销售1.1亿元。其中，龙城路支行全年累计发放信用卡591张，贵金属业务代理成交金额307.44万元，人民币理财实销量3454.53万元，代理保险214万元，代理基金261.92万元。桂中大道支行全年累计发放信用卡544张，贵金属业务代理成交金额36.66万元，人民币理财实销量7784.97万元，代理保险341万元，代理基金561.92万元。

电子银行业务 2017年，邮储银行柳州市分行着力扩大手机银行客户规模，以二维码为载体，以银联二维码支付和聚合支付产品为抓手，匹配综合金融服务，双向拓展商户和客户。全年新增电子银行客户111437户，其中个人网银新增注册客户44548户，电话银行新增注册客户4867户，手机银行新增注册客户62022户。电子银行交易替代率92.73%。其中，龙城路支行电子银行客户14021户，桂中大道支行电子银行客户15536户。

（张志婷　黄　烜　梁凤凡）

【光大银行柳州分行】 光大银行柳州分行位于潭中东路17号，为光大银行首个二级分行。2017年，有正式员工144人，下辖营业网点6个，其中营业部1个，支行4个，社区银行1个。年末，资产总额为141.71亿元，比年初增长9.07亿元，增长6.84%；负债总额为139.80亿元，比年初增长9.14亿元，增长7%。其中各项存款

139.26亿元，比年初增长10.35亿元，增长8%。

对公业务 2017年，光大银行柳州分行加大对实体经济支持力度，跟进柳州市统筹推进公路、水利设施等重大项目建设，采用多元化融资渠道，通过运用高资理财、债务融资等融资工具，为柳州多家平台公司投放贷款。年内，该行共获批市级国家重点领域重大工程建设项目和区域重点项目金额超过75亿元，累计已投放67亿元。同时，紧跟柳州市产业结构调整步伐，重点支持区域内优势产业、行业龙头企业的转型升级。支持柳州汽车产业发展，重点支持广西汽车集团、上汽通用五菱等产业核心客户，全年为上通五汽车经销商提供网络融资额达194亿元；支持发展全域旅游和特色旅游名县，配合柳州市生态工业城市的建设，为柳州文旅集团元宝山公园等项目提供金融支持。另外，对小微企业采取“搭平台”“拓渠道”和“推产品”相结合的方式，先后推出阳光融易贷、小额融易贷、阳光助业贷等小微金融产品，并按照国家规定对“小微”和“三农”企业在减免承诺费、资金管理费、财务顾问费、咨询费等费用基础上，新增免收资信证明费、贷款承诺费、银行承兑汇票敞口承诺费、保兑仓商通赢手续费、企业委托贷款手续费、银团贷款承诺费以及贸金业务额度管理费等优惠政策合计7项。全年该行对公贷款余额(不含贴现)38.65亿元，合计61笔，加权平均贷款利率仅为5.32%，切实为小微企业“减负”让利。

零售业务 2017年，光大银行柳州分行围绕服务民生，发展普惠金融，加快推进消费信贷管理模式和产品创新，加大对民生消费重点领域的金融支持。发挥线上线下一体化优势，积极拓展线上学费、水电费、物业费等云缴费项目，推动消费信贷与互联网技术相结合，打造“随心贷”等自助式消费贷款平台。围绕“要理财，到光大”，不断推出优质理财产品，打造理财精品银行。加快信用卡业务发展，持续做好商圈优惠活动，以及光大信用卡10元观影、10元洗车、10元美食品、“8·18光大日”品牌活动。年末，普惠金融个贷板块笔数3066笔，余额3.5亿元，普惠金融发展初见成效。各类消费类贷款累计发放2275笔，金额共计1.83亿元。创新推出线上信用消费贷款“随心贷”业务，包括“公积金贷”及“保险贷”，全年“保险贷”投放笔数415笔，金额1365.8万元；“公积金贷”投放笔数86笔，金额合计525.98万元；“随心贷”项目投放笔数501笔，金额1891.78万元。光大“阳光理财”紧贴客户需求，不断创新理财产品和配套服务，形成了自身的优势和特色，得到了投资者的肯定，全年累计销售理财产品超76亿元。光大信用卡特惠活动合作商户50余家，补贴费用超100万元，参加促刷活动人次超2万人，实现全年营收1.09亿元。

优化金融服务 2017年，光大银行柳州分行坚持走科学发展、内涵发展之路，着力打造“广西口碑最好银行”。以“基础扎实、构筑特色、打造品牌”为着力点，扎实推进阳光服务建设，通过深化岗位技能练兵、深入开展“周周有宣传、月月有活动”等活动，有效提升了品牌形象并推动各项业务发展。分行营业部通过“青年文明号”复检、被评为柳州银行业2016—2017年“文明规范服务示范网点”和全国“中国银行业文明规范服务五星级网点”。另外在消费者权益保护方面积极配合相关监管机构开展金融知识进校园、金融知识万里行、金融知识进万家、宣传月等活动，并联合学校组织为学生提供金融知识学习、银行厅堂指引、柜台技能学习等，为青少年提供了解学习金融知识的平台，在同业独树一帜。对内通过内刊、内网开设“消费者权益保护宣传专栏”以及网点晨会向员工宣传消保法规、制度和案例，定期培训，组织全行员工参加消保知识学习和考试，并参加了中国银行业消费者权益保护知识网络竞赛，有效提升广大员工消费者权益保护意识和工作水平。

(光大银行柳州分行)

【浦发银行柳州分行】 2017年，上海浦东发展银行股份有限公司柳州分行(简称浦发银行柳州分行)辖营业部1个，同城支行2个，社区支行3个，小微支行2个。年末，资产总额129.57亿元，比上年增长3.91%；各项存款余额120.54亿元，比上年减少4.51%，各项贷款余额105.32亿元，比2016年减少13.85%。

资产业务 2017年，浦发银行柳州分行在基础设施建设、产业升级增效、民生保障改善、生态文明建设等四大投资领域的多个投资重点方向增加信贷支持，特别是加强与市政府合作，推进城市发展基金二期、柳江区城镇化建设基金等重大项目投放，年内累计投放表内外业务金额(含贴现)95.34亿元。个人贷款在以住房按揭贷款、经营性贷款和消费贷款的基础上，大力推进发票贷、精英贷等第三极贷款，全年累计发放个人贷款10.42亿元，比年初新增3.86亿元。

负债业务 2017年，浦发银行柳州分行积极探索对公负债业务新模式，借助“智能存款”、云账单、e企付、e企明等业务产品，扩大基础客群，实现存款业务快速发展。零售业务围绕“鸿雁计划”加强客户精细化管理，通过提升网点综合产能，以汇理财、爱心存单、安享赢等产品建立零售存款增长通道，不断加强私行客户的维护与提升，实现私行客户资产不断增长。年末，各项存款日均余额135亿元，比上年增长14.15亿元

中间业务 2017年，浦发银行柳州分行构建以客户需求为核心，囊括政府、园区、券商、交易所、保险公司、担保公司等多方合作渠道在内的金融生态体系，为客户提供股权融资、对接政府资源、整合上下游产业链、并购撮合等降杠杆、优结构的一揽子增值服务，积极开展国际信用证和参付通业务，实现在岸国际结算量1.6亿美元，全年办理理财销售171.14亿元，基金销售1亿元，实现财富类中间业务收入1048万元。

（杨大志　曾　妍）

【兴业银行柳州支行】 2017年，兴业银行股份有限公司柳州支行(简称兴业银行柳州支行)，地址位于柳州市瑞康路18号金麟中心1~4层，下辖营业网点4个，其中营业部1个，同城支行3个(含2个社区支行)，员工120人。至年末，兴业银行柳州支行表内贷款余额92.98亿元，各项存款余额134.03亿元，实现净利润0.85亿元。

资产业务 2017年年末，兴业银行柳州支行各项资产总额138.14亿元，较年初新增11.62亿元，表内贷款余额92.98亿元，较年初新增34.74亿元(其中公司类贷款余额84.07亿元，较年初新增33.05亿元，零售类贷款余额8.91亿元，较年初新增1.69亿元)。表内外授信总额363.24亿元，较年初新增108.43亿元，比2016年增长42.55%，贷款余额同业占比3.78%。2017年，兴业银行柳州支行进一步加深与柳州市重点实体企业业务合作，围绕柳州市“实体经济发展年”“重大项目建设年”等工作目标，持续重点支持汽车、钢铁、机械等柳州支柱产业及其上下游企业的发展。同时，兴业银行柳州支行加大普惠金融力度，创新小微企业专属金融产品，降低小微企业融资成本，大力支持小微企业经营发展。

负债业务 2017年年末，兴业银行柳州支行各项存款余额134.03亿元，较年初新增10.91亿元，其中公司类存款总额126.26亿元，较年初新增9.68亿元，零售类存款总额7.77亿元，较年初新增1.22亿元。2017年，兴业银行柳州支行存款结构以公司类存款为主，占存款94%以上，通过拓展与政府平台公司及柳州市龙头企业的业务合作，向重点棚户区改造项目投放项目贷款、积极营销企业债券承销及租赁融资的资金托管，继续提升对汽车金融为主的供应链业务的结算款沉淀，推动公司类存款较年初新增9.68亿元。另外，兴业银行柳州支行在个人储蓄方面，着力打造“活力人生”和“安愉人生”等产品品牌，营造良好的用卡环境，为客户提供一系列优质服务，以全方位的优质服务推动个人储蓄存款稳定增长，实现较年初新增1.22亿元。

（兴业银行柳州支行）

【招商银行柳州分行】 招商银行股份有限公司柳州分行(简称招商银行柳州分行)位于文昌路26号东郡1栋1号楼。2017年，设有营业网点4个，其中营业部1个、同城支行3个，离行式自助网点13个，在岗员工83人。年末，资产总额19.95亿元，各项存款余额13.57亿元，各项贷款余额20.29亿元。

公司业务 2017年，招商银行柳州分行围绕总行“轻型银行”的战略部署，创新发展公司业务，支持实体经济发展。招商银行的创新票据业务管理产品“票据大管家”，采用Fintech思维，通过“融资+融智”的综合服务方式，帮助企业迅速提高融资效率，降低财务成本，解决实体客户痛点。其两大核心业务为“在线贴现”和“票据池”，“在线贴现”针对票据在线贴现，可实现企业快速融资；“票据池”基于票据托管的票据大管家客户，可申请办理票据池授信的结算、融资服务。12月25日，招商银行柳州分行完成广西首笔“在线贴现”业务，金额1000万，耗时仅1分钟。此外招商银行柳州分行全年资产累计投放30.51亿元，其中投向低风险业务占比70.70%、投向总行分行两级战略客户及其下属成员公司占比84.63%，资产、行业和客户结构持续得到优化，确保重点建设项目融资业务落地创效。

零售业务 2017年，招商银行柳州分行落实总行“一体两翼”

的战略定位，做强零售特色业务，践行普惠金融。信用卡业务方面，充分发挥招商银行信用卡优势，拓展零售基础客群，信用卡全年新增15798户、同比增长65%。代发业务方面，深入维护代发企业，充分发挥员工能动性，每月开展进企活动，不定期组织开薪论坛，赢得代发企业认可，全年新增代发客户3997户。按揭业务方面，通过公私紧密联动合作，紧跟房开商对接和新项目准入，配合房开商做好接单工作，确保按揭业务有序开展，全年发放按揭386笔、发放金额3.4亿元。此外，招商银行柳州分行创新推出以"小小银行家"为主题的教育增值服务系列活动，以寓教于乐的方式向孩子提供"服务礼仪学习""点钞大赛""识别假币、外币""使用ATM机"等学习内容，开创了财商、亲子、游戏相结合的服务模式，丰富客户体验，宣传金融知识，实现金融服务进万家。

（石志强　赖明慧）

【桂林银行柳州分行营业部】 桂林银行股份有限公司柳州分行营业部（简称桂林银行柳州分行营业部）位于桂中大道4号王座1栋。2017年，内设公司业务部、零售业务部、营业部3个部室，管辖6个社区支行（含小微支行）。有自助机具（如ATM、CRS等）25台。有员工32人。年末，桂林银行柳州分行营业部本外币各项存款余额35.60亿元，较年初增加17.71亿元，增长98.99%；各项贷款余额32.51亿元，较年初增加4.68亿元，增长16.82%。

存款业务　2017年年末，桂林银行柳州分行营业部本外币对公存款余额23.40亿元，较年初增加12.36亿元，增长111.96%；储蓄存款余额12.20亿元，较年初增加5.70亿元，增长87.69%。

贷款业务　2017年，桂林银行柳州分行营业部继续加大对实体经济的支持力度，重点支持了柳钢集团、鱼峰集团及其上下游企业的发展，授信余额户分别为14.17亿元、1.4亿元。年末，各项贷款余额32.51亿元，较年初增长4.68亿元，覆盖制造业、建筑、个人消费、农林牧渔、服务贸易等行业。小微企业贷款余额9.05亿元，占全年发放对公贷款的34%，主要投放制造业（汽配）、服务贸易、批发零售等行业。

中间业务　2017年年末，桂林银行柳州分行营业部实现中间业务收入328.80万元，来源为结算业务手续费、外汇业务手续费、其他手续费收入等。

电子银行业务　2017年，桂林银行柳州分行营业部以互联网金融发展为契机，通过开展"积分兑换"活动，小能人生活服务平台，提高网上银行、手机银行客户渗透率和活跃度，实现电子银行业务快速、健康发展。年内，桂林银行柳州分行营业部电子借记卡发卡量60098张，较年初增加13750张；个人网银11773户，较年初新增5067户；手机银行14452户，较年初增加9234户。

（桂林银行柳州分行营业部）

【交通银行柳州分行】 2017年，交通银行股份有限公司柳州分行（简称交通银行柳州分行）在城中区共设有4家营业网点，分别是文惠支行、中山东支行、瑞安支行、高新区支行，有员工47人。另有自助银行11家，其中在行式自助银行有4家，分别是文惠自助银行、中山东自助银行、瑞安自助银行、高新区自助银行；离行式自助银行有7家。自助机具（如ATM、CRS等）共28台。年末，交通银行柳州分行在城中辖区各营业网点本外币各项存款余额35.62亿元（占交行柳州分行的20.77%），比上年同期增加7.35亿元，同比增长26%；各项贷款余额为18.82亿元（占交行柳州分行的12.78%），比上年同期增加3.16亿元，同比增长20.18%。

存款业务　2017年年末，交行柳州分行在城中辖区各营业网点本外币对公存款余额20.2亿元，比上年同期增加6.97亿元，同比增长52.68%；储蓄存款余额15.43亿元，比2016年同期增加0.38亿元，同比增长2.52%。上述各项存款余额35.62亿元。

贷款业务　2017年，交行柳州分行在城中辖区各营业网点为实体企业发放贷款17.37亿元，其中实现小微企业贷款余额0.84亿元，比2016年同期减少0.84亿元；发放个人贷款0.29亿元，其中发放个人消费性贷款0.22亿元。

中间业务　2017年，交行柳州分行在城中辖区各营业网点为企业开立银承汇票0.88亿元，销售理财产品198028万元，基金978万元，代理保险1064万元，贵金属133万元，信用卡2364张。

（陈薇欢）

【中国银行柳州分行】 2017年，中国银行柳州分行在城中辖区设有支行6个，分别是晨华路支行、海关路支行、新大地支行、城中支行、中山路支行和高新支行。至年末,6个营业网点各项存款日均余额17.28亿元,各项贷款余额10.69亿元。2017年,中国银行柳州分行在金融服务上一方面大力支持柳州实体经济发展,为企业量身定制金融服务方案,积极向上争取政策与信贷规模倾斜,优化业务审批流程提高业务效率,全年中行柳州分行在城中辖区的6个网点公司贷款累计投放2867.5万元,多方位扩展企业融资渠道,助力企业解决融资难题。另一方面积极推出内容丰富的消费场景优惠活动政策,为满足市民多样化的消费金融需求搭好平台。创新业务模式,联动担保中介,在全自治区系统内首先开办二手房担保模式贷款业务,使二手房贷款投放由20个工作日缩短为10个工作日,全力提升客户体验。全年6个网点个人住房贷款累计投放3.01亿元。同时,中行柳州分行着力加强全渠道建设,打造网络化智能化银行,通过大力推进业务电子迁移工作,积极构建"线上中行",扩展金融服务范围。年内引入智能化设备,实现业务无纸化、用户自主操作,改善"窗口少、排队长、手续多"的现象,让客户切实体验便捷服务。其中在城中辖区的6个网点共引入6台智能柜台,实现网点效能升级。

(尹兰兰　金　悦)

【中信银行柳州分行】 2017年,中信银行柳州分行紧紧围绕总行各项工作部署,积极应对复杂经济金融环境和白热化市场竞争的挑战,团结拼搏,真抓实干,努力推进经营管理各项工作,业务发展总体稳健。年末,各项存款余额43.14亿元,同比有所下滑;表内外综合融资总额89.53亿元,同比增长36.7%,其中各项贷款余额18.61亿元,同比下降34.6%,个人贷款余额9.65亿元,比年初增长87.7%;经营效益总体有所提升;资产质量总体可控。对公业务实现了一批重点项目落地,零售业务有所进步,问题资产清收处置收效明显,合规经营经受住了考验。优质高效的服务获得了社会各界的认可,社会形象有所提升。年末获"支持实体经济奖"、班文娟获"2017年柳州最美金融人"、何巧芸入围"最美金融人"。公司银行部荣获柳州市金融系统2015—2016年度十佳金融青年团队(入围奖),俞晗祺被评为柳州市金融系统2015—2016年度十佳金融青年,覃少琼被评为中信银行50强客户经理。

(刘　可)

【柳州市区信用联社】 2017年,柳州市区农村信用合作联社(简称柳州市区信用联社)内设办公室、监察室、人力资源部、稽核审计部、财务会计部、电子银行部、信贷管理部、市场开发部、资产风险部、法律合规部、安全保卫部等11个职能部门,下辖15个信用社和1个营业部,共49个对外营业网点,有在职员工541人,是广西农村信用社系统第二大机构,在柳州市19家银行机构中排名第6位。其中在城中区设有营业网点6个,从业员工55人;中共党员26人。本科及以上学历39人,大专学历13人,中专及以下学历3人。具专业技术职称人员10人。

存款业务 2017年,柳州市区信用联社面对经济下行、利率市场化和互联网金融等经济金融新常态的挑战,齐心协力抓存款。加强厅堂营销,狠抓优质文明服务,提升服务水平;与社区、村委、学校、企业开展金融知识进万家活动,通过宣传金融知识,使客户们不断了解信用社产品业务;加强同业存款与理财业务合作,强化对公

2017年柳州市区农村信用合作联社城中辖区营业网点一览表

名称	地址	业务范围	存款(万元)	贷款(万元)	员工人数	备注
柳东信用社	柳州市东环大道119号天和楼一层门面	存款、贷款、中间业务	77467	115891	10	
河东信用社	柳州市河东路7号	存款、贷款、中间业务	71039	23844	10	
窑埠分社	柳州市桂中大道南段2号阳光壹佰城市广场第25幢1层9号	存款、贷款、中间业务	22411	48593	11	
中山分社	柳州市中山路62号	存款、贷款、中间业务	100811	46310	10	
华天分社	柳州市解放北路5号华天大厦一层门面	存款、贷款、中间业务	9691	17401	9	
景行分社	柳州市景行路6-13号	存款、贷款、中间业务	15057	0	5	

大客户营销的力度。年末，各项存款余额169.99亿元，同比增长6.28亿元，增幅3.84%，余额位居全区农村信用合作机构第二名。其中储蓄存款余额96.63亿元，比年初增长6.48亿元，增幅7.19%。对公存款余额74.66亿元，比年初增长1.10亿元，增幅1.49%。其中，城中区内6个营业网点的各项存款余额为29.65亿元。

贷款业务 2017年，柳州市区信用联社开展了贷款营销攻坚战，对各基层社划定营销责任片区，制定年度营销任务，对目标客户进行大力专项营销。为更好地开展工作，重新充实基层信贷队伍，同时优化信贷审批流程，又好又快的促进业务的发展。年末，各项贷款余额为140.55亿元，比年初增长15.58亿元。存贷比82.68%。其中，个人贷款余额31.08亿元，农户贷款金额2.93亿元，小微企业贷款余额93.76亿元。城中区内6个营业网点的各项贷款余额为25.20亿元，为辖区内的中小微企业和“三农”提供了强有力的资金支持。

中间业务 2017年，柳州市区信用联社在柳州市50个社区安装银亭，极大方便社区居民的存取款及转账的金融需求，同时“校园一卡通”“银医一卡通”“社区一卡通”等金融IC卡多行业应用不断得到推进和落地，积极开展“一卡通”生态圈建设。全年中间业务累计收入1326.77万元。其中，银行卡类业务手续费收入601.74万元，其他业务手续费收入725.03万元。

电银业务 2017年，柳州市区信用联社在城中辖区6个营业网点发行桂盛卡20.4万张，比年初增长0.64万张，增幅3.23%。手机银行、网上银行1.63万户，比年初增长0.68万户，增幅71%，同比增长0.37万户。POS机特约商户存量646户，交易量累计超过2.2亿元。电子银行业务替代率87%，较2016年的82%增长了5个百分点。

（孟　晖）

保　险

【保险业概况】 2017年，城中辖区内的保险公司分别有人保财险柳州市分公司、平安产险柳州中心支公司、华安保险柳州中心支公司、天安财险柳州中心支公司、安邦财险柳州中心支公司、都邦财险柳州中心支公司、阳光产险柳州中心支公司、永诚保险柳州中心支公司、鼎和保险柳州中心支公司、国寿财险柳州市中心支公司、北部湾保险柳州分公司、华泰保险柳州中心支公司、中国人寿柳州分公司、平安寿险柳州中心支公司、新华保险柳州中心支公司、泰康人寿柳州中心支公司、人保寿险柳州市分公司、中信保诚人寿柳州中心支公司、合众人寿柳州中心支公司、平安养老柳州中心支公司、阳光人寿柳州中心支公司、太平人寿柳州中心支公司、民生人寿柳州中心支公司、农银人寿柳州中心支公司共24家。据统计，城中区各保险公司共实现保费收入53.2亿元，为市民提供风险保障达10270亿元，赔款和给付支出10.85亿元，总从业人员约2万人，为城中区的经济和社会发展、缓解就业压力作出了重要贡献。

（杨秋英）

【人寿保险柳州分公司】 2017年，中国人寿保险股份有限公司柳州分公司（简称人寿保险柳州分公司）内设10个部室，下辖县（区）支公司12个、营销服务部26个，其中市区营销服务部3个、县级营销服务部5个、乡镇营销服务部18个，业务范围覆盖柳州辖内5个城区和5个县域。有在职员工231人、销售人员5293人。全年实现股份

2017年7月10日，柳州保险业开展“7·8”全国保险公众日宣传活动

（黄　慧　摄影）

制总保费收入13.8亿元，比上年增加2.1亿元，增长18%，占柳州寿险市场份额34%。其中，首年期交保费3.1亿元，10年期及以上期交保费1.9亿元；短期险保费首次跨上7000万元台阶，全年短期险累计赔款支出2780万元。

保险业务经营 2017年，人寿保险柳州分公司主要产品包括国寿鸿福至尊年金保险、国寿鑫福赢家年金保险、国寿鑫悦一生年金保险、国寿福终身寿险等，根据市场需求还推出了国寿康悦医疗保险、国寿驾乘保、国寿育才保等产品。同时，依据国家有关政策，积极开办与政府工作、市场需求相配套的一系列涉及精准扶贫、农村金融改革、民政、计生、妇联等方面业务，推出扶贫人群(第一书记)人身意外伤害保险、民政低保和优抚对象人身意外伤害保险、残疾人人身意外伤害保险、关爱女性健康两癌保险和扶贫信贷保险等，在为民办事进程中彰显行业社会责任和社会效益。

优化保险服务 2017年，人寿保险柳州分公司通过推广e宝、e店和“快e赔”等多种服务应用，为客户提供简单、便捷、高效的服务体验。其中，国寿“快e赔”的开发，通过免资料免填写申请书的理赔流程，进一步优化服务，减去客户面柜办理的繁杂，为客户提供全新的服务感受。此外，通过创新增值服务方式，积极推广微回访、线上增值服务，强化理赔案件勘察，开展“牵手国寿　智慧生活”、616国寿客户节等系列活动，进一步提升客户对品牌的认识，扩大公司影响力，积极增进客户关系，有效促进业务发展。　（罗　萌）

【人保财险柳州市分公司】 人保财险柳州市分公司全称为“中国人民财产保险股份有限公司柳州市分公司”，有员工412人，设有71个机构网点。2017年，人保财险柳州市分公司大力开展学幼险、校园方责任险、医疗责任险、诉讼财产保全责任保险等业务。推动电梯安全责任保险、安全生产责任保险、首台(套)重大技术装备综合保险、诉讼保全责任险等新兴商业险业务发展并实现零突破。政银保稳步发展，支持融资规模4000万元；推动普惠金融支农融资合作；大病保险通过年度考核；政策性农险业务得到拓展，农险赔款1243万元。配合市环保局推动全市环境污染责任保险试点工作，推动并落实全市24家涉重企业参与环境污染责任保险。统保农村计划生育家庭爱心保险项目，为3万多名农村计划生育家庭提供意外伤害保险金额108亿元，保险保障面覆盖全市农村计划生育家庭，有效帮助农村计划生育家庭提高意外伤害、健康风险等保障水平。推出直升机免费救援服务，符合条件的家庭自用车客户购买人保车险，公司向其免费赠送金汇通航救援服务卡，被保险人在保险期间内可享受不限次数的免费直升机救援服务。连续9年为融水、融安、三江县3县少数民族村寨农房保险，连续9年护航世界水上极速运动大赛，连续7年护航柳州国际水上狂欢节，连续5年承保城乡居民大病保险。全年保费收入8.36亿元，比2016年增收1.66亿元、增长24.8%，承担保额超过3500亿元，比2016年增加29亿元、增长0.8%；直接赔款4.63亿元，比2016年增加7900万元、增长21%。

（张亨麟）

【平安人寿柳州中心支公司】 2017年，中国平安人寿保险股份有限公司柳州中心支公司(简称平安人寿柳州中心支公司)下辖柳北、跃进、柳东、文昌路四个营销服务部，桂中、鱼峰两个筹备营业区，来宾、鹿寨两个营业网点，新建柳江支公司，全年实现规模保费收入5.15亿元，比2016年增长48.84%。其中，银行保险规模保费744.51万元，个人寿险规模保费50737.20万元，上缴地方税收1993.04万元，比2016年增长51.29%，年末拥有销售人员3067人，销售主管200余人。

业务经营 2017年，平安人寿柳州中心支公司坚持传统险、分红险、万能险均衡发展，重点加强长期保障型产品的开发与推动，积极探索产品创新。2016年下半年，完成旗舰保障型产品“平安福”升级，与合作伙伴联合推出“平安福+平安RUN”产品组合，扩大疾病保障范围并内嵌健康管理服务，致力于改善客户健康水平、提升客户体验。利用移动互联新技术，打造以“平安金管家”APP为核心的O2O客户经营平台，围绕“医食住行玩财”构建金融生活生态圈，提供“移动化、专业化、社交化、场景化”的客户体验。至6月30日，“平安金管家”APP用户数已突破1.2亿。除了传统的柜面服务外，还搭建了电话、网络、手机WAP、手机APP、移动柜面等多种服务渠道，为客户提供简单、便捷、高效的金融服务。销售产品涵盖了寿险领域内的普通、分红、万能及投资连接等各种保险产品,可为客户提供全方位的保障与理财服务。同时,平安人寿柳州中心支公司拥有完善的治理架构和专业的管理团队,不断推动管理变革和科技创新,保持了在销售、精算、产品、品牌、培训、后援及 IT 等诸多领域的优势地位。首开国内个人寿险营销和 MIT 移动展业平台之先河,开通第一家全国集成的呼叫中心 95511,首创一年一度的客户服务节活动,率先在业内推出国内 / 海外急难援助服务。

队伍建设 2017 年,平安人寿柳州中心支公司围绕晋升工程这一核心工作,以总公司和分公司健康人海战略,强化“入司即达钻,出单即增员,转正即上号”的 15 字方针,并层层严抓落实。持续推进本部及二元网点做大做强,从而促进柳州人力快速发展。机构人力由 2017 年年初 2408 人增至年末 3067 人,实现人力 27.37% 的快速成长。通过开展全体主管月度例会及月度主管培训、人发委会、基础管理指导等方式培养经理和主管;举办 02 层级晋升团,准经理沙龙培养,安装 0~9 月新人项目;组织内勤主管月例会及内勤周例会进行管理、面谈、专题训练等,举办机构总面对面项目,搭建内勤潜力人才梯队,提升内勤管理人才素质和技能,对外勤人才培养,通过种子计划推动及种子孵化班即中支聚龙班、中支飞龙沙龙班、中支准经理沙龙班的运作,成为柳州中支实现人力突破性增长的关键,其运作方式及运作成果具有很强的代表性。年内,成功晋升业务主任 199 人,较上年业务主任晋升人数增长 35.37%;成功晋升业务经理 18 人,较上年业务经理晋升人数增长 80%。

社会责任 2017 年,平安人寿柳州中心支公司以慈善文化为公司企业文化,坚持“执善心,筑大业”理念,以“最受尊敬的寿险公司”为愿景。百年善业,责任为先。平安人寿始终怀抱感恩之心反哺社会,一直把企业社会责任作为推动公司可持续发展的动力,聚焦“慈善”文化,弘扬“大爱与责任”,通过开展以“平安有约健康行”为龙头活动的“新生活运动”及教育、环境、灾难救助等公益事业,专注创造美好明天。在大力拓展业务的同时,积极履行社会责任,努力践行企业公民义务,连续 7 年(次)组织 20 名(累计达到 140 人次)员工及社会爱心人士到融水县安陲乡九同村九同明园小学进行支教活动;公司组织 5 位经理人对该校 6 位贫困学生进行生活费捐助,直到其高中毕业;专款专项支教项目—明园学校竖笛教育已展现成效,九同明园小学的代表队在 2017 年深港小学生夏令营活动中获得竖笛表演二等奖,得到了柳州市民及新闻媒体认可和赞扬,公司的知名度得到进一步提升。

(韦杰文)

柳州保险行业协会组织开展扶贫助学送爱心活动 (黄 慧 摄影)

【华安保险柳州中心支公司】 华安保险柳州中心支公司位于柳州市海关路 18 号,成立于 2005 年 2 月 1 日,属于股份制有限公司(非上市类)。有职工 68 人(包括各县域机构人数),75% 的人员是大专以上学历,有中共党员 4 名。柳州本部设有客服部、承保部、计划财务部、综合管理部、营业一部、营业二部、营业四部、营业五部、营业六部,各县域设有柳城支公司、融安支公司、融水支公司、三江支公司、鹿寨支公司、柳江支公司。公司经营范围包括企业财产损失险、家庭财产损失保险、建筑工程保险、安装工程保险、货物运输保险、机动车辆保险、船舶保险、能源保险、一般责任险、保证保险、信用保险(出口信用险除外)、短期健康保险、意外伤害保险、经保险监督管理部门批准的其他财产保险业务,参保的客户分个人、公司等。2017 年,华安保险柳州中支全体员工本着“专业、责任、奋进”的经营理念,努力学习,扎实工作,在柳州市保险行业技能大赛中获得了优异的成绩,全年保费收入6291.83万元,赔付支出2710.58多万元,综合成本率99.6%,利润收入19.56万元。同时,年内设立了融安支公司、柳城支公司,实现了县域网点全覆盖。

(华安保险柳州中支)

【天安保险柳州中心支公司】 天安保险股份有限公司柳州中心支公司(简称天安保险柳州中心支公司)前身为2004年4月14日成立的天安保险股份有限公司南宁分公司柳州市营销服务部。2005年6月21日,经广西保监局批准,更名为天安保险股份有限公司柳州中心支公司。公司地址在柳州市城中区弯塘路26号综合办公楼2楼,柳州本部设置了总经理室、综合部、销售推动部、理赔部、银保部、业务部、重客部、车商部等8个部门,下辖鹿寨支公司、融水营销服务部、柳江营销服务部等3个机构。公司员工36人,代理人员200余人。公司主要经营范围包括承保人民币、外币的各种企业财产损失险、家庭财产损失险、建筑工程保险、安装工程保险、货物运输保险、机动车辆保险、船舶保险、能源保险、责任保险、保证保险、信用保险(出口信用保险除外);短期健康保险和人身意外伤害保险;经总公司授权的其他财产保险业务。

(穆寨凤)

证　　券

【大通证券柳州中山东路营业部】 2017年,大通证券股份有限公司柳州中山东路证券营业部(简称大通证券柳州中山东路营业部)有员工16人,为客户继续提供深沪A、B股开户、基金、国债回购等传统经纪业务,同时拓展业务范围,开展IB、融资融券、沪深港股通、股票质押式回购等创新业务,代销各类签约理财产品、开放式基金等金融产品。通过网上交易系统、公司网站平台、手机交易平台、短信等方式,为客户提供智慧通、智信通、网上专家在线咨询、短信订制、微信订阅号等特色服务。采用网上营业厅,手机APP开户等网络方式为客户提供开户、业务办理等服务。全年完成证券交易额262.29亿元。有效开户数2.26万户,比上年增长171户。IB交易量11.1亿元,融资融券交易48.96亿元。缴纳税金及附加307.40万元。

(大通证券柳州中山东路营业部)

俯瞰滨江西路大道　　(城中区委宣传部　供稿)

【海通证券柳州桂中大道营业部】 海通证券柳州桂中大道营业部于2011年8月31日在广西柳州市工商管理局注册成立,同年9月22日正式挂牌营业。2017年,海通证券柳州桂中大道营业部继续为广大投资者提供沪A、深A、沪B、深B、开放式基金、封闭式基金、国债、国债回购、企业债、可转换债、代办股份、融资融券、股权质押、新三板挂牌等全方位的金融业务。并依托海通证券强大的研发力量和资本实力,根据客户的投资偏好和个性化需求,为客户量身定做投资理财产品,实现资产的保值、增值。全年,股基交易额116.95亿元;营业收入560.36万元;托管市值5.16亿元;年末客户总数22314户,其中年新增开户4695户。

(何　旋)

【西部证券柳州海关路营业部】 2017年,西部证券股份有限公司柳州海关路证券营业部(简称西部证券柳州海关路营业部)有员工9人,拥有网上交易、电话委托等多种形式的交易系统,为广大投资者提供沪深A股、B股,债券、基金、权证及代办股份转让、融资融券、小额股票质押式回购业务等特色服务。年末,开户数5522户,比2016年增加221户,增长4.2%;客户托管证券市值2.63亿元,比2016年增加0.14亿元,增长5.62%;证券交易总额76.95亿元,比2016年增加6.18亿元,增长8.73%;上缴税金金额合计39.3万元,比2016年增加12.81万元,增长48.36%。

(西部证券柳州海关路营业部)

【申万宏源证券柳州东环大道营业部】 申万宏源证券有限公司柳州东环大道证券营业部(简称申万宏源证券柳州东环大道营业部)有员工19人。2017年,申万宏源证券柳州东环大道营业部在为广大投资者提供优质传统通道服务的同时,积极推进业务转型,各项综合业务、"新三板"等业务均取得了较快的发展。年内分别完成了1家"新三板"挂牌企业增发项目、1家"新三板"企业挂牌及1笔"新三板"质押综合业务。同时通过资管业务引进1户机构私募客户。全年新增开户数3625户,比2016年增加321户,增长9.7%;新增客户资产6363万元,比2016年增加2197万元,增长52.7%;净增客户资产1600万元,比2016年2566万元下降61.6%。年末,有效开户数3.37万户,比2016年增加4900户,增长17%。客户资产总值20.65亿元,比2016年减少6.2亿元,下降23.1%;完成交易量246.59亿元,比2016年减少315.66亿元,下降56.1%;实现纳税总额230.11万元,比2016年减少70.21万元,下降23.4%。

(朱万军)

【招商证券柳州解放北路营业部】 2017年,招商证券柳州解放北路营业部根据证券市场行情走弱向下的形势,坚持以资产引入为工作重点,并取得了较快的发展,年内引入4亿元的限售股托管,继续增大了资产值。注重营销专项能力的持续提高,一直针对以小散为主体客户群实行普及深化基金培训;明确专岗职责,加强产品销售及各项业务开户推广;细化营销服务,增强客户融合度,为基金销售奠定良好的基础。全年,招商证券柳州解放北路营业部新开账户10796户,客户交易总额687亿元,营业收入3620万元,缴纳税金及附加496万元。沪深市场证券托管市值32.21亿元,股转系统(含两网一退)托管市值8.09亿元;保证金2.64亿元,托管总资产42.94亿元。

(张　宏)

【银河证券柳州友谊路营业部】 银河证券柳州友谊路营业部全称为"中国银河证券股份有限公司柳州友谊路证券营业部",于2017年4月搬迁至柳州市城中区友谊路4号友谊国际2层。2017年,银河证券柳州友谊路营业部秉承着"专业、诚信、稳健、创新"的经营理念,坚持"规范经营、稳健发展"的经营方针,恪守"客户至上、信誉第一"的服务宗旨,充分调动全体从业人员的积极性,不断提升营业部的服务水平,并依托着中国银河证券强大的研发实力,积极转变发展非现场交易方式,实现客户交易便捷、高效的快速化。在客户服务上,根据客户的投资偏好和个人需求,为客户量身定制投资理财产品,以期实现客户资产的保值、增值。全年新增开户数7800余户,累计实现沪深两市交易额达160亿元,较2016年同期增长12%。

(银河证券柳州友谊路营业部)

编辑:叶国宾

建设·环保

城市规划

【城市规划机构及工作概况】 柳州市规划局城中分局(以下称“城中分局”)于2007年9月3日成立，系柳州市规划局派出机构，由市规划局垂直管理，行政编制6名。市规划局城中分局负责对城中区辖区已办理建设工程许可证的建设工程项目进行规划核实；负责城中区城镇居民及农民个人自建住宅有关建设用地和建设工程规划许可事项的审查并指导城中区住房和城乡建设局开展农民个人自建住宅规划管理工作；协助市规划局编制相关规划、开展规划咨询和政策法规宣传；协助市规划局对城中区规划执法工作进行监督检查。

【城市建设规划编制】 2017年，在城市总体规划和近期建设规划的指导下，根据《莲花山保护条例》要求，城中分局协助市规划局完成莲花山地区沿江路沿线开发地块和村庄策略规划方案、三门江国家森林公园保护利用提升工程设计方案、三门江森林公园配套停车规划优化等方案，进一步完善莲花山地区的规划控制和指引。协助完成《柳州市曙光西路历史文化街区保护规划》编制，推进东门历史文化街区及其风貌协调区的景观提升工程，东门广场——金沙角区域沿江建筑以及立新路、黄竹巷建筑风貌整治改造，推进历史建筑发掘与保护。

【新农村规划编制】 2017年，根据《莲花山保护条例》要求，城中分局协助市规划局继续指导城中区政府编制柳东村、环江村等村庄规划。

【重大项目规划建设】 2017年，城中分局协助市规划局落实学院路中学、民族实验小学等中小学用地；协助推进三门江森林公园停车场，东城印象、高新南路17号大院等小区新能源汽车停车位及配套充电桩建设；提前介入柳州市建设投资开发有限责任公司所建马鹿山小学(公园路小学总部)和老年活动中心以及柳州高中学生公寓规划核实，促使文教卫公共设施和民生项目建设工程规划核实工作顺利完成；加快“锦绣龙城”一期、二期项目的规划核实工作；协助城中区静兰街道办事处、静兰整村改造工作指挥部、城中区拆迁办完成拆迁户查档工作，

2017年3月29日，城中区人大常委会主任曾明(右一)、中共城中区委副书记唐伟(左一)分别向河东街道柳东村、静兰街道环江村颁发城中区“美丽城中”乡村建设示范村牌匾

(城中区委宣传部　供稿)

协助查档40份;加快推进河东村、静兰村整村改造工作。

【建设规划审核公示】 2017年,城中分局完成辖区审批建设用地规划许可证2项,建筑面积183.09平方米;核发建设规划条件2项,核发建设工程规划许可证34项,建筑面积8432.16平方米;违章补证8项,建筑面积2303.09平方米。核发建设工程竣工意见单44项,建筑面积7586.44平方米;规划核实建筑工程类43宗,建筑面积1123857.76平方米;办理建设工程竣工规划核实(市政类)1项,长度3994米。

【城乡规划执法宣传】 2017年,城中分局协助市规划局处理城区执法局案件489宗,并主动及时将市规划局核发的辖区内城镇居民及农民个人自建住宅的建设工程规划许可证情况抄告城区执法局以协助违法建设查处工作;多次配合城区政府打击"两违"工作;积极参与城区国土卫片执法检查整治行动。

城乡建设

【城乡建设机构和工作概况】 1982年3月设立城中区城市建设管理科。1984年11月改为城中区城市建设管理局,同时成立城中区精神文明办公室,在城市建设管理局挂牌。1990年5月,整顿市容领导小组和行动队在城市建设管理局挂牌成立。1991年1月,组建城中区市容监察中队,在城市建设管理局挂牌。1994年4月,精神文明建设办公室从城市建设管理局分离与中共城中区委宣传部合署办公。1995年1月,精神文明建设办公室与城市建设管理局合署办公。1996年12月,城市建设管理局与环境保护监理站合署办公,并更名为城市建设环境保护局。同时,区人民防空办公室、区城市综合管理办公室在区城市建设环境保护局挂牌。1997年7月,设立市容管理局,在城市建设环境保护局挂牌。2001年12月,城中区党政机构改革,区环境保护监理站与城市建设环境保护局分设独立办公,区城市建设环境保护局恢复为区城市建设管理局。2011年1月更名区住房和城乡建设局(简称区住建局),将原区城市建设管理局的职责划入区住房和城乡建设局(简称"城中区住建局"),并挂区人民防空办公室的牌子。2017年12月,有工作人员24人,其中在编人员9人,聘用15人。办公地址在柳州市沿江路河东管理大厦。

【保障性住房】 2017年,城中区住建局发放租赁补贴共计85.92万元,享受补贴667户,保障人次667人。年内,分配公租住房372套,其中,6月,城中区第一次公租房选房会分配公租房369套;按照城中区保障性住房"应保尽保"的工作原则,尽心尽力为群众办实事办好事,城中区帮助辖区3户特殊困难家庭解决住房问题。根据《2017年住房保障工作目标责任书》工作任务,城中区新增发放租赁补贴30户;发放新市民补贴217户、金额57.69万元。

【建筑工程安全】 2017年,城中区住建局以开展"安全生产月"等活动为契机,调动各方积极性,全年按季度开展安全生产大检查工作。针对区住建局工作特点与工作内容,对辖区内在建工地进行施工现场及安全材料两方面检查;针对特殊情况特殊时期,区住建局开展"两会"期间以及中共十九大期间的安全检查工作。共检查在建高层工地12个,发现隐患30处,确认整改30处。组织辖区6个街道办事处、22个社区,对辖区内高层(高度为7层或24米以上)建筑进行摸底统计,统计结果共约220栋。其中,高层施工现场为80余栋。施工现场负责人签署《高层建筑消防安全综合治理自查情况登记表》,落实安全责任书13份。

【街巷维修改造】 2017年,城中区住建局共投资1210万元实施11个小街小巷道路排水改造项目,其中学院路东一巷排水改造工程、东城路排水改造工程2项内涝治理项目为柳州市当年的为民办实事项目。其余5项小街巷道路维修已于年内完成。结合创城工作需要,年内共投入约600万元对细柳巷支巷、东台路东一巷、金鱼巷、潭中东路北三巷等进行沥青罩面改造,改造面积约为5000平方米,同时完成龙城路、公园路、海关路等道路人行道以及"三无小区"地面修复,改善辖区居民居住和出行环境。

【村镇基础设施建设】 2017年,村屯道路的主要任务是对2013至2016年期间村屯道路改造工作进行查缺补漏和进一步完善,城中区住建局投资920万元对环江村、柳东村、牛车坪村的村屯道路进行安防设施改造。主要内容包括对部分道路进行拓宽，增设护栏、挡土墙以及路牌等，新建部分林间作业道路。改造工程于年底完成。

【村庄风貌改造】 2017年，城中区住建局把雷村屯风貌改造项目作为环江滨水大道沿线村庄改造的试点工程，年内处于全力推进、加紧实施阶段，雷村屯风貌改造项目总投资约为7500万元，改造内容包括房屋外立面改造、景观绿化、管线入地及排污工程等，经过全面施工改造成效显著。此次房屋外立面改造涉及雷村屯住宅179栋，景观绿化工程及村民庭院、房前屋后的铺装已基本完工；完成骑行驿站景观改造和雷村码头景观改造；管线入地及排污工程涉及开挖主管3500多米，支管5000多米，安装配电箱45个，为符合条件的村民安装水表，接通自来水。年内管线入地及排污工程已全部完工；雷村3处公建项目村级服务中心、游客中心、公厕均已完成主体建设。

【环广西公路自行车世界巡回赛—柳州市赛段沿线改造】 城中区“环广西公路自行车世界巡回赛—柳州市赛段”项目工程总投资约5100万元，对城中区赛段沿线风貌改造项目进行改造，涉及16个村屯及小区，包括水冲口屯、上垌步头屯、下垌步头屯、东流屯、深水屯、雷村屯、七里塘屯、黄滩屯、黄冲、龙村、良塘屯、三里屯、南蛇冲户、大冲口屯、鱼岩屯、小丹冲、阳光100经典时代、三门江公园东面8层楼宿舍及沿街商铺等。其中雷村为重点景观节点村屯，改造总面积约39万平方米，总户数约1746户。为保证赛事顺利开展，提高环江滨水大道赛道沿线风貌景观，赛道道路沿线两侧增加自行车赛主体雕塑、花墙、绿化处理、广告牌等项目。

【新能源汽车配套建设】 2017年6月，城中区住建局通过对比各小区的条件，建设5个柳州市新能源汽车示范小区，即机关三大院、东城印象、金色世纪、阳光100、东城华府。开展对小区物业和业主宣传柳州市新能源汽车推广应用财政补贴等政策，发放宣传册500余份，调解解决物业企业和业主在申请安装充电插座存在的问题，完成40个物业小区安装新能源汽车充电插座620个。

【社区服务场所及用房】 2017年4月，城中区住建局积极开展社区服务场所建设工作，通过到市规划局查阅并调取辖区已建成小区的54份图纸，核实各小区的社区服务场所位置；同时，安排专人对接各街道办事处核实各小区移交情况，召开专题协调会6次，专项协调开发商移交已建成的社区服务场所，共完成22处社区服务场所用房移交。

【物业管理】 2017年，城中区住建局处理市长热线、政风行风热线、区信访办转办的信访件共255件，“12345政府热线”250件，信访办转办的信访件5件。年内，共指导8个小区召开业主大会，其中法院宿舍、君庭商住楼和津龙苑小区3个小区成立业主委员会。组织物业管理专家对辖区文源华都一期、荣和天誉、东岸御花园和经典时代等16个小区的物业管理进行专项检查，并对检查结果进行通报，要求物业公司进行整改。当年辖区有碧桂园十里江湾北地块、彰泰红、东和园和红星天铂(地块二)共4个房地产开发商办理物业管理区域划分备案，有碧桂园十里江湾北地块、彰泰红、东和园和汇景天成共4个物业公司进行前期物

2017年9月19日，城中区行政执法局工作人员参加柳州市城管系统统一换装仪式
（邓湖广　供稿）

业服务合同备案。

【防震减灾】 2017年，城中区住建局开展各种地震科普知识宣传活动，组织辖区内24所中小学开展防震减灾应急演练。在“5·12”防震减灾宣传周期间，在五星步行街开展宣传活动，共发放宣传册1000余册；组织社区在阳光100小区开展文艺演出活动。另外，为了提高防震减灾业务能力，组织辖区内各街道办、社区（村委）防震减灾分管领导和联络员及宏观观测点工作人员到广西民族大学进行地震科普知识和防震减灾法律法规业务培训。（李伟萍）

城市管理

【城市管理机构及工作概况】 城中区城市管理行政执法局（以下简称“城中区执法局”）于2005年10月成立，前身为城中区市容监察大队，办公地址在马鹿山公园文化街5-1号楼。主要职能：集中行使市容环境卫生、规划、园林绿化、市政建设、交通等方面的全部或部分行政处罚权，行使自治区人民政府决定调整的城市管理领域的其他行政处罚权及市人民政府规定的其他职责。下设办公室、法制科、执法监督科、市容科、城中中队、河东中队、环江中队、控查中队、扬尘污染治理组、五车整治组，代管城中区城乡清洁办和城市管理信息中心。2017年，城中区执法局有执法队员435人，其中在编队员52人，聘用制队员380人，公益性岗位队员3人。年内，分别获得全市道路扬尘治理工作单位考核第一名，露天烧烤整治工作考核第一名，“城市管理提升年”大行动评比四城区第一名，全市数字化城市管理工作考核第二名，拆除市内加层违法建设户数第二名；队员任子强被评为柳州市“十佳城管队员”；李子伦、王茂豪被评为柳州市“最美城管职工”。年内，城中区执法局多项事迹被《柳州日超》《柳州晚报》《南国今报》、“品质城中”等各大公众媒体悉数报道。

【马路市场（夜市）占道经营整治】 2017年，城中区执法局以建设柳州市“城市生活核心区、城市形象展示区”、创建全国文明城市、迎接国家卫生城市复审为目标，在辖区主次干道、市场和学校周边对占道摆卖、临街店铺跨槛经营等违章行为，开展每日不少于2次小型市容整治，每周不少于1次大型联合执法行动。为加强重大节日、活动期间市容秩序的保障力度，城中区执法局坚持“白＋黑”“5+2”“雨＋晴”的全天候执法方式，采取重点整治与巡查相结合的原则，连续进行夜市排档整治、创城综合整治；并对环江滨水大道旅游观光景点、进出城道路进行重点监控，确保辖区内市容市貌整洁有序。年内，开展市容专项整治行动450余次，其中开展联合整治行动115次，大规模整治农贸市场及周边100次；出动人员2.5万人次，执法车辆9000余辆次；立案查处各类违法违章案件3980起；纠正或清理占道经营9800余次；制作警示牌78块。

【控制和查处违法建设】 2017年，城中区执法局以“控新增、消存量”、创建“无违建社区”，全面实现违法建设“彻底清零”和拆违后地块的“应绿尽绿”为目标，重点对滨水大道、莲花山风景区，河东村、静兰村、牛车坪村整村改造等项目及周边违法建设行为，开展清理整治违法建设“飓风行动”，有力打击“两违”蔓延势头。年内，组织实施集中清理拆除违法建设专项行动105次，拆除违法建设696户，拆除总面积72.34万平方米，完成拆违存量任务的65.47%；拆除市内加层违法建设105户，拆除面积2960.02平方米。龙城社区和广西科技大社区作为城中区第二批“无违建社区”示范点，已对龙城社区立案查处71户，拆除11户，分类处置49户；对广西科技大社区立案查处21户，拆除16户，分类处置5户。

【户外门招整治】 2017年，为进一步规范户外广告设置，美化城市环境，城中区执法局创新执法方式，率先聘用专业律师团队协助开展法律法规工作，邀请律师前往违章现场面对面与门面业主讲解法律法规相关知识。采用城市管理市场化运作，将“牛皮癣”小广告清理整治工作外包，制定考评办法，对中标企业进行监督管理。在此基础上，合理疏导“牛皮癣”小广告张贴，城中区执法局率先开展便民信息栏建设，在城中区路段设置74块便民信息栏。年初，区政府拨付100万元，对龙城路东一巷（文武巷）、解放南路金鱼巷、弯塘路东三巷、达江路、文庭路5条道路开展门店招牌示范街改造工作，比2016年新增示范街2条。经过调查摸底、宣传动员、制作规划图纸、召开商家三方协调会，已全部完成示范街改造工作。年内，开展户外广告整治行动47次，下发整改通知书6000余份，协调处理门招类纠纷920余次，拆除不规范设置的横幅、灯箱、LED显示屏、高楼外墙广告、楼顶广告及门店招牌5174块，总面积2.03万平方米。受理群众申请门店招牌备案登记1330余人次，符合标准门店招牌614件。

【扬尘污染治理】 2017年，城中区执法局坚持“治理城市扬尘应从源头出发”原则，采取广泛宣传、严管重罚、源头治理的“三部曲”管理措施。深入学院路延长线“文庭新居”、文兴路“温馨七七二”、双拥路“碧桂园”等各工地、运输公司宣传相关法律法规，在工地、公司门口设置宣传标语、警示牌对其行为进行规范，通过报纸、电台、电视、网络等平台曝光扬尘危害，引导市民参与城市管理。加大整治力度，依法严厉查处辖区内重点工地和重点路段存在的车轮带泥、车辆未严实密封、乱排乱倒等造成扬尘污染的行为。加强对在建工地监控力度，对双拥路“碧桂园”、文兴路“彰泰红”、桂中大道延长线“红星美凯龙”、桂柳路“恒大华府”等在建(待建)施工工地进行巡查监督；并加强学院路延长线“老虎山”、凳山路“放哨岭”、双拥路油榨村周边的无证倒土场巡查工作。年内，开展专项整治178次，巡查无证临时消纳场(回填)场102次；暂扣违章车辆130辆；立案查处违章案件577起，罚款90.7万余元。

【车辆人行道违停整治】 2017年，城中区执法局开始行使市住建部门、公安交警部门移交住建领域全部行政处罚权，以及机动车、非机动车侵占人行道路的行政处罚权。为保证行政处罚权移交后相关执法顺利进行，城中区执法局开展行政处罚权移交专项业务培训，积极与区交警、住建等部门建立协调和沟通机制，加强联合执法工作力度。年内，开展人行道专项整治行动45次；设置警示牌120块；泊位画线2300个；设置隔离桩85根；发放《城管部门集中行使对机动车、非机动车在人行道上侵占道路的行为的行政处罚权》教育宣传资料4600余份，对违章车辆发放《违法停车处理通知书》10550单，处罚违法停放车辆1812辆，罚款27.39万元。

【“五车”专项整治】 2017年，城中区执法局开展“五车”专项整治行动，根据“五车”日常出动规律，找准机动(电)三轮车、残疾三轮车、人力三轮车、机动车非法营运工作时间，加强执法力量，适时联合区公安、交警、残联等部门，每周开展不少于2次的专项整治行动。重点整治辖区内的龙城路、映山街、中山中路、青云菜市、五星步行街、桂中菜市周边、人民医院及周边道路。通过严管重罚，极大遏制相关违法行为在辖区的蔓延态势，取得较好执法效果。年内，开展“五车”专项整治588次，出动执法人员15413人次；出动执法车辆3328辆次，查处车辆2345辆，罚款39.53万元。

【“燃气”安全巡查整治】 2017年，为规范燃气经营市场秩序，整治违法违规行为，有效消除燃气安全隐患，城中区执法局多次与区安监、中燃公司等部门，开展联合执法行动，对私自充装燃气、混合经营、未经许可违法经营燃气瓶和危及燃气设施安全的行为进行专项整治，突出对非法灌装、超出使用年限等违规进行重点打击。年内，开展燃气专项整治行动135次，出动人员647人次，出动执法车辆153辆次，对辖区燃气站点是否存在私自充

2017年8月10日，在柳州市“飓风行动”中，城中区行政执法局城管人员在环江滨水大道拆违现场使用无人机拍摄现场　　（邓湖广　供稿）

装、混合经营，以及存储环境是否安全进行重点巡查，严厉打击辖区无证销售燃气的违法行为，其中发现安全隐患6处，已整改6处；暂扣液化气罐213个。

【“智慧城管”建设】 2017年，为进一步规范处理案件的操作流程，城中区城市管理信息中心针对数字城管系统软件操作、案件回复标准、案件处理方法和管理考评办法，区城市管理信息中心定期开展专项业务培训，建立学习培训工作台账，制定《城中区数字化城市管理绩效考评办法》，强化对处置单位的考核。加强视频监控，每天不定时对A、B级重点路段的市容市貌案件采集派遣案件不少于20条；及时发现问题及时采集及时派遣，通过视频监控协助中队开展整治工作，使其能迅速准确地发现并处理有关违章行为。年内，数字城管信息平台受理各类投诉案件90760件，结案90759件，结案率100%，按期结案率98.70%。 （王婷婷）

2017年6月22日，城中区征地办组织“百里柳江”配套设施项目征收土地签约现场 （区征地办 供稿）

征地拆迁

【征地拆迁机构及工作概况】 城中区征地拆迁办公室成立于2005年，主要负责辖区范围内集体土地征地拆迁具体事务工作。2011年12月，城中区集体土地上申请人民法院强制执行办公室在城中区征地拆迁办公室挂牌。根据《关于成立城中区房屋征收与补偿办公室的通知》（城中编委〔2012〕1号），2012年2月，加挂房屋征收与补偿办公室牌子，负责辖区内国有土地上房屋征收与补偿工作。2017年，征地拆迁办公室共有工作人员27人，其中在职在编16人。年内，累计为全市项目建设提供用地812亩，拆迁面积38.16万平方米，共办理被征地农民登记证457本。

【整村改造及重点项目】 2017年，城中区在河东北片区实现连片供地760亩，红星美凯龙大型家具市场落地建设，碧桂园住宅片区实现规模化开发。同时，完成河东170亩农民三产用地的重新整合上市，在柳州市内率先通过招拍挂方式激活村集体经济实体活力，为进一步解决整村改造失地农民的后顾之忧走出一条新路子。同年，完成静兰片区路网二期、凤凰岭大桥、莲花山庄扩建地块、三门江轻轨大桥等重点项目征地拆迁工作。

【国有土地上房屋征收】 2017年，城中区实施的旧城改造及国有土地上房屋征收项目共11个，已签约184户，签约面积15315.53平方米。其中河东村城中村改造二期、柳州市五一路与龙城路合围片区土地一级开发整理项目启动签约程序；柳州市五一路与龙城路合围片区土地一级开发整理项目、雅儒路铁路平交道口及道路改造工程、桂柳路中段北侧部分土地一级整理项目、独静路东段北侧部分土地一级整理、五指山周边区域绿地及配套设施等5个项目已公告征收决定；柳州市公共交通一期、二期土地一级整理项目（城中区部分）等6个项目按国有土地上房屋征收程序有计划、有步骤组织实施。

【回建安置房建设】 2017年，城中区有序推进两个村回建安置房建设。河东村，河东回建安置房“东岸盛世花园”（地点在双拥路东侧），一、二期安置房已交付，三期正在施工建设，市政府批准新增的“东岸盛世嘉园”安置房已开工建设；静兰村，村民集中安置在“静兰独秀苑”小区（地点在柳州市武警水电学校北面），该小区分两期建设,一、二期安置房均已交付,三期安置房正在建设。

(文苏杰 杨美玲)

环境卫生管理

【环境卫生管理机构及工作概况】柳州市城中区环境卫生管理所始建于1974年6月。1997年5月,柳州市人民政府同意市建委《关于将环卫处清扫保洁所移交城区政府管理的方案》,将环卫处清扫保洁所移交各城区政府管理,柳州市环境卫生管理处城中环卫管理所更名为柳州市城中区环境卫生管理所(简称"城中区环卫所"),属科级全额拨款事业单位,办公地点设在柳北区广雅东路3号。主要负责城中辖区各路段的清扫保洁,垃圾、粪便的清运,辖区单位、居民、门面垃圾的收集、运输及公厕、转运站等环卫设施的管理与维护。2017年末人数为1058人,其中在职在编59人,退休职工131人,合同制工人868人。内设科室9个:工会、办公室、综合档案室、财务、车队、业务股、有偿股、公厕股、综合股。年内完成辖区753万余平方米道路的清扫保洁工作及48座公厕、8座垃圾中转站等环卫设施的日常管理与维护;共清运生活垃圾、混合垃圾13.7万余吨,清运粪便共计6300多吨,全年无重大安全事故发生。城中辖区垃圾"日产日清",未出现垃圾滞运或垃圾过夜等现象;配合市、区创卫办等部门开展各类迎检工作,共迎接"金壶杯""三暗一公开"检查4次;迎接中央、各省市代表团到柳参观考察45次。2017年获得柳州市城中区"五一巾帼标兵单位"称号,业务股桂中南班获得柳州市城中区"五一巾帼标兵岗"称号,党支部获得"'五好'先进党支部"称号。

【市容环境卫生】

道路清扫保洁 2017年,城中辖区有清扫保洁道路145条,其中一级道路18条,二级道路47条,三级道路42条,四级道路38条,城中村5个,果皮箱1265个,清扫保洁面积达753万余平方米,其中新增道路清扫保洁面积73万余平方米,主要包括滨水大道A、B段、静兰路东一巷、静兰路南二巷、金沙角支线等路段。配有清扫保洁人员643人,清扫保洁电动三轮垃圾运输车150辆。2017年,城中区环卫所严格按照环境卫生"六不六洁"(不见积水、不见积土、不见杂物、不漏堆、不乱倒垃圾、不见人畜粪便;路面洁、路沿洁、人行道洁、雨水口洁、树坑墙根洁、果皮箱、垃圾箱洁)的工作要求,采取机械、人力清扫有机结合、道路清扫和巡回保洁有机结合,实行"一扫三保"的作业模式。同时,继续推动环卫工作的创新发展,开展"以克论净深度清洁"工作。一、二级主干道路采取全覆盖式保洁模式,将道路清扫保洁面积细化为2~3个卫生保洁责任区,每天安排1~2名卫生监管检测员,按照以天平称量路面尘土和秒表测定地面垃圾停留时间的方法,对城市道路环境卫生质量进行检测和考核。要求道路浮尘每平方米不超过20克,垃圾落地停留时间不超过20分钟,并成立洗路班,3月开始,每天早、中、晚对城中辖区65条一、二级主干道开展清洗工作,确保主要路段、重点部位做到"湿扫到边、冲洗到角",达到"路见本色"标准。

垃圾清运 2017年,城中辖区有多功能垃圾箱48个,垃圾中转站8座。城中区环卫所有压缩式垃圾车、粪车、洒水车、扫地车等生产用车89辆,汽车驾驶员、汽车清洁机械工、修理工等79人。年内,继续启用三轮密闭式垃圾收运车收运垃圾,3吨、5吨后装置压缩

2017年7月17日,城中区环卫所环卫工人在滨江西路亲水平台清理洪水淤泥

(区环卫所 供稿)

车清运生活垃圾。每天安排6辆次5吨压缩车、12辆次3吨车对小区、学校、沿街开展垃圾封闭式清运，全年共清运生活垃圾、混合垃圾13.7万余吨，水车冲洗街道12771车次；汽车一级保养56512辆次，二级保养323辆次，抢修车辆2718辆次，修补轮胎2065个，维修三轮车476辆次。全年无重大安全事故发生，未出现垃圾滞运或垃圾过夜等现象。

上门收集垃圾有偿服务工作 2017年年末，城中区环卫所有垃圾收运工67人，有偿收费员22人，管理人员6人，密闭式垃圾收运三轮摩托车66辆。辖区内实行上门收集垃圾有偿服务的生活小区439个、住户8.4万余户，企事业单位430个，商户、门面2062个。有偿服务收费标准依据《关于统一征收城市生活垃圾处理费的通知》（柳价费字〔2008〕240号）、《关于调整我市生活垃圾处理费的通知》（柳价费〔2013〕8号）的规定收取，居民生活垃圾处理费7.50元/户·月，机关、事业单位和社会团体按2元/人·月由单位负责按在岗人数交纳；宾馆、饭店等按2元/床·月实有床位数收取；餐饮、娱乐、百货、超市等行业按每月实际垃圾量协商议定。22名收费员按照规定使用财政部门统一印制的收据亮证收费。城中辖区大街、小巷、小区等处共配置垃圾桶4225个，其中660升桶551个、240升桶3134个，120升桶540个，果皮箱1648个。年内，继续加大生活垃圾分类宣传工作，以点带面，全面铺开垃圾分类收集收运模式，共张贴《柳州城区居民生活垃圾分类指导》宣传海报1000份；发放《柳州城乡生活垃圾分类指导手册》1000份。生活小区垃圾采取“垃圾下楼”方式，垃圾收运工每天对生活小区、沿街门面、单位采取多时段收集方式，做到不漏收、不撒漏，防止二次污染，杜绝垃圾滞运或垃圾停留过夜等现象。

公厕管理 2017年年末，城中辖区有公厕48座，其中固定公厕35座，移动公厕13座。公厕保洁员45人，维修人员3人。每座公厕都设有专人管理，对所管辖公厕及垃圾转运站四周环境卫生定时清扫和消毒，及时清理蚊蝇等滋生场所。年内，对浮桥、大树脚、公园、华天、学院路中段、西柴、竹林、弯塘的固定公厕进行改造；对艺术中心、广场、文昌东的移动公厕进行更换；移动公厕全面升级；滨水大道11座“五星级”公厕（固定公厕6座，移动公厕5座）正式启用。7月，辖区内的48座公厕配套安装洗手液及卷筒纸，免费供市民使用。全年共抽粪1800车次、6300余吨，各种修理维护共650次，公厕疏通共120次；投放鼠药10桶共计40千克，杀虫剂84瓶。

创卫、城乡清洁、美丽乡村工作 2017年，城中区环卫所深入开展创建全国卫生城、文明城活动，继续加强城中村和城郊接合部的卫生监管和巡查力度，成立机动突击队，及时清理卫生死角垃圾和市民临时丢弃的垃圾，对牛车坪、河东村、静兰村、油榨村、雷村、梁水等村屯定点放置垃圾箱增至158个，新增40个“美丽乡村”多功能密闭箱；“美丽乡村”箱维修及重新刷漆58个；每天安排6名专职司机、6名付工、5辆“美丽乡村”车辆定时实行垃圾运输密闭式清运。全年共出动“美丽乡村”车辆2325辆次，清理卫生死角287处，清除各种混合垃圾246吨，清运生活垃圾2628吨。

政府热线、数字城管案件处置 2017年，城中区环卫所成立数字化城市管理工作领导小组，设立数字城管信息中心网络接收平台，配有3名工作人员24小时受理“12345”政府热线电话、数字城管信息中心派遣的案件。年内，共受理“政府热线”各类投诉237起；处置数字城管信息中心转交案件

2017年4月，城中区弯塘路紫荆花缤纷绽放，景色迷人 （李继福 摄）

24284起，并及时做好记录及上报、反馈等工作，处理及时率100%，结案率100%。

扬尘污染治理 2017年年初，城中区环卫所启用抑尘喷雾车对河东片区重点路段、施工较多的路段进行降尘作业。每天分上午、下午2个班次安排4人次司机及付工进行作业保洁。上午对沿江路至东堤路、文昌路、文昌桥、桂中大道、东环大道进行冲洗，下午对潭中东路、学院路、桂柳路、桂中大道进行冲洗。全年出动车辆1095辆次，出动人员1460人次，用水量约为13140吨，通过抑尘喷雾车作业保洁，降低道路扬尘污染及积尘，有效净化空气。

环江滨水大道保洁工作 2017年，城中区环卫所在环江滨水大道沿线及周边共放置240升垃圾桶42个，"美丽乡村"垃圾箱13个，果皮箱278个。10月，在城中区环江滨水大道景点回龙壁片区、水冲口片区、三门江片区、雷村片区增设景观式果皮箱35个。每天安排2辆专用车以及4人专项负责对环江滨水大道沿途进行巡查，及时清理乱倒、积压垃圾。

（莫招玲）

园林绿化

【园林绿化机构及工作概况】 城中区园林绿化管理所(简称"城中区绿化所")于2000年5月成立，位于柳州市沿江路河东管理大厦5楼，属差额拨款事业单位。主要职能是负责辖区绿化管理，美化城市环境，城市园林绿地系统规划，城市园林绿地管理维护和城市园林绿化工程设计。2017年有在职在编人员8名。年内，城中区绿化所补植绿化苗木6.5万株，新增绿化面积1188平方米，处理枯枝、危树、死树600株；盆花摆展12.5万盆；处理数字城管案件1113件、政府热线87件；配合柳州市开展"花园城市"2.0版建设，完成全民义务植树和抗洪清淤工作。

【全民义务植树】 2017年植树节期间，城中区绿化所组织城区领导干部和职工190人在环江村东流屯和环江村老虎冲开展义务植树活动，种植洋紫荆、木棉树等共1352株。

【村屯绿化专项检查】 2017年5月，自治区水利厅、城中区乡村办等多部门联合对城中区绿化所2015—2016年村屯绿化建设的19个项目点(4个示范村屯，15个一般村屯)进行材料审阅和实地验收，档案材料齐全及各项目点均达到验收标准，顺利通过验收。

【"花园城市"2.0版建设】 2017年，城中区"花园城市"2.0版建设任务是提升4条道路绿化、提升2个校园景观、推选5个"花园式庭院"、5个"花园式小区"和10个"优美阳台"参加柳州市的评比活动。年内，城中区绿化所在高新一路、斜阳路、景行路、映山街、滨江西路铁桥边坡以及柳州市静兰小学、景行小学潭中校区开展绿化景观改造提升工程，并已全部竣工验收。在柳州市"花园城市"2.0版评选活动中，景行小学潭中校区景观提升工程获得柳州市"园林绿化优质工程"荣誉称号；柳州市人大常委会、柳州市质量技术监督局获得"花园式庭院"荣誉称号；华展华园、经典时代(西区)获得"花园式小区"荣誉称号，3名市民家的阳台绿化获得"优美阳台"荣誉称号。

【抗洪清淤工作】 2017年6至8月，城中区绿化所共开展5次抗洪清淤工作，出动人员1011人次、车辆48辆，清理淤泥10.5万立方米，灾后补植乔木170株，地被植物20.7万株，及时维护辖区绿化植被，最大限度减轻灾害损失。

（潘　艳）

市政公用事业

【城中供水】 城中水厂位于柳州市雅儒路77号，占地面积19977平方米。2017年，水厂主要工艺构筑物有：7×10^4立方米/天的取水泵房、加矾车间、加氯车间、网格高效反应斜管沉淀池各一座；4×10^4立方米/天普通快滤池一座，3×10^4立方米/天虹吸滤池一座；1500立方米、2000立方米、3000立方米清水池各一座；7×10^4立方米/天供水泵房一座；500千伏安、800千伏安变压器各一台。城中水厂主要负责城中片区的供水，供水范围东起东台路、西至西柴街，南起柳江路、北至黄村路，供水面积约4.95平方公里。厂内设置中控室，中控室上位机通过以太网络与现场五个PLC子站通信，实现对现场设备的远程控制。值班员通过上位机进行制水、加药及送水工作；通过安防系统监控厂区安全及生产情况。为降低生产的安全风险，年内城中水厂对净水原材料进行调整，将消毒剂由液氯改为次氯酸钠，同时对排泥行车进行技术改造。全年供水量为1742.46万立方米，供水各项水质指标均高于国家标准——浊度合格率99.72%，余氯合格率100%，出厂水细菌总数合格率99.72%，出厂水检验项目合格率99.83%，设备完好率99.95%，实现公司安全生产的目标。2017年，城中水厂被柳州市卫生监督所评为“卫生信誉度等级A级”单位，水厂维修班被市安监局授予2017年度“柳州市安全生产标准化示范班组”称号。

【城市供气】 2017年，柳州中燃城市燃气发展有限公司(简称“中燃公司”)新增中压管线15.79公里。有管道居民用户34.17万户，商业用户522户，工业用户23户。实现工业总产值39664.42万元，销售收入42308.19万元，利润11132.97万元，净利润9463万元。年内，中燃公司并入广西柳州市东城投资开发集团有限公司。3月，开展安全宣传月活动，对全市的管道燃气用户进行隐患排查综合治理；8月，获得柳城县30年管道燃气特许经营权，同时签署柳城县下辖的9个镇、3个乡及2个工业园的特许经营权。中缅线长输管道天然气柳州新圩门站——柳西高中压调压站次高压燃气管道工程完工，该工程管道全长5345米，起点位于新圩接收门站，终点位于柳西高中压调压站。新圩接收门站站内设有调压撬一座，最大输气量为每小时2.7万立方米；柳西高中压调压站站内建设天然气调压站1座以及相应的配套设施有站房、办公楼、仓库。新圩接收门站、柳西高中压调压站具备供气条件，气源承接上游中石油、中石化“双气源保障”高压管道。9月初，中石化LNG接气工程前村门站、4.1公里高压管线进入施工阶段。11月，进行预防一氧化碳中毒的系列宣传。12月，柳州市中缅线长输管道燃气与市区管网对接，向柳州市主城区试运行供气。为争取及时施工白露大桥过江管，还做好计划办理白露大桥过江管前期手续。阳和供气站已取得规划选址、国土审查及项目备案意见。年内，还加强、加快对公司燃气储配站老旧设备、安全设施的改造，完成清水塘气站站控系统改造、河西板栗园气站重大危险源整改工作。年内中燃公司灰口铸铁中压管道改造1.8公里主要分布在柳北区并启动改造工程。

【城市供电】 广西电网有限责任公司柳州供电局城中供电分局成立于2011年6月，位于柳州市文昌路26号。2017年有员工163人。内设项目部、配电1班、配电2班、服务班、营业班、抄表1班、抄表2班，共6个班组。主要负责柳州市城中区、柳北区两大城区的配网规划及配网工程管理、配网运行维护检修及抢修以及营销服务等各项工作。辖区范围内共有10千伏配网线路255回，10千伏线路1451.265千米，0.4千伏线路1053.578千米，变压器3539台，容量达1902050千伏安。营业区域面积397.68平方千米，服务人口60余万，营业户数212013户，是目前柳州供电局最大的供电分局。服务辖区内有万达、中烟、五星、风情港、阳光100、金沙角等一大批知名商家企业和小区，重要客户达12家，每年承担全局三分之二以上保供电任务。城中供电分局秉承南网公司“主动承担社会责任　全力做好电力供应”的企业使命，认真贯彻落实广西电网有限责任公司及城中供电分局的决策部署，坚持以客户为中心，强化安全生产，优化配网架构，不断夯实生产、营销管理基础，全面推动创先落地，服务柳州地方经济社会发展。年内，先后获得第三十五届中南六省质量管理QC小组成果三等奖、柳州供电局“红旗党小组”等称号。（高乙翡）

【城市照明】 2017年，城中区城区拥有城市照明灯具6.24万盏，其中路灯1.79万盏，景观灯4.45万盏。照明设施灯亮率全年保持在98%以上，设施完好率达90%以上。

照明建设 2017年，城中区完成改造、新建城市照明设施255基，其中罗池路18号安装单头庭院灯6基；西柴街11号安装单头庭院灯5基；楼梯山纵一路安装单挑灯30基、中杆灯2基；纵二路安装单挑灯37基、中杆灯2基；海关路西一巷安装单头庭院灯10基、草坪灯20套；青云路南三巷安装单头庭院灯10基；东环路与文昌路交叉口安装中杆灯23基、LED隧道灯96套、疏散照明用应急灯14套。

抗洪抢险 2017年汛期，柳州市城市照明管理处累计启动Ⅵ(6)预案2次、Ⅵ(5)预案3次。根据预案要求，拆除沿江照树灯等设施,及时关停柳江两岸等沿江景观灯。洪水退后,对洪水浸泡的照明设施进行安全检查,确保安全无误后,送电恢复灯亮照明。

音乐喷泉管理维护 2017年,柳州市城市照明管理处完成柳江音乐喷泉日常维护费510万元维护,更换水下电缆4.5万米,更换喷泉水下灯1250套;水下全面检修喷泉浮台牵拉系统、升降系统1次,潜水作业95个台(班)。督促、配合施工单位完成音乐喷泉大修项目830万元维修,更换水泵80台、喷头80个;更换"天龙旋云水型"不锈钢喷泉泵68台、球面数码旋转机构SKW5068套;大修音乐喷泉控制系统更新控制软件、重新编曲、更换控制系统的元器件,新安装浮箱36个;安装过江电缆槽4条,更换水下电缆9.27万米。

(吴丽红)

【公共交通】 柳州市城市公共交通主要由柳州恒达巴士股份有限公司(以下简称"恒达巴士公司")承担。2017年,恒达巴士公司有公交车辆1178辆,公交线路104条;新开线路4条;优化调整线路走向26条;恢复线路走向6条次;停开线路1条;延长末班时间4条次。受市政重点工程道路施工影响,调整线路走向127条次;增设公交停靠站72个;迁移公交站点47个。全年完成运营收入18406.95万元,客运量19154.14万人次,行驶里程6938.55万千米。

优化快速公交作业计划 2017年,恒达巴士公司根据快速公交运营情况,科学分析快速公交沿线乘客的出行特点,优化线路车辆配置和作业计划,让普通老百姓享受到快速公交方便、快捷的服务。年内,快速公交客运量为3831.79万人次,较2016年增加22.97万人次,增长0.6%;运营收入3169.02万元。

学习"邓红英工作法" 2017年,恒达巴士公司通过演讲、小品和情景剧、专题培训等形式开展"邓红英工作法"推广活动,进一步提升驾驶员的服务水平和服务技巧。年内,驾驶员获乘客来信来电登报等各种途径表扬共3424起,其中星级驾驶员获各类表扬465起;获市级新闻媒体登报表扬102起。

推广应用新能源公交车 2017年,恒达巴士公司根据"公交都市"示范城市创建工作要求,积极推行"绿色公交"出行方式。年内,公司采购112辆新能源公交车(其中12辆为柳州市第一批纯电动公交车)置换老旧车型;完成配套东园公交站一期充电桩建设并投入使用。截至12月底,公司共有新能源车401辆,占公交车总数的34%。绿色、低碳、环保新能源公交车的更新极大改善市民乘车环境。

提高信息化建设水平 2017年,恒达巴士公司完成ERP(公交企业资源计划)管理系统升级并全面投入使用;完成公交企业信息安全管理系统、公交应急指挥管理系统等项目的建设和使用;完善可视化视频动态监控系统。10月下旬,交通"一卡通"工程正式开始实施,公司全力配合"一卡通"工程的互联互通工作,各项测试工作有序进行。11月中旬,与广西一卡通公司达成合作意向,共同开展柳州公交移动支付业务。

严格落实安全生产主体责任 2017年,恒达巴士公司按安全生产"五落实五到位"要求,建立完善安全生产责任制,公司各级领导、安全职能部门常态化每月深入一线开展安全检查督查,全面排查整改事故隐患,实行"谁检查、谁签字、谁负责"的安全生产责任制。加强"礼让斑马线"宣传和专项整治取得实效,公司获"礼让斑马线文明创建示范单位"称号。开展安全隐患排查治理和信息统计上报工作,年内上报隐患排查信息830条,一般隐患整改率100%。在柳州市安监局对恒达巴士公司安全生产履职考评中获101分。

(王海交　黎天碧)

【防洪排涝机构及工作概况】 2017年,柳州市防洪排涝工程管理处为柳州市水利局下属机构,内设办公室、计划财务科、运行管理科、防汛科、信息科5个科室和河西堤、河北堤、窑埠堤、鸡喇堤、柳东堤5个管理所,有编制96人。担负柳州市区柳江堤防及附属设施(包括护岸、排涝泵站、防洪闸、交通闸、穿堤涵闸等)的建设管理与维护保养,确保各类防洪设备的安全运行。配合做好柳州市柳江防洪排涝和相关的抢险救灾工作以及对涉及柳江河道和堤防设施建设项目的审核和监督管理工作。柳州市有防洪堤防工程27.6千米,排涝泵站30座,总装机容量3.97万千瓦。已建成堤防可保护区域面积65.1平方千米,保护人口47.7万人。柳州市防洪排涝工程在城中辖区主要有河东堤1个防洪主堤段,堤长5506米,排涝泵站6座,闸门10座,穿堤涵5座。

【防洪工程运行管理】2017年，柳州市防洪排涝工程管理处做好汛前各堤管所对管辖堤防、排涝泵站设备严格自查工作，按要求对工程管理处27.6公里堤防、30座泵站、76座防洪闸及交通闸、104座穿堤涵管等设施设备进行维护保养。在汛期到来前修订防汛预案，并根据防汛抢险预案检查各堤管所、泵站防洪设施汛前试运行准备、汛期值班、汛后维护保养工作等情况。负责处堤防、泵站、防洪闸及交通闸、穿堤涵管等设施设备的维护保养，对现有堤防的变形观测工作。汛期落实防汛措施，明确各泵站的安全监督责任人、行政责任人、技术负责人和泵站岗位责任人。年内5次洪水期间，共关闭闸门97座次，投入运行泵站78座次；累计运行时间1225小时3分钟；累计抽排量达1900.8万立方米，完成防洪排涝任务。

2017年，柳州市防洪排涝工程管理处改造后的三桥西第二交通闸

（市防洪排涝工程管理处 供稿）

【防洪新建工程】2017，柳州市防洪排涝工程管理处主要负责管理建设广西主要支流柳江柳州市城区河段治理工程白露堤、官塘堤上段、阳和堤工程；广西柳州市鹿寨县洛清江雒容镇铁路桥——桂柳高速公路河段治理工程、柳州市执法公务船锚泊地工程共5个工程。

白露堤工程 2015年10月开工建设。工程位于柳州市柳北区白露工业园区和北外环西片区，处于已建的市木材厂堤段上游端延长线，柳江河段左岸。上游始于白露维义大桥头上游侧的维义村，下游终于市电厂渠右岸。堤线长度约1.6千米，堤防按50年一遇洪水标准修建，设置云头溪排涝泵站1座和云头溪排涝闸1座，云头溪上支穿堤涵1条，排涝泵站装机容量4410千瓦，工程总投资1.086亿元。工程建成后保护面积为13.13平方千米，可为白露片区内的工业、企事业单位及3.2万人口提供抵抗柳江50年一遇洪水的能力。至2017年年底，白露堤Ⅰ标段工程已完工验收，白露堤Ⅱ标段云头溪泵站主体工程已完工，完成投资3012万元，完成合同投资比例达77.7%。年内继续进行白露堤市级配套工程（堤防部分）施工。

官塘堤上段工程 2015年10月开工建设，位于柳州市柳东新区，地处柳江中游左岸。上游端起于洛埠镇洛埠沟出口右岸山脚处，结合规划市政滨江道路向下游延伸，截止于莫道江南支冲沟出口下游约100米处。堤防跨越洛埠沟、莫道江南支等支沟，设置洛埠沟和莫道江南支排涝泵站2座以及洛埠沟和莫道江南支排涝闸2座，防洪堤长1.144千米，其中，洛埠沟堤防按20年一遇洪水标准建设，莫道江南支堤防按50年一遇洪水标准建设，保护人口约6.7万人。截至2017年年底，官塘堤1、2标泵站主体工程均已完工，并投入装修和机电设备安装。

阳和堤工程 2016年7月开工建设，位于柳州市阳和开发区，地处柳江下游河段的柳东新区左岸，起于六座锰矿生活区山脚，结合规划市政滨江道路沿下游延伸，跨越犁头咀、三家冲、董家冲、江泗村、封木、红银等支沟，止于大塘冲下游，与大塘冲下游山体形成封闭。堤防长度5.09千米，护岸长2.6千米。工程包含排涝泵站7座，防洪闸7座。并在犁头咀支流上游夹口村山坳设挡水坝，坝下设有2.5千米的高水高排暗涵将上游山洪排泄至柳江。整个工程设计概算总投资约为8.01亿元。工程建成后保护面积20.32平方千米，保护人口7.7万人，使阳和新区达到50年一遇的防洪标准。截至2017年年底，阳和堤高水高排箱涵工程已完成箱涵711.5米；和源路段填土已完成至设计填土高程；犁头咀泵站完成至88.2米高程,三家冲泵站完成下部结构,江泗泵站完成土方开挖约2.8万立方米,封木泵站完成至85.8米高程,大塘泵站完成至94.2米高程。并进行剩余部分箱涵、泵站及防洪闸的施工。

洛清江(雒容镇段)河段治理工程 2014年7月开工建设,工程总投资2740.67万元,2016年累计完成投资1746万元,完成投资比例64%。该工程Ⅱ、Ⅲ标段工程建设完工,并已完成完工验收。Ⅰ标段于2017年4月15日开工,截至2017年年底,完成边坡护脚石笼、边坡土方开挖、65米护岸修坡及10米清水平台混凝土压顶浇筑工作,完成投资180万元,完成合同投资比例达55%。

柳州市执法公务船锚泊地工程 柳州市执法公务船锚泊地项目位于柳州市河东大桥下游500米的柳江左岸,项目建设锚泊位18组,锚泊地岸线长度为675.5米,可供78艘公务船停靠。该工程于2016年7月全面开工建设,工程总投资9258.32万元。经过近一年时间的建设,锚泊地工程已于2017年7月15日完工,并基本具备停泊使用条件;年底进行申请景观绿化亮化提升工程,将锚泊地融入"百里柳江,百里画廊"景观带。

【防洪改造工程】 2017年,柳州市防洪排涝管理处改造升级防洪项目工程总投资1.2亿元,累计完成总投资8073万元,完成总投资占到位资金比例98.8%。

崩冲泵站扩容改造工程 项目位于西堤路,总投资6016.09万元,截至2017年年底,完成投资5589.19万元,占到位资金比例107.5%。2014年下半年开始扩容改造施工,在保留旧排涝泵站,封堵旧排涝闸涵管的基础上,新建排涝泵站、穿堤涵、自排穿堤涵、闸门以及扩容后的前池。新安装4台500千瓦的排涝泵机,使泵站抽排流量由4.0立方米/秒提升至19.8立方米/秒。改造后的自排箱涵孔径比原孔径增大60%,自排设计标准提升至50年一遇最大24时暴雨洪水。2017年1月4日,建设单位组织柳州市防洪排涝工程管理处与设计单位、施工单位、监理机构进行崩冲泵站扩容改造工程初步验收,记录各标段提出的缺陷,并在验收前完成整改处理;督促竣工资料、竣工图等抓紧收集整理、编制、完善;6月16日,柳州市防洪排涝工程管理处对崩冲泵站4台500千瓦潜水贯流泵进行单机、4机联动试运行,就运行过程发现的问题及时协调施工单位及厂家对存在的问题进行处理。10月12日,崩冲泵站扩容改造工程完成完工验收工作。

竹鹅溪泵站防洪闸改造工程 项目位于西堤路,总投资742.5万元,截至2017年年底,完成投资506.76万元,占到位资金比例68.2%。2016年11月开始改造施工,工程对原有防洪闸进口检修闸及其启闭设备进行更换,并维修出口防洪工作闸。改造后的防洪闸设计标准提升至50年一遇,进水口孔口尺寸为3.5米×7.0米,启闭机采用液压启闭机,容量为2×250KN。防洪闸出口检修闸修改为挡正常水位的工作门,孔口尺寸为3.8米×7.0米,共3孔设3扇闸门,启闭机采用QW固定卷扬机,容量为250KN。竹鹅溪防洪闸改造工程已在2017年1月20日开放闸门;3月底围堰全部拆除完毕;该工程于6月28日完工,工期总日历天数为240天。

白沙堤三桥西第二交通闸工程 项目位于滨江东路,总投资4312.9万元,截至2017年年底完成投资1963.46万元,占到位资金比例116.8%。2016年9月开始改造施工,在保留一号交通闸的同时,拆除白沙堤36.1米堤防后新增钢筋混凝土交通闸一座,并进行上部结构及外观改造;新增二号交通闸整体长36.1米,宽9.1米,高6.3米,为两孔三墩,主孔口尺寸为8×4.5米,边孔尺寸为4.5×4.5米,两车道通行,共设置两扇工作闸门,该项目的建成将进一步缓解三桥西道路交通压力。2017年春节前,第二交通闸拆除占道围挡,让出主干道,并开放交通;在3月底对启闭机、闸门安装调试好,以达到防汛功能的要求,至年底二号交通闸已开放交通。

华丰湾堤及防洪闸改造 华丰湾防洪闸改造工程建设地点位于华丰湾堤华丰湾泵站,总投资902.07万元,截至2017年年底,完成投资13.35万元,占到位资金比例2.4%。该工程拟将71.0米高程的原涵管改造抬至78.2米高程(底板高程),并封堵原71.0米高程涵管,在框格砼堤新建涵管相应位置开孔加固,新建穿堤建筑物,连通堤外新建涵管。同时进行框格砼堤内部清淤,另外更换工作闸门两扇和新埋底坎闸门止水预埋件。华丰湾防洪闸改造工程2017年上半年已完成初设批复,至年底已完成招投标前期工作,在确定施工单位后,实施新建汇合井开挖及泵站清淤等施工前期工作。该工程是政府采购项目，估算总投资919.13万元。2017年已获前期费投资100万元。

（谷广平 徐 斌 韦祯宜）

【市政设施维护管理处机构及工作概况】柳州市市政设施维护管理处（简称市政设施维护管理处）位于柳州市八一路107号，隶属于柳州市住房和城乡建设委员会。具有市政公用工程施工总承包贰级、公路路面工程专业承包贰级和河湖整治工程专业承包叁级资质。主要承担柳州市区道路、排水、桥梁等市政设施的维护和管理，市政应急抢险救援等工作；承建市政设施新建、改建、扩建工程。管辖柳州市区内市政道路204条，总长375.98千米；排水干支渠145条，总长253.13千米；桥梁58座，其中跨江大桥19座（包括高速公路跨江大桥2座），城市高架桥9座，其他跨线跨溪立交桥、中小桥26座，铁路桥2座和人行天桥2座。2017年，获得"广西建筑业质量管理优秀企业""广西建筑业诚信企业""广西建筑业先进企业""柳州市工人先锋号"等荣誉称号。承建的学院路（潭中东路路口至文昌路口）（K0+000–K1+438.074）维修工程、河西路西段（K0+064.853–K1+670.619）工程分别获得"2017年度柳州市龙城杯优质工程奖"。

【市政道路维护】2017年，柳州市市政设施维护管理处对城中辖区内学院路、高新南路等48条主次干道进行日常维修，铣刨沥青路面1.5万平方米，铺筑沥青砼层13.02万平方米，新铺人行道1.45万平方米，翻铺人行道0.21万平方米。年内，继续推广和应用新技术、新工艺、新材料、新设备，在"四新"技术推广上取得新的突破，对辖区内瑞康路、高新一路、高新南路、海关南路、海关北路采用1.5厘米热拌沥青混合料薄层罩面施工工艺，完成路面提升改造6.15万平方米。继续推进海绵城市透水人行道建设，完成东环大道、桂中大道、河东路、瑞康路道路人行道的海绵化建设，进一步加强城市道路的雨水吸纳、蓄渗和缓释功能建设。

2017年7月16日，市政设施维护管理处在海关北路进行沥青热铺薄层罩面施工

（市政设施维护管理处 供稿）

【市政排水养护】2017年，柳州市市政设施维护管理处对城中辖区内河东干渠、文昌干渠等24条干支渠的排水设施安排清疏工作。清理疏通道路旁渠及干支渠105.40公里，疏通雨水砂格7567个，清理检查井3606个，安装防坠网335个。年内，完成对辖区内排水管网进行全面清淤、疏掏，对易涝点、低洼路段、片区排水干支渠等排水设施进行重点疏通维护，确保管道排水畅通，检查和整改下穿通道抽水泵房设备，保障排水设施有效运行。根据气象部门发布的紧急预警，先后启动15次防汛排涝应急抢险预案，依托天网视频监控大屏24小时对市政设施实施监控管理，及时处置暴雨对辖区内道路排水的影响。完成辖区内学院路、体育路、高新南路、高新三路内涝积水点的改造，通过实施新建排水管网、截洪沟等措施，全面完成专项整治工作。

【市政桥梁管养】2017年，柳州市市政设施维护管理处完成对城中辖区内的壶东大桥等6座桥梁的日常维护，铺筑桥面沥青砼面层2.67万平方米，清理伸缩缝1280米，更换伸缩橡胶条380米，疏通泄水孔654个，补缺更换隔音板50平方米。年内，先后启动3次防洪护桥应急抢险预案，严格执行值班制度，推动全员参与防汛及防洪护桥工作。定期对城中辖区内过江大桥、立交桥桥墩进行安全检查，组织对跨江桥梁及立交桥进行桥梁专项维修和结构检测，及时消除桥梁设施常见病害与安全隐患，不断提升防汛综合应急处置能力。

【市政设施项目】 2017年1月，柳州市市政设施维护管理处完成城中辖区内学院路(潭中东路路口至文昌路口段)维修工程，道路为南北走向，工程起点为文昌路口，终点为潭中东路路口，道路红线宽60米，机动车道宽24米，路段为城市主干道，机非分隔双向六车道，道路两侧路灯设置在绿化带，工程采用沥青砼路面，道路总长1.44千米，工程造价1100万元。12月，完成柳州市公交停靠站港湾式改造一期工程，改造路段涉及9条道路，72个站点，其中城中辖区内学院路(1个站台)通过压缩人行道方式，东环大道(14个站台)通过压缩绿化带方式，为现状道路的直线式公交站台进行适当、合理的拓宽改造，设置港湾式公交停靠车道，工程造价699.05万元。

(董彦言)

环境保护

【环境保护机构及工作概况】 2008年11月，柳州市环境保护局将原城中环境保护办公室职责整合及人员编制下放城中区，成立城中区环境保护局(简称“城中区环保局”)，为行政机构，隶属城中区人民政府。2017年有工作人员10名，其中行政编人员5名，聘用人员5名。主要职责有：负责辖区内污染防治、环境安全、生态保护、环保宣教等工作；受理环境投诉和信访，开展辖区内环保执法检查活动；监管排污和环评等相关手续的审批办理。年内，城中区环保局受理普通投诉509件，政府热线转办1583件，数字城管转办154件，信访5件，合计2251件，及时处理率100%。收取20家单位排污费共计人民币17.52万元。

2017年6月13日，城中区环保局、行政执法局联合进行金沙角环境噪音综合整治 (区环保局 供稿)

【项目审批与备案】 2017年，城中区环保局执行环境影响评价制度，按照《柳州市建设项目环境影响评价文件分级管理办法》审批，年内完成环境影响评价文件审批5件，夜间工地连续施工审批442件，环境影响登记表备案58件，环境影响评价文件验收23件。新建项目环评和“三同时”执行率达100%，环保项目验收工作按时进行，从源头上控制新污染源的产生，同时确保项目环保设施稳定达标运行。

【环境监察专项及联合执法】 2017年，城中区环保局联合公安、行政管理执法、街道办事处和社区，分别对工地、娱乐场所开展2次联合环境大整治行动，共出动人员150人次，车辆30辆次，娱乐噪音投诉件和工地噪音扰民投诉件明显减少。开展中、高考期间环境噪声污染管理和环境噪音源排查工作，共出动车辆15辆次，出动人员60人次，制止环境噪音扰民行为5起，确保中、高考期间教师和学生拥有舒适的居住学习环境。年内，还办理行政处罚案件5件，处罚金额20万元。9月，在金沙角观光瀑布平台安装柳州市首套噪音扬尘自动监测系统，警示广场舞爱好者注意控制音响音量。

【环保知识宣传】 2017年，城中区环保局开展环境保护知识宣传活动5次。为控制金沙角观光瀑布平台广场舞噪音扰民问题，联合公安、行政管理执法、街道办以及社区开展为期1个月的噪音整治宣传活动。围绕“绿水青山就是金山银山”的主题，在五星商业步行街联合各街道办事处开展“六五世界环境日”宣传活动。为进一步宣传《莲花山环境保护条例》，激发辖区居民保护莲花山美好环境的热情，在城中区万达广场开展《莲花山环境保护条例》宣传活动，提高市民的环保意识。为进一步明确各相关部门的环保职责，举办一场生态文明建设知识讲座，城区各相关部门分管环保工作的领导积极参加。协调解决长期投诉的油烟和噪音扰民问题，针对城中区投诉案件比较多的施工工地、娱乐场所、汽车4S店等，开展一次环保法律法规宣传活动。全年五次宣传活动，共发放新《中华人民共和国环境保护法》《中华人民共和国大气污染防治法》《中华人民共和国环境噪声污染防治法》以及莲花山环境保护宣传手册各500份。

【危险废弃物管理】 2017年，城中区环保局加强环境应急及危险废弃物监管，督促重点风险源企业完成突发环境事件应急预案的编制、修订和备案，加强部门联动开展环境应急演练，妥善处置突发环境事件。城区有危险废物产生单位9家（全部为汽车4S店），没有危险废物经营单位。要求处于营业状态的9家汽车4S店严格落实各项管理制度，确保危险废弃物得到妥善放置和处理。

【环境风险排查】 2017年，在全国“两会”期间，城中区环保局根据上级部门文件指示精神，完成环境安全隐患大排查大整治工作，出动人员24人次、车辆8辆次；检查企业14家，排查安全隐患8处，为全国“两会”的顺利召开奠定环境基础。

（肖岳飞）

编辑：苏贵忠

经济行政管理

宏观经济管理

【发展和改革机构及工作概况】 2014年10月成立城中区发展经济局;2010年6月撤销,成立城中区发展和改革局(简称城中区发改局)、城中区工业和信息化局。城中区发展和改革局下设二级机构城中区物价局,是全区经济运行调节、指导推进和综合协调全区经济体制改革以及全区规划重大项目生产力布局的职能部门,共有在职在编人员(含物价局)9人。2017年是实施"十三五"规划的重要一年,城中区发改局紧紧围绕区委区政府中心工作,积极开展谋划研究,为有关决策、政策制定建言献策,主动作为,发挥参谋作用,有效地促进全区经济社会快速全面发展。

【国民经济运行情况】 2017年,城中区实现地区生产总值(GDP)308.06亿元,同比(下同)增长9.5%。其中,第一产业增加值1.06亿元,增长3%;第二产业增加值108.85亿元,增长9.7%;第三产业增加值198.15亿元,增长9.4%。全社会固定资产投资完成243.05亿元,增长10.4%,组织财政收入26.48亿元,增长8.5%。城镇居民人均可支配收入39978元,增长7.7%,农村居民人均可支配收入20675元,增长8.4%。2017年新建内资项目20个、外资项目6个,市外境内到位资金164.29亿元,同比增长7.2%;实际利用外资6660万美元,同比增长48.9%。

【经济计划与实施】

农业经济特色凸显 2017年,城中区强农惠农政策全面落实,发放各类惠农补贴资金87.45万元。农村居民人均可支配收入20675元,增长8.4%。传统农业产量稳定,特色农业扩规提质,引进沃柑等特色水果并建成300亩"乡级精品农业示范园"、180亩脆蜜金柑种植基地、300亩紫薇花海,"半小时乡村旅游圈"初步形成。"一村一品"种植格局升级,推动"互联网+农业"模式,在河东、柳东、牛车坪村设立农村电子商务服务点,农作物销售途径拓宽。推广生态养殖技术,积极引导养殖户将传统养殖方式转型升级为生态、特色养殖方式。水产畜牧业平稳增长,重大动物疫病有效防控。农村土地流转、森林防火、防汛抗旱等工作扎实开展。

2017年8月15日,柳州市工商行政管理局城中区分局工作人员正在进行例行检查

(城中区工商分局　供稿)

服务产业欣欣向荣 2017年，城中区服务业增加值占GDP比重达62.9%，持续保持平稳较快增长态势。其中规模以上其他营利性服务业企业营收增长率达50%。商圈辐射效应日益凸显，商贸中心地位稳固，商圈品质提档升级。总部经济集聚壮大，市级五家国有控股集团公司落户城中。房地产业支柱地位稳固，河东北片区高端房产开发加速，静兰片区渐成热土，碧桂园·十里江湾等大型项目建设扎实推进，彰泰集团等知名房产品牌成功入驻，房地产交易市场火热，商品房销售面积达80万平方米。电商产业前景可期，加速打造自治区级跨境电子商务园区，通过阿里巴巴国际站开辟海外市场的企业达110家，20家本地企业实现外贸出口零突破。2017年正式投入运营的"柳邮惠"电子商务产业园已入驻13家企业，"互联网+供应链协同服务体系"及"智能化物流信息系统"助力新兴业态飞速发展。与广西科技大学联办的城中区科技信息产业园正式签约落户万达中心。积极打造全域旅游格局，深挖环江滨水大道、三门江国家森林公园、莲花山片区周边历史文化、自然旅游资源。

工业经济较快发展 2017年，城中区认真贯彻"稳增长、谋创新、促转型"的工作主线，扎实开展质量强区工作，积极推进"大众创业、万众创新"工作，"全国质量强市示范城市"建设有序开展。年末全区第二产业增加值108.85亿元，增长9.7%。规模以上工业产值目标任务是6亿元，累计完成7.83亿元，完成年度目标任务的130.5%。工业投资目标任务是29亿元，实际完成投资32.6亿元，完成年度目标任务的112.4%。同时，结合城中区经济发展实际，加速推进城中区"智慧城中"一期项目建设，企业信息化水平明显提升，"智慧城中"格局初步形成，智慧城市管理工作长效运行。

【项目建设推进工作】 2017年，城中区发改局加强项目谋划、引进和推进，强化统筹管理，以项目落地推进经济发展。全力做好全区投资项目的立项、申报、招投标及验收工作，共为13个部门办理申请项目预立项50项，办理项目批复37项。做好广西投资项目在线审批监管平台维护受理工作，完成平台页面搭建工作。全力推进重大项目建设，制定《城中区2017年市级统筹推进重大项目实施方案》，通过开展重大项目集中开竣工活动、主要领导季度研究部署、区政府督查室月度通报等手段，有效推进重大项目建设。五一路与龙城路合围片区改造项目顺利开工，静兰整村改造、河东路以北片区土地一级开发整理、前滩景观工程、柳州碧桂园项目、城中区为民服务中心项目等项目提前超额完成年度投资计划。

（柳昇宏　唐　涛　陈相廷　何　雯）

工商行政管理

【工商行政管理机构概况】 柳州市工商局城中区分局成立于1988年4月。2017年，柳州市工商局城中区分局有在职员工55人，内设办公室、企个股、综合执法股、法规股、经检大队、"12315"消费者投诉举报中心6个股室，下辖五一、东门、柳东、静兰、峻岭、柳侯6个工商所。

【市场主体经营行为监管】 2017年，柳州市工商局城中区分局在维护市场经济秩序上，不断加大监管力度，大力开展打击各类违法经营行为的执法工作。全年城中区工商分局共出动1097人次，检查各类经营主体3468家，立案查处各类违法经营案件136件，结案126件，罚没入库129.3万元，完成上级交办的办案任务181%。开展各项专项检查活动，加大监管力度，规范市场秩序，努力营造公平公正、规范有序、和谐诚信的市场环境。按照市局和城中区政府要求，制定了城中区分局《开展清理未年报企业工作的实施方案》《2017年医疗药品食品保健品医疗器械虚假违法广告专项整治行动方案》等12项专项整治方案，在此基础上开展整治工作。同时，城中区工商分局紧紧围绕柳州市创城工作要求，立足工商职责，结合窗口服务、集贸市场及周边环境专项整治等工作，确保创城工作落到实处。

【消费者权益保护】 2017年，城中区工商分局严格受理、分流、办理、反馈、督办、回复、回访、归档等程序，保障"12315"消费者投诉举报网络系统投诉举报转办及时，分流畅通，回访监督到位，全年共接待消费者来人、来电咨询472人次。通过"12315"消费者申诉举报平台分流、处理消费者申诉234件，举报219件,为消费者挽回直接经济损失36.42万元;指导“一会两站”化解消费纠纷83件,为消费者挽回损失8.65万元。组织辖区各工商所充分利用“3·15国际消费者权益保护日”宣传活动的契机,深入推进“12315”“五进”和“一会两站”工作。其中消费维权进校园工作亮点纷呈,独具特色。柳侯工商所到龙城中学组织学生积极参加“红盾杯”消费维权征文比赛,让学生以“维权经历、维权感受”为主线,记叙消费维权经历,抒发维权感受,提出消费维权建议,鼓励学生褒扬诚信经营放心消费、揭露消费陷阱、曝光消费欺诈。活动共收到征文300多篇,经过专业评审,评出一等奖作品3篇,二等奖8篇,三等奖14篇和优秀奖20篇,45名“维权小能手”在提升消费维权能力的同时,开心领到了属于自己的奖状和奖品。

【企业、个体私营经济管理和服务】 2017年,由于增加了新的监管辖区,在城中区工商分局登记注册的企业6398户,比2016年同期增长54.28%;新登记的企业1329户,比2016年同期增长50.51%。辖区内个体工商户11392户,比2016年同期增长43.19%,新登记的个体工商户2783户,比2106年同期增长58.58%。其中,新登记企业1329户,完成“双创”指标1321户的任务。同时,为贯彻落实国家工商总局商事制度改革要求,至年末,共发放“六证合一、一照一码”营业执照5478本,换照率85.62%,进一步整合行政资源,优化审批流程,积极落实“放管服”,最大限度降低社会成本和行政成本。

【优化“双创”服务】 2017年,城中区工商分局积极开展“双创”工作,6月20日,在广西科技大学挂牌成立“双创”示范性基地,同时在科技大孵化园内设立“一站式服务点”,不定期安排工商人员受理孵化园内的企业登记申请,直接对孵化园内成熟的创业项目服务,减少行政审批环节,实现了简政放权,为高校毕业生创业搭好舞台。并同步组织筹建“双创指导专家志愿团”,年内城中区工商分局以“青思享”为主题沙龙的形式开展3期活动,授课导师10余人,到场观众约1000人次,在大学生和创业青年中引起强烈反响。该示范性基地得到了时任广西壮族自治区政府常务副主席蓝天立的赞扬和肯定。

【推进市场主体年报公示制度】 2017年,城中区工商分局积极拓宽服务方式,多方位开展宣传工作,有效地推进了市场主体年报公示制度工作的进展。至6月30日,城中区应年报(2016年度)企业5330户,已年报4674户,企业年报率达到87.69%;个体工商户9041户,已年报6820户,个体年报率达到75.4%;农民专业合作社55户,已年报53户,农合年报率达96.36%。农民专业合作社、个体工商户提前完成上级下达的年报工作任务。

【双随机一公开】 2017年,城中区工商分局作为“双随机一公开”监管工作的牵头单位,全面按照监管工作要求,做好涉企信息的归集、公示和抽查工作。编制随机抽查事项清单和编制执法人员名录库及抽查对象名录库,做到“双随机”抽查工作分工明确、责任到人,并完成了各职能部门涉企信息权限申报工作,12家职能部门获得全国企业信用信息公示系统涉企信息录入权限。根据《广西区工商局办公室关于做好2017年“双随机、一公开”抽查工作的通知》要求,以及市局部署的《柳州市工商局2017年“双随机一公开”抽查工作计划表》工作任务,对647户市场主体19项抽查事项开展抽查。按照“谁检查、谁录入”的原则,已将上述市场主体检查结果通过协同监管平台公示归集到市场主体名下,并向社会公示。同时先后牵头与城中区食药监局、城中区文体新局等部门联合抽查5次,对涉及餐饮服务、食品加工、OK娱乐、危险化学品、劳动用工行业的63家市场主体开展了抽查。发现问题32家,对其下达《责令改正通知书》,要求其限期整改,并将全部抽查结果及时录入公示系统向社会公开,接受社会监督。

(林　毅　陈菲菲)

国土资源管理

【国土资源管理机构及工作概况】 柳州市国土资源局城中分局是柳州市国土资源局的派出机构,内设综合股、地籍股、地矿股、监察大队,同时加挂“柳州市国土资源执法监察支队城中大队”牌子,实行“一套人马,两块牌子”,办公地点设在立新路49号,核定行政编制11名,负责辖区内的耕地保护、土地监察、地籍管理、地灾防治等

2017年6月23日，城中国土分局在五星商业步行街开展“第27个全国土地日主题宣传周”活动　（李　红　摄）

工作。2017年，柳州市国土资源局城中分局以从严治党为主线，以“两学一做”为根本，大力加强干部队伍建设，不断推进党风廉政建设和反腐败斗争，全面提升资源保障能力和管理服务水平，有力促进了各项工作的全面发展。

【地籍管理】

土地登记工作　2017年，柳州市国土资源局城中分局完成建设项目用地预审8宗，面积90492.95平方米；接待农村宅基地初始、变更登记咨询50人次，审核办理6宗不动产变更登记前期调查，登记前公告3宗，出具权属确认书移交不动产登记中心2宗；接待农民拆旧重建咨询20人次，已受理3宗；接待私房（个人国有建设用地使用权）办证咨询12人次，审核办理3宗私房首次登记前期土地权属调查。

土地权属调查　2017年，柳州市国土资源局城中分局完成征地前期土地权属及地类调查23宗，面积为55825.96平方米，同时完成莲花山保护区内土地权属初步调查工作。

土地利用批后监管　2017年，柳州市国土资源局城中分局完成辖区内土地利用批后监管外业巡查30次，涉及建设用地项目宗地90宗。同时，对2017年签订的新增11宗建设用地建立台账进行监管。对于巡查时发现的已到达约定开工时间未开工建设项目共计9宗，分别下达《开工通知》；已到达约定竣工时间未竣工建设项目共计5宗，分别下达《竣工通知》，疑似闲置8宗，已下《闲置土地调查通知书》6宗，其中5宗填写了《闲置土地认定审核表》。

【国土资源行政监察】

日常执法监察　2017年，柳州市国土资源局城中分局共开展土地执法监察巡查57次，出动人员207人，发现个人违法占地建房行为76起，涉及违法占地面积11.73亩，下达《责令停止土地违法行为通知书》76份，向城中区人民政府提交报告13份，向城中区城市行政执法局抄告国土资源违法行为及制止情况76份。共立案查处土地违法案件3宗，涉及面积20.54亩，其中耕地面积4.5亩，下达《行政处罚决定书》2份，应处罚款15.17万元，没收建筑物3914.84平方米。积极协助城中区政府开展飓风行动，全年共参加城中区政府组织的“两违”强拆行动11次，拆除违法64处，出动人员44人次，强拆面积33660平方米。

卫片执法检查　2017年，国家下发城中区遥感监测图斑95个，监测面积1134.30亩，耕地面积466.73亩，其中合法变更图斑35个，面积442.38亩，耕地面积191.98亩；违法图斑10个，面积22.84亩，耕地面积10.87亩，违法占用耕地面积占新增建设用地占用耕地面积的比例为5.3%。立案查处案件3宗，已全部下达处罚决定书，查处率100%，结案率100%，顺利通过上级部门验收。

【耕地保护】

永久基本农田划定　2017年，柳州市国土资源局城中分局为做好城中区永久基本农田划定落实工作，及时组织召开耕地保护及永久基本农田划定落实工作会议，成立工作领导小组，制定耕地保护三项制度，为耕地保护和永久基本农田落地打下良好基础。组织城区各级政府部门签订永久基本农田保护目标责任状，层层落实保护责任，强化地方政府对永久基本农田保护责任的落实。组织街道办、村委下发明白卡150多册，新建静兰街道办事处乡镇级永久基本农田保护牌1块，设置永久基本农田保护桩点50个，全面完成永久基本农田落实“明责任，落地块”的工作任务。另外，在“4·22”全国地球日时，通过悬挂横幅、制作发放宣传材料、设立咨询台等形式，向群众宣传永久基本农田保护政策，营造农田保护的良好氛围。

耕地表土层剥离核查 2017年，柳州市国土资源局城中分局根据《关于印发〈柳州市落实自治区2017年度设区市绩效考评工作实施方案〉的通知》中“关于设区市所辖区各自至少开展1个非农建设占用耕地耕作层土壤剥离项目”的考核要求，开展了相关耕地耕作层土壤剥离利用的前期排查工作，经联合测绘院进行现场勘察和内业分析，测绘院出具相关报告显示，城中城区开工项目中未能找到符合耕地表土层剥离地块。

【矿产资源管理】 2017年，柳州市国土资源局城中分局加大对矿产资源法及相关法律法规的宣传力度，畅通打击非法采矿举报渠道，切实提高群防群治能力。同时，突出重点，采取日夜交叉巡查与土地矿产巡查相结合的方式，加大对重点区域（富矿区）的巡查力度，出重拳集中开展打击非法采矿专项行动。全年共开展日常矿产资源执法巡查73次，在柳东锰矿禁采区内更换禁采警示牌12块，利用“4·22地球日”广泛宣传矿产资源法律法规，发放各类宣传资料1581份，查获一起非法采洗选矿案件。这是柳州市莲花山保护区建立以来，该区域发生的首例非法采洗选矿案。

【地质灾害防治】

健全工作机制 2017年，城中区政府下发《2017年城中区地质灾害防治工作方案》和《2017年城中区突发性地质灾害应急预案》，调整辖区地质灾害防治领导小组成员，逐级签订地质灾害防治工作责任状，将年度防灾责任进一步分解落实。严格落实防灾监测员制度，确保监测经费足额到位，做到村村有联络员、各隐患点有监测员，确保城区、街道（社区）、村屯三级群测群防网络体系的正常运转。

地灾宣传教育 2017年，柳州市国土资源局城中分局邀请市地环站2位专家在市华锡大厦三楼举办2017年地质灾害防治工作部署暨培训会，培训监测人员90多名。同时，利用“4·22地球日”，组织干部职工深入到辖区各村屯，加大对地质灾害防治知识的宣传。

隐患排查 2017年，柳州市国土资源局城中分局组织力量对静兰、潭中、河东3个涉及地质灾害隐患的办事处、辖区内6个村、26处易发区和11处隐患点进行深入细致的汛前排查。全年开展地灾巡查83次，向受地灾威胁的单位和群众发放地质灾害避险明白卡980份，在各易发区（隐患点）内更换地灾警示牌40多块，并对因为沿江公路的修建已消除灾害隐患的11个易发区和3个隐患点进行核销。全年辖区内各地灾易发区（隐患点）没有出现地质灾害事件。

（李　红）

物价管理

【物价管理机构及工作概况】 城中区物价局成立于2009年12月30日，其前身是1988年6月成立的城中区物价检查所。2017年，有在职人员7人，其中行政编制6人，聘用1人。年内，城中区物价局按照年度工作计划，积极履行工作职能，加强依法行政和价格监督检查，用法治引领改革发展、推动民生改善和社会公正，切实维护广大群众的合法权益。年末荣获“2017年度广西价格监督检查工作先进集体”荣誉称号，获市民赠送“公正为民　情系百姓”的锦旗。

【价格监督检查】

节假日价格监管和政策提醒 2017年，城中区物价局针对节日期间消费比较集中，容易产生价格矛盾和价格纠纷的问题，在元旦、春节、清明、中秋以及壮族“三月三”、国庆节、“双十一”购物节等节日期间重点对与群众生活密切相关的粮、油、肉、菜等商品以及部分特殊服务行业（洗车、理发等）进行价格宣传和巡查，对辖区内旅行社、宾馆酒店和旅游景点、码头进行实地查看，提醒做好节前客房调价说明、景点门票价格公示，责令未做到上墙公示的立即整改，有效地防止各类价格违法行为的发生。

重点时期价格监管 2017年9月，城中区物价局结合柳州市全面推动创文明城和迎接国家卫生城复审的深入开展，为进一步规范市场价格秩序，维护社会和谐稳定，组成价格应急检查小分队，做好24小时值班工作安排，做到价格举报投诉及时接收、立即处理、当天反馈，确保城中区市场价格的平稳运行。

举报投诉调处和查处违价行为 2017年，城中区物价局共受理价格投诉211件，比2016年同期增长65%，其中涉及停车服务（含小区物业和公共道路）160件，物业服务25件，水电价、教育收费各3件，医药、住宿、商品零售和其他行业均有涉及。通过价格投诉调查处理，下达《行政处罚决定书》12份，《责令退款通知书》4份，共实施经济制裁15.5万元，其中退还多收价款11.5万元，没收违法所得0.8万元，收缴罚款3.2万元。投诉案件调查及时率、反馈率、办结率均达100%。

【专项检查】

教育收费专项检查 2017年，城中区物价局在春、秋两季学期开学检查中，分别对辖区内48所中小学、幼儿园2016年秋学期以来的教育收费情况，通过查看材料、收费票据及走访教师、学生、家长等形式对学校的各项教育收费情况进行严格的检查。同时，加强城中区幼儿园教育收费管理，4月24日，召开城中区幼儿园教育收费管理提醒告诫会，6月29日至7月3日对辖区内幼儿园收费公示情况进行检查。检查发现个别新开办幼儿园收费公示不规范，并责令3家幼儿园按规定据实结算伙食费，退回多收价款。

集贸市场明码标价检查 2017年4月，城中区物价局联合柳州市职工物价监督站及各街道办事处对辖区内集贸市场的商品价格开展专项整治。对市场中缺斤少两现象，物价部门时刻严格监管，通过市场管理方的积极配合，尽可能地杜绝市场内出现缺斤少两价格欺诈行为。重点检查临时摊位，教育和警告经营者要诚信经营。在检查中发现的缺斤少两现象，执法人员当场调整公平秤，并对摊主进行相应的罚款，事后通过微信平台曝光各集贸市场缺斤少两行为名单，登记录入经营者信用信息情况档案。

停车收费秩序专项整治 2017年6月2日，柳州市城市管理行政执法局、柳州市物价局联合发出《关于柳州市城市道路临时停车实行1小时全免费的通告》，为确保城中区辖区内停车场（点）严格执行“1小时内免费”的新规，城中区物价局于2017年6月至10月期间对辖区内城市道路停车场（点）收费情况进行检查。大部分停车场（点）收费员能自觉执行新规定，对于不按规定收费的则下达整改通知书，督促立即改正，对不及时改正的单位依法进行处罚，如艾美酒店门前停车点、北京安邦保安服务有限公司柳州分公司占用人行道收取非机动车停车费；柳州市华怡物业服务有限公司不执行政府定价，高于政府定价收取停车费等。

物业服务收费专项检查 2017年7月下旬，城中区物价局根据市物价局工作部署，重点检查城中辖区内物业管理服务公司及住宅小区停车场。检查内容涉及收费是否执行政府定价、政府指导价；是否违背平等自愿原则，擅自提高收费标准、改变计费办法、扩大范围、重复收费；是否利用优势地位、服务捆绑等方式强行收费；是否通过误导性标志等方式实施价格欺诈；是否按规定执行明码标价等现象。检查发现少数物业公司存在明码标价不规范、代收代缴费用未按时按规定方式公示，部分物业公司还存在自立项目收费、住宅小区停车场收费超过政府指导价等问题，对此，城中区物价局已责令问题单位限期整改。

商品房销售专项检查 2017年11月，城中区物价局对随机抽取的彰泰红、荣和天誉、东和园、

2017年1月3日，城中区物价局开展春节前市场价格专项检查。区物价局局长钟剑华（右一）正在指导经营单位规范标价签 （城中区物价局 供稿）

九洲国际大厦、恒江源、大城小院、金谷大厦、兆安现代城、冠亚国际星城九个商品房项目进行检查。检查发现,大部分房地产开发商都能在醒目位置公示基础信息牌、商品房销售标价牌以及价目表,实行“一套一标”。根据随机抽取的商品房购买合同来看,实际成交价格未高于备案价和公示的销售价格。在检查中发现标价不规范的问题,城中区物价局已责令限期整改。

【价格信用体系建设】2017年,城中区物价局继续加强市场价格行为的监管,坚持开展价格信息采集和明码标价指导工作,充分发挥价格信用信息数据库作用,警示经营者,提醒消费者。年内共检查登记980户经营者,检查记录在全市排名第一,全部信息均已整理拍照存档。城中区物价局把价格监管重点范围放到河东商圈,随着阳光100、万达商圈的扩大发展,许多新的商铺进驻城中区,城中区物价局组成2组检查小分队,平均每周开展两次价格信息采集工作,督促、指导、协助经营者做好明码标价工作,及时补缺补漏,尽量做到规范齐全。

【价格法律法规宣传】

组织公共道路停车点看护员培训 2017年1月19日,城中区物价局联合柳州市龙城保安服务有限责任公司对停车看护员进行相关法律法规、政策培训。城中区物价局局长钟剑华总结2016年来停车投诉问题主要特点,详细讲解违规收费的种类,强调规范停车收费行为对城市文明建设的重要性,并就违反相关价格法律、法规所应承担的法律责任向参会人员进行提醒告诫。

“3·15”国际消费者权益日及“12358”价格宣传活动月 2017年3月10日,城中区物价局参加由柳州市工商局、柳州市消费者协会、柳州日报社承办的主题为“网络诚信　消费无忧”的纪念“3·15”国际消费者权益日集中宣传咨询活动;5月5日,以“价格服务,情系万家”为主题,在环江村基层调研、宣传;5月8日,价格举报热线“12358”开通16周年纪念日,在五星步行街开展“12358,价格连万家”价格宣传活动;5月12日,参加城中区开展“深入推进依法行政　加强建设法治政府”为主题的法律法规宣传活动。结合每次价格宣传活动内容,城中区物价局分别对新农村发展出现的新问题,城镇居民用水用电、就学就医等各项涉费政策进行解答,让群众深入了解《中华人民共和国价格法》等价格法律、法规,明确价格部门职能作用,增强人们价格法制意识,增进价格与群众的关系。

价格服务进幼儿园 2017年4月24日,城中区物价局召开幼儿园教育收费管理提醒告诫会,会上,城中区物价局局长钟剑华通报2017年春季开学检查及第一季度教育收费投诉举报情况,并与各园长分析辖区幼儿园教育收费管理出现的问题,讨论完善现阶段收费管理制度,加大检查力度,通过价格服务活动,加强与教育工作者的交流,进一步规范幼儿园收费行为,共建公正、公开、透明的教育收费环境。

（钟剑华　李丹琪）

审　计

【审计机构及工作概况】1985年城中区政府设置审计科,1989年4月12日升格为城中区审计局。2002年7月18日,改为柳州市审计局的派出机构,人财物管理体制维持不变。2010年2月重新列入城中区人民政府工作职能部门。2017年有工作人员14人,其中:行政编5人、事业编1人,聘用人员8人。2017年,城中区审计局深入贯彻落实中央经济工作会议精神和《国务院关于加强审计工作的意见》,进一步突出审计重点,加大审计力度,大力推进审计全覆盖,充分发挥审计监督作用。全年完成审计项目70个,查出违规资金47万元,管理不规范资金4412万元。其中应上缴财政资金47万元,应减少财政拨款或补贴687万元,应调账处理金额3644万元。提交审计报告70份、审计工作报告1份、信息29篇,被采用29篇,全年共提出审计建议113条,建议有关部门处理事项2件。年内荣获“自治区2016年度计算机审计AO实例鼓励奖”和“柳州市审计局县区组AO审计案例一等奖”,荣获“2016年度柳州市县(区)优秀审计项目表彰奖”两项。

【财政预算执行审计】2017年,城中区审计局开展财政预算执行审计1项,对城中区37个部门及专户的收支情况进行审计,同时分别对2名领导干部经济责任履职情况、126个政府投资项目预结算情况以及1项专项资金使用情况进行综合分析。审计内容涵盖财政预算收支、部门预算、专户资金、国库审计等内容，并对学校开办费、社区惠民项目两项民生资金预算执行情况进行延伸审计调查。审计涉及资金15.78亿元，发现问题5大类，查出问题资金3540.02万元，并从深化财税改革，提升预算效能，盘活存量资金，加强政府投资管理等方面提出4条可行性建议，进一步加强预算管理，提高财政资金使用效益，从机制体制上促进财政完善管理。依托该项目成果，城中区审计局获得了“广西壮族自治区2016年度计算机审计AO实例鼓励奖”“柳州市审计局县区组AO审计案例一等奖”及“2016年度柳州市县(区)优秀审计项目表彰奖”三个奖项。

【专项资金审计】 2017年，城中区审计局开展社区惠民资金项目专项审计调查1项，重点审查资金的项目立项、审批程序、使用进度、效益管理等情况。通过开展审计调查，全面梳理、分析惠民项目资金使用效率低、群众满意度不高的根本原因。审计中提出针对性建议被民政部门采纳并重新修订了《城中区社区惠民项目资金使用管理实施细则(修订)》，从机制上解决惠民资金使用效率低的问题，让城中区居民更快捷、更公平的享受经济发展红利，提高人民群众对政府的满意度。

【固定资产投资审计】 2017年，城中区审计局完成政府投资预、结算审计63项，出具审计报告63份，审核工程造价5690.27万元，核减工程造价687.93万元，追回已付财政资金0.78万元，核减率达12.09%。同时，重点加强对合同履行、工程质量和投资控制等方面的监督，关注决策程序是否合规，有无因决策失误造成重大损失浪费，为加快推进政府投资项目提供审计保障。另外，为进一步规范政府投资工作，城中区审计局推动成立了政府投资财政评审机构，构建权界清晰、分工合理、权责一致、运转高效的财政与审计监督体系。

2017年3月22日，城中区审计局工作人员到街道办事处进行社区惠民项目资金专项审计 (羊　林　摄)

【经济责任审计】 2017年，城中区审计局完成经济责任审计项目5项，审计资金达4.2亿元，查出违纪违规金额24.13万元，管理不规范金额203.56万元，挽回国有资产流失19.09万元。对发现重大问题形成《审计专报》上报政府及区长，为领导决策提供可靠依据。同时对发现侵占国有资产，应缴未缴财政资金，内控失效，对下属社区监管不力等问题，提出了加强内控管理、完善重大经济决策议事制度、规范资产管理等21条审计建议。其中《公园街道办事处原主任2010年1月至2015年11月经济责任审计》项目获得“柳州市县(区)审计机关优秀审计项目”表彰奖。 (熊建华　刘　婧)

统　　计

【统计机构及工作概况】 1996年12月，城中区机构改革，统计室从计划经济委员会分离出来成立统计局。2001年，城中区计划与经济局和统计局合并，组建城中区经济计划统计局。2002年7月18日，城中区撤销经济计划统计局，分别成立城中区统计局和经济计划局。2017年，城中区统计局在职人员12人，其中行政编制2人，聘用工作人员9人，公益性岗位1人。年内，城中区统计局以统计方法制度改革为工作重点，进一步发挥统计整体功能，不断提高统计服务水平，积极应对经济发展新常态，圆满完成各项工作任务。

【第三次全国农业普查】 2017年是第三次全国农业普查正式入户登记、数据审核验收、事后质量抽查、数据汇总分析阶段。城中区统计局认真开展第三次全国农业普查,部署入户调查工作,抽调人员组成工作组,深入6个行政村进行农业部署普查。本次农业普查涉及城中区辖内6个行政村、24个普查小区。自2017年1月1日起,普查员按照统一规范要求,手持PDA(电子设备终端)进行入户登记。入户登记是普查工作的重中之重,为保证数据质量,城中区统计局对登记工作进行细致部署,用“四个一”(一本书、一张图、一个群、一定到户)的工作思路指导入户登记工作,确保入户登记内容不走形式,普查数据真实可靠不走样。在数据审核方面,按照异常原因未查明不放过、错误数据未处理不放过、责任人员未汲取教训不放过的要求认真审核。通过查明原因、修正数据、落实责任,圆满完成对普查程序未能有效筛除的5000余条错误信息的审核改错工作,所有指标均符合验收标准,该次普查城中区共登记农业经营户2451户,规模农业经营户20户,农业经营单位43家,提取有效经济数据328645条,圆满完成第三次全国农业普查登记工作。

2017年4月13日,城中区统计局召开住户调查样本轮换工作会议

(城中区统计局 供稿)

【城乡住户样本轮换工作】 2017年,城中区统计局开展城乡一体化住户调查样本轮换工作,该次样本轮换的主要目标是为住户调查抽选符合精度设计要求、代表性较好、能够稳定使用5年,且最大程度兼顾各层级数据需求的样本。通过技术指导、监督落实、经费保障等手段,在换户前组织相关社区对备选户进行全面摸底,重点了解样本户的家庭人员结构、主要劳动力和收入水平、主要消费和支出状况等指标,分别用以上指标比对样本户进行合理分类和排序,为抽取样本户提供可靠的数据支持,提高所抽样本的代表性,以期合理反映城中区经济发展状况和城乡居民收支水平。经过形成抽样框、抽选调查小区、绘制小区图、编制住宅名录、入户摸底调查、确定调查户等阶段,城中区选出东门社区、西门社区、西雅社区、阳光100社区、山水社区等5个新一轮住户调查分省样本点,柳东村、环江村的5个分市县样本点,按时优质完成住户调查样本轮换工作。

【企业、项目上规入统工作】 2017年,城中区统计局继续开展“四上”企业、项目上规入统工作。“四上”企业(规模以上工业企业、限额以上批零住餐企业、资质以上建筑业企业房地产企业、规模以上服务业企业)是体现城中区产业转型升级、提质增效成果,反映城中区经济社会发展质量、速度、效益的重要主体,培育其发展和上规入统工作对于保障城中区经济平稳发展具有重要意义。城中区统计局采用早了解、早跟踪,在项目立项、企业引入之初就通过发改局、商务局、招商局等部门了解情况,摸清体量,提前与企业和项目业主取得联系,对区内大型企业的统计入库做到提前介入。对于部分虽然材料不齐但确已真实开工的项目,在与上级统计部门充分沟通的情况下给予提前申报,及早入库。对于业务量大、但由于“身份”问题不能入库的非法人产业单位,通过单独汇报、说明情况、针对性申报等流程,最终征得自治区、市两级统计部门同意,得以将其成功申报入库。2017年,城中区共入库上规企业32家,其中:工业1家,建筑业2家,批零住餐业15家,服务业11家,房地产业3家。另入库大个体30家,项目4个。

(赵毅忠 王晓泉)

城中区地区生产总值完成情况表(2017 年)

	本年增加值(万元)	上年增加值(万元)	增长速度(%)
地区生产总值	3080601.20	2830082.09	9.5
农林牧渔业	10683.00	10527.00	3.0
工业	753976.51	756692.29	12.8
建筑业	334554.13	314364.83	0.2
批发和零售业	244244.34	229542.06	5.1
批发业	55994.80	52833.43	4.7
零售业	188249.54	176708.63	5.3
交通运输、仓储和邮政业	21024.30	19699.98	4.2
住宿和餐饮业	85386.15	78405.60	5.9
住宿业	10668.07	10141.86	3.2
餐饮业	74718.08	68263.74	6.3
金融业	654580.13	603409.86	5.3
房地产业	122558.44	103799.85	8.2
房地产业(K 门类)	106228.69	89155.65	8.7
自有房地产经营活动	16329.75	14644.20	5.0
其他服务业	853594.20	713640.62	15.1
营利性服务业	389712.67	291253.76	30.5
非营利性服务业	463881.53	422386.86	4.2
第一产业	10569.00	10437.00	3.0
第二产业	1088530.64	1071057.12	9.7
第三产业	1981501.56	1748587.97	9.4

说明:地区生产总值增长速度按可比价计算

食品药品监督管理

【食品药品监督管理机构及工作概况】 城中区食品药品监督管理局成立于 2014 年 4 月,2017 年有在职人员 63 人,其中在编人员 35 人,聘用人员 28 人。内设办公室、行政审批股、食品安全监管股、药品和医疗器械监管股、信息服务中心、政务大厅窗口等 6 个部门。下设城中区食品药品稽查大队,派出机构有城中街道食品药品监督管理所、公园街道食品药品监督管理所、中南街道食品药品监督管理所、潭中街道食品药品监督管理所、河东街道食品药品监督管理所、静兰街道食品药品监督管理所。2017 年,城中区食品药品监督管理局围绕柳州市创建"广西食品安全示范城市"的总目标,以全面落实"党政同责、一岗双责、四个最严"为目标,以狠抓责任落实,强化日常监管为措施,全力保障辖区食品药品安全,全年辖区内没有发生重大食品药品安全事故。

【食品安全监管】

为民办实事 2017 年,城中区食品药品监督管理局稳步推进超市、农贸市场建设的第二批 4 个快检室项目,年末已完成所有建设项目,并已按要求开展食用农产品检测。同年城中区食品药品监督管理局共计作出一、二、三类食品经营许可 1542 份,其中新办 1120 份,换证 143 份,变更 44 份,补证 2 份,注销 233 份;在已作出准予许可的材料中(注销除外),包含餐饮服务经营者 712 份,食品销售经营者 553 份,小餐饮 8 份,单位食堂 36 份(其中职工食堂 9 份、托幼机构食堂 9 份、学校食堂 9 份、其他食堂 1 份、工地食堂 8 份);作出不予许可决定 11 份。

校园食品安全监管 2017 年,

城中区食品药品监督管理局继续开展食品安全专项整治行动。整治行动涉及春季秋季开学、中高考期间学校及周边、校外午托机构等食品安全专项检查,确保校园及周边的食品安全。继续落实建设10所公立学校“明厨亮灶”工程,实现辖区所有公立学校食堂“明厨亮灶”全覆盖。景行东校自治区示范学校食堂复审工作中以99分高分获得通过。继续开展食品安全宣传进学校活动,通过在学校开展食品安全专题教育,利用主题班会、课外活动设立宣传台、出黑板报等方式加大对学生的食品安全教育,同时为景行双语学校、文华中学、景小潭中小学等中小学校的在校学生开设食品安全知识讲座,提高在校学生食品安全防护意识,自觉抵制购买无证小摊贩食品,发现问题食品及时进行投诉维权。组织辖区中小学及幼儿园食堂举办食品经营负责人及管理人员培训班,提升学校食堂从业人员的卫生规范操作知识,提高食品安全主体意识。及时妥善处置6月2日在广西科技大学发生的食源性疾病突发事件,对涉事单位作出没收违法所得1300元、罚款10万元,吊销许可证和两名直接责任人5年内不得从事食品质量或管理工作的行政处罚。

积极开展餐饮服务食品安全示范工程建设 2017年,城中区食品药品监督管理局根据市局的要求,积极开展餐饮服务食品安全示范工程建设,创建一条餐饮服务食品安全示范示范街即柳州市城中区万达广场室内步行街餐饮服务食品安全示范街和9个餐饮服务食品安全示范单位。通过示范工程建设,树立典型,引领一般餐饮单位,向标杆看齐,提高行业管理水平,提高餐饮食品质量安全水平。

【药品医疗器械化妆品安全监管】

化妆品专项整治 2017年,城中区食品药品监督管理局着力加强对辖区化妆品经营企业及美容美发机构的监管,积极开展五星商业步行街创建自治区化妆品示范街(区)的工作,引导示范区内的68家商家统一标示,规范经营。

药品专项整治 2017年,城中区食品药品监督管理局对零售药店专项检查83家,对检查发现问题的2家药店当即督促整改,后经复查符合要求。药品零售企业GSP跟踪检查25家,对检查发现问题的8家企业给予警告并督促整改,后经复查符合要求。医疗机构药品专项检查37家,检查未发现问题。药品专项抽检共10批次,均合格。

医疗器械专项整治 2017年,城中区食品药品监督管理局检查无菌和植入性医疗器械经营企业5家,未发现问题。辖区内公立医疗机构医疗器械专项检查11家,检查未发现问题。医疗器械经营企业分类分级管理专项共检查经营企业157家,其中按一级监管企业9家、按二级监管企业3家、按三级监管145家,对检查中发现问题的1家二级监管企业给予警告并督促整改,后经复查符合要求。

【食品药品违法行为查处】

2017年,城中区食品药品监督管理局接受投诉354起,已全部处理完。其中餐饮服务食品安全类191起,食品流通139起,药品6起,化妆品6起,医疗器械4起,保健食品8起。年内,城中区食品药品监督稽查大队针对投诉人提供的案件线索,认真履行投诉举报奖励的相关工作制度,提高民众监督的积极性。在监督抽检方面,认真开展食品安全抽检监测工作,全年共抽检315批次,其中农产品240批次、生产企业36批次、粽子6批次、月饼15批次、水产禽肉专项30批次、奶粉17批次、餐

2017年3月24日,城中区食品药品监督管理局举办“城中区‘12331’食品药品安全宣传活动”

(城中区食品药品监督管理局 供稿)

饮专项抽样60批次、稽查办案抽检1批次、日常监督检查2批次、收到不合格样品14批次，不合格率为2.9%。通过对农产品抽样专项行动，进一步提高抽样的针对性和实效性，为稽查办案提供案件线索。在抽样的同时，城中区食品药品监督稽查大队认真落实抽样信息录入工作、抽样后处置工作和抽样结果公布工作，将抽样工作做到实处、落到细节；认真落实工作职责，不断完善食品药品安全事故应急体系，组织和指导食品药品安全事故应急处置和调查处理工作，监督事故查处落实情况，建立一支应急快速反应队伍，快速处置食品安全各类突发事件。特别是6月2日广西科技大学食源性疾病突发事件发生后，稽查人员第一时间到达现场、第一时间调查案情、第一时间处理事故，及时与公安部门和卫计局的沟通，联合执法，共同协作处理这次食品安全事故；在重大活动和假期保障工作方面，城中区食品药品监督稽查大队先后出动360人次对各酒店进行监督检查，对购进食品原料进行查验，索取供货者的相关证件和每笔供货清单，同时对食品加工、粗加工、面点加工、冷菜加工、餐具保洁场所等卫生状况加强监督，对所发现问题逐一落实整改。通过一系列有效的措施，全年圆满完成重大活动和假期保障任务8次。（荣　臻）

2017年10月18日，城中区政府召开“2017年第三季度防范重大安全事故工作会议暨安全生产道路交通联席会议、消防委员会会议”

（徐宏慧　摄）

安全生产监督管理

【安全生产监督管理机构及工作概况】 城中区安全生产监督管理局（简称区安监局）成立于2001年12月，加挂“城中区安全生产委员会办公室”牌子，2017年，有在职人员13人，其中在编人员7人，聘用人员6人，辖区6个办事处、27个社区、6个村均配备有专（兼）职安全员1至2人。年内，城中区安监局按照市委、市政府的部署，强化“底线”思维，增强“红线”意识，建立健全“党政同责、一岗双责、齐抓共管、失职追责”的安全生产责任体系，全面落实安全生产目标管理责任制，进一步完善安全生产监管体制，夯实基层监管基础，强化企业落实主体责任，强化监察执法，深入开展安全生产节前大检查、季度安全生产大检查及“回头看”工作，深化“打非治违”和重点行业（领域）专项整治，强化安全责任，在预防和治本上狠下功夫，有效防范较大以上事故，遏制一般事故。

【安全生产控制指标执行情况】 2017年，城中区累计发生各类安全事故（按全口径统计）47起，死亡8人，没有发生一次死亡3人以上的安全生产事故。其中：工矿商贸4起，死亡1人；生产经营性道路交通事故4起，死亡4人；非生产经营性道路交通事故3起，死亡3人；消防火灾事故36起，无人员死亡；水上交通、农机、铁路路外都未发生安全事故。

【安全生产大检查】 2017年，根据自治区、柳州市安委办关于开展各季度安全生产大检查的通知精神，城中区开展安全生产大检查3次。特别是春节、中秋、国庆和中共十九大召开前，区四家班子的主要领导分别带领有关部门人员组成六个检查组，对辖区范围内人员密集场所、建筑工地、易燃易爆等重点行业、企业开展节前安全生产大检查，对查出的安全隐患要求立即进行整改。同时，认真做好节日期间值守工作及突发事件的应急和处置工作，确保节日安全。

【隐患排查治理】 2017年，城中区安监局积极督促本辖区规模以上企业(含市属以上)、各系统重点企业按照智慧安监信息平台系统填报要求完成系统登录注册，并要求每月至少登陆三次将当月自查出的隐患录入系统。城中区已注册柳州市智慧安监信息平台系统的企业有1327家，自2015年该系统启动以来，企业自查出隐患31366处，已整改31366处，整改率为100%。同时，狠抓重点监管隐患整改项目的排查治理工作，依据年初企业普查和安全生产检查中发现的安全隐患，全区排查出列入区、街道办、社区居委会(村委会)三级重点监督整改的事故隐患136处[其中城区级隐患10处、办事处级30处、社区(村)级96处]，年内已经全部整改完成，整改完成率100%。

【重点行业(领域)安全专项整治】

烟花爆竹安全 2017年，春节、清明期间，城中区安监局对辖区无证贩卖烟花爆竹现象进行排查，共查处非法经营烟花爆竹摊点13处，缴获非法烟花爆竹产品价值8000余元，发放宣传资料300份。

道路交通安全 2017年，城中区安监局联合城中交警大队加大对辖区重点路口、路段的管控力度，按照要求统一开展大整治行动，坚决打击酒后毒驾、无证套牌等交通违法行为，进一步加强对客车、货车、校车、危化品车等运输车辆的管控、检查力度。全年城中交警大队出动警力1.59万人次，出动警车8650车次，开展联合执法115次，查处酒后驾驶99起，其中醉酒驾驶35起；走访企业65家，查处货车交通违法行为8339起。

消防安全 2017年，城中区安监局联合城中消防大队以人员密集、易燃易爆、高层和地下建筑等容易引发群死群伤的单位和场所为重点，开展隐患大排查活动，持续实施“零点夜查”行动。强化宣传教育引导，组织单位、场所在点歌视频、放映屏幕、10块大型LED电子屏、楼宇电视等滚动刊播消防公益广告和安全提示，广泛宣传普及消防灭火常识和火场逃生技能，为群众创造良好消防安全环境。全年城中区消防大队共检查单位4251家，发现火灾隐患9250处，整改火灾隐患9170处，下发责令改正通知书4042家，行政处罚129家，临时查封72家，三停38家，罚款35万元。

建筑施工安全 2017年，城中区安监局联合区住建局及各街道办事处开展“建筑施工领域安全大检查”，对辖区范围内的12个在建工程进行安全隐患排查，共发现存在安全隐患33处，下发整改通知16次。

危险化学品安全 2017年，城中区安监局对辖区内30家危化品经营企业进行了多轮严格检查，重点检查企业的应急预案、是否取得危险化学品经营许可证，主要负责人及安全员是否持证上岗，证照是否过期，是否储存危险化学品等情况。年内，实现了对全区危化品相关行业企业的多轮、全覆盖安全检查。

渡口渡船安全 2017年，城中区安监局联合城中工商分局、静兰街道办对环江村雷村码头以及环江村4艘横渡、圩渡客船进行了两轮安全检查。检查中，工作人员重点对渡船证照是否齐全，消防设施是否完备，有无超载拒载现象进行了实地核查。

教育系统安全管理 2017年春秋季开学前，由城中区四家班子领导带队，城中区安监局与城中区教育局、物价局、卫计局等部门联合组成5个检查小组对辖区内45所中小学、幼儿园进行了检查，重点检查消防设施、安保设施、食堂卫生、用电设施、校园周边安全等几个方面，检查组对安全隐患当场指出并限期整改。通过检查以及对安全隐患的及时整改，有效提高了全区各教育机构的安全管理水平。

其他方面 2017年，城中区各安委会成员单位及相关部门根据《柳州市城中区人民政府办公室关于印发城中区安全生产委员会成员单位安全生产工作职责暂行规定的通知》要求，每逢重大节假日前夕，联合对辖区娱乐场所进行节前安全生产大检查。主要检查场所疏散通道、安全出口是否畅通，应急照明、疏散标志是否清晰、是否按要求设置消防标示，以及监控设备等基础设施的配备和使用情况，并在娱乐场所进行消防现场演练，确保无重大安全事故发生。

【安全生产执法检查】 2017年，城中区安委会先后开展季度安全生产大检查，安全隐患大排查大整治活动、打非治违专项行动，全面开展安全隐患排查工作，全区范围共开展安全生产检查5371次，开具责令整改通知书5247份，行政处罚单位240家、处罚个人21人，临时查封72家，责令三停单位38家，累计行政处罚罚款41.6万元。

【安全生产宣传和培训】 2017年，城中区安监局始终重视安全生产宣传与培训工作，认真做好新安全生产法的贯彻落实，普及安全生产法律法规和安全知识。6月，区安委办以“安全生产月”活动为契机，集中开展了以“全面落实企业安全生产主体责任”为主题的第十六个安全生产月宣传活动。6月16日，区人民政府与柳州市安委会办公室在市人民广场联合举办了柳州市2018年安全生产宣传咨询日活动，活动期间共展出安全教育展板30多块，吸引社会各界群众5000余人参加现场咨询互动，发放各类宣传资料3万余份。另外，区安委办多次组织区安委会成员单位及辖区内重点生产经营单位安全员观看安全生产警示教育片；区安监局联合城中区消防、公安、交警、相关街道办等部门开展莲花隧道、银龙大厦、龙城地下街3场安全应急演练活动；城中区安监局举办安全生产监督管理人员培训班3期和安全生产知识专项培训班2期，全区各有关单位领导和安全员共300余人次参加培训；区安监局制作各类宣传板报7块，宣传牌30个，宣传挂画100份，发放宣传资料2500余份。

【安全生产标准化建设】 为继续推进城中区2017年安全生产标准化建设，城中区安监局组织召开2017年企业安全生产标准化创建暨到期复评动员培训会，参加会议有城中辖区创建企业和到期复评企业及有关部门、街道办事处安全监管领导、安全员。2017年，区内4家企业完成标准化复评延期，1家企业完成三级标准化创建。

【开展职业健康大检查】 2017年11月至12月，城中区安监局对辖区涉及职业危害企业开展一次职业健康大检查。共检查涉及企业30余家，并完成全区所有涉及职业病危害企业网上备案登记和联网管理。同时在12月，区安监局举办城中区2017年职业病防治工作培训会，全区6个街道办事处分管安全的领导和安全员以及涉及职业病危害的32家企业的负责人和安全员共计76人参加培训。

（马　力　徐宏慧）

编辑：叶国宾

人力资源·社会保障·民政

人力资源·社会保障·民政

【人力资源管理机构及工作概况】 1979年9月，设立城中区劳动科。1984年11月改称劳动人事局。1996年12月机构改革，更名为人事与劳动局，同时增设安全生产监察办公室、城中区老龄问题工作委员会办公室，均在人事与劳动局挂牌。2001年12月，人事与劳动局更名为城中区人事劳动和社会保障局，老龄问题工作委员会办公室改在民政局挂牌，原人事与劳动局的安全生产监察职能划归计划与经济局。2010年2月，城中区人事劳动和社会保障局更名为城中区人力资源和社会保障局，下设城中区劳动保障管理服务中心和劳动保障监察大队2个参公事业单位。2017年，城中区人力资源和社会保障局（简称"城中区人社局"）有工作人员14名，其中在编人员8名、聘用人员6名；地址在柳州市城中区滨水大道河东管理大厦11楼。在2017年度人力资源和社会保障工作目标任务考核中，综合工作、人才工作、人事管理工作目标考核获优秀等次。

【社会保障】 2017年城中区人社局加大就业、医保和劳保工作力度。城镇新增就业11209人，完成任务率133.6%；失业人员再就业2398人，完成任务率109.5%；就业困难人员再就业860人，完成任务率122.86%；认定创业孵化基地4个。城镇居民基本医疗保险累计完成缴费参保66339人，完成任务率104.82%；城乡居民基本养老保险参保4417人，完成任务率108.8%，其中60周岁以上领取待遇1214人，发放率100%；城区财政足额配套资金67.09万元。完成3个村级综合服务中心建设，完成率50%，超过自治区完成30%的要求。3月，开展"全民参保登记"工作，由各街道办事处、社区劳动保障工作人员组成的82名调查员开展入户调查工作；3月底，如期完成入户调查工作；4月初，开始进行信息录入及数据导入，年内全部完成导入及审核工作。其中，在需入户调查的未参保人员名单中，有491人经过入户调查员进行政策宣传后办理了社保手续，其中有460人参加居民医保、31人参加居民养老保险。

【人事人才工作】 2017年，城中区人社局做好招考公务员工作。面向社会招考公务员（参公人员）9

2017年3月3日，城中区人力资源和社会保障局开办"春风行动"餐厅服务技能培训班　（曾　恬　供稿）

人,公开招考机关事业单位工作人员16人,招聘教育系统、会计及校医共11人。指导区教育局开展区属中小学公开考试招聘教师工作(拟招聘实名编100人,聘用控制数165人),年内已完成实名编66人、控制数105人的聘用手续。事业单位调入10人,通过免笔试招聘应届高校毕业生,已报到13人,其中研究生学历7人。招录区劳务派遣工作人员、"三支一扶"工作人员、交通协查员等各类编外合同制人员共85人。年内组织城中区全体公务员(含参公人员,处级领导干部除外)509人,自主登陆广西教育培训网参加在线培训学习;城区新任正、副乡科级干部5人报名参加柳州市新任干部培训班,新录用公务员15人参加柳州市新录用公务员初任培训班;城中区科级及以下非领导职务在编人员300人到武汉大学进行轮训。11月,举办新录用在编人员培训班,进一步提高新入职人员的能力素质。全年城中区人社局投入各项培训经费180万元。共完成14名晋升职级人员的审批和工资兑现。做好中小学教师岗位设置1741个,提高高级和中级岗位结构比例,其中高级增加39个,中级增加296个。

【养老保险及工资改革】 2017年,城中区人社局为贯彻落实《广西壮族自治区人民政府关于实行机关事业单位工作人员养老保险制度改革的实施意见》(桂政发〔2015〕53号)、《广西壮族自治区人力资源和社会保障厅、机构编制委员会办公室、财政厅关于参加机关事业单位养老保险资格确认有关问题的通知》(桂人社发〔2015〕78号)、《广西壮族自治区人力资源和社会保障厅 财政厅关于我区机关事业单位工作人员养老保险制度改革有关问题的通知》(桂人社发〔2015〕79号)精神,做好城中区机关事业单位养老保险业务经办管理服务工作,对编制内的工作人员共计739人进行参保登记,其中在职行政编制200人,在职参公编制143人,在职事业编制97人;退休行政编制262人,退休事业编制37人。同时,对辖区"两院"、街道、机关事业单位、中小学在编及退休人员共计2951人参保前需提交市社保局的工资、退休待遇标准进行审核,并做好相应政策的解释工作。同时,根据柳社保发〔2017〕9号文件精神,做好2017年度社会保险基数申报工作。截至11月底,城中区已完成退休人员参保登记工作,退休人员工资已由市社保局发放,还有13个单位在12月初完成过渡期清算工作。2017年共审批退休37人,核定发放抚恤金320.23万元。

2017年10月25日,城中区人力资源和社会资源局、区劳动保障管理服务中心联合举办"城中区第五届社会化管理退休人员'夕阳红'文艺会演",区政府党组成员唐宏虎(前排右一)为一等奖获得者颁奖 (谭玉林 摄)

【退休人员社会化管理】 2017年,城中区人社局已入库管理的企业退休人员档案人事档案7168份。年内,新接受企业退休人员人事档案148份,帮助退休人员查阅档案282人次。成功举办社会化管理退休人员"夕阳红"文艺会演。10月25日晚,城中区第五届社会化管理退休人员"夕阳红"文艺会演总决赛在风情港小广场举行,14个参赛节目吸引广大群众的关注,城中区政府相关领导和柳州市社保局有关人员出席本次活动。东门社区《映山红的记忆》、罗池社区《吉祥康巴》两个节目分别获得总决赛第一名。

【军转干部安置】 2017年,城中区人社局在吃透政策、把握精神的基础上,认真做好企业军转干部的接收工作,做到报到一个接收一个,接转关系不推诿,切实办好军转干部的基本医疗保险,为军转干部建立数据库,实行动态管理,为他们提供及时的服务。在日常工作中,接待军转干部来电来访,解答他们提出的各种问题,解除军转干部的后顾之忧。企业军转干部解困和稳定工作,是一项长期而复杂的政治任务,事关社会和谐稳定大局,在企业军转干部的解困维稳工作上,严格按照相关要求来开展工作。在企业军转干部生活救助资金上,做到配套资金专款专用,按时足额发放到企业军转干部手中。"八一"期间主动走访慰问困难企业军转干部,给他们送去慰问金,让他们感受到冷暖有人问、困难有人帮、意见有人处理,与军转干部进行进一步的沟通和交流,为下一步工作的开展奠定基础。

【社会保障及就业服务】 2017年,城中区人社局下设参公管理单位劳动保障管理服务中心有参照公务员管理编制10人。年内城中区城镇新增就业11209人,完成任务率为133.6%;失业人员再就业2398人,完成任务率为109.5%;就业困难人员再就业860人,完成任务率为122.86%。城中区城镇居民基本医疗保险累计完成缴费参保人数66339人,完成缴费参保任务率104.82%。城乡居民基本养老保险参保人员为4417人,完成参保率108.8%;其中60周岁以上领取待遇人数为1214人,发放率100%。城中区财政计划筹措资金67.09万元,已配套67.09万元,足额将财政部门划转的中央财政下拨专项补助资金和自治区财政下拨的专项补助资金计入社保专户。全年,城中区人社局积极开展以"就业援助月""春风行动""民营企业招聘周""高校毕业生双选洽谈会""高校毕业生就业援助月"等各类主题活动及专项招聘会,共举办5场招聘会,发动辖区近200家用人单位进场参加招聘,有1286人达成就业意向。加大技能培训力度,以特色培训促就业,年内共开办餐厅服务、育婴员、茶艺师、客房服务、烹调技能等特色培训班3期,参加培训130人次。就业培训不仅受到广大居民的欢迎,也得到受训单位的交口称赞。年内开通城中区劳动保障微信公众平台。截至12月底,城中区人力资源市场已为失业人员办理"就业失业登记证"1464本,年审"就业失业登记证"3557本、认定就业困难人员580人。

【社会保险】 2017年,城中区人社局在社会保险方面发挥主动积极性,创造性开展社会保险工作,积极落实各项社保政策。根据城中区实际情况,制订城乡居民基本医疗保险整合实施方案及移交工作方案,建立统一的城乡居民基本医疗保险制度;推进城乡居民社会保障卡的发放工作,开展城乡居民基本医疗保险整合工作;继续提高城乡居民养老金待遇,连续6年保持柳州市四城区最高,即在国家月基础养老金90元之上城中区财政再增加40元,达130元;逐步实现电子化管理,做到城乡居民基本医疗保险档案管理精准化。年内档案室共收纳档案7362件55532页,已全部扫描存储,档案整理科学规范有序;社会保险政策宣传形式多样、以点带面。推出利用"掌上民生"微信公众服务平台、政府网络宣传平台为居民提供政策宣传、在线解答等服务,使居民足不出户随时查询个人参保信息,了解社会保险工作动态。组织政策宣传进村、进社区,利用"就业援助月"等主题招聘会、"春风行动"下乡等时机设置城乡居民社保政策咨询台,面对面地为居民答疑解惑。开展"广西社保宣传周"及"人力资源和社会保障法律法规宣传月"活动,年内举办各种政策宣传活动10余次。

【劳动保障监察】 2017年,城中区人社局完成用人单位日常巡查2859户,涉及劳动者26332人;接受立案90件(同比下降39.6%),结案52件,结案率100%,涉及劳动者186人,金额74.48万元;接待群众来电来访653人次,处理12345政府热线14件,参与处理突发事件13件,涉及劳动者904人,促进劳动关系的和谐发展。重点开展农民工工资支付情况专项检查、清理整顿人力资源市场秩序专项检查、用人单位遵守劳动用工和社会保险法律法规情况专项检查等。农民工工资支付情况专项检查涉及用人单位110户3460人,其中农民工1849人,暂未发现严重拖欠农民工工资的违法行为。企业签订《集体合同》124份,覆盖企业2977家职工25266人。其中,单独签订《集体合同》96家,签订《区域性集体合同》2863家,签订《行业性集体合同》18家,超额完成柳州市下达任务102.4%。制订出台《城中区劳动保障监察大队案件审核、审批程序细则》、《城中区关于全面治理拖欠农民工工资问题的实施方案》等措施,将辖区街道办事处纳入解决企业拖欠工资问题联席会成员单位，形成上下左右联动、部门齐抓共管的工作格局。城中区劳监大队被自治区人社厅推荐申报命名全国“青少年维权岗”称号。

（刘冬妮　李凯莉　谭玉林）

民政事务

【民政机构及工作概况】 1979年9月设立城中区民政科，1984年11月改设民政局。2017年，城中区民政局有工作人员30人，养老机构1个。有各类定期抚恤、补助优抚对象317人。2017年，民政事业费预算2863万元，其中发放优抚金318.54元，发放最低生活保证金375.79万元，医疗救助资金45.46万元；完成社区服务场所面积达标工作，社区“智慧社区”平台陆续投入使用和政府购买居家养老购买社会服务；开展防灾减灾示范社区活动；完成河东老人公寓建设及公建民营引入工作。

【社会救助】 城中区民政局社会救助项目主要有最低生活保障、特困人员供养、受灾人员救助、医疗救助、临时救助五大项。2017年，共受理、审批、核准救助城市低保对象5729户次、8644人次，发放低保金额358.81万元，人均救助金额达到407.79元。救助农村低保对象400户次、688人次，发放低保金额16.98万元，农村人均救助金额达到242.96元。受理审核医疗救助193人次，救助金额45.46万元。审批城乡困难群众临时救助45人次，金额10.6万元。在全区开展低保无纸化网上审批工作。

【救灾救济】 2017年，农村住房政策性保险项目保费被列入年度财政预算，7月19日，城中区民政局将18119.58元保费转入保险公司，为城中区6604户农村居民购买农房保险。同年，东门社区和龙城社区获得“国家级综合减灾示范社区”称号，清华坊社区和东台社区获得“自治区综合减灾示范社区”称号。

2017年1月14日，城中区四套领导班子在春节前慰问某集团军全体官兵

（区委宣传部　供稿）

【社会化养老服务】 2017年，城中区河东老年公寓按计划完成封顶和装修，总投资约8000万元、用地面积13076.45平方米，规划床位500张。10月，按照区政府批准方案完成筹备运营相关事宜。年内为符合条件的241名老人进行政府购买居家养老服务。

【双拥工作】 2017年，城中区民政局认真做好双拥工作，在春节和“八一”前夕先后慰问驻柳17支部队和1个干休所，赠送慰问金52万元，为部队官兵进行“八一”慰问演出2场次、放电影8场；3月，辖区部队100多人次参加学雷锋活动，派出近400人次参加植树造林；4月23日，召开双拥工作领导小组暨联络员会议。全区有双拥共建点1个，基层服务组织2个，从事双拥工作的专（兼）职人员3人。6月，城中区5次遭遇年内最大洪峰，部队官兵1608人次参加城中区的抗洪清淤行动，动用车辆近80辆次；安排200多名部队子女在辖区学校就读；联合区宣传部、司法局开展“国防教育进军营”“法律进军营”活动3场次。参加城乡清洁整治等活动200多人次。7月，与区人武部联合去慰问城中籍的战士。12月，慰问城中区应急民兵分队；组织城中区处级领导及正科职以上干部参加军事日活动。与区司法局联合在武警市支队一大队成立法律援助工作站，召开双拥工作领导小组及军警民纠纷联席会议。全年城中区共有重点优抚对象317名,共发放抚恤补助金共318.53万元。还对当年入伍的义务兵家属发放义务兵优待金163.35万元,发放大学生入伍奖励费20万元。

【村(社区)服务用房及换届选举】 2017年,市、城区级财政共计配套资金10129.75万元,确保社区服务用房建设项目的正常推进。全面落实社区惠民资金项目,惠民资金市级和城区级是1∶1配套,市级给每个社区10万元/年,城区也给每个社区10万元/年,合计每个社区是20万元的标准实施惠民项目。城中区民政局联合其他职能部门共同开展换届的各项督查、审核、联审等工作,申请并拨付换届选举工作经费155万元,组织社区、村的换届前培训。并在8、9月分集中进行换届选举。9月初,城中区完成社区(村)"两委"换届选举工作任务,选举产生新一届党组织委员会成员187名,其中党组织书记33名、副书记43名;选举产生新一届居民委员会成员268人、村民委员会成员60人,其中主任33人,副主任83人。

【公共事务管理服务】 2017年,城中区民政局为居民办理结婚登记1325对;离婚登记730对;补发结婚登记证195对;补发离婚登记证36件。接受群众来电和现场咨询4200多人次;出具查档证明5份。补录婚姻登记历史数据2条。发放老年人优待证983张。发放高龄补贴224.57万元,发放人数3470人。9月,组织开展中秋重阳"敬老月"活动;年内新增社会团体2家,民办非企业单位10家,社会团体总数达到10家,民办非企业单位达到45家;通过购买社会服务成立"城中区未成年人保护工作站"。配合市救助站"送温暖"工作,广泛宣传管理救助政策,对流浪乞讨人员进行劝导,做到宣传进社区,劝导到现场;为辖区内流浪乞讨人员发放过冬衣物和棉被,确保流浪乞讨人员平安过冬。(陈 丹)

编辑:苏贵忠

教育·科技

教　育

【教育机构及工作概况】 城中区教育局原名城中区教育工作领导小组，于 1999 年 8 月成立。2002 年 3 月城中区人民政府设城中区教育局，下设教研室。2017 年，教育局内部机构有党政办公室、计财基建办公室、督导督查室、基础教育管理办公室等 4 个职能部门，在职人员 13 人，其中行政编制 4 人，事业编制 9 人。年内，城中区高分通过国家级义务教育均衡发展督导评估，公园路幼儿园和市直属机关幼儿园通过自治区示范幼儿园复查评估。城中区荣获全国青少年足球先进城区，教育局荣获广西区中小学安全知识网络竞赛优秀组织奖、柳州市教育系统 2016 年度安全履职考评优秀等级、柳州市体教结合先进单位、柳州市教育改革创新一等奖和柳州市家风家训情景剧比赛优秀组织奖。公园路小学荣获教育部国防教育基地和全国攀岩特色学校称号，柳州市第十二中学荣获全国啦啦操实验学校称号，柳州市文华中学被确定为全国青少年冰心文学大赛文学创作基地，柳州市十二中教育集团文昌校区荣获全国青少年冰心文学大赛摇篮奖，弯塘路小学荣获 2017 年世界中小学啦啦操锦标赛集体少年街舞冠军（第一名），景行小学潭中校区荣获全国啦啦操联赛暨中国啦啦操争霸赛（南宁站）公开儿童丁组花球规定动作（2016 版）冠军、规定动作（第二套）冠军和示范套路（2014 版）冠军，景行小学教育集团河东校区荣获全国中小学生幼儿优秀美术书法摄影大赛团体一等奖，市直属机关幼儿园被确定为全国啦啦操实验幼儿园，公园路幼儿园荣获自治区卫生先进单位称号，文惠小学荣获第四届广西青少年科学节特色活动奖，弯塘小学教育集团文华校区荣获广西青少年电子制作锦标赛暨无线通信锦标赛电子制作项目团体第一名和电子百拼项目团体第一名，景行小学荣获 2016RoboCup 青少年机器人世界杯柳州邀请赛优秀组织单位称号。全年区属学校荣获柳州市级以上各项奖励共 222 项，其中国家级 54 项，自治区级 29 项，世界级学科竞赛 8 项。（局　办）

【教育系统党建工作】 2017 年，城中区教育局党工委组织全系统党员教师开展“争当八桂先锋　争做合格党员”系列活动，合计创建党员先锋岗 85 个。严把预备党员入口关，成熟一个发展一个，年内

2017 年 9 月 7 日，城中区隆重举行“柳州市城中区庆祝第 33 个教师节大会”

（区教育局　供稿）

发展党员14名。做好群众信访工作,对群众来访、来信、来电反映的问题,党工委遵循“核查、调解、疏通”的原则,积极做好协调、解决工作,截至11月,党工委共接到上级转办、群众来信来电来访共82件,办结率100%。开展“接访”工作。区属各学校坚持每月开展一次“公开大接访”活动,以保证教育系统的团结稳定。开展纠风工作,坚持标本兼治、综合治理、惩防并举、注重预防的原则,做好行风纠风治乱工作。不允许任何人以任何名义给学生有偿补课;规范学校招生制度,杜绝在招生过程中存在舞弊行为。（党工委）

【学前教育】 2017年,城中区有幼儿园25所(含私立幼儿园19所),在园幼儿6095人;专任教师434人,其中大专以上学历399人。（教管办）

【小学教育】 2017年,城中区有小学17所(含民办学校4所),在校小学生18030人,年内毕业小学生2691人。专任教师1091人,教师学历合格率100%,其中大专以上学历1079人,占小学专任教师总数98.9%;小学学龄儿童入学率100%,小学生辍学率为0,小学毕业生升学率100%;小学校园占地32.13万平方米,校舍面积13.01万平方米。（教管办）

【初中教育】 2017年,城中区有普通中学4所,九年一贯制学校2所,在校初中生8900人,年内毕业学生2789人。专任教师660人,教师学历合格率100%,其中大学本科以上学历633人,占初中专任教师总数的95.9%。初中入学率100%,普通初中辍学率0,初中毕业生升学率100%。初中校园占地28.14万平方米,校舍面积11.48万平方米。（教管办）

【义务教育均衡发展督导评估】 2017年,城中区高分通过国家级义务教育均衡发展督导评估工作。1月9日,国家义务教育均衡发展督导评估检查组从入学机会、保障机制、教师队伍、质量管理四大方面17项指标,对区人民政府推进义务教育均衡发展进行评估,并从城区档案查阅、数据核实、下校查看、访谈会、问卷调查等方面,对校际间义务教育均衡情况进行认定。最终,对小学的均衡差异系数0.488,初中的均衡差异系数0.268予以认定,城中区以95分的高分通过国家教育督导组复核认定。（督导室）

【教育督查工作】 2017年,城中区督学队伍得到调整充实,督学责任区划分进一步优化。投入3万元,用于修订制度并实施责任区督学经常性督导、专项性督导、综合性督导等工作,高质量完成义务教育均衡发展迎国检综合性督导、中小学课程开设及设施、校园欺凌专项行动、幼儿园办学行为专项督查,帮扶融安县教育均衡发展等专项督导。获推荐参加自治区及国家督学挂牌督导责任区创新县(区)评比,接受国务院督导委员会对学校视导室工作的实地调研并获好评。公园小学集团、弯塘小学集团在全市督导督学工作大会上作经验介绍。（督导室）

【幼儿园接收工作】 2017年,城中区完成市文化系统幼儿园接收工作。根据《柳州市人民政府关于同意市文化系统幼儿园下放城中区管理的批复》(柳政函〔2017〕58号),由区教育局牵头,召开人社、编办、财政、发改、住建及区对应的职能部门的联席会议,落实对市文化系统幼儿园人、财、物的接收工作。年内,除土地证办理仍需进一步协调之外,其余接收工作均已完成。（局　办）

【新建河东幼儿园】 2017年,根据《广西壮族自治区人民政府关于进

摄于2017年9月2日的柳州市景行小学东校区体育馆 （区教育局　供稿）

一步加大教育投入加快教育发展的意见》,城中区政府常务会审议并通过《市直属机关幼儿园第一分园筹办方案(集团园模式)》,柳州市直属机关幼儿园第一分园(河东幼儿园)于12月正式开学。 (局 办)

【教育集团化办学工作】 2017年,城中区继续在各中小学、幼儿园选派256名学校领导、骨干教师参加支教、轮岗交流,参加支教、轮岗交流教师数占辖区专任教师队伍总数的15%,实现城乡教师有序合理流动,加快了教育强区建设的步伐。 (局 办)

【师资培训工作】 2017年,城中区委托上海铭师培训中心举办“2017年柳州市城中区中小学校长领导力提升高级研修班”;举办“学为中心开放教学,智慧课堂应用引领”教研教学观摩交流培训活动;结合辖区实际开展《课标》“小专题微解读”活动;对各校聘任教师和新入职教师开展跟踪式调研和普听课活动等,进一步加强教育队伍建设和“教育人才小高地”建设,为打造品质教育奠定基础。 (教研室)

【教育教学质量监控】 2017年,城中区中考成绩再上新高度,9个学科的平均分和三率(优秀率、及格率、低分率)36项评价指标全部高居全市各县(区)之首,部分学科领先程度较大。总体评价分72.50(比2016年提高3.90分),总分平均分623.41,总分优秀率68.19%,总分及格率91.55%,总分低分率2.18%,总分A+率15.96%,总分≥A率累计41.50%,各项评价指标均比2016年有较大提高(2106年各项指标也是全市第一)。全市总体评价分前10名的学校,城中区有3所:龙城中学、文华中学、十二中。平均分总均值评定为甲等的学校全市共27所,城中区有5所:龙城中学、文华中学、十二中、三十中、十六中。 (教研室)

【教育科研课题管理】 2017年,城中区开通“柳州城中教研”微信公众号,组织开展“柳州市城中区精品教研展示及培训”活动、城中区“精品教研”辩论赛、教师基本功大赛等,深入宣传及推广城中区教育科研成效,交流分享城中区在教育科研上的新思想、新理念,进一步提高城中区教师的教学水平,全面提高教育质量。深化课程改革,提升中小学幼儿园课程领导力,促进学校内涵发展,荣获柳州市教育改革创新奖一等奖4个、二等奖4个、三等奖6个,国家级课题《基于机制、制度、绩效等文化层面的教育信息化区域推进与区域协作研究》顺利结题。通过完善城中区教育质量监控机制,指导学校建立教育质量校本监控评价机制,开展专项调研,全面提高教育质量,提升中考的竞争力。 (教研室)

【青年教师赛课活动】 2017年的柳州市第十七届中学青年教师汇报课评比活动,城中区共有32名选手参加城区初赛推荐,通过“教学设计”“模拟上课及板书”等项目的评比,择优推荐13位教师参加市级评比,最终获一等奖4名、二等奖8名、三等奖1名,获一等奖人数占全市各城区(12名)三分之一,居全市首位。 (教研室)

【教育信息化建设工作】 2017年,城中区智慧校园建设初具雏形。投入资金157万元用于校园信息化建设规划设计及实施,以宽带网络接入、校园网络全覆盖,校园资源数据存储、管理及教研运行平台应用、校园数字化特色建设等方面为重点,促进城中区的教育均衡发展,全面提升教育质量。全年辖区师生参加信息类竞赛累计获国家级奖项44人次(教师类)、60人次(学生类),省(自治区)级奖项88

2017年9月2日,城中区举行“柳州市龙城中学映山校区挂牌仪式”

(区教育局 供稿)

人次(教师类)、144人次(学生类)。（信管办）

【生均公用经费支出】 2017年，城中区教育局根据柳州市财政局、教育局《关于下达2017年城乡义务教育阶段补助经费的通知》(柳财预追〔2017〕70号)，会同财政部门做好公用经费的拨付工作。其中城乡公办、民办小学生每人每年600元；中学生每人每年800元；对寄宿制学校按寄宿生每人每年200元的标准增加公用经费补助；特殊教育学校和随班就读残疾学生按每人每年6000元标准补助公用经费。全年拨付公用经费补助资金1723.43万元。（资助办）

【落实国家惠民政策工作】 2017年，城中区有效落实各项教育助学政策，逐步实现教育公平：落实学前教育免保教费补助政策，资助建档立卡贫困户幼儿34人共计资助资金2.55万元；落实城乡义务教育阶段补助政策，保障贫困学生就学，年内为25046名学生补助人均公用经费1508.99万元，为139名家庭经济困难寄宿学生提供寄宿生生活费补贴8.46万元；继续实行农村义务教育学生营养改善计划，为50位就读于农村学校的义务教育学生提供免费午餐，投入资金4.12万元；多形式宣传国家在生源地信用助学贷款的政策，为106名大学生办理生源地信用助学贷款资金76.54万元，满足辖区贫困大学生的贷款需求。（资助办）

【校园安全稳定工作】 2017年，城中区平安校园建设稳步推进，年内投入安保人员经费532万元、设施设备经费159万元用于学校校园安全及周边环境综合治理；学校食堂均纳入“明厨亮灶”建设范畴，部分学校视频监控系统接入城区综治视频监控平台，纳入城区综合监管范围；有效实施每月应急演练及安全风险排查防控工作，安全教育纳入学校课建设内容，辖区学校无安全责任事故发生；法治校园建设继续推进，以章程为核心的现代学校管理制度工作有序展开，积极参与第三届“关爱明天　普法先行”及“创零犯罪学校”创建工作，当年度投入20万元，为辖区所有学生(含民办)购置“青少年法制教育”教材读本，全面组织实施法治教育进课堂、进基地工作。公园小学教育集团马鹿山校区、十二中教育集团文昌校区被确定为自治区法治教育示范基地，公园路小学获自治区法制宣传先进单位称号，景行小学、弯塘小学教育集团文华校区获全国“创零犯罪学校”称号，十二中、公园路小学参加“全国中小学生学宪法、讲宪法演讲比赛(广西赛区)”获一等奖。辖区44所中小学、幼儿园均签订了综治工作目标责任书。投入16万元对各校区的法治建设进行评比和表彰，全年辖区各校区(含民办)无违法犯罪事件。（校安办）

【校园建设】 2017年，城中区总投资4409万元的河东幼儿园整体新建项目如期完工并交付使用；总投资6437万元的新建前茅小学项目、总投资9535万元的新建前茅中学项目在年底全面竣工并交付使用；总投资6700万元的文韬小学项目主要部分竣工并交付使用；龙城中学映山校区改扩建工程竣工并交付使用。新建马鹿山中学和学院路中学项目、河东小学改扩建工程、柳东中心校改扩建工程、静兰小学二期工程、十二中教育集团文昌校区改扩建项目按照计划在建设中。当年度的暑期维修和紧急维修项目全面完成。（校安办）

【德育工作】 2017年，城中区以培育和践行社会主义核心价值观为主线，深入推进实施素质教育，制定《城中区德育工作评估体系》，落实“以德立人，德育先行”的工作实效。组织参加柳州市第十四届校园文化艺术节，组织开展“七彩驿站·阳光少年德育”主题实践活动，充分展示城中区教育特色。多举措深入推进校园足球活动，十二中、公园路小学等9所中小学被评为全国青少年校园足球特色学校；城中区被评为全国青少年校园足球试点县(区)。（教管办）

普通高级中学

【概况】 2017年，城中辖区有普通高级中学1所，即柳州高级中学。

柳州高级中学　全日制普通高级中学。百年老校。隶属市教育局。有两个校区：高新校区位于市区高新五路26号；柳南校区位于市区和平路139号。柳州高级中学建于清光绪三十三年(1907年)。前身为柳州府官立中学堂(习称柳郡中学堂)，民国时期，先后易名为柳州中学校、柳州八县合立中学、省立第四中学校、省立第四初级中学校、柳州中学。1950年由市人民政府接管，更名为柳州高级中学。1952年11月11日，龙城中学、新华中学并入，改称柳州中学。1958年，初中部析出，复称柳州高级中学。1959年，自治区教育厅确定为自治区属重点中学。1960年建制为“一条龙”学校，又称柳州中学。1961—1963年，小学部、初中部先后析出，复称柳州高级中学。“文化大革命”期间，取消重点中学，曾一度增设初中部。1978年，由自治区教育厅重新确定为自治区属重点中学。校址几经变迁。创建时设于柳州北门木桥街，租赁前军械局及义贤坊周氏故宅（旧山社，今公园路派出所附近）为学生宿舍。民国4年（1915年）迁至中山东路（今文化大院）建校。民国10年（1921年），校舍被驻军侵占，于北门小十字街赁屋上课，民国13年（1924年）驻军离柳，迁回原址。民国19年（1930年），邕军校迁到柳州，校舍被借，修江西会馆（今柳州高中第一、二、三、四教工宿舍区）权作校舍。民国20年（1931年）冬，军校离柳，方回原址。民国21年（1932年），辟马平县中（后柳州高中男生宿舍和旧礼堂一带）为第二校舍。2005年11月25日迁至高新五路26号。占地408亩，建筑面积10万平方米。有4栋教学楼、100间教室，设有国家I类理化生实验室、创客教育空间功能室、史地功能室以及音乐、美术教室等。图书馆藏书和电子图书约31万册。2016年9月，柳州高中柳南校区建成并投入使用。柳南校区占地280亩，校园内配有完备的体育设施、图书馆，齐全的学科实验室和活动教室，以及学生公寓等。

以“让学生得到最好的发展”“人格健全，自主发展、家国情怀，世界眼光”为办学理念，先后获广西首批重点中学、广西首批示范性普通高中、全国科技创新人才培养实验学校、首批中国百强中学，中华传统美德学校、北京2008奥林匹克教育示范学校、全国教育系统先进集体、全国精神文明建设先进单位和广西“五一劳动奖状”、全国绿化模范单位、自治区卫生学校、全国文明校园等荣誉称号。2017年有教职工501人，其中博士2人，特级教师8人，正高级教师2人，高级教师130人，研究生以上学历教师127人。教学班级128个，在校学生6768人；当年毕业学生1635人。（柳州高级中学）

大专院校

【概况】 2017年，城中辖区有1所普通高等本科院校——广西科技大学。建立于2013年4月18日，学校有东环、柳石和柳东3个校区。设有二级学院20个、研究所（中心）19个、附属医院4所（含非直属附属医院2所）、普通本科专业67个、专科专业11个。学校有教职工1771人，其中专任教师1370人。专任教师中具有高级专业技术职务600人，占总数43.80%。学校在校学生42801人，其中硕士研究生569人，普通本科生17747人、专科生7422人，外国留学生97人，各类成人教育在校生17063人。

广西科技大学 2017年，学校固定资产总值75606.03万元，其中教学、科研仪器设备资产总值36511万元，当年新增8188万元。图书馆馆藏纸质图书约243.05万册，当年新增约18.17万册；馆藏电子图书约68.61万册，电子期刊约52.98万册。

学校统筹推进多校区建设。柳东校区年内获自治区财政拨款2000万元、柳州市建设经费1000万元；投入1.3亿元完成一期工程汽车学院项目475亩征地工作；基本完成17万平方米的教学、住宿和食堂等设施的建设；启动搬迁筹备工作。完成柳石校区三期征地和塑胶田径场建设；对原第一食堂进行改造建设，其中老年活动中心已投入使用。各校区基本完成“智慧校园”网络综合教育平台项目建设。第一附属医院获批“广西住院医师规范化培训基地”。第二附属医院核医学检测基地楼改建装修完成并投入使用，外科综合大楼已封顶并进行内部装修。

学校加快推进“双一流”建设。新增4个一级学科硕士点，4个专业硕士点经国务院学位委员会审批并公示结果。至此，学校有7个一级学科硕士点，1个二级学科硕士点，6个专业硕士点。编制《2017—2020年新增博士学位授予单位项目立项建设规划》。投入800万元开展专业认证项目建设，土木工程专业实现学校通过《华盛顿协议》等效专业认证零的突破。制定2017—2020年本科专业参加评估认证计划，工程管理专业通过住建部专业评估认证申请。新增3个本科专业，分别为机器人工程、数据科学与大数据技术、网络空间安全。

学校继续开展开放合作办学。坚持校市相融、校企合作、协同育人。发动董事单位参与课程体系建设，举办“创”讲堂12期。推动启迪数字学院加快数字教育建设。“广科大启迪数字科技园”获批自治区小型微型企业创业创新示范基地。加强与启迪爱地公司合作,创新创业教育引入全生命周期立体孵化模式。广西干部教育培训高校基地举办培训86期,培训学员6936人次,干部培训人数较上年增长89%。

学校注重提升教育教学质量。完成本科教学工作审核评估整改。获批“强基创优”项目计划2903万元。19个自治区级本科教学质量工程项目全部通过教育厅组织的专项检查验收。22项教学成果获自治区级教学成果奖,其中5项一等奖、7项二等奖。广西大学生“四创”中心柳州中心获自治区教育厅140万元立项资助。创新创业基地获批首批自治区众创空间。组织学生参加学科竞赛获43项国家级奖项。获3项大学生数学建模竞赛国际二等奖。在中国大学生方程式系列赛事中纯电动赛车获1项一等奖,燃油赛车获1项二等奖。在全国大学生攀岩锦标赛中获8金5银1铜。获批251个自治区大学生创新创业训练计划项目,其中获59个国家级立项项目。获“互联网+”大学生创新创业大赛广西区赛1金5银6铜,1个项目获国家级铜奖。研究生全年发表217篇学术论文,其中17篇获四大检索收录(6篇获SCI收录),59篇中文核心。获评9个学位与研究生教育改革和发展专项课题、6个研究生创新项目,研究生学术论坛获自治区教育厅立项资助1个。2017届毕业生初次就业率为92.4%,学校获评全区高校毕业生就业创业工作突出单位。精准帮扶1270名建档立卡贫困户毕业生就业,初次就业率达96%,在全区高校毕业生就业创业工作会议上作典型发言。

广西科技大学启迪数字学院教学实践基地　　（区科技局　供稿）

学校提高科技创新和服务地方能力。获批国家基金项目13项,获批广西创新驱动发展专项项目1项(经费500万元),国家艺术基金项目和广西创新驱动发展专项项目均实现零的突破。到校科研项目及平台经费3000多万元,其中科研项目经费2000多万元,较上年增长26%。1个项目获广西科技进步三等奖。《学报》获评“广西十佳科技期刊”。2个研究中心入选广西特色新型智库联盟成员单位。

学校加强师资队伍建设。组织实施“3331高层次人才计划”。入选广西第六批特聘专家1人、“西部之光”人才培养计划1人。选送30名教师出国研修、30名青年教师到柳州市各企事业单位挂职锻炼、130名教师到国内知名大学参加各类专题培训。开展自主评审副教授职称工作。1名教师获全国高校工程应用技术教师大赛一等奖,1名教师获全国高等医学(医药)院校青年教师教学基本功比赛二等奖。硕士研究生导师队伍结构日趋多元,有校外兼职硕士生导师60人,专业硕士企业导师15人。

学校优化学生成长成才环境。设立30万元在校生出国奖学金,选派97人次开展国际教育交流。投入5000多万元,实施学生公寓新建热水系统、空调安装、电力线路增容改造等6项重大建设工程。投入1200万元加强公共实验平台和实验教学示范中心建设。新增各类图书9万多册。

学校协调推进其他工作。制定学校《党员领导干部联系党外代表人士制度》,成立党外知识分子联谊会。制定并实施《共青团改革实施方案》,推动共青团工作改革创新。学校归档文件材料质量连续16年被自治区档案局评为优秀。新增校友会1个。

（蔡　亮　刘迎春　石晓莉　张　莹）

科学技术

【科技管理机构及工作概况】 1989年12月,成立城中区科学技术委员会。1997年6月更名为城中区科学技术局(简称城中区科技局),是区政府管理科技工作的职能部门。2014年12月,城中区被确定为全国知识产权示范工程试点县(区)后,城中区科技局把加强知识产权工作作为提高全区科技水平的主要抓手,根据试点工作方案,对照要求,按标准开展工作;针对不足,努力整改、完善,于2017年10月通过自治区组织的试点工作验收。初步拟定《柳州市城中区支持科技企业孵化器和众创空间建设发展暂行办法》和《柳州市城中区培育高新技术企业暂行办法》,对获得市级以上认定和备案的科技企业孵化器和众创空间以及获得国家级高新企业称号的辖区企业,给予相应科技专项资金奖励扶持。该办法正式实施后,将为城中区开展"双创"工作提供有力政策保障。规范专利资助及奖励工作,进一步优化科技创新和知识产权发展环境,首次对辖区发明专利申请进行资助。2017年,城中区科技局有工作人员7人,其中在职在编4人,聘用人员3人。

【知识产权】 2017年,城中区科技局利用城中区作为国家知识产权强县工程试点县(区)建设的契机,实施创新驱动发展战略,从加强专利创造、强化专利管理、提升专利运用等方面入手,深入企业和专利事务所调研,强化现场指导,通过宣传培训、政策引导、资金扶持等措施,大力推动知识产权战略的实施,狠抓专利申请的数量和质量,掀起企业积极投身技术创新、申报专利的热潮,有效发明专利量显著提升,从而进一步促进城中区专利申请量的增长。根据柳州市专利情况通报,城中区1—12月完成专利申请量1436件,其中发明专利906件,完成市政府目标责任860件的106.59%,位列各城区前列;获授权专利442件,其中发明专利119件。

【科技项目申报与管理】 2017年,城中区科技局强化科技项目申报流程管理,严格遵守项目审查规范,加大对科技项目督导力度,深入到科技项目承担单位,加强科技项目管理培训,组织有关领导、项目管理人员、财会人员参加培训。截至12月,组织实施《中药漱口水》《创客教育在教学中的应用研究》《文华中学智联网创客实验室》等7个科技项目的申报、审核与评审工作;完成《EGO智能路面停车管理系统的研发及应用》《工业4.0众创空间建设》等7个市级项目的审核推送,并获得市级受理。

2017年10月11日,城中区科技局举行"城中区2017年十月科普大行动"启动仪式
(区科技局 供稿)

【"两创"建设工作】 2017年,城中区科技局举办全区创新创业大赛,吸引城中区22个企业参赛,并推选出10个优秀团队参加市级创新创业大赛。此次大赛激发辖区民众的创新创业热情,推动辖区小微企业科技创新和成果转化。城中区推荐的广西科技大学启迪创新创业孵化基地获得市级科技企业孵化器认定,并已向自治区报送材料,申请自治区级科技企业孵化器认定;智尊互联网科技企业孵化器和K-Lab cafe创业孵化咖啡广西科大众创孵化培育基地科技创新服务平台已申报市级科技孵化器;工业4.0众创空间获得自治区级众创空间备案,广西科技大学校园启迪K栈众创空间、柳州市旗帜众创空间等5家众创空间已申报市级众创空间备案。本年度新增科技企业孵化器2家,新增科技企业孵化器面积9950平方米;新增众创空间7个,新增众创空间面积7327平方米,超额完成柳州市政府下达的目标任务。

(城中区科技局)

编辑:叶玉生

文化·体育·卫生计生

文　化

文化综述

【**文化机构及工作概况**】 2017年，城中区文化体育和新闻出版局(简称文体新局)下设城中区文化馆、图书馆，有社区文化活动中心21个，村级公共服务中心4个，农家(社区)书屋31个。辖区办有经营许可证且正常经营的KTV和电子游乐场所23家，网吧17家，零售书店20家，音像制品零售店2家。区文体新局完成“权力清单”和“责任清单”融合的编制工作以及制定自由裁量权。重视公共文化服务体系建设工作，出台《关于加快构建现代公共文化服务体系的实施方案》，向社会公布《城中区公共文化服务项目供给目录》，并按照方案逐步落实实施。开展丰富多彩的活动，提供文艺演出、读书看报、电影放映、文体活动、展览展示、教育培训等方面公共服务产品和项目；以“欢乐城中”品牌为统领，开展“我们的节日”主题大型系列文艺演出、柳堤大众舞台“月月演”、“我们的中国梦　文化进万家”优秀节目巡演、“文化走基层——送戏下乡”等活动，精心组织策划“歌舞飞扬”大赛、“劳动者之歌　欢乐合唱”比赛、“舞动广西　我是舞王”广西民族健身舞比赛等赛事，提升城区文化软实力，不断完善公共文化设施布局，大力提升公共文化服务能力，充分激发区域文化活力，城区文化魅力不断彰显，群众文化事业蓬勃发展。

【**基础文化建设**】

新建文化馆、图书馆　2017年，城中区为民服务中心主体工程竣工，其中包括建筑面积2300平方米的区文化馆和建设规模近3000平方米的区图书馆，将打造为集教育、培训、信息、阅览和娱乐活动等多种功能于一体的综合性城区文化活动场馆。

村级公共服务中心　2017年，城中区获得自治区“为民办实事”的1个建设项目——柳东村村级公共服务中心，按照“六个一”建设标准(一栋综合楼、一个篮球场、一个舞台、一个宣传栏、一个文艺队、一个体育队)建设。此外，环江村村级公共服务中心建设已纳入整村风貌改造提升工程。

“两馆”服务全覆盖　城中区文化馆、图书馆公共文化基础设施场所坚持免费开放，上级免费开放专项经费按时下拨，城区配套资金

2017年5月，中共城中区委、区人民政府在市人民广场主办“2017年城中区‘六一’儿童节文艺晚会暨‘护苗2017’文艺演出”(区文体新局　供稿)

及时到位，免费开放活动有序开展。图书馆实行节假日不间断免费开放。“两馆”利用社区、村文化活动中心、农家（社区）书屋前沿阵地，开展丰富多彩的活动，采用“菜单式”服务主动把老百姓急需的知识送到家门口；举办老年人电脑培训班、消费者权益法讲座、舞蹈、合唱、书法、少儿礼仪等各种培训及文化讲座134期，参加培训人数5320人次，培训、讲座覆盖不同年龄段的人群，开阔眼界，丰富其业余文化生活，让辖区居民在欢乐中收获知识。

培育社区（村）文化特色 城中区鼓励和支持各社区（村）按照“一社区（村）、一特色、一品牌”的思路，挖掘自身的地域及文化特色，开展各具特色的品牌创建活动，形成百花齐放的良好局面。金泰苑社区打造的“书香文化”；东台社区打造的“家风家训教育园文化”，环江村打造的“乡村旅游休闲文化”，潭东社区打造的“弘扬国粹书法文化”等，社区（村）文化活动有特色、上水平、接地气。特别是举办包粽子、元宵猜灯谜、民俗节目表演、百家宴等一系列传统民俗活动深受老百姓喜爱，拉近了邻里之间的距离，营造美好和谐的社会环境。

公共文化

【群众文化活动】 2017年，城中区文体新局精心组织第四届“歌舞飞扬”大赛，吸引广大社会爱好者前来报名，文艺作品从由数量向质量转变，作品层次不断提高，使广大爱好者从赛事中欣赏到好作品，文艺团队水平也得到提高，大大提升了活动的覆盖面和知晓率。举办“劳动者之歌　欢乐合唱”比赛、“舞动广西　我是舞王”广西民族健身舞比赛等赛事，赢得观众好评，提高广大群众参与文艺活动的积极性，有效地提升“欢乐城中”群文品牌的内涵和品质。

【文艺演出活动】 2017年，城中区文体新局组织“我们的节日”主题大型系列文艺演出、柳堤大众舞台“月月演”“我们的中国梦　文化进万家”优秀节目巡演、“文化走基层——送戏下乡”等活动，将精心编排、组织的优秀文艺作品送到辖区群众中，让他们共享经济社会发展带来的幸福感，享受到精神上的文化大餐，“欢乐城中”品牌知名度得到进一步提升。

2017年6月9日，柳州市档案局、城中区档案局在东门广场联合举办“6·9国际档案日”主题宣传活动　（区档案局　供稿）

【公益数字电影放映】 2017年，城中区完善《公益数字电影惠民工程实施方案》，制定年度、季度、月度放映计划，严格执行专项管理经费。共放映公益电影134场，受益总人数近2万人次。同时，积极围绕各类主题，开展特色放映活动，开展“向劳动者致敬”主题专场放映、军营电影展播等，极大地丰富了辖区不同群体的精神文化生活。

公共图书

【公共图书馆机构及概况】 2017年，城中区公共图书馆有事业编制3人，在编1人。辖区内有农家（社区）书屋31个。城中区图书馆位于雅儒路75号（原郊区政府内），建筑面积800平方米，设有阅览室、电子阅览室、多媒体活动室、多功能活动室、中心机房、采编加工室、文献消毒室、配送中心、读者服务处，共有阅览座位70多个，每周开放48小时，全年累计接待读者3000人次。

【全民阅读活动】 2017年，城中区图书馆在新春“三下乡”活动中设立流动图书阅览点，方便群众参与阅读活动。4月，在龙城中学举行2017年城中区“书香龙城　文化城中”暨“阅读，点亮人生”全民阅读系列活动启动仪式，以“世界读书日”为契机，组织开展全民阅读系列活动，通过举办走进图书馆、演讲大赛、绘本故事公益讲座等“七个一”活动，推广全民读书，全年开展文化讲座、阅读推广活动20场，在全社会营造“读书好、读好书、好读书”的浓厚氛围。

文化遗产保护

【“戏曲进校园”活动】 2017年，城中区文体新局制定《2017年柳州市城中区“戏曲进校园”工作实施方案》，成立领导工作小组。4月7日，在弯塘教育集团文华校区举行“戏曲进校园”活动启动仪式，通过戏曲展演、看视频、传授戏曲知识等形式，向广大青少年展示优秀传统文化。10月，完成辖区内中小学校的全覆盖，推动戏曲事业的振兴和可持续发展。

【非遗保护和传承工作】 2017年，城中区文体新局开展“非遗进社区”活动，通过文艺演出、知识抢答、发放宣传资料，让广大人民群众了解非物质文化遗产保护的重要意义，关心和参与“非遗”保护工作。拍摄《“非遗”传承录—螺蛳粉纪录片》，11月18日，该宣传片已在广西综艺频道《综艺最前线》栏目播出，进一步扩大螺蛳粉“非遗”项目的影响力。

新闻出版

【新闻出版物管理】 2017年，城中区文体新局开展文化娱乐等经营许可证年度核验换证工作，年内共受理行政审批案件12件，已办结11件，未办结1件。

【“扫黄打非”】 2017年，城中区文体新局高度重视“扫黄打非”工作，及时调整“扫黄打非”领导小组成员，召开“扫黄打非”工作部署会。对辖区内的图书报刊、音像制品零售店、网吧、娱乐场所、集贸市场等进行巡查和开展专项整治行动，开展日常巡查103次，联合执法专项行动32次，出动人员768人次、取缔游商摊贩43个。利用各种活动对“扫黄打非”工作进行大力宣传，举办“扫黄打非”专场演出3场，设置宣传展板、发放宣传手册、扇子、书签等宣传物品7000多份，向辖区群众宣传“扫黄打非”知识，让辖区居民积极参与到“扫黄打非”工作中。“六一”节前夕，举办2017年城中区“六一”儿童节晚会暨“护苗2017”文艺演出，在龙城中学开展“拒绝盗版　支持正版”签名活动并发放“绿书签”，引导家长和青少年自觉远离和抵制有害出版物，支持正版，拒绝盗版，为少年儿童的健康成长营造良好社会文化环境。辖区街道、社区、村“扫黄打非”基层站点工作有序开展，柳侯社区荣获首批自治区“扫黄打非”进基层示范标兵点，阳光100社区荣获首批自治区“扫黄打非”进基层示范点。

【档案】

档案机构及工作概况 2017年，城中区档案局(馆)有专职档案人员4人。下设基层档案室40个。其中，街道办事处档案室6个，行政村档案室6个，社区档案室27个，配有专(兼)职档案员4人。城中区档案馆建筑面积600平方米，其中档案库房面积350平方米。馆藏档案9.5万卷件。全年接收档案0.76万卷件，接待档案利用1466人次。

馆藏资源建设 2017年，城中区档案局(馆)接收婚姻档案、机关档案等各类档案入馆。全年接收年度婚姻档案2154件，机关档案5460件。完成《2017年城中区大事记》《2017年档案利用效果汇编》的编纂工作。

2017年1月1日，市方志办主任罗方贵(右一)到城中区地志办调研

(区地志办　供稿)

档案服务 2017年，城中区档案局（馆）坚持热情服务，努力为群众办实事、做好事、解难事，树立良好的窗口形象。全年为辖区群众的房产公证、婚姻登记证补办、准生证办理、廉租房办理、工龄证明等提供档案依据，接待查阅民生档案利用1466人次，查阅档案1455卷件，获得群众好评。

档案宣传 2017年“6·9国际档案日”，城中区档案局（馆）围绕“档案—我们共同的记忆”活动主题，在东门城楼前广场，以档案文艺宣传演出、档案宣传展板、档案法规咨询、有奖知识问答、发放宣传册等形式，举办档案宣传活动。城中区机关、办事处、社区的档案员和广大市民等300多人参加活动。同时，在机关单位门口等处进行为期一周的档案宣传板报巡回展出，提高机关单位工作人员档案意识及档案知识。全年向中国档案信息网、中国档案咨询网、《广西档案》、柳州档案局信息网等投稿28篇，及时上报和宣传城中区档案工作信息。

档案业务培训 2017年，城中区档案局（馆）以多种形式对各部门档案员进行档案的分类、整理、归档、保管和利用知识培训，提高档案整理质量。派遣工作人员参加自治区档案人员业务和岗位培训。2月，城中区档案局举办2期档案业务培训班，区机关各部门、6个街道办事处、26个社区共160名档案工作人员参加培训。

档案数字化建设 2017年，城中区档案局（馆）完成全文数字化档案扫描4.8万件30万页，刻录光盘99张，并全部顺畅地与档案查询系统挂接。所有扫描完成的档案全部实现直接打印利用，取代过去的传统查阅方式，同时原始纸质档案材料翻阅次数相应减少，档案原件得到更好的保护。通过对档案进行全面数字化，提高档案工作效率，提升档案服务利用水平，增强为群众服务的能力。

（潘炳华　林小红）

【地方志鉴征编】

地方志编纂机构及工作概况 2017年城中区地方志编纂委员会办公室工作人员5人，在编2人，聘用3人。编纂完成公开出版发行城中区第2部年鉴——《城中年鉴(2016)》卷，启动城中区第三部年鉴——《城中年鉴(2017)》卷资料收集整理和编纂工作。完成《柳州年鉴(2017)》城中区部分的撰写任务。

《城中年鉴》编纂及出版发行 2017年5月，出版发行《城中年鉴(2016)》，全书设有概况、年度关注、特辑、中共城中区委员会、城中区人民代表大会、城中区人民政府、政协城中区委员会、民主党派和工商联、群团组织、公安·司法、国防建设、农林牧渔业、工业、信息业、商贸服务业、旅游业、交通·邮政、财税·金融、建设·环保、经济行政管理、人力资源·社会保障·民政、教育·科技、文化·体育·卫生、社会生活、街道（办事处）概况、集体荣誉·先进人物、大事记、特载、调研报告、文件选编等29个条目，32章，85万字，书内图片300多张。2月初，正式启动《城中年鉴(2017)》的编纂工作。截至4月初，收到城中区各部门及辖区单位提供的稿件资料112份。8月初完成定稿并反馈修改意见至供稿单位进行核实、修订、完善，11月初步完成定稿，全书约60万字。

（刘　璐）

体　育

【体育基础设施建设】 2017年，城中区文体新局继续加大对基层体育设施建设，对辖区内具备安装健身路径条件的社区、村，积极向自治区、柳州市进行项目申报，年内完成映山社区、静兰村等8个社区

2017年3月，城中区文体新局在市人民广场承办柳州市青少年速度轮滑赛

（区委宣传部　供稿）

(村)48件健身器材的安装工作，王座社区、东台社区分别获得自治区、柳州市建设健身路径，进一步完善体育设施，让辖区居民在自家门口就能进行体育锻炼。

【全民健身活动】 2017年，城中区文体新局精心组织一系列喜闻乐见的全民健身活动，举办“欢乐城中”气排球大赛、千人健步走、太极剑(拳)比赛、五人制足球赛、轮滑、篮球、象棋、广场健身舞、拔河、羽毛球、乒乓球、箜竹、门球等活动，使各年龄层次的人群都能参与到全民健身活动当中，经常参加体育锻炼的人数进一步提高，有效引导广大群众养成终身健身理念，进一步提高群众身体素质和健康水平；委托柳州市户外运动协会开展国民体质监测工作，8月，圆满完成200人的国民体质监测工作；大力培养社会体育指导员骨干力量，5月下旬，举办1期社会体育指导员(足球专项)培训班，在辖区内(机关、街道、社区、村)推广普及“八段锦”，共举办“八段锦”体育社会指导员培训班10期。

2017年10月21日，一名体育健身女青年充满青春朝气地奔跑在城中区环江滨水大道“竞技自行车群雕”中　（区委宣传部　供稿）

【体育赛事】 2017年，城中区文体新局选送优秀运动员参加市级和自治区级各类体育赛事。举办城中区“舞动广西　我是舞王”广西民族健身舞比赛，来自辖区19支健身舞团参赛，丰富基层文化活动，倡导广大群众加入到全民健身中来，享受广场舞带来的乐趣，让运动成为生活习惯。获得城中区“舞王”称号的城中区红舞鞋艺术团代表柳州市参加自治区比赛，所参赛的民族健身舞《火红的壮乡》获得第二名。举办“2017年中国柳州体育舞蹈全国公开赛暨体育舞蹈柳州邀请赛公开赛”，承办“2017年中国柳州世界水上极速运动大赛”。4月，配合市级部门做好2017年柳州世界铁人赛。认真做好“2017环广西公路自行车世界巡回赛”城中赛段风貌改造、宣传氛围营造、志愿者招募、安保等工作，确保这一世界顶级自行车赛事圆满成功。高规格的体育赛事，有效带动了辖区全民健身活动的开展，促进“体旅结合”融合发展，为培育全民健身产业发展奠定坚实的基础。

卫生计生

卫生工作

【医疗卫生工作机构概况】 2017年，区卫计局属医疗卫生机构7家，分别是区疾病预防控制中心和柳东卫生院及城中、公园、中南、潭中、静兰等5个社区卫生服务中心。6家基层医疗卫生机构分别由市中医院、市妇幼保健院、市中西医结合医院、市红十字会医院等三甲、二甲医院承办并结成紧密型医联体。新筹建河东街道社区卫生服务中心，投入总计4500万元购置业务用房(市级按1：1配套资金)。新社区卫生服务中心的建立将“织密”辖区社区卫生服务网，加快实现打造“15分钟医疗卫生服务圈”的目标，形成一个融“预防、保健、医疗、康复、健康教育、计划生育指导”为一体，覆盖全区的卫生服务网络。切实保障辖区居民公共卫生和基本医疗服务。

【医疗卫生服务】 2017年，城中区卫计局积极推动和改进医联体运行模式，着力在促进分工协作、方便群众就医、缓解群众看病难、看病贵等问题上下功夫。通过采取“走出去、请进来”、引进人才、加大培训力度等方式，大力推动区基层医疗卫生机构能力建设。2017年，门急诊诊疗总人次较上年同期增加10%以上，诊疗次均费用较2016年同期下降10%以上。通过义诊、入户、发放宣传用品、文艺表演等多种形式，积极开展家庭医生签约服务。全区组建家庭医生团队25个，普通人群签约率为32%，重点人群签约率为64%。调整和完善审批工作规范，将许可项目统一入驻区政府行政办证大厅办理。全年完成医疗机构设置审批及执业登记17家、医疗机构校验52家；公共场所卫生许可143家；供水单位卫生许可29家；放射源诊疗技术和医用辐射机构许可13家；母婴保健技术服务机构许可2家；医师执业注册132人。

【基本公共卫生服务】 2017年，深入推进14项基本公共卫生服务工作规范实施，按照辖区16.90万人口、年人均补助50元标准，城中区全年安排基本公共卫生服务资金845万元，其中城区配套资金33.8万元。累计建立电子居民健康档案13.32万份，电子建档率78.87%（全年指标75%）；为2026名儿童建预防接种证，建证率100%，各项一类疫苗接种率保持在90%以上；0~6岁儿童健康管理率95.20%；0~36月龄儿童中医药健康管理率54.36%（全年指标40%）；孕产妇产后访视率97.33%；辖区纳入管理的高血压患者7610人，按照规范要求进行高血压患者健康管理人数6169人，规范管理率81.06%（全年指标70%），糖尿病患者数3073人，按照规范要求进行糖尿病患者健康管理人数2475人，规范管理率80.54%（全年指标70%）；65岁以上老年人建档数1.32万余份，已参与免费体检5962人；经专业机构确诊并已纳入管理的重性精神疾病患者数546人，检出率0.32%；结核病患者健康管理率98.57%，患者规则服药率91.30%。中医药健康管理65岁以上老年人体质辨识5859人，中医药健康管理率41.26%；举办健康教育知识讲座69场次、7.5万余人次，发放健康知识资料8.9万余份，宣传栏更新91版；认真组织开展卫生监督协管巡查服务。

【中医药事业】 2017年，城中区成立"创建全国基层中医药工作先进单位建设领导小组"，加强基层医疗卫生机构标准化和中医科、中药房等中医药服务相关科室建设，完善中医诊疗设备配置，建成覆盖城乡的基层中医药服务网络。顺利通过自治区和国家创建基层中医药工作先进单位专家评审组的评审，获得一致好评并进行公示。大力开展"中医名医名家走基层行动计划"和"中医中药中国行——进乡村、进社区、进家庭"活动，加大对中医药文化总结、整理、宣传的力度，推动中医药文化体系建设。引导群众了解中医药、认识中医药、认同中医药、使用中医药、感受中医药文化，成为中医国粹的受益者。

【妇幼健康】 2017年，城中区卫计局认真开展农村孕产妇住院分娩补助和补服叶酸预防神经管缺陷项目，住院分娩率为100%。积极推行母婴健康"一免两补"幸福工程和地中海贫血防治。全年婚检率98.20%，产前筛查率86.6%，新生儿疾病筛查率96.17%，新生儿听力筛查率95.86%，基因诊断补助率100%，地中海贫血产前诊断补助率100%。继续实施免费婚检孕检项目，将符合政策计划再生育的夫妻纳入孕前优生健康检查项目目标人群和重点服务对象。大力开展生殖保健服务，全年康检率48.9%，查环率98%，查孕率98.8%；已婚育龄妇女31078人，综合节育率75.24%，使用避孕药具6004人，占综合节育率25.7%，使用有效率100%。

【疾病防控】 2017年，城中区疾控中心坚持以满足辖区人民群众身体健康需求为宗旨，提供优质公共卫生服务为目标，认真贯彻"预防为主"的方针，致力于提高重大疾病防控、突发公共卫生事件应急体系与队伍能力建设，不断完善疾控体系建设，努力提高疾病预防能力。认真实施扩大国家免疫规划，巩固地方病、寄生虫病防治成果，积极推进慢性非传染性疾病防治工作，全面提升疾控服务水平，努力推进基本公共卫生服务均等化，有效预防和控制各种传染病暴发流行，有效保障辖区人民身体健康和社会稳定发展。制定并下发《柳州市城中区防治艾滋病攻坚二程实施方案(2015—2020年)》《柳州市城中区遏制与防治艾滋病"十三五"行动计划》，全面推进我区第二轮艾滋病防治攻坚工程及艾滋病综合防治示范区创建工作。调整区防治艾滋病工作委员会成员，加强组织领导；按照辖区人口（含流动人口）年人均不少于1元标准落实城区防艾工作经费16.9万元，实际到位19万元，做到专款专用；强化网格管理，建立以街道办事处、居(村)委会为责任主体，乡镇卫生院、村卫生室、社区卫生服务中心、基层计划生育技术服务机构为技术支撑的基层艾滋病防治网络。广泛开展性病艾滋病防治知识“进农村(社区)、进工地、进学校、进机关、进场所”宣传活动。提高群众对防治艾滋病重要性的认识,发放印有防艾相关知识的环保袋、纸杯、纸巾、笔记本等,通过制作和发放宣传资料、宣传用品,营造自觉杜绝高危行为,防止艾滋病传播的社会氛围。

人口和计划生育工作

【人口和计划生育概况】 2017年,城中区卫计局深入贯彻落实宣传全面二孩政策,引导群众优生优育,确保群众了解全面二孩政策内涵,提高群众对全面二孩政策的知晓率。抓好业务培训,助推政策落实,安排各街道、社区计划生育专干进行业务知识培训,最大限度地为群众提供便捷服务。全年办理生育登记(包括一孩)1931人,办理再生育审批手续36人;出生一孩656人,二孩946人,多孩及以上19人,人口自然增长率8.71‰;出生婴儿性别比105.57;出生符合政策率99.95%,各项计划生育指标完成良好,均在责任指标以内。

【“关怀关爱·健康服务”活动】 2017年,城中区卫计局以党建引领计生协会工作,切实开展基层计生协会宣传阵地建设。依托人口计生服务网络,着力打造以服务对象为中心、以群众需求为导向的“会员之家”(幸福家园)服务平台。做好人口文化长廊、计生公开栏、板报、标语等宣传,营造浓厚的宣传舆论氛围,使计生政策家喻户晓,人人皆知。以少生优生优育、尊老敬老爱老、促进社会性别平等、流动人口社会融合、亲社会亲生态的新型家庭人口文化为主体内容,进一步完善宣传阵地的建设,按照“一居一品,各具特色”的原则,发挥漫画街、文化墙等特色示范作用,充分挖掘辖区的宣传资源。在五星商业步行街和东岸盛世花园举行“5·29纪念日”“诚信计生进万家”“7·11世界人口日”“12·1世界艾滋病日”等大型宣传服务活动时,以文艺演出、唱山歌、知识抢答等形式大力宣传二孩政策、诚信计生、关爱帮扶保险等国家人口政策。全年共组织青春健康教育、文艺演出、知识抢答等宣传活动20场次,发放宣传册3000份,更新宣传栏21块,免费发放避孕药具1000余盒,接受群众咨询600多人次。

【计划生育惠民政策实施】 2017年,城中区全面落实各项计划生育利益导向政策,完成各类计生奖励扶助项目的对象申报审核、年审,奖励扶助金发放工作,发放各类奖扶金共计396.09万元;完成爱心保险投保450人,投保金额2.25万元;完成关爱保险任务5000人,培训165人,全面落实计划生育优惠政策,增强群众抗灾化险的能力,促进我区计划生育事业的稳步发展。

爱国卫生运动

【爱国卫生运动机构及工作概况】 城中区爱国卫生运动委员会办公室(简称区爱卫办)设在城中区卫生和计划生育局,有工作人员3人。主要负责辖区贯彻执行上级各项卫生法律、法规、规章、方针、政策,接受上级爱国卫生运动委员会指导;负责上级爱国卫生运动委员会、辖区镇(街道)、村(社区)的工作协调联络工作;组织开展卫生知识、保健知识和卫生活动情况宣传教育,协助有关部门做好疾病预防工作,提高辖区居民群众的卫生意识和健康水平等工作。2017年,区爱卫办加强爱国卫生运动宣传,

2017年7月4日,城中区卫生和计划生育局组织“城中区基层卫生应急技能竞赛”
(谭玉林　摄)

2017 年 7 月 29 日，城中区政府举行“《中华人民共和国中医药法》系列主题宣传活动启动仪式”　　（区卫生和计划生育局　供稿）

组织开展爱国卫生月系列宣传活动，在桂中市场、五星街、沿江路、海关路、独静路、弯塘路、高新一路等主次干道及小巷制作大型墙体公益宣传海报 69 处，以宣传栏、宣传手册等形式，向居民宣传预防春季、夏季高发传染病内容的卫生防病知识，更新宣传栏 600 余块，发放宣传手册、宣传单 6 万余份，张贴海报 2 万多幅。通过市爱卫办督导，下发《城中区关于开展“除四害”工作的通知》，开展春季、秋冬季“除四害”工作。结合爱国卫生月、“5·31 世界无烟日”等活动，开展全民健康素养促进工作，提高群众健康素养及疾病防范意识。2017 年，城中区新申报自治区级卫生先进单位 4 个，村屯 1 个；市级卫生先进单位 7 个，村屯 1 个；城区级卫生先进单位 4 个。新申报无烟单位市级 7 个、城区级 7 个。柳州两面针股份有限公司等 13 个自治区级卫生先进单位通过复审验收。认真组织辖区街道、社区（村）、基层医疗机构、中小学校专干参加病媒生物防制、控烟及卫生创建培训，提高民众健康意识。

编辑：刘世平

社会生活

婚姻·家庭

【婚姻登记】 2017年，城中区认真做好婚姻登记服务工作。截至10月，区民政局共办理事项1838件。其中结婚登记1063对，离婚登记599对，补发婚姻登记证149对。出具婚姻登记记录证明5份，查档200人次，回复政府热线答疑16件，接待电话咨询4200多人次。合法结婚率和登记合格率均为100%。

【婚检与孕产】 2017年，城中区孕前免费优生检查项目完成率95.33%。1—9月，婚检率98.20%；产前筛查率86.6%；新生儿疾病筛查率96.17%，新生儿听力筛查率95.86%；基因诊断补助率100%；地中海贫血产前诊断补助率100%。开展农村孕产妇住院分娩补助、补服叶酸预防神经管缺陷项目，截至9月，住院分娩率为100%。积极推行母婴健康"一免两补"幸福工程和地中海贫血防治工作。孕产妇产后访视率97.36%。

【家庭教育】 2017年，城中区持续开展"好家风好家训、家庭好故事"宣传展示活动，依托社区（村）妇女之家，引导广大妇女积极参与；利用宣传单、现场答疑、征集家训家规等方式，开展以"寻找最美家庭，弘扬文明家风"为主题的宣传活动，并通过比一比、晒一晒、秀一秀等方式评选出"最美家庭"3户、"最美家庭"标兵户1户；年内组织"美丽家庭"大讲堂2场，举办"家庭故事分享"会5场。由城中区妇联推荐的韦江州家庭荣获2017年"全国最美家庭"称号。以"争做合格家长 培养合格人才"家庭教育大讲堂进企业、进社区、进农村为主题，组织家庭教育骨干师资，深入农村、社区及流动务工人员多的企业，面向广大家长及农村留守儿童监护人，开展形式多样的家庭教育宣讲活动，共进企业、进社区、进农村开展家庭教育讲座10余场，推动家教知识的普及传播，帮助家长提高素质，促进未成年人健康成长，受益家长近万名。

妇女·儿童

【妇女工作概况】 2017年，城中区有女性83566人。年内，区妇联以"三八"维权周、"12·1""12·3"等活动为依托，开展"建设法制中

2017年7月28日，城中区总工会组织部分留守儿童及母亲到广西喜莲娜实业有限公司学习制作糕点 （区委宣传部 供稿）

国·巾帼在行动”及“百万妇女学法律”等各种学习宣传活动4场次;发放《中华人民共和国妇女权益保障法》《中华人民共和国未成年人保护法》《中华人民共和国婚姻法》《中华人民共和国反家庭暴力法》等各种法律法规和妇幼保健知识宣传资料、宣传图册1万余份,为100多名群众提供法律咨询服务。组织法律法规宣讲团深入学校、社区(村)开展普法学法讲座5场次,发放宣传资料1万余份,受益的妇女家庭成员达3000多人次。选派金泰苑社区的“惜缘工作室”负责人到自治区妇女干部学校培训学习并参加考试,实现维权工作人员持证上岗[全国婚姻家庭咨询师(三级)]的要求。截至12月底,各妇女之家共接待来访妇女30起,电话接访约50起,处结率达到100%。

【服务儿童】 2017年,城中区认真落实国家基本公共卫生服务项目,截至9月底,累计为1849名儿童建预防接种证,建证率100%,各项一类疫苗接种率保持在90%以上;0~6岁儿童健康管理率95.44%;0~36月龄儿童中医药健康管理率53.56%(全年指标40%)。

【儿童家园建设】 2017年,城中区利用社区现有的资源办好社区儿童家园,在2016年创建基础上,又创建福柳新都、三门江、柳东、潭东社区4所“儿童家园”。所建的“儿童家园”严格按照“七个有”的标准进行规划管理,“儿童家园”自建设以来,每天按时开放,让留守流动儿童能够在里面阅读有益的书籍,积极组织开展儿童喜闻乐见的文体、科技制作、体育比赛等活动,让他们在玩中长智、在玩中健体。暑假期间,还组织开展“返乡大学生服务儿童家园”活动5场。

【困境未成年人保护】 2017年,柳州市救助管理站、城中区民政局、柳州市社区服务中心三方签订城中区未成年人社会保护购买服务采购合同,着力开展困境未成年人保护工作。城中区困境未成年人保护工作采取“社工+村委未保专干+志愿者”的工作模式,未成年人社会保护社工站已于城中区26个社区、6个村委建立工作联系QQ群,社区(村委)发现并上报本辖区内的困境未成年人给社工站,社工站社工+社区(村委)未保专干+志愿者共同下户核实情况并建立困境未成年人档案,后续根据实际情况开展小组活动、个案帮扶等工作。

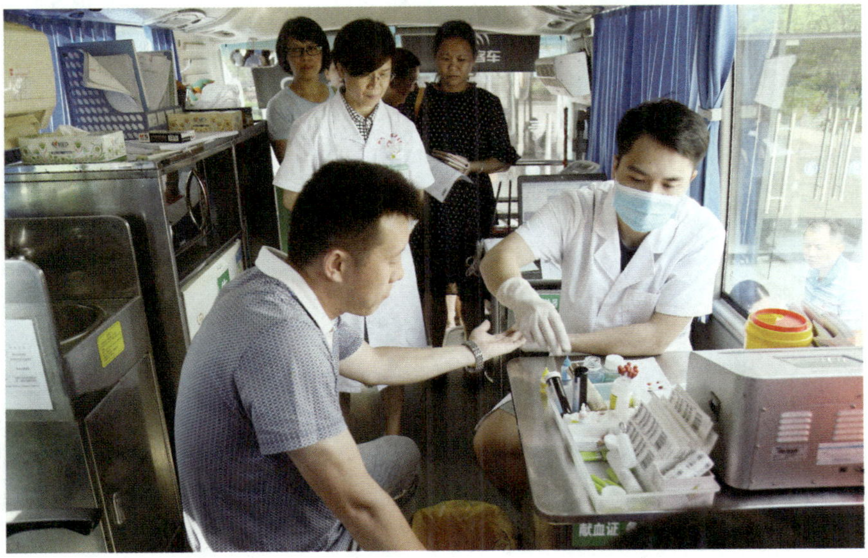

2017年7月26日,城中区青年踊跃参加义务无偿献血

(区卫生和计划生育局 供稿)

青年人

【青年人概况】 2017年,城中区有0~17周岁青年36898人,18~34周岁青年28463人。城中区团委所辖团员1515名。

【青年志愿服务行动】 2017年,城中区开展“学雷锋志愿服务月”“1+100”志愿服务月等一系列青年志愿服务活动近百场,覆盖人群5万余人,服务项目涵盖就业创业、法律咨询、卫生清洁、平安出行、环保宣传等内容,并先后为世界铁人三项大赛、环广西公路自行车世界巡回赛等重大赛事、创建全国文明城市、创建全国卫生城市等提供志愿服务近1700人次。整合社会各方资源,依托辖区企业、高校等志愿服务集体,对特殊青少年群体、外来务工青少年开展一系列“雷锋侠”“菜场娃娃”“春风童韵欢乐校园”等关爱活动,覆盖未成年人800余名。暑期关爱“菜场娃娃”大行动,共发放宣传单200余份,调查问卷50余份,征集到30余条微心愿,以“专业社工+志愿者”模式为“菜场娃娃”们设计丰富多彩的暑期课堂——文明礼仪、安全教育、趣味折纸、绘画、柳州历史文化,并组织参观柳州科技馆。活动中,发放礼包30余份,“菜场娃娃”的微心愿全部实现。

【青年就业创业】 2017年,城中区着力推进“青年文明号”建设,新增1家市级“青年文明号”集体。在青年创优创效活动中,柳州市红十字会医院钱玉珠荣获2017年度柳州市“杰出青年岗位能手”称号,潘顺等5人荣获2017年度柳州市“青年岗位能手”称号。与相关部门联合举办民营企业周末招聘会暨创业项目推介活动3场,开展创业沙龙进社区活动7场,覆盖创业就业青年500余人。在城中区创业创新宣传活动暨首届“城中杯”大学生创业创新作品展中,会同区科技局等发放创业创新工作资料500余册。

【“青年之家”】 2017年,城中区4个街道都已建立青少年综合服务平台,覆盖率过半。其中,山水社区青少年综合服务平台获评“全国示范性青少年综合服务平台”。该平台又称“青年之家”云平台,是依托微信、可覆盖全国所有“青年之家”和广大青年的服务应用平台,通过云平台,城中区各“青年之家”可全面实现网上管理运行、活动发布、报名管理、活动展示、活动评价等功能;青年可实现平台搜索、地址导航、服务选择、活动参与、活动评价、互动交流等功能。服务项目涉及文化学习、信息咨询、创业服务、婚恋交友、休闲娱乐等青年需求的各个领域。截至年底,城中区辖“青年之家”云平台已开展学习培训、志愿服务、联谊交友等各类活动20余场;开展关爱环卫工人暖冬行动,为50余名环卫工人送上爱心姜汤和暖心礼包。

【青少年文化系列活动】 2017年,团区委举办“优秀传统文化在身边”系列活动3场,引导城中区青少年继承和发扬中华民族优秀传统文化,倡导社会文明新风;举办“五四”青年文化节系列活动4场,进一步凝聚青年、活跃青年文化,拓宽广大青年沟通交流渠道,为广大青年搭建平等、友好、真诚交往的平台。活动覆盖辖区团组织70余个(非公团组织35个),青少年3500余名。 (阮雪芳)

老 年 人

【老年人概况】 2017年,城中区有80~89岁老人3046人,90~99岁老人338人,100岁以上老人9人;养老机构2个。年内,有居家养老社会服务站25个,服务对象242人。

【社会化养老服务体系建设】 2017年,城中区为进一步推动辖区养老服务社会化、市场化,盘活公办养老机构的养老床位存量,提高养老设施的使用效率和社会效益,河东老人公寓项目采取公建民营的方式,通过公开招投标将河东老人公寓项目委托给福州安心园投资咨询有限责任公司进行运营管理。2月16日,区民政局与中标方福州安心园公司正式签约。区民政局积极与建投公司进行项目跟进,加快河东老人公寓各项施工进度,5月31日完成消防竣工验收和项目整体竣工初验工作。该公寓总建筑面积24848.97平方米,规划床位300床,建设主体包括老年人公寓3栋,日间照料楼1栋,配套公共服务设施,以及地下停车场、变配电、给排水、消防、通风空调、燃气、绿化等配套工程。

2017年10月25日“重阳节”前夕,城中街道办事处组织辖区部分革命老人在古城东门前举办“讲好东门故事,传承优良家风”活动

(城中街道办事处 供稿)

10月28日，河东老年公寓第一期开业运营。

【政府购买居家养老服务工作】 2017年，城中区在各街道办事处和社区开展政府购买居家养老服务的宣传推介工作，协调街道、社区人员配合居家养老服务机构爱父母中心人员进行上门走访和签约服务，截至10月，城中区共有246名签约服务对象，共计结算政府购买居家养老服务费16万元、运营补贴7.8万元、签约补贴6402元。为辖区26个居家养老服务站下拨第一、二季度运转经费18.61万元，保障社区（村）居家养老服务站的正常运转。

【老年优待政策】 2017年1月—10月，城中区共为辖区60周岁以上老年人办理和发放"老年人优待证"983张。城中区财政出资办证费用5898元，组织各街道办事处、社区对辖区80岁以上老人享受高龄补贴情况进行核验排查，及时掌握空挂户和长期跟随子女在外地生活的老年人的动态信息。辖区80~89岁老人每人每月发放补贴50元；90~99岁老人每人每月发放补贴100元；100岁以上老人每人每月发放补贴300元。组织386名退休干部职工召开迎春团拜会并开展游园活动；慰问8名百岁老人、33名住院和长期生病在家的离退休干部职工。

残疾人

【残疾人概况】 2017年，城中区有残疾人3296人，其中城镇残疾人2905人，农村残疾人391人。在3296名残疾人中，视力351人，听力残疾329人，言语残疾25人，肢体残疾1958人，智力残疾195人，精神残疾343人，多重残疾95人。

【残疾人康复服务行动】 2017年，城中区确定柳州市妇幼保健院、柳州市中医院、广西脑科医院为定点康复评估服务机构，对辖区内有康复需求的残疾儿童和持证残疾人进行评估和开展精准康复服务。完成康复服务142人，为37人发放辅助器具并指导适配训练。推进"十三五"残疾人康复工作，确保全面实现"残疾人人人享有康复服务"的目标。

【残疾人就业】 2017年5月17日，城中区"颐康苑"正式挂牌启用。通过组织残疾人开展简单的轻手工业工作，培养劳动观念、增进身心健康，提高残疾人融入社会、参与社会的能力，更好地帮助智力、精神和重度肢体残疾等困难残疾人就业。下半年，城中区残联进一步完善对"颐康苑"的管理、使用，聘请专职工作人员进行管理。年内有12名登记在册的智力、精神和重度肢体残疾人在"颐康苑"开展轻手工业工作，50余名残疾人前来参加活动。城中区残联还组织残疾人在"颐康苑"举办手工制作培训班，为残疾朋友传授手工编织、汽车零部件加工、串珠字画等技能，帮助残疾人创业增收。

【残疾人生活补贴】 2017年，城中区每月按时发放残疾人三项生活补贴。截至10月，发放困难残疾人生活补贴1111人，发放金额10.73万元；领取重度残疾人护理补贴的有1904人，发放金额9.52万元；领取重度残疾人特困生活补助的有901人，发放金额25.05万元。

【残疾人文化体育活动周】 2017年，城中区残联在城中区"颐康苑"举办"城中区残疾人文化体育活动周"，组织100余名残疾人开展象

2017年7月9日，柳州市残联领导参观城中区残疾人手工作业

（区残联　供稿）

棋比赛、飞镖、三米入框、套圈、托球绕标等内容丰富、形式多样的活动,进一步丰富残疾人的文化体育生活,促进身心健康。

【无障碍改造进家庭】 2017年,城中区进一步加大“无障碍改造进家庭”项目的投入力度,组织社区残疾人专职委员入户对残疾人进行摸底调查,对有无障碍改造需求的残疾人进行登记造册,并签订无障碍改造协议。年内共为23户贫困残疾人家庭实施无障碍设施改造工程,有需求的改造率达到100%。改造项目涵盖坡道、防滑扶手、防滑地砖、折叠坐便椅、折叠洗澡椅等内容。解决残疾人居家生活和户外出行等困难,提高自主生活能力和质量,为更好地融入社会生活创造有利条件。

农民工

【培训农民工】 2017年,城中区总工会以下岗失业人员、农民工和困难职工家庭高校毕业生等为重点,深入开展职业技能和就业创业服务。与职业培训机构合作,开办月嫂、家政、面点师、烹饪、茶艺等各类职业技能培训班,培训合格并颁发职业资格证550人,通过提高技能促进困难下岗职工、农民工就业再就业。

【关爱农民工】 2017年春节前夕,区总工会开展关爱农民工新春慰问“暖流行动”活动,为150多名坚守建筑工地的农民工送去大礼包及新年祝福,其间还为农民工代购返乡车票45张。先后分别在景行小学本部、荣和天誉建筑工地项目部职工培训室、城中区碧桂园二期项目建设工地开展关爱农民工新春游园、读书、文艺演出等活动。并帮扶困难职工、农民工71人,发放慰问品、慰问金7.85万元。暑假期间,组织外来务工家庭开展“关爱农民工·幸福烘焙”亲子体验活动,让留守儿童开心愉快地度过暑假;8—9月,城中区资助困难职工、农民工子女13人,发放金秋助学金2.45万元;在中秋、国庆节日,向17名困难职工、农民工发放慰问金1.53万元。

【农民工工资支付情况专项检查】 按照国家、自治区、柳州市关于开展农民工工资支付情况专项检查有关文件精神,城中区从2016年11月21日至2017年3月11日在全区范围内组织开展农民工工资支付情况专项检查活动。区人社、公安、住建、工商、工会等有关部门集中力量对使用农民工的各类用人单位,重点对农民工较多的餐饮服务业、娱乐场所及其他中小型劳动密集型企业、个体工商户开展检查。依法加大对违法欠薪案件的惩治力度,维护广大劳动者、特别是农民工的合法权益。此次专项检查期间,共处理未及时足额支付劳动报酬案件38件,结案38件,结案率为100%。涉及人数751人,涉及金额约842万元。对于发现的问题都及时做了整改。各街道劳动保障监察中队共检查用人单位253家,涉及用工人数10824人,其中农民工5926人,农民工签订劳动合同人数4682人。各用人单位对农民工工资均能及时发放,未出现严重拖欠农民工工资的违法行为。

民族·宗教

【民族事务】 2017年,城中区围绕“共同团结进步、共同繁荣发展”的民族工作主题,努力提高民族工作整体水平,继续保持辖区民族领域团结稳定的良好局面。通过每年一次的民族宣传月活动,积极开展以“进机关、进学校、进企业、进社区、进乡镇、进宗教场所”为基本内容的民族团结进步创建活动。年内,区民族和宗教事务局共组织文艺演出3场;开展民族团结“惠民服务”活动2次;组织街道、社区制作专栏板报38块,宣传手册120多册;在辖区范围内悬挂横幅标语共210幅(条),其中使用壮汉两种文字书写的宣传标语116条;利用政务服务中心及辖区路段中心街口电子显示屏滚动播放壮汉文字标语50多条。组织辖区单位参加2017年柳州市“民族团结杯”民族服饰展演活动,并荣获“组织奖”,报送的两个节目(柳州市实验小学的“主题班会”和柳州市汉艺群芳汉服联盟会的“历史的车轮”)也荣获二等奖和一个单项奖。组织干部群众100余人参加国家民委举办的“喜迎十九大,共筑中国梦”民族知识有奖竞赛网上答题活动。通过竞赛活动,加强干部和群众的民族意识和爱国意识,对城中区民族团结教育起到促进作用。

民族成分变更 2017年,城中区民族和宗教事务局根据2016年1月1日起实施的《中国公民民族成分登记管理办法》,认真做好政策宣传和解释工作,依法依规为少数民族群众办理公民民族成分变更12起,咨询解释50多人次。5月26日,区民族和宗教事务局在五星步行街开展民族政策宣传活动,发放宣传资料120份,向广大市民宣传解释公民民族成分变更的新政策,活动受到市民关注。

【宗教事务】 2017年,城中区通过区宗教事务管理领导小组,积极推进和完善宗教基层工作网络,充分发挥基层组织的能动性和创造性,确保辖区宗教工作顺利开展。年内,区民族和宗教事务局开展了宗教机构、宗教活动场所、宗教教职人员和民间信仰等调研工作;利用三级宗教工作网络,对辖区内涉及宗教领域风险进行全面排查,主要包括消防安全、清真食品安全、基督教私设点、境外渗透等问题的排查;对宗教活动场所进行统一信用代码赋码换证工作等。辖区内有3个合法的宗教场所,分别为佛教的西来寺、文殊寺和伊斯兰的清真寺,备案认定的宗教教职人员14人。(蔡　萍)

城乡居民生活

【城乡居民收入】 2017年,城中区城乡居民收入保持平稳增长,其中,城镇居民人均可支配收入39978元,同比增长7.7%;农村居民人均可支配收入20675元,同比增长8.4%。

【民生保障】 2017年,城中区突出社会救助体系建设,强化基本民生保障。初步形成以城乡低保、特困供养、救灾救济为基础,以困难群众医疗救助、孤儿救助、流浪乞讨人员救助、教育救助、临时救助等专项救助为补充,形成完善的城乡社会救助体系。辖区城区有低保对象434户668人;农村有低保对象30户52人。年内因生活改善等原因停保145户189人,因生活困难纳入低保56户78人。截至10月,发放医疗救助金82.78万元救助359人;临时救助困难群众35户救助金8.5万元。1—10月,发放困难残疾人生活补贴1111人,金额10.73万元;领取重度残疾人护理补贴的有1904人,金额9.52万元;领取重度残疾人特困生活补助的有901人,金额25.05万元。全年发放城市特困保障金15.12万元,救助189人次。发放城市低保金352万元,救助5733户次8657人次,平均救助水平达到408元/人·月;发放农村低保金17万元,救助402户次690人次,平均救助水平达到224元/人·月。城乡低保平均救助水平高于自治区救助标准。

【社会保障】 2017年1月—10月,城中区城镇新增就业人数10975人,完成任务率为131%;失业人员再就业人数2398人,完成任务率为106.44%;就业困难人员再就业人数745人,完成任务率为106.43%。城镇居民基本医疗保险累计完成缴费参保人数64974人,完成缴费参保任务率102.67%。城乡居民基本养老保险参保人员为4446人,完成参保任务率104%;其中60周岁以上领取待遇人数为1253人,发放率100%;城区财政计划筹措资金67.09万元,已配套67.09万元,足额将财政部门划转的中央财政下拨专项补助资金和自治区财政下拨的专项补助资金计入社保专户。开通城中区劳动保障微信公众平台,及时提供最新的政策讯息、招聘信息。严格执行"就业失业登记证"的审批和发放程序,建立人员信息基础台账,发放信息及时录入劳动就业管

2017年2月11日,在柳州市人民广场举办城中区民族文化服饰展
(区委宣传部　供稿)

幸福的生活　　（环江村　供稿）

理信息系统。根据辖区实际情况，制订城乡居民基本医疗保险整合实施方案及移交工作方案。组织街道办事处、社区、村城乡居民医保经办人员就整合后的相关政策进行培训，严格按上级部门要求进行经办业务管理工作，推进城乡居民社会保障卡的发放，保障城乡居民基本医疗保险整合工作顺利开展。制定城乡居民社会保险内控制度、社保基金管理制度、财务管理制度、信息披露制度、社保工作人员岗位职责等一系列规章制度，明确各项工作流程，使社会保险工作有章可循。结合城区社会经济发展状况，制定出台一系列优惠政策，特别是提高城乡居民养老金领取待遇，即在国家月基础养老金90元的基础上，城中区财政再增加40元达130元。

【人居环境】 2017年，城中区城乡环境有效改善。圆满完成61个自治区、市级层面重大项目征地拆迁、建设任务，整宗完成数和拆迁完成量位列全市前茅，有效保障莲花大道等十大城市建设项目、桂中公园等五大改扩建项目供地，按时交付河东路以北片区路网等六大项目施工用地。实施城乡建设项目33个，建筑业产值逾2.2亿元，增长603%。投入1210万元完成7项小街巷改造工程，改造城乡道路面积约5万平方米。投入1383万元完成13个棚户区改造项目，1479户困难群众居住环境得到显著改善。投入1.16亿元，实施“环广西公路自行车世界巡回赛”城中赛段沿线村庄和雷村屯风貌改造，1746户居民直接受益。深化“花园城市2.0”建设，6个绿化提升工程全面竣工。五一路与龙城路西一巷合围片区改造纳入全市首批引入社会资本参与旧城改造的土地熟化项目正式启动。开展市容市貌专项整治行动430余次，开展农贸市场及周边环境大规模整治行动100余次。以“飓风行动”为突破口，一次性彻底拆除美庐新居项目内违法建设28户，确保美庐新居保障性住房项目顺利实施。全年开展拆违行动96次，共计拆除违法建设593户，拆除总面积64.38万平方米，完成拆违存量任务58.26%。完成柳侯社区“无违建社区”示范点创建工作。“以克论净”“深度清洁”工作全面铺开，63条一、二级主干道路采取全覆盖保洁模式。新建项目环评和“三同时”执行率100%，环境信访投诉案件结案率100%。全市首套噪声扬尘自动监测系统在金沙角区域投入使用，噪音污染得到有效控制。夯实“基础便民”，投入1220多万元用于农村公共照明、道路安防、饮水安全、污水处理等基础设施建设，村庄人均道路面积及绿化率居全市首位，“屯屯通道路”全面实现。

人口和计划生育

【人口和计生指标】 2017年，城中区完成人口和计划生育工作目标责任指标。截至9月30日，辖区出生人口2029人，人口自然增长率8.71‰（全年指标9‰内）；出生婴儿性别比105.57（全年指标112内）；出生符合政策率99.95%；爱心保险购买率100%；孕前免费优生检查项目完成率95.33%。

【落实两孩政策】 2017年，城中区贯彻落实全面两孩政策。组织学习、培训、宣传，全面落实新生育政策。1—8月，共办理生育登记(包括一孩、二孩)1767人，其中二孩1066人；办理再生育审批手续27人。

【计生奖励扶助】 2017年，城中区完成各类计生奖励扶助项目的

2017年1月17日，城中区卫生和计划生育局在柳东村参加“城中区喜迎新春文化科技卫生‘三下乡’宣传活动”

（区卫生和计划生育局　供稿）

对象申报审核、年审工作。一是为167位国家级特殊家庭对象发放扶助金172.34万元扶助金；为189位市级特殊家庭对象发放扶助金107.64万元，并发放生日慰问金1.89万元；为30位市级特殊家庭新增对象发放一次性扶助金13.20万元。发放特殊家庭伤病残子女高考奖励0.34万元。二是为166位国家农村计划生育家庭(60周岁以上)扶助对象发放扶助金23.90万元。三是为4294位独生子女父母发放独生子女保健费41.42万元。四是为49位计生低保家庭对象发放第一、第二季度奖扶金2.35万元。五是为23位符合广西农奖条件对象发放奖扶金3.32万元。截至10月30日，发放各类奖扶金共计366.41万元。

【计划生育技术服务】 2017年，城中区大力开展生殖保健服务，年内辖区康检率48.9%、查环率98%、查孕率98.8%；已婚育龄妇女31078人，综合节育率75.24%，使用避孕药具6004人，占综合节育率25.7%，使用有效率100%。

【流动人口服务管理】 2017年，城中区拨付活动经费10万元至辖区各街道办事处开展“关怀关爱”“服务均等化”和“留守人员关爱”等系列活动。在流动人口儿童占比较大的二桥小学和振兴小学建立健康示范校园，开展健康知识进校园、健康知识文艺节目评比活动，让流动人口儿童得到良好的健康知识教育。

【生育关怀】 2017年，城中区深化生育关怀系列项目建设。组织各类培训16次 巩固和提升基层计生协会工作人员的业务素质，开展结对帮扶计划生育特殊家庭活动，协助党委政府发现、了解、解决计划生育特殊家庭实际困难和问题。完成爱心保险投保450人，完成上级下达任务数的100%，投保金额2.25万元。完成关爱保险任务766人，培训165人。拓展计生协会亲情关爱模式。对辖区内计生特殊家庭活动在经费落实上给予有力保障：除在大型节日下拨各办事处慰问经费以外，按每人600元/年，共计12万元，拨付各办事处作为专项活动经费，每季度有计划地组织特殊家庭开展关爱活动；由区财政出资3.58万元为179名特殊家庭人员购买意外及医疗保险；从原来的为50周岁以上特殊家庭人员提供免费体检服务，享受人群扩展至辖区内全体计生特殊家庭人员都可免费享受体检服务，经费共计3.98万元。以文艺演出、唱山歌、知识抢答等形式大力宣传二孩政策、诚信计生、关爱帮扶保险等国家人口政策。全年开展青春健康教育、文艺演出、知识抢答等宣传活动20场次，发放宣传册子、办证指南3000份、更新宣传栏21块，免费发放避孕药具1000余盒，接受群众咨询600多人次。

编辑：叶玉生

街道（办事处）概况

城中街道办事处

【城中街道办事处机构及工作概况】 城中区城中街道办事处（以下简称“城中街道办”）成立于1985年6月。2017年，城中街道办内设办公室、党群事务办公室、社会事务办公室、经济事务办公室、司法所、劳动保障所、食品药品监督管理所和政务服务中心。下辖龙城、东门、五星3个社区居委会。有在职在编人员13人，其中公务员9人，事业编制4人，编外人员11人；城中街道办党工委、办事处驻立新路52号，城中街道办辖区范围位于柳江北岸，北起广场路，南至柳江路，东起文惠路，西至小南路，面积0.66平方公里，是柳州市最繁华的商贸区。街道办辖区登记总人口数9767人，其中常住人口为8481人。辖区内有机关事业单位121个，小学1所，医院4家；大小企业487个，个体工商业户1998户。

【党建】 城中街道党组织由街道党工委、3个社区党委和77个党支部组成，管理党员共726名。在全部党员中，街道和社区任职党员为35名，在非公经济组织党员159人，企业改制、退休划分社区管理党员532名。2017年，城中街道党工委联合城中区工商局、城中区企业工委、商圈企业在五星商圈开展“党旗领航、诚信商圈——亮身份、树标杆、铸诚信”主题活动。50多家商圈企业分别被授予党员先锋岗、党员示范店、五星商圈诚信门店。五星商圈商家通过发出诚信倡议、在“亮身份、树标杆、铸诚信”的承诺墙上郑重签下自己的名字、签订诚信公约的方式，共同弘扬诚信经营的良好风尚。10月18日，组织街道社区及辖区非公企业党员观看中共十九大开幕式；10月20日，街道党工委召开会议组织街道社区全体工作人员学习党的十九大报告。

【经济】 2017年，城中街道完成固定资产投资18.1亿元，同比增长12.42%。工业总产值5.03亿元，比2016年增加3741万元，同比增长8.03%；主营业务收入4.76亿元，比2016年增加3554万元，同比增长8.06%。

【安全生产】 2017年，城中街道办召开街道安全季度例会4次，与

2017年11月30日，城中街道龙城社区中五星商业步行街举行“防治艾滋病宣传演出”

（城中街道办事处　供稿）

辖区单位签订《安全生产管理责任状》53份；完成辖区1000多家单位、门店的排查整治，下发整改通知书42份，均已按时完成整改，及时消除安全隐患。柳州工贸、五星商厦等一批辖区单位消防和生产安全基本规范化，多次开展应急预演，防患于未然。

【社会事业】

劳动保障 2017年，城中街道辖区新增就业2275人，失业人员再就业191人，就业困难人员再就业46人。加强劳动保障监察工作，开展专项监察检查和法律宣传活动。2017年，开展对日常用人单位的信息采集共365家，涉及人数2227人，签订合同书1723人，合同签订率77.3%；接待投诉、来访登记案件19起，涉及人数29人，其中7起已立案处理，结案金额5.96万元。发放城镇居民养老保险宣传资料600余份。新增参保人数7人，累计缴费人数81人。居民退休人员领取养老金资质认证51人。节日慰问及各类补贴发放5.4万元。发放重病、特困困难补助21人，补助金和慰问金共计2.1万元。

社会救助 2017年，城中街道办共办理低保34户，42人次，发放低保金21.05万元。发放80~89岁老人补贴339人次、金额20.32万元；发放90~99岁老人补贴46人次、金额5.47万元；发放100岁老人补贴1人、金额3600元；发放租赁住房补贴户数70户次，涉及86人次、金额2.21万元；发放新市民租房补贴46户次，涉及72人次、金额1.56万元；发放残疾人生活补助96人次、金额2.74万元；发放重度残疾人护理补贴30人、金额1.8万元；发放生活补助12人、金额4.32万元；为残疾人购买意外保险312份、金额1.56万元；捐助轮椅2部，辅助用具5部。居家托养有偿服务31人、合计金额4.65万元。

【精神文明建设】 2017年，城中街道组织开展以“践行社会主义核心价值观”“最美城中人”“喜迎十九大”等为主题的“百姓宣讲”活动共计10场；8月，成功举办“立足本职，爱岗敬业”道德讲堂活动。发动党员群众参与市、区举办的各类主题征文活动，征文《甘做社区的贴心人》在“学习总书记讲话，歌颂辉煌新成就，喜迎党的十九大”主题百姓宣讲稿征文活动中获奖。依托春节、元宵、清明、端午等重要传统节日，开展各类主题活动，将社会主义核心价值观融入“我们的节日”系列主题活动的全过程。

【人口和计划生育】 2017年，城中街道辖区出生人口47人，其中男孩21人，女孩26人；出生一孩25人（均为计划内），二孩21人（均为计划内），多孩1人；人口出生男女性别比约为80.77%。选用各种方法避孕1003人，占总人口数的11.87%，其中：男性绝育2人，女性绝育43人，放环607人，口服及注射避孕药2人，用避孕套避孕347人。长效节育措施占总措施人数的87.22%。女性初婚8人，人口死亡40人。共办理生育登记62人，再生育审批证件3本。免费孕前优生健康检查114人，完成率为162.86%。摸清失独和伤残困难家庭情况，共确立18户慰问对象，逢年过节对困难家庭进行慰问。

【社会治安综合治理】 2017年，城中街道办全力维护社会稳定，重点抓好隐患排查和各类重点人员的思想教育和稳控。年内，未发生影响稳定的群体事件和非正常赴邕进京上访；新增和转办信访案件为零。调解各类纠纷72起，同比下降29%，调解成功率100%。开展“扫黄打非”专项行动，配合区文体新局开展“扫黄打非”检查7次，辖区被检场所14个。

【创建全国文明城市活动、卫生城市活动】 2017年，城中街道办深入开展争创全国文明城市和巩固全国卫生城市工作，清理卫生死角110多处，清理非法小广告1.1万多张。处理数字城管案件482条，完成率100%。处理政府热线28件，办结率100%。粉刷“三无”楼栋楼道墙壁10处，整改“三无”小区楼道电灯线路2处，填补辖区坑洼不平的路面5处，逐步改善辖区环境卫生。在辖区龙城地下街、风情港、东门市场177楼道等重点区域以及辖区“三无”小区设置社会主义核心价值观、“中国梦”、关爱青少年、公益广告等创城巩卫宣传展板、宣传画报，向辖区居民分发创城巩卫宣传册。举办创建文明城市、巩固卫生城市主题文艺演出，调动社区居民参与创建的积极性。发动辖区非公企业党员、联合共建单位党员开展党员志愿服务活动12次，深入“三无”小区、龙城地下街清理卫生，为居民群众提供家电维修、磨刀、理发及义诊等多形式志愿服务。组织抗洪清淤5次，尽最大努力保障人民群众生命财产安全。 （盛　欢）

公园街道办事处

【公园街道办事处机构及工作概况】 公园街道办事处(以下简称“公园街道办”)辖区位于市中心河北半岛东南部,东面、东南面濒临柳江,与鱼峰区箭盘山街道、驾鹤街道隔江相望;南面中山东路,西面解放南路、解放北路与城中街道接壤,北面以友谊路为界与柳北区解放街道毗邻。2017年,辖区总面积0.8平方公里,常住人口17920人。公园街道办内设办公室、党群事务办公室、社会事务办公室、经济事务办公室、司法所、劳动保障所、食品药品监督管理所和政务服务中心。下辖弯塘、东台、罗池、柳侯4个社区。共有905名党员、30个居民住宅小区及单位生活区。辖区内有联华超市、五兄弟百货、东都百货等一批商业网点和龙城中学、公园路小学、弯塘路小学、市直机关幼儿园等名校以及柳侯公园,是交通便利、文化氛围浓厚、居住人口密集的老城区街道。2017年,公园街道办有在职在编人员21人,其中公务员9人,事业编制12人,编外人员12人。柳侯社区获得自治区“扫黄打非”工作领导小组办公室授予“自治区‘打黄打非’进基层示范标兵点”称号;2017年12月5日,东台社区获得自治区减灾委员会、自治区民政厅授予“广西壮族自治区综合减灾示范社区”称号。

【党建】 2017年,公园街道办构建“网格化”街域党建新格局,构建以街道为整体、以网格单元为依托的街域党建新格局,实现“支部建在网格上、党员教育在网格里、党员作用发挥在网格内”。建立“1+4+28+44”的公园街道“网格化”街域党建新体系,从而建立起“街道党工委—社区党委—特色网格党支部—区域党小组”为基本框架的四级网格体系,实现网格党组织覆盖率达100%。成立“3+N”社区特色网格党支部服务队伍,打造社区党建工作队伍优质化。健全“1+3”特色保障机制,实现社区特色网格党支部管理制度化。打造“网格化”街域党建“11+5”特色制度,即落实城中区委制定的基层党建“11项规定制度”,制定“5项特色制度”:社区党员议事会、微型党课、党员政治生日、党员“结亲连心”“党员+志愿者”。年内,4个社区党委共召开社区党员议事会11次,举办微型党课8堂;颁发党员政治生日贺卡24张;帮扶困难党员46人,发放慰问品、慰问金共1.87万元;组织党员志愿者服务活动6次。开展“一社区一品牌”创建活动,“支部庭院”、“公益坊”“智慧党建”等社区党建品牌效应凸显,4个社区服务场所均达到500平方米以上,其中东台社区达到1250平方米,服务场所规范化建设初步完成,柳州市城市基层党建工作现场会、柳州市社区服务场所标准化建设现场会、柳州市“微笑柳州　志愿服务”现场会和城中区社区服务场所标准化建设现场会均在东台社区召开。打造东台社区“支部庭院”阵地建设,建立文化长廊、家风家训宣传教育园、党代表工作站、红色足迹带、党员议事室、图书阅览室和党员远教室,并组织开展“东台最强音”“东台先锋行”和“东台党旗红”系列基层党建活动;打造金沙角“公益坊”扶持社会组织工作,先后培育成立1家社会组织、引进扶持3家社会组织,其中2家社会组织成立党支部;打造柳侯社区“智慧党建”平台,实现“信息集散多元化”服务。打造弯塘社区“红色港湾”平

2017年5月6日,公园街道柳侯社区举行“‘彰显道德力量　共创文明城市’表彰第二届最美柳侯人、感动人物暨道德讲堂活动”颁奖仪式

(公园街道办事处　供稿)

台，创建"五站一园"即："融和站"女子调和队、"孝行站"助老服务队、"阳光站"助残服务队、"护花站"未成年人教育队、"韵动站"文化娱乐队以及"连心园"，实现社区帮扶有途径、服务有平台、展示有舞台；打造罗池社区"红色驿站"平台，设立"红色驿站"党员服务点，对辖区非公企业、流动党员提供有针对性的服务。年内，召开8次专项工作推进会研究部署工作，排查问题线索10件，初核4件，立案3件，结案1件。

【经济】2017年，公园街道辖区累计完成全社会固定资产投资7.5亿元，完成年计划任务的72.1%；实现工业总产值7640万元，同比增长1.85%；规模以上工业增加值2536万元，同比增长6%；税收收入571万元，同比增长6.3%；实现利润510万元，同比增长6.47%。

【社会事业】

劳动保障 2017年，公园街道落实相关扶持和优惠政策，就业再就业、企业退休管理、城镇居民医疗保险等各项工作有序开展，实现新增就业1811人，下岗职工再就业111人，大龄就业困难人员再就业52人。加强企业退休人员社会化管理，年内累计纳入辖区管理的退休人员有1634人。稳步做好城镇居民基本医疗保险续保工作，受理参保人数63人，续保人数38人；60周岁以上领取养老金人数94人。

社会救助 2017年，公园街道结合民政工作的各项新标准，认真做好低保对象、老龄、残疾人的入户排查登记工作，做好动态管理，做到应保尽保、应退尽退，确保各项补贴资金按时发放。年内，共为低保家庭1206户1659人发放城市低保金74.12万元。通过排查纳入新增低保户11户。医疗大病救助28人，发放救助金5.36万元。发放80~100岁老人高龄补贴8920人、金额49.33万元。在残联工作方面，为399人次残疾人申请特困残疾人生活补助金3.99万元；为301人次残疾人申请重度残疾人生活补助金9.03万元；为680人次残疾人申请重度残疾人护理补助金3.4万元，准确、按时发放到位；春节慰问特困残疾人32人，慰问金9600元；助残日慰问残疾人50人，慰问金1万元；中秋节慰问残疾人50人，慰问金1万元。

【人口和计划生育】2017年，公园街道办依托人口计生服务网络，着力打造以服务对象为中心、以群众需求为导向的"幸福家园"服务平台，组织开展计生家庭亲子活动、"关爱流动人口"宣传服务以及关爱失独和伤残困难家庭等活动，广泛宣传人口计生政策、法律法规等相关知识，提高辖区群众对人口计生工作的参与率和知晓率。年内，辖区内出生人口146人，其中男孩71人，女孩75人；人口出生男女性别比约为94.67%；出生一孩65人、二孩81人，均为计划内。组织慰问失独和伤残家庭52户(人)；孕前优生健康免费检查35对，完成任务的87.5%。计生各项指标均在控制范围内。

【社会治安综合治理】2017年，公园街道办开展综治维稳和平安创建活动，增强社会治安防控能力，加强矛盾纠纷排查调处工作，全力维护社会政治稳定；全力以赴抓好信访稳控，将矛盾化解在基层、案件苗头遏制在萌芽状态，保证中共十九大期间辖区社会治安形势稳定。畅通和规范群众诉求表达渠道，共接待群众来信来访29人次，成功调解邻里矛盾纠纷28起。同时加强治安巡逻防控，配备治安巡逻人员加入网格，全天候、全覆盖在辖区范围巡查，大幅降低治安案件发生率，有效提高公众安全感。

【创建全国文明城市、卫生城市活动】2017年，公园街道办积极开展"创卫生城"复检活动，狠抓卫生综合整治和"四害"防治工作，对主要干道、小街小巷、卫生死角等进行大规模的集中清扫，保证垃圾日产日清。切实做好"创文明城"工作，通过规范小区物业管理和综合整治，结合老旧小区升级改造工作，有效治理小区内毁绿种菜、散养家禽、占用小区公共场地等现象，确保各小区路畅、水通、绿色、环保。推进道路和景区周边综合治理工作，不断改善老城区综合面貌。年内，共举办宣传活动10次，悬挂横幅22条，发放宣传资料2000余份；开展卫生整治活动40余次。

中南街道办事处

【中南街道办事处机构及工作概况】中南街道位于城中区西南部。辖区范围东至八一路、映山街、小南路与城中街道接壤；西、南濒柳江与柳南区的南站街道、柳南街道隔江相望；北以湘桂铁路、广雅路为界与柳北区雅儒街道、解放街道毗邻。辖区面积0.97平方公里。1984年11月成立中南街道办事处(以下简称“中南街道办”)。2017年,设青云、映山、西门、福柳新都4个社区。总户数1.06万户,常住人口2.1万人。有八一路南段西侧、映山街、中山西路、小南路、连塘路、滨江西路、红光桥东段等主干道7条。西来古寺坐落在滨江西路。辖区内有柳州市公安局国保支队、柳州市公安局刑侦支队、柳州市公安局经济侦查支队、柳州市旧城改造服务处、柳州市城中区工商行政管理局等7家机关单位;有市龙城中学映山校区、市文惠小学、景行双语实验学校、市中山西路幼儿园、新都艺术幼儿园等5所学校和幼儿园;有大小企业300多家,主要为小商品零售、服务、餐饮等行业。中南街道办事处办公地址在柳州市雅儒路75号西门社区内。内设综合办公室、民政办、计生办、劳动保障事务所等机构7个。有在职人员34人,其中公务员9人,事业编制人员7人,编外人员17人。年内,中南街道办事处获得“柳州市文明单位”荣誉称号。

【党建】 2017年,中南街道党工委结合辖区退休党员多,困难群体多的特点,以党建为引领,以民生工作为重点,以服务党员群众为主线,打造“幸福中南　服务万家”强党建惠民生品牌。街道统筹安排惠民资金25万元,用于4个社区开展系列公益惠民服务,组织实施青少年培训、家长课堂、老年服务等项目。年内,举办儿童青少年手工兴趣班和硬笔书法班培训29场1160人次,家长课堂2场80人次,老年人服务项目之声乐班20场1100人次,老年太极班7场280人次,做到周周有公益惠民服务活动。青云、映山、西门、福柳新都四个社区分别打造“爱心家园”“映巷家园”“绿荫家园”“福星家园”党建亮点,以项目化形式推进党建工作创新,实现一街道一品牌、一社区一亮点的目标。强化党组织建设,科学设置基层党组织,所属4个社区党员人数均超过100人,故将4个社区党总支调整为党委。将党员人数多、设置不科学、组织生活难的36个党支部调整为55个党支部。扩大“两新”组织党组织覆盖面。成立7个独立非公有制企业党支部和1个非公有制企业联合党支部。加强党员教育管理,以“党员活动日”“双争讲堂”“家庭党校”“庭院党校”“书记讲党课”等形式,组织党员学习党章党规,学习习近平新时代中国特色社会主义思想和党的十九大精神,深入推进“两学一做”学习教育,提升广大党员的政治素养,增强党员的党性意识。抓好社区“两委”换届和“两委”干部培训,8月,所辖四个社区顺利完成“两委”换届工作。换届后,不断加强社区“两委”干部培训,邀请市委党校教授和市委组织部专家到街道授课,组织开展各项业务培训班,让新一届“两委”成员迅速进入角色、适应工作。发挥党代表工作室(站)党群连心桥作用,全年街道党代表工作室共开展“党代表接待日”活动4次,接待来访党员群众27人次,收集到意见建议21条,全部现场答复或转办。社区党代表工作站帮助党员群众实现微心愿25个,打造西门社区党代表工作站示范点。

【经济】 2017年,中南街道实现固定资产投资189125万元,完成全年任务的131%,完成工业总产值9326万元。

【安全生产】 2017年,中南街道办为落实安全生产责任制,与辖区单位层层签订责任状,共签订安全生

2017年12月11日,福柳新都社区党委与共建单位一起把党课送到党员家中
（中南街道办事处　供稿）

产责任书32份，召开安全生产防范重特大事件会议4次，安全监管例会9次。组织开展安全生产大检查18次，出动检查人员1000人次，排查事故隐患60处，督促完成整改59处。全年无重特大安全生产事故发生。

【社会事业】

劳动保障 2017年，中南街道新增就业人员1796人，其中下岗失业再就业人员525人，困难人员就业83人，均按期完成全年指标任务。接收企业退管人员2515人；探望辖区重症退休人员46人；办理退休人员丧葬手续57人。城镇居民医保总参保人数为5751人，完成全年指标任务；城镇居民养老保险续保173人，完成续保率93%；居民基本养老保险待遇领取人员资格认证192人，无法验证0人，验证率100%，均按期完成各项指标任务。另外，还发放、张贴劳动保障政策宣传资料1000余份。

社会救助 2017年，中南街道及时做好各项社会救助工作。办理城镇低收入家庭认定手续123户404人。发放城市居民最低生活保障金2412户次3504人次，金额1390338元；临时特困户救助9户，金额34980元；医疗救助91户，金额76677元（由医院直接补助的除外）。发放低保2223户次3249人次，金额1344036元；发放保障性住房补贴436户次758人次，金额136972元；医疗救助60户次，金额139207元（由医院直接补助的除外），救助临时特困户7户，金额17750元。年内还为660人次残疾人申请特困残疾人生活补助金6600元、重度残疾人240人次72000元，并准确、按时发放到位；发放重度残疾人护理补贴732人次36600元；7名白内障患者眼睛得到复明。

科技教育 2017年，中南街道结合防震减灾、创文明城、创卫生城、法制宣传、防艾宣传等工作，开展防震逃生、优生优育、生殖健康、养生保健、卫生、安全、法律、环保、艾滋病防治等科普知识宣传活动和讲座。年内，共举办各类健康知识讲座5期，开展各种科普知识宣传活动8次。辖区有公办中学1所、公办小学1所，民办小学1所，适龄儿童入学率100%。

文化医疗卫生 2017年，辖区有龙福民间艺术团、飞扬艺术团、“红太阳”、福星文艺队、广场腰鼓文艺队等26支文艺队伍。全年共举办各类文艺演出30场、游园和趣味活动25次、邻里活动5次。辖区设有社区卫生服务中心1个。

【精神文明建设】 2017年，中南街道广泛开展以“邻里一家亲”“弘扬我们的价值观”等为主题的道德讲堂暨百姓宣讲活动，弘扬传统文化，传承传统美德，共举办道德讲堂活动6场，百姓宣讲17人次，参加活动的居民达上千人次。同时，开展“我们的节日”主题活动，通过举办中秋节DIY月饼、重阳节游园活动，既丰富群众精神文化生活又增强邻里间的团结友爱。依托“雷锋超市”志愿者服务站，大力开展志愿服务活动，全年累计开展志愿服务20余次，服务项目涉及关爱老年人、健康义诊、义务理发、环境保护等。重视抓好未成年人思想道德建设，广泛开展爱国主义、社会公德、家庭美德、环境保护等主题的青少年思想教育活动。

【人口和计划生育】 2017年，中南街道实行人口和计划生育工作目标责任制，落实全面二孩政策，深入开展计划生育优质服务活动。年内，街道常住人口21415人，其中户籍人口19598人，流动人口3474人；已婚育龄妇女3014人。政策内出生155人，其中一孩73人（男39人，女34人），二孩82人（男46人，女36人）。死亡80人。完成国家免费孕前优生健康检查23对46人。发放独生子女保健费725人43500元。年内统计上报计划生育特别扶助家庭28户43人，其中国家级奖扶金37人381840元，市级奖扶金43人235800元；统计上报计划生育家庭低保奖扶金41人次19680元、独生子女父母一方或双方死亡子女未满18周岁奖扶金11人次11000元。辖区育龄妇女100%免费享受基本计生技术服务。全年投入10万元开展各类计生活动。

【社会治安综合治理】 2017年，中南街道办坚持每月排查不稳定因素，对重大矛盾纠纷实行领导包案、落实责任、限期解决。年内排查受理各类民事矛盾纠纷339起，成功调解211起，成功率62.24%。接待群众来信来访18人次，处理信访案件2起，未发生重大集体上访、越级上访案件。广泛开展禁毒、反邪教、铁路护路、普法教育等宣传活动。

【创建全国文明城市、卫生城市活动】 2017年，中南街道办深入开展创建全国文明城、卫生城活动，采取入户、张贴宣传海报、制作宣传喷绘、悬挂横幅、发放宣传单、举办文艺演出等多种方式进行广泛宣传,提高辖区居民对创建工作的知晓率、支持率。年内,共发放宣传折页、张贴宣传海报、发《市民公约》共1万份;悬挂宣传横幅20余条,制作喷绘50多处。开展文明交通劝导活动,参与的党员群众共64人次。针对辖区乱摆乱卖、乱停放车辆、乱扔垃圾、乱张贴广告等现象进行集中整治,并对“三无”小区和楼栋的卫生死角、青云市场的环境卫生、跨槛经营、乱摆乱卖等进行重点整治。年内,共整治主要街道14条,整治乱摆卖摊点500多个,清洁卫生死角1000多处,清理垃圾800多吨,清除非法小广告1万多条。

(朱志星　林薇君)

潭中街道办事处

【潭中街道办事处机构及工作概况】 潭中街道办事处辖区地处柳州市河东片区,面积10平方公里,是柳州新的政治、经济、文化和金融中心。2000年4月,设立潭中街道党工委、办事处,下辖桂中第一、桂中第二、鹿山、峻岭4个居民委员会。2005年9月,调整为潭东、桂中、文昌、工学院4个社区和窑埠村。2008年,经换届选举,调整为潭东、王座、桂中、金泰苑、广西科技大学、西雅、文昌7个社区和窑埠村。2014年8月,新增阳光100社区。2017年8月,新增康顺社区。2017年,潭中街道办事处(以下简称“潭中街道办”)共有9个社区和1个村,总人口6.8万人。下辖桂中大道、潭中东路、东环大道、学院路、文昌路、海关路、高新南路、高新一路、高新二路、高新三路、体育路、文兴路。辖区内有中共柳州市委、柳州市政府文昌综合楼、办证服务大厅、市民广场、柳州海关、市科技局、市体育局、柳州体育中心、市体育广场、柳州奇石馆、马鹿山公园、市中级人民法院、市人民检察院、市审计局、市工商局、市地税局等机关和企事业单位。潭中街道党工委、办事处驻阳光100社区东环大道230号,有在职人员41人,其中公务员8人,事业编制8人,编外人员25人;内设党政办公室、综治办公室、武装部办公室、计生办公室、党代表工作室、妇联、团委、劳动保障事务所、司法所、财务室等机构12个。

【党建】 2017年,潭中街道党工委开展“两学一做”学习教育,加强党员思想作风建设,街道党工委下辖各党支部举办专题党课63场,开展专题讨论98场,开展党员活动日90次。年内,街道党工委按照中国共产党发展党员工作程序,坚持入党自愿和个别吸收的原则,积极发展新党员,做到成熟一个,发展一个,广泛吸纳社会各界人士,共有23人成为预备党员。党代表工作室按照市党代表任期制“1+8”制度,不断完善党代表工作室软硬件设施建设;党代表密切联系群众,推动市级党代表“三联”工作开展。共有4名市级党代表和6名区级党代表到党代表工作室与党员群众代表座谈,并到社区走访,倾听普通党员群众的心声。街道党工委与街道党政班子成员及各社区“一把手”签订党风廉政建设目标管理责任书。召开扶贫领域监督执纪问责专项工作会议4次。完成中央巡视组对广西巡视“回头看”整改意见中6项整改。纪工委对党员干部立案12起,结案12起。经排查,未发现辖区内有基层党组织任期届满没有换届的情况。开展党员与党组织失去联系、党员规范管理和组织工作,共处置失联党员11名。

2017年11月11日,潭中街道办事处在科技大学社区举行“2017年党建惠民主题活动”启动仪式

(潭中街道办事处　供稿)

【经济】 2017年，潭中街道辖区工业总产值23708万元，同比增长1.91%；销售收入22438.2万元，同比增长1.81%，增加值8470.5万元，同比增长1.65%；税收收入826.6万元，同比增长1.97%；利润557.2万元，同比增长1.6%。完成固定资产投资168334万元，完成全年任务的100%。

【社会事业】 2017年，潭中街道城镇新增就业人员2512人，失业人员实现再就业941人，困难人员实现就业215人。实现城镇居民参加医保人数1175人；接收退休人员2593人。城镇居民医保新增参保562人。低保工作没出现错保漏保，做到应保尽保，同时启动医疗救助工作平台系统，简化申请医疗救助程序，使辖区享受低保人员的管理更加科学规范化。年内，对辖区80~89岁老人审批申报高龄补贴670人，发放补贴3.35万元；90~99岁64人，发放补贴6400元；100岁老人2人，发放补贴600元。

【人口和计划生育】 2017年，潭中街道辖区符合国家特别扶助对象有35人(其中新增7人)，发放补贴36.12万元；国家农村计划生育家庭奖励扶助对象58人（其中新增4人），发放补贴8.35万元；柳州市特别扶助对象35人(其中新增10人)，发放补贴39.21万元；广西农村部分计划生育家庭奖励扶助对象66人（其中新增12人，退出1人），发放补贴4.75万元；计划生育家庭爱心保险79户，共计发放补贴3950元；符合独生子女户和二女结扎户子女高考加分对象2人，共计发放奖学金2000元；享受免缴新型合作医疗个人自筹费的计划生育家庭522户，1179人（其中独生子女户414户，872人；双女结扎户108户，307人）；享受独生子女优待政策1255人，发放独生子女保健费12.67万元。重阳节期间，对计生特殊家庭进行慰问33次，发放慰问金1.32万元。

【社会治安综合治理】 2017年，潭中街道办深入贯彻“一岗双责”，把信访稳定、司法、群众工作和综合治理有机结合起来，充分发挥街道综治工作中心效能，及时化解不安定因素。并继续落实街道领导大接访活动，每月参与区委、区政府组织的大接访，年内共接访10次，接待群众60人次，组织协调会8次。接受信访案件6起，化解6起。调处民事纠纷354起，调处成功349起，成功率98.5%；调整基层民调组织9个，确保有小事在基层解决，大事由街道组织力量到现场调处解决。

【创建全国文明城市、卫生城市活动】 2017年，潭中街道办持续深入开展“全市人民万众一心，争创全国文明城市”活动，在东堤新都、桂中新都、秦家村、聚福苑、皇娘山及周边，共清理卫生死角86处次，清理非法小广告1300余条，清除房前屋后杂物乱堆乱放80余处，清除垃圾88车165吨。

河东街道办事处

【河东街道办事处机构和工作概况】 河东街道办事处(以下简称“河东街道办”)辖区位于城中区北部，辖区面积26.30平方公里，2017年，河东街道办内设机构有党政办公室、社会事务管理办公室、经济事务管理办公室、财务室、人口和计划生育管理办公室、河东劳动保障事务所、河东司法所，下辖鹿山、山水、文博、清华坊、文源5个社区和河东、牛车坪2个村，属涉农街道办。2107年有在职人员29人，其中：公务员10人，事业编制6人，编外人员13人。党政领导班子成员6人(其中挂职1人)。辖区常住人口42299人，户籍13902户、人口数31566人。街道办党工委、办事处办公地址位于市体育路39号。

【党建】 2017年，河东街道党工委下辖5个社区党总支、2个村党支部，因工作需要将原有的总支和支部分别调整为4个党委、2个党总支、1个党支部。同时新成立2个社会组织党组织即柳州市硬笔书法家协会党支部、柳州市东方睿智职业技术学校党支部。有党员659人，其中：在职党员395人，农村党员136人，离退休党员98人。年内，发展党员6名。党工委坚持把党建创新与服务基层有机结合，打造7个独具特色的村(社区)党建品牌，如文博社区的“创新型”党校、文源社区的“暖心”党建等。党工委班子成员进村进社区开展十九大精神宣讲，开展主题活动68次，及时发送有关活动和学习教育情况稿件66条，刊登在报纸、网络和电视等各大媒体。7月至8月，经街道党工委组织各村(社区)按照上级要求时间节点顺利完成“两委”换届工作。

【经济】 2017年，河东街道辖区内完成工业总产值9984万元，同比增长2.8%；实现营业收入9492万元，同比增长3%。完成工业增加值3627万元，同比增长2.9%。完成固定资产投资84822万元，完成年度计划的47.4%。

【社会事业】

劳动保障 2017年，河东街道劳动保障所累计完成城乡居民医保参保人数4825人，完成全年任务的110%，其中：外来人员新增参保45人，特殊人员新增参保3人。城乡居民养老保险16~59周岁正常续保376人，办理死亡人员注销14人，办理新增参保42人。60岁以上领取待遇人员259人，新增参保32人，养老待遇发放率100%。5—6月，完成60周岁以上符合领取养老待遇人员的养老资格认证工作，其中：社区城镇居民保险验证总人数29人，认证率100%；新农保验证人数200人，其中已身故12人，认证率100%。累计接管社会化管理退休人员共995人。

劳动就业 2017年，河东街道完成城镇新增就业1289人，失业人员再就业315人，大龄就业困难人员实现再就业81人。为440人办理“就业失业登记证”；为辖区内持“就业失业登记证”的灵活就业困难人员办理灵活就业补贴。组织辖区失业人员250余人参加城中区举行的如“春风行动”等就业再就业专场招聘会，鼓励失业人员自主创业、灵活择业、竞争就业，为失业人员实现再就业创造条件，促进就业与再就业。

社会救助 2017年，河东街道办做好低保对象、老龄、残疾人的入户排查登记工作，经民政部门审批享受低保待遇共34户50人，发放低保金178347元。年内，辖区内80岁以上老年人共253人，发放高龄津贴147300元。辖区内享受特困残疾补贴的残疾人17人，重度护理补贴90人，重度特困补贴47人；为辖区内14名残疾人申请阳光居家托养购买服务。

【精神文明建设】 2017年，河东街道共主办道德讲堂、百姓宣讲活动，主题包括宣传中国传统文化、孝老爱亲、弘扬社会主义核心价值观、如何做一名优秀党员、学习贯彻党的十九大精神等12场。4月，由河东街道办主办，鹿山社区和文源社区承办的“河东街道百姓宣讲员选拔赛”，评选出10位优秀宣讲员，挖掘更多身边的好人好事，为道德讲堂建设输送新鲜血液。11月22日在河东村委会议室，举行城中区宣讲团党的十九大精神宣讲报告会，为河东街道及下辖社区（村）的党员们宣讲十九大精神；各社区积极与共建单位合作，开展学习党的十九大精神活动，创新活动形式，通过文艺表演的形式宣传十九大精神，使得辖区内的党员、群众受到教育。

【人口和计划生育】 2017年，河东街道办组织开展计生家庭亲子活动、“关爱流动人口”宣传服务以及关爱失独和伤残困难家庭等活动，广泛宣传人口计生政策、法律法规，提高辖区群众对人口计生工作的参与率和知晓率。年内，辖区范围出生人口数为508人，其中：男孩262人，女孩246人，出生男女性别比例约为106.5%；一孩163人，二孩330人，多孩15人；出生政策符合率为100%，二孩政策符合率为100%，政策外多孩率为0。已婚育龄妇女放环11人、结扎2人、取环15人、终止妊娠4人。计生各项指标均在控制范围内。

【社会治安综合治理】 2017年，在全国“两会”、中共十九大期间，

2017年4月24日，柳州市广播电视台（新播报）、河东街道办事处在文源社区联合举办“道德宣讲打擂台 创城行动再努力——河东街道百姓宣讲员选拔赛”

（河东街道办事处 供稿）

河东街道对重点矛盾纠纷由包片领导包案处理；对有可能发生上访的重点人员，安排专门人员进行监控，一旦发现上访苗头立即向上级相关部门汇报，并对有关人员采取紧急措施，确保社会秩序稳定、有序。年内，共处理转办、交办信访案件8起。开展普法宣传活动21场，制作法律宣传展板18块，解答群众法律咨询1500余人次。排查受理各类民事纠纷104件，调解成功104件，调解成功率达100%。

【创建全国文明城市】 2017年，河东街道办积极组织开展各类创建文明城市宣传活动，扎实推进公民思想道德建设，深化拓展群众性文明创建工作。年内，共印制、发放宣传资料5000余份，以“创城再努力”为主题开展“河东街道百姓宣讲员选拔赛”；开展“心连心，邻里齐跑步；手牵手，共创文明城”的宣传活动。组织街道、社区以及村委工作人员，对东祥福苑、河东村鱼塘进行整治，共拆除违章搭建70余处。发动各村屯、社区、各相关责任单位对辖区内的卫生死角进行集中清理，共开展集中整治行动40次，出动车辆141辆次，参与整治的人员1150余人次，集中清理卫生死角230处，处理垃圾607吨。

【“美丽城中·宜居乡村”】 2017年，在持续推进“美丽柳州·清洁乡村”“美丽柳州·生态乡村”活动基础上，河东街道办集中开展“美丽柳州·宜居乡村”活动，组织发动各村屯、社区、各相关责任单位对街道辖区内的卫生死角进行集中清理，打造“美丽柳州”乡村建设升级版。年内，共开展集中整治行动53次，出动车辆156辆次，参与整治的人员1500余人次，集中清理卫生死角360处，处理垃圾734吨。

【征地拆迁】 2017年，河东街道办整村改造工作指挥部共完成拆迁338户，征收土地277.9亩，总面积达28.77万平方米；上报《60平方米无户分户协议》37户，申请安置面积8100平方米。申报河东村城镇化建设二期、桂中大道延长线、双拥大桥、壶东苑小区等4个项目拆迁临时过渡费1301万元。

（吴　菲　蒙嘉逸）

静兰街道办事处

【静兰街道办事处机构和工作概况】 静兰街道党工委、办事处（以下简称“静兰街道办”）成立于2005年8月，办公地址在柳州市城中区静兰路9号。辖静兰村、环江村、柳东村三个村民委员会共19个自然屯34个村民小组和三门江、华展两个社区居民委员会。现有居民小区13个，分别是大城小院、怡和天成、福东苑、华远岚山、柳发小区、三门江林场、三林新村、温馨花园、恒大华府、军休所宿舍、武警水电基地宿舍、静兰小区、华展华园。区域范围南起西江路，西至学院路，北面和东面临柳江。面积40.86平方公里；总人口24970人，其中常住人口19490人，农业人口约7150人，是城中区最大的涉农街道。辖区内有广西中烟工业公司柳州分厂、市公安局交警疏导大队、市第三十中学、静兰军休所、武警水电一总队柳州训练基地应急队、柳柴赏石文化园、三门江森林公园等企事业单位，其中三门江森林公园是国家AAAA级风景旅游景区。柳东村辖8个自然屯、9个村民小组，人口337户、1350人；村总占地面积1.1万多亩，其中林地6500亩。环江村辖9个自然屯、16个村民小组，共有670户、2700人；该村位于柳江河畔，地处柳州市总体规划“两城一心”的“绿心”区域内，属柳州市莲花山片区总体保护规划范围。静兰村辖马鹿、兰家、独静、升官塘4个自然屯和9个村民小组，面积约13平方公里，有人口3100人；村域内有老虎山、香沟、独登山自然风景区，有著名的新石器时代文化遗址“蓝家村遗址”和陆道岩、杨刚墓3个市级文物保护单位。2017年，静兰街道党工委、办事处有干部职工34人，其中在职在编人员15人，聘用人员19人，党政领导班子成员6人(其中挂职1人)。下设党政办公室、社会事务管理办公室、经济事务管理办公室、人口和计划生育管理办公室、财务室、静兰司法所、静兰劳动保障所。

【党建】 2017年，静兰街道党工委下设19个党支部，其中社区党支部2个，村党支部3个，机关党支部1个，非公经济和“两新”组织党支部13个。党员总数为344人，其中：街道机关党员22名(离退休党员5名、离职党员3名)，社区(村)支部党员237名(离退休党员36名、60周岁以上党员66名)，隶属街道党工委的非公有制经济组织和新社会组织党员79名；文化结构大专及以上学历党员188名;辖区党支部均无流动党员。全年街道党工委共发展6名党员,全部为基层一线工作者骨干。年内,党工委围绕中心工作开展各项党建工作。围绕强农惠农资金、计生扶持资金及民生资金等各领域进行排查,共立案9件,其中涉及党员违章建筑4件、因党员违法查处的案件4件、民生资金领域1件,结案9件。通过"示警明纪筑牢防线"专题教育活动,结合工作实际,查找廉政风险点,共排查出廉政风险点8处,风险等级为中等,制定9项防范措施,进一步制定和完善街道廉政风险防控措施,把权力关进制度的笼子,严防"灯下黑"。深化党代表工作室工作,以"两学一做"活动、"争做八桂先锋、争做合格党员"行动等工作为活动载体,深入开展基层党建、"党员活动日"活动,组织干部职工、社区、村党政主要领导带头学习习近平总书记系列讲话会及有关文件精神,开展"四讲四有"专题讨论会6次、党员集中学习15次;"书记讲堂""道德讲堂"等宣讲活动10次;组织辖区党员观看《榜样》《在路上》等专题教育片共4次200人;下发"两学一做"小册子、资料选编等学习材料。静兰街道围绕"阳光选举、和谐换届"的目标要求,坚持加强党工委的领导,尊重群众意愿和依法办事,以选好配强社区(村)"两委"班子为第一要务,完成社区(村)"两委"换届选举,在各社区(村)党支部换届选举过程中,党员参与率均能达到90%以上,其中柳东村党员百分之百参加支部换届选举。静兰街道还先后在大城小院小区拿到青少年活动中心、老年人活动中心共674平方米的使用权;在怡和天成调换整合227平方米的社区服务用房;在华展华园小区整合418平方米的社区服务用房(共分三处,两大一小);在武警水电基地增加300平方米的共建服务用房。静兰街道三门江社区、华展社区服务用房全部超过1000平方米以上。

2017年12月22日,静兰街道三门江社区开展"我们的节日'冬季送温暖'邻里节活动"

(静兰街道办事处　供稿)

【经济】 2017年,静兰街道完成规模以上工业总产值18413.3万元,实现增值税919.9万元,主营业务税金及附加共99.6万元;工业增加值5552.7万元;年度营业收入17362.3万元,缴税86.6万元。区域经济以农业、建筑以及房地产业为主,辖区内有一产单位35家,商贸企业31家。规模以上工业企业有柳州烟厂,大中型商贸企业有玉柴奇石城,房地产开发开发项目主要有大城小院、华展华园、温馨花园、怡和天成、华远岚山、静兰小区、大唐人家、独秀苑、阳光郡等。年内静兰街道办发放各种农业补助资金共计281938.18元,涉及农户687户,涉及地亩面积3475.57亩。

【创建安全社区】 2017年,静兰街道办继续深化安全社区工作和安全生产日常监督管理工作。组织辖区单位召开安全生产、应急管理工作会议4次,与辖区企业签订安全生产责任状26份;在社区(村)开展消防安全、森林防火演练、应急管理演练7次;开展渡口渡船、安全生产、地质灾害巡查共20次,出具现场检查记录68份、责令整改通知书10份,辖区无安全事故发生。对安全责任单位进行严格监管,制定交通安全、渡口渡船、防汛等重点安全监控事项应急预案。在强降雨汛期间,组织街道辖区3个村、社区干部到一线排查水情、地质灾害等防控工作,及时准确掌握辖区安全突发事件动向,排查防汛降雨安全隐患5处,及时转移群众3人。因辖区环江滨水大道自行车道地势低洼,洪水过后留下很多淤泥，街道办共组织4次1000人清淤，做到水退人进，水走地净，确保辖区滨水大道自行车路段及时恢复通行，还市民一个干净舒适的生活环境。

【社会事业】

劳动就业 2017年，静兰街道办坚持"以人为本，服务为主"的原则，积极开展失业登记动态管理、社会保险"一对一"建档等工作。年内，完成16~59周岁城乡居民社会养老保险缴费成功人数456人，领取待遇人员382人，困难人员实现就业117人，完成上级下达的各项指标任务。

社会保障 2017年，静兰街道办做好各类扶贫、救济、保障及物资发放等工作，做到应保尽保。社会救济坚持按月发放，重点抓好城市低保、农村低保和农村五保工作。年内，共给130户低保户发放低保金，其中城市109户，享受人数173人；农村21户，享受人数44人；全年共发放低保金1007679元。年内，申请城市低收入获认定有75户，申请农村低收入获认定有5户。继续为辖区特殊人群开展康复需求筛查、提供上门康复服务等工作，为19名残疾人开展精准康复活动，为1名残疾儿童申请适配儿童助听器。上报精神病人等特殊人群20人免费服药补贴，每人补助药费200元。华展社区"颐康苑"建设完成并投入使用，年内城中区"颐康苑"有登记在册残疾人20名。

科文教事业 2017年，为进一步丰富辖区居民精神文化，静兰街道办以春节、"三八妇女节"等节日为契机，开展文艺演出、知识讲座等各类活动，发放计划生育服务用具、"两学一做"应知应会等宣传手册，发放换届选举环保袋、创城固卫纸巾等宣传品。换届选举期间，静兰街道办坚持把"十个严禁""六个一律"作为换届纪律教育的重要内容，通过悬挂宣传横幅、张贴宣传画、LED电子屏、村委喇叭、法律进村屯、换届选举专题文艺会演等平台继续向选民进行宣传教育；组织社区（村）两委干部、"三员"签订换届选举承诺书、张贴换届纪律宣传画、发放换届期间致村民的一封信，组织专题文艺会演，开展换届选举纪律法律讲座，设立换届选举举报箱，确保辖区换届纪律风清气正。年内，已开展雷村屯的采摘园、池塘景观、游客服务中心、木工馆、改厨改厕示范点、污水处理设施、百年龙眼文化体验园、古渡遗风码头、骑行驿站、综合服务中心、农家乐等10多个项目。通过"脱贫攻坚精准帮扶""沿江村屯风貌改造""沿江村屯风貌改造"等农村重点工作，环江村、柳东村整体呈现出"村在林中、院在绿中、人在景中"的生态格局，农村环境向"洁、净、美"逐步转变，新的生活方式、生活习惯逐步形成。

【精神文明建设】 2017年，静兰街道办通过开展"书记讲堂""双争讲堂""不忘初心·继续前进"等活动，开展"四讲四有"专题讨论和观看《榜样》《在路上》等专题教育，集中学习贯彻落实"十九大"精神，进一步弘扬社会主旋律、传播正能量。通过"走基层·办实事"之"打造宜居示范村·切磋技艺送文化"主题实践系列活动，举办环江村"社王"节活动、环江村龙眼节、环江村柚子节、"美丽环江"篮球赛、"美丽城中"象棋大赛、柳东村厨艺大赛、星级文明户评选、村志村史编写等活动，进一步丰富村民的业余生活、展示乡风民俗，带动村屯旅游观光业的发展。

【人口和计划生育】 截至2017年12月，静兰街道辖区总人口数为19434人，已婚育龄妇女4100人。年内，出生人口432人，其中男孩218人，女孩214人，男女性别比为101.86%。政策内出生432人，政策外出生0人，计划生育率为100%。办理一孩登记203份，办理二孩登记243份，办理再生育申请及审批6份；办理"独生子女父母光荣证"16本；办理非财政拨款企事业单位退休增资25人。年内，辖区共有23户特殊家庭，静兰街道办事处依托计生协会，组织特殊家庭参与各类户外活动4次。

【社会治安综合治理】 2017年，静兰街道办累计调解民间纠纷78件，调解成功78件，成功率100%。会同相关职能部门继续走"大调解"模式，没有因调解不及时而引起的民转刑案件和群众性集体上访案件的发生。进一步加强广西综合治理信息系统建设，街道网格员定期更新综治E通数据，基础数据录入率达到90%。年内，街道辖区内没有矫正对象、刑释、解教人员发生重新违法犯罪的现象发生。坚持依法整顿，强化治安管理，在重大活动和敏感时期，实行全体人员24小时值班巡查制度。在全国"两会"期间、"一带一路"高峰论坛、东盟博览会、中共十九大期间坚持领导带班和24小时值班维稳巡查制度；根据辖区的具体情况，在摸底、排查的基础上，对一批重大不稳定因素实行“台账”管理，落实到人，责任到人。先后2次制定重大权属纠纷及防范责任一览表、重点信访问题及责任一览表、重点问题及化解责任一览表等台账。全年辖区无越级上访、群体闹访等事件发生。

【创建全国文明城市、卫生城市活动】 2017年，静兰街道围绕创建全国文明城市这一中心工作，制定专题方案，成立街道创建全国文明城市工作领导小组，下设6个工作组，实行每周工作一调度。投入创文明城工作经费达4万元；在小区公共场所、楼道张贴《致市民的一封信》《创文明城市倡议书》、创文明城市知识问答彩页、创建全国文明城海报等共计800份；出版墙报、板报8期；开展创城百姓宣讲8次，“做文明人，创文明城”系列活动演出4次，用社区居民喜闻乐见的文艺形式进行“做文明人、创文明城”的宣传。2017年，清理垃圾广告800多张，整治楼道60个、庭院2个，清理垃圾死角40余处，清运各类垃圾100吨，整治社区乱堆乱放70处，保持辖区街道、社区每天一清扫和全天候保洁。（黄柳鲜　麦　雪）

编辑：苏贵忠

集体荣誉·先进人物

先进集体表

获奖单位	表彰、奖励名称	颁发机关	获奖时间
城中区工商联	2017年全国“五好”县级工商联	中华全国工商业联合会	2017年12月5日
城中区关心下一代工作委员会	全国第三届“关爱明天、普法先行”——青少年普法教育活动先进单位	中国关心下一代工作委员会、中华人民共和国司法部、中央社会治安综合治理委员会办公室	2017年8月6日
城中区社会治安综合治理委员会办公室	全国第三届“关爱明天、普法先行”——青少年普法教育活动优秀组织奖	中国关心下一代工作委员会、中华人民共和国司法部、中央社会治安综合治理委员会办公室	2017年8月6日
城中区司法局	全国第三届“关爱明天、普法先行”——青少年普法教育活动优秀组织奖	中国关心下一代工作委员会、中华人民共和国司法部、中央社会治安综合治理委员会办公室	2017年8月6日
城中区教育局	全国第三届“关爱明天、普法先行”——青少年普法教育活动优秀组织奖	中国关心下一代工作委员会、中华人民共和国司法部、中央社会治安综合治理委员会办公室	2017年8月6日
柳州市景行小学	全国第三届“关爱明天、普法先行”——青少年普法教育活动“零犯罪学校”	中国关心下一代工作委员会、中华人民共和国司法部、中央社会治安综合治理委员会办公室	2017年8月6日
柳州市柳东中心校	全国第三届“关爱明天、普法先行”——青少年普法教育活动“零犯罪学校”	中国关心下一代工作委员会、中华人民共和国司法部、中央社会治安综合治理委员会办公室	2017年8月6日
民革柳州市委会	民革全国社会服务工作先进集体	中国国民党革命委员会中央委员会	2017年10月
民革柳州市委会	民革全国组织建设工作先进集体	中国国民党革命委员会中央委员会	2017年11月
城中交警大队	自治区优秀公安基层单位	广西壮族自治区公安厅	2017年
柳东派出所	自治区优秀公安基层单位“十佳指挥中心(调度室)”	广西壮族自治区公安厅	2017年2月6日
柳东派出所	十九大安保工作成绩突出集体	广西壮族自治区公安厅	2017年11月15日
城中区财政局	财政集体二等功	广西壮族自治区人力资源和社会保障厅、广西壮族自治区财政厅	2017年

续表

获奖单位	表彰、奖励名称	颁发机关	获奖时间
城中区国税局	全区检察机关预防职务犯罪工作示范单位	广西壮族自治区人民检察院	2017 年 12 月
城中区物价局	2017 年度广西价格监督检查工作先进集体	广西壮族自治区物价局	2017 年 12 月 25 日
龙城社区	创建无邪教示范社区	国务院防范和处理邪教问题办公室	2017 年 12 月
龙城社区	2017 年度全国综合减灾示范社区	国家减灾委员会、民政部	2017 年 12 月
东门社区	2017 年度全国综合减灾示范社区	国家减灾委员会、民政部	2017 年 12 月
立新支行	中国农业银行 2017 年度运营基础管理先进单位	中国农业银行总行	2018 年 4 月 3 日
农业银行柳州立新支行营业室	中国农业银行 2017 年度运营基础管理“三铁”单位	中国农业银行总行	2018 年 4 月 3 日
农业银行柳州龙城世家支行	基层党建标杆	中国农业银行广西区分行	2017 年
城中区工商联	2017 年广西“五好”县级工商联	广西壮族自治区工商联业联合会	2017 年 12 月 1 日

先进个人表

获奖人姓名	单位、职务	表彰、奖励名称	颁发机关	获奖时间
张　勇	城中区委政法委副书记、维稳办主任	2015—2016 年度建设平安广西活动先进个人	广西壮族自治区人民政府	2017 年 11 月
唐　伟	城中区委常委、副书记，关工委名誉主任	全国第三届“关爱明天、普法先行”——青少年普法教育活动先进个人	中国关心下一代工作委员会、中华人民共和国司法部、中央社会治安综合治理委员会办公室	2017 年 8 月 6 日
王　琦	城中区委常委、区委组织部部长、区关工委主任	全国第三届“关爱明天、普法先行”——青少年普法教育活动先进个人	中国关心下一代工作委员会、中华人民共和国司法部、中央社会治安综合治理委员会办公室	2017 年 8 月 6 日
范苏云	城中区关工委常务副主任	全国第三届“关爱明天、普法先行”——青少年普法教育活动先进个人	中国关心下一代工作委员会、中华人民共和国司法部、中央社会治安综合治理委员会办公室	2017 年 8 月 6 日
刘　挺	城中区社会治安综合治理委员会办公室主任	全国第三届“关爱明天、普法先行”——青少年普法教育活动先进个人	中国关心下一代工作委员会、中华人民共和国司法部、中央社会治安综合治理委员会办公室	2017 年 8 月 6 日
侯振邦	城中区司法局长	全国第三届“关爱明天、普法先行”——青少年普法教育活动先进个人	中国关心下一代工作委员会、中华人民共和国司法部、中央社会治安综合治理委员会办公室	2017 年 8 月 6 日
张献军	城中区教育局长	全国第三届“关爱明天、普法先行”——青少年普法教育活动先进个人	中国关心下一代工作委员会、中华人民共和国司法部、中央社会治安综合治理委员会办公室	2017 年 8 月 6 日

续表

获奖人姓名	单位、职务	表彰、奖励名称	颁发机关	获奖时间
黄　清	柳州市景行小学副校长	全国第三届“关爱明天、普法先行”——青少年普法教育活动先进个人	中国关心下一代工作委员会、中华人民共和国司法部、中央社会治安综合治理委员会办公室	2017年8月6日
覃　喆	柳州市公安局桂中责任区刑侦大队中队长	全区优秀人民警察	广西壮族自治区公安厅	2017年2月6日
王国辉	城中区委常委、政法委书记	2014—2016年度、2011—2015年全区法治宣传教育先进个人	广西壮族自治区人力资源和社会保障厅	2017年1月
钟剑华	城中区物价局局长	2017年度广西价格监督检查工作先进个人	广西壮族自治区物价局	2017年12月2日
尹湘容	城中区民政局科员	全区民政系统记二等功(个人)	广西壮族自治区人力资源和社会保障厅、区民政厅	2018年1月
熊建华 刘　婧	城中区审计局局长、科员	广西壮族自治区审计厅2017年度AO实例评选鼓励奖	广西壮族自治区审计厅	2018年4月11日

编辑：苏贵忠

大 事 记

1月

3日 城中区在河东管理大厦广场举行2017年干部职工迎新健身走活动，区直机关单位、街道（社区、村）及辖区单位共900多名干部职工参加。

6日—7日 国家县域义务教育均衡发展督导组到城中区，对城中区义务教育均衡发展工作进行实地检查和督导评估。

10日 城中区总工会开展"新春关爱一线职工慰问活动"，慰问组深入一线，走访慰问在寒冬一线职工会员和城中交警、协警、行政执法人员及出租车司机。

11日 召开中国共产党柳州市城中区第十届委员会第四次全体（扩大）会议，会议讨论和审议区委书记金忠作《奏响不忘初心主旋律 开启品质城中新征程》工作报告。区委副书记、区长李柳彬传达自治区、柳州市经济工作会议精神并部署城中区2017年经济工作。

17日 柳州市在城中区文源社区举办"社区服务场所建设大会战"暨开发建设单位向城区集中移交场所仪式，20个社区服务场所正式交付给各城区。

20日 城中区召开第十二届人民代表大会第二次会议。区四家班子领导、人大常委会委员及人大代表等出席。

1月 城中区荣获2016年柳州市"生态式厂区、花园式庭院、花园式小区、优美阳台"评比奖项：城中区法律援助中心荣获全市法律援助先进集体称号；城中区在2016年第四季度自治区群众安全感调查单项安全感位列四城区之首及各县区排名第三。

2月

11日 城中区在市人民广场下沉式广场举办"我们的节日"——庆元宵民族民俗文化展演活动，融水芦笙队、舞狮队进行民族民俗传统文化展演。

15日 城中区举行2017年一季度重大民生项目集中开竣工仪式。

16日 城中区举行柳州市河东老人公寓（公建民营）全权委托经营项目签约仪式。

17日 城中区四家班子领导到融安县长安镇调研扶贫帮扶项目，并与融安县、长安镇相关负责人共商扶贫对策。

同日 由柳州市妇联、市人力资源和社会保障局、城中区人民政府主办，城中区人力资源和社会保障局、城中区妇联承办的柳州市2017年"春风行动"女性专场招聘会暨就业技能展示活动在五星商业步行街举行。

23日 城中区2017年组织、宣传、统战、政法工作会议在河东管理大厦三楼第一会议室召开。

24日 在自治区综治办2016年群众安全感工作成效显著的市、县（市、区）进行表扬的通报中，城中区以全年单项安全感91.95%的成绩获得自治区通报表扬。

27日 自治区旅发委主任甘霖带队到城中区调研，区委书记金忠、区长李柳彬、区委副书记唐伟等一行陪同。

2月末 根据柳州市知识产权局发布的《柳州市专利情况通报》，城中区2016年1月—12月完成专利申请1502件，同比增长46.54%，其中发明专利970件，同比增长35.47%，完成任务的121.25%；获授权专利529件，同比增长20.78%，其中发明专利211件，同比增长25.60%，有效发明专利拥有量达505件，万人拥有有效发明专利28.37件，远高于柳州平均有效发明专利6.73件/万人，居全市第一。

3 月

1 日 城中区总工会一届二次全委(扩大)会议召开。城中区总工会党组书记、副主席苏丽华作《凝心聚力、奋发有为,团结带领广大职工为"品质城中·幸福生活"建设建功立业》工作报告。

2 日 城中区司法局、公园司法所等单位举办"倾听青少年心声,关注青少年维权"法律课堂活动,给弯塘路小学近 300 名六年级小学生讲解法律援助、青少年维权等方面知识。

3 日 城中区团委联合区文明办带领"雷锋侠"、学校、工贸、红会医院、仁爱口腔医院及小鸟社区等单位 200 名青年志愿者在金沙角片区开展"学雷锋争当志愿者·共创文明美丽城中"志愿服务活动。

14 日 柳州市关心下一代工作委员会召开宣传工作会议,城中区关工委荣获柳州市关工委 2016 年度宣传工作先进单位一等奖;福柳新都、柳侯、青云三个社区关工小组荣获宣传工作先进集体称号;区关工委"五老"青少年思想教育志愿者彭先娇、郑永清、陈岗获宣传工作先进个人称号。

同日 城中区在旧沿江路环江村东流屯段以及环江村老虎冲段组织开展 2017 年义务植树活动。

17 日 中共城中区委召开 2017 年城中区创建全国"青少年普法示范区"第二次推进会。会议强调进一步统一思想,深化认识,强化部署,做好城中区创建工作。市关工委、城中区机关负责人,各关工委主任和"五老"副主任、"五老"青少年普法教育志愿者等 30 多人参加会议。

21 日 城中区行政执法局执法人员深入河东片区的建设工程项目工地进行现场说"法",开展"法律六进"宣传活动,提高建设方合法施工、规范施工、文明施工的意识。

26 日 由城中区文化体育和新闻出版局主办,城中区轮滑协会承办的"欢乐城中—柳州市'三月三'青少年速度轮滑公开赛"在市人民广场下沉式广场举行,共有来自南宁、梧州、来宾、柳州等广西区内的 29 支代表队、434 名小选手同台竞技。

27 日 公园街道党工委开展以"落实全面从严治党,规范支部组织生活"为主题的党代表接待日活动。市级党代表冯晓玲、臧源云和公园街道纪工委书记全伟诚走访东都百货,与东都百货党支部党员及 5 名辖区党员群众代表座谈。

29 日 柳州市人力资源和社会保障学会第一届第五次会员代表评选 2016 年度优秀人力资源和社会保障论文。城中区人社局劳动保障管理服务中心黄焱的论文《城中区城乡居民基本养老保险制度实施效果评估》获三等奖,贾竣博的论文《浅谈城中区"就业难""招工难"现象》获优秀奖。

4 月

7 日 中共城中区委决定在全区范围内开展"纪律教育年"活动,进一步贯彻落实《中国共产党问责条例》《中国共产党党内监督条例》,从严治党。并举行宣讲大会,柳州市宣讲团成员、市委讲师团副团长陈谨礼应邀作"两部法规"主题宣讲。区机关各党支部非领导职务党员干部代表、各街道、社区(村)非领导职务党员干部共 250 余人参加。

15 日 城中区政法委开展"2017 年城中区政法综治宣传月启动仪式暨'4·15'全民国家安全教育日主题活动",区综治办、国安办、防范和处理邪教办、保密办、公安局、检察院、法院、司法局、街道办等单位参与活动。

同日 彰泰集团在东环路与文兴路交会处西南角地块举行"柳州彰泰红项目"开工仪式。

17 日 城中区财政投资评审办公室在城中区财政局正式挂牌成立。标志着财政局进一步健全财政职能,加强项目事前监督,促进财政投资资金合理利用和效益最大化。

21 日 由城中区委宣传部、区教育局、区文体新局主办,区图书馆承办的 2017 年城中区"书香龙城 文化城中"暨"阅读,点亮人生"全民阅读系列活动启动仪式在龙城中学举行。

同日 2016 年城中区首届"感动城中"年度人物颁奖典礼在河东管理大厦举行。

23 日 河东街道"百姓宣讲员"选拔赛决赛在龙城世家小广场举行。活动的主题是"道德宣讲打擂台,创城工作再行动"。

27 日 城中区在市人民广场下沉式广场举行"劳动者之歌——城中区庆祝'五一'国际劳动节文艺晚会"。

28 日 城中区基层办在柳州市委党校举办为期 1 天的农村党员"党性教育"培训示范班,约 140

名党员参加培训。

5月

3日　共青团城中区委员会、柳州市第十二中学承办的柳州市纪念建团95周年主题示范团日活动暨离队入团仪式在十二中大礼堂隆重举行。

4日　共青团城中区委员会举办“向上吧青年”定向挑战赛。该活动是城中区“五四”青年文化节系列活动之一,来自辖区学校、企事业单位以及街道、社区的150多名团员青年参加。

10日　城中区“六五”普法总结暨“七五”普法启动大会召开,会议总结城中区“六五”普法工作成效,并对“七五”普法工作进行全面安排部署。

11日　城中区召开2017年村(社区)“两委”换届工作推进会。会上,传达中共广西区党委、柳州市委和城中区委相关文件精神,通报村(社区)“两委”换届工作前期进展情况,部署下一步换届工作。

16日　中共柳州市委政法委副书记、综治办主任欧顺红,市综治办副主任吴武章、市法学会会长杨明德到市第十二中学检查“法治教育示范基地”建设情况。

23日　城中区教育局举办首届城中区“精品教研”辩论赛。来自城中区小学、中学各集团校的领导和教师约300人参加。

25日　自治区党委常委、宣传部部长范晓莉一行到城中区查看和了解柳江文化带友善主题区五月花书吧的发起、运管和活动情况。实地调研中,范晓莉鼓励五月花书吧志愿者继续发扬友善代言人的公益精神,做更多公益活动,在全社会形成团结互助、平等友爱、共同进步的社会氛围和人际关系,增加和谐因素、促进公平正义、维护社会稳定。

27日　共青团城中区委员会联合区委组织部、扶贫办、行政执法局、教育局、公园路小学名师代表30余人赴融安县长安镇太平小学开展爱心助学活动。

6月

9日　柳州市档案局和城中区档案局联合举办“档案——我们共同的记忆”主题宣传活动。

同日　城中区与广西科技大学在城中万达广场举办校地党建联建活动启动仪式,实现校地党建同频共振,互建共赢。来自城中区和广西科技大学的300多名党员和入党积极分子参加仪式。仪式上,广西科技大学6个二级学院党委与城中区6个街道党工委签订校地党建联建结对共建协议。

10日　“微笑柳州·志愿服务”暨“创全国文明城市争做文明市民”入户调查活动在城中区东台社区启动。

13日　中南街道党代表工作室开展“做好社区‘两委’换届”主题第二季度“党代表接待日”活动。中共柳州市委常委、柳州军分区司令员徐斌大校等市级党代表和中南街道各社区的党员代表、居民群众参加活动。

18日　“与阅读大使相约柳江文化带”阅读分享活动在柳江文化带友善主题区的五月花书吧举行。郭书林、高洪波、金波、曹文轩、白冰等5位阅读大使分别作精彩的演讲,并赠送书籍。

20日　中共柳州市委常委、柳州市军分区司令员徐斌率领党代表团队到中南街道对困难党员进行“七一慰问”,送上“七一”节日问候。

24日　柳州市公园路小学荣获全国青少年毒品预防教育“6·27”工程先进典型学校的荣誉称号。“一体两翼”是公园路小学创新推出的特色禁毒教育方法,全校师生的识毒、防毒、拒毒意识明显增强。

30日　自治区党委常委、常务副主席蓝天立到广西科技大学“双创”示范性基地视察城中区工商分局“一站式服务点”。

7月

20日　自治区公务员局、柳州市人社局调研组到城中区就公务员管理工作进行督查和调研。

26日　自治区“扫黄打非”督查组到柳侯社区督导检查创全国“扫黄打非”示范点工作。

同日　梧州市工商联副主席黄干洪到城中区开展工商联经验交流活动。通过座谈加深兄弟市(区)工商联组织的了解,进一步开展2017年“五好”县级工商联创建活动。

7月　教育部正式确定33个县(区)为2017年全国青少年校园足球试点县(区),其中柳州市城中区成为全国青少年校园足球试点县(区)之一,自治区唯一一个。

8月

1日　城中区成立柳州市首

家美丽乡愁木工馆——环江雷村木工馆,标志着城中区美丽乡村建设向软文化环境转型升级,挖掘环江滨水大道沿途村庄的农耕文明、自然风光、民俗风情和历史文化等资源。

3日 广西民族健身舞(广场舞)大赛城中区赛区比赛在市人民广场下沉式舞台开赛,城中区有19支健身舞团参赛。

4日 城中区工商联组织商会30多名非公企业家到95337部队举办庆祝“八一”建军节暨抗洪清淤主题慰问活动。

8日 城中区举办以广西第九届体育节为主题的千人健步走活动。来自城中区30多家单位部门的900多名干部职工参加活动。

12—13日 2017年中国柳州体育舞蹈全国公开赛暨体育舞蹈柳州邀请赛在李宁体育馆举行,赛事由广西社会体育运动发展中心、柳州市体育局、共青团柳州市委员会、柳州市城中区人民政府主办,本次赛事设高级组别、全国公开赛组别,设513场比赛,分别在12日和13日进行。来自广西、湖北、贵州、上海等多个省市自治区以及俄罗斯共75支队伍3000多名选手参赛。

23日 中共广西自治区党委常委、政法委书记黄世勇到柳州市公安局城中分局中南派出所调研执法规范化工作。

30日 广西电视台《家长会》栏目组到公园街道东台社区进行“扬清廉家风,寻最美家庭”为主题的节目录制,东台社区居民、家长150人参加节目录制。

31日 柳州市文韬小学暨文惠小学教育集团总部挂牌。

9月

2日 柳州市映山中学揭牌,标志着龙城中学教育集团映山校区正式成立。

6日 在第33个教师节来临之际,中共柳州市委常委、宣传部部长、副市长焦耀光代表市委、市政府到柳州高中、文华中学看望慰问优秀教师代表王晓东、王乾生、覃永瑜以及正在住院的市民族高中教师马向江。

11日 由城中区人民政府主办,城中区科技局、科协、景行小学总校区承办的2017年城中区“十月科普大行动”启动仪式在景行小学总校区举行。该次活动有3000多名师生加入到科普活动中。

13日 中共柳州市委常委、组织部部长黄丽娟到公园街道东台社区调研社区服务场所规范化建设和金沙角“公益坊”,了解社区、社会组织、社会工作专业人才融合发展情况。

同日 2017中国—东盟柳州投资合作座谈会上,城中区区长李柳彬代表城区分别与碧桂园·滨江府、彰泰红、红星国际广场签订合作项目。其中,碧桂园集团将投资58亿元建设柳州碧桂园·滨江府项目;彰泰集团投资4.36亿美元的彰泰红项目;红星美凯龙集团投资43亿元建设红星国际广场。

14日 城中区召开“平安志愿者”启动大会。正式构建一支超过300人的平安志愿者队伍,开创专群结合、群防群治工作新局面。

21日 全市“美丽柳州 宜居乡村”活动现场观摩会在城中区环江村雷村屯召开。柳州市乡村建设工作相关单位负责人及各县区主要领导近170人相互交流。

26日 中共惠众社会工作服务中心支部委员会党员大会暨第一届支部委员会选举在金沙角公益坊召开。惠众社会组织党支部的成立标志着社会组织工作上了新台阶,在社会组织党支部中发挥示范作用。

同日 由中共柳州市委宣传部、市文新广局、市园林局主办,城中区委宣传部、城中区文体新局承办的柳州市第十八届“柳江之夏”城中区鹿山社区“群众文艺展演”活动在金色世纪东门步行街举行,此次活动紧扣“歌唱社会主义核心价值观,喜迎十九大”主题,以合唱、歌舞等群众喜闻乐见的形式生动诠释、解读核心价值观的内涵和精髓,迎接中共十九大召开。

30日 柳州市市长吴炜、副市长卢柳屏到公园街道弯塘社区看望烈士董谦遗属董美珍,送去慰问品慰问金,并代表市委、市政府向全市的烈士家属致以亲切问候。

10月

12日 柳州市城市基层党建工作经验交流会人员到东台社区现场观摩社区党建情况。参观智慧社区综合管理和服务信息化平台操作,以及党代表工作站、网格党支部“11+5”制度等特色党建工作。

20日 城中区关工委“五老”志愿者在2017年柳州市关工委“喜庆十九大、欢度重阳节”红歌赛中获得比赛一等奖。

23日 自治区科协主席赵艳林,党组书记、副主席纳翔,副主席何求等一行7人到文惠小学教育集团本部文惠校区开展科艺教育调研活动。

同日 柳州市政协主席陈虹带领驻柳自治区政协委员一行30余人到十二中教育集团文昌校区视察调研集团化办学工作。

27日 政协城中区科技组、鱼峰区科技组、教育组委员联合开展“爱心凝聚 书送希望”大型捐书活动,为雷塘村的小学生送去一批爱心物资。两城区政协委员联合爱心捐赠活动在柳州市尚属首次。

28日 柳州市首家公建民营养老机构——城中区安心颐养中心正式开园。

11月

13日 城中区召开发展壮大村级集体经济工作会议。会议落实自治区发展壮大村级集体经济工作领导小组及柳州市发展壮大村级集体经济工作领导小组第一次会议精神。

16日 中共柳州市委副书记梁旭辉带队到城中区电子商务产业园、安心颐养中心和桂中社区儿童家园等进行调研。

27日 共青团柳州市城中区第八次代表大会在城中区河东管理大厦第一会议室召开。

12月

6日 中共柳州市委常委、市纪委书记钟山到城中区调研深化国家监察体制改革试点工作推进情况。

7日 柳州市“学习宣传贯彻党的十九大精神,奋力夺取新时代中国特色社会主义伟大胜利”主题宣讲活动走进城中区城中街道。市委宣传部副部长张骏驰为城中街道、社区党小组长、五星商圈非公企业党员进行中共十九大精神的宣讲。

8日 柳州市城中区公园街道东台社区戒毒(康复)指导站揭牌成立。

18日 柳州市机关幼儿园第一分园正式开园。校园位于城中区环江滨水大道河东管理大厦东侧,占地1.3万多平方米,园内建设有教室、休息室、多功能教室、保健室等,开设学前儿童30个班共计900人。

19日 柳州市城中区青少年法治教育基地在柳州监狱揭牌。

同日 龙城中学教育集团开展柳江文化带爱国主题区“贯彻十九大·迈向新征程”爱国主义教育活动周,激发学生爱国热情,培养学生爱国情怀。

21日 城中区科技信息产业园顺利签约。该产业园位于东环大道256号万达中心5号楼,此楼35层,共5.6万平方米,是万达广场打造的甲级写字楼。园区的成立,开启政府与普通高校、企业强强联合的新模式,成为城中区经济转型的新起点。

22日 城中区青少年爱国主义教育电影公益放映基地在市风情港时光影院成立。该基地由城中区委宣传部、区教育局,以及柳州市战争史博物馆、柳州市国防教育协会和风情港时光影院等多家单位联合运作,以爱国主义电影展播为主题的系列活动,对中小学生进行思想道德教育,帮助中小学生树立正确的世界观、人生观、价值观,培育和践行社会主义核心价值观。

同日 柳州市发改委、市信息化建设管理中心、市自动化科学研究所等单位组成专家组对城中区电子政务外网BOT一期项目进行最终竣工验收。通过听取汇报、现场勘验、资料查阅和质询,专家组一致同意通过验收。

23—24日 由RCJ中国组委会、中共柳州市委宣传部、柳州市教育局、柳州市科学技术局、共青团柳州市委员会、柳州市科学技术协会主办,柳州科技馆承办,柳州市文惠小学教育集团协办的2017RoboCup青少年机器人世界杯中国华南公开赛,在柳州市文韬小学举行。

编辑:苏贵忠

特　　载

中共柳州市城中区委员会关于印发金忠同志在中共柳州市城中区委十届五次全体(扩大)会议上的工作报告的通知

区属各级党组织:

现将区委书记金忠同志在中共柳州市城中区委十届五次全体(扩大)会议上所作的《迈进新时代　振奋精气神　向着更高层次的品质城中、幸福城中阔步前行》报告印发给你们,请认真组织学习,切实贯彻执行。

中共柳州市城中区委员会

2018年3月14日

迈进新时代　振奋精气神　向着更高层次的品质城中、幸福城中阔步前行

——在中共柳州市城中区委十届五次全体(扩大)会议上的报告

(2018年1月8日)

金　忠

中国共产党柳州市城中区第十届委员会第五次全体会议,是在全区上下深入学习贯彻党的十九大精神,全面推进城中区成为柳州"城市生活核心区""城市形象展示区"新形势下召开的一次重要会议。大会的主题是:全面贯彻落实党的十九大、习近平总书记视察广西重要讲话、中央经济工作会议和中共柳州市第十二届代表大会第三次会议精神,以马克思列宁主义、毛泽东思想、邓小平理论、"三个代表"重要思想、科学发展观、习近平新时代中国特色社会主义思想为指导,认真总结2017年工作,全面部署2018年任务,动员全区各级党组织和广大党员干部群众在新时代、新形势下,不忘初心、牢记使命,振奋精气神、开启新征程,为在柳州市乃至自治区率先全面建成小康社会,打造广西商贸金融、科教文化强区,为实现更高层次的品质城中、幸福城中而努力奋斗!

一、2017年主要工作回顾

2017年,在市委、市政府的正确领导下,区委察大势、统全局、防风险,以高度的凝聚力、向心力和领导力,团结带领全区人民,牢固树立创新、协调、绿色、开放、共享发展理念,全力营造"三大生态",认真分解"七大优化升级"[1],统筹推进经济、政治、文化、社会、生态文明和党的建设,产业发展提质增效,城乡面貌持续改善,社会事业不断进步,民计民生保障有力,从严治党全面加强,社会大局和谐稳定,各项工作呈现出六个"新"的良好局面。

(一)突出学用结合,掀起学习贯彻党的十九大和习近平总书记视察广西重要讲话精神新高潮。以高度的政治自觉和政治担当,坚持把学习贯彻党的十九大和习总书记视察广西重要讲话精神作为首要政治任务和头等大事来抓,在加强区委常委会学习的同时,通过组织策划中心组学习、干部大会、主题宣讲、

专题讲座、常委挂点授课和集中培训等方式，推动学习宣传向基层单位、党员干部、各个领域延伸，把十九大精神和习总书记视察讲话精神作为开展各项工作的根本遵循。

（二）突出创新驱动，经济发展有新成效。坚定不移贯彻新发展理念，以自治区县域经济发展大会精神为指导，切实加强对经济工作的领导，及时研判经济形势，全力促进经济持续健康发展。初步统计，全区地区生产总值(GDP)316.6亿元，同比(下同)增长8.6%。其中，一产增加值1.1亿元，增长3%；二产增加值116.3亿元，增长6.4%；三产增加值199.2亿元，增长10.3%。全社会固定资产投资完成242亿元，增长10%，财政收入26.48亿元，增长8.5%，城镇居民人均可支配收入39972元，增长8.5%，农村居民人均可支配收入20980元，增长10%。

第三产业蓬勃发展。“一区两核三带”[2]建设不断完善，现代服务业体系不断延伸拓展。金融业发展势头良好，中介服务快速发展。完成全市首例三产用地上市交易，河东片区项目密集落地。自治区级跨境电子商务园区建设步伐加快。总部经济发展取得新成绩，柳州市九大集团公司中，五家落户我区。以“农旅结合”为主要发展方向，推动一、三产业融合，着力打造环江生态休闲观光旅游区。

一产二产稳步发展。农村电子公共服务平台成功搭建。强农惠农政策落实到位，特色种植引导有效有力，水产畜牧平稳发展，“一村一品”格局升级，“万元增收工程”成功实施。全面完成规模以上工业企业总产值和工业技改投资任务，城中区科技信息产业园签约落户。“质量强区”成效显著，完成“双创”示范基地申报工作，10家企业和平台获得自治区、柳州市认定。“智慧城中”一期项目建设进入全面实施阶段。

（三）突出精细管理，城乡建设有新面貌。全面贯彻中央城市工作会议精神，尊重城市发展规律，围绕全市争创全国文明城市和巩固国家卫生城市工作重心，以“城市生活核心区”“城市形象展示区”建设为目标，推动城市功能不断走向完善。

重点项目有序推进。完成61个自治区和市级层面重点项目征地拆迁和建设工作，征地面积802亩，拆迁面积32.2万平方米，供地面积767.4亩，项目整宗完成数和拆迁完成量位列全市前茅。加大旧城改造建设力度，实施旧城改造及国有土地上房屋征收项目11个。五一路与龙城路西一巷合围片区改造作为全市首批旧城改造土地熟化项目正式启动。

城市环境日新月异。投入2593万元改善城市面貌，完成7条小街巷改造，完成13个棚户区改造项目、改善1479户困难群众居住环境，完成创建新能源汽车充电桩建设示范小区18个。投入1.16亿元用于环广西自行车赛城中赛段沿线及雷村屯风貌改造项目，“大美环江”旅游小镇获评为全市首批特色小镇。“花园城市2.0”建设全面开展。更精细、更安全、更智能的城市管理体系已现雏形。以雷霆之势铺开“飓风行动”，开展拆违行动96次，拆除面积64.38万平方米，完成拆违存量任务的58.26%。建成全市首套噪声扬尘自动监测系统，人居环境持续改善。加强市容市貌专项治理，从集中整治转向长效管理。探索建立多部门联合执法队伍，保障执法效果。

“美丽城中”展现新姿。带动“产业富民”“五个一”[3]“十项进村”[4]基本完成。开动“服务惠民”，建制村综合服务平台全覆盖。推动“基础便民”，投入1220多万元用于农村基础设施建设，乡村人均道路面积、绿化率居全市首位。推进“示范村建设”，环江滨水大道沿线风貌改造取得阶段性成果。承办全市“美丽柳州·宜居乡村”活动推进会，环江村雷村屯荣获“‘美丽柳州’乡村建设综合示范村屯”称号。民俗景观系列木工馆建设完成，传统腐竹馆和农耕文化馆正在筹建，“美丽乡愁文化带”增添丰富思想底蕴和人文内涵。

（四）突出民生改善，共享成果有新作为。深入贯彻“以人民为中心”的发展理念，多措并举惠民生、促民生，人民群众获得感显著增强。

教育事业均衡发展。义务教育均衡发展深入推进，高分通过国家级督导评估。龙城中学映山校区、文韬小学、机关幼儿园第一分园挂牌成立，集团化办学实现全覆盖。大力推进学校基础设施建设，前茅中学、前茅小学(暂名)等一批新建、改扩建项目完成竣工。平安校园建设深入推进，积极开展全国第三届“关爱明天　普法先行”青少年普法教育活动及“零犯罪学校”创建工作。辖区各校荣获市级以上奖励222项，其中，国际级竞赛8项，国家级54项，自治区级29项。

科技文体事业捷报频传。狠抓国家知识产权强县试点工程并通过验收，专利倍增计划顺利推进，“两创”工作扎实开展。大力推动科技成果转化和高新技术企业培育，扎实推进科普进学校、进社区工作。文化市场健康有序，用心打造文艺精品，选送作品参加自治区、柳州市各项展演比赛的数量和质量位居市辖城区前列。开展各类惠民文体活动783场，“欢乐城中”品牌影响力进一步扩大。开展“戏曲进校园”活动，拍摄《“非遗”传承录—螺蛳粉纪录片》，推动传统文化传承振兴。全民健身事业蓬勃发展，群众体质明显增强。成功协办环广西公路自行车世界巡回赛(城中赛段)、世界水上极速运动大赛及世界铁人三项赛柳州站等国际级重大赛事。

卫计事业全面发展。基本公共卫生服务项目全面落实，公共卫生服务均等化发展。持续推动基层卫生体制改革，打造“15分钟医疗卫生服务圈”。积极创建全国基层中医药工作先进单位，中医药事业进一步发展。疾病防控与妇幼保健工作扎实开展，重大疾病防控和突发公共卫生事件应急处置能力持续提升。计划生育技术服务水平继续提高，全面二孩政策有效落实，促进人口长期均衡发展。爱国卫生运动广泛开展，国家卫生城市复审工作全面完成。深入贯彻落实食品安全党政同责，食品药品安全监管体系进一步完善，实现辖区公立学校食堂“明厨亮灶”全覆盖。

保障事业蒸蒸日上。就业保障机制和再就业扶持政策持续完善，“创业帮扶工程”和“网络创业计划”扎实开展。城乡居民养老金待遇不断提高，统一的城乡居民基本医疗保险制度已经建立。城乡社会救助体系不断完善，全面实现中等以下收入住房困难家庭公共住房保障应保尽保，城中区安心颐养中心开业运营。加大工资拖欠问题治理力度，劳动者合法权益得到有效保障。开展“网格化”价格监管和价格诚信建设工作，市场价格秩序规范。

(五)突出依法治理，平安和谐建设有新成效。始终坚持党的领导、人民当家做主与依法治区有机统一，法治城中、平安城中建设进程加快，社会大局和谐稳定。

全面推进法治、平安建设。深入开展法治城中建设、“七五”普法等工作，十二中文昌校区、公园路小学总部荣获“自治区‘法治教育’示范基地”称号。坚持执法为民、公正司法，积极推进司法改革，加强各类调解委员会规范化建设，有力地维护社会稳定。排查矛盾纠纷1681起，成功调解1677起，调解成功率99.76%。创新“雪亮网”“微网格”模式，建成全市综治监控中心建设示范县区。大力推进领导干部包案制度，顺利解决2起信访积案，2起取得重大进展。信访局面持续好转，非正常上访人次同比下降95%，十九大期间实现零“非访”。扎实开展“五平台”[5]建设，荣获“自治区社区矫正中心建设工作共建试点单位”称号。严厉打击各类违法犯罪活动，打防管控一体化运行机制不断健全，社会大局和谐稳固，群众安全感进一步提升。认真落实安全生产“党政同责、一岗双责”制度，有效杜绝重特大安全事故发生，安全生产形势稳定。

大力推进民主政治建设。支持人大及其常委会依法履行职权，政协民主协商水平不断提高。支持法院、检察院依法独立行使审判权和检察权，促进执法规范化，司法公信力进一步提升。高度重视统一战线队伍建设，连续三年获得“全国‘五好’工商联”称号。充分发挥工青妇等群团组织的桥梁纽带作用，党的群团改革工作持续推进。保障妇女儿童合法权益，荣获“广西维护妇女儿童权益先进集体”称号。加强党管武装工作，军政军民和谐关系更加牢固。重视档案和地方志工作，国防教育、民族宗教、双拥优抚、防灾减灾、侨务等工作稳步推进。

(六)突出从严从实，党建工作有新局面。主动担负全面从严治党的政治责任，坚持严字当头，把严的标准、严的要求、严的作风贯彻到管党治党全过程，落实到党的建设各方面。

毫不松懈抓党内教育，“两学一做”学习教育深入开展。认真落实“三会一课”制度，推动“两学一做”学习教育常态化制度化，切实抓好抓实“学”和“做”两个基础。采取“五学”[6]方式，组织举办党课1200多次，党员领导干部讲党课560余次。

毫不松懈抓理论武装，意识形态工作不断加强。牢牢把握党管意识形态的领导权和主动权，意识形态领域总体形势良好。强化干部理论武装和党性教育，举行5次中心组集中学习，组织中层以上干部到井冈山学院进行专题培训。全方位推行“六进”[7]，雷村屯成为市级理论宣讲示范基地。文明单位创建活动成效斐然，辖区市公安局交警支队、市海事局和市工商局等3家单位获评全国文明单位。举办首届“感动城中”人物评选表彰活动，树立先进模范，激发社会正能量。注重提升宣传影响力，深入推进社会主义核心价值观柳江文化带建设,公民思想道德素质和社会文明程度不断提升。开展“童心向党”“喜迎十九大争当时代小先锋”等未成年人主题实践活动,社会主义核心价值观宣传教育深入人心。

毫不松懈抓基层党建,执政根基更加牢固。全面完成村(社区)“两委”换届工作,基层党组织战斗堡垒功能进一步增强。选举产生新一届村(社区)“两委”班子成员310人,学历和年龄结构明显优化。“对标提质年”活动扎实开展,基层党组织书记主业意识和履职能力不断提升。强力推进社区党建阵地建设,投入1.01亿元,落实14个建设项目。以“一街道一品牌、一社区一亮点”为目标,建成党建示范带、公益坊居民服务区等一批有影响力的特色品牌。以“党旗领航”系列活动为推手,打造一批“两新”党建示范点,推动“一企一特色”品牌建设。通过“三抓三促”[8],不断丰富党代表参与基层党建的载体。探索“校地联建”党建新模式,与广西科技大学结对共建。打造农村党建示范点,提高村“两委”干部待遇和党组织运转经费,强化农村基层党建工作基础保障。

毫不松懈抓队伍建设,干部队伍素质更高更专业化。坚持党管干部原则,坚持德才兼备、以德为先,坚持五湖四海、任人唯贤,坚持事业为上、公道正派,把好干部标准落到实处。选拔任用干部20名,调整交流中层干部67人次,选派3名优秀干部到街道挂职锻炼,干部队伍结构进一步优化。用心用情做好离退休干部工作。坚持抓早抓小、防微杜渐,加强干部日常管理监督。开展谈心谈话160余人次,对9名干部进行提醒。认真贯彻落实领导干部能上能下相关规定,不断完善选人用人机制。

毫不松懈抓从严治党,政治生态风清气正。严格落实“两个责任”,构建明责、确责、履责、追责的责任链条,推动形成反腐倡廉的强大合力。坚持执纪审查高压态势,推动全面从严治党向纵深发展。落实中央和自治区巡视反馈问题整改工作,严格按时间节点完成整改任务。创新开展党员干部好家风建设活动,以打造特色廉政文化为重点,以家风建设助力作风养成,增强全区党员干部廉洁从政意识。完成区纪委派驻机构改革,按时间节点推进监察体制改革试点工作。对12个区直单位开展巡察,发现问题38个。认真践行监督执纪“四种形态”[9],立案78件,结案81件(含上年遗留案件),给予党纪政纪处分67人,组织措施14人,挽回经济损失23.93万元。全区党员干部纪律规矩意识明显增强,“四风”问题得到有效整治,腐败蔓延势头得到有效遏制,反腐败斗争压倒性态势已经形成并巩固发展,政治生态建设呈现新气象。

回顾一年来的工作,挑战大于预期,压力超乎寻常,成绩来之不易。这些成绩的取得,是市委、市政府坚强领导的结果,是区四家班子同舟共济、合力攻坚的结果,是全区各级各部门和广大党员干部群众齐心协力、奋勇争先的结果。在此,我代表区委,向奋战在基层一线的广大党员干部群众,向所有关心支持城中区经济发展和社会进步的同志们、朋友们,表示衷心的感谢并致以崇高的敬意!

在肯定成绩的同时,我们也清醒地看到,辖区经济社会发展仍存在不少困难和问题,一是部分干部担当务实精神和肩负的使命职责不相称,团队协作配合意识和能力仍需加强;二是产业结构不合理。产业发展不平衡、不充分,三产没有重大突破,存在吃老本现象,缺乏能对全局和未来产生积极影响的大项目、好项目;三是行政效能、机关作风和廉政建设还需要进一步加强等。对此,我们要高度重视,综合施策,全力解决。

二、深入学习贯彻党的十九大精神,大力弘扬践行“城中精神”,奋力开辟新时代新形势下各项工作的新局面

党的十九大是在全面建成小康社会决胜阶段、中国特色社会主义进入新时代的关键时期召开的一次十分重要的大会,在党和国家的发展进程中,具有极其重大的历史意义。深入学习贯彻十九大精神,是当前和今后一个时期的首要政治任务。全区各级各部门和广大党员干部,要严格按照中央、自治区党委和市委的部署,以高度的政治自觉、思想自觉和行动自觉,推动党的十九大精神在城中区落地生根、开花结果。

(一)学习贯彻党的十九大精神,持续掀起学习宣传贯彻热潮

十九大报告浓缩了近年来我们党发展思想的精华,是党团结带领全国各族人民在新时代坚持和发展中国特色社会主义的政治宣言和行动纲领。要自觉增强政治意识、大局意识、核心意识、看齐意识,坚定不移地沿着十九大指引的正确方向前进。党员干部

要带头深入学习，全面准确把握十九大精神实质和丰富内涵，原原本本学习，逐字逐句理解，在学懂弄通上下大力气、苦功夫。要深刻领会中国特色社会主义进入新时代的历史方位，深刻领会新时代中国共产党人的历史使命，深刻领会新时代中国特色社会主义的基本方略，深刻领会新时代“五位一体”的总体布局。要充分认识学习宣传贯彻党的十九大精神的重大意义，以高度的政治责任感和历史使命感，精心组织学习宣传贯彻“六进”，在全区形成学习贯彻十九大精神的浓厚氛围。

（二）学习贯彻党的十九大精神，坚决维护以习近平同志为核心的党中央权威和集中统一领导

保证全党服从中央，坚持党中央权威和集中统一领导，是党的政治建设的首要任务，是坚持党的领导的最高原则，关乎党和国家前途命运、关乎人民根本利益，加强和维护党中央的集中统一领导是全党共同的政治责任。要自觉维护习近平总书记党的核心地位，坚决拥护核心、服从核心、看齐核心、紧跟核心，在政治立场、政治方向、政治原则、政治道路上同以习近平同志为核心的党中央保持高度一致。要时刻保持对党的绝对忠诚，切实提高政治站位，牢固树立“四个意识”，坚决执行党的路线方针政策，严格遵守党的政治纪律和政治规矩，在任何时候任何情况下始终做到政治信仰不变、政治立场不移、政治方向不偏，坚定自觉地把以习近平同志为核心的党中央和十九大的各项决策部署落到实处，确保中央政令畅通。自觉把习近平新时代中国特色社会主义思想作为一切工作的根本遵循和行动指南，深刻理解把这一思想作为党必须长期坚持的指导思想的重大意义，更加自觉地用这一光辉思想武装头脑、指导实践，更加自觉地为实现党的历史使命而不懈奋斗。

（三）学习贯彻党的十九大精神，在落实到城中发展上下功夫

党的十九大报告中，“人民”一词贯穿始终、重逾千斤，先后出现200多次。特别是把为中国人民谋幸福、为中华民族谋复兴作为初心和使命，把人民对美好生活的向往作为奋斗目标，充分体现了我们党胸怀祖国、胸怀人民的大爱精神。十九大闭幕后，习总书记带领新一届中央常委到上海拜谒党的一大会址、到南湖瞻仰红船，并特别重申了“红船精神”，即开天辟地、敢为人先的首创精神，坚定理想、百折不挠的奋斗精神，立党为公、忠诚为民的奉献精神。党对人民的深情厚谊和“红船精神”的内核，恰恰也正是“城中精神”精髓所在。

人无精神不立，国无精神不强。一个国家要有自己的伟大精神，一个民族要有自己的民族精神，一个地方同样也要有自己的地方精神。地方精神是一个地方的灵魂，是意志品格与文化特色的精神提炼，是生活信念与人生境界的高度升华，是一个地方干部群众认同的精神价值和共同追求，也是展示形象、引领发展的一面旗帜。区委高度重视精神引领的强大力量，从建区近40年以来城中人团结一心、艰苦创业和奋力前行的历程中，提炼出城中人的四种精神，即：敢为人先、争创一流的教育精神；众志成城、百折不挠的抗洪精神；攻坚克难、能打胜仗的征地精神；互助互爱、春风化雨的大爱精神。这四种精神集中展现了“城中精神”的丰富内涵。“城中精神”代表了城中人的风骨和气魄，是我们的宝贵精神财富，是发展的动力源泉。

10月27日，中央政治局就深入学习贯彻党的十九大精神进行第一次集体学习。习总书记指出，学习贯彻党的十九大精神，要在学懂、弄通、做实上下功夫，并强调，一分部署，九分落实。学习贯彻十九大精神，最终还是要落实到实际工作中，落实到工作态度、工作干劲和工作成效上。要大力弘扬“城中精神”的引领作用，激发干部群众的自豪感、荣誉感，爱岗敬业、团结奋进，扎根城中、发展城中。要大力推进“城中精神”融合发展模式，立足实际，把党的十九大精神落实到全面加强党的领导能力和全面从严治党之中，落实到经济社会发展方方面面，落实到做好今年各项工作之中。

三、聚焦责任担当，加快构建新时代干事创业团队

习总书记在十九届中央政治局首次集体学习时指出，中国特色社会主义进入新时代，新时代要有新气象，更要有新作为。党员干部作为党和国家事业中坚力量，必须勇挑重担、身先士卒，在新时代干事创业大潮中展现“新姿态”。当前，我们正处在全面深化改革、转型发展的关键时期，必须把干部队伍建设摆在更加突出的位置，培养选拔牢固树立“四个意识”和“四个自信”、坚决维护党中央权威、全面贯彻执行党的理论和路线方针政策、忠诚干净担当的干部；培养

选拔具有专业能力专业精神、适应新时代中国特色社会主义发展要求的干部;培养选拔在基层扎实历练、业绩突出的干部。

(一)以责任担当明地位。坚决贯彻执行《党政领导干部选拔任用工作条例》,严把选人用人动议关、考察关、程序关,旗帜鲜明地树立“想干事者有机会、会干事者有舞台,干成事者有地位、不干事者退下来、误事坏事受追究”的用人导向,使进者戒骄戒躁、奋发有为,让退者心态端正、心情愉快,令留者再接再厉、意志不衰,促转者强化学习、迎接挑战。要特别注重在维护稳定、服务群众的前沿阵地考察识别干部,破除论资排辈、平衡照顾理念,打破隐性台阶,大胆提拔使用担当负责、较真碰硬、负重拼搏、奋发有为的干部,真正把想干事、能干事、干成事、敢担当、善作为的优秀干部选拔出来。

(二)以提振精神激活力。要激发干部干事创业的雄心壮志,以监察体制改革和巡视巡察为抓手,谋划开展“治庸、治懒、治散、治慢”系列活动,大力整治干部队伍中存在的得过且过、平庸无为、执行不力等一批突出问题,以问事、问责、问效、问廉为手段,提振中层干部的精气神,力争使机关工作作风进一步改进,服务能力进一步增强,行政效能进一步提高。要创新党管人才体制机制,放眼育才、慧眼识才、大胆用才,逐步推动基层干部合理流动制,引导他们成为干好本职工作的“专家”、胜任全面工作的“杂家”,培养开口能讲、提笔能写、办事能成的复合型、全科型干部。各单位、部门之间要加大选拔培养力度,提高交流力度,促进一批优秀年轻干部脱颖而出,着力打造一支想担当、敢担当、能担当的干部队伍,为城中区的发展储力量、铸未来。

(三)以容错激励暖人心。坚持严管和厚爱结合、激励和约束并重。不断增强干部自我净化、自我完善、自我革新、自我提高的能力,牢记全心全意为人民服务的宗旨,切实做到从群众中来、到群众中去,始终保持党同人民群众的血肉联系。要坚持“以人为本”,关心爱护干部,尊重理解干部,主动为他们排忧解难,使干部安身、安心、安业。加快完善干部考核评价机制,探索科学可行、符合实际的激励机制和容错纠错机制,鼓励支持干部积极创新发展路子,旗帜鲜明地为敢于担当、踏实做事、不谋私利的干部撑腰鼓劲、遮风挡雨,为担当者担当、为负责者负责。

四、2018 年主要工作安排

2018 年,是贯彻党的十九大精神的开局之年,是改革开放 40 周年,是自治区成立 60 周年,是全面推进城中区第十次党代会提出的“在全市率先全面建成小康社会,打造广西商贸金融、科教文化强区”双目标进程的关键之年。今年,全区工作的总体要求是:深入学习贯彻党的十九大和习总书记视察广西重要讲话精神,以习近平新时代中国特色社会主义思想为指导,以“四个全面”战略布局为统领,以五大发展理念为引领,紧紧围绕城中区第十次党代会战略部署,坚持稳中求进,深化改革创新,不忘初心、牢记使命,全力推进产业转型升级,加力推动城乡统筹发展,强力推进“一区两核三带”建设,倾力保障和改善民生,着力提高党的建设科学化水平,振奋精神,凝心聚力,坚定信心,务实进取,奋力开创经济社会科学发展新局面,为在柳州市乃至自治区率先全面建成小康社会,打造广西商贸金融、科教文化强区而努力奋斗。

2018 年经济发展的预期目标是:地区生产总值增长 7.5% 左右;财政收入增长 8%;城镇居民人均可支配收入增长 7.5%,农村居民人均可支配收入增长 9.5%;完成柳州市下达的社会消费品零售总额、固定资产投资、招商引资等工作的目标任务。为实现上述目标,重点要抓好“四个聚焦”。

(一)聚焦产业融合,加快推进结构调整优化

认真贯彻落实上级经济工作会议精神,坚持稳中求进的总基调,坚持新发展理念,按照高质量发展的要求,以区情为出发点,以产业融合为核心,以发展服务业为重心,优化产业结构和层次,努力实现更高质量、更有效率、更加公平、更可持续的发展。

1. 加快发展现代服务业。着力推动生活性服务业向精细化和高品质转型升级,大力推动生产性服务业企业落户。加快推进五星中央活动区、河东高端商务区和 CBD 核心区建设升级,增强集聚辐射能力,保持在全市的核心引领地位。建设信息化、智能化的中高端商务楼宇,吸引企业总部基地、研发基地、销售服务中心集群布局。继续推进金融创新,完善金融服务体系,打造金融产业集聚区、金融服务核心区。加大电子商务产业园区建设力度,着力打造自治区级跨境电商集聚区。极力营造良好的投资环境,加大招商引资力度。支持房地产业发展,积极引入国内知名房地产品牌和中介、物业品牌。

2. 着力推进全域旅游。加快编制城中区旅游发展总体规划，推动全域旅游培育工作，全力打造自治区级全域旅游示范区。以休闲观光为核心，以重大旅游项目为支撑，以文化休闲和乡村旅游为补充，充分利用柳侯公园、东门城楼、百里柳江和环江滨水大道等，讲好城中故事，传播城中声音，提升城中人气。加快推进环江滨水大道沿线风貌改造等重点项目建设，吸引各类资本参与，带动一批重大项目在环江中央休闲区落地。积极与上级部门对接，加强旅游公共服务配套设施建设，加快融入“山水桂林—风情柳州”黄金旅游线路。

3. 实施乡村振兴战略。深入推进农业供给侧结构性改革，调整优化农业产业、产品结构，增加绿色、特色、优质农产品供给，不断提升农业发展的质量效益。着力推进农旅结合，因地制宜发展休闲观光农业，大力发展乡村观光采摘旅游，探索农业农村发展新模式。重点规划打造集文化旅游、休闲观光、农业体验于一体的环江田园综合体，提高农业综合效益和竞争力。

4. 推动二产转型升级。加快推进都市工业与生产性服务业融合发展，继续推动建筑业总部经济发展。谋划政务外网改造二期项目建设，努力实现辖区各系统信息互联互通。以“两创”工作为平台，进一步打造城中区科技信息产业园。继续实施知识产权战略，促进科技成果转化应用，强化科技对经济发展的支撑和引领作用。

（二）聚焦项目建设，加快推进城乡一体化进程

实施城乡一体化战略，以城市管理和重点项目建设为抓手，不断完善基础设施，提升城市综合承载能力，建设美丽宜居乡村。

1. 进一步完善城市功能。集中力量推进静兰、河东整村改造工作，提前谋划制定重点项目征地拆迁计划。继续摸索和积累开展老旧住宅区综合整治、建立长效管理机制工作经验，推进住建部城市老旧小区改造试点工程。推动“花园城市”2.0版建设升级，不断改善城市人居环境、生态环境和城市景观，全面提升城市形象和品质。强化执法力度，发挥执法效率，保障执法效果。强力推进“飓风行动”向纵深发展，加大对牛车坪等重点区域的拆违工作力度。完善数字化城市管理长效管理机制，开展“无违建城市”创建工作。

2. 进一步推进宜居乡村和生态文明建设。以“美丽城中”乡村建设为重点，打造提升现代农业示范区。加快推进村级公共服务中心建设，进一步加强农村基础设施建设，全面抓好2018年综合示范村建设。开展“美丽城中·宜居乡村”主题活动，打造环江滨水大道美丽乡愁文化带。继续加大对对口扶贫县的支持力度。大力推进生态文明建设，重点打击各类环境违法行为。进一步落实大气、水、土壤污染防治行动计划，使天更蓝、水更清、空气更清新。

（三）聚焦人民福祉，加快推进民生普惠事业

坚持“以人民为中心”的发展理念，以共建共享为主题，以保障和改善民生为要务，着力解决人民最关心最直接最现实的利益问题，使人民获得感、幸福感、安全感更加充实、更有保障、更可持续。

1. 加快发展教育文体事业。坚持教育优先发展战略，办好人民满意的教育。积极探索集团化办学新领域、新模式，鼓励优质教育资源合理流动，加强教育督导。进一步完善学校基础设施，加快实施马鹿山中学、学院路中学、静兰小学（二期）等一批新建、改扩建项目，大力推进“平安校园”“智慧校园”工程。推动文体事业大繁荣大发展，鼓励创作一批富有时代气息又接地气的优秀文艺作品，深化文化强区建设。持续推进公共文化服务体系建设，提升服务总量和质量。加强“扫黄打非”工作，促进文化市场规范有序发展。积极推进全民健身与全民健康深度融合，不断提高居民健康水平。

2. 统筹发展保障事业。把保障和改善民生作为重点，实现经济发展和民生改善相互促进、良性循环。完善城乡一体化社会保障机制，开展好城乡居民基本医疗保险和基本养老保险参保续保工作。完善保障性住房监管制度，扩大保障房覆盖范围。持续推进就业创业培训工作，打造一批创业孵化基地。加强民生价格监管、劳动监察、养老服务、环境执法、养老助残、社会救助、法律援助、关爱妇女儿童等工作，全面推进基本公共服务和社会保障普惠化、均等化、优质化。

3. 扎实发展卫计事业。深化医药卫生体制改革，努力提升基层医疗机构综合能力。强化人才队伍建设，持续推进公共卫生建设。深入开展爱国卫生各项工作，巩固创卫成果，推进健康城市创建。认真落实人口和计划生育目标责任制，继续推动全面二孩政策有效落实。加大食品安全专项治理力度，强化应急管

理,全面防控风险,争创广西食品安全城市和自治区化妆品安全示范区。

4. 着力升级平安事业。加大反恐维稳工作力度,加强反恐应急能力建设。完善立体化治安防控体系,严厉打击“两抢一盗”和电信诈骗等多发性犯罪,提升平安建设成效。加强禁毒工作,建设全国禁毒示范城区。加强民族团结进步、爱国主义和公民教育,依法管理宗教事务,确保宗教领域和谐稳定。深入推进“雪亮网”建设,加快建设街道、村(社区)级综治监控中心。完善矛盾纠纷多元化解机制,落实领导干部包案调处矛盾纠纷制度,深化大走访、大接访活动,加大信访积案化解力度。加强重点行业领域监管,坚决预防和遏制重特大安全事故。

(四)聚焦“伟大工程”,加快提升执政能力和领导水平

坚持和加强党的全面领导,坚持党要管党、全面从严治党。以加强党的长期执政能力建设、先进性和纯洁性建设为主线,以党的政治建设为统领,以坚定理想信念宗旨为根基,以调动全党积极性、主动性、创造性为着力点,全面推进党的政治建设、思想建设、组织建设、作风建设、纪律建设,把制度建设贯穿其中,深入推进反腐败斗争,不断提高党的建设质量。以“五化”[9]为推手,深化党群系统工作委员会制度,加快形成全区党建工作新局面。

1. 牢牢抓住政治建设这个根本。旗帜鲜明讲政治,是马克思主义政党最鲜明的特色,党的政治建设是党的根本性建设,决定“伟大工程”的方向和效果。要把服从中央、维护党中央权威和集中统一领导,作为党的政治建设首要任务和头等大事。进一步完善相关制度,从组织上制度上保证党对一切工作的领导。加强自身建设,牢固树立“打铁必须自身硬”的理念,严格执行民主集中制和新形势下党内政治生活若干准则。持续教育引导广大党员干部自觉加强党性锻炼,牢固树立“四个意识”,坚定执行党的政治路线,不断提高政治觉悟和政治能力,自觉在思想上政治上行动上同以习近平同志为核心的党中央保持高度一致。

2. 牢牢抓住思想建设这个核心。把坚定理想信念作为党的思想建设的首要任务,牢记宗旨,挺起脊梁,解决好世界观、人生观、价值观这个“总开关”问题。以习近平新时代中国特色社会主义思想为指导,紧紧围绕深入学习贯彻党的十九大精神这条主线,推动“两学一做”常态化制度化。牢牢把握意识形态工作领导权,落实意识形态工作责任制,加强阵地建设和管理。着力加强忠诚教育,确保在“举什么旗、走什么路、朝什么向”这一根本问题上绝不含糊、绝无偏差。谋划开展“不忘初心,牢记使命”专题教育,教育广大党员干部在思想上坚定信念、与时俱进,在行动上干事创业、奋勇争先,在纪律上严于律己、恪守底线。

3. 牢牢抓住基层党组织建设这个基础。党的执政之基在支部,力量之源在基层。切实加强“建、管、用”衔接工作,持续强化社区党建阵地建设。深入推进“一街道一品牌、一社区一亮点”建设,以创建基层服务型党组织为总抓手,加快建立街道“大工委”和社区“大党委”,统筹推进各领域基层党组织建设。充分发挥党建引领作用,着力破解机关党建、集团校党建、农村党建、非公有制经济组织和社会组织党建工作不平衡不充分的局面,全力打造一批在全市乃至自治区有影响力的党建品牌。创新联系服务群众制度,深入推进党代表任期制。坚决整顿软弱涣散基层党组织,健全基层党组织书记述职评议制度。

4. 牢牢抓住作风建设这个关键。作风连着党风,带着政风,影响民风。作风建设只有进行时,没有完成时。要把作风建设摆在突出位置,以更高的标准、过硬的措施全面加强党的作风建设。聚焦党员领导干部这个关键少数,深入基层一线倾听呼声、解决问题、转变作风。坚持以上率下,以钉钉子精神抓好中央八项规定精神落实,持续发力纠正四风。坚持开展批评和自我批评,灵活运用“四种形态”,治“病树”、正“歪树”、拔“烂树”,维护好“森林”。教育引导党员干部自觉遵守党内政治生活准则和各项规定,知敬畏、存戒惧、守底线,不断自我净化、自我完善、自我提高。

5. 牢牢抓住管党治党这个重心。建立健全责任落实体系,推动全面从严治党主体责任落到实处。全面落实党委主体责任,切实推动管党治党走向严紧硬。切实履行纪委监督责任,建立责任落实检查考核机制。用好问责这个利器,以强有力的问责倒逼责任落实。完善党内监督体制机制,全面落实深化国家监察体制改革部署,着力推进国家监察、巡察监督、派驻监督“三个全覆盖”,坚持无禁区、全覆盖、零容忍,

坚持重遏制、强高压、长震慑，以坚如磐石的决心减存量、遏增量。积极开展特色廉政文化建设，进一步增强党员领导干部不想腐的自觉，营造干部清正、政府清廉、政治清明的良好氛围。

6. 牢牢抓住民主政治建设这个保障。全面贯彻《中国共产党地方委员会工作条例》，持续加强和改进党对各项工作的领导。党政军学兵，东西南北中，党是领导一切的。要进一步健全党委统揽全局、协调各方的领导体制和工作机制，加强党对人大、政府、政协的领导，健全沟通协调机制。支持人大、政府、政协和法院、检察院依法依规依章程履行职能、发挥作用。支持人大及其常委会在基层建立和完善人大代表履职平台建设，支持政协围绕团结和民主两大主题履行职能。深化依法治区建设，深化机构和行政体制改革。加强和改进党的群团工作，坚持党的民族政策和宗教工作方针，促进非公有制经济健康发展和非公有制经济人士健康成长。不断巩固和发展最广泛的爱国统一战线，牢牢把握大团结大联合的主题，找到最大公约数，画出最大同心圆。

同志们，潮起海天阔，扬帆正当时！让我们更加紧密地团结在以习近平同志为核心的党中央周围，以习近平新时代中国特色社会主义思想为指导，高举中国特色社会主义伟大旗帜，深入学习贯彻党的十九大精神，大力弘扬践行“城中精神”，以乘势而上、意气风发的豪情壮志，以义不容辞、责无旁贷的使命担当，以同心同向、脚踏实地的干事作风，振奋精气神，开启新征程，为实现“率先建成”和“打造两个强区”双目标，为建设更高层次的品质城中、幸福城中而努力奋斗！

名词解释

[1]“七大优化升级”：即优化空间布局，实现城市功能升级；优化产业结构，实现经济转型升级；优化区域环境，实现城乡品质升级；优化服务载体，实现民生改善升级；优化资源配置，实现共享发展升级；优化体制结构，实现改革创新升级；优化队伍建设，实现党建提质升级。

[2]“一区两核三带”：“一区”是环江中央休闲区，“两核”是五星中央活动区发展核、河东高端商务区和CBD核心区发展核，“三带”是沿江滨水活力休闲带、生态文化旅游带、水上狂欢娱乐带三大旅游经济带。

[3]“五个一”：即制定一个村级经济发展计划、培育一个带动农户增收的新型农业经营主体、打造一个现代农业生产示范基地、发展一个村级集体经济项目、建设一个农村电子商务服务点。

[4]“十项进村”：即实施产业富民和村级集体经济谋划进村、实施种植业结构调整和三品提升进村、实施生态养殖进村、实施林下经济提升进村、实施新型经营主体进村、实施农旅结合休闲农业进村、实施科技推广和改革创新进村、实施农产品保鲜加工和冷链物流进村、实施电子商务进村、实施社会化服务提质进村。

[5]“五平台”：即社矫中心平台、刑罚体验平台、信息系统平台、专业教育平台、亲情改造平台。

[6]“五学”：制定计划自己学、专题讨论集中学、定期培训深入学、创新方式广泛学、“微型党课”轻松学。

[7]“六进”：即进机关、进社区、进农村、进校园、进企业、进网站。

[8]“三抓三促”：即抓两头促中间，抓基础促规范，抓活动促活力。

[9]“四种形态”：即党内关系要正常化，批评和自我批评要经常开展，让咬耳扯袖、红脸出汗成为常态；党纪轻处分和组织处理要成为大多数；对严重违纪的重处分、作出重大职务调整应当是少数；而严重违纪涉嫌违法立案审查的只能是极少数。

[10]“五化”：业务工作规范化、综合工作系统化、关键工作项目化、重险工作职能化、丢难工作联动化。

中共柳州市城中区委办公室

2018年3月15日印发

城中区人大常委会工作报告

——在2018年1月11日城中区第十二届人民代表大会第三次会议上

城中区人大常委会主任　曾　明

过去的一年,在区委的坚强领导下,区人大常委会全面贯彻落实党的十八大和十八届三中、四中、五中、六中全会及习近平总书记系列重要讲话精神,认真学习领会党的十九大精神,以习近平新时代中国特色社会主义思想为指引,坚持党的领导、人民当家做主、依法治国有机统一,紧紧围绕全区中心工作,依法履职,积极进取,主动作为,各项工作迈出新步伐。2017年,区人大常委会共召开人民代表大会1次,常委会会议6次,主任会议7次,组织开展调研、视察、专项检查9次,配合自治区、柳州市人大调研视察3次,作出决议决定2项,有效促进了各项法律法规的贯彻实施,推动了我区在依法治区建设、维护社会稳定等重点工作的顺利开展。

一、依法行使监督权,着力推动改革发展和民生改善

根据区委的总体工作部署,围绕社会关注的问题,区人大常委会加大对经济运行、预决算、司法公正等方面的监督力度,听取和审议"一府两院"10个专项工作报告,开展专题调研2项,有力地推动了"一府两院"依法行政和公正司法。

(一)认真听取和审议工作报告。一是听取和审议了区人民政府落实义务教育均衡发展情况的报告。提出了尽快出台城中区义务教育集团化办学管理办法,切实解决教师队伍建设中出现的新情况、新问题,针对国家义务教育均衡发展检查验收中存在的问题抓好整改,对相对薄弱学校给予专项扶持,加强软硬件建设,缩小强弱差距等意见。二是听取和审议了区人民政府莲花山片区森林保护工作情况报告,提出了加大对《柳州市莲花山保护条例》的宣传贯彻落实,加强与市有关主管部门沟通联系,进一步理清职责,落实监督责任,建立健全协调机制,共同做好莲花山保护的相关工作,采取有效措施,遏制莲花山保护区内违法建设、违法占用林地、乱砍滥伐及违规采脂等破坏林业生态的行为等意见。三是听取和审议了区人民法院审理金融借款合同案件工作情况报告,提出了要积极探索化解金融借款合同纠纷的方法和对策,同时加大类型化案件繁简分流力度,更加注重审判机制的优化,提高审判质效的意见。四是视察调研了区人民检察院自侦案件办案情况和综合检务中心建设情况,对区人民检察院反贪、职务犯罪和反渎职案件类侦办情况进行了深入的了解和工作审议。对区人大常委会提出的审议意见,区"一府两院"认真研究落实,出台了《城中区义务教育集团化办学管理办法(试行)》等文件,有力地推进了相关工作。

(二)加强和改进财经监督。密切关注经济运行情况,听取和审议了区人民政府关于2016年财政决算(草案)的议案、城中区2016年财政预算执行情况及其他财政收支的审计报告、2017年上半年国民经济及社会发展计划执行情况报告、2017年上半年财政预算执行情况报告,提出了要加强专项资金管理,强化预算管理,加快现代财政制度建设,切实加强审计监督的意见和建议。

(三)加强调研工作。求真务实,转变作风,抓住难点问题,认真开展调研,增强监督实效。开展了对"两院"进行司法体制改革工作的进度调查,研究了司法体制改革形势下人大开展监督工作的新任务新措施;调研了城中公安分局开展规范化执法工作相关情况;调研了区人民政府依法治区工作;对"七五"普法开局情况和进度问题进行了工作交流;对城中区村屯文化建设的现状,民族宗教情况开展了专题调研。通过视察调研形成了《司法体制改革形势下基层人大监督工作的应对》《城中区民族宗教工作情况调研报告》《城中区村屯文化建设的现状和建议》3篇调研报告,为区委、区政府决策提供参考。协助市人大城中团代表开展了《关于取消城市生活垃圾处理费征收的议案》和《柳州市解决城市中心区噪声扰民问题实施方

案》两项议案的调研工作，为市人大城中团代表更好地提出议案提供了翔实的依据和参考，这些议案的提出和实施为规范我市生活垃圾分类管理奠定了基础，为消除城市中心区噪声扰民问题找到了办法。

（四）督促解决群众信访问题。坚持把做好人大信访工作作为了解社情民意的重要渠道，作为增强监督工作针对性的有效方法，通过交办、跟踪办理等方式，督促“一府两院”依法有效解决信访问题。全年共受理人民群众来信来访25件/人次。

（五）积极配合上级人大做好执法检查和立法调研。2017年，配合参与柳州市人大及其常委会关于《刑事诉讼法》《国旗法》《国徽法》《柳州市莲花山保护条例》《柳州市人大常委会规范性文件备案审查办法》等多部法律法规的专题调研、执法检查等活动，促进了这些法律法规在我区的贯彻落实。

二、积极行使重大事项决定权，推动区委重大决策部署贯彻落实

区人大常委会围绕推动经济社会科学发展的重大事项，作出了2个决议决定。一是及时作出了《关于批准2017年城中区财政预算调整的决定》，确保支出预算重点用于重大民生项目，为加强预算管理，保障重点工作发挥了应有的作用。二是在深入开展调研、听取和审议区人民政府有关工作报告的基础上，作出了《关于批准2016年城中区财政决算的决议》。

三、认真行使人事任免权，保障国家机关正常运转

区人常委会坚持充分发扬民主，严格按法律程序办事，依法及时任免国家机关工作人员，确保国家机关的正常运转。一年来，共依法任免国家机关工作人员27人，其中人大工作人员2人，政府工作人员16人，法院工作人员9人，依法接受2名区人大常委会委员辞去委员职务，依法补选8名城中区人大代表和1名柳州市第十四届人大代表。

四、切实做好服务保障，推动代表工作创新开展

常委会高度重视代表工作，完善代表服务工作机制，提高服务工作水平，支持和保障代表依法履行职务，进一步发挥代表在参与管理国家和社会事务中的作用。

（一）深化“人大代表活动中心”和“人大代表之家”的工作。一年来，共对全区38个人大基层阵地建设情况进行摸底调查，先后下拨12万余元为基层人大代表履职平台进行装修以及增补各种办公设施116件（台/套）。同时，按照市人大常委会的要求，在2个街道办事处和1个社区率先开展代表履职平台转型升级试点。注重发挥“人大代表活动中心”、“人大代表之家”的平台作用，密切了代表与选民、群众的关系，畅通代表向选民负责、接受选民监督的渠道，增强了代表履职责任。

（二）加强落实代表意见建议办理工作。区十二届人大二次会议期间，共收到代表建议、批评和意见18件，通过分类整理后，及时交区人民政府办理。区人大常委会领导亲自督办、区人民政府相关职能部门认真办理，解决了一批全区人民群众关心的热点、难点问题。

（三）努力为代表履职提供服务和保障。为代表订阅《广西人大》《柳州人大》《柳州晚报》，完善手机短信、微信平台，多渠道将政府及部门工作及时向各级人大代表通报，为代表提供知情知政的渠道。组织人大代表开展各种主题培训，先后组织代表们学习了《义务教育法》《预算法》《柳州市莲花山保护条例》。组织部分人大代表赴党校开展专题学习，增强了代表们的履职能力。

（四）开展好代表大会闭会期间的代表活动。组织辖区市人大代表对柳江生态保护，轨道交通建设情况开展了视察调研，并提出了意见建议，形成了《关于柳州市轨道交通建设情况的调研报告》。组织区人大代表对发生在群众身边的“四风”和腐败问题专项工作进行集中视察。不断完善代表小组活动相关工作机制，积极开展代表小组活动。全年共组织邀请代表列席常委会会议和参与执法检查、飓风行动、专题调研、行风评议、法院案件审理、检察院检察开放日等活动230人次，增进代表对“一府两院”工作的了解，提高代表履职积极性和责任感。

（五）认真做好区人大代表的补选工作。自2016年换届以来，由于代表工作变动及调离本行政区，代表员额缺口较大。区人大常委会认真组织补选工作，在辖区4个街道办事处的8个选区中依法补选了8名人大代表，圆满地完成了代表补选工作。

五、主动适应新形势，加强和改进自身建设

区人大常委会以落实自治区党委第一巡视组巡视反馈意见为契机，采取有力措施加强和改进自身建设，主动适应新形势的需要。

（一）切实抓好自治区党委第一巡视组巡视反馈意见的整改落实。去年，自治区巡视组对我区开展了工作巡视，反馈了巡视意见，指出了区人大常委会存在的问题，我单位迅速召开会议，专题研究整改工作，切实把巡视整改作为一项重大政治任务和重大政治纪律来抓，严格按照自治区党委巡视组反馈的问题，坚持“实事求是、务求实效，突出重点、完善机制、长期坚持”的原则，以巡视组反馈问题为依据，以边整边改、力求实效、群众满意为目标，明确整改落实的具体内容，制定整改落实的具体措施，着力解决党风廉政建设、机关党建、违反中央八项规定等方面存在的问题，以整改的实际成效推动各项工作再上新台阶，努力营造人大机关风清气正的良好政治生态。至2017年底，自治区巡视组指出的问题已经全部整改落实完毕，并将长期坚持。

（二）大力推进党风廉政建设。认真落实党风廉政建设主体责任，区人大常委会班子经常分析研究党风廉政建设工作，认真抓好责任范围内的党风廉政建设工作。坚持领导干部谈话、领导班子成员重大事项报告、个人收入申报等制度，注重从源头上加强廉政建设。

（三）主动参与融入全区中心工作。充分发挥区人大常委会班子和个人优势，主动服务我区征地拆迁、招商引资、财政税收等工作，积极参加创建全国文明城，生态乡村建设，飓风行动，信访维稳，扶贫帮困等区委中心工作。

（四）加强理论和业务学习。坚持中心组学习和自学相结合，深入学习党的十九大报告精神，在思想上政治上行动上始终与党中央保持高度一致，自觉维护区委权威，自觉服从服务于全区工作大局。举办了《人大信访工作培训班》《人大常委会组成人员履职能力提升培训班》《农业法制建设和“三农”政策理论培训班》，组织人大代表和机关干部参加自治区、柳州市人大组织的各类业务培训班从而不断提高综合素质和履职能力。

区人大常委会取得的工作成绩，是区委正确领导的结果，是区“一府两院”支持配合的结果，是全区各级人大代表和广大人民群众积极参与、共同努力的结果。在此，我谨代表区人大常委会向所有关心、支持、帮助人大工作的同志表示衷心的感谢和崇高的敬意。

一年来，区人大常委会各项工作取得了一定成绩，但与人民群众的期望还有一定的差距，工作中还存在着一些不足。主要有：监督工作的力度和实效还需要进一步加强，发挥代表作用、组织代表闭会期间的活动及代表培训工作还需要进一步完善和改进；常委会的自身建设还有待进一步加强等。对于这些问题和不足，区人大常委会将在今后的工作中认真研究，积极探索，努力改进。

2018年，是深入贯彻落实党的十九大精神的第一年，面对新形势、新任务、新要求，区人大常委会工作的总体要求是：深入贯彻落实党的十九大精神，以马克思列宁主义、毛泽东思想、邓小平理论、“三个代表”重要思想、科学发展观、习近平新时代中国特色社会主义思想为指导，围绕区委十届五次全会作出的决策部署，依法行使职权，在推动城中区科学发展，跨越发展和推进城中区法治建设，维护社会稳定方面有新作为，为在自治区、柳州市率先全面建成小康社会，打造广西商贸金融、科教文化强区，实现更高层次上的品质城中、幸福城中作出新的贡献。

一、围绕全区经济社会发展目标，切实做好监督工作

按照“围绕中心、突出重点、讲求实效”的监督工作思路，强化人大监督职能，在加大力度、创新方式、注重实效、规范程序上下功夫，进一步提高监督工作质量，增强监督工作实效。一是围绕关系改革发展稳定大局和人民群众切身利益、社会普遍关注的重大问题，突出重点、扎实开展监督工作。二是听取和审议“一府两院”专项工作报告。聚焦法治政府建设，普法和依法治区工作，重点关注区人民法院，区人民检察院司法体制改革等重大议题。听取和审议“一府两院”工作中事关国计民生，事关全局重点，事关人民关切等具体问题的专项工作报告。三是加强计划和预算执行情况监督，审查和批准决算。听取和审议区人民政府关于2017年财政决算（草案）的议案和城中区2017年财政预算执行情况及其他财政收支的审计报告，审查和批准2017年城中区财政决算，听取和审议区人民政府2018年上半年国民经济及社会发展计划执行情况和财政预算执行情况报告。加强对政府全口径预决算的审查和监督，确保计划和预算正确执行、全面完成。四是认真开展法律法规实施情况检查。对有关法律法规在我区的贯彻实施情况开展专项执法检查，同时配合市人大常委会开展对有关法律法规的执法检查。五是深入开展专题视察和调研。对区人民法院相关案件的审理工作，公安机关专项工作和城乡风貌改造、全域旅游，以及如何开展人大代表向选民述职活动进行专题调研。

二、立足全区经济社会大局，依法决定重大事项

一是依法和科学行使重大事项决定权。根据《广西壮族自治区各级人民代表大会常务委员会讨论决定重大事项的规定》，依法适时就2018年国民经济和社会发展计划、全区财政预算执行等工作作出决议、决定，推动相关工作深入开展。二是依法行使人事任免权。坚持党管干部原则和人大依法任免相结合，进一步规范人大常委会的人事任免工作，加强对人大选举、任命人员的监督，增强其责任意识，促进勤政廉政。

三、加强人大代表工作，发挥人大代表主体作用

切实维护人大代表的主体地位，进一步提升联系代表、服务代表的工作水平。一是加强代表培训。分批组织各级人大代表参加培训，切实提高代表素质。二是抓好议案和建议办理工作。对人大代表在人代会议上提出的议案、建议、批评和意见及时交办，本年度选择2~3件重点建议进行督办或组织代表视察，并向人大代表报告。三是组织代表开展活动。组织好本级人大代表专题视察活动，协助市人大常委会组织好市人大代表城中团开展集中视察活动。组织人大代表参加常委会开展的工作调研、专题询问和执法检查活动。组织开展“代表活动日”活动。全面推进区人大代表履职平台升级建设工作。四是加强人大常委会组成人员与代表联系工作。常委会组成人员要密切与代表的联系，了解掌握人大代表遵守法律法规和贯彻落实本级人大及其常委会决议、决定的有关情况，了解社情民意，了解代表依法履职和参加闭会期间活动以及工作、学习和生活等情况，为代表依法履职提供帮助和指导，夯实人大工作的基础。五是加强人大代表与选民联系工作。要进一步加强人大代表联系选民工作，组织部分人大代表到原选区或选举单位向选民述职，从而提高代表履职意识和履职能力。

四、加强人大常委会和机关自身建设，切实提高依法履职能力

健全人大讨论决定重大事项制度等各项制度，推动人大工作制度化、程序化、规范化。抓好常委会组成人员、人大机关干部的学习与培训。加强法律法规学习，适应新常态，把握新规律，努力打造政治素质过硬、业务能力强的人大工作队伍。加强调查调研，了解和掌握全区经济社会发展情况，更好地围绕中心、服务大局。高质量地开好本级人民代表大会和人大常委会会议。切实抓好人大机关党建工作，树立人大机关良好形象。

五、主动融入，切实做好区委中心工作

区人大常委会在依法履职，认真做好常委会工作的同时，按照区委的安排，积极做好全区中心工作的推进落实，加强对重大项目的协调服务和社会维稳工作，为促进城中区经济社会发展多作贡献。

关山初度尘未洗，策马扬鞭再奋蹄。党的十九大报告为我们指明了前进的方向，健全人民当家做主制度体系，发展社会主义民主政治是时代赋予我们的神圣职责和崇高使命。让我们紧密团结在以习近平同志为核心的党中央周围，在区委的正确领导下，高举中国特色社会主义伟大旗帜，锐意进取，埋头苦干，为建设更高层次上的品质城中、幸福城中而努力奋斗。

政府工作报告

——2018 年 1 月 11 日在城中区第十二届人民代表大会第三次会议上

城中区人民政府区长　李柳彬

现在,我代表城中区人民政府,向大会作政府工作报告,请予审查,并请各位政协委员和列席人员提出意见。

2017 年工作回顾

2017 年是实施“十三五”规划的重要一年,面对经济下行带来的巨大压力,我们在市委、市政府和区委的坚强领导下,深入贯彻落实党的十九大和习近平总书记视察广西重要讲话精神,统筹推进“五位一体”[1]总体布局,协调推进“四个全面”[2]战略布局,把握稳中求进工作总基调,主动适应经济发展新常态,以创新为引领发展第一动力,攻坚克难,砥砺奋进,圆满完成了区人大第十二届第二次会议确定的各项工作指标任务,经济发展质量和效益稳步提高,“品质城中 幸福生活”迈上新台阶,以优异成绩迎来了党的十九大胜利召开!

初步统计,全区地区生产总值(GDP)316.6 亿元,同比(下同)增长 8.6%。其中,第一产业增加值 1.1 亿元,增长 3%;第二产业增加值 116.3 亿元,增长 6.4%;第三产业增加值 199.2 亿元,增长 10.3%。全社会固定资产投资完成 242 亿元,增长 10%,组织财政收入 26.48 亿元,增长 8.5%。城镇居民人均可支配收入 39972 元,增长 8.5%,农村居民人均可支配收入 20980 元,增长 10%。

过去一年,我们坚定不移贯彻改革发展新理念,经济实力不断提升。

第三产业蓬勃发展。服务业发展保持平稳较快增长态势,服务业增加值占 GDP 比重达 62.9%。社会消费品零售总额 179 亿元,增长 10%,其中规模以上其他营利性服务业企业营收增长率达 50%。规模限上企业入库工作取得新突破,入库企业数同比增长 136%。商圈辐射效应日益凸显,商贸中心地位稳固,商圈品质提档升级。总部经济集聚壮大,市级五家国有控股集团公司[3]落户城中。楼宇经济快速发展,重点打造集信息化、智能化为一体的特色商贸楼宇。房地产业支柱地位稳固,河东北片区高端房产开发加速,静兰片区渐成热土,碧桂园·十里江湾等大型项目建设扎实推进,彰泰集团等知名房产品牌成功入驻,房地产交易市场火热,商品房销售面积达 80 万平方米。金融业发展势头强劲,引进新型金融机构,金融服务框架构建成型。电商产业前景可期,加速打造自治区级跨境电子商务园区,通过阿里巴巴国际站开辟海外市场的企业达 110 家,20 家本地企业实现外贸出口零突破。2017 年正式投入运营的“柳邮惠”电子商务产业园已入驻 13 家企业,“互联网 + 供应链协同服务体系”及“智能化物流信息系统”助力新兴业态飞速发展。与广西科技大学联办的城中区科技信息产业园正式签约落户万达中心。积极打造全域旅游格局[4],深挖环江滨水大道、三门江国家森林公园、莲花山片区周边历史文化、自然旅游资源。

招商引资卓有成效。以“精准招商”、“二次招商”为核心,细致分类抓好项目推介,利用网络招商等新模式,成功引进“彰泰红”、“红星新天地”、“碧桂园·滨江府”等带动能力强的优质项目。招大引强效果明显,2017 年新建内资项目 20 个、外资项目 6 个,市外境内到位资金 164.29 亿元,同比增长 7.15%,实际利用外资 6660 万美元,同比增长 48.87%。顺利推介完成村集体三产用地上市交易,彻底解决该地块土地闲置、河东村集体经济发展等一系列问题。

“两化融合”扎实推进。全方位开展“质量强区”活动,“抓大壮小扶微工程”有效实施,支持传统产业优化升级,扎实推进节能降耗工作,小微企业可依托第三方服务平台开展业务。“两化融合”[5]发展水平位列全市前茅,“智慧城中”[6]项目一期启动实施,电子政务外网建设一期项目竣工并通过验收,整体运行良好。

农村经济特色凸显。强农惠农政策全面落实，发放各类惠农补贴资金87.45万元。“一村一品”种植格局升级，现代农业发展取得进步。推动“互联网+农业”模式，在河东、柳东、牛车坪村设立农村电子商务服务点，农作物销售途径拓宽。推广生态养殖技术，积极引导养殖户将传统养殖方式转型升级为生态、特色养殖方式。水产畜牧业平稳增长，重大动物疫病有效防控。森林防火、防汛抗旱等工作扎实开展。

过去一年，我们坚定不移树立宜居城市新样板，城乡环境有效改善。

重大项目建设硕果累累。完善项目推进机制，强化重点项目攻坚，区域产业功能布局更加优化，预算效能逐渐提升，政府投资项目管理能力加强。圆满完成61个自治区、市级层面重大项目征地拆迁、建设任务，整宗完成数和拆迁完成量位列全市前茅，有效保障莲花大道等十大城市建设项目、桂中公园等五大改扩建项目供地，按时交付河东路以北片区路网等六大项目施工用地，供地面积767.4亩。

城乡建设进程持续加快。实施城乡建设项目33个，建筑业产值逾2.2亿元，增长603%。投入1210万元完成7项小街巷改造工程，改造城乡道路面积约5万平方米。投入1383万元完成13个棚户区改造项目，1479户困难群众居住环境得到显著改善。投入1.16亿元，实施“环广西自行车世界巡回赛”城中赛段沿线村庄和雷村屯风貌改造，1746户居民直接受益。推进绿色节能产业发展，创建新能源汽车充电桩建设示范小区18个，建设充电桩408个。深化“花园城市2.0”[7]建设，6个绿化提升工程全面竣工。五一路与龙城路西一巷合围片区改造纳入全市首批引入社会资本参与旧城改造的土地熟化项目，已正式启动。

城乡管理水平逐渐提高。管好“三节点”[8]，坚持全天候，走好“三部曲”[9]，坚持治源头，推行“721”[10]工作法，城市管理更精细。数管信息中心处理各类案件88057件，办结率达100%。开展市容市貌专项整治行动430余次，开展农贸市场及周边环境大规模整治行动100余次。以“飓风行动”为突破口，一次性彻底拆除美庐新居项目内违法建设28户，确保美庐新居保障性住房项目顺利实施。全年开展拆违行动96次，共计拆除违法建设593户，拆除总面积64.38万平方米，完成拆违存量任务58.26%。完成柳侯社区“无违建社区”示范点创建工作。“以克论净”、“深度清洁”工作全面铺开，63条一、二级主干道路采取全覆盖保洁模式。新建项目环评和“三同时”[11]执行率100%，环境信访投诉案件结案率100%。全市首套噪声扬尘自动监测系统在金沙角区域投入使用，噪音污染得到有效控制。

“美丽乡村”建设持续做优。聚焦“产业富民”，因地制宜促进农旅结合，引进沃柑等特色水果，300亩“乡级精品农业示范园”、180亩脆蜜金柑种植基地、300亩紫薇花海相继建成，“半小时乡村旅游圈”初步形成。推动“服务惠民”，建制村综合服务平台实现全覆盖。夯实“基础便民”，投入1220多万元用于农村公共照明、道路安防、饮水安全、污水处理等基础设施建设，村庄人均道路面积及绿化率居全市首位，“屯屯通道路”全面实现。雷村屯被确定为柳州市2017年度“美丽柳州”乡村建设综合示范村屯，以其为主要核心区的“大美环江”旅游小镇获评柳州市首批特色小镇，环江村荣获2016年度自治区“美丽广西”乡村建设示范村、柳州市“十佳”示范村，环江村东流屯等3个屯荣获2016年度“美丽广西”绿色村屯称号。“美丽乡愁”纪事馆群之木工馆建设完成，启动两个城区级农家乐示范点建设并顺利推进。

精准扶贫工作扎实开展。向柳城县、鹿寨县共投入帮扶资金200万元，向结对帮扶县融安县投入帮扶资金180万元，用于改善帮扶地区基础设施条件。派驻3人工作组开展对点帮扶，精准扶贫工作取得实效。

过去一年，我们坚定不移塑造社会事业新典范，人民获得感显著增强。

教育事业成果丰硕。抓争先创优，以高分通过国家级义务教育均衡督导评估，公园路幼儿园、市直机关幼儿园通过自治区示范园复查评估，辖区各校年内共获市级以上荣誉222项，等级及人数居自治区前列，中考总体评价分六年蝉联全市第一。抓优质均衡，深入探索集团化办学模式，全市首个公办幼教集团——机关幼儿园教育集团成立，龙城中学教育集团、文韬小学暨文惠小学集团总部成立。抓布局优化，文韬小学、前茅中学等4个建设项目主体部分已竣工，马鹿山中学等6校建设项目加速推进，顺利接收市文化系统幼儿园。抓师资提升，深推“三名二室一坊”[12]工程，打造“教育人才小高地”，在第十七届柳州市中学青年教师汇报课比赛上，4个学科夺魁，位列全市第一。抓素质教育,制定《城中区德育工作评估体系》,坚持以德立人,德育先行。

科技事业日益繁荣。狠抓知识产权强区工作,顺利通过国家知识产权强县工程试点县(区)验收。经济与社会发展领域的科技项目库初步建成。全面完成"两创"工作目标任务,全年完成发明专利申请量952件,超额完成市级年度目标任务。2家科技企业孵化器获得市级认定,5家众创空间获市级备案,2家众创空间获自治区级备案,5家企业通过国家级高新企业评审。完成3项科技成果转化。成功举办城中区首届创新创业大赛,推动辖区小微企业科技创新。加强对"科普e站"建设的扶持和指导,打造科普进校园、进社区品牌。

文体事业精彩纷呈。制定实施《关于加快构建现代公共文化服务体系的实施方案》。做大做强"欢乐城中"品牌,全年开展各类惠民活动783场,让辖区群众尽享文化盛宴。新建城中区文化馆、图书馆、档案馆。加大"非遗"保护传承力度,"戏曲进校园"全面覆盖辖区中小学,《"非遗"传承录—螺蛳粉纪录片》获得好评。用心打造文艺精品,器乐合奏《欢天喜地》等9个优秀作品获自治区级奖项。启动环江滨水大道"美丽乡愁"文化带项目建设。开展"扫黄打非"工作,柳侯社区、阳光100社区分别荣获自治区首批"扫黄打非"进基层标兵点、示范点。获评"全国青少年校园足球特色试点县(区)",办好"环广西公路自行车世界巡回赛"(城中赛段)等系列国际级别重大赛事,助跑全民健身事业。

健康事业欣欣向荣。圆满完成"国卫"复审工作。医药卫生体制改革不断深化,城中区疾控中心挂牌成立,疾病预防控制体系逐步完善。投入基本公共卫生服务资金845万元,建立电子居民健康档案13.49万份。积极筹建河东街道社区卫生服务中心,柳东卫生院通过自治区级"群众满意乡镇卫生院"评估验收,医疗服务能力和水平稳步推进,"15分钟医疗卫生服务圈"目标逐步实现。创建"全国基层中医药先进单位"顺利通过国家级督查。"全面二孩"政策得到有效落实,人口和计划生育目标管理各项任务全面完成。扎实做好妇女儿童权益保障工作。加大食品药品安全监管力度,顺利完成"为民办实事"快检实验室项目建设任务,实现辖区公立学校食堂"明厨亮灶"全覆盖,争创"广西食品安全城市"工作稳步推进。

过去一年,我们坚定不移促进社会治理新发展,民生福祉持续增进。

织密"民生保障网"。发放各类救助资金780万元,建成全方位的社会救助体系。圆满完成"全民参保登记"任务,城乡居民养老金待遇发放标准连续六年保持全市最高档次。在全市率先迈出"养老设施公建民营"步伐,引进专业机构运营河东老人公寓。独创"三特色"就业服务模式[13],全年城镇新增就业1.1万人,完成指标任务数132.5%。劳动监察执法力度加大,为劳动者追回被拖欠工资73.39万元。分配公租房372套,发放租赁补贴85.8万元,累计309户1133人享受补贴。

擦亮"基层服务窗"。顺利完成社区、村"两委"换届选举工作,选举新一届社区、村"两委"班子310人,学历和年龄结构极大优化。为更好的服务居民,新成立"康顺社区"。在全市率先扩面提标,提前一年落实城中区27个社区的服务用房房源。打造"一社区一品牌",突出社区特色服务功能建设,金泰苑、阳光100社区获"全市最美社区"称号,东台社区成为"全市社区标准化建设示范点","智慧社区"试点数量、质量全市领先。

筑牢"平安防护墙"。"110"平台接警案件4314起,同比下降6.78%,开展"神剑·打黑除恶"及治安大整治等系列专项行动,推行派出所责任区警务模式。创新"微网格"、"雪亮网"构建模式,建成"柳州市综治维稳监控中心示范区"。在自治区率先成立"律师化解矛盾纠纷人民调解委员会",社会矛盾纠纷排查调处效果明显,调解矛盾纠纷1681起,成功率99.8%。降低法律援助门槛,法律援助覆盖面不断扩大。首创"五平台"工作模式[14],实现对社区服刑人员的全天候立体式监管,区司法局被评为"自治区社区矫正中心建设工作共建试点单位"。深化信访工作制度改革和信访法制化建设,领导公开大接访机制有效推行,党的十九大及东盟博览会期间实现"零非访"目标。扎实开展安全生产大检查,深化"打非治违"和重点行业领域专项整治,事故控制指标同比实现双下降。应急管理不断深入,积极推进示范点创建工作,公园路小学教育集团总部获评"自治区基层应急管理示范点"。"网格化"价格监管和价格诚信档案信息采集工作深入开展。

铺展"精神文明路"。"品质城中"微信公众号推送微新闻800多条,位居全市前列。创城成果喜人,文明城市动态管理加强,辖区新增三家"全国文明单位”，全国文明单位总数居全市第一，七所学校获评“柳州市文明校园”。志愿服务工作广泛开展，荣获“柳州市志愿服务先进县区”。推出《环江滨水大道宣传片》等独具特色的公益广告。举办首届“感动城中”2016年度人物评选表彰活动，树立先进模范，激发社会正能量。开展百姓宣讲百余场，受众超六万人，环江村雷村屯成为“柳州市理论宣讲示范基地”。

过去一年，我们坚定不移落实民主法治新举措，发展环境更趋优化。

民主法治建设扎实有效。坚持民主协商，广泛听取社会各界意见，自觉接受区人大及其常委会法律监督和区政协民主监督，办理区人大代表建议和政协委员提案25件，办复率100%，满意率100%。坚持依法行政，将法律学习纳入区政府重要会议议程，实施规范性文件“三统一”制度[15]。坚持严格执法，进一步厘清、确认各行政执法部门主体资格，组织行政执法培训，开展行政执法案卷评查工作，树立执法部门良好形象。坚持全民学法，深入开展“法治城中”创建活动，“七五”普法工作全面推进，获自治区推荐申报第四批“全国法治县区创建活动先进单位”。

公共服务水平显著提升。扎实做好“放管服”[16]工作，公开《城中区行政许可事项目录》，取消行政许可事项28项，调整行政许可事项113项，顺利完成“两单融合”[17]工作。全年共受理各类行政审批事项1727件，群众满意率100%。政务公开和政府信息公开工作进一步深化，城区门户网站全面改版升级。超额完成自治区下达的30万页档案数字化任务，查阅便民服务水平大大提高。

廉洁政府建设持续加强。深入贯彻落实中央“八项规定”精神，做好“回头看”工作，加大“四风”问题督查检查力度，推进政府系统廉政建设。完善全口径预算体系建设，严格控制“三公”经费开支，开源节流的理财观念得到进一步贯彻，“三公”经费规模较2016年下降22%。严格执行工程项目管理办法，严格规范政府采购、公务接待、公车配备使用管理，行政监督和审计监督得到强化，作风进一步转变，效能进一步提高。

一年来，国防教育、军民共建、优抚安置等工作扎实推进，地方志、民族、宗教、侨务等各项事业取得新进展。

事成于和睦，力生于团结。在此，我代表城中区人民政府，向在各行各业、各条战线辛勤工作的广大干部群众，向给予政府工作大力支持的人大代表、政协委员，向所有关心、支持、参与城中区建设和发展的社会各界人士、各方朋友，表示衷心的感谢并致以崇高的敬意！

肯定成绩的同时，我们也清醒地认识到，在全面推进建设小康社会进程的道路上，仍然存在不少问题和困难：实体经济面临重压，产业结构亟须调整，重大项目推进困难，征地拆迁压力巨大，部分民生难题仍未解决，少数社会不和谐因素依然存在……这些都值得关注和思考。

各位代表，时代赋予重任，奋斗铸就辉煌。我们处在一个重要的历史时刻，党的十九大胜利召开，必将开启经济腾飞的新篇章；我们处在一个绝佳的发展时期，中国特色社会主义建设进入新时代，必将带来丰厚的改革红利；我们处在一个决胜的关键阶段，全区上下务必同舟共济，认真贯彻市委、市政府决策部署，全面落实区委工作要求，在更高质量、更有效率、更加公平、更可持续的强区道路上阔步前行！

2018年工作任务

2018年是全面贯彻党的十九大精神的开局之年，是我区实施“十三五”规划承前启后的关键一年，也是决胜全面建成小康社会新征程的重要一年。当前，我国经济发展进入新常态，经济增长更趋平稳，经济结构不断优化升级，经济形势总体稳中有进，处于重要战略机遇期。随着国家“一带一路”战略[18]深入实施，中国—东盟自由贸易区升级版建设加快，珠江—西江经济带建设全面启动，广西“三大定位”、“两个建成”[19]重大决策部署落地落实，柳州打造西江经济带龙头城市等战略全面实施，城中区在多重机遇叠加下，有着多样化的发展平台及广阔的发展空间。

2018年政府工作的总体要求是：深入学习贯彻党的十九大精神，高举习近平新时代中国特色社会主义思想伟大旗帜，统筹推进“五位一体”总体布局，协调推进“四个全面”战略布局，认真贯彻落实中央、自治区、柳州市经济工作会议以及区委十届五次全会精神，紧紧围绕柳州市“率先建成”、“打造龙头”双目标的部署，巩固提升“城市生活核心区”和“城市形象展示区”区位优势，深化“品质城中 幸福生活”建设，加快县域经济发展步伐，以创新引领经济新常态，着力解决发展不平衡不充分问题，为在全市率先全面建成小康社会，打造广西商贸金融、科教文化强区奠定坚实基础。

2018年经济社会发展的主要预期目标是：地区生产总值(GDP)增长7.5%左右，组织财政收入增长8%，城镇居民人均可支配收入增长7.5%，农村居民人均可支配收入增长9.5%。全社会固定资产投资、招商引资、人口计生等工作完成市里下达的目标任务。

我们将明确新方向，促进产业融合发展，增强区域经济发展后劲。

充分发挥第三产业引领作用。融合发展三大产业，力争第三产业取得突破。建立健全村级农产品电商服务站，探索农产品网络销售新模式，持续推进村集体三产用地开发利用工作，盘活闲置土地。完善硬件设施，提高服务水平，加大城中区电子商务产业园及科技信息产业园建设力度，打造功能齐全的跨境电商集聚区和集科技研发、软件开发和电子信息服务为一体的高科技产业园。盯紧抓牢重点领域，助力第三产业深入发展。推进“碧桂园·滨江府”等房地产项目。引入国内知名房地产品牌和中介、物业服务机构，推动房地产业健康发展。完善金融服务体系，引进互联网金融、融资租赁、基金保险等金融机构在我区集聚，支持金融产业稳步发展。创新楼宇经济模式，彰显第三产业集聚效应。充分利用楼宇林立、商家集聚等先发优势，以万达广场、九洲国际、阳光100等商务楼宇和大型综合体项目为中心，培育2幢特色商务楼宇。持续加大招商引资工作力度，发挥渠道优势精准招商。建成招商项目资源大数据库，实现资源数据实时共享、集中管理、随时查询。重点引进500强企业和行业领军企业，吸引企业管理决策中心、研发设计中心、销售服务中心集群布局。

启动全域旅游示范区创建工作。积极融入“山水桂林—风情柳州”黄金旅游线路，全面启动全域旅游示范区创建工作，加快编制城中区旅游发展总体规划，争创“自治区级全域旅游示范区”创建单位。探索建立旅游综合管理机构，配套完善便捷交通网络、旅游公共服务设施，整合开发辖区旅游资源，开发宣传推介旅游新产品。深度挖掘历史文化元素，利用好东门城楼、龙壁回澜等文化资源，引入文旅项目，发展城市文化旅游。依托环江滨水大道和莲花山片区自然资源，以生态休闲、风情民宿为着力点，推动旅游项目落地建设，布局生态旅游版图。

不断推动工业信息化融合发展。继续深入实施“质量强区”战略，巩固“质量强区”成果。全面做好企业跟踪服务，引导与支持企业转型发展，推进工业化与信息化进一步融合。大力推动“大众创业　万众创新”，积极引进科技含量高、绿色环保企业入驻，探索经济发展新引擎。加快“智慧城中”建设，启动电子政务外网二期项目，提高城市管理服务信息化水平。

努力打造农业产业特色精品。建立粮食生产目标责任制，稳定粮食和蔬菜种植面积。重点开展生态红肉蜜柚园品牌建设及推广工作，完成蜜橘园和高档苗木园标准化基地建设，打造一区多园的乡级农业示范区。积极培育家庭农场、农民专业合作社等新型经营主体。充分挖掘农业生态、休闲功能，力争完成两个星级农家乐示范点建设，设定农家乐设施与服务规范标准。结合地域特色打造观光农业、体验农业、创意农业，丰富农业产业链，提高农业附加值。进一步落实土地确权工作，力争2018年土地确权完成情况达到市级优秀水平。采用“公司＋基地＋农户”模式引进民营企业与农民合作，发展特色养殖业。继续做好重大动物疫病防控、动物产品质量安全监管、林业管理、森林防火、防汛抗旱等工作。

我们将启发新思路，统筹城乡建设管理，提升城乡人居环境质量。

加快城乡发展建设步伐。重点推动五一路与龙城路西一巷合围片区、雅儒路南段、东城路4号旧城改造土地熟化项目及莲花山核心保护区环境保护工作，保障柳州市公共交通土地一级整理等市级重点项目供地。实施高新一路北二巷、青云路南二巷等城市道路改造，开展滨江路、弯塘路外立面改造及灯光亮化工程。实施园林局宿舍等老旧小区改造试点工程，为全国老旧小区改造“探路”。以加快示范村屯建设工作为重点，推进环江滨水大道沿线风貌改造工程。继续推动“花园城市”2.0版建设升级，开展街道绿化美化提升工程，打造两所“花园式学校”，不断改善城市景观，营造绿水青山的宜居之城。

深化城乡管理模式改革。启动环卫管理工作改革试点，实施公共厕所提升改造工程，采取政府购买服务等多种方式，开启环卫工作市场化运作模式。探索城市管理“大物业”模式，突破城中村、老旧小区和“三无”小区管理瓶颈，改善小区环境面貌。结合“宜居城市市容环境卫生综合考核”、“城市管理提升年大行动”要求，强化城市道路占道经营、流动摆卖、校园周边市容市貌精细化管理，重点加强柳新街等13个路段户外广告招牌整治。加强清理整治违法建设“飓风行动”的深化与拓展，对牛车坪片区存量违法建设实施拆除，严厉打击“两违”气焰。建成弯塘社区、华展社区、三门江社区3个“无违建社区”示范点，以点带面推进城中区“无违建城区”创建工作。强化环境保护监管，落实大气、水、土壤污染防治行动计划，打击各类环境违法行为。

实施乡村振兴战略。以“美丽城中”乡村建设为重点，巩固提升清洁乡村、生态乡村活动成果。以农旅结合为抓手，建设现代农业示范园区，实现“产业富民”。以专项服务为抓手，加快建设环江村等村级综合服务中心，打造“农村一小时公共服务圈”，落实“服务惠民”。以基础设施和旅游设施建设为抓手，改善群众生产生活条件，推进“基础便民”。推进2018年“美丽柳州”乡村建设综合示范村屯项目，打造环江滨水大道“美丽乡愁”文化带。开展多种形式的主题宣传活动，提高乡村建设影响力。

助力完成脱贫攻坚。积极开展融安县结对帮扶工作，助力柳州市打赢精准脱贫攻坚战。以项目建设为重点，进一步加大资金帮扶；派驻工作人员协助贫困村开展精准扶贫各项工作，进一步加强人才帮扶；充分发挥城区产业优势，进一步助推企业帮扶；推动优质教育资源共建共享，进一步落实智力帮扶。

我们将推行新政策，发展科教文卫事业，谱写民生改善新篇章。

促进教育优质均衡。着眼均衡发展，深化集团化办学改革。构建精细化管理体制，推动集团化办学扩优提质。立足提升质量，创新名校办学模式。深入开展骨干教师梯队建设，深化“一校一品一特色”，打造个性鲜明的校园文化。丰富教育层次，完善优质教育体系。开展多元化拓面试点工作，引进优质教育资源，开展深度合作，拓展公办教育、民办教育范围，延伸学前教育、义务教育空间，助推优质教育资源发展壮大。加强教育基础设施建设，加快推进马鹿山中学等3所新建学校建设工作，重点实施河东小学等7所学校改扩建工程。推进“智慧校园”建设，加强科研课题研究成果转化应用，深入开展课程改革和教学改革，推动智慧课堂、VR[20]教学应用等教育信息化项目。

创新引领科技发展。继续实施知识产权战略，加强产学研深度融合，促进科技成果资本化、产业化。扎实做好小微企业创业创新工作，完善创业创新扶持政策体系，促进科技企业孵化器和众创空间品质提升，做好高新技术企业培育工作，进一步提升创业创新水平。大力开展疾病防控、食品药品安全等领域技术攻关和应用，使科技惠及民生。开展系列主题科普活动，丰富居民科学文化生活。

努力繁荣文体事业。深化文化强区建设，广泛开展“我们的节日”主题系列文艺演出等文化品牌活动。深入基层挖掘优秀文艺作品，进一步繁荣社会主义文艺创作。加快推进公共文化服务体系建设，打造数字图书馆、文化馆、档案馆，把公益电影放映、公益培训、知识讲座办在群众身边，进一步提高公共文化服务总量和质量。做好非物质文化遗产宣传、传承、保护工作。加强“扫黄打非”，强化文化市场管理，进一步净化社会文化环境。开展以“我运动　我健康　我快乐”为主题的全民健身系列活动，推进全民健身与全民健康深度融合。组团参加柳州市第十四届体育运动会，继续办好2018年中国·柳州世界水上极速运动大赛等国际国内赛事。

稳步发展健康事业。继续深化医药卫生体制改革，提升基层医疗机构综合能力，完成辖区内所有“医联体”的建设和运营工作，推进家庭医生签约服务。实施基层中医药服务能力提升工程“十三五”行动计划，确保顺利通过“全国基层中医药工作先进单位”评审验收。落实基本公共卫生与重大公共卫生项目，加强重大传染病、艾滋病防控。深入开展爱国卫生运动，巩固创卫成果。认真落实人口和计划生育目标责任制，继续推动“全面二孩”政策有效落实。加大食品药品安全监管力度，严厉打击食品药品安全领域违法犯罪，加强学校食品安全应急管理能力建设，鼓足干劲创建“自治区化妆品安全示范区”，为柳州市创成“广西食品安全城市”贡献力量。

我们将认清新矛盾，保障和谐社会环境，促进生活品质优化提升。

继续抓好民生保障工作。持续推进就业创业培训工作，积极开展“创业帮扶工程”活动，打造创业孵化基地。大力推进城乡居民基本医疗保险和基本养老保险参保续保工作。加强劳动保障监察日常巡查和专项检查力度。加大保障性住房监管，优先保障特殊困难家庭。提高社会救助规范化管理水平，建立低保核查信息资源共享机制、医疗分类分段救助机制和临时救助分级分层审批制度,贯彻落实特困人员供养政策,加大低保救助和助学救助力度。提升河东老人公寓运营服务质量,打造养老服务品牌,建设4家社区老年人日间照料中心[21],推动养老服务事业发展壮大。全面深入开展残疾人精准康复服务行动,进一步做好关爱妇女儿童工作。

依法推进社会综合治理。加强基层组织建设,加大“智慧社区”覆盖面和使用效率,提升基层管理服务水平,引导社会组织参与社区治理。紧紧抓住人民群众反映强烈和社会秩序中突出的治安问题,严厉打击各类违法犯罪,优化治安秩序。建设城中区综治监控指挥网络,构建社会治安立体防控体系,增强人民群众安全感。增加法律援助工作站,扩大法律援助覆盖面。强化社区矫正信息系统建设,保证社区矫正的质量和社会效果。健全矛盾纠纷排查化解机制,完善人民调解组织体系。妥善处理各类信访问题,继续推行领导公开大接访机制,建设网上信访系统。贯彻落实《中共中央国务院关于推进安全生产领域改革发展的意见》,统筹推动安全生产领域改革发展,建立安全生产长效机制,保障辖区安全生产形势稳定。不断夯实应急管理工作基础。加强民生价格监管,整顿规范市场价格秩序。

着力加强思想道德建设。开展“不忘初心、牢记使命”主题系列教育活动。常态化开展文明城市创建工作,深入推进社会主义核心价值观柳江文化带[22]建设。开展道德讲堂、“七彩驿站·阳光少年”等教育实践活动,扎实推进公民道德建设。组织开展各类志愿服务活动,推动志愿服务水平再上新台阶。

我们将打造新形象,强化政府自身建设,加快法治政府建设进程。

始终坚持民主法治,建设法治政府。贯彻落实区人大及其常委会的决议和决定,主动向区人大报告、区政协通报政府工作。主动接受人大及其常委会的法律监督、工作监督,自觉接受政协的民主监督。认真办理人大代表建议和政协委员提案,广泛听取各民主党派、工商联、无党派人士和人民团体的意见建议。全面贯彻落实党的民族宗教政策,深入开展民族团结进步创建活动。营造良好的法治环境,贯彻落实“七五”普法规划,把领导干部带头学法、模范守法作为树立法治意识的关键,强化法治宣传教育,规范公正文明执法,把“法治城中”建设不断引向深入。

加快转变行政职能,建设效能政府。进一步深化行政审批制度改革,推动“放管服”改革向纵深发展,简化优化公共服务办事流程。推行网上政府建设,进一步转变政府职能,提高政府服务效率,便利群众办事创业。扎实推进政务公开,适时发布与人民群众密切相关的重大政策、重要决定、重大事项等政府信息和公共服务信息,切实保障群众的知情权、参与权和监督权。

持之以恒正风肃纪,建设廉洁政府。持续贯彻落实中央“八项规定”精神及实施细则,以高标准严要求抓好作风建设。从制度上、源头上强化约束,进一步完善政府采购、国库集中支付等工作机制,切实加强审计监督力度。深入开展督查督办,确保政府工作落实到位。严控“三公”经费,规范公务用车管理,精简会议、文件,降低行政成本,推进公共机构节能减排。加强日常监督执纪,突出惩治重点,紧盯重要领域和关键环节,严肃查处收受财物、腐化堕落、失职渎职等问题,用正风肃纪的实际成果回应人民群众的期盼。

功不唐捐,玉汝于成。让我们在市委、市政府和区委的坚强领导下,在区人大、区政协的监督支持下,在全区各族人民的共同努力下,保持艰苦奋斗、戒骄戒躁的作风,不忘初心,牢记使命,志存高远,锐意进取,走好中国特色社会主义新时代的长征路,为建设“品质城中 幸福生活”、在全市率先全面建成小康社会而努力奋斗!

附　注

[1]“五位一体”总体布局:即经济建设、政治建设、文化建设、社会建设、生态文明建设,是着眼于全面建成小康社会、实现社会主义现代化和中华民族伟大复兴的总体布局。

[2]“四个全面”战略布局:“四个全面”即“全面建成小康社会、全面深化改革、全面依法治国、全面从严治党”,是以习近平同志为总书记的党中央从坚持和发展中国特色社会主义全局出发提出的战略布局。

[3]市级五家国有控股集团公司:柳州市轨道交通

投资发展集团有限公司、柳州市城市建设投资发展集团有限公司、柳州市金融投资发展集团有限公司、柳州市农业基础设施投资建设集团有限公司、柳州北城投资发展集团有限公司。

[4]全域旅游:在一定区域内,以旅游业为优势产业,通过对区域内经济社会资源尤其是旅游资源、相关产业、生态环境、公共服务、体制机制、政策法规、文明素质等进行全方位、系统化的优化提升。

[5]两化融合:是信息化和工业化的高层次的深度结合,是指以信息化带动工业化、以工业化促进信息化,走新型工业化道路;两化融合的核心就是信息化支撑,追求可持续发展模式。

[6]智慧城中:结合城中区经济社会发展实际,立足信息化和电子政务建设,紧紧围绕调整结构、加快转型主线,通过建设基础设施、认证、安全等平台和示范工程,加快产业关键技术攻关,构建城市发展的智慧环境,形成基于海量信息和智能过滤处理的新的生活、产业发展、社会管理等模式,面向未来构建全新的城市形态。

[7]花园城市 2.0:柳州市计划在未来三年里,将龙城打造成以“紫荆花都”为品牌,绿地更充足,分布更均衡,品种更多样,功能更完善,景观更独特,内涵更深刻的“缤纷花园之城、灿烂人文之城、绿色生态之城”。

[8]“三节点”:一是重点整治早夜市及市场周边环境秩序,二是重点整治校园周边 200 米以内的无证占道摊点、店外经营等市容违章行为,三是加强重大节日、活动期间市容秩序的保障力度。

[9]“三部曲”:广泛宣传、严管重罚、源头治理。

[10]“721”工作法:70% 的问题用服务手段解决,20% 的问题用管理手段解决,10% 的问题用执法手段解决。

[11]“三同时”制度:建设项目中防治污染的设施,必须与主体工程同时设计、同时施工、同时投产使用。

[12]“三名二室一坊”:围绕“人才强教”目标,大力推进“名校长培养工程”“名班主任培养工程”“名教师培养工程”,重点打造“劳模创新工作室”“名班主任工作室”和“特级教师工作坊”,培养造就一批教育领军人才。

[13]“三特色”就业服务活动:一是特色就业援助月活动,二是特色“春风行动”女性专场招聘会,三是特色就业技能培训活动。

[14]“五平台”工作模式:社矫中心平台、刑罚体验平台、信息系统平台、专业教育平台、亲情改造平台。

[15]规范性文件“三统一”制度:指行政机关依照法定权限和规定程序制定的,涉及不特定的公民、法人或者其他组织的权利义务,在一定时期内反复适用,在本行政区域内具有普遍约束力的各类行政文件统一登记、统一编号、统一发布的制度。

[16]“放管服”:放管服,就是简政放权、放管结合、优化服务的简称。“放”即简政放权,降低准入门槛。“管”即公正监管,促进公平竞争。“服”即高效服务,营造便利环境。

[17]“两单融合”:推行权力清单和责任清单“两单融合”,调整完善本级政府部门权责清单,将责任清单与权力清单相对应,逐一厘清与行政权力相对应的责任事项,实现权责一致。

[18]“一带一路”战略:指“丝绸之路经济带”和“21世纪海上丝绸之路”。

[19]“三大定位”“两个建成”:第一个建成目标是与全国同步全面建成小康社会;第二个建成目标是基本建成中央赋予广西的“三大定位”,即建成面向东盟的国际大通道、西南中南地区开放发展新的战略支点、21 世纪海上丝绸之路和丝绸之路经济带有机衔接的重要门户。

[20]VR:虚拟实境(Virtual Reality),简称 VR 技术,也称灵境技术或人工环境,是利用电脑模拟产生一个三度空间的虚拟世界,提供使用者关于视觉、听觉、触觉等感官的模拟,让使用者如同身历其境一般,可以及时、没有限制地观察三度空间内的事物。

[21]社区老年人日间照料中心:是指为社区内生活不能完全自理、日常生活需要一定照料的半失能老年人提供膳食供应、个人照顾、保健康复、休闲娱乐等日间托养服务的设施。是一种适合半失能老年人的“白天入托接受照顾和参与活动,晚上回家享受家庭生活”的社区居家养老服务新模式。

[22]社会主义核心价值观柳江文化带:柳州市在社会主义核心价值观具体化、形象化、本土化传播的一次创新和探索。项目结合“百里柳江”AAAAA 级景区的申报,利用壶西大桥至河东大桥三富的文化、体育设施,结合核心价值观 12 个主题词沿陆路和水路拓展,以柳州市军事博物馆、工业博物馆、“柳江明珠”水上大舞台等 13 个活动点打造文明、和谐、法治、爱国、敬业、诚信、友善 7 个主题区。项目重点以核心价值观的柔性植入作为基础,根据不同文化禀赋,设置不同活动内容。

政协城中区第九届委员会常务委员会工作报告

——在政协城中区第九届委员会第三次会议上

城中区政协副主席　周红梅

(2018年1月10日)

我受政协城中区第九届委员会常务委员会的委托,向大会报告工作,请予审议。并请列席会议的同志提出意见。

2017年工作回顾

2017年是全面落实“十三五”规划的关键一年,也是推进结构调整、转型升级的关键一年。一年来,在中共城中区委的正确领导下,区政协坚持团结和民主两大主题,紧紧围绕“在全市率先全面建成小康社会,打造广西商贸金融、科教文化强区”战略部署,认真履行政治协商、民主监督、参政议政职能,充分发挥协调关系、汇聚力量、建言献策、服务大局的作用,为城中区经济社会发展作出了积极贡献。

一、充分发挥思想引领作用,全力保障政协事业发展

强化党建龙头带动。把迎接、服务和学习宣传贯彻党的十九大精神,作为贯穿全年的一项重大政治任务,着力抓好政协委员和机关干部两支队伍建设,召开党组扩大会议专题学习讨论党的十九大报告,切实把中共十九大精神落实到政协履职实践中。主动适应新时期、新形势、新任务对政协工作提出的新要求,通过主席会议、小组会议等多种形式,组织政协委员和机关干部学习中共中央办公厅《关于加强人民政协协商民主建设的实施意见》和《关于加强和改进人民政协民主监督工作的意见》,进一步明确协商议政和民主监督的方向和重点。认真落实自治区党委第一巡视组反馈意见整改工作,扎实推进“两学一做”学习教育常态化制度化,坚持每月一次支部集中学习,深入学习《关于新形势下党内政治生活的若干准则》、《中国共产党党组工作条例(试行)》等党内法规,扎实开展中央八项规定精神“回头看”工作,切实增强政治意识、大局意识、核心意识、看齐意识。全年政协召开党组会议13次,党组成员为政协机关干部上专题党课4次。

强化文史宣传联谊。充分发挥政协文史资料“存史、资政、团结、育人”的重要作用,坚持统战和“三亲”特色,加强文史资料的征集、整理和研究。《柳宗元在柳州》文史研究科研课题获立项审批,完成部分《柳宗元在柳州》文史资料的收集撰稿及编制工作。政协文史资料室加快建设,数字化采编室基本能满足文史资料征集、出版、传播数字化、多媒体化、网络化的要求。牢牢把握正确的宣传舆论导向,以市政协网站城中板块和品质城中公众微信号为主要平台,积极宣传政协工作动态、委员履职情况以及我区经济社会发展的成果,努力做到经常性工作及时宣传、重大活动重点宣传、专题活动集中宣传,把政协的声音传播出去,持续扩大政协工作的影响力。不断加强与兄弟市县(区)政协的交流,协同江西省丰城市政协、河池宜州市政协等开展走访调研活动10次,我区现代服务业发展、城市环境综合治理等工作受到肯定。

强化委员队伍建设。分批组织政协常委、委员190人次到区外高校培训及开展党性教育,在市委党校举办政协委员提案知识培训班1期92人参与,切实增强了委员的履职能力和使命意识。更好发挥人民政协统战职能,加强与区委统战部在联合开展学习培训等方面的合作,凝聚政协委员团队力量,搭建政协委员交流平台,助力城中区工商联连续三年荣获“全国五好县级工商联”。积极开展“委员讲堂”、“委员活动日”活动,举办“柳州市汽车产业转型之路”专题讲座、委员汽排球联赛3场次,有效激发了委员履职活力。开展“委员集中走访”活动,及时了解和协调解决委员实际困难,征询委员对城区经济社会发展和政协工作的意见建

议，走访委员48人次，赢得委员们的信任。如区政协班子集体走访文华中学、龙城中学等一批委员学校，帮助协调解决教师队伍建设、校园基础设施建设等问题。研究出台《政协城中区委员会委员履行职责管理办法（试行）》，建立委员履职档案，对委员履职情况进行量化考核，为委员们常态化、制度化、有组织地开展活动、建言献策搭建了新平台，委员履职率得到提升。

二、不断完善工作体制机制，全力履行人民政协职能

专题协商彰显作为。完善全体会议、主席会议等会议协商，开展专题议政性常委会协商，聚焦党委政府重视、人民群众期盼、政协有能力做好的课题进行协商议政，推动了政协的全面工作和履职层次质量的提升。不断健全委员知情明政制度，组织委员听取区政府工作报告、区政府关于全区上半年经济社会发展情况的通报，邀请区政府领导、区相关部门主要负责人与政协委员同台协商议政。重点围绕“环江滨水大道景观改造和相关设施建设”召开专题议政性常委会，组织政协常委实地调研雷村屯试点风貌改造情况，提出了增加基础设施建设、整治草坪露天烧烤不文明现象等建议，专题议政性常委会成为我区协商议政的亮点和品牌。柳州市政协反映社情民意工作座谈会在城中区召开，紧密结合这一主题，收集反映城乡风貌改造、城市建设与管理、莲花山片区保护与开发建设、“百里柳江”景区管理等方面的意见建议，对促进我区“品质城中、幸福生活”建设起到了积极作用。应邀参加自治区市县政协工作经验座谈会，并作为柳州市两个代表县区之一，在大会上作题为《推进政协协商民主在城中区的生动实践》的大会发言。

民主监督积极有效。从中心城区的功能定位和改革发展全局出发，切实围绕贯彻落实党委、政府重大方针政策、重要决策部署的新情况新问题，扎实开展民主监督工作。坚持和完善主席会议督办重点提案、专委会对口督办、提案委协调督办、委员参与督办等制度，推进提案办理协商制度化、规范化、程序化，2016年换届以来共收到政协委员提案43件，审查立案23件，其中提交市政协处理15件，提交区政府办理8件，办结率和满意率均达100%。例如，阮开德委员在《关于解决城中区各学校出现教师临时性紧缺情况的建议》中，提出了增加招聘教师名额的建议，得到了区政府的采纳，我区今年公开招聘265人充实到教师队伍。金咏梅委员在《关于加强市民卡普及的提案》中，提出了加强使用引导、扩大市民卡服务覆盖范围等建议，柳州市发展和改革委员会非常重视，采取了加大宣传力度、增加市民卡服务项目等针对性的措施。突出常委监督的作用，通过政协常委会安排监督性议题，对城中区电子商务产业园区发展等进行重点监督，使政协民主监督工作在服务大局中发挥更大作用。强化大会发言的监督作用，遴选确定物业收费等级和标准、中小学创客教育、柳江河水上公共安全、中小学教材发行等4个民主问题作为发言选题，推动了相关工作改进和措施出台。发挥政协民主监督员的作用，组织委员参加《柳州市餐厨废弃物管理办法（草案）（送审稿）》的征求意见座谈会、广西公安消防部队消防工作满意度调查、柳州市绩效考评公众评议工作等，实现了民主监督与民意愿望的契合。

专题调研广泛深入。把深入调查研究作为提升履职水平的基础，以多出精品为前提，以转化成果为手段，以促进发展为目的，充分发挥了政协的优势和作用。政协常委会调研科学严谨，紧扣党委政府中心工作献计出力，形成《城中区政府购买居家养老服务调研报告》、《对当前我区住宅小区物业管理突出问题的研究》2个调研报告，提出拓宽服务对象范围，加大居家养老服务机构建设；增强物业管理工作合力，引入社会组织第三方评估机制等9条意见和建议，为党委、政府工作决策提供了有价值的参考。各委员工作组深入推进履职实践工作，围绕经济社会发展大局参政议政，形成《城中区中学集团化办学现状的调研报告》、《城中区社区矫正中心的考察报告》等9篇小组调研报告，提出加大学科人才引进、交流和培养力度；引导更多的社会组织参与社区矫正工作等33条意见和建议，助推经济社会发展取得成效。

三、持续凝聚政协各方力量，全力助推中心工作落实

助推重点工作有成效。政协班子成员积极参与重点项目工作，挂点河东村征地拆迁、沿江公路项目建设稳步推进。政协班子成员和政协机关干部积极参与创文明城、抗洪清淤、扶贫领域监督等工作，主动到挂点联系的村屯（社区）协助开展工作，发现问题及时协调解决，为各项工作的顺利开展贡献了力量。选派政协机关干部脱产参与监督指导村（社区）“两委”换届选举工作，助推了相关工作的落实。

委员致力慈善获认可。组织开展“为贫困户在校大学生捐资助学”活动,政协委员及政协机关干部共同捐款3.32万元。我区政协科技组与鱼峰区政协科技、文教组联合开展“爱心凝聚、书送希望”捐书活动,为柳城县东泉镇雷塘村小学捐赠书籍、教学设备等一批物资,提供价值7.5万元的在线创客教育服务与课程套件。经济组委员对口定点帮扶我区中南街道贫困户,为贫困家庭孩子捐资助学,助力打好精准脱贫攻坚战。

委员立足岗位获荣誉。积极引导政协委员根据自身的特点和优势,立足岗位,为辖区经济社会发展做贡献。委员的工作和事迹得到了上级各行各业的充分肯定,收获了各种荣誉。例如,麦良华委员荣获“2017年中国餐饮杰出企业家”称号,创办的华禹大酒店在第六届广西民族地方特色美食大赛上荣膺团体特等奖;李伟春委员管理的广西糖网食糖批发市场有限责任公司荣获“全国电子商务示范企业”称号;谢其托委员带领的柳州市公安局交通警察支队荣获“全国文明单位”称号;崔俊委员荣获“中国旅游志愿服务先锋人物”特号;关苇委员执教的柳州市体操学校技巧队在2017年第十届亚洲技巧锦标赛、全国技巧比赛上均取得优异成绩,个人获记广西体育系统二等功;陈丹委员荣获“广西科协区域责任部门先进工作者”称号;莫佳妮委员、彭湘华委员、黄珺委员、张莉委员、黄翔委员获评柳州市级荣誉称号。

回顾过去的一年,区政协各项工作成绩的取得,是中共城中区委正确领导的结果,是区人大、区政府大力支持的结果,是各参加单位、全体政协委员和政协工作者团结奋斗的结果,是社会各界和广大人民群众积极参与的结果。在此,我代表九届区政协常委会,表示衷心的感谢和崇高的敬意!

在看到成绩的同时,我们也清醒地认识到工作中存在的问题和不足,主要表现在:协商议政质量有待进一步提升,民主监督机制有待进一步完善,调查研究实效有待进一步增强,委员队伍建设有待进一步加强等等。这些问题和不足,我们将高度重视、认真研究、切实改进。

2018年主要任务

2018年是贯彻党的十九大精神的开局之年,是改革开放40周年,是决胜全面建成小康社会、实施“十三五”规划承上启下的关键一年。我们要把贯彻十九大精神作为人民政协的政治责任和使命担当,始终高举习近平新时代中国特色社会主义思想伟大旗帜,充分发挥人民政协协商民主重要渠道和专门协商机构作用,聚焦党委和政府中心任务履职尽责,把协商民主贯穿政治协商、民主监督、参政议政全过程,团结一切可以团结的力量,找到最大公约数,画出最大同心圆,着力提升政协工作能力和水平,切实提高政协履职能力和实效,努力为城中区“在全市率先全面建成小康社会、打造广西商贸金融、科教文化强区”贡献更多的政协智慧和力量。

一、统一思想,凝聚共识,始终坚持中国共产党的领导

坚持把学习宣传贯彻党的十九大精神作为当前和今后一个时期首要政治任务,切实抓好对广大政协委员的学习培训,采取多种有效形式加深委员对十九大精神特别是习近平新时代中国特色社会主义思想的理解和认识,紧密把学习十九大精神与学习党关于统一战线和人民政协的重要思想和重大部署结合起来,正确认识人民政协的性质定位,不断推动政协协商民主建设,切实加强和改进政协民主监督工作,大力推进政协履职能力建设,不断将人民政协事业推向前进。切实把十九大精神转化为做好政协工作的科学思路和务实举措,着力加强政治建设、思想建设、组织建设、作风建设、纪律建设,充分发挥政协党组把方向、谋大局、定政策、促改革的领导作用,自觉把政协工作放到全区工作大局中来谋划,聚焦全区发展中心任务和党委重大决策部署,夯实维护核心思想基础、突出服务发展工作主线、补齐民主监督履职短板、狠抓调查研究关键环节,不断提高我区政协工作的科学化水平,推动政协工作始终沿着正确的轨道有力有序有效展开。

二、创新平台,群策群力,用协商民主引领政协工作水平的提升

贯彻落实好《中共中央办公厅关于加强人民政协协商民主建设的实施意见》以及自治区党委办公厅、柳州市委办公室《〈关于加强人民政协协商民主建设的实施意见〉的贯彻落实意见》系列文件精神,将协商民主贯穿政治协商、民主监督、参政议政全过程,按照“有事好商量,众人的事情由众人商量”的要求,积极搭建协商民主平台,进一步规范专题协商、对口协商、界别协商、提案办理协商形式,不断健全协商议题提出、计划制定、组织实施、成果反馈和转化的各项工作机制,全面推进协商民主广泛多层制度化发展。聚

焦党的十九大报告关于决胜全面建成小康社会、打赢脱贫攻坚战、实施健康中国战略、乡村振兴战略、区域协调发展战略、建设美丽中国等战略部署，围绕我区深入实施“品质城中、幸福生活”战略，加快实现“在全市率先全面建成小康社会、打造广西商贸金融、科教文化强区”目标，组织开展监督性协商和议政性协商活动，推动视察、调研与协商民主有机结合，努力形成一批针对性、可操作性强的协商成果，积极为我区改革发展多建诤言、多谋良策、多出实招。

三、秉持公心，和合包容，构建适应新时代的协商式监督格局

认真学习贯彻《中共中央办公厅关于加强和改进人民政协民主监督工作的意见》要求，将协商式监督作为人民政协履职的新发力点，坚持“监督就是支持、监督就是服务”的理念，以助力重点工作开展、重大政策落实、重大民生改善为目标，不断丰富和完善政协民主监督的体制和机制，充分利用好会议、视察、调研、提案等民主监督经常性手段，进一步加强和改进人民政协民主监督工作，不断提升人民政协民主监督的新境界。着眼于人民群众日益增长的美好生活需要和不平衡不充分的发展之间的矛盾，就教育均衡发展、实现充分就业、优化文化体育资源配置等群众关心的热点、难点问题，开展协商式监督，为促进我区民生持续改善发声发力。建立健全主席领衔督办重点提案、“面对面”办理提案、提案“回头看”跟踪督办、提案办理质量绩效考核等工作机制，通过加强提案办理落实充分发挥提案在民主监督中的作用。充分发挥在我区各行各业担任执法监督员、行风评议员、特邀监督员的委员作用，加强监督员队伍管理服务，促进相关部门转变作风、增强为民服务意识。

四、发挥优势，齐心协力，不断提高政协参政议政的实效

新阶段要更好地履行人民政协职能，不但要重视人民政协政治协商的过程和形式，重视人民政协民主监督的方式和方法，更要重视在参政议政中真正做到围绕中心、服务大局，把握政协的独特优势，找准政协的工作方位，将“务实落实、助力给力”作为履职重点，贯彻新发展理念建言献策，不断提高政协参政议政的质量，进一步扩大政协组织的影响。深入实际、深入基层，发挥政协联系广泛的优势，多方面听取意见，将参政议政与政协组织的考察、专题研究、为社会服务等各项活动紧密结合起来，真正把现实生活中出现的新情况新问题，把蕴藏在群众中的各种合理性意见和要求，客观公正地反映出来，形成有价值的意见和建议。创新政协调研方式方法，重点围绕青少年法治教育、校园食品安全、非物质文化传承、医联体建设、电子商务发展、特色小镇建设等11个课题展开调研，采取委员调研和专家论证相结合、政协调研和与政府联合调研相结合、本地调研与外出考察相结合、专题调研与跟踪视察相结合等多种形式，努力形成政协调研的合力，使政协议政建言既有专业的深度、又有社会的广度，既有科学性、又有代表性，进一步提高参政议政能力和水平，在助推经济社会发展中主动作为。

五、提升理念，从严从实，持续加强政协组织自身建设

将委员队伍建设放在加强政协自身建设的重要位置，进一步健全委员联络机制，完善委员履职评价机制，引导委员增强委员意识、珍惜委员荣誉、维护委员形象，自觉按照“懂政协、会协商、善议政”的要求，练好委员履职的“内功”，增强政治把握能力、调查研究能力、联系群众能力、合作共事能力。继续与知名高校合作，深入开展常委培训和委员轮训工作，举办以“学习中共十九大精神，开启人民政协事业新征程”为主题的委员培训班，有效增强委员履职本领。将委员活动作为组织委员学习、加强委员横向联系、搭建委员知情议政平台、发挥委员主体作用的重要载体，创新开展好2次委员讲堂、2次“委员活动日”活动，充分调动委员的积极性。全面开展“制度建设年”活动，进一步完善调查研究、协商民主等工作制度，着力规范政协常态化工作机制，切实增强协商民主的实效性、视察调研的深入性、建言献策的精准性和民主监督的有效性。以党的十九大关于全面从严治党的要求为指引，自觉把全面从严治党责任贯穿于政协履行职能、发挥作用的全过程，扎实开展“不忘初心、牢记使命”主题教育，严格落实中央八项规定精神，切实发挥政协党组的领导核心作用，教育引导政协委员和机关干部牢固树立“四个意识”，严守宪法法律和政协章程。

让我们始终保持一份担当，始终满怀一腔热情，不忘初心，牢记使命，勇于直言，善于监督，自觉为改革发展思与谋，为群众利益鼓与呼，为画出最大同心圆践与行，以履职尽责的优异成绩推动全区政协事业实现新发展。

调研报告

城中区政府购买居家养老服务调研报告

城中区政协九届常委会

政府购买居家养老服务是指政府以向各类社会养老服务组织购买服务的方式,为居家的老年人提供生活照料、家政服务、康复护理和精神慰藉等方面服务的一种服务形式。政府购买居家养老服务,转变了政府职能,创新了履职方式,完善了以居家为基础、社区为依托、机构为支撑的养老服务体系。根据城中区政协常委会2017年工作计划安排,我们成立了由部分政协委员和政府相关部门领导组成的调研组,就城中区政府购买居家养老服务情况进行专题调研。调研组听取了区民政局等部门情况汇报,召开了相关单位负责人座谈会,实地走访了阳光100社区、爱父母养老服务中心,并赴厦门、珠海等先进地区进行了考察学习,现将调研情况报告如下:

一、城中区政府购买居家养老服务状况

截止至2016年底,我区总人口为17万人,其中60岁以上老人2.5万人,占总人口的14.7%。我区已进入老龄化社会并将继续呈现老年人口基数大、增长快、高龄化比例高的趋势。

(一)政府购买居家养老服务对象基本情况

2016年我区根据《柳州人民政府办公室关于印发柳州市政府购买居家养老服务实施方案的通知》(柳政办〔2015〕162号)中界定符合政府兜底条件的老人为365人,占全区老年人口的1.8%。其中:城市散居“三无”人员14名;60周岁(含60周岁)需介助、介护的失独困难老人17名;70周岁(含70周岁)以上需介助、介护的低保或低收入家庭孤寡老人、残疾老人,重点优抚对象84名;80周岁(含80周岁)以上需介助、介护的空巢困难老人32名;90周岁以上(含90周岁)的老人218名。(实际签约人数前四类共计37人,第五类共计188人)。2017年6月,根据《柳州市人民政府办公室关于政府购买居家养老服务项目扩面提标相关事项的批复》(柳政办函〔2017〕31号),将原政府购买居家养老服务中的第五类服务人群“90周岁以上的老人”调整为“87周岁(含87周岁)以上的老人”,我区新增加第五类服务对象429人(这是摸底调查出来的数据,目前没有开始走访签约)。

(二)政府购买居家养老服务对象及补助标准

2016年政府购买居家养老服务的帮扶对象前四类人群每人每周可享受一次上门服务,每次2小时,按照25元/小时的养老服务经费标准,每人每年可享受2600元政府购买居家养老服务补助;第五类人群,每人每两周可享受一次上门服务,每次2小时,按照25元/小时养老服务经费标准,每人每年可享受1300元政府购买居家养老服务补助。

(三)居家养老服务内容

1. 生活照料服务:助餐服务、起居服务、助浴服务、卫生清理服务、代办服务。

2. 医疗保健服务:医疗协助服务、康复护理服务、健康咨询服务。

3. 家政服务:安装维修家具家电、清洗服务、疏通服务、其他家政类服务。

4. 紧急救助服务。

5. 精神慰藉服务:精神支持服务、心理疏导服务。

6. 其他:提供文化体育服务、法律咨询服务以及其他老年人需求的服务。

（四）居家养老服务的方式

包括有偿服务和无偿服务两种方式。目前城中区政府对符合条件的五类人群购买居家养老服务，由服务中心人员到老人家中提供无偿的上门服务。同时，服务中心按照35元/小时的标准，向老人提供有偿上门服务。据了解，服务中心上门服务中，有90%属于政府购买提供的无偿服务，只有10%的老人选择花钱购买服务中心的服务项目。

二、政府购买居家养老服务工作存在的困难和问题

（一）政府购买服务的对象少、频率低，服务中心业务量不饱和

根据现有政策，由政府为五类兜底对象购买居家养老服务：分为一周一次，每次两小时和两周一次，每次两小时的上门服务，服务的频次不高。政府购买居家养老服务的五类扶助对象门槛较高，满足条件的老人数量较少。受到传统文化和生活习惯的影响，居家养老仍然是多数老人的第一选择，社区很多较为困难的人群和特殊群体有居家养老服务的需求，但是由于不符合兜底五类对象条件无法享受到政府购买的居家养老服务。随着老年人养老服务的需求不断增长，而政府居家养老服务购买力不足，导致受惠人群少。

（二）居家养老服务方式、内容比较单一

根据政府购买居家养老服务实施方案，服务中心以上门服务为主，上门服务的内容包括：生活照料、医疗保健服务、家政服务、紧急救助服务、精神慰藉服务、心理疏导、法律咨询服务等。在实地走访调研中我们发现，居家养老服务的内容主要为家政服务，其他服务内容较少，缺乏服务的系统性和整体性，服务比较零散，随意，缺乏完整的规划与设计，从而不能完全解决不同层次老年人所面临的问题。

（三）社会对居家养老服务参与度不高

居家养老服务站点机构建设，按照政府主导、政策扶持，社会参与、市场推动的原则，提高养老服务资源的社会效益。柳州市政府购买居家养老服务从2016年开始实施，各城区选择在老年人口相对集中、交通便利的社区，建立了居家养老服务站点提供给服务中心使用，重点是高龄、孤寡、空巢、失能等困难老人的生活照料、医疗保健等服务需要。对于居家养老服务这项新鲜事物，部分老人还不理解不接受，对服务的意识较弱，并且老年人的服务需求首先想到的是向家人救助，再次是免费服务，对“花钱买服务”的意识非常淡薄。另外除政府中标的爱父母服务中心以外，其他社会组织参与居家养老服务的也很少。

三、政府购买居家养老服务的几点建议

（一）拓宽服务对象范围

针对服务中心业务量不饱和的状况，建议利用政府搭建的机构平台和前期的政府购买服务的扶持，扩大服务对象范围。政府购买居家养老服务的对象仅限为政府兜底的五类人群，符合政府兜底条件的人群很少，虽然市政府于2017年6月将原政府购买居家养老服务中的第五类服务人群“90周岁以上的老人”调整为“87周岁以上的老人”，但满足条件的市民仍然不多。要做好做大居家养老上门服务，仅仅依靠政府购买的服务量是远远不足的。政府及服务中心应加大居家养老服务的宣传力度，改变养老靠子女靠政府的观念，提高老年人参与居家养老服务的积极性，努力向社会人群扩面。

（二）丰富服务方式、内容

针对我区养老服务方式、内容比较单一的情况，我们在厦门市翔安区和珠海市斗门区考察了解到，城区出资建设社区日间照料中心和农村幸福院，采取公建民营的方式，每个日间照料中心和农村幸福院都由政府购买社会组织的服务，按照一年30万元的运营经费补贴标准，将站点交由社会组织进行运营和管理，为老年人提供就近便捷的多种专业服务，收到很好的效果。城中区现有26个社区居家养老服务站和2个日间照料中心，目前都是由社区工作人员代管居家养老服务站和日间照料中心。随着社会转型和政府职能转变，社区承担的公共服务和行政事务工作日益增多，社区工作负担较重、人手不足，大部分人员身兼数职，社区缺乏专业人员管理居家养老服务站和日间照料中心，不能较好为老年人提供专业化的服务。建议通过购买社会组织服务的方式，将日间照料中心交由社会组织来运营和管理，按照老年人的日常照顾需求，仅依靠政府购买服务的次数远远不够，考虑到政府购买服务以小时计费，服务人员单次上门服务仅为一个老人服务的情况，建议服务机构适当组织居住地附近的服务对象进行集体活动，如组织健康讲座、医疗卫生、康复护理、文体娱乐、心理疏导等方面的活动，既能有效利用两小时的服务时间，又可以使多个老人在同一次服务中丰富精神文化生活。

（三）加强对政府购买服务的领导，加大居家养老服务机构建设

根据政府主导、社会参与、分级管理的原则，逐步建立完善城中区居家养老服务工作管理体制。成立城中区居家养老工作领导小组，负责对全区居家养老工作的领导。建立城中区居家养老服务指导中心，主要职责是：审批确认政府购买居家养老服务对象并登记入档，动态管理；监督指导街道和社区居家养老服务工作；对城中区居家养老服务应拨付资金进行审核汇总、结算工作。各街道在城区民政部门指导下开展工作，主要任务是：对申请政府购买居家养老服务对象的资格进行审核；指导监督辖区内居家养老服务工作开展；对本街道居家养老服务应拨付资金进行审核汇总，及时上报；承担上级部门委托的其他居家养老服务工作。各社区负责本辖区居家养老服务的组织实施工作，主要任务是：负责服务机构和服务对象间的对接、沟通、协调，提供必要的场所和全方位的支持；对申请服务对象进行资格初审，协助服务协议的签署和执行；开展居家养老服务政策宣传；承担上级部门委托的其他居家养老服务工作。

对当前我区住宅小区物业管理突出问题的研究

城中区政协九届常委会

物业管理事关千家万户，直接影响着社会、经济、环境等各方面的效益，它既是房地产经营管理的重要组成部分，又是现代化城市管理的重要一环。如何破解物业管理的快速发展与相伴相生的矛盾问题，是当前我们面临的社会现实命题。根据城中区政协常委会2017年度工作安排，我们成立了相关委室、政府主要职能部门、行业政协委员代表组成的调研组，就当前我区住宅小区物业管理的突出问题进行专题调研，调研组召开了市物业协会、街道社区代表座谈会，实地走访了文博帅府小区，并赴昆明、成都等先进地区进行了考察学习，结合城中区实际撰写专题调研报告。现将调研情况报告如下：

一、城中区物业管理行业现状

城中辖区内共有263个小区（包括企业宿舍区、单位庭院），其中170个“三无小区”，占辖区小区总数的64.64%；有93个有物业服务小区，普通住宅收费标准从0.30元/平方米—2.50元/平方米不等，大部分在0.60元—1.50元/平方米，平均收缴率60%。至今，我区已经成立了商品房住宅小区、房改房住宅小区、商住楼、商业大厦等不同物业类型的业主委员会28个，业主委员会组建率还有待提高。

柳州市物业管理工作于2003年下放城区政府，城区住房和城乡建设局具体负责贯彻执行有关物业管理政策、法规和规范性文件。2008年和2009年，市委、市政府将涉及物业管理方面的装饰装修管理和危险房屋管理工作下放城区住房和城乡建设局。2017年，市委、市政府将涉及物业管理方面的处罚权全部移交城区行政执法局处理。

（一）开展《物业管理条例》的学习宣传和培训指导

我区住建局和街道办事处，认真做好国务院《物业管理条例》（第379号令）的宣传工作，把握时机加强对业主委员会和业主代表、社区负责人、物业公司人员等重点群体的政策宣传，尤其是在调处物管纠纷矛盾、指导业主委员会成立与改选等工作中，做了大量宣传和指导工作，赢得了工作的主动权。2013年新的《广西壮族自治区物业管理条例》颁布后，我区住建局积极组织各街道办事处和社区工作人员进行物业管理工作业务培训，邀请物业管理行业专家授课，提高了辖区物业行政管理人员的业务水平。

（二）保障物业管理工作的人员经费和机制体制

2013年起区政府将业主大会工作经费、宣传经费等列入财政预算，给予我区住建局、各街道办事处和社区专项工作经费7万元/年。2014年为加强基层物业管理投诉处理和三无小区管理工作，区政府为每个街道办事处增配1名物业管理工作专职人员。同时，制定了城中区物业管理三级投诉网络工作办法，并报市法制办备案，作为城区处理物业服务投诉的规范性文件，进一步明确了各级物业管理责任。每年处理大量的市长热线、政风行风热线、区信访办转办的有关物业管理的信访件（其中2013年71件，2014年81件，2015年201件，2016共297件），每件投诉都做到有书面登记，及时处理并回复投诉人。

（三）加强物业服务的专项检查和备案工作

2011年起我区住建局会同市住建委、市物业协会

对登记地在辖区的物业服务企业的资质材料和服务项目等进行核验，发现了经典时代、山水福第等一批小区存在问题，下发限期整改通知书 32 次。严格按照国务院、自治区《物业管理条例》开展物业管理区域划分、前期物业招投标、物业公司承接查验备案和前期物业服务合同备案等 6 项备案工作，几年来共指导 28 个小区规范召开业主大会并成立业主委员会。

（四）鼓励物业小区创优和整治“三无小区”

大力鼓励物业公司开展创建优秀小区活动，2011 年市中级人民法院大厦被评为全国优秀大厦，近三年城中区共有 12 个小区（大厦）被评为自治区优秀小区（大厦）。重视“三无小区”环境综合整治，2013 年起出台了《城中区老旧住宅区综合整治工作方案》，成立由分管副区长任组长的综合整治领导小组，进一步明确各部门和街道办事处的职责分工和措施步骤，到 2017 年已经投入 900 多万元改造了 18 个住宅小区。

二、存在的几个主要问题

（一）行政机构“人少事多”，物业管理制度滞后，造成监管不到位

近年来，我市城建管理重心不断下移，事权不断下放，工作量和工作难度也不断增大。但由于受到机构编制的限制，城区住建局只有 1 人专职负责物业管理，各街道办事处只有一个聘用人员兼职负责，“人少事多”的矛盾日益突出。各街道办事处聘请的物业管理专员要求责任心强，具备一定的法律知识和协调能力，但因为工作量大，待遇不高，造成人员流动性大，如 2014 年招聘的 6 个街道办事处物业管理工作人员中有 3 个已辞职或换人。由于人员缺乏，以致无力经常到小区和物业公司巡查，疲于应付处理物业纠纷投诉；而政府对物业市场管理力度不够，导致投诉增多，形成恶性循环。

柳州市物业收费价格已放开由市场调节，而原来的物业服务等级标准没有废除。2009 年和 2014 年柳州市分别出台了两套物业服务收费和等级标准，2009 年前和 2014 年前各个小区物业服务依据的标准不一样；价格放开后，这种情况更加突出，出现物业服务等级相同、收费不一样的情况。如何做好物业服务等级和物业收费相匹配的问题，是当前政府面临的一个课题。

（二）开发商遗留问题较多，物业纠纷矛盾十分突出

建设遗留的问题占物业纠纷很大的比例，如改变规划设计、房屋质量、公共设施设备不全、车位不足等问题引发很多纠纷矛盾，业主又找不到开发商，于是物业管理企业便无奈地成了替罪羊。我市 2009 年 10 月 1 日开始严格执行前期招投标制度，以前有些物业管理企业为了扩大管理量，对开发商妥协，承接接管了很多没有达到交付标准的物业，也为日后的管理工作埋下隐患！很多“父子”关系的小区，在物业验收过程中走过场，甚至连一些必须配备的设施设备都没有，必然会引发出一系列问题。辖区有 60% 以上的小区建设方存在遗留问题，如风情港小区和丹桂苑小区的电梯质量安全问题，万达公寓楼“房屋漏水”等质量问题、金沙角地下车库漏水问题，五星街消防设施不合格问题，清华坊严重内涝问题，等等，引发业主的大量投诉。

（三）城市老旧小区缺乏专项维修基金，农村回建房小区管理问题突出

辖区除河东半岛新建小区较多外，河北半岛“三无小区”普遍建设年代较久，大部分均为 80 — 90 年代建设，国家实行货币分房政策后，大部分原属单位不再派人或出资金管理这些小区。“三无小区”设备陈旧，物业维护成本大，一方面物业公司没有足够的利润不愿进入管理，另一方面“三无小区”的大部分业主也不愿意承受物业费用，直接导致恶性循环。我市从 2012 年开始实行新建住宅缴纳住房专项维修基金，2010 年以前的新建商品住房（包括经济适用住房）在销售时，均没有缴纳维修基金；原单位房改房也只有少部分缴纳了住房专项维修基金。目前辖区内很多小区投入使用已达十年以上，各种房屋维修问题逐渐显露。如位于市中心的银龙大厦，外墙砖已经开始脱落，周边来往行人众多，存在很大安全隐患，但该小区没有专项维修基金，现在靠业主筹集这笔数目不少的资金很困难。

另外，农民回建房小区由于业主无花钱买服务的意识，无法引入物业管理或者引入物业管理也不愿意缴费（如东祥福苑小区，靠市土地交易储备中心来资助物业公司），严重影响了小区的生活环境和居住品质，农民回建房小区在我区创建文明城市过程中存在诸多问题。

（四）业主委员会制度不完善，政府对业主委员会监管难

业主大会召开难，特别在一些 1000 户以上的大

型小区,前期准备、选举过程等工作量大,程序上监督需要花费大量的人力成本。很多小区在选举业主委员会过程中造假选票,辖区发生过如经典时代小区等10多起选票造假事件,引发广大业主投诉。成立业委会后还经常出现“几个业委会委员未召开业主大会通过,就违法解聘物业公司,让自己的物业公司来管理”的情况,也引发了很多矛盾。而法律上没有针对业委会个人的处罚,2013年起业主委员会聘请物业公司不需要在政府部门备案,业主委员会不通过召开业主大会法定程序聘请物业公司的情况更加严重。

三、下一步工作建议

(一)创新思路,增强物业管理工作合力

一是建议区政府进一步细化街道办事处和社区居民委员会在小区物业管理工作的监督职能,来加强对小区业主大会和物业服务的日常管理。在昆明和成都的考察过程中,我们发现社区居委会在小区的物业管理和组织召开业主大会等方面的参与度很高,物业社区互补,创建一体化服务管理格局,实现了“社区管理服务物业化,物业管理服务社会化”!在建设、管理社区工作中,社区和物业公司虽然在某些方面职责不同,但其共同点是相同和相通的,这就是为社区居民服务。把社区居委会的职能和物业公司的管理与服务相互统一起来,使得二者的优势得到互补,从而使社区建设改变传统的单一的管理模式,充分发挥物业管理在社区建设中的优势,全方位地促进社区建设的发展。我们要进一步加强部门、单位联动,建立以辖区内街道办事处为召集单位,住建、工商、环保、执法、消防、公安、政法等相关部门参与的住宅小区联席会议,协调解决日常较复杂的物业纠纷(如车辆占用消防通道、物业企业退出交接等问题)。还要加大对《物业管理条例》、《物权法》等相关法律法规及政策的宣传力度,营造良好的物业管理社会氛围,不断增强全社会物业管理法制意识。

二是建议区政府加大财政投入,引入社会组织第三方评估机制,对辖区所有小区的物业服务项目进行日常检查和考评。探索建立社会组织第三方评估机制是加快转变政府职能、激发社会组织活力的新要求,2017年区住建局已经与市物业管理协会签订协议,委托市物业管理协会邀请行业专家,对辖区的住宅小区物业服务进行专项抽检,并利用智慧城市建设,通过建立网上物业服务诚信系统监督制约违法的物业公司,达到节约人力管理企业、增强评估公信力的目的,取得积极成效!我们要进一步加快第三方评估机制政府购买服务,不断拓展第三方评估机制资金来源渠道,努力实现社会组织第三方评估机制“小区全覆盖”,规范辖区物业服务企业行为,提升物业服务水平和质量,使物管公司真正成为广大业主的“好管家”。

(二)加强监管,减少物业管理历史遗留问题

一是建议严格执行物业承接验收、住房专项维修资金等制度,最大限度地防范和解决物业管理纠纷,规范物业管理行为。全面落实物业承接查验制度,是明确开发建设单位责任和减少开发遗留问题的基本手段。在小区竣工验收时,必须严格把关,确保房屋及配套设施工程质量。区政府要综合施策,指导、监督物业服务企业和建设单位,严格对物业共用部位、共用设施设备进行检查和验收,维护房屋所有权人和物业管理企业的合法权益。认真落实住房专项维修资金制度,杜绝违法使用、挪用情况的发生,使房屋出现质量问题能及时得到维修。

二是建议进一步完善物业管理体制机制建设,呼吁柳州市尽快出台物业管理条例或办法,建立城区级的投诉服务综合平台。在这方面有必要学习借鉴“成都经验”,通过建立房地产行业信用评价系统,要求建筑物总面积在5万平方米以上或者国有投资占50%以上的建筑区划应当公开招投标选聘物业公司,来加强对房地产和物业企业进行管理。而广西和柳州市目前还未正式出台信用档案新政,限制要求实行公开招投标也需要地方立法来制定。因此要多渠道向市委、市政府呼吁,加快研究制定适应我市发展的物业管理条例或办法,进一步细化物业管理的有关政策和法律法规,并在市级职能部门设立专门负责物业行政管理的科室。首府南宁早在2007年7月20日就出台了《南宁市物业管理办法》,2015年已经开始启动相关管理办法的修订工作。同时,我们还要参照成都市武侯区的做法,建立一个城区级的投诉平台,把各街道办事处和社区纳入物业服务群,按照《城中区居民小区物业管理考核办法》,由各社区对所辖小区的物业服务进行日常监督,加快我区物业管理信息化步伐。

(三)加大力度,推行“三无小区”物业分类管理

建议根据“三无小区”区域内的建筑规模、配套设施和居民的承受能力等实际情况,实施不同模式的

物业管理，加快物业管理市场培育，建立科学合理的长效物业管理机制。对基础条件好的“三无小区”，在征得业主大会同意的情况下可聘请专业化公司进驻；对规模小的“三无小区”，可以由社区居委会组织成立社区物业服务部，以有偿微利的方式为小区居民提供基础性的物业服务，或由业主成立自治组织管理。可以参照成都市的做法，该市在2015年至2017年实施为期3年的城市建设管理转型升级老旧院落改造计划，建立物业管理长效机制，区（市）县房管部门指导街道办事处（乡、镇人民政府）督促承担改造任务的社区，注册成立物业服务其他管理人机构—“社区物业服务指导中心”。其管理人员由社区工作人员兼任，在社区的领导下依据与院落自治组织签订的《物业服务协议》，按照统一组织、统一培训、统一服务、统一监督、统一考评的原则，对社区所辖的改造后的老旧院落实施物业管理。区（市）县房管部门会同民政部门指导街道办事处（乡、镇人民政府）每季度对社区物业服务指导中心和院落自治组织的规范建设、中心窗口服务工作情况、社区院落实际服务状况和院落自治情况进行考评。对考核达标或优秀的，有条件的街镇，可以按照适当比例给予补贴；对考核不达标的，应限期整改。

（四）规范指导，加强业主委员会监督管理

建议进一步明确业主委员会的法律地位和规范运作，呼吁柳州市把业主委员会制度列入物业管理地方立法，建立完善社会诚信体系。我市业主委员会的产生、发展较晚，相关的制度体系仍不健全，导致实践中产生的矛盾无法得到有效的解决。改进完善业主委员会制度，对于促进物业管理行业的规范化和法制化进程，具有深刻的现实意义。《南宁市物业管理办法》中明确有业主委员会成员违法的处罚措施，以及物业服务企业未经业主大会聘请进驻小区的处罚措施。我们也可以借鉴成都出台《业主委员会信用记分管理办法》，建立业主委员会委员的信用档案，纳入成都市物业管理信用体系披露，每年排出业主委员会委员的信用记分排行榜；同时还在各小区成立业主委员会监督委员会，由业主积极分子、社区工作人员（小区业主身份）组成，进一步规范业主大会、业主委员会行为活动。我们要积极向柳州市呼吁尽快完善业主委员会地方立法，在柳州市、城区两级建立健全对业主委员会的监督管理机制，如增设电子投票平台减少选举造假空间，引入第三方监督体系规避业主委员会运作风险，等等，依法维护好广大业主的切身利益和合法权利，充分发挥业主委员会在物业管理中应有的作用。

司法体制改革形势下基层人大监督工作的应对

——城中区人大法制与内务司法委员会

人大监督司法是宪法和法律赋予各级人大及其常委会的重要职权，是促进司法公正的重要途径和手段，是建设社会主义法制体系，发展社会主义民主政治的必然要求。党的十八届三中、四中全会对深化司法体制改革做出了全面部署，提出了具体要求，提出了一系列全面推进法治建设和深化司法体制改革的具体措施，为进一步深化和完善司法管理体制和权力运行机制描绘了路线图。广西作为全国第三批依法推进司法体制改革的省级行政区，自治区党委做出了系列具体部署，为广西全区各级司法机关推进司法体制改革，提出了明确要求。一年以来，我区法检单位认真贯彻中央、自治区有关部署和上级具体指导意见，稳步推进改革，有了比较明确的进展。人大及其常委会如何依法行使监督权参与和推进同级司法机关改革，如何适应改革后将面临的监督对象体制机制变化，如何探索司法体制改革下人大监督工作的新思路、新方法、新举措，是亟须我们研究和解决的课题。

一、司法体制改革的背景、内容、特点、和现实问题

（一）司法体制改革的背景

司法体制改革作为中国特色社会主义政治制度自我完善、自我发展、不断进步的重要组成部分，在全面深化改革的宏大布局中占有重要地位。改革开放以来，司法体制改革已经进行了3轮15年。十八届三中全会审议通过了《中共中央关于全面深化改革若干重大问题的决定》，提出确保依法独立公正行使审判权检察权，健全司法权力运行机制，完善人权司法保障制度等目标任务，明确了新一轮司法体制改革的路线图和时间表。中央全面深化改革领导小组会议召开的五次会议中，有两次涉及司法改革，明确了

深化司法体制改革的目标、原则，确定了各项改革任务的路线图和时间表，对若干重点难点问题确定了政策导向，使司法体制改革成为三中全会15个改革领域中率先“破题”的改革内容。四中全会又将“全面推进依法治国”历史性地列为中共中央全会的主题，司法体制改革掀开了新的篇章。按照中央关于重大改革事项需先行试点的要求，2014年政法部门选择上海、广东、吉林、湖北、海南、青海、贵州等7个省市先行试点，推行包括完善司法责任制、完善司法人员分类管理制度、健全司法人员职业保障制度等在内的改革试点。2015年，又确定了第二批试点省市云南、山西、内蒙古、黑龙江、江苏、浙江、安徽、福建、山东、重庆、宁夏等11个省市自治区进入司法体制改革时间。2016年，北京、天津、河北、河南、辽宁、新疆、四川、陕西、广西、江西、甘肃、西藏、湖南及新疆生产建设兵团作为最后一批试点地区，启动司法改革试点。新一轮的司法改革试点在中央的主导下，不再局限于对机制性、技术性问题的小修小补，而是将改革的矛头瞄准了一批过去虽饱受争议但又不敢触及的体制性痼疾。人财物统一管理，向司法的地方化问题亮剑；“让审理者裁判，由裁判者负责”，司法责任制号准了审判权力运行机制改革中的症结所在。

（二）司法体制改革的内容和特点

中央全面深化改革领导小组第二次会议审议通过的《关于深化司法体制和社会体制改革的意见及贯彻实施分工方案》，明确深化司法体制改革的目标、原则，制定了各项改革任务的路线图和时间表。中央全面深化改革领导小组第三次会议审议通过的《关于司法体制改革试点若干问题的框架意见》，对若干重点难点问题确定了政策导向。主要是，司法体制改革试点应坚持顶层设计与实践探索相结合，积极稳妥推进的基本原则，涉及四项改革：一是完善司法人员分类管理；二是完善司法责任制；三是健全司法人员职业保障；四是推动省以下地方法院检察院人财物统一管理。

简单地说，这一轮司法体制改革呈现出以下三个突出特点：

第一，司法去地方化。司法独立是司法公正的保障，司法人员在诉讼过程中只有正直无私，没有任何私情或私利的考虑，而且具有独立的意志，不受任何外来干涉，也不屈从于任何外部压力，才能做到公正办案。然而长期以来，中国司法实践中一个突出问题就是司法独立性难以保障，司法活动受地方干预和其他不正常干预的现象十分严重。十八届三中全会《决定》提出，改革司法管理体制，推动省以下地方法院、检察院人财物统一管理，目标明确、路径清晰。就是改变长期以来我国司法人员和地方法院、检察院经费按行政区域实行分级管理、分级负担的体制，以此排除地方不当干预。具体而言，就是要切割省级以下法院、检察院与属地政府之间关于人、财、物的联系，以此打破长期以来饱受诟病的“司法地方化”问题。

第二，司法去行政化。长期以来，中国法院系统的设置、管理和运作未能很好地体现司法工作自身的规律和特点，而是借用了行政工作方式处理案件、管理审判工作，从而使审判职能的作用受到影响。这首先表现在法院相互关系的行政化，实践中存在下级法院向上级法院请示汇报的制度，这在一定程度上架空了审级制度；其次，在现行司法体制下，法院内部设有审判委员会，另外还有主管院长及庭长对案件的审批制度，由于审委会成员、主管院长和庭长都属行政角色，他们通常不参与庭审却对案件享有决定权，就如同医生没有亲自诊断病情却在开药方。这严重违反了审判的基本规律，使法庭审判和双方的法庭辩论、质证过程流于形式，造成审者不判、判者不审的不正常现象，很容易导致司法判决的不公；另外，法官人事管理行政化，法官被当作行政官员进行管理，压抑了法官的独立性，也影响了审判活动的公正性。

第三，推进司法职业化。当前，地方“两院”司法队伍的素质普遍不是太高，与法治社会法官、检察官队伍建设精英化的要求尚有差距。同时，由于现行一些法律存在立法过于粗疏、可操作性不足等缺陷，加之司法人员的素质参差不齐和对司法的不正当干预等因素，使得宪法所规定的国家法制统一原则得不到应有的尊重和一体执行。一些案件承办人员在对案件事实的认定以及法律适用上，随心所欲，任意取舍，完全超出了正常的自由裁量权的范围，直接导致诉讼案件裁决结果的不可预见性。司法不公的现象和司法腐败案件时有发生，个别地方甚至较为严重，人民群众对此意见很大，这些都是不可否认的客观现象和事实。

（三）当前司法体制改革面临的现实问题。

1. 省级统管下的法官、检察官提名和任命权的关系问题。省级统管人财物，在人事提名任免方面目前主要是“统一提名，分级任命”或“统一提名，统一任命”，两种模式都存在一系列体制或机制上的困惑。以上海模式为例，院长、检察长和法官、检察官任免都要按照现行的宪法体制和法律程序进行任免，省级提名可以摆脱地方对法官人选的干涉，有利于去除司法地方化，技术上可操作性强，不用修改现行宪法。但是最大的问题是基层人大对提名人选具有决定任命权，在决定任命中的地方化因素如何解决，这是一个困境。

2. 省级统管下的法官、检察官监督权的问题。试点省区探索的模式，对于法官的提名任免问题是关键，不管是人财物的省级统管，还是省级法官遴选委员会的专业遴选机制，关键是人事问题，即法官人选如何遴选、提名、任免、考评、惩戒。按照我国《宪法》、《人民法院组织法》、《检察院组织法》等相关规定，基层两院的院庭长、检察长等都需要同级人大及其常委会任免。遴选程序和任免程序之间还有一个提名程序的衔接问题，修改后的《法官法》、《检察官法》将如何确定省级统管法官、检察官的任免，地方人大在此情况下如何行使监督权，是否弱化地方人大的监督效力？

3. 省级（或市级）统管法检两院的人财物权后，同级人大是否还须对两院部分财力做出支持与保障，如何确定需与供的依据？基层人大如何配合省级、市级人大加强对法官、检察官的惩戒监督？

二、积极探索加强与规范基层人大监督工作的新思路。

（一）我区法检两院司法体制改革的现状。

2016 年，广西作为全国第三批司法体制改革试点省份，全面启动司法体制改革试点工作。一年来，我区法检两院积极贯彻中央、自治区、柳州市各级司法体制改革相关工作要求，积极落实各项改革举措，主动适应改革给审判和检察工作带来的新变化，稳步推进改革纵深前行。

1. 员额制改革和人员分类管理情况。截至 2017 年 6 月，区法院国家行政编制队伍总数 63 人，法官 44 人，首批员额法官人数 24 人，司法辅助人员 25 人，司法行政人员 7 人，法警 6 人，纪检派驻组 1 人，事业编 3 人。区检察院实有政法编制 42 人，在编 38 人。其中：首批入额检察官 15 人，占政法编制的 36%；检察辅助人员（检察官助理、书记员）12 人，占政法编制的 28.57%；司法行政人员 7 人，占政法编制的 16.67%；法警 3 人，占政法编制的 7.14%；首批入额的 15 名员额检察官中，院领导入额 4 名，占 26.67%，业务部门干警入额 11 名，占 73.33%。通过改革以及员额制的落实，法官、检察官队伍结构得到优化，保持了骨干队伍和年轻化，维持了审判和检察队伍的稳定，提升了审判和办案力量。

2. 司法责任制改革全面推开。普遍实行新的审判权和检察权运行机制，按照新的办案模式办理案件，实现了“审理者裁判，裁判者负责”。一是改变了过去院领导批案不审案的情况，院庭长和检察长办案形成常态机制。“两院”均明确了院庭长和检察长入额后的办案指标，要求院领导不仅要带头办案，还要主动办重大、疑难、复杂案件，充分发挥他们作为优质审判资源的示范、领头和表率作用。2016 年城中法院员额法官结案 4020 件，结案率占全院审判员的 93%，2017 年上半年员额法官结案 1559 件，结案率占全院审判员的 75%。院长结案 7 件，副院长共结案 100 件。区检察院于 2017 年 2 月 15 日开始实行司法责任制办理案件。今年 2 月—7 月，入额的 4 名院领导共办理各类案件 54 件，所办的案件占全院检察官办案量的 15.25%。二是改变了过去法官、检察官大包大揽的工作模式，优化了司法人力资源配置。组建新型审判团队和检察官办案团队，通过科学分工、有效协作，减轻法官非审判事务，法官、检察官人均结案数较改革前明显提升。区检察院按照“1+1”模式，即 1 名检察官 +1 名检察官助理或 1 名书记员配备组建新的办案团队，下一步计划按照“1+1+1”的配备要求，进一步配齐、配强检察官助理和书记员。区法院因为法官助理招聘工作没有收尾，法官助理等待配备，目前是 1 名审判长 +1 名书记员 +2 名人民陪审员的审判模式，在审判团队运行上，严格实行司法责任制，坚持谁办案谁裁判谁签发法律文书。三是改变了过去层层审批的模式，大大提升了审判效率。

3. 其他改革相关情况。司法人员职业保障制度逐步建立健全，两院法官、检察官等级基本工资、司法辅助人员和司法行政人员序列工资均未开展，两院首批入额法官、检察官已按所在地同级政府综合管理类相同职务层次的公务员上一年度人均工资收入的 20% 预发绩效考核奖金。法官、检察官单独职务序列和工资配套制度,人、财、物管理相应配套制度改革等,两院正等等待中央、自治区、市级文件要求逐步严格执行落实。

(二)我区法检“两院”在司法体制改革中反映出的问题。

一是办案力量有所削弱,人少案多的矛盾更加突出。随着我国经济社会的发展,人民群众对司法的需求不断地增加,特别是社会发展变化,司法改革,立案登记制的改革,各类矛盾增长一直呈上升态势,人案矛盾是当前制约司法工作发展的一个瓶颈问题。区法院改革前配置到审判部门的法官人数是39人,改革后减少到了24人,配置法官人数比改革前减少了34.09%;区检察院具有办案资格的人员(检察员、助理检察员)共31人,实行司法责任制办案后,首批入额人员仅15人,不到原来的一半。审判力量和办案队伍人员不足,这是普遍的问题。

二是责任有所加大,待遇与心理预期落差大。办案质量终身负责制的落实,给法官、检察官办案带来了巨大的心理压力。改革后办案数量大幅增多,但改革后待遇却迟迟未见落实或与责任风险不成正比,这也给法官、检察官造成了较大心理落差。

三是职业风险大,职业保障制度乏力。在法官、检察官职业保障制度方面,职权保障、职业身份保障、保险救助、功勋荣誉等方面的规定相对欠缺。

四是实行人员分类管理改革后,职业发展渠道和个人成长空间受到较大限制。在一定程度上影响了司法行政人员的工作积极性,造成司法行政岗位要不到“新人”、留不住“老人”的困境。

(三)基层人大监督工作的新思路。

1. 切实把握新形势下人大监督司法工作的新目标和方向。深化司法体制和社会体制改革主要集中在三个方面:一是保证公正司法、提高司法公信力。二是增强全民法治观念、推进法治社会建设。三是加强法治工作队伍建设。肩负着对“两院”实施工作监督重任的地方各级人大,在推进司法体制改革的进程中必须围绕党和国家确定的司法改革核心和重点,推进以审判为中心的诉讼制度改革,建立健全依法独立办案的司法运行机制、办案质量终身责任制和责任追究制;推进以职业化为导向的司法队伍分类管理改革,科学合理优化司法队伍结构,探索建立法官、检察官的员额制、遴选(惩戒)等制度,遵循以宪法和法律赋予人大的工作权责认真实施监督工作。

2. 用好《监督法》规定的监督方式。一是进一步用好听取和审议专项工作报告、执法检查和专题调研等三种常用监督方式。重点围绕关系司法制度运行、司法体制改革、事关群众切身利益、影响社会和谐稳定和社会普遍关注的热点问题进行选题,提出解决影响司法公正、制约司法能力的体制性、机制性问题的意见和建议,积极回应社会关注。在跟踪监督上下工夫,督促司法机关对照落实。二是积极探索完善开展专题询问、质询程序,细化相关规定,唤醒沉睡多年的质询权,让询问和质询走向常态,形成监督工作高压力度。

3. 要探索人大监督司法工作的新方式、新举措。一是坚持用好工作评议和满意度测评。人大常委会听取专项工作报告时,可以适当采取评议和满意度测评,通过量化的方式,增强司法机关工作的紧迫感和责任感,推动问题的解决。二是坚持和深化对提请人大任命人员的司法考试,强化法律意识和接受人大监督意识。三是建立对司法机关的日常监督机制,坚持用好人大对司法机关工作的日常监督措施。知情权是行使监督权的基础和前提,要建立司法机关定期向人大常委会及专委会协调沟通机制、通报重要司法工作事项的常态化制度等,通过建立经常性工作联系机制,解决人大常委会与司法机关之间信息不对称的问题。四是加强对两院及其他司法行政机关出台的规范性文件的审查监督。五是密切关注改革动向,随时准备迎接上级人大监督司法权的授权或委托,做好相关工作。推行司法机关省级统管不可避免的对现有的人民代表大会制度提出新的课题,有必要探索建立监督权力制空权或委托机制,避免司法权力失控。

4. 加强对法官、检察官的监督措施。人大要将司法队伍建设情况作为经常性监督内容,每年定期听取两院关于人事任免和队伍建设情况的汇报,积极参与法官、检察官队伍建设的工作。一是加强任前监督,积极应对法官、检察官的任免工作变化,对拟任人员的任前监督做到全面、细致,保证法官、检察官队伍的专业化、精英化。二是对已任法官、检察官的工作评议评查。探索建立健全有力的法官、检察官的工作评议评查制度,分别以年度、届满或季度等为评议评查时限,确保监督的时效。三是人大参与对法官、检察官失职失责行为的惩戒与查处工作,建立惩戒制度与人大监督制度的互动衔接机制。

三、对推进司法体制改革工作的几点建议。

（一）要把握好省级统管与坚持人民代表大会根本制度的关系，使司法改革全程接受人民监督。实践证明，党的领导是社会主义法治的根本保证，人民代表大会制度是我国的根本政治制度。司法体制改革作为政治体制改革的重要内容，坚持党的领导和人大监督，是我国司法体制的政治优势和重要特征，也是确保司法体制改革正确方向的政治保证和攻坚克难的重要保障。深入推进司法体制改革，不是要削弱党的领导和人大监督，而是要充分尊重司法规律，做到始终坚持党的领导，依法接受人大监督，确保公正行使好司法职权。

（二）司法机关在改革进程中要主动向地方人大及其常委会报告改革进展情况、面临的问题和需要人大支持解决的事项。人大及常委会对司法机关的监督，具有主体地位的至高性、监督范围的广泛性、监督形式的多样性和监督效果的权威性。是司法机关不断改进工作，充分履行职能，确保司法公正的重要保障。司法机关在改革进程中必须主动接受人大监督及时报告改革情况，不论是司法改革工作进展情况、面临的问题，还是需要地方人大支持解决的事项上，都要反复强调人大监督的法定性、重要性和必要性。在监督与被监督、关怀与被关怀、支持与被支持中，促进司法工作的开展，保证社会主义法治理念的贯彻与落实。

（三）要始终做到改革于法有据，防止改革的随意性。习近平总书记强调，凡属重大改革都要于法有据。在整个改革过程中，都要高度重视运用法治思维和法治方式，发挥法治的引领和推动作用，确保改革在法律框架内和法治轨道上推进。司法改革涉及“两院”组织法、法官法、检察官法、刑事诉讼法等有关法律的修改完善，要认真贯彻党的十九大精神，总结吸收司法改革取得的成果和经验，加快相关法律修改进程，确保司法改革于法有据、改革与立法协调推进。

（四）要高度重视司法机关思想政治工作，把思想教育贯穿司法改革全过程。针对没有入额的一些老法官检察官、司法辅助人员和司法行政人员面临的工资收入低、职业空间小、心理落差大等问题，应高度重视并加以疏导，通过思想政治工作，使司法机关内部保持和谐稳定，人心不散，队伍不乱。在今后改革中，要进一步统一思想，充分认识和理解全面深化司法改革的重要性、艰巨性，不自满，不松劲，以抓铁有痕、踏石留印的意志品质，一如既往地推进司法体制改革全面深化。

调研组成员：曾明、杨建伟、罗勇、梁彬

2017 年 11 月

文件选编

中共柳州市城中区委员会　柳州市城中区人民政府印发《柳州市城中区法治政府建设实施方案(2016—2020 年)》的通知

城中发〔2017〕1 号

各街道党工委、办事处,区机关各部委办局,各人民团体:

现将《柳州市城中区法治政府建设实施方案(2016—2020 年)》印发给你们,请结合实际,认真贯彻执行。

中共柳州市城中区委员会
柳州市城中区人民政府
2017 年 2 月 8 日

柳州市城中区法治政府建设实施方案(2016—2020 年)

为贯彻落实全面推进依法治国的重大战略部署,深入推进依法行政,加快建设法治政府,实现到 2020 年基本建成法治政府的目标,根据中共中央、国务院《法治政府建设实施纲要(2015—2020 年)》、自治区党委、自治区人民政府《广西壮族自治区法治政府建设实施方案(2016—2020 年)》和柳州市委、柳州市人民政府《柳州市法治政府建设实施方案(2016—2020 年)》,结合我区实际,制定本实施方案。

一、总体要求

(一)指导思想

全面贯彻落实党的十八大、十八届三中、四中、五中、六中全会,自治区第十一次党代会、柳州市第十二次党代会和城中区第十次党代会精神,以马克思列宁主义、毛泽东思想、邓小平理论、“三个代表”重要思想、科学发展观为指导,深入贯彻落实习近平总书记系列重要讲话精神,根据全面建成小康社会、全面深化改革、全面依法治国、全面从严治党的战略布局,坚持创新、协调、绿色、开放、共享发展理念,坚持依法治国、依法执政、依法行政共同推进,坚持法治国家、法治政府、法治社会一体建设,实现政府活动全面纳入法治轨道,用法治引领改革发展、推动民生改善和社会公正,为实现在全市率先全面建成小康社会,打造广西商贸金融、科教文化强区奋斗目标提供有力法治保障。

(二)总体目标

到 2020 年,全面完成法治政府建设的各项主要任务,切实将政府工作全面纳入法治轨道,基本建成职能科学、权责法定、执法严明、公开公正、廉洁高效、守法诚信的法治政府,努力构建现代政府治理体系。

(三)基本原则

建设法治政府必须坚持中国共产党的领导,坚持人民主体地位,坚持法律面前人人平等,坚持依法治国和以德治国相结合,坚持从城中区实际出发,坚持依宪施政、依法行政、简政放权,自觉运用法治思维和法治方式推动政府工作,实行法治政府建设与创新政府、廉洁政府、服务型政府建设相结合。

（四）衡量标准

政府机构、职能、权限、程序、责任实现法定化，政府职能依法全面履行；政府管理经济社会的各项制度更加完善，依法行政制度体系完备；集中民意民智的渠道通畅，政府法律顾问作用得到有效发挥，行政决策科学民主合法；执法重心下移和执法力量下沉的行政执法体制健全，行政权力制约监督运行体系完善，宪法法律严格公正实施；依法化解社会矛盾和解决行政争议的机制有效运转，人民权益得到有效保障；政府工作人员特别是领导干部法治思维、法治意识明显增强，依法行政能力普遍提高。

二、主要任务和具体措施

（一）依法全面履行政府职能

目标：牢固树立创新、协调、绿色、开放、共享的发展理念，简政放权、放管结合、优化服务，切实转变政府职能，推进机构职权法定，行政效能和服务水平显著提高。

措施：

1. 依法界定政府职能

(1) 加快转变政府职能，优化政府组织结构，推进机构、职能、权限、程序、责任法定化。深入推进政企分开、政资分开、政事分开、政社分开，依法规范和加强市场监管、社会管理、公共服务、环境保护等职责，减少政府对微观事务的管理，充分发挥市场在资源配置中的决定性作用。引导采取行政指导、行政规划、行政合同、行政奖励等多样化、非强制性方式管理经济社会事务，推动政府管理由刚性管理方式向刚柔相济管理方式转变。完善政府绩效管理。推进政府事权规范化、法制化。强化区政府统筹推进区域内基本公共服务均等化职责。（责任单位：区编办、区绩效办）

2. 深化行政审批制度改革

(2) 建立规范行政审批的管理制度。严格实行行政审批目录化、编码化管理，优化行政审批流程，减少审批环节，提高审批效率，构建权责明确、透明高效的行政审批事中事后监管机制，建立健全行政审批责任追究制度。依法清理和规范行政审批中介服务事项。（责任单位：区编办、区政管办、区政府及其各部门，2017年年底前完成）

(3) 严格控制新设行政许可。区政府及部门规范性文件禁止设定行政许可。严禁以备案、登记、注册、年检、认证等形式变相设定行政许可。（责任单位：区政府及其各部门）

(4) 进一步推进相对集中行政许可权工作。健全完善区政务服务中心的运行管理机制，大力推进行政许可受理、审批、公示、查询、投诉等网上办理工作。（责任单位：区政管办，2018年年底前完成）

3. 实行权力清单、责任清单、负面清单的动态管理

(5) 严格执行政府及部门权力清单、责任清单制度，消除权力设租寻租空间。按照法定职责必须为和权责一致的要求，全面完成区政府工作部门、依法承担行政职能的事业单位、辖区各街道办事处权力清单、责任清单的清理和权力运行流程的编制，并向社会公布。（责任单位：区编办、区政管办、区法制办，2017年年底前完成）

(6) 实行统一的市场准入制度。严格执行国家公布的负面清单制度，确保各类市场主体依法平等进入清单之外领域。（责任单位：区发改局、区商务局）

(7) 建立行政事业性收费和政府性基金清单制度。依法公布上级物价部门的行政职业性收费和政府性基金清单，监督本级行政事业单位落实清单情况。没有法律法规依据的收费基金项目、政府提供普遍公共服务或者体现一般性管理职能的没有法律法规依据的行政事业性收费、没有法定依据的行政审批中介服务项目及收费一律取消。（责任单位：区财政局、区物价局，2017年年底前完成）

4. 完善宏观调控

(8) 深化投资体制改革。根据国家对政府核准投资项目目录修订情况，做好投资项目审批备案工作，承接下放投资审批权限工作。加强企业投资项目备案管理，落实企业投资自主权。（责任单位：区发改局）

5. 加强市场监管

(9) 全面梳理现行有效的规范性文件，清理、废除妨碍市场统一和公平竞争的各种规定和做法，破除部门保护、地区封锁和行业垄断。（责任单位：工商城中分局、区食品药品监管局、区商务局、区物价局，2017年年底完成）

(10) 深化商事制度改革，推进工商注册登记制度便利化。继续清理工商登记前置审批，加快工商登记后置审批改革。在进一步巩固工商营业执照、组织机构代码证、税务登记证“三证合一”、“一照一码”改革成果基础上，按照市工商局的统一部署，开展“多证合一”，实现“多证合一一照一码”。试点推行企业简

易注销改革,有序放开企业名称库,建立和完善市场主体退出机制。推行电子执照和全程电子化登记管理,实行“一址多照”和“一照多址”。深化“先照后证”改革,探索试点“证照分离”登记模式。(责任单位:工商城中分局,2018年年底完成)

(11)改革市场监管体系。完善市场监管方式,强化事中事后监管,建立实行统一市场监管,推进公平准入,维护市场的统一开放、公平诚信、竞争有序的市场监管体制机制,打造法治化、国际化、便利化的营商环境。(责任单位:工商城中分局、区食品药品监管局、物价局,2018年年底前完成)

(12)建立健全守信激励和失信惩戒机制。完善科学规范的责任追溯制度、经营异常名录和黑名单制度,对违法违规者严厉惩处,营造公平、统一、高效的市场环境。落实与配合建立健全社会信用代码制度和信用信息共享交换平台,配合国家、自治区、柳州市开展企业信用信息公示“全国一张网”建设,依法保护企业和个人信息安全。(责任单位:工商城中分局、区发改局等部门,2017年年底前完成)。

(13)深化公共资源交易管理体制改革。配合上级部门开展整合建立统一的公共资源交易平台工作,实行进场项目目录管理制度,不断探索和完善公共资源交易规则,强化全过程、全方位监管。(责任单位:区政管办,2017年年底前完成)

6.创新社会治理

(14)深入推进社会治安综合治理,全面推进平安城中建设。继续完善立体化社会治安防控体系,加快推进网络化、信息化建设,健全面向基层和群众的以网格化管理、社会化服务为方向的基层综合服务平台,有效防范管控影响社会安定的问题,确保人民安居乐业、社会安定有序、国家长治久安。(责任单位:区综治办,2018年年底前完成)

(15)加快推进社会组织登记管理制度改革。稳妥推进行业协会商会与行政机关脱钩,强化行业自律。加大市场主体和社会组织培育力度,对适合由社会组织提供的公共服务和解决的事项,交由社会组织承担。支持和发展社会工作服务机构和志愿服务组织。规范和引导网络社团社群健康发展,加强监督管理。继续推进社会自治,发挥市民公约、乡规民约、行业规章、团体章程等社会规范在社会治理中的积极作用,重点强化农村基层组织依法治理,推动农村、社区治理法治化、规范化。(责任单位:区民政局,2018年年底前完成)

(16)切实提高公共突发事件防范处置和防灾救灾能力。加强重点行业、重点领域服务管理,切实维护公共场所和公共交通工具安全。全方位强化安全生产,全过程保障食品药品安全。(责任单位:区综治办、区民政局、区安监局、区食品药品监管局等有关部门,2017年年底前完成)

7.优化公共服务

(17)增强政府公共服务职责。强化区政府统筹推进全区基本公共服务的责任,强化区政府执行责任,推动区政府事权规范化,加快形成政府主导、覆盖城乡、可持续的基本公共服务体系,缩小城乡区域间基本公共服务差距,实现基本公共服务标准化、均等化、法定化。建立公开公共服务事项目录清单,优化公共服务办理流程,实行动态化管理,促进公开透明;全面推进公共服务事项进驻区政务服务中心集中办理,方便群众办事。(责任单位:区发改局、区民政局、区教育局、区卫计局、区文体新局、区人社局、区政管办等有关部门)

(18)健全政府购买公共服务制度。公开政府购买公共服务目录,提高政府购买公共服务质量,强化政府购买公共服务监管。推进公共服务提供主体和方式多元化,凡属事务性管理服务,原则上都要引入竞争机制向社会购买;确需政府参与的,实行政府和社会资本合作模式。(责任单位:区财政局、区发改局、区后勤服务中心等有关部门,2018年年底前完成)

8.强化生态环境保护

(19)实行资源有偿使用制度和生态补偿制度。严格实行环境信息公开制度、环境影响评价制度和污染物排放总量控制制度。(责任单位:区环保局、区物价局、区发改局等有关部门,2018年年底前完成)

(20)健全生态环境保护责任追究制度和生态环境损害赔偿制度,对污染环境、破坏生态行为或者突发性事件进行鉴定评估,对领导干部实行经济责任审计的同时,关注领导干部任期内自然资源资产管理及生态环境保护政策执行情况。(责任单位:区环保局、区审计局,2018年年底前完成)

(二)完善依法行政制度体系

目标:构建系统完善、科学规范、运行有效的依法行政制度体系,保证法律、法规和规章的正确实施。

措施：

9. 加强规范性文件监督管理

(21) 严格执行规范性文件制定程序。按照《广西壮族自治区规范性文件监督管理办法》的规定，认真落实规范性文件的调研起草、征求意见、组织论证、合法性审查、制定机关负责人集体讨论决定、公布、备案程序，未经合法性审查、集体讨论决定的规范性文件不得发布实施。（责任单位：区政府规范性文件制定机关）

(22) 实行规范性文件“三统一”制度。实行制定机关对规范性文件统一登记、统一编号、统一印发制度，未经“三统一”的规范性文件，不得作为行政管理的依据。探索建立规范性文件有效期和规范性文件实施情况评估制度，有效期届满的规范性文件自行失效；有效期届满后仍需要继续执行的规范性文件，制定机关要对其实施情况进行评估，并按照相关程序修订后重新发布。（责任单位：区政府规范性文件制定机关，2017 年年底前完成）

(23) 强化规范性文件备案审查。严格执行《广西壮族自治区各级人民代表大会常务委员会规范性文件备案审查条例》和《广西壮族自治区规范性文件监督管理办法》的规定，健全备案审查制度，加强备案审查能力建设。加大对规范性文件的备案审查力度，依法撤销和纠正违法或者不适当的规范性文件，做到有件必备、有备必审、有错必纠，切实维护法制统一和政令通畅。对超越权限、内容违法、违反法定程序制定的部门规范性文件、区政府规范性文件，分别由区法制办、市法制办通知制定机关限期处理；逾期不处理的，由区法制办报请本级政府责令改正或者依法予以撤销，并向社会公布。改进备案审查工作机制和方法，建立健全规范性文件备案登记、公布情况通报和监督检查制度。区法制办要通过政府网站、新闻媒体等定期向社会通报备案审查情况，公布准予备案的规范性文件目录。完善规范性文件建议审查制度，依法受理和处理公民、法人和其他组织的审查申请。积极推进规范性文件的定期清理工作，并向社会公布清理结果。（责任单位：区法制办）

10. 建立政府规范性文件清理长效机制

(24) 根据全面深化改革、经济社会发展需要，以及上位法制定、修改、废止情况，及时清理政府规范性文件。实行政府规范性文件目录和文本动态化、信息化管理。区政府及部门每年第一季度要调整并向社会公布上一年度各自制定的规范性文件目录，未经公布并列入继续有效目录的规范性文件，不得作为行政管理的依据。（责任单位：区政府规范性文件制定机关，2017 年年底前完成）

（三）推进行政决策科学化、民主化、法治化

目标：坚持依法科学民主决策，严格落实行政决策制度和程序，决策质量显著提高，行政决策公信力和执行力大幅提升。

措施：

11. 健全依法决策机制

(25) 严格执行《广西壮族自治区重大行政决策程序规定》。各行政决策机关要在依法明确重大行政决策事项范围的前提下，严格按照决策调研、咨询论证、公众参与、风险评估、合法性审查、集体讨论决定的法定程序作出重大行政决策；完善作出重大行政决策的工作机制，明确各程序的责任主体、承办机构、内容、期限等要求，确保决策制定科学、程序正当、过程公开、责任明确。（责任单位：区政府各行政决策机关）

12. 增加公众参与重大行政决策实效

(26) 实行重大决策预公开制度，涉及群众切身利益、需要社会广泛知晓的重要改革方案、重大政策措施、重大工程项目，除依法应当保密的外，决策前应当通过政府网站、新闻媒体向社会公布决策草案、决策依据，通过听证座谈、调查研究、咨询协商、媒体沟通等方式广泛听取公众意见。要加强公众参与决策平台建设，对社会关注度高的决策事项，应当主动公开信息、做好解释说明工作。完善公众意见反馈机制，及时反馈公众意见采纳情况和理由。积极推行全区文化教育、医疗卫生、资源开发、环境保护、公用事业等重大民生决策事项民意调查制度。（责任单位：区政府各行政决策机关，区统计局，2017 年底前完成）

13. 提高重大行政决策专家论证和风险评估质量

(27) 完善政府重大事项决策咨询制度。对专业性、技术性较强的决策事项，行政决策机关应当组织专家、专业机构进行论证。选择论证专家要注重专业性、代表性、均衡性，支持其独立开展工作，逐步实行专家信息和论证意见公开。（责任单位：区政府各行政决策机关）

(28) 落实重大决策社会稳定风险评估机制。细化包括社会稳定、生态环境、公共财政、制度廉洁性等

方面的风险评估规则和标准,完善评估工作机制,加强评估结果运用,推动风险评估程序化、规范化。(责任单位:区委政法委,2018年年底前完成)

14. 加强重大行政决策合法性审查

(29) 严格执行有关合法性审查的具体规定,完善行政机关内部重大决策合法性审查机制。政府的法制机构应当通过书面审查、实地调研考察、公开听取意见、组织政府法律顾问进行咨询或者论证等多种方式,在规定期限内完成对决策方案及相关材料的审查,并出具合法性审查意见书。重大行政决策未经合法性审查或者审查不合法的,不得提交讨论。(责任单位:区政府办、区法制办、区政府各行政决策机关)

(30) 推进政府法律顾问制度的贯彻落实。严格执行中共中央办公厅、国务院办公厅《关于推行法律顾问制度和公职律师公司律师制度的意见》、自治区政府办公厅《关于建立政府法律顾问制度的意见》和柳州市政府办公室《关于建立政府法律顾问制度的意见》的具体规定,建立健全以政府法制机构人员为主体、吸收专家和律师参加的政府法律顾问队伍,充分发挥政府法制机构工作人员主体作用,形成以内为主、以外为辅、内外结合的政府法律顾问工作格局。完善政府法律顾问的议事规则、日常管理和考核监督,引入退出机制,形成动态管理。政府法律顾问工作经费应当纳入政府财政预算。(责任单位:区法制办,2017年年底前完成)

15. 坚持重大行政决策集体讨论决定

(31) 完善行政机关重大行政决策集体讨论决定机制,区政府常务会议或者全体会议、部门领导班子会议讨论决定重大行政决策事项,实行行政首长末位表态制,行政首长拟作出的决定与会议组成人员多数人的意见不一致的,应当在会上说明理由。集体讨论情况和决定要如实记录、完整存档。(责任单位:区政府办、区政府各行政决策机关)

16. 严格行政决策责任追究

(32) 通过试点积极稳妥地推行重大行政决策后评估制度,跟踪决策执行情况和实施效果,及时调整决策内容,纠正决策偏差。(责任单位:区政府办、区法制办)

(33) 建立健全并严格实施重大行政决策终身责任追究制度及责任倒查机制。对决策严重失误或者依法应当及时作出决策但久拖不决造成重大损失、恶劣影响的,严格追究行政首长、负有责任的其他领导人员和相关责任人员的责任。(责任单位:区监察局,2018年年底前完成)

(四)坚持严格规范公正文明执法

目标:理顺行政执法体制,完善行政执法程序,创新行政执法方式,坚持严格规范公正文明执法,法律法规规章得到严格实施,各类违法行为得到及时查处和制裁,公民、法人和其他组织的合法权益得到切实保障,经济社会秩序得到有效维护,行政违法或者不当行为明显减少,对行政执法的社会满意度显著提高。

措施:

17. 理顺行政执法体制

(34) 深入推进行政执法体制改革。根据自治区、市、县(区)三级行政执法队伍的执法权限划分,强化区政府的行政执法职能。按照执法重心下移和执法力量下沉基层的要求,把机构改革、政府职能转变调整出来的人员编制重点用于充实基层执法力量;大幅减少行政执法队伍种类,加大关系群众切身利益的重点领域执法力度,重点在食品药品安全、工商质检、公共卫生、安全生产、文化旅游、资源环境、农林水利、交通运输、城乡建设、渔业、商务等领域内推行综合执法;积极推进在基层发生频率较高、专业技术要求适宜的农业农村、生态保护、社会管理、民生事业等领域,相对集中行政执法权,推行跨领域、跨部门综合执法。健全行政执法和刑事司法衔接机制,完善案件移送标准和程序,健全行政执法机关、公安机关、检察机关、审判机关信息共享、案情通报、案件移送制度。(责任单位:区编办、区法制办等有关部门)

(35) 加强城市管理行政执法工作的统一领导和协调。加强城市管理综合执法机构和队伍建设,逐步实现城市管理综合执法的执法权、执法力量、执法手段"三集中",提高城市管理综合执法和服务水平。(责任单位:区执法局,2018年年底前完成)

18. 完善行政执法程序

(36) 辖区行政机关要依法建立健全本系统行政裁量权基准制度,细化、量化行政裁量标准,统一规范本系统行政裁量的范围、种类和幅度。(责任单位:辖区各行政机关,2017年年底前完成)

(37) 加大行政执法程序制度建设力度,规范行政执法行为。制定统一的行政执法程序规范,加大行政执法力度，坚决依法查处各类违法行为。科学编制、公示行政执法权力运行流程图。落实行政执法案件主办人制度，建立重大、疑难案件听证、集体讨论等制度，提高案件办理质量。建立和实施行政执法调查取证制度、告知制度和异地行政执法协助制度。建立行政执法全过程记录制度，确保各个执法环节有据可查。建立重大行政执法决定法制审核制度，科学界定法制审核范围、内容和程序，确保重大行政执法决定合法合理。（责任单位：辖区各行政执法机关，2017年年底前完成）

19. 创新行政执法方式

(38)全面推行行政执法公示制度。严格执行自治区政府办公厅《关于建立行政执法公示制度的实施意见》有关公示主体、公示内容、公示方式和时间节点的具体规定，增强行政执法的透明度，提升行政执法的公信力。加强行政执法的信息化建设，完善网上执法办案及信息查询系统；积极对接自治区统一的行政执法信息平台，实现行政执法机关之间行政执法数据共享和业务协同。（责任单位：辖区各行政执法机关，区政管办、区法制办，2017年年底前完成）

(39)创新行政执法方式。推广运用说服教育、劝导示范、行政指导、行政奖励等非强制执法手段。健全公民和组织守法信用记录，完善守法诚信褒奖机制和违法失信行为惩戒机制。（责任单位：辖区各行政执法机关、区发改局等有关部门）

20. 全面落实行政执法责任制

(40)认真执行《广西壮族自治区行政执法责任制实施办法》，严格按照推行行政执法责任制的要求，科学分解各自的行政执法职权，确定内设机构、执法岗位、执法人员的具体执法责任，建立健全常态化的责任追究机制。（责任单位：辖区各行政执法机关，2017年年底前完成）

21. 加强行政执法队伍建设

(41)全面推行行政执法人员资格网上考试和执法人员信息化管理。强化行政执法人员资格和行政执法证件管理，未经执法资格考试或者考试不合格的，不得授予执法资格，不得从事执法活动。加强对行政执法人员培训和平时考核。建立执法人员退出机制。规范执法辅助人员管理，明确其适用岗位、身份性质、职责权限、权利义务、聘用条件和程序等。（责任单位：区法制办、区人社局、辖区各行政执法机关，2017年年底前完成）

22. 加强行政执法保障

(42)推动形成全社会支持行政执法机关依法履职的氛围。对妨碍行政机关正常工作秩序、阻碍行政执法人员依法履责的违法行为，坚决依法处理。全区各级党政机关和领导干部要支持行政执法机关依法公正行使职权。加强行政执法部门之间的协作配合，实行行政执法争议协调裁决制度。加强行政执法经费保障，特别要落实和保障基层行政执法机关的执法经费，保证执法经费足额拨付。改善行政执法条件，合理安排执法装备配备、科技建设方面的投入，强化科技、装备在行政执法中的应用。完善行政执法人员保障机制，推行岗位定期轮换等工作制度，对长期在一线工作的行政执法人员，在评优、奖先等方面增加权重比例，逐步建立符合行政执法特点的保障体系，建立人身意外伤害保险等职业风险保障制度。（责任单位：辖区各行政执法机关、区财政局，2017年年底前完成）

（五）强化对行政权力的制约和监督

目标：强化对行政权力的制约和监督，完善上级行政机关对下级行政机关的政府内部层级监督和专门机关对行政机关的专门监督，建立健全常态化监督制度，科学有效的行政权力运行制约和监督体系基本形成，损害公民、法人和其他组织合法权益的违法行政行为得到及时纠正，违法行政责任人依法依纪受到严肃追究。

措施：

23. 健全行政权力运行制约和监督制度

(43)坚持用制度管权管事管人，修改完善相关制约监督行政权力运行的规范性文件，确保行政机关按照法定权限和程序行使权力。要有效落实公开行政权力运行流程、惩治和预防腐败、防控廉政风险、防止利益冲突等要求，切实把权力关进制度的笼子。具体规范并严格执行行政机关承诺事项兑现行为，用制度规范行政合同和协议的履行，发挥政府诚信建设示范作用，加快政府守信践诺机制建设。加强公务员诚信管理，建立公务员诚信档案。（责任单位：区监察局、区法制办、区人社局，2018年年底前完成）

24. 自觉接受党内监督、人大监督、民主监督、司法监督

(44)在党委对党风廉政建设和反腐败工作的统

一领导下，区政府及其部门党组(党工委)要切实履行主体责任，主要负责人是第一责任人，对本级政府本部门党风廉政建设负总责。(责任单位：区政府及部门党组、党工委)

(45)认真执行向本级人大及其常委会报告工作制度、接受询问和质询制度、报备政府规范性文件制度。认真研究处理区人大及其常委会组成人员对政府工作提出的有关审议意见，及时研究办理人大代表和政协委员提出的意见和建议，改进工作。健全知情明政机制，政府相关部门向政协定期通报有关情况，为政协委员履职提供便利、创造条件。支持人民法院依法受理行政案件，严格执行《广西壮族自治区行政机关负责人出庭应诉工作规则》，切实解决“民告官不见官”现象，尊重并执行人民法院生效裁判。积极配合检察机关对在履行职责中发现的行政违法行为进行监督，让依法接受司法监督理念切实转变为行政机关的自觉行动。(责任单位：区政府及其部门)

25. 加强行政监督和审计监督

(46)完善政府内部层级监督制度。严格执行《广西壮族自治区行政执法监督办法》，进一步加强和充实行政执法监督力量，积极探索行政执法监督社会参与机制，创新行政执法监督方式，健全完善监督检查记录、监督案件办理程序，改进上级行政机关对下级行政机关的监督机制，建立常态化、长效化监督制度。严格实施行政执法专项监督检查制度和行政执法案卷评查制度，加大对社会关注、群众关切的热点和难点问题的监督检查力度，依法查处违法或者不当的行政执法行为。依托自治区统一的行政执法信息平台，建立起全区统一的行政执法监督网络平台，健全完善投诉举报、情况通报等制度。建立健全行政执法评议考核机制，科学合理设计考核指标，考核结果作为执法人员职务级别调整、交流轮岗、教育培训、奖励惩戒的重要依据。(责任单位：区政管办、区法制办)

(47)强化专门监督。加强对财政奖金分配使用、国有资产监管、政府投资、政府采购、公共资源转让、公共工程建设等权力集中的部门和岗位实行分事行权、分岗设权、分级授权，定期轮岗，强化内部流程控制，防止权力滥用。区监察机关要切实履行监督责任，确保廉政建设各项任务落实。要加大对遵守有关法律法规和财经纪律情况，以及党和国家、上级党委和政府重大经济方针政策及决策部署情况的审计监督力度，注意发现有法不依、执法不严等问题和重大违法违纪案件线索。对公共资金、国有资产、国有资源和领导干部履行经济责任情况实行审计全覆盖。公开民生资金分配使用情况，重点围绕实施精准扶贫，加大扶贫对象、扶贫资金分配、扶贫资金使用等信息公开力度，接受社会监督。(责任单位：区审计局、区监察局)

26. 完善社会监督和舆论监督机制

(48)行政机关应当根据工作特点，设置举报箱、电子信箱、热线电话等，公开联系方式，畅通社会公众投诉举报、反映问题的渠道，主动接受社会公众和新闻舆论的监督，依法及时查处违法行政行为。发挥报刊、广播、电视等传统媒体监督作用，加强与互联网等新兴媒体的互动，重视运用和规范网络监督，建立健全网络舆情监测、收集、研判、处置机制，推动网络监督规范化、法治化。(责任单位：区政府各行政机关，区委宣传部，2017年年底前完成)

27. 全面推进政务公开

(49)坚持以公开为常态、不公开为例外原则，推进决策公开、执行公开、管理公开、服务公开、结果公开。完善政府信息公开制度，拓宽政府信息公开渠道，进一步明确政府信息公开范围和内容。重点推进财政预算、公共资源配置、重大建设项目批准和实施、实施精准扶贫、社会公益事业建设等领域的政府信息公开。完善政府新闻发言人、突发事件信息发布等制度，充分利用新媒体平台做好对热点敏感问题的舆论引导，及时回应人民群众关切。创新政务公开方式，加强互联网政务信息数据服务平台和便民服务平台建设，构建基于互联网的一体化政务服务体系，提高政务公开信息化、集中化水平。(责任单位：区政府办、区政管办、区委宣传部、区工信局，2017年年底前完成)

28. 完善纠错问责机制

(50)加大问责力度。严格执行《中国共产党问责条例》《中华人民共和国行政监察法》《中华人民共和国公务员法》《行政机关公务员处分条例》和《广西壮族自治区行政过错责任追究办法》等有关规定，坚决纠正行政不作为、乱作为，坚决克服懒政、庸政、怠政，坚决惩处失职、渎职。认真落实党风廉政建设责任制，坚持有错必纠、有责必问，对“四风”问题突出、发生顶风违纪问题或者出现系统性腐败案件的部

门和单位，既要追究主体责任、监督责任，又要严肃追究领导责任。（责任单位：区委组织部、区委政法委，区监察局、区人社局）

（六）依法有效化解社会矛盾纠纷

目标：健全依法化解纠纷机制，加强行政复议工作，全面推进行政应诉、行政调解、行政裁决、仲裁、人民调解和信访工作，全面尽快形成公正、高效、便捷、成本低廉的矛盾纠纷多元化解机制，依法有效化解社会矛盾纠纷。

措施：

29. 健全依法化解纠纷机制

（51）建立健全社会矛盾预警机制、利益表达机制、协调沟通机制、救济救助机制。及时收集分析热点、敏感、复杂矛盾纠纷信息，加强群体性、突发性事件预警监测。强化依法应对和处置群体性事件机制和能力。依法加强对影响或危害食品药品安全、安全生产、生态环境、网络安全、社会安全等领域重点问题的治理。加大普法力度，完善法律援助制度，引导和支持公民、法人和其他组织依法表达诉求和维护权益。（责任单位：区综治办、市公安局城中分局、区食品药品监管局、区安监局、区环保局、区司法局）

30. 加强行政复议工作

（52）畅通行政复议申请渠道，切实为群众提供便利。健全行政复议案件审理机制，创新审理方式，推行立审分离、现场调查、公开审理、集体研究等制度，规范简易程序，依法运用调解、和解方式解决纠纷，实质性化解行政争议。提高行政复议办案质量，通过约谈、通报、责令整改、督办等纠错手段，加大行政复议纠错力度，坚决纠正违法或者不当的行政行为，提高行政复议公信力。建立健全落实行政复议意见、建议制度。加强行政复议专业化、规范化、信息化建设，提升办案质量和效率。实行行政复议人员资格管理、持证上岗和岗位待遇制度，新进入行政复议岗位的工作人员必取得法律职业资格。区政府应当依照有关规定配备、充实行政复议人员，保证行政复议机构的办案能力与工作任务相适应。强化行政复议保障，落实办案场所和有关装备保障，行政复议工作经费列入本级政府预算切实予以保障。建立健全行政复议监督、激励机制，强化对行政复议工作的考评，科学设定考评指标，把行政复议工作作为法治政府建设考核评价的重要内容，纳入政府绩效考核评价体系。（责任单位：区法制办、区编办、区人社局、区财政局）

31. 完善行政调解、行政裁决制度

（53）完善行政调解制度，科学界定调解范围，规范调解程序。健全行政调解工作机制，及时研究解决行政调解工作中遇到的问题。法制办要发挥好牵头作用，指导开展行政调解工作，建立完善行政调解指导机制和行政调解工作考评机制。加强行政调解与司法调解、人民调解、仲裁调解等调解机制的衔接。（责任单位：区法制办、区司法局、区人社局等有关部门）

（54）完善行政裁决制度，健全行政裁决工作机制。明确行政裁决主体和适用范围，规范行政裁决程序，强化行政机关解决同行政管理活动密切相关的民事纠纷功能。（责任单位：市国土局城中分局、区农水局、区司法局、区法制办）

32. 鼓励和支持加强人民调解工作

（55）认真贯彻实施《中华人民共和国人民调解法》，完善人民调解制度，积极指导、支持和保障村（居）民委员会等基层组织开展人民调解工作。积极稳妥地发展人民调解组织，加强交通事故、医患、劳动以及消费、物业管理等行业性、专业性人民调解组织建设。（责任单位：区司法局，2018年年底前完成）

33. 加强和改进信访工作

（56）深入推进信访工作制度改革，把信访纳入法治化轨道，保障合理合法诉求依照法律规定和程序就能够得到合理合法的结果。优化传统信访途径，实行网上受理信访制度，健全及时就地解决群众合理诉求机制。严格实行诉访分离，推行律师参与信访接待制度，推进通过法定途径分类处理信访投诉请求，引导群众在法治框架内解决矛盾纠纷，完善涉法涉诉信访依法终结制度。（责任单位：区委政法委、区信访局，2018年年底前完成）

（七）全面提高政府工作人员法治思维和依法行政能力

目标：政府工作人员特别是领导干部带头尊法学法守法用法，牢固树立宪法法律至上、法律面前人人平等、权由法定、权依法使等基本法治理念，恪守合法行政、合理行政、程序正当、高效便民、守法诚信、权责统一等依法行政基本要求，法治思维和依法行政能力普遍提高，在法治轨道上全面推进政府各项工作。

措施：

34. 树立重视法治素养和法治能力的用人导向

(57)抓住领导干部这个全面依法治国的"关键少数",把法治观念强不强、法治素养好不好作为衡量干部德才的重要标准,把能不能遵守法律、依法办事作为考察干部的重要内容,把严守党纪、恪守国法的干部用起来。在相同条件下,优先使用法治素养好、依法办事能力强的干部。对特权思想严重、法治观念淡薄的干部要批评教育、督促整改,问题严重或者违法违纪的,依法依纪严肃处理。(责任单位:区委组织部,区人社局、区监察局)

35. 加强对政府工作人员的法治教育培训

(58)完善并坚持政府工作人员特别是领导干部学法制度,切实做到学法计划、内容、时间、人员、效果"五落实"。领导干部要通过政府常务会议学法、行政机关办公会议学法等形式,系统学习中国特色社会主义法治理论,学好宪法、通用法律知识和与自己所承担工作密切相关的法律法规规章。区政府每年至少举办一期领导干部法治专题培训班,区政府领导班子每年应当举办两期以上法治专题讲座。(责任单位:区政府办、区政府各部门)

(59)健全行政执法人员岗位培训制度,行政执法机关每年应当组织开展行政执法人员通用法律知识、专门法律知识、新法律法规等专题培训,确保行政执法人员熟练掌握行政执法依据和流程,努力提升行政执法素养和水平。把预防职务犯罪警示教育纳入干部教育培训计划,加大对公务员初任培训、任职培训中法律知识的培训力度。(责任单位:区委组织部、区人社局、辖区各行政执法机关,2018年年底前完成)

36. 完善政府工作人员法治能力考查测试制度

(60)加强对领导干部任职前法律知识考查和依法行政能力测试,将考查和测试结果作为领导干部任职的重要参考,促进政府及其部门负责人严格履行法治建设职责。实行公务员晋升依法行政考核制度。(责任单位:区委组织部,区人社局,2018年年底前完成)

37. 注重通过法治实践提高政府工作人员法治思维和依法行政能力

(61)政府工作人员特别是领导干部想问题、作决策、办事情必须守法律、重程序、受监督,牢记职权法定,切实保护人民权益。要自觉运用法治思维和法治方式深化改革、推动发展、化解矛盾、维护稳定,依法治理经济,依法协调和处理各种利益问题,努力营造办事依法、遇事找法、解决问题用法、化解矛盾靠法的良好法治环境。注重发挥法律顾问和法律专家的咨询论证、审核把关作用。落实"谁执法谁普法"的普法责任制,建立行政执法人员以案释法制度,使执法人员在执法普法的同时不断提高自身法治素养和依法行政能力。(责任单位:区政府各行政执法机关)

三、组织保障和落实机制

目标:强化党对法治政府建设的领导,法治政府建设标准和年度考核制度完备,依法行政体制运行顺畅,良好的法治环境的氛围基本形成。

措施:

38. 加强党对法治政府建设的领导

(62)加强党对法治政府建设的领导。党的领导是全面推进依法治国、加快建设法治政府最根本的保证,必须坚持党总揽全局、协调各方,发挥区委领导核心作用,把党的领导贯彻到法治政府建设各方面。区政府及其部门要自觉接受党的领导,切实增强建设法治政府的使命感、紧迫感和责任感,加强组织领导,强化工作责任,一级抓一级,层层抓落实。政府要在党委统一领导下,谋划和落实好法治政府建设的各项任务,制定法治政府建设工作方案,每年部署法治政府建设年度重点工作,主动向党委报告法治政府建设中的重大问题,及时消除制约法治政府建设的体制机制障碍。(责任单位:区委、区政府)

(63)加强政府法制机构和队伍建设。区政府要充分发挥法制机构在推进依法行政、建设法治政府中的统筹规划、组织协调、督促指导、考核评价作用,大力支持并保障其依法履行政府行政决策的规范性文件合法性审查、行政复议和行政应诉、行政执法监督等法定职能。切实加强政府法制机构建设,推进街道办事处建立法制员队伍,使法制机构的建制、规格、人员编制配备与其承担的实际职责任务相匹配。不断提高法制机构工作人员的思想政治素质和业务工作能力,推进法制机构队伍的专业化和职业化。(责任单位:区委、区政府)

39. 落实第一责任人责任

(64)党政主要负责人要履行推进法治建设第一责任人职责,将建设法治政府摆在工作全局的重要位置。建立区政府对本城区推进建设法治政府工作负总责、法制办牵头、各职能部门为主体的推进法治政府建设领导机制。区政府常务会议每年至少听取一次法治政府建设情况汇报,及时研究和解决本城区依法行政、法治政府建设中存在的突出问题。对不认真履行第一责任人职责，本部门1年内发生多起重大违法行政案件、造成严重社会后果的，依法追究主要负责人的责任。区政府每年第一季度要向同级党委、人大常委会和上一级政府报告上一年度法治政府建设情况，政府部门每年第一季度要向本级政府和上一级政府有关部门报告上一年度法治政府建设情况，报告要通过报刊、政府网站等向社会公开。（责任单位：区委、区政府）

40. 强化考核评价和督促检查

(65)区委要把法治建设成效作为衡量各级领导班子和领导干部工作实绩的重要内容，纳入政绩考核指标体系，充分发挥考核评价对法治政府建设的重要推动作用。区政府及其部门的党组织要领导和监督本单位模范遵守宪法法律，坚决查处执法犯法、违法用权等行为。要加强对法治政府建设进展情况的督促检查。对工作不力、问题较多的，要及时约谈、责令整改、通报批评。（责任单位：区委组织部、区委督查室、区政府督查室、区法制办，2018年年底前完成）

41. 加强理论研究、典型示范和宣传引导

(66)加强中国特色社会主义法治政府理论研究，区法制办要结合工作实际，认真研究法治政府建设中存在的新情况新问题，为法治政府建设提供理论支撑和决策参考。坚持从实际出发，积极开展建设法治政府示范和依法行政先进单位创建活动，大力培育建设法治政府先进典型。通过召开现场会、经验交流会等形式及时总结、交流和推广经验，充分发挥先进典型的示范带动作用。定期通报和曝光违法行政典型案例，分析原因、汲取教训、改进工作。大力开展法治政府建设宣传工作，加强正面宣传引导，以报刊、广播、电视、网络等多种媒体形式，广泛宣传法治政府建设目标、工作部署、先进经验、典型做法，正确引导舆论、凝聚社会共识，营造全社会关心、支持和参与法治政府建设的良好社会氛围。（责任单位：区法制办，区委宣传部，区政府各行政执法机关）

四、实施步骤

深入推进依法行政、建设法治政府，意义重大、影响深远、时间紧迫、任务艰巨，党政主要负责人要亲自抓，确保法治政府建设各项工作落到实处。各项工作任务除本实施方案有明确时间要求外，原则上应当在2019年年底前完成。

本实施方案印发后2个月内，全区各责任单位要结合本单位实际制定具体工作方案，明确提出各项工作任务的时间进度安排和可检验的成果形式，并将可检验的成果形式送区法制办汇总报区委办公室、区政府办公室。每年12月中旬前，各责任单位要分别将本单位牵头负责的各项工作任务的完成情况，书面报送区委办公室、区政府办公室，并抄送区法制办。不能按时完成任务的要说明理由。

区法制办要牵头做好对法治政府建设进展情况的督促检查，结合法治政府建设年度重点工作，开展专项督查和年终考评。

区政府各部门在推进法治政府建设过程中，要注意研究新情况新问题，解放思想、大胆实践、开拓进取、久久为功，运用法治思维和法治方式引领改革发展破障闯关、推动民生改善和社会公正，以更加奋进有为的精神状态，推动法治政府建设一步一个脚印向前迈进，为实现在全市率先全面建成小康社会，打造广西商贸金融、科教文化强区奋斗目标作出扎扎实实的贡献。

中共柳州市城中区委办公室

2017年2月8日印发

柳州市城中区人民政府关于印发《柳州市城中区创建广西食品安全城市实施方案》的通知

城中政发〔2017〕6号

各街道办事处，区机关各有关委、办、局，辖区各有关单位：

《柳州市城中区创建广西食品安全城市实施方案》已经柳州市城中区第十二届人民政府第11次常务会议审议通过，现印发给你们，请结合实际，认真贯彻执行。

柳州市城中区人民政府

2017年5月23日

柳州市城中区创建广西食品安全城市实施方案

为做好创建广西食品安全城市工作，根据《自治区食品安全办关于印发农产品质量安全县和食品安全城市创建试点工作方案的通知》（桂食安办〔2015〕5号）、《柳州市人民政府关于印发〈柳州市创建广西食品安全城市实施方案〉的通知》（柳政发〔2017〕2号），结合我区实际，制定本实施方案。

一、总体思路

按照食品安全治理现代化要求，以建设“食品安全城中”为目标，以创建广西食品安全城市为抓手，严格落实属地管理责任，督促监管部门依法履职，引导企业诚信经营，鼓励社会各界积极参与，促进食品产业持续健康发展，形成“上下统一、责任明晰，运行高效、保障有力，全程监管、科学合理”的食品安全治理体系，推动食品安全整体形势持续稳定向好。

二、基本目标

（一）食品安全整体状况良好。食品安全总体状况持续稳定在较高水平，尤其是粮食及粮食制品、食用油、蔬菜、水果、肉及肉制品、蛋、水产品、乳制品、保健食品等主要食品和专供婴幼儿及其他特定人群的主辅食品安全状况稳定在较高水平。无重大食品安全事故或影响恶劣的食品安全事件。

（二）食品安全治理水平稳步提高。建立起完善的食品安全监管体系；建立食品安全财政投入稳定增长机制，保障监管所需的人、财、物投入；监管执法不断强化，食品安全问题有效整治；食品行业依法诚信经营，产业健康发展；食品安全社会共治格局基本形成。

（三）公众满意度显著提升。公众对食品安全工作措施认可度高，对食品安全现状总体满意度高。

三、主要任务

（一）完善组织管理体系

1. 区政府统一负责、领导、组织、协调全区食品安全工作，将其纳入经济社会发展规划，摆上重要议事日程。各街道办事处要按照属地管理原则，加强对辖区食品安全工作的组织领导。（责任单位：区政府办、区食品安全办、区发改局，各街道办事处）

2. 深入推进食品药品监管体制改革，建立健全各级食品药品监管机构，配齐配强监管人员。（责任单位：各街道办事处，区编办、区人社局、区食品药品监管局）

3. 加强食品安全监管责任体系建设，层层建立食品安全目标管理责任制，明确监管责任主体和要求，着力消除监管空白和盲区。（责任单位：区政府办、区食品安全办，各街道办事处）

4. 加大食品安全工作评议考核力度，健全考核评价机制，将食品安全纳入目标绩效管理考核。（责任单位：区绩效办、区食品安全办，各街道办事处）

5. 加强食品安全制度建设，健全全程监管机制，促进食品安全依法监管、科学监管和有效监管。（责任单位：区农水局、市工商局城中分局、区卫计局、区食品药品监管局、区水产畜牧兽医局）

（二）加强监管能力建设

1. 加大食品安全监管投入，将食品安全监管经费纳入财政预算，年度食品安全工作经费满足监管工作实际需要，并建立食品安全财政投入稳定增长机制。

加强基层食品安全监管机构基础设施建设，推进执法装备配备标准化，满足履职需要。（责任单位：区财政局、区农水局、区食品药品监管局、区水产畜牧兽医局，各街道办事处）

2. 建立健全食品安全检验检测体系，食品安全检验机构实验室、仪器设施、人员配备、经费保障到位，具备对我区主要食品种类、重要食品安全项目的检验及快检能力。（责任单位：区发改局、区财政局、区卫计局、区农水局、区食品药品监管局、区水产畜牧兽医局、区编办、区人社局）

3. 对农产品批发市场、农贸市场食品安全检测室（站）建设给予一定的财政补贴，对检验检测经费给予补助。（责任单位：区财政局、区商务局、区食品药品监管局）

4. 广泛推广应用电子监管、信息技术等现代科技手段，提高科技支撑能力。（责任单位：区农水局、市工商局城中分局、区工信局、区卫计局、区食品药品监管局、区水产畜牧兽医局）

5. 定期开展食品安全监管人员业务培训，着力提升综合素质和业务能力。各级食品安全监管人员每人每年接受不少于40小时的食品安全业务培训。（责任单位：区农水局、市工商局城中分局、区卫计局、区食品药品监管局、区水产畜牧兽医局）

（三）加强食用农产品质量安全源头治理

1. 全面加强农业投入品管理，实行农药兽药经营告知制度，禁止销售使用高毒、剧毒农药；开展兽用抗菌药、饲料及饲料添加剂专项整治，规范兽用抗菌药、饲料及饲料添加剂的生产经营和使用；全面推进土壤健康工程，积极开展土地酸化治理，推行测土配方施肥，促进农药、化肥科学减量使用。严厉打击农药兽药残留超标、非法添加激素类药品或其他违禁物质等违法违规行为。（责任单位：区农水局、区水产畜牧兽医局）

2. 加快发展现代农业，大力推进食用农产品标准化、规范化、产业化生产，蔬菜、果品等优势农产品标准化生产程度提高到70%以上；"三品一标"（无公害农产品、绿色食品、有机农产品、农产品地理标志）产品产地认定面积占食用农产品产地总面积的比率提高到60%以上；规模畜禽养殖场获得无公害认证和健康养殖示范场认证的比率提高到70%以上；规模水产品养殖场获得无公害认证和健康养殖示范场认证的比率提高到70%以上。（责任单位：区农水局、区水产畜牧兽医局）

（四）强化日常监督执法。

1. 全面推进依法行政，促进规范执法、科学执法、文明执法。加强过程监管，严格食品安全检查、巡查和抽查，做到依法监管全覆盖、科学监管有痕迹。全面摸清监管对象底数，按照风险分类等级进行监督检查。组织开展食品安全风险监测和隐患排查，建立高效的抽检信息通报、食品安全问题隐患报告和处置机制。对发现的食品安全问题及时立案查办，依法处罚。（责任单位：区农水局、市工商局城中分局、区卫计局、区食品药品监管局、区水产畜牧兽医局）

2. 加强行政执法与刑事司法的衔接，及时依法移送、侦查食品安全涉刑案件，保持对食品领域违法犯罪行为严打高压态势。（责任单位：市公安局城中分局、区农水局、市工商局城中分局、区卫计局、区食品药品监管局、区水产畜牧兽医局）

3. 建立落实跨部门、跨区域的案件协查、产销衔接等协调联动机制，强化信息通报和违法案件协查协办工作配合。以发现问题为导向，提升食品监督抽检效能。建立并严格执行问题食品后处理机制，对问题一查到底，确保行政处罚、责任追究到位。（责任单位：区农水局、市工商局城中分局、区卫计局、区食品药品监管局、区水产畜牧兽医局、市公安局城中分局）

4. 建立并实施食用农产品产地准出、市场准入制度，严把食用农产品入市质量安全关口。（责任单位：区农水局、区商务局、区食品药品监管局、区水产畜牧兽医局）

5. 推进随机抽查与社会信用体系相衔接。建立健全全区统一的市场诚信档案、失信联合惩戒和黑名单制度。在随机抽查工作中，要根据市场主体的信用情况，采取针对性强的监督检查方式，将随机抽查结果纳入市场主体的社会信用记录，让失信者一处违规、处处受限。（责任单位：区商务局、区农水局、市工商局城中分局、区卫计局、区食品药品监管局、区水产畜牧兽医局）

6. 坚持"疏堵结合，规范发展"原则，综合治理小作坊、小食品店、小餐饮、小摊贩。（责任单位：区食品药品监管局、区城管执法局、市工商局城中分局，各街道办事处）

7. 建立餐厨废弃物集中收集、资源化利用和无害

化处理体系，严厉打击非法制售“地沟油”行为。（责任单位：区发改局、区食品药品监管局、市公安局城中分局）

8. 整治私屠滥宰行为，严防病死畜禽进入屠宰、加工或消费环节。（责任单位：区水产畜牧兽医局）

（五）落实企业主体责任。

1. 食品生产经营者依法持有有效许可证或纳入备案管理。建立健全以法定代表人负首要责任、主管人员负直接责任、从业人员负岗位责任为主要内容的食品安全责任制度，强化过程控制，严格落实各项内控制度，提高自控自律水平。（责任单位：区食品药品监管局、市工商局城中分局）

2. 明确集中交易市场的开办者、柜台出租者和展销会举办者的食品安全责任义务，严格监督落实到位。（责任单位：区食品药品监管局、区商务局）

3. 建立健全食品安全追溯机制，实现食用农产品和食品安全质量有效追溯，婴幼儿配方乳粉生产经营者实现电子信息化管理。建立完善应急管理机制，及时发现、及时召回问题食品。（责任单位：区农水局、区食品药品监管局、区水产畜牧兽医局）

4. 规模以上、高风险食品生产企业建立和完善标准化质量检验实验室，提升检测能力和水平。（责任单位：区工信局、区食品药品监管局）

5. 鼓励大中型农产品批发市场、连锁超市配送中心、集体用餐配送中心和中央厨房等建立标准化质量检验实验室。（责任单位：区商务局、区食品药品监管局）

6. 规模以上、高风险食品生产企业普遍实行现代企业管理制度，推行良好生产规范，并通过危害分析与关键控制点体系或其他食品安全管理体系认证。（责任单位：区工信局、区食品药品监管局）

（六）提升应急处置能力。

1. 加强食品安全事故应急处置的领导和指导，健全应急体系，完善应急预案，编制应急操作手册。加强应急队伍建设，开展应急预案培训演练，提高事故防范和应急处置能力。有效处置食品安全事故和食品安全事件，防范发生影响恶劣的食品安全事件。（责任单位：区应急办、区食安办、区农水局、市工商局城中分局、区卫计局、区食品药品监管局、区水产畜牧兽医局，各街道办事处）

2. 规范信息管理，建立信息平台，促进部门间、区域间的食品安全信息互通共享。建立新闻发言人、宣传联络员制度和食品安全舆情监测处置机制，强化舆情监测监控，把握正确舆论导向，及时回应社会关切，妥善处置食品安全社会舆论事件。（责任单位：区委宣传部、区政府办、区工信局、区农水局、市工商局城中分局、区卫计局、区食品药品监管局、区水产畜牧兽医局，各街道办事处）

（七）促进产业健康发展。

1. 深入推进“食品安全柳州”品牌引领行动，广泛开展系列创建活动，着力打造放心品牌，培育优势企业，抓好示范园区建设，推动食品产业转型升级、提质增效，形成食品产业发展新优势。（责任单位：区工信局、区发改局、区财政局、区农水局、市工商局城中分局、区食品药品监管局、区水产畜牧兽医局、区商务局，各街道办事处）

2. 加强政策引导，鼓励支持食品生产企业升级和技术改造，提高食品产业集约化、规模化和标准化水平。（责任单位：区工信局、区财政局、区农水局、区食品药品监管局、区水产畜牧兽医局，各街道办事处）

3. 组织开展集中生产区域治理提升行动，依托园区对集中生产区域内的企业实施集中管理，促进产业发展水平和安全水平“双提升”。（责任单位：区商务局、区食品药品监管局）

4. 引导食品生产加工小作坊、食品摊贩逐步进入集中交易市场、店铺等。（责任单位：区财政局、区商务局、区食品药品监管局、区城管执法局、市工商局城中分局，各街道办事处）

5. 发展食品及食用农产品加盟连锁、统一配送等现代经营模式，促进食品及食用农产品流通和餐饮服务经营业态多元化、规范化和现代化，推动各类食品及食用农产品流通和餐饮服务业健康协调发展。（责任单位：区商务委、区食品药品监管局、区农水局、区水产畜牧兽医局）

（八）构建社会共治格局。

1. 将食品安全纳入公民法律知识普及、科普常识、职业技能和学生课堂教育，积极开展形式多样的宣传教育活动，提高社会公众食品安全素养和科学防范食品安全风险能力，促进公众健康理性消费。（责任单位：区委宣传部、区科技局、区教育局、区农水局、市工商局城中分局、区卫计局、区食品药品监管局、区水产畜牧兽医局，各街道办事处）

2. 健全完善食品安全投诉举报制度机制，全面推行有奖举报，畅通投诉举报渠道，依法维护消费者合法权益。（责任单位：区农水局、市工商局城中分局、区卫计局、区食品药品监管局、区水产畜牧兽医局，各街道办事处）

3. 加强舆论监督，鼓励公众参与，营造社会共治良好氛围。（责任单位：区委宣传部、区农水局、市工商局城中分局、区卫计局、区食品药品监管局、区水产畜牧兽医局，各街道办事处）

4. 建立健全群防群控机制，推进食品安全网格化监管。（责任单位：区农水局、市工商局城中分局、区卫计局、区食品药品监管局、区水产畜牧兽医局，各街道办事处）

四、实施步骤

（一）动员部署阶段(2017 年 3 月底前）。根据《柳州市人民政府关于印发〈柳州市创建广西食品安全城市实施方案〉的通知》（柳政发〔2017〕2 号），结合我区实际，制定柳州市城中区创建广西食品安全城市工作方案，细化目标责任至相关部门。

（二）全面推进阶段(2017 年 4 月至 2018 年 6 月）。

1.2017 年 1 月至 2017 年 6 月，各街道办事处、各有关部门按照本方案，结合工作实际制定具体实施方案，细化任务指标，责任落实到人，并认真组织实施。各街道办事处、各有关部门在 2017 年 5 月 21 日前将实施方案报区创建广西食品安全城市领导小组办公室。

2.2017 年 6 月至 2017 年 12 月，区创建广西食品安全城市领导小组办公室对各街道办事处、各有关部门创城工作进行情况进行抽查，并通报抽查结果。各街道办事处、各有关部门于 2017 年 12 月 1 日前报送本年度创城工作总结至区创建广西食品安全城市领导小组办公室。

3.2018 年 1 月至 2018 年 6 月，各街道办事处、各有关部门对全面推进阶段的工作开展模拟测评、查缺补漏，做好整改工作。

（三）自查整改阶段(2018 年 7 月至 10 月）。区创建广西食品安全城市领导小组办公室会同创城工作组对照广西考核评价标准，开展模拟测评，查漏补缺，抓好整改。各街道办事处、各有关部门准备相关文件资料和现场。

（四）考核评价阶段(2018 年 11 月至 12 月）。向柳州市食安办报送创建工作总结、自评报告，迎接上级对我区的考核评价。

五、工作要求

（一）加强组织领导。成立柳州市城中区创建广西食品安全城市工作领导小组，负责创建工作的组织领导、综合协调、督导检查。领导小组组成人员如下：

组　长：李柳彬　区委副书记、区长
副组长：刘杰华　区委常委、常务副区长、食安委主任
　　　　周卫东　副区长、市公安局城中分局局长、食安委副主任
　　　　周　明　副区长、食安委副主任
　　　　佟德军　副区长、食安委副主任
　　　　冷　晶　副区长、食安委副主任
成　员：刘长河　区政府办主任、绩效办主任
　　　　覃胜利　区委宣传部副部长
　　　　刘　挺　区委政法委副书记、综治办主任
　　　　刘春卉　区政府办副主任、民宗局局长
　　　　钱雪春　区政府办副主任、政管办主任
　　　　陈　樑　区编办主任
　　　　许伟华　市公安局城中分局副局长
　　　　唐　涛　区发改局副局长
　　　　晁耀杰　区工信局局长
　　　　张献军　区教育局局长
　　　　贺耀军　区科技局局长
　　　　陈玮荣　区财政局局长
　　　　冯志明　区人社局局长
　　　　覃　延　区环保局局长
　　　　覃晓璇　区住建局局长
　　　　彭平义　区城管执法局(市容管理局)局长
　　　　覃云飞　区农水局局长
　　　　沙昱彤　区商务局局长
　　　　廖明妮　区卫计局局长
　　　　安　擎　区食品药品监管局局长、食安办主任
　　　　朱　辉　区水产畜牧兽医局局长
　　　　韦小柳　区法制办主任
　　　　林　毅　区工商局局长
　　　　喻　萍　城中街道办事处主任
　　　　赵　鑫　公园街道办事处主任
　　　　贺　勋　中南街道办事处主任
　　　　钟宏珊　潭中街道办事处主任
　　　　袁志耀　河东街道办事处主任

李伟平　静兰街道办事处主任

领导小组下设办公室和若干工作组，具体负责创城的组织实施。办公室主任：安擎，副主任：覃胜利、许伟华、覃云飞、沙昱彤、廖明妮、林毅、朱辉。主要工作职责：负责创城办公室的日常活动安排，协调创城各工作组的工作，审定各项创城方案和考评标准，传达贯彻落实创城领导小组的指示及其交办的有关工作，检查督促各项创城工作的落实及创城其他事宜，迎接上级部门到我区检查指导创城工作。领导小组办公室工作人员根据需要从各有关单位抽调人员组成。各街道办事处、各有关部门要把创建工作纳入重要议事日程，建立健全相应工作机制，对每项任务都要倒排工期，细化分工，落实责任，确保按期高质量完成。要将创建广西食品安全城市经费纳入年度经费预算，在人、财、物等方面予以保障，在满足创建工作需要基础上，做到公开透明、节俭高效，杜绝铺张浪费。

（二）推动工作创新。各街道办事处、各有关部门要结合实际，把握食品安全关键环节，突出创建工作重点，积极探索符合监管实际、富有监管成效的新模式、新机制和新举措，不断完善食品安全监管体制机制，提升监管成效和食品安全工作水平，力争在监管体系、监管能力和监管实效等方面起到示范引领作用。

（三）加强督查考核。领导小组办公室要加强对各街道办事处、各有关部门创建工作的督导检查和考核，对工作力度大、推进效果好的单位和个人及时进行通报表扬，对工作迟缓、措施不力的进行通报批评。要加大行政监察和问责力度，严肃查处食品安全领域违规违纪、失职渎职行为。

（四）广泛宣传引导。要广泛宣传创建广西食品安全城市的重要意义、政策措施、工作重点和考核评价标准等内容，增进社会了解，凝聚社会共识，形成全社会支持创建、参与创建的良好舆论氛围。

附件：柳州市城中区创建广西食品安全城市工作目标责任分解表（试行）

附件：

柳州市城中区创建广西食品安全城市工作目标责任分解表(试行)

一、组织管理(27 分)

考评项目	考评要点	考评指标	评分细则	责任单位
(一)组织领导(8 分)	1. 统筹规划	(1)将食品安全工作纳入国民经济和社会发展规划(0.2 分)	食品安全工作列入区“十三五”规划的,得 0.2 分。未列入的,不得分	区发改局
		(2)将食品安全工作列入政府年度工作报告(0.4 分)	近 2 年食品安全工作列入区人民政府年度工作报告内容的,得 0.4 分。每缺 1 年,扣 0.2 分	区政府办、区食安办
		(3)以政府或食品安全委员会名义制定食品安全年度重点工作安排(0.4 分)	近 2 年以政府或食品安全委员会名义出台食品安全年度重点工作安排的,得 0.4 分。每缺 1 年,扣 0.2 分	
	2.“党政同责”落实	(4)制定食品安全“党政同责”制度(0.5 分)	出台食品安全“党政同责”制度的,得 0.5 分。未出台的,不得分	区委办、区政府办、区食安办、各街道办
		(5)党委、政府专题研究食品安全工作(0.5 分)	区委、区政府、街道党工委、街道办每年都召开 2 次(含)以上会议听取食品安全工作专题汇报,及时研究解决有关部门提出的困难和问题的,得 0.5 分。城区级每缺 1 次,扣 0.1 分;每 1 个街道每缺 1 次,扣 0.05 分扣完为止	
		(6)党委和政府负责同志专题调研食品安全工作每年不少于 1 次(0.5 分)	区委、区政府、街道党工委、街道办负责同志每年都对食品安全问题进行专题调研 1 次(含 1 次)以上的,得 0.5 分。城区级每缺 1 次,扣 0.1 分;每 1 个街道每缺 1 次,扣 0.05 分,扣完为止	
	3. 综合协调	(7)成立食品安全委员会及其办事机构(0.5 分)	①城区、街道全部成立食品安全委员会及其办公室的,得 0.2 分。城区未成立的,扣 0.2 分;街道有 1 个未成立的,扣 0.1 分,扣完为止	区食安委、各街道办
			②区食安办配备了与所承担工作任务相适应的专职工作人员的,得 0.3 分。未配备 2 名(含)以上的,不得分	区食安办、区编办
		(8)食品安全委员会各成员单位分工明确、职责明晰(0.5 分)	①城区、街道各级明确食品安全委各成员单位工作职责的,得 0.3 分。城区未明确的,扣 0.2 分;1 个街道未明确的,扣 0.1 分,扣完为止	区食安委、各街道办
			②城区、街道各级建立食品安全委员会工作规则的,得 0.2 分。城区未建立的,扣 0.1 分;1 个街道未建立的,扣 0.05 分,扣完为止	

续表

考评项目	考评要点	考评指标	评分细则	责任单位
(一)组织领导(8分)	4. 监管责权事权划分	(9)不同级别的主要食品安全监管部门职责事权划分清晰明确(0.5分)	农业、食品药品监管、水产畜牧兽医等部门明确各级监管职责事权划分的,得0.5分。1个部门未明确的,扣0.2分,扣完为止	区食安委、区农水局、区食药监局、区水产畜牧兽医局
		(10)完善监管责任体系,明确监管责任主体和要求,全面堵塞监管漏洞、消除监管空白(0.5分)	针对监管漏洞、监管盲点,制定明确监管责任主体和要求等文件,得0.5分;否则不得分	
	5. 考核评议	(11)层层建立政府食品安全目标管理责任制(0.5分)	城区、街道逐级签订食品安全目标责任书的,得0.5分。每缺1个街道的,扣0.1分,扣完为止	区政府办、区食安办、各街道办
		(12)食品安全工作纳入地方政府绩效考核,所占权重不低于3%。(1分)	将食品安全工作纳入年度综合考核评价,权重3%及以上,得1.0分;权重1%—2%,得0.5分;权重不到1%或纳入但未明确权重的,得0.3分。不纳入的,不得分	区食安办、区绩效办、各街道办
		(13)组织开展食品安全监督管理工作考核评议(1分)	自申请开展食品安全城市创建试点以来,区食品安全委员会办公室受区食品安全委员会委托,会同食品安全委员会成员单位实施考核工作。区食品安全委员会成员单位根据职责分工,对各街道食品安全监督管理责任落实情况进行监督检查。区食品安全办每年组织对各街道年度食品安全监督管理工作开展考核评议的,得1分。每缺1年,扣1分。每年考核每缺1个街道的,扣0.2分,扣完为止	
(二)监管体系(5.5分)	6. 监管机构	(14)按自治区改革完善食品药品监管体制要求,市(城区)两级食品药品监管机构全面设立,并在乡镇(街道)设立食品药品监管派出机构,健全乡镇农产品质量监管服务机构。(1分)	① 100%设立食品药品监管局、食品药品稽查大队、食品药品投诉举报中心,得0.2分。未设立的,不得分	区编办、区食药监局、区农水局
			② 100%街道设立食品药品监管派出机构的,得0.5分。有1个街道未设立的,扣0.2分,扣完为止	
			③ 100%涉农乡镇设立农产品质量安全监管服务机构的,得0.3分。有1个街道未设立的,扣0.1分,扣完为止	
	7. 监管人员	(15)监管队伍人员编制数量满足监管实际需要。(3分)	①区食品药品监管局机关行政人员到岗率100%的,得0.5分;90%~100%的,得0.3分;低于90%的,不得分	区食药监局、区编办、区人社局、区农水局
			②城区食品药品稽查大队人员编制数均在15名以上,得0.3分;编制数低于15名的,不得分	
			③城区食品药品稽查大队人员到岗率100%的,得0.3分;90%~100%的得0.2分;低于90%的,不得分	
			④街道食品药品监管派出机构人员编制数均达到3名(含)以上的,得0.3分;街道食品药品监管派出机构少于3名的,不得分	

续表

考评项目	考评要点	考评指标	评分细则	责任单位
（二）监管体系（5.5分）	7. 监管人员	(15)监管队伍人员编制数量满足监管实际需要。(3分)	⑤街道食品药品监管派出机构人员平均到岗率85%以上的，得0.5分；80%~85%的，得0.3分；低于80%的，不得分	区食药监局、区编办、区人社局、区农水局
			⑥涉农乡镇农产品质量安全监管派出机构人员编制数均达到2名(含)以上的，得0.3分；有1个涉农乡镇农产品质量安全监管派出机构少于2名的，不得分	
			⑦100%的农村行政村和城镇社区配备1名及以上食品安全协管员，得0.4分；90%—100%配备的，得0.2分，低于90%配备的，不得分	
			⑧100%的农村行政村配备1名农产品质量安全协管员的，得0.4分；90%—100%配备的，得0.2分；低于90%配备的，不得分	
	8. 人员培训	(16)监管人员每人每年参加食品安全相关内容的培训时间不少于40小时(1分)	①区食品安全监管机构有年度培训计划的，得0.5分。有1个部门无年度培训计划的，扣0.2分，扣完为止	区农水局、城中工商局、区卫计局、区食药监局、区水产畜牧兽医局
			②监管人员每人每年参加食品安全相关内容的培训时间40小时及以上的，0.5分。有1个部门每人每年少于40小时的，扣0.2分，扣完为止	
	9. 装备设施	(17)市、城区食品药品监管机构办公业务用房、快速检测、执法取证、应急处置等执法装备设施按照国家食品药品监管总局食药监财〔2014〕204号文件标准要求配备(1分)	区食品药品监管机构执法装备、设施达到国家食品药品监管总局食药监财〔2014〕204号文件标准要求的，得1分。未达到要求但基本满足工作需要的，得0.8分；未达到标准且影响正常工作的，不得分	区食药监局
		(18)乡镇(街道)食品药品监管所的办公设备和执法装备达到桂食药监综〔2014〕2号要求的“十个一”基本标准(0.5分)	全部街道食品药品监管所的办公设备和执法装备都达到桂食药监综〔2014〕2号要求的“十个一”基本标准的，得0.5分；有1个街道食品药品监管所未达到要求的，扣0.2分，扣完为止	
（三）规章制度（0.5分）	10. 规章制度建设	(19)地方食品安全规章制度健全，监管机制完善，实现食品安全依法监管、科学监管和有效监管(0.5分)	及时制修订与上级食品安全法律法规相配套的制度和规范性文件的，得0.5分。未制定的，不得分	区食药监局、区法制办

续表

考评项目	考评要点	考评指标	评分细则	责任单位
(四)经费保障(3分)	11. 工作经费	(20)食品安全监管经费纳入政府财政预算,建立财政投入稳定增长机制,年度食品安全工作经费满足当地实际需要(不含人员经费和公用经费)(1.5分)	①食品安全监管经费纳入地方政府年度财政预算的,得0.5分。未纳入的,不得分	区财政局、区食药监局
			②建立食品安全工作财政投入稳定增长机制,年度财政预算和实际投入逐年增长的,得1分;与上一年持平的,得0.5分;低于上一年的,不得分	
	12. 检验经费	(21)食品安全检验经费基本满足4份/千人检测样本量的经费需求(含国家和自治区下达的监督抽检样本量,但不含快速检测)(1.5分)	食品安全检测样本量达到4份/千人(含)及以上的,得1.5分;3~4份/千人,得1分;低于3份/千人,不得分	
(五)检验检测(5.5分)	13. 市级检验机构建设	(22)市级食品安全检验机构实验室、仪器设施、人员配置到位,具备对当地主要食品种类、重要食品安全项目的实验室检验及快检能力(1.5分)	①市级农业、质监、卫生计生、食品药品监管、水产畜牧兽医部门的食品安全检验机构具有检验资质,检验检测能力达到当年自治区食品抽检方案规定检验项目95%以上的,得1分;检测能力为80%~95%的,得0.7分;检测能力为60%~80%的,得0.5分;检测能力低于60%的,不得分	指标针对市级部门(作为合理缺项)
			②检验检测技术人员中具有中级以上(含中级)专业技术职称或同等能力人员的比例达到40%及以上的,得0.5分;低于40%的,不得分	
	14. 乡镇(街道)检验检测能力建设	(23)乡镇(街道)食品药品监管所设立独立的食品安全快速检测室,配备1名具备开展快速检测能力的人员(1.5分)	① 90%以上的城区乡镇(街道)食品药品监管所设立独立的食品安全快速检测室的,得1分;75%(含)—90%的,得0.7分;60%—75%的,得0.5分;低于60%的,不得分	区食药监局、各街道办
			② 90%以上的乡镇(街道)食品药品监管所配备1名具备快速检测能力人员的,得0.5分;75%(含)—90%配备的,得0.3分;60%—75%配备的,得0.1分;低于60%的,不得分	
	15. 检测室(站)建设	(24)支持农产品批发市场食品安全检测室(站)建设,补助检验检测费用(1分)	①出台支持农产品批发市场食品安全检测室(站)建设政策措施的,得0.4分,未出台的,不得分	区食药监局
			②补助农产品批发市场食品安全检验检测经费的,得0.6分。有1个未补助的,扣0.1分,扣完为止	
	16. 风险监测机构建设	(25)食品安全风险监测机构设备配备到位(0.5分)	按照《食品安全风险监测能力(设备配置)建设方案》(发改社会〔2013〕422号)要求,市级食品安全风险监测机构的设备达标率达到80%以上的,得0.5分;70%—80%的,得0.2分;低于70%的,不得分	指标针对市级部门(作为合理缺项)

续表

考评项目	考评要点	考评指标	评分细则	责任单位
（六）产业发展（4.5分）	17. 政策引导	(26)落实国家、自治区食品产业发展政策，加强政策引导，提高食品产业集约化、规模化和标准化水平，农产品规模化、标准化建设。(1分)	①出台落实国家、自治区食品产业发展政策，加强政策引导，提高食品产业集约化、规模化和标准化水平有关文件的，得0.5分。未出台的，不得分	区农水局、区水产畜牧兽医局、区食药监局、区工信局、区发改局
			②出台加强农产品规模化、标准化建设有关文件的，得0.5分。未出台的，不得分	区农水局、区水产畜牧兽医、区食药局、区工信局、区发改局
	18. 品牌培育	(27)大力培育食品品牌，大力推进食用农产品标准化、规范化、产业化生产，农产品生产企业、合作社、家庭农场等规模化种养基地无公害农产品、绿色食品、有机农产品、良好农业规范、健康养殖示范场等认证比重达到40%。(1.5分)	①大力培育食品品牌，发挥示范带动作用的，得0.5分。未培育食品品牌的，不得分	区农水局、区水产畜牧兽医局
			②开展规模化种养基地无公害农产品、绿色食品、有机农产品、良好农业规范等认证比重到40%，得1分；认证比重达到30%~40%的，得0.5分；认证比重低于30%的，不得分	区农水局、区水产畜牧兽医局
	19. 市场升级	(28)推进农产品批发市场升级改造，引导食品生产加工小作坊、食品摊贩逐步进入集中交易市场、店铺等(1分)	①按上级相关部门农产品批发市场升级改造工作开展工作的，得0.5分；没有按上级部门文件开展工作的，不得分	区商务局
			②出台引导食品生产加工小作坊、食品摊贩逐步进入集中交易市场、场所，对食品摊贩占道经营、乱摆乱卖整治有工作文件的，得0.5分；无工作文件的，不得分；有文件没有按期落实的，扣0.3分	区食药监局、区执法局
	20. 业态规范	(29)发展食品及食用农产品加盟连锁、统一配送等现代经营模式，促进食品及食用产品流通和餐饮服务经营业态多元化、规范化和现代化，推动各类食品及食用农产品流通和餐饮服务健康协调发展(1分)	①出台鼓励和支持发展食品及食用农产品加盟连锁、统一配送等现代经营模式，有切实措施促进食品及食用农产品流通和餐饮服务经营业态多元化、规范化和现代化，提高流通环节食品安全可控性相关文件的，得0.5分。无相关文件的，不得分	区商务局、区农水局、区水产畜牧兽医局、区食药监局
			②有开展工作的报告、总结等资料，得0.5分	

二、监督执法(27 分)

考评项目	考评要点	考评指标	评分细则	责任单位
(七)日常检查(3 分)	21. 监管对象明确	(30)摸清辖区食品生产经营单位底数,明确风险等级并实现动态监管(0.6 分)	①建立辖区所有获证食品生产经营单位电子或纸质档案的,得 0.3 分。未建立的,不得分	区食药监局
			②明确辖区所有获证食品生产经营单位的风险等级的,得 0.3 分;未明确的,不得分	
	22. 检查规范	(31)实施标准化现场检查(0.5 分)	①实施标准化现场检查制度的,得 0.5 分;未实施的,不得分	
		(32)按照风险分类等级确定的现场检查频次,制定年度日常检查工作计划(0.6 分)	①按照风险分类等级确定食品生产经营单位的现场检查频次的,得 0.3 分;未确定的,不得分	
			②制定年度食品生产经营日常检查工作计划的,得 0.3 分;未建立的,不得分	
		(33)对各类获证食品生产经营单位做到现场检查全覆盖,对风险高、信用等级低的食品生产经营单位每年巡查次数 4 次以上(1.3 分)	①食品安全日常监督检查覆盖率达到 100% 的,得 0.8 分;90%—100% 的,得 0.3 分;低于 90% 的,不得分	
			②对风险高、信用等级低的食品生产经营者每年巡查次数 4 次以上的,得 0.5 分。实地抽查情况与资料不符合的,每 1 家扣 0.1 分,扣完为止	
(八)监督抽检(2.5 分)	23. 抽检监测	(34)全面覆盖城区大型农贸市场、食品批发市场销售的蔬菜、水果、畜禽肉、水产品,以及本地小型生产企业、小作坊生产加工的食品和餐饮单位自制食品。对蔬菜、畜禽肉类、水产品等涉及重大民生的品种每月抽检,较高风险的产品每季度抽检(1.5 分)	①有年度抽检监测方案和半年、全年抽检监测统计分析报告的,得 1 分;每缺 1 项,扣 0.5 分,扣完为止	区食药监局、区农水局、区水产畜牧兽医局
			②按照抽检监测计划完成的,得 0.5 分;未完成的,不得分	
	24. 问题食品后处理	(35)建立并严格执行问题食品后处理机制(0.2 分)	建立并严格执行不合格食品后处理机制相关文件的,得 0.2 分;未建立的,不得分	
		(36)问题食品后处理率达到 100%(0.8 分)	①食品监督抽检不合格食品核查处理率达 100% 的,得 0.4 分;有未处理的,不得分	
			②进入批发、零售市场或生产加工企业后的食用农产品和水产畜牧产品监督抽检不合格核查处理率达 100% 的,得 0.4 分;有未处理的,不得分	

续表

考评项目	考评要点	考评指标	评分细则	责任单位
(九)食用农产品源头治理(3.5分)	25. 农业投入品管理	(37)严格执行高毒农药定点经营和实名购买制度(0.3分)	建立高毒农药定点经营和实名购买制度的,得0.3分;未建立的,不得分	区农水局
		(38)严格规范兽用抗生素、饲料及饲料添加剂的生产经营(0.3分)	出台规范兽用抗菌素、饲料及饲料添加剂的生产经营管理制度的,得0.3分;未出台的,不得分	区水产畜牧兽医局
		(39)依法规范使用农药、肥料、兽药、饲料和饲料添加剂等农业投入品,未发现使用国家明令禁止的农业投入品(0.4分)	未发现使用国家明令禁止的农业投入品的,得0.4分;检查发现的,不得分	区农业局、区产畜牧兽医局
	26. 食用农产品产地准出与市场准入	(40)　　建立食品及食品原料产地准出和市场准入衔接机制,严格食用农产品入市监管,行政区域内批发市场、农贸市场、农产品集散中心和超市建立并实施食用农产品市场准出、准入制度(1分)	①建立食用农产品产地准出和市场准入衔接机制制度相关文件,得0.5分,未建立的,不得分	区农水局、区水产畜牧兽医局、区食药监局
			②主要种养殖基地和批发市场、农贸市场、农产品集散中心、超市建立并实施食用农产品产地准出、市场准入制度的,得0.5分。检查有1家不落实的,扣0.2分,扣完为止	
	27. 畜禽屠宰	(41)加强畜禽屠宰行业的监督管理(0.5分)	建立执行定点屠宰制度的,得0.5分。未建立的,不得分	区水产畜牧兽医局
		(42)定点屠宰场不出现采购、屠宰、销售病死畜禽、未经检疫合格的食用动物及其产品等违法行为(0.5分)	定点屠宰场不出现采购、屠宰、销售病死畜禽、未经检疫合格的食用动物及其产品等违法行为的,得0.5分;检查发现有上述行为之一的,不得分	
		(43)有效整治私屠滥宰行为(0.5分)	私屠滥宰行为得到及时取缔(私屠滥宰行为必须自发生时起1个月内发现并取缔)的,得0.5分;未及时取缔的,不得分	
(十)食品"四小"治理(5分)	28. 治理要求	(44)坚持"疏堵结合,规范发展",综合治理小作坊、小食品店、小餐饮、小摊贩,鼓励支持其不断改善生产经营条件,引导其逐步实现标准化生产、集约化经营、规范化管理(1分)	①出台综合治理食品"四小"相关文件的,得0.4分;已出台文件但内容不全的,得0.2分;未出台的,不得分	区食药监局、区执法局、区工信局
			②在食品标准化生产、集约化经营、规范化管理方面取得成效,有总体发展报告的,得0.6分。无成效和总体发展报告的,不得分	

续表

考评项目	考评要点	考评指标	评分细则	责任单位
(十)食品“四小”治理(5分)	29. 食品小作坊	(45)开展食品小作坊集中治理,调查摸底,建立档案,督促食品小作坊建立质量安全制度。城区监管覆盖率达到95%以上(1.5分)	①摸清底数,建立辖区内食品小作坊档案的,得0.5分。未建立档案的,不得分;档案不全的,扣0.1分	区食药监局
			②食品小作坊建立食品安全制度的,得0.5分。检查发现每1家未建立的,扣0.1分,扣完为止	
			③食品小作坊监管覆盖率达到95%以上的,得0.5分。检查发现每1个未覆盖的,扣0.1分,扣完为止	
	30. 食品小摊贩整治	(46)开展小摊贩集中治理,划定食品摊贩经营区域(路段),对食品摊贩占道经营、乱摆乱卖的行为开展整治,引导食品摊贩到划定区域(路段)经营。划定区域的食品摊贩监管覆盖率达到100%(1.5分)	①街道办事处划定食品摊贩集中经营区域(路段)并明确经营时间的,得0.5分;未划定并明确经营时间的,不得分	区食药监局、区执法局、各街道办
			②街道办事处将食品摊贩集中经营区域(路段)、时段的规划设置、摊位数量向社会公开的,得0.2分;未向社会公开的,不得分	
			③对食品小摊贩占道经营、乱摆乱卖的行为进行查处,得0.3分。检查发现一家扣0.1分,扣完为止	
			④规范集中经营区域(路段)食品摊贩经营,监管覆盖率达到100%的,得0.5分。检查发现每1家未监管覆盖到的,扣0.1分,扣完为止	
	31. 食品小餐饮整治	(47)小型餐馆监管覆盖率达到90%以上(0.5分)	小餐饮监管覆盖率达到90%以上的,得0.5分;80%—90%的,得0.3分;低于80%的,不得分	区食药监局
	32. 小食品店整治	(48)开展小食品店集中治理,对“五无”(无生产厂家、无生产日期、无保质期、无食品生产许可、无食品标签)食品和过期食品进行规范。(0.5分)	开展对“五无”食品和过期食品进行查处的,得0.5分。检查发现每1种产品标志不符合国家标准的,扣0.1分,扣完为止。过期的,不得分	区食药监局
(十一)风险防控(3分)	33. 风险排查	(49)组织开展食品安全风险监测和隐患排查(0.8分)	①制定年度食品安全风险监测计划的,得0.3分;未实施的,不得分	区食药监局、区卫计局
			②有食品安全隐患排查方案、记录和总结的,得0.5分;无记录、总结的,不得分	区农水局、区食药监局、区水产畜牧兽医局
	34. 风险分析	(50)建立食品安全风险监测、信息通报、隐患排查报告和处置机制(0.7分)	①有食品安全风险监测、信息通报、隐患排查报告和处置机制的,得0.3分;未建立机制的,不得分	区卫计局、区农水局、区食药监局、区水产畜牧兽医局
			②每年召开2次以上的多部门参与的食品安全风险会商会议的,得0.4分;少1次,扣0.2分,扣完为止	

续表

考评项目	考评要点	考评指标	评分细则	责任单位
（十一）风险防控（3分）	35. 风险治理	(51)针对排查的共性隐患问题，组织开展重点问题、重点区域和重点品种专项整治(1.5分)	①开展非法添加非食用物质、滥用食品添加剂、农兽药残留超标、制售假冒伪劣食品、食品广告虚假宣传、伪造生产日期等重点问题整治的，得0.5分。未开展的，不得分。	区农水局、区水产畜牧兽医局、区食药监局、城中工商局
			②开展农贸市场、大中型商场及连锁超市、城乡接合部、校园周边等重点区域整治的，得0.5分，未开展的，不得分	区食药监局、区农水局、城中工商局、区教育局、区执法局、区综治办
			③开展乳制品、豆制品、食用油、肉及肉制品、保健食品等重点品种整治的，得0.5分。未开展的，不得分	区食药监局
（十二）严惩重处违法犯罪行为（5分）	36. 行政处罚	(52)及时查处违法案件(0.7分)	①年内食品案件立案应结案率达到90%（含）及以上的，得0.3分；低于90%的，不得分	区食药监局，城中公安分局、区农水局、城中工商局、区卫计局、区水产畜牧兽医局
			②对问题食品上下游违法责任追究到位的，得0.2分；否则不得分	
			③对问题食品处置彻底的，得0.2分；否则不得分	
		(53)有关监管部门建立和落实执法过程记录制度，执法检查留有痕迹(0.4分)	①建立执法过程记录制度的，得0.2分；未建立的，不得分	城中公安分局、区农水局，城中工商局、区卫计局、区食药监局、区水产畜牧兽医局
			②建立食品安全件查处有关文书档案的，得0.2分。无档案或记录不全的，不得分	
		(54)市政府依据有关法律法规出台食品安全行政处罚裁量管理办法，规范行政处罚裁量的范围、种类和幅度(0.5分)	①出台食品安全行政处罚裁量管理办法的，得0.2分；未出台的，不得分	指标针对市级部门（作为合理缺项）
			②行政处罚裁量的范围、种类和幅度符合要求的，得0.3分；发现1个案件不符合要求的，扣0.1分，扣完为止	
	37. 行刑衔接	(55)加强行政执法与刑事司法的衔接，及时依法移送、立案、侦查行政区域内食品安全刑事案件，未出现有案不移、有案不立、以罚代刑等情况(1.4分)	①建立加强行政执法与刑事司法衔接的相关制度和文件资料，得0.2分；未建立的，不得分	城中公安分局、区农水局，城中工商局、区卫计局、区食药监局、区水产畜牧兽医局
			②涉嫌犯罪案件移送及时的，得0.3分。应移送不移送的，不得分	
			③移送涉嫌犯罪的案件，经审查，构成犯罪的，依法全部立案侦办的，得0.3分。发现应依法立案侦办而未立案侦办的，每起扣0.1分，扣完为止	
			④涉嫌犯罪案件得到依法处理的，得0.2分。发现以罚代刑的，不得分	
			⑤公安机关设立打击危害食品安全犯罪专门机构和队伍的，得0.4分；未建立的，扣0.2分，扣完为止	

续表

考评项目	考评要点	考评指标	评分细则	责任单位
(十二)严惩重处违法犯罪行为(5分)	38. 协查联动	(56)建立跨部门、跨区域的案件协查、产销监管衔接等协调联动机制,强化信息通报工作,食品安全违法犯罪行为得到及时查处(1分)	①建立跨部门、跨区域的案件协查协调联动机制相关文件的,得0.2分。无相关文件的,不得分	城中公安分局、区农水局、城中工商局、区卫计局、区食药监局、区水产畜牧兽医局
			②食品案件协查工作及时到位,得0.4分。未开展协查工作的,不得分	
			③开展跨部门、跨区域的案件协查、产销监管衔接等信息通报工作的,得0.4分。没有信息通报的,不得分	
	39. 执法考核	(57)把行政立案处罚情况作为衡量本地食品安全监管执法工作的主要指标(1分)	把行政立案处罚情况作为本地食品安全监管执法工作的考核主要指标的,得1分。有1项未纳入的,扣0.5分	区法制办、区绩效办
(十三)餐厨废弃物管理(2分)	40. 规范处置	(58)建立餐厨废弃物集中收集、资源化利用和无害化处理体系,餐饮服务单位食品废弃物得到规范处置(1分)	①建立餐厨废弃物集中收集、资源化利用和无害化处理体系的,得0.5分;未建立的,不得分	区食药监局
			②餐饮服务单位餐厨废弃处理规范的,得0.5分。检查发现每1家不符合或未按规定实施的,扣0.1分	
	41. 地沟油整治	(59)严厉打击非法制售"地沟油"行为,严防"地沟油"回流餐桌(1分)	①有开展地沟油专项行动工作方案的,得0.5分。没有工作方案的,不得分	城中公安分局、区食药监局
			②有专项行动总结以及工作记录等的,得0.5分。每发现1家在购买原料、废弃物处理方面未落实的,扣0.1分,扣完为止	
(十四)信息公开(1分)	42. 信息发布	(60)建立健全食品安全信息发布制度(0.3分)	建立食品安全信息发布制度的,得0.3分;未建立的,不得分	区宣传部、区政管办、区食药监局
		(61)及时全面公开食品安全检查、巡查、抽检、处罚等信息(0.7分)	食品安全信息公开及时全面的,得0.7分。有1条信息应公开而未及时公开的,扣0.2分,扣完为止	
(十五)依法行政(2分)	43. 政风行风建设	(62)全面推行依法行政,促进规范执法、科学执法、文明执法,食品安全监管部门在行政区域政府部门政风行风评议中排名中上(1分)	全面推进依法行政,促进规范执法、科学执法、文明执法的,得1分。因主观过错引起的行政复议和行政诉讼被确认违法、撤销等情形,每发生1件,扣0.2分	区食药监局、区政管办、区农水局、区卫计局、区水产畜牧兽医局、城中工商局、城中公安分局
		(63)优化办事程序,许可证按时限办理,未出现吃拿卡要等不文明执法行为(1分)	①建立优化办事程序,许可证按时限办理制度并落实的,得0.5分,未建立制度的,不得分	
			②近2年未出现吃拿卡要等不文明执法行为的,得0.5分。经核实,有吃拿卡要等不文明执法行为,不得分	

三、企业主体责任(18 分)

考评项目	考评要点	考评指标	评分细则	责任单位
（十六）责任制度（2 分）	44. 主体合法	(64)行政区域内依法应获证或备案的生产经营的单位 100% 取得许可证件或备案证件，并持续符合生产经营条件(1 分)	应获证或备案的生产经营的单位 100% 取得许可证件或备案证件并持续保持发证条件的，得 1 分。检查发现 1 家缺少许可证件或备案证件的，扣 0.5 分；发现 1 家没有持续保持生产经营条件的，扣 0.2 分，扣完为止	区食药监局
	45. 建立健全责任制度	(65)食品生产经营单位建立健全以法定代表人负首要责任、主管人员负直接责任，从业人员负岗位责任为主要内容的食品安全责任制度，依法按照食品安全标准进行生产经营活动，落实食品生产经营者的食品安全第一责任人的责任(1 分)	食品生产经营单位建立相关管理制度、进货查验记录、产品质量检验报告等相关资料的，得 1 分。检查发现 1 家缺少相关材料的，扣 0.2 分，扣完为止	
（十七）过程责任（3.5 分）	46. 行为合规	(66)食品生产经营者要强化过程控制，确保场地环境、设施设备、卫生条件、流程布局、从业人员等符合法律法规要求，建立健全并严格落实责任管理、进货查验、索证索票、生产经营记录、出厂检验、产品追溯召回、员工健康、培训教育等制度(1.5 分)	①建立并落实责任管理、进货查验、索证索票、生产经营记录、出厂检验、产品追溯召回制度、食品安全培训教育制度，得 1 分。每 1 家食品生产经营单位有 1 项制度未建立或未落实的，扣 0.1 分，扣完为止	区食药监局
			②生产经营场所环境整洁、卫生条件、从业人员符合规定的，0.5 分。检查发现每 1 家不符合的，扣 0.1 分，扣完为止	
	47. 集中交易管理	(67)严格落实集中交易市场开办者、柜台出租者和展销会举办者履行责任义务(1 分)	①明确集中交易市场的开办者、柜台出租者和展销会举办者的食品安全主体责任的，得 0.5 分。未明确的，不得分	区食药监局、区商务局、各街道办事处
			②有关业主方的资质、合同、管理制度和自查记录等资料齐全，得 0.5 分；每 1 家业主缺 1 份资料，扣 0.1 分，扣完为止	
		(68)入场的食品经营者证照齐全，经营环境和条件符合食品安全标准，严格落实食品安全管理责任(0.5 分)	入场的食品经营者证照齐全，经营环境和条件符合食品安全标准，严格落实食品安全管理责任的，得 0.5 分；检查发现每 1 家不符合的，扣 0.1 分，扣完为止	
		(69)辖区内因集中交易市场的开办者、柜台出租者和展销会举办者不履行法定职责导致食品安全事故发生的，必须依法追究其连带责任并作出相应的处罚(0.5)	①出台相关规定的，得 0.2 分。未出台的，不得分	
			②发生食品安全事故且依法追究连带责任的，得 0.3 分；应追究而未追究的，不得分	

续表

考评项目	考评要点	考评指标	评分细则	责任单位
（十八）追溯机制（2分）	48. 追溯制度建立和落实	(70)食品生产经营者应依法建立并执行食品生产、销售记录制度，农业投入品的安全使用制度，食品原料、食品添加剂、食品相关产品进货查验记录、食品出厂检验记录制度，食品经营者（包括统一配送食品经营企业）依法建立并执行食品进货查验记录制度、销售记录制度等，如实、准确记录相关信息，记录和凭证保存期限不得少于两年。婴幼儿配方乳粉生产经营者实现电子信息化管理(2分)	①食品生产经营者依法建立并执行食品生产、销售记录制度，农业投入品的安全使用制度，食品原料、食品添加剂、食品相关产品进货查验记录、食品出厂检验记录制度，食品经营者依法建立食品进货查验记录制度、销售记录制度等的，得1.5分。检查发现每1家未建立制度或制度执行不到位的，扣0.1分，扣完为止	区食药监局、区农水局、水产畜牧兽医局
			②婴幼儿配方乳粉生产经营单位的电子追溯系统覆盖率达100%的，得0.5分。覆盖率为90%—100%(不含)的，得0.3分。覆盖率低于90%的，不得分	区食药监局
（十九）应急处置（3分）	49. 建立应急管理机制	(71)食品生产企业建立起完善的食品安全应急管理机制(1分)	①食品生产企业制定应急处置预案或手册等制度文件的，得0.5分。检查发现每1家食品生产企业不符合的，扣0.2分，扣完为止	区食药监局
			②食品生产企业应急处置工作落实到位的，得0.5分。每1家不符合的，扣0.2分，扣完为止	
	50. 问题食品召回	(72)建立问题食品召回制度，及时发布、召回问题食品(2分)	①建立问题食品召回制度的，0.5分。每1家未建立的，扣0.2分，扣完为止	
			②出现问题产品及时召回并如实做好记录的，得1.5分。每1家未及时召回的，扣0.3分，扣完为止	
（二十）人员管理（2.5分）	51. 健康证明管理	(73)从业人员持健康证明上岗(0.5分)	从事接触直接入口食品工作从业人员持健康证明上岗从业人员健康证明持证率100%的，得0.5分。检查发现每1个从事接触直接入口食品工作从业人员未取得从业人员健康证明的，扣0.1分，扣完为止	区食药监局
	52. 业务培训	(74)对食品生产经营单位负责人、食品安全管理人员集中培训(1分)	①有对食品生产经营单位负责人、食品安全管理人员的培训计划、记录并实施的，得0.5分。检查发现每1家不合格的，扣0.1分，扣完为止	
			②有对食品生产经营单位负责人、食品安全管理人员集中培训的记录，每人每年接受食品安全集中培训不少于40小时，得0.5分。检查发现每1家不符合要求的，扣0.1分，扣完为止	
	53. 管理机构	(75)规模以上生产经营单位设置食品安全管理机构，明确分管负责人(1分)	①规模以上生产经营单位设置食品安全管理机构，明确职责的，得0.5分。检查发现每1家不符合要求的，扣0.1分，扣完为止	
			②明确分管负责人，设置专职或兼职食品安全管理员的，得0.5分。检查发现每1家不符合要求的，扣0.1分，扣完为止	

续表

考评项目	考评要点	考评指标	评分细则	责任单位
（二十一）量化分级管理（1.5 分）	54. 量化分级率和公示率	(76)餐饮服务单位量化分级管理覆盖率，量化分级评定结果进行公示(1.5 分)	①查阅餐饮服务单位量化分级资料，持证餐饮服务单位量化分级率不低于 90%，得 0.5 分；低于 90% 的，不得分	区食药监局
			②对餐饮服务单位量化分级管理，量化分级评定结果进行张贴悬挂的，得 0.5 分。检查发现每 1 个不符合要求，扣 0.1 分，扣完为止	
			③学校食堂量化等级 B 级以上单位达 90%（含）及以上的，得 0.5 分；低于 90% 的，不得分	
（二十二）管理体系（3.5 分）	55. 良好行为规范建立	(77)行政区域内规模以上食品生产企业普遍推行良好生产规范，危害分析与关键控制点体系(HACCP)或 ISO 22000 认证比例提升 10%（1 分）	危害分析与关键控制点体系(HACCP)或 ISO 22000 认证比例与上年同期相比提升 10%（含）及以上的，得 1 分；5%–10%（不含）的，得 0.5 分；低于 5% 的，不得分	区食药监局、区工信局
		(78)积极发展餐饮服务食品安全示范街(0.5 分）	创建 1 条(含)以上餐饮服务食品安全示范街的，得 0.5 分。现场检查发现 1 家餐饮服务单位不符合食品安全要求的，扣 0.1 分，扣完为止	
	56. 企业实验室建设	(79)行政区域内规模以上、高风险食品生产企业建设和完善标准化质量检验实验室，具备对重金属、生物毒素、农兽药残留、非法添加物等有毒有害物质的检测能力。(1 分）	①规模以上、高风险食品生产企业设置有完善的标准化质量检验实验室的，得 0.5 分。检查发现每 1 家未按要求设置的标准化质量检验实验室的，扣 0.1 分，扣完为止	区食药监局、区工信局
			②规模以上、高风险食品生产企业的实验室具备对重金属、生物毒素、农兽药残留、非法添加物等有毒有害物质的检测能力，得 0.5 分；每 1 家不具备的，扣 0.1 分，扣完为止	
	57. 食用农产品检验能力	(80)农产品批发市场食用农产品检测室设置率达到 100%，农贸市场食用农产品检测室设置达到 90%（1 分）	①食用农产品批发市场检测室设置率达到 100% 的，得 0.5 分。检查发现有 1 家未设置的，不得分	区食药监局、区商务局
			②农贸市场食用农产品检测室设置率达到 90%，得 0.5 分；未达到 90% 或虽已达到 90% 以上但抽查情况不属实的，不得分	

四、应急管理(10分)

考评项目	考评要点	考评指标	评分细则	责任单位
(二十三)组织领导(2分)	58. 体制机制建设	(81)加强食品安全事故应急处置的领导和指挥,制定食品安全应急预案,建立健全应急体系(2分)	①建立应急预案的,得0.5分;未建立的,不得分	区食安办、区卫计局
			②建立应急管理领导和指挥机构的,得0.5分。未建立的,不得分	
			③建立健全应急管理联动机制,明确联动单位、联动方式、人员、任务、责任等的,得0.5分。未建立的,不得分。虽建立应急管理联动机制,但未明确联动单位、联动方式、人员、任务、责任等,每项扣0.1分,扣完为止	
			④市、城区均建立健全应急管理技术支撑机构的,得0.5。未建立的,不得分	
(二十四)应急能力(3分)	59. 应急演练	(82)编制应急操作手册(0.5分)	编制应急操作手册的,得0.5分;无手册的,不得分	区食安办、区发改局、区卫计局
		(83)加强应急队伍建设,开展应急预案培训演练,每年至少培训一次,每两年至少开展一次食品安全应急演练(1.5分)	①每年至少开展应急预案培训1次的,得0.5分,有1个部门未进行应急预案培训的,不得分	
			②每2年开展1次(含1次)以上食品安全应急演练的,得0.5分。未开展应急演练的,不得分	
			③成立专门食品安全应急队伍,设立食品安全应急处置专家库的,得0.5分;未成立专门应急队伍的,扣0.3分;未设立专家库的,扣0.2分	
	60. 装备物资	(84)完善应急装备物资(1分)	应急装备物资(药品、医疗器械、消毒器具、快速检验检测仪器和试剂及应急实际工作所需的通信设施、交通工具、个人携行装备、应急保障装备等)满足应急处置需要的,得1分没有应急物资,不得分	
(二十五)应急处置(2分)	61. 信息报送	(85)严格突发事件信息报送,无隐瞒、谎报、缓报食品安全事故的行为,提高事故防范和应急处置能力(1分)	①建立突发事件信息报送制度的,得0.5分。未建立制度的,不得分	区食安办、区政府办
			②按规定报送突发事故及事件信息的,得0.5分。若出现隐瞒、谎报、缓报的,不得分	
	62. 事故事件处置	(86)食品安全事故及事件应急处置率达100%,未发生重大及以上的食品安全事件(1分)	①有效进行食品安全事故及事件应急处置,食品安全事故及事件应急处置率达100%的,得0.5分。处置不及时的,不得分	区食安办
			②创建期间未发生重大及以上的食品安全事故的,得0.5分。若发生重大及以上的食品安全事故,不得分并取消创建资格	
(二十六)舆情处置(3分)	63. 舆情信息管理	(87)规范信息管理,建立信息平台,促进部门间、区域间的食品安全信息互通共享(1分)	①市级建立规范舆情信息管理制度的,得0.4分。未建立的,不得分	指标针对市级部门(作为合理缺项)
			②市级建立舆情信息管理平台的,得0.3分。未建立的,不得分	
			③市级建立部门、区域舆情信息共享机制的,得0.3分。未建立的,不得分	

续表

考评项目	考评要点	考评指标	评分细则	责任单位
（二十六）舆情处置（3分）	64. 舆情监测处置	(88)建立新闻发言人制度、宣传联络员制度和食品安全舆情监测处置机制(1分)	①建立食品安全新闻发言人制度的，得0.3分。未建立的，不得分	区政府办、区食药监局、区宣传部、城中公安分局
			②建立食品宣传联络员制度的，得0.3分。未建立的，不得分	
			③建立食品安全舆情监测处置机制的，得0.4分。未建立的，不得分	
		(89)树立正确舆论导向，强化舆情监测监控，及时回应社会关切，妥善处置食品安全社会舆论事件(1分)	①强化舆情监测监控，及时回应社会关切的，得0.5分。未及时监测和回应的，不得分	
			②妥善处置食品安全社会舆论事件的，得0.5分。每1起舆情事件未得到妥善处置的，扣0.2分，扣完为止	

五、社会共建共治(14分)

考评项目	考评要点	考评指标	评分细则	责任单位
（二十七）诚信体系（2.5分）	65. 诚信体系建设	(90)辖区内获证食品生产经营者食品安全信用档案全面建立，档案信息全面、准确并及时更新(1.5分)	辖区内获证食品生产经营者食品安全信用档案100%建立的，得1.5分；90%（含）—100%建立的，得1分；80%—90%建立的，得0.5分；低于80%的，不得分	区食药监局
		(91)市政府建立并完善食品安全诚信管理制度，将食品生产经营相关的单位、法人、个人的食品安全信用状况全面纳入社会诚信范围，使食品安全失信行为在金融、土地、许可等各领域得到联合惩戒(0.5分)	建立食品安全诚信管理制度的，得0.5分；未建立的，不得分	
		(92)持续推进餐饮业“明厨亮灶”工作，大型餐饮服务单位“明厨亮灶”比例逐年上升(0.5分)	大型餐饮服务单位“明厨亮灶”比例逐年上升的，得0.5分；否则不得分	
（二十八）社会监督（4分）	66. 投诉举报	(93)全面推行有奖举报，统一投诉举报电话，畅通投诉举报渠道，依法维护消费者合法权益(2分)	①建立食品安全投诉举报受理处理制度的，建立24小时不间断受理的，得0.3分。投诉举报电话未能24小时接听的，不得分	区食药监局
			②食品安全投诉举报回复率为100%的，得0.4分。检查发现有未按要求回复的，不得分	
			③建立食品安全投诉举报奖励办法的，得0.4分。未建立的，不得分	
			④设立举报奖励专项资金的，得0.4分。未建立的，未设立的，不得分	
			⑤对符合食品安全投诉举报奖励条件的及时兑现奖金的，得0.5分。发现1个投诉举报应给予奖励而未兑现奖金的，不得分	

续表

考评项目	考评要点	考评指标	评分细则	责任单位
（二十八）社会监督（4分）	67. 媒体监督	(94)当地新闻媒体在出现典型案件时，当地媒体根据情况依法适时曝光(0.5分)	出现典型案件时，当地媒体根据情况依法适时曝光得0.5分。未依法适时曝光，不得分	区宣传部、区食药监局
	68. 行业监督	(95)当地食品行业协会加强行业自律，引导和督促食品生产经营者依法生产经营，宣传、普及食品安全知识(0.5分)	根据辖区食品产业状况设立食品安全有关行业协会的，得0.5分；未设立的，不得分	区食药监局、区商务局
	69. 人大、政协监督	(96)人大代表、政协委员加强对政府、监管部门、企业履职尽责情况的监督(0.5分)	完成人大、政协提案建议的，得0.5分。未按时完成提案建议的，不得分	区农水局、城中工商局、区卫计局、区食药监局、区水产畜牧兽医局
	70. 第三方调解工作体系建设	(97)建立健全食品领域矛盾排查化解工作体系和运行机制，建立完善第三方调解工作机制，积极预防和妥善化解涉及食品领域各类矛盾纠纷(0.5分)	建立第三方调解机制或社会监督工作方案的，得0.5分。未建立的，不得分	区农水局、城中工商局、区卫计局、区食药监局、区水产畜牧兽医局
（二十九）宣传教育（4分）	71. 科普宣传	(98)开展多种形式的食品安全科普宣教，积极开展“全国食品安全宣传周”等宣传活动，将食品安全纳入公民法律知识普及、科普常识、职业技能和学生课堂教育，提高社会公众食品安全素养和食品安全基本知识知晓率，促进公众食品安全消费行为健康理性，营造食品安全工作良好氛围(4分)	①按要求每年举办食品安全宣传周活动，有活动方案、宣传资料、活动总结的，得1分。有1个政府部门有1个年度未组织开展宣传周活动的，扣0.2分，扣完为止	区宣传部、区教育局、区科技局、区农水局、城中工商局、区卫计局、区食药监局、区水产畜牧兽医局
			②配合市食品安全办组织协调市内主流媒体开展创建广西食品安全城市宣传报道，并适时播放食品安全公益广告。宣传报道开展正常有序的，得1.5分，未履行职责该项不得分	
			③食品安全科普宣传覆盖乡村、街道社区和重要场所达100%的，得1分。检查发现有1个未覆盖的，扣0.2分，扣完为止	
			④中小学生食品安全知识课程培训每年不少于10学时的，得0.5分。检查发现有1所不符合的，扣0.2分，扣完为止	
（三十）网格化监管（3.5分）	72. 网格化监管体系建设	(99)全面推行网格化监管，结合行政区划科学划定监管网格，明确监管岗位和责任人，监管网格边界清晰、责任主体明确、目标任务具体，监管责任横向到边、纵向到底、监管无死角(3.5分)	①建立网格化管理制度和机制的，得1分；未建立的，不得分	区食药监局、各街道办
			②城区所有社区的食品安全纳入网格化监管，明确监管岗位和责任人，监管网格边界清晰、责任主体明确、目标任务具体的，得2.5分；每1个社区未纳入的，扣0.5分；已纳入，但未明确监管岗位和责任人的，每1个社区扣0.3分	

六、食品安全状况(4 分)

考评项目	考评要点	考评指标	评分细则	责任单位
(三十一)食品安全总体状况(4 分)	73. 食品专项评价抽检	(100)开展食品安全状况评价性抽检,在生产、流通、餐饮等环节分别随机抽取 100 个样品(含食用农产品),对相应项目进行检验。行政区域内食品安全评价性抽检的合格率不低于 96%;乳品、食用油、蔬菜、肉及肉制品等重点食品的食品安全评价性抽检合格率不低于 98%;非食用物质及明令禁止使用的高毒剧毒农药兽药检出率低于 1%。(4 分)	①行政区域内食品安全评价性抽检的总体合格率在 96%(含)以上的,得 2 分;低于 96% 的,不得分 ②乳品、食用油、蔬菜、肉及肉制品等重点食品的食品安全评价性抽检合格率在 98%(含)以上的,得 1 分;低于 98% 的,不得分 ③非食用物质及明令禁止使用的高毒剧毒农药兽药检出率在 1% 以下的,得 1 分;高于 1%(含)的,不得分	区农水局、城中工商局、区卫计局、区食药监局、区水产畜牧兽医局

七、增减项

加分项

序号	评价内容	加分细则	加分值
1	经验做法得到省部级以上领导肯定性批示或在全国、全区总结推广	①省部级以上领导(本市领导除外)书面肯定性批示,对市级经验做法批示的,1 次加 1 分,对县(市、区)级经验做法批示的,1 次加 0.5 分 ②经验做法在全国以正式文件形式推广的,加 1 分。经验做法在全区以正式文件或以现场会形式推广的,加 0.5 分 ③市级获得国家级荣誉的,加 1 分,省部级荣誉的,加 0.5 分(以落款为准)。县级获得国家级荣誉的,加 1 分,省部级荣誉的,加 0.5 分(以落款为准) ④所在市承办国务院会议的,加 1 分;省部级现场会议的,每次加 0.5 分;自治区级现场会议的,每次加 0.3 分 上述四项总加分不超过 3 分	1~3
2	发现重大案源,为破获区域性大案要案、防范区域性系统性风险和事故作出贡献	本市牵头破获涉案金额过亿元重大案件或国家部委督办或受到省部级通报表彰的,1 次加 1 分。总加分不超过 3 分	1~3
3	积极探索对新兴业态、突出问题、深层矛盾的监管模式,为国家或省里出台相关法规提供有益借鉴	国家或自治区在制定和出台食品安全监管相关法规时,本地对新兴业态、突出问题、深层矛盾的监管模式被借鉴、吸收、采纳,每次加 0.5 分	1~3
4	开展食品安全责任保险试点	食品企业投保率达到自治区要求	1~3

减分项

序号	评价内容	减分值
1	创建期间区域内发生较大食品安全事故	每起扣1分
2	创建期间区域内发生重大食品安全舆情事件(地方政府、监管部门主动曝光的除外)	每起扣1分
3	现场评估中发现未被查处的食品生产经营“黑作坊”、“黑窝点”、“黑工厂”	每个扣1分
4	创建期间工作人员因发生食品安全事故或不文明执法行为而被处以党政纪处分等行为	每起扣1分
5	创建期间食品安全工作被自治区党委、政府及自治区业务主管部门约谈	每次扣1分
6	创建期间食品安全工作受到自治区党委、政府及自治区业务主管部门通报批评	每次扣0.5分

否决项

否决项目	否决事项
(一)食品安全事故防控	创建期间发生重大及以上食品安全事故或重大的、影响恶劣的食品安全舆情事件
(二)弄虚作假	隐瞒、谎报创建材料,内容失真,干扰考核评价
(三)群众满意度调查	委托第三方机构开展食品安全满意度测评,群众对当地食品安全现状总体满意度低于70%

公开形式:依申请公开

柳州市城中区人民政府办公室

2017年5月23日印发

柳州市城中区人民政府
关于印发《柳州市城中区人民政府作风建设年活动工作方案》的通知

城中政发〔2017〕7号

各街道办事处，区机关各委办局：

经区人民政府同意，现将《柳州市城中区人民政府作风建设年活动工作方案》印发给你们，请认真贯彻执行。

2017年5月26日

柳州市城中区人民政府
作风建设年活动工作方案

为进一步巩固“两学一做”学习教育成果，全面贯彻柳州市委、市政府和区委关于抓好作风建设的要求，严格落实《中共柳州市城中区委员会关于进一步贯彻落实中央八项规定精神的实施办法》，不断推动新常态下政府工作作风转变，城中区人民政府决定在全区政府系统开展作风建设年活动。现制定如下工作方案。

一、指导思想

深入贯彻党的十八大和十八届三中、四中、五中、六中全会以及习近平总书记系列重要讲话精神，按照柳州市委、市政府和区委关于作风建设的工作部署和要求，进一步巩固近年来加强作风建设的成果，开展以“正风肃纪、制度建设、能力提升”为主题的作风建设年活动，杜绝“议而不决、决而不施、施而无效”的行为，促进机关作风进一步转变、制度进一步完善、效能进一步提升，营造风清气正的政治生态，以优良的政风、行风服务城中区经济社会健康发展。

二、目标要求

——规矩意识进一步增强。始终把守纪律、讲规矩摆在更加重要的位置，牢固树立纪律观念和规矩意识，时刻绷紧政治纪律和政治规矩这根弦，严格遵守组织纪律和规矩，推动全区政府系统形成守纪律、讲规矩的浓厚氛围。

——新风正气进一步形成。进一步巩固“两学一做”学习教育成果，做到不虚不假、不懒不散、不怠不慢、不浮不空、不歪不乱，形成崇尚实干、敬业肯干、踏实苦干的良好风气，高效推动各项工作落实。

——行政效能进一步提升。开展治理为官不为、懒政怠政，推动政府机关办事流程不断优化、工作效率明显提高、服务质量显著提升，让群众对机关工作满意度有新的提高。

——制度建设进一步加强。向制度建设要长效，切实规范公文办理、精简文件和改进会风，规范调研活动，健全和完善作风建设制度，把政府系统工作人员的履职行为纳入制度化、规范化、法治化轨道，着力提高依法行政能力、开拓创新能力、执行落实能力。

——清廉形象进一步树立。全面落实中央“八项规定”精神和国务院“约法三章”，认真履行党风廉政建设“一岗双责”，健全廉政风险防控机制，筑牢拒腐防变思想防线，有效防范各类腐败行为，使干部队伍整体形象不断好转。

三、主要工作内容

（一）规范公文办理，精简文件，进一步优化文风

1.规范公文报送程序。区机关各部门和街道办事处报送区人民政府的请示性公文，凡属单个部门职权的且不需要区人民政府审定的事项，应直函各主管部门。各主管部门能够解决的，直接答复来文单位；不能解决的，各主管部门行文请示区人民政府；凡属单个部门职权，且需区人民政府审批的事项，在不影响行政效率的前提下，由各主管部门进行归口管理，集中报送区人民政府审定。区机关各部门和街道办事处报送区人民政府的请示性公文，凡涉及其他部门职权的，主办单位必须主动征求相关部门意见，并收集整理后，行文上报或联合上报区人民政府审批。意见有分歧的，主办单位要主动协商；协商后仍不能取得一致意见的，主办单位应列明各方理据，提出办理建议后报区人民政府审定。

2. 健全公文协商、协调机制。区机关各部门或街道办事处之间征求意见、协商事项或会签文件,除主办单位有明确的时限要求外,办理普通件时相关部门、街道要在5个工作日内予以回复,办理复杂件时,要在10个工作日内予以回复。因特殊情况不能按期回复,应及时沟通商定回复时限。按规定需提交或可能提交区人民政府常务会议讨论的公文,由主办单位审查协调并载明审查协调情况后,呈报分管副区长,由分管副区长提出处理意见。依据不充分、应有法律意见而未出具法律意见或法律审查未通过、问题涉及主要部门的意见存在原则分歧或重要背景资料不全的公文,不能直接提交区人民政府常务会议研究,需协调完善后,呈报分管副区长,由分管副区长提出上会意见报区长确定。

3. 明确公文受理时限。区机关各部门和街道办事处报送区人民政府的公文须送达区人民政府办公室审核接收,上报公文的落款时间与送达区人民政府办公室的时间不能超过2个工作日;超时的,需另行报文。上报区人民政府审批的急件(突发性事件除外),须提前3个工作日以上报送区人民政府;需区人民政府常务会议研究审议的事项(突发性、紧急性事件除外),须提前2个工作日以上报送区人民政府。对部门上报区人民政府审批(核)的行政审批事项,区人民政府办公室承办人自收报件之日起10个工作日内完成审批(核)办结。

4. 提高公文办理效率。对区人民政府领导同志明确要求部门办理、批转部门研究处理的公文,各承办单位即收即办,普通件一般应在5个工作日内报告办理情况;复杂件一般应在10个工作日内报告办理情况。不能按时反馈的,要书面说明情况;限定办理时限的,按时限要求及时报告办理情况。批示涉及多个部门办理的公文,主办部门总负责,并汇总办理情况。

5. 严格控制发文数量。严格控制城中政发、城中政办等文件发文数量。

(牵头单位:区政府办,责任单位:各街道办事处、区机关各部门)

(二)完善办会制度,精简务实高效,进一步改进会风

1. 严格会议审批制度。实行全区性会议计划管理。部门需区人民政府召开的全区性会议或工作会议须在年初向区人民政府专文请示,由区人民政府领导同意后列入年度会议计划。时间相近和内容相同的会议应合并召开,参会人员相同或者交叉的多个会议应当尽可能套开或者连续召开。年度计划外确实需以区人民政府名义召开的全区性会议,主办单位应在会前不少于5个工作日以书面形式报请区人民政府,经分管副区长同意后,报区长批准。

2. 严格控制会议规模。区长召开的全区性会议,可以要求街道办事处主任和区政府各组成部门、直属事业单位主要领导参加。副区长召开的全区性会议,可以要求街道办事处分管副主任及分管部门的主要领导和相关部门的负责同志参加。

3. 坚持开短会,讲短话,提高会议效率与质量。以区人民政府名义召开的全区性会议会期不超过1天,以部门名义召开的全区性会议会期不超过半天。会场要控制规模、简化形式,因地制宜、精简节约。

4. 严格会议纪律。各部门要按要求及时收(领)会议通知或反馈信息;要严格按照会议通知要求派员参加,因特殊情况不能参加的,要书面请假,并安排合适人员参会;参会人员不得无故缺席、迟到、早退。对不经请假而缺席会议的,由会议承办单位、区人民政府办公室进行通报。严肃会议纪律,参加人员自觉遵守会场纪律,服从会议安排,提高会议质量。

5. 严格落实会议精神。建立会议落实情况通报制度,由区人民政府办公室组织实施,负责定期督查并通报会议精神落实等情况,并将结果纳入部门或街道的年度绩效考评。街道办事处及有关部门在落实会议议定事项的过程中,若有客观困难应及时汇报。对区人民政府常务会议、区长办公会议议(决)定事项的落实工作,区人民政府办公室应及时通报,区人民政府办公室相关工作人员负责跟踪落实;对政府全区性会议、专题会议等日常工作会议议(决)定事项的落实,由区人民政府办公室负责组织协调督办。

(牵头单位:区政府办,责任单位:各街道办事处、区机关各部门)

(三)深入实际、深入基层、深入群众,大兴调查研究之风

建立调研重点课题领导牵头负责制度。突出全局性、超前性、应用性,重视跟踪性、经验性研究,确定一批重点调研课题。区政府各工作部门围绕经济社会发展和民生保障自行安排1项以上重点调研课题,每年11月中旬前完成重点调研课题成果,并向区政

府分管领导作研究成果专题汇报。区人民政府办公室每年制定课题研究计划，由区政府领导分别牵头负责重点研究课题，分别按规定程序填写立项表，组织开展考察、调查，聘请专家进行评审，每年11月底前完成重点调研课题成果，完善课题成果运用机制。区人民政府办公室负责汇总区政府领导重点研究课题、工作部门调研课题。

到基层调研要紧紧围绕主题，实事求是安排考察内容，客观、准确、全面、深入了解实情，广泛听取各方面意见和建议，科学总结经验，发现和解决重点难点问题，注重实际效果。区人民政府领导同志到街道、部门、企业、项目现场、联系点等调研不事先踩点，以看实情、听意见为主，与群众多交流。主要领导同志可以召开汇报会，其他领导同志视情况可以召开主题座谈会。汇报工作简明扼要，讲真话、报实情、献实策。严格按照中央、自治区、柳州市以及区委关于改进工作作风、密切联系群众有关规定，不搞迎送，规范用车，精简会场，按规定接待，规范报道。

（牵头单位：区政府办，责任单位：各街道办事处、区机关各部门）

（四）着力解决庸懒散拖、为官不为等问题，强化效率意识和服务意识

巩固深化“两学一做”学习教育成果，认真履行社会服务承诺，进一步强化效率意识和服务意识。加强对公务员队伍的严格教育、管理、监督，下大功夫解决一些部门存在的办事拖拉、互相推诿扯皮等不良作风，做到能够办的事，马上就办，一时办不了的事，耐心解释，讲清情况。以“八个一综合改革”为契机，按照事权和责任相统一的原则，进一步优化机构设置和人员配置，解决好职能交叉、管理重复、责任不清的问题，加大审批制度改革力度，减少审批事项，规范审批行为，提高审批效率，努力把政府职能转到经济调节、社会管理、执法监督和公共服务上来。进一步创新服务方式，运用现代信息技术简化行政流程，提高办事效率，继续加强政府各部门服务窗口建设，整合交叉审批流程，努力为企业和群众提供良好的服务。要按照依法、真实、实效和有利于监督的原则，进一步加大政务公开力度，让群众享有充分的知情权、参与权、监督权。各政府部门要注意调动、发挥群众和企业参与机关效能建设的积极性，认真倾听基层、群众、企业的呼声，及时解决各自在服务方面存在的问题，以勤政、务实、高效的机关作风，为全区经济发展和社会稳定创造良好环境。

实施政府重大工作（重要事项）督办督查。由区人民政府办公室牵头负责政府重大工作（重要事项）督办督查，实行实时管理、全程督办、限时办结。区人民政府办公室定期对承办单位办理情况进行日常督办；对事关重大、涉及面广、进度严重滞后的事项进行重点督查。承办单位要及时、准确地向区人民政府办公室反馈督办督查事项的办理情况和办理结果，办公室要及时将承办单位反馈情况向区领导汇报。一般情况下，区长办公例会、区政府常务会议定事项需每半个月反馈一次；区委交由区政府主要领导办理事项、区政府主要领导批示事项，根据缓急情况按区人民政府办公室通知时间反馈；市级督查事项按照市委、市政府督查室规定时限要求报送；其他有具体时限要求事项的需按规定时间反馈。因各种原因确实无法在办理时限内办结的，承办单位要向区人民政府报告情况，由区人民政府办公室报经区领导同意后重新明确办理时限，并由区人民政府办公室继续跟踪督办，直至办结。对承办单位督办督查事项的办理情况纳入年度绩效考核，考核结果列入绩效考评总分。

（牵头单位：区政府办、区人社局、区监察局、区政管办、区绩效办，责任单位：各街道办事处，区机关各部门）

（五）强化正风肃纪，树立为民、务实、清廉的政府形象

认真落实从严治党要求，全面贯彻落实中央“八项规定”精神和国务院“约法三章”，认真履行党风廉政建设“一岗双责”，着力解决制度不完善、执行不到位等问题。开展“不作为、乱作为”专项整治，坚决杜绝“议而不决、决而不施、施而无效”的行为。

坚持依法行政，履行党政主要负责人推进法治建设第一责任人职责。健全综合执法制度，开展食品药品、公共卫生、农林水利等领域综合执法，推动综合行政执法工作向街道延伸。进一步完善行政执法程序，规范执法行为，营造公平公正的社会环境。

（牵头单位：区监察局、区法制办、区行政执法局，责任单位：各街道办事处、区机关各相关部门）

四、保障措施

（一）加强领导，落实责任。各部门要切实提高思想认识，把加强作风建设摆在更加突出的位置，进一

步加强组织领导,抓好动员部署,明确工作目标,制定细化方案。建立作风建设责任制,明确各部门"一把手"是作风建设第一责任人,班子成员具体抓,形成一级抓一级,层层抓落实的工作局面。各部门领导班子成员要起到模范示范作用,带头解决作风方面的突出问题,重抓自身,带动下级,树好标杆。

(二)量化指标,重点督查。对区委、区政府作出的重大决策和重大工作部署,进行全面督查,要提前介入,全程参与、环节把控,对关键时间节点、关键进度节点设定量化指标,通过分段式完成各个子目标推动工作有效落实。特别是加强对市级、区级层面统筹推进的重大项目等方面工作的督查工作,将督查与绩效考评有效结合,加大绩效考评工作。

(三)完善机制,全面监督。进一步完善作风建设联动督查机制,把作风建设情况作为政府督查、党风廉政建设检查的重要内容。健全监督体系,把政府内部监督和法律监督、群众监督、社会监督有机结合起来,逐步形成全方位、多层次的作风建设监督网络,着力提高监督实效。坚持正面教育与警示惩戒并重、立规与执纪并举、自律与他律结合,打好作风建设"组合拳"。

(四)强化保障,注重长效。各街道、各部门要坚持将作风建设与落实党风廉政建设责任制、构建惩防体系工作一同谋划、一同部署、一同考核。区监察局切实履行职责,当好参谋、组织协调、督促问责,建立健全作风建设长效机制,推动作风建设年活动各项任务的落实。各街道、各部门根据本工作方案,制定本街道、本部门工作方案,切实推动区政府系统作风建设年活动的各项工作任务落到实处。

公开方式:主动公开

柳州市城中区人民政府办公室

2017 年 5 月 26 日印发

柳州市城中区人民政府
关于印发《柳州市城中区加快推进网上政府服务工作实施方案》的通知

城中政发〔2017〕17 号

各街道办事处,区机关各委办局、各有关单位:

《柳州市城中区加快推进网上政府服务工作实施方案》已经区人民政府同意,现印发给你们,请遵照执行。

柳州市城中区人民政府

2017 年 12 月 28 日

柳州市城中区加快推进网上政府服务工作实施方案

为深入贯彻党的十九大会议精神,全面落实《国务院关于加快推进"互联网 + 政务服务"工作的指导意见》(国发〔2016〕55 号),结合《广西政务服务"十三五"规划》《广西壮族自治区人民政府关于印发加快推进网上政府服务工作实施方案的通知(桂政发〔2016〕65 号)、《柳州市人民政府关于印发柳州市加快推进网上政府服务工作实施方案的通知》(柳政发〔2017〕3 号),加快推进网上政府服务工作,促进简政放权、放管结合、优化服务改革措施落地,特制定本方案。

一、总体要求

(一)总体思路

牢固树立创新、协调、绿色、开放、共享的发展理念,按照建设法治政府、创新政府、廉洁政府和服务型政府的要求,坚持统筹规划、问题导向、协同发展、开放创新的原则,深化顶层设计,强化"高标准、高品质、高效能"的工作思路,通过政务服务、政务公开、政府治理创新与互联网、云计算和大数据的深度融合构建网上政府平台,进一步转变政府职能,促进简政放权、放管结合、优化服务,规范政务公开,推动政府治理的创新与开放,提升政府科学决策能力和治理水平。

(二)主要目标

到 2018 年,建成一体化网上政务服务平台,全面公开政务服务、行政权力和公共资源交易事项,推进网上办事,推动政务服务"一窗进出(一个窗口进出),

双线协同(线上线下业务协同),三向联办(跨地区远程办理、跨层级联动办理、跨部门协同办理)”,政务服务和政务公开标准化、网络化水平显著提升。

到2020年,实现互联网与政府治理深度融合,网上政府初步形成。政府服务大众、服务市场和服务社会的能力和效率大幅度提升;政务运行规范、公开、智慧程度明显提高;政府治理的开放性与多元化水平明显改善;以大众创新、开放创新、协同创新为特征的政务环境基本形成。

二、重点任务

(一)强化网上政府业务支撑体系建设

1. 优化再造政务服务

(1)推进服务事项目录和标准化建设。各级各部门按照服务事项性质、服务对象、实施主体、服务主题、服务层级、服务形态、行政管辖等,对所有除涉密事项外的行政权力事项和公共服务事项(以下统称服务事项)进行梳理,编制服务事项目录,形成统一的服务事项目录,并实时更新、动态管理。实行服务事项编码管理,规范事项名称、条件、材料、流程、时限等,逐步做到“同一事项、同一标准、同一编码”,为实现信息共享和业务协同,提供无差异、均等化政务服务奠定基础。(区政管办牵头,各职能部门配合;2017年底前完成)

(2)推进办事指南规范化。各级各部门要对照服务事项目录,逐项编制办事指南,并实时更新、动态管理。除办事指南明确的条件外,不得自行增加办事要求。(各职能部门按职责分工负责;2017年底前完成)

(3)优化再造服务流程。优化简化服务事项网上申请、受理、审查、决定、送达等流程,缩短办理时限,降低企业和群众办事成本。凡是能通过网络共享复用的材料,不得要求企业和群众重复提交;凡是能通过网络核验的信息,不得要求其他单位重复提供;凡是能实现网上办理的事项,不得要求必须到现场办理。推进办事材料目录化、标准化、电子化,开展在线填报、在线提交和在线审查;建立网上预审机制,推行“信任在先、办结核验”的网上办理模式,提供网上申报、网上协同、网上办理的一站式服务和精细化服务;积极利用第三方平台,提供多样化的便捷服务。坚决砍掉各类无谓的证明和烦琐的手续,最大限度精简办事程序,减少办事环节,改进服务质量。(区政管办牵头,各职能部门配合;2018年底前完成)

(4)推进服务事项网上办理。凡列入网上服务事项的,都要推行网上受理、网上办理、网上反馈,做到服务事项“应上尽上、全程在线”,实现各类事项“一窗进出,双线协同,三向联办”。(各职能部门按职责分工负责;2018年6月底前完成)

(5)推进实体政务大厅与网上政务服务平台融合发展。在继续推动政务服务事项一站式服务的基础上,整合和升级服务窗口,变“多头受理”为“一窗进出”。推进实体政务大厅向网上延伸,整合业务系统,统筹服务资源,统一服务标准,做到无缝衔接、合一通办。(各职能部门按职责分工负责;2017年底前完成)

(6)全面公开服务信息。各部门要在政府门户网站和实体政务大厅集中全面公开与服务事项相关的法律法规规章、政策文件、通知公告、办事指南、审查细则、常见问题、监督举报方式和网上可办理程度,以及行政审批涉及的中介服务事项清单、机构名录等信息,并实行动态调整,确保线上线下信息内容准确一致。(各职能部门按职责分工负责;2018年底前完成)

(7)促进政务服务向基层延伸。加大财政投入,完善街道办事处和村(社区)政务服务设施设备,确保网上政务服务平台的五级联通和无缝对接,打通基层政务服务“最后一公里”,实现“互联网+政务服务”全覆盖。利用共享的网上数据信息资源和服务资源,重点围绕当地的劳动就业、社会保障、社会救助、扶贫脱贫等服务需求,通过上门服务、代办服务等方式,贴近基层群众开展规范便捷的网上服务。(各职能部门按职责分工负责;持续推进)

(8)进一步完善投资项目在线并联审批监管。建立投资项目在线并联审批监管机制。加快实现投资项目审批、核准、备案业务在投资项目在线并联审批监管平台上统一受理、在线办理、在线监管;加快应用统一项目代码,实现统一赋码、接件验码、信息归集;加快实现本部门与投资项目相关的行政审批或办公系统与投资项目在线并联审批监管平台的对接和信息共享。(区发改局、区政管办牵头,各职能部门配合;2017年底前完成)

2. 全面推进政务公开透明

(1)制定网上信息公开基本目录,统一公开标准。推进政府信息主动公开基本目录建设,突出行政权力运行的决策、执行、服务、管理、结果等环节信息公开,明确重点领域、重点行业公开的主体、内容、时限、方式等,提升主动公开的规范化水平。(区政管办牵头,

各职能部门配合;2017年底前完成)

(2)制定公共资源交易目录。各部门要根据国家、自治区和柳州市有关规定,对工程建设、政府采购、资源、资产等项目进行分门别类,配合制定统一的公共资源交易目录,在公共资源交易平台公开项目名称、交易主体、交易方式、监督渠道,以及交易供给、资格审查结果、成交信息、履约信息和变更信息等各类公共资源交易信息,并实行动态管理。(各职能部门按职责分工负责;2017年底前完成)

(3)推进政府数据开放。实施政府数据资源清单管理,制定政府数据资源基本目录和共享目录。统一数据标准和接口,实现跨部门、跨层级、跨地区数据资源的开放共享。完善人口、法人单位、自然资源和空间地理、宏观经济等基础数据库和专业数据库,推进投资项目、商事登记、证照批复、领导决策等政府数据资源开放利用。(区发改局牵头,各职能部门配合;2018年底前完成)

(4)强化在线互动交流。通过政府门户网站广泛开展新闻发布、听证座谈、咨询协商、意见征集、在线访谈、公众评议、公共政策解读等政民互动活动,扩大公众参与;建立有统计专项调查部门参与的公众意见收集、处理、分析的网上互动机制;建立公众参与机制,鼓励引导群众网上分享办事经验,开展满意度评价,不断研究改进工作;充分利用政务微信、微博、移动客户端(APP)等新媒体及其互动功能,搭建政民政企互动新平台。(各职能部门按职责分工负责;2017年底前完成)

(5)全面实施公共资源交易监督电子化。凡列入公共资源交易目录的公共资源交易项目,均应纳入公共资源交易信息化平台统一交易,实现公共资源交易电子化,使网上交易、网上服务成为公共资源交易和交易服务的主要方式。(各职能部门按职责分工负责;2018年底前完成)

3. 推动政府治理创新

(1)创新政务服务模式。各部门要按照统筹与协同联办相结合原则,创新政务服务模式。要围绕跨部门服务事项理顺和优化内部工作关系,重塑政务服务形态,积极推动政务服务模式从分散走向统一、从碎片和部分走向整体、从低级走向高级的升级。4年内整体性服务模式要覆盖跨部门服务事项的60%以上,真正让“信息多跑路,群众少跑腿”。(各职能部门按职责分工负责;2020年底前完成)

(2)创新市场和社会治理监管模式。围绕“先照后证”改革后联动监管、“双随机一公开”、信用监管等方面工作,以信息化平台为支撑,规范细化自由裁量权,对服务事项全过程网上监察。开展事中事后行政监管过程与结果的网上公开、监管过程可网上追溯与核查、公众可网上参与监督和网上评价等事中事后监管创新。3年内权力清单内权力运行过程和运行结果100%网上公开、网上接受社会监督。(区工商局、区政管办牵头,区各职能部门按职责分工负责;2018年底前完成)

(3)开展涉民涉企政策网上众创。各部门制定涉民涉企政策时,要从政府“端菜”变为群众“点菜”,积极推进涉民涉企政策网上众创,制定网上众创计划。凡是出台涉民涉企政策,原则上都要列入网上众创计划,开展网上众创,全面提升政府治理开放水平和创新能力。(各职能部门按职责分工负责;持续推进)

(4)创新公共资源交易监管模式。在继续强化公共资源交易事中环节监管的基础上,创新监管模式,拓展监管范围,对公共资源交易事前事后权力运行环节实施电子化监督,实现公共资源交易事前事中事后全流程监督电子化。(各职能部门按职责分工负责;2018年底前完成)

(5)推进移动政务服务应用。依托移动互联技术,以行业为主线,统一标准,开发智能手机等移动终端政务服务、政务公开、行政权力APP应用,同时充分发挥微信、微博等社交媒体政务服务作用,提升网上办事服务的便捷度。(各职能部门按职责分工负责;2017年底前完成)

(6)推进新型智慧城市建设。结合实际,做好顶层设计,制定新型智慧城市发展的总体规划;以城市居民的利益获得感和生活幸福感为衡量指标,探索推动一批信息惠民示范工程;做好各领域信息惠民工程的统筹整合应用,发挥整体效果。(区工信局牵头,各职能部门配合;持续推进)

(二)加强网上政府运行平台体系建设

1. 建设统一的网上政务服务平台

依托政府门户网站,建设一体化网上政务服务平台,促进实体政务大厅与网上政务服务平台有机融合,提供一站式服务,实现政务服务事项统一申请、统一受理、集中办理、统一反馈和全流程监督。柳州市城中区人民政府门户网站是全区政务服务的总门户，各部门要主动做好对接，形成统一的服务入口，避免重复分散建设，实现一网办理。推进政府部门各业务系统与网上政务服务平台的互联互通，加强平台间对接联动，统一身份认证，按需共享数据，做到“单点登录、全网通办”。（区工信局、区政管办牵头，各职能部门配合；2017年底前完成）

2. 建设网上政务公开平台

强化政府门户网站信息公开第一平台作用，按照“权威发布、及时全面、共建共管”的要求，建设网上政务公开平台。优化网上办事、信息公开、公众服务、效能监察等核心栏目设置，不断完善政府网站信息发布、网民留言办理、民意征集、领导信箱等政民政企互动栏目功能，强化政策解读，使公众方便、快捷获取信息、办理业务。整合政府网站信息资源，加强政府网站之间协调联动，强化与主要新闻媒体、主要新闻网站、重点商业网站的联动，充分运用全媒体手段拓宽信息传播渠道，完善功能，健全制度，加强内容和技术保障。构建政务公开网上投诉系统、申请公开系统、政策法规公众网上参与系统等政务公开服务系统，推动公众参与权力运行监督和政务治理多元化。（区政管办、区工信局牵头，各职能部门按职责分工负责；持续推进）

3. 建设行政权力网上运行平台

依照职权法定、权责一致、便民高效、公开透明的原则，全面完成区本级行政权力运行流程编制工作，优化再造行政权力运行流程。制定行政权力事项编码规则，建立统一的权责清单管理系统，将项目编码、项目名称、子项名称、权力类型、实施依据、实施对象、承办机构、主要职责、运行流程、办理时限等内容纳入系统管理，依托政府网站等载体依法向社会公布，并实现行政权力设立、取消、调整、下放、承接动态化、标准化、信息化管理，做到依法确权、科学分权、公开示权、规范用权、有效监权。（区政管办牵头，各职能部门配合；2017年底前完成）

依托政府门户网站，统筹整合行政权力运行、行政执法信息、行政执法监督，建立统一的行政权力网上运行平台，全面推动行政权力全流程网上办理、网上公开，实现行政权力运行全过程网上留痕、可追溯、可核查，并实现行政执法机关之间行政执法数据共享和业务协同。（区法制办、区政管办牵头，各职能部门配合；2019年底前完成）

4. 推动公共资源交易信息化平台建设

整合建设公共资源交易电子服务系统、电子交易系统、电子监管系统和相关信息化管理系统，稳步推进事前事后政务权力运行监管平台。以信息化建设促进公共资源交易管理全过程的管理创新，推动公共资源交易执行、服务、管理、监督由传统方式向信息化方式转变，进一步规范公共资源交易权力运行，促进公共资源交易市场的统一、有序、竞争和开放。（各职能部门按职责分工负责；2018年底前完成）

5. 推动统一的数据共享支撑平台体系建设

开展各类业务系统整合，统一数据标准和接口，推进部门系统数据对接，统筹整合建设数据共享支撑平台体系，统一管理政务信息资源目录，实现与人口、法人单位、空间地理、电子证照、社会信用等基础信息库和业务信息库的联通，逐步推进各级共享平台对接，支撑政务信息资源跨部门、跨地区、跨层级数据共享、身份互信、证照互用、业务协同，实现就近办理、同城通办、异地可办。推进与电子监察系统对接，确保所有政务服务事项审批办理的流程、结果信息即时可查可用。（各职能部门按职责分工负责；持续推进）

（1）构建网上统一身份认证平台。综合运用数字证书认证、身份证实名认证、手机验证、统一社会信用代码验证等技术手段，依托身份证核验，推进统一的身份认证体系建设，为公共服务、行政权力、政务公开和公共资源配置信息系统提供统一的身份认证服务，实现群众办事多渠道的一次认证、多点互联、无缝切换。同时，在企业登记环节，统一为企业发放数字证书，及时解决企业网上办事时的身份认证问题。（各职能部门按职责分工负责；2019年底前完成）

（2）建设统一支付平台。推进统一的网上公共支付平台建设，应用网上支付方式，建立公共服务收费、行政审批收费、行政事业性收费和罚款等网上统一缴费体系，最大限度减少服务对象到现场办理的次数。（各职能部门按职责分工负责；2018年底前完成）

（3）建设统一电子证照库。加快推进统一的电子证照库建设，建成涵盖公安、民政、社会保障、卫生计生、环境保护、工商、税务、质监等相关领域的非涉密电子证照共享库。依托统一的数据共享支撑平台，推进业务系统与电子证照库对接联通，推进跨部门、跨地区、跨层级的电子证照互认共享，逐步实现在全市范围内异地业务办理。（各职能部门按职责分工负责；

2017年底前完成)

(4)建设统一政务服务信用系统。按照国家和广西信用信息共享交换工作要求,推进统一的政务服务信用平台建设。重点推进统一的社会信息代码库的建立,扩大金融、工商、税务、社会保障、交通运输、质监等部门和行业信用信息以及探索实现金融信用信息的共享交换。加快建设市场主体信用信息公示系统,建立各行业"黑名单"制度和市场退出机制。(区工商局、区政管办牵头,各职能部门配合;持续推进)

6.建设网上政府运行监督管理信息化平台

对网上政务服务、政务公开、政府治理等事项,实施全流程电子监察和绩效评估。推进业务管理平台、业务系统与电子监察系统对接,利用电子监察手段,对政务服务、政务公开、政府治理创新进行实时监察。探索在惠农资金分配使用、国有资产监管、科技项目和奖励管理、政府投资项目管理、土地矿产出让等重点领域,细化量化权力运行监管规则,开展电子化监管,有效实现对权力的制约和监督。加快构建网上评价、短信评价、现场评价相结合的统一公众评价体系,建立热线电话、互联网举报投诉统一受理、协调督办、执行办理、结果反馈、效能监督、行政问责等工作机制。积极应用第三方评估手段组织开展网上政府评估评价。(各职能部门按职责分工负责;2020年底前完成)

(三)完善网上政府保障体系建设

1.制定网上政府相关标准规范、管理办法和制度

着眼网上政府平台建设运行、安全保障等关键技术环节,制定网上政务服务平台、行政权力网上运行平台、公共资源交易信息化平台、数据共享开放、电子监察、绩效考评等一系列网上政府相关标准规范、管理办法和制度,完善网上政府支撑体系,保障网上政府有效运行。(区发改局牵头,各职能部门配合;2018年底前完成)

2.提升云计算、大数据、移动互联网等服务供给能力

协助推进城市光纤网络全覆盖工作。在充分利用柳州电子政务云计算中心、政务大数据等基础设施作用的基础上,积极推进计算服务的市场化。各部门通过购买市场第三方大数据、云计算、移动互联网等信息技术服务,促进政务服务高效、便捷,提升政务公开信息化、集中化水平,提升政府治理的智慧化水平。(各职能部门按职责分工负责;2017年底前完成)

3.建立网络安全态势感知与监测预警体系

按照国家信息安全等级保护制度要求,建立制防、人防、物防、技防相结合的网络安全态势感知与监测预警体系。加强政府网站信息安全建设,明确政务服务各平台、各系统的安全责任,建立各方协同配合的信息安全防范、监测、通报、响应和处置机制;加强对电子证照、网上支付等重要系统和关键环节的安全监控;建立健全保密审查制度,加大对平台中各类公共信息、个人隐私等重要数据的保障力度;完善开放接口的安全防护能力;提供身份证实时核验服务。(区工信局、公安局城中分局、区保密局牵头,各职能部门配合;2019年底前完成)

三、加强组织保障

(一)强化组织领导。各部门要高度重视网上政府平台建设,实行一把手负责制,统筹推进网上政府平台建设。跨部门、跨层级的信息系统建设和运行管理由区发改局牵头负责,行业业务信息系统建设和运行管理由相关职能部门牵头负责。

(二)强化各方力量。各部门要在人员、经费、设备等方面为网上政府平台建设提供有力保障,加强政府网站体制建设。财政部门要把网上政府平台运行维护等经费列入预算。发展改革部门要优先安排网上政府平台建设相关项目立项,简化程序,提高审批效率。积极探索社会资源和市场力量参与网上政府建设和政府购买服务,推动网上政府平台建设。

(三)强化考核督查。建立网上政府服务工作绩效考核制度,定期通报工作进度和成效。建立健全问责机制,对工作开展不力的予以通报;对不作为、乱作为、慢作为,损害群众合法权益的依法依规进行问责。

(四)强化培训推广。将网上政府平台建设工作纳入干部教育培训体系,定期组织开展培训。加强专业人才培养,加强电子政务技术人员的知识和技能培训,建设一支既具备互联网思维与技能又精通政务服务、政府公开的专业化队伍。做好宣传推广和引导,方便更多群众通过网络获取政务服务和政务公开。

全区各部门根据本方案,建立相应的工作机制,明确责任单位和进度安排,加强衔接配合,认真抓好落实。

公开方式:主动公开

柳州市城中区人民政府

2017年12月28日印发

柳州市城中区人民政府
关于公布第三批县（区）级非物质文化遗产名录的通知

城中政发〔2017〕18号

各街道办事处，区机关各部委办局，各有关单位：

根据《中华人民共和国非物质文化保护法》和《广西壮族自治区民族民间传统文化保护条例》规定，在区文体新局指导下，中南街道办事处青云社区经过收集、整理、推荐和专家评审，确定柳州露水汤圆制作技艺项目为城中区第三批县（区）级非物质文化遗产名录，经区人民政府批准，现予公布。

各街道、各有关部门要按照《中华人民共和国非物质文化遗产法》和《广西壮族自治区非物质文化遗产保护条例》的要求，加大依法保护非物质文化遗产的工作力度，建立健全保护机制，认真贯彻“保护为主、抢救第一、合理利用、传承发展”的工作方针，坚持科学保护理念，扎实做好城中区非物质文化遗产的保护、管理和传承工作，为弘扬中华民族优秀传统文化作出积极的贡献。

附件：城中区第三批县（区）级非物质文化遗产名录

2017年12月29日

附件：

城中区第三批县（区）级非物质文化遗产名录

序列	项目名称	申报地区或单位	类别	备注
1	柳州露水汤圆制作技艺	中南街道青云社区居民委员会	传统技艺	

公开方式：主动公开

柳州市城中区人民政府办公室

2017年12月29日印发

柳州市城中区人民政府办公室关于印发《城中区政府网站管理办法》的通知

城中政办〔2017〕1号

各街道办事处,区机关各委办局,各有关单位:

《城中区政府网站管理办法》已经区人民政府同意,现印发给你们,请遵照执行。

柳州市城中区人民政府办公室

2017年1月24日

城中区政府网站管理办法

第一章 总 则

第一条 为加强城中区政府网站的管理,确保政府网站高效、安全运行,提升政府网站发布信息、解读政策、回应关切、引导舆论的能力和水平,根据《国家电子政务总体框架》《中华人民共和国政府信息公开条例》《国务院办公厅关于加强政府网站建设和管理工作的意见》(国办发〔2006〕104号)、《柳州市县区政府网站管理办法》等文件精神,结合我区实际,制定本办法。

第二条 本办法所称政府网站是指区人民政府及其部门、街道在互联网上进行政府信息公开、网上办事服务、政民互动等的官方平台。

政府网站由区政府门户网站和部门、街道网站组成,形成以门户网站为主站,部门、街道网站为子站的网站群体系。

第三条 政府网站建设管理坚持以下原则:

(一)统筹规划,统一建设,资源共享的原则;

(二)围绕中心,心系群众,服务大局的原则;

(三)改革创新,推进应用,注重实效的原则;

(四)谁主管谁负责,谁运行谁负责,谁发布谁负责的原则。

第四条 政府网站建设目标是:强化政府网站信息公开第一平台作用,整合政府网站信息资源,充分运用新媒体新技术(包括微信、微博、手机APP等)拓宽信息传播渠道,完善功能,健全制度,突出政务特色和公共服务实效,加强内容和技术保障,将政府网站打造成更加全面的信息公开平台、更加权威的政策发布解读和舆论引导平台、更加及时的回应关切和便民服务平台。加快推行电子政务,促进城中区科学跨越发展。

第二章 组织管理

第五条 城中区信息化工作领导小组是政府网络(含电子政务内网和电子政务外网)、政府网站的领导机构,负责指导、协调全区网络、网站的规划、建设工作。城中区信息化工作领导小组办公室(以下简称“区信息化办”)具体负责全区网络、网站的建设、运行和管理,负责提供网站建设方面的技术支持。

第六条 各级各部门各单位的网站都是区政府网站的子网站。各部门各单位应当明确本部门、本单位网站的经常性管理工作和日常技术维护工作,必须确定本部门网站的管理机构和负责人,实行一把手负责制,明确分管领导和具体经办人员,负责网站运维、安全及更新等工作;建设稳定、专业、高质的网站运维管理队伍,确保网站安全运行,保障信息及时、准确、有效发布;其相关人员登记表应在区信息化工作领导小组办公室登记备案。

第七条 根据各部门职责分工建立提供及更新信息内容工作机制,制定《城中区人民政府政府网站栏目及责任清单》,分解城中区政府门户网站内容保障任务,按照“谁主管谁负责”、“谁发布谁负责”的原则,做好信息内容更新工作。

第八条 建立年度城中区政府网站工作联席会议,由区信息化工作领导小组办公室负责组织召集城中区政府网站负责部门进行研讨交流。加强联系与沟通,相互学习借鉴经验,研究探索新经验、新方法。

第三章　网站建设

第九条　政府网站建设应当纳入全区电子政务发展规划。

第十条　按照“一级政府一个门户网站、一个部门一个子网站”的要求，统一技术标准，分级建立政府网站群，逐步把部门网站整合到门户网站的统一平台，推进政府网站资源共享。

第十一条　区政府网站应当按照统一的政府网站群技术规范和标准改造，推进本行政区域政府网站聚合。

第十二条　各部门应当通过区政府门户网站建立二级网站，原则上不独立建立网站。确需独立建站的，须经区政府网站主管部门同意，遵照统一的政府网站群技术规范和标准，以相应技术方式对接门户网站，确保数据直接交换和信息共享。

第十三条　政府网站的风格设计应当美观大方、简洁庄重，栏目设置应当分类准确、重点突出，页面布局应当科学合理、层级清晰，便于公众使用。

（一）政府网站应当在首页显著位置标注本行政机关的合法名称，并根据需要设计标志图案。

（二）政府网站的默认语言版本为中文简体。

（三）部门网站要在首页醒目位置链接本级门户网站，并与本机关业务相关的其他政府网站和公益事业网站建立链接。

第十四条　政府网站使用域名须符合《中国互联网络域名管理办法》的规定，英文域名以“.gov.cn”结尾。

（一）门户网站的英文域名为 xxx.gov.com，xxx 为行政区域法定名称或简称的拼音缩写。

（二）政府网站实名和域名应当及时通过相关机构进行注册认证，依法予以保护，防止被他人所盗用。

第十五条　政府网站应当具备网上办事服务、信息公开、政民互动、文件检索、帮助导航和对外宣传等基本功能，并结合自身职责的需要，合理增加其他内容和功能。

第四章　网站内容与形式

第十六条　政府网站按照每年全区依托政府网站推进政务服务政务公开政府信息公开绩效评估指标体系来规划栏目和建设内容；区政府门户网站栏目的设立、变动、改版和上网内容由区信息化工作领导小组办公室确定并报区政府同意后具体实施。网站信息内容按照《城中区人民政府政府网站栏目及责任清单》中责任部门及有关部门共同保障；各部门网站由各部门负责人确定所属网站栏目的设立和上网内容，按照上级部门要求对各栏目内容及信息更新情况进行跟踪监督，定期检测并整改。

第十七条　政府网站应按照全国政府网站普查评分要求建立网站信息更新维护责任制，通过部门信息报送、网上抓取、网站链接等方式获得信息更新；网站负责部门建立信息三级审核发布制度，未经审核信息不得上网发布，严禁涉密信息上网；未达到全国网站普查评分的网站必须及时按照要求进行整改。

第十八条　政府网站不得从事营利性活动，不得与非法网站建立超级链接，也不得从事与政府网站身份不符的活动，不得发布危及国家安全、公共安全、经济安全和社会稳定的信息，未经审核的各类信息不得上网发布。

第十九条　政府网站不得公开涉及国家秘密、商业秘密、个人隐私的政务信息。在公开政务信息前，应当依照《中华人民共和国保守国家秘密法》以及其他法律、法规和有关规定，对拟公开的政务信息进行审查。

第五章　网站管理

第二十条　政府网站信息系统应达到信息系统安全等级保护二级的标准。政府网站必须按照国家有关管理规定，严格执行网站备案制度，网站域名和 IP 地址的变更需及时备案。

第二十一条　区政府在人员、经费、设备等方面为政府门户网站提供有力保障；区信息化工作领导小组办公室具体负责协调推进政府网站建设，建设专业化、高素质网站运行管理队伍，保障网站健康运行、不断发展。财政部门要把政府网站内容保障、运行维护和信息安全等经费列入预算。

第二十二条　负责政府网站运行、维护、管理的工作人员必须具有较高的政治素质和专业技术水平，区信息化工作领导小组应定期组织全区各部门信息化工作分管领导及工作人员进行相关业务培训。

第六章　安全管理

第二十三条　政府网站应当牢固树立网站安全意识，建立健全网络、信息等安全组织领导机构和各项管理制度，并按照电子政务安全规范和技术要求，完善政府网站的基础安全设施，制定完备的安全策略和应急预案。

第二十四条　政府网站应当强化安全基础设施，加强安全技术和手段的应用，完善政府网站数据备份功能，加强应对网络攻击、病毒入侵、系统故障等风险的安全防护措施，提高应急处置能力，确保及时解决突发情况。

第二十五条　按照“谁主管谁负责”、“谁发布谁负责”的原则，网站栏目责任单位对发布信息的安全保密负责。区信息化领导小组办公室应加强对政府网站的安全检查，网站栏目责任单位应指定专人负责向门户网站提供或维护信息，建立网站信息发布审核制度。各相关单位需加强政府网站后台账号和密码管理，保证账号和密码的绝对安全；按时提交《每月区政府门户网站新闻信息汇总表》(单位负责人签字并加盖公章)，并填写《信息公开保密审核表》。

第二十六条　涉及国家秘密的文件、资料、内部信息或暂时不宜公开的事项严禁发布上网。一旦出现问题，除追究当事人责任外，还要追究提供信息的部门和单位负责人的责任。

第二十七条　政府网站发生信息安全事故、黑客入侵事件时，网站负责单位必须第一时间切断网络，向市信息安全主管部门和区信息化工作领导小组办公室汇报，同时保留现场，配合有关部门开展调查工作，不得销毁证据或干扰有关部门开展调查取证工作。

第二十八条　政府网站应根据《互联网信息服务管理办法》、《计算机信息系统国际联网保密管理规定》等规定，加强网上互动内容监管，违法内容要及时删除，并记录备案，确保信息安全。

第七章　奖　惩

第二十九条　区政府对在年度自治区政府办公厅开展的全区政府网站评估考核中获表扬的部门给予表扬，被通报批评的部门给予通报批评。

第三十条　政府网站违反本办法的，由城中区政府对主要负责人或直接责任人给予批评、教育、通报批评并责令改正，违反国家法律、法规的，有关部门将依法追究相应法律责任。

第三十一条　区信息化工作领导小组办公室在区政府授权下负责对区政府网站监测和考核统计。

第八章　附　则

第三十二条　本办法由区工业和信息化局负责解释。

第三十三条　本办法自印发之日起实施。

公开方式：主动公开

柳州市城中区人民政府办公室

2017 年 1 月 24 日印发

柳州市城中区人民政府办公室关于印发《城中区创建全国基层中医药工作先进单位建设规划(2016—2018年)》的通知

城中政办〔2017〕29号

各街道办事处,区机关各委办局,辖区各有关单位:

《城中区创建全国基层中医药工作先进单位建设规划(2016—2018年)》已经区人民政府同意,现印发给你们,请认真组织实施。

2017年5月9日

城中区创建全国基层中医药工作先进单位建设规划(2016—2018年)

为进一步发挥中医药传统文化的特色优势,不断提升中医药综合实力,推进全区中医药事业持续健康发展,更好地满足人民群众对中医药服务的需求,根据《全国基层中医药工作先进单位评审命名管理办法》、《全国中医药工作先进单位建设标准》等文件精神,结合我区实际,制定本建设规划。

一、指导思想

以党的十八大和十八届三中、四中、五中、六中全会精神为指导,深入贯彻落实习近平总书记系列重要讲话精神,紧紧抓住我国全面深化医药卫生体制改革的机遇,以加快提升基层中医药服务能力为抓手,不断优化中医药发展环境,营造浓厚的中医药文化氛围,切实满足广大人民群众对中医医疗、预防和保健的需求,让广大群众享受更加优质、高效、价廉、便捷的中医药服务,促进我区中医药事业的快速发展。

二、总体目标

紧紧围绕创建"全国基层中医药工作先进单位"的目标,通过建立覆盖城乡的基层中医服务网络,全面提升基层医疗卫生机构中医药服务能力,逐步建立起布局合理、设施设备齐全、服务功能完善、人员结构合理、中医特色突出、诊疗水平较高、服务质量优良、具有显著中医药文化内涵的基层中医药服务体系和"治未病"中医预防保健体系。

三、主要建设目标

(一)推进中医药服务网络建设

1. 社区卫生服务中心和卫生院中医药科室设置

(1)辖区每个街道的社区卫生服务中心或卫生院均能够提供中医药服务,且全部建成中医临床科室集中设置、多种中医药方法和手段综合使用、中医药文化氛围浓郁并相对独立的中医药综合服务区。

(2)根据中医临床诊室设置情况配备中医诊疗设备,包括针灸治疗床、推拿治疗床、针灸器具、火罐、TDP神灯、中药雾化吸入设备、刮痧板、电针仪、艾灸仪、颈腰椎牵引设备、中药熏蒸设备等。

(3)设置中药房,配备中药饮片柜(药斗)、药架(药品柜)、调剂台、药戥、电子秤、消毒锅、标准筛等,配备中药饮片不少于300种;提供煎药服务。

2.75%的村卫生室配备针灸、火罐、刮痧板等基本器具以及TDP神灯等中医诊疗设备;50%以上村卫生室中药饮片大于100种,其他村卫生室中成药大于50种。

3. 通过推动基层医疗卫生服务机构加入医联体,与二级以上公立中医医院或综合医院开展多种形式的中医药服务联合与协作,建立有效的双向转诊制度。

(二)加强基层中医药人才队伍建设

通过引进中医药人才、返聘中医药退休人员,开展中医药人员知识与技能培训、推广中医药适宜技术、开展师承教育等工作,到2018年,辖区社区卫生服务中心、乡镇卫生院中医类别医师(包括执业注册在社区卫生服务中心、乡镇卫生院执业的大中型医疗机构在职和退休中医人员)占本机构医师总数的比例达到20%以上;且每个社区卫生服务中心至少有2名、街道卫生院至少有1名中级以上专业技术职务任职资格的中医类别医师;75%以上的村卫生室至少配备1名以中医药服务为主的乡村医生或能中会西的乡村医生;中医类别全科医生占基层全科医生的比例达到20%以上,中医类别全科医生占基层中医类别医师比例达到50%以上。100%基层在职在岗中医药人员参加中医药继续教育或专业学历教育;90%以上临床类别医师和乡村医生参加中医药知识与技能培训。

(三)提升基层中医医疗服务能力

建立中医药适宜技术推广师资队伍和专家指导组,分层分类开展中医药适宜技术推广。每个社区卫生服务中心、乡镇卫生院能应用中医药康复手段提供中医药康复治疗,并按照中医药技术操作规范开展6类以上中医药适宜技术。门诊中医药处方(包括中药饮片、中成药和中医非药物处方)数不低于处方总数30%,其中中药饮片处方不低于处方总数5%,中医非药物疗法处方不低于处方总数的5%。75%以上的村卫生室能够按照中医药技术操作规范开展4类以上中医药适宜技术,中医药处方不低于处方总数的30%。

(四)开展中医预防保健服务

落实国家基本公共卫生服务中医药健康管理项目,按照《中医药健康管理规范》和《中医药健康管理服务技术规范》的要求,开展老年人、儿童等人群中医药健康管理服务,目标人群覆盖率达到国家要求。以项目管理的方式,在高血压或(和)2型糖尿病患者等人群中开展中医药健康管理试点工作;基层医疗卫生机构运用中医药特色和优势积极参与传染病的预防工作,制定传染病中医防治方案。

四、保障措施

(一)建立健全中医药管理体系

认真贯彻《中华人民共和国中医药法》,按照中医药治理体系和治理能力现代化要求,创新管理模式,建立健全我区中医药管理体系;充分发挥区创建全国基层中医药工作先进单位领导小组的统筹协调作用,开展规划实施监测评估,提出创建具体措施,协调解决创建过程中的重大问题;领导小组各成员单位要明确责任,加强协作,发挥合力,确保本规划的顺利实施。

(二)加大对创建工作的扶持力度

增加财政投入,按照《全国中医药工作先进单位建设标准》填平补齐,重点支持开展中医药特色服务、基层医疗卫生机构基础设施建设、开展中医药预防保健服务以及中医药人才培养等。完善相关财政补助政策,鼓励基层医疗卫生机构提供中医药适宜技术与服务。

(三)营造良好社会氛围

综合运用广播电视、报刊等传统媒体和数字智能终端、移动终端等新型载体,大力弘扬中医药文化知识,宣传中医药在经济社会发展中的重要地位和作用。推动中医药进校园、进社区、进乡村、进家庭,将中医药基础知识纳入中小学传统文化、生理卫生课程。同时充分发挥社会组织作用,形成全社会“信中医、爱中医、用中医”的浓厚氛围和共同发展中医药的良好格局。

公开方式:主动公开

柳州市城中区人民政府办公室

2017年5月9日印发

柳州市城中区人民政府办公室
关于印发《城中区创建全国基层中医药工作先进单位实施方案》的通知

城中政办〔2017〕30号

各街道办事处，区机关各委办局，辖区各有关单位：

《城中区创建全国基层中医药工作先进单位实施方案》已经区人民政府同意，现印发给你们，请结合实际，认真贯彻执行。

2017年5月9日

城中区创建全国基层中医药工作先进单位实施方案

为切实做好全国基层中医药工作先进单位创建工作，提升基层中医药服务能力，加快我区中医药事业发展，根据《国家中医药管理局关于印发全国基层中医药工作先进单位评审命名管理办法和建设标准的通知》（国中医药医政发〔2013〕49号）、《国家中医药管理局办公室关于做好2016—2018创建周期全基层中医药工作先进单位申报评审工作的通知》（国中医药办医政函〔2016〕283号）精神，结合我区中医药工作实际，制定本实施方案。

一、指导思想

以马克思列宁主义、毛泽东思想、邓小平理论、“三个代表”重要思想、科学发展观为指导，全面贯彻党的十八大和十八届三中、四中、五中、六中全会和习近平总书记系列重要讲话精神，以加快提升基层中医药服务能力为抓手，以创建“全国基层中医药工作先进单位”为目标，不断优化中医药发展环境，营造浓厚的中医药文化氛围，健全中医药特色的医疗卫生服务模式，让广大群众享受更加优质、高效、价廉、便捷的中医药服务，促进我区中医药事业的快速发展，为建设健康中国服务，为全面建成小康社会服务。

二、工作目标

按照国家中医药管理局要求，争取用3年的时间，通过积极开展创建中医药工作先进单位活动，进一步完善基层中医药服务网络，推动我区基层中医药管理工作走上规范化、科学化轨道，使我区基层中医药服务水平进一步提高，形成一支具有较高专业素质的中医药服务队伍。以简便、高效、价廉、优质的服务，不断满足广大群众日益提高的中医医疗保健需求，达到全国基层中医药工作先进单位建设标准，进入全国基层中医药服务先进单位行列。

三、主要任务

（一）落实中医药服务政策措施。将中医药工作纳入全区经济社会发展规划、卫生计生事业发展规划和政府年度工作目标，制定中医药事业发展规划，建立中医药工作协调机制，出台扶持和促进中医药事业发展的政策措施并组织实施。贯彻落实财政补助政策，保证对基层医疗卫生机构开展中医药服务所需的投入。在巩固完善基本药物制度中体现中医药特点，严格中药饮片、中成药的使用管理。将中医药服务工作纳入基层医疗卫生机构年度考核目标。

（二）加强中医药服务基本条件建设。加强基层医疗卫生机构标准化和中医科、中药房等中医药服务相关科室建设，完善中医诊疗设备配置，加快中医药综合服务区（中医馆）建设，形成中医药特色。加大对中医工作政策支持力度，在经费安排、人才培养、职称评定、基础建设等方面给予倾斜支持。

（三）完善中医药服务网络。健全中医药基层服务网络，建设文化氛围浓郁并相对独立的中医药综合服务区，100%的社区卫生服务机构、卫生院和70%的村卫生室具备中医药服务能力。

（四）增强中医药服务能力。在全区基层医疗卫生机构大力开展各项中医诊疗技术项目，积极推广应用中医药适宜技术，广泛开展中医药康复服务，提高中医药服务满意率。

（五）提高中医药服务队伍素质。积极组织开展基层中医药人员培训工作，各基层医疗卫生机构要积极组织相关的中医药服务人员参加培训；鼓励基层中医药骨干人才通过师承模式跟随名老中医药专家学习,提高中医服务技能和水平;加强中医药人才引进,并在人员编制及财政扶持等方面给予优惠政策。

(六)突出中医药文化建设。开展“中医名医名家走基层行动计划”和“中医中药中国行——进乡村、进社区、进家庭”活动,加大对中医药文化总结、整理、宣传的力度,推动中医药文化体系建设。在全区基层卫生医疗机构中建设中医诊疗特色区域,从服务理念、行为规范、环境形象等方面体现中医药文化特点。利用多种形式开展中医药宣传工作,提高中医药服务的知晓率,使群众了解中医药、认识中医药、认同中医药、使用中医药、感受中医药文化。

四、组织体系

为确保创建活动顺利实施,区政府成立由分管副区长任组长,卫计局、发改局、财政局、人社局、编办、民政局等相关部门负责人为成员的城中区创建全国基层中医药工作先进单位领导小组(名单附后)。领导小组主要负责创建活动的组织领导、统筹协调和考核检查等工作。领导小组下设办公室,办公室设在区卫计局,具体执行创建领导小组的工作任务,落实各项创建措施。

五、实施步骤

(一)筹备阶段(2016年3月—2016年4月)

1. 成立创建全国基层中医药工作先进单位领导小组和办公室,制定下发创建工作方案,明确创建工作目标和任务。

2. 召开创建工作会议,研究部署创建工作。

3. 加强宣传造势,营造浓厚的创建氛围。

(二)创建阶段(2016年5月—2017年7月)

1. 加大对基层医疗卫生机构的投入,加强基础设施建设,夯实基础,提高基层中医服务水平和能力。

2. 各基层医疗卫生机构对照《全国基层中医药工作先进单位建设标准》和《全国基层中医药工作先进单位评审细则》(2014版)开展自查自评工作,查漏补缺,完善提升,确保各项创建目标达标。

3. 区卫计局根据《评审细则》对各基层医疗卫生机构创建工作进行督查评估,并提出整改意见。

4. 各有关单位根据区卫计局整改意见对本单位创建工作进行进一步提高完善。

(三)迎检阶段(2017年7月—2018年3月)

对创建工作情况进行统计汇总,完成总结报告,全力做好迎接国家和自治区中医药管理局组织的评审验收工作,争取顺利通过全国基层中医药工作先进单位评审验收。

六、工作要求

(一)提高认识,加强领导。各相关部门要切实提高对发展中医药事业的认识,按照要求把中医药工作纳入本部门年度工作目标和经济社会发展总体规划,统筹中医药事业发展。

(二)统筹协调,合力推进。各相关部门要相互协作,共同推进先进单位创建工作。卫生计生部门作为主要实施部门,对全区中医药工作实行统一规划,经常性开展督促、指导;区发展和改革局、区财政局、区人力资源社会保障局、区编办、区科技局、区民政局、区食品药品监督管理局以及各街道要根据各自职责,认真落实各项保障措施。

(三)加强宣传,营造氛围。采取多种形式,进一步加大对中医药工作的宣传力度,认真宣传国家、自治区、市有关中医药工作的方针政策,紧紧围绕先进单位创建这一主题,及时宣传我区中医药发展相关政策,积极普及中医药知识,广泛宣传中医药文化的内涵和中医药防病治病的理念、知识和作用,提高人民群众利用中医药进行防病治病、自我保健的意识和能力。

附件:1. 城中区创建全国基层中医药工作先进单位领导小组

2. 城中区中医药工作联席会议制度

3. 全国基层中医药工作先进单位建设标准

附件1:

城中区创建全国基层中医药工作先进单位领导小组

为做好城中区创建“全国基层中医药工作先进单位”工作,保证创建工作顺利开展,经区人民政府同意,成立柳州市城中区创建全国基层中医药工作先进单位领导小组。

一、领导小组成员名单

组　长:冷　晶　副区长

副组长:廖明妮　区卫生和计划生育局局长

成　员：覃胜利　区委宣传部副部长、文明办主任
陈　樑　区机构编制委员会办公室主任
朱　蕾　区发展和改革局副局长
黄荟霖　区科技局副局长
唐丽晖　区民政局副局长
颜嘉诤　区国库集中支付中心副主任
侯日华　区人力资源和社会保障局副局长
许华举　区住房和城乡建设局副局长
谭晓剑　区卫生和计划生育局副局长
罗德高　区食品药品监督管理局副局长
潘　好　城中街道办事处副主任
黎志敏　公园街道办事处副主任
胡可钦　中南街道办事处副主任
韦　毅　潭中街道办事处副主任
王文忠　静兰街道办事处副主任
陈智昊　河东街道办事处副主任

领导小组下设办公室，办公室设在区卫计局。办公室主任由谭晓剑同志兼（任），具体执行创建领导小组的工作任务，落实各项创建措施。

二、成员单位职责

1. 区委宣传部：发动新闻媒体广泛宣传报道创建工作，普及中医药科普知识，大力宣传发展中医药事业的重要性，为创建工作营造良好的社会氛围。

2. 区发改局：将中医药工作的开展纳入全区国民经济和社会发展规划；协调推进基层医疗卫生服务机构建设。

3. 区卫计局：制定并实施创建全国基层中医药工作先进单位实施方案及建立部门协调机制，收集整理创建所需资料，全面开展创建督导检查；制定中医药事业发展规划；设立中医药工作管理机构，配备专职干部；做好社区卫生服务机构布局及其设备设施配置，完善中医药服务网络；完善中医药服务的设施设备和人员配置，在预防、保障、医疗、康复、健康教育、计划生育技术服务等方面充分发挥中医药和民族医药的特色和优势；加强中医药人才队伍建设，组织开展基层医疗卫生机构从业人员岗位培训和继续教育，将中医药特色社区卫生服务技能作为医学教育的重要内容；把中医药特色预防保健服务纳入基本公共卫生服务工作内容，运用中医药知识开展老年人、儿童保健的咨询和指导。

4. 区财政局：积极支持中医药事业发展，全面落实中医药政府卫生投入政策，并根据事业发展需要，逐步增加对中医药事业的投入。研究制定相关财政补助政策并安排有关经费，安排创建全国基层中医药工作先进单位工作经费，加强资金管理和监督。

5. 区人社局、编办：指导、协助基层卫生人才培养体系和中医药人才队伍建设，结合创建工作实际，对中医药工作人员编制给予政策倾斜。

6. 区民政局：进一步完善以社区卫生服务（包含中医药服务）为基础的城市医疗救助体系，鼓励扶持对象运用中医药适宜技术治疗，在民政救助上适当提高救助比例，切实保障因病致贫群众的基本生活。

7. 区住建局：按照国家有关标准将社区卫生服务机构、卫生院、村卫生室业务用房和设施纳入城市建设规划，并依法加强监督。

8. 区食药监局：负责开展中医药特色基层卫生服务所需药品和医疗器械质量的监督管理等工作。

9. 区科技局：负责加大对中医药科研项目的扶持力度，对中医药科研项目立项适当倾斜。

10. 各街道办事处：支持和帮助街道内基层医疗卫生机构解决工作中遇到的困难；协助卫生计生部门和基层医疗卫生机构在本阶段积极开展中医药特色的居民健康教育活动，提高居民健康意识；组织开展社区居民基本中医药常识的知晓率和中医药服务满意率测评的相关工作。

附件 2：

城中区中医药工作联席会议制度

为贯彻落实《国务院关于印发中医药发展战略规划纲要(2016—2030 年）的通知》（国发〔2016〕15 号）和《广西壮族自治区人民政府办公厅关于印发广西中医药壮瑶医药健康服务发展规划(2016—202 年）的通知》（桂政办发〔2016〕15 号）文件精神，进一步加强我区中医药工作的组织领导，强化部门间协调配合，统筹做好中医药工作，经区人民政府同意，建立城中区中医药工作联席会议（以下简称联席会议）制度。

一、主要职责

在区政府统一领导下，统筹协调中医药工作。对全区中医药工作进行宏观指导；研究促进中医药事业改革发展的方针政策；指导、督促、检查有关政策措施

的落实;协调解决中医药事业改革发展中的重大问题;完成区政府交办的其他事项。

二、成员单位

联席会议由区委宣传部、发改局、科技局、工信局、民政局、财政局、人社局、编办、环保局、住建局、农水局、商务局、文体新局、卫计局、食药监局、法制办等16个部门组成,卫计局为牵头单位。

区政府分管卫计工作的领导同志担任联席会议召集人,卫计局主要负责同志担任副召集人,各成员单位有关负责同志为联席会议成员。根据工作需要,联席会议可邀请其他相关部门和单位参加。联席会议成员因工作变动需要调整的,由所在单位提出,联席会议确定。

联席会议办公室设在区卫计局,承担联席会议日常工作。卫计局主要负责同志兼任办公室主任。联席会议设联络员,由各成员单位有关负责同志担任。

三、工作规则

联席会议原则上每年召开一次全体会议,根据工作需要不定期召开专题会议,由召集人或召集人委托的副召集人主持。成员单位根据工作需要可以提出召开会议的建议。在联席会议召开之前,召开联络员会议,研究讨论联席会议议题和需要提交联席会议议定的事项及其他有关事项。联席会议以纪要形式明确会议议定事项,印发有关方面并抄报区政府,重大事项按程序报批。

四、工作要求

各成员单位要按照职责分工,深入研究中医药工作有关问题,制订相关配套政策措施或提出政策措施建议;及时向联席会议办公室提出需联席会议讨论的议题,认真落实联席会议确定的工作任务和议定事项;互通信息,互相支持,密切配合,形成合力,充分发挥联席会议作用。联席会议办公室要及时向各成员单位通报有关情况。

附件3:

全国基层中医药工作先进单位建设标准（2013年版）

一、基层中医药工作组织领导和管理

(一)将中医药工作纳入本县(市、区)经济社会发展规划、卫生事业发展规划和县(市、区)政府年度工作目标,建立县(市、区)乡(街)政府及相关部门共同推动基层中医药工作的协调机制,制定本县(市、区)中医药事业发展规划并组织实施。

(二)县(市、区)政府成立基层中医药工作先进单位创建领导小组,制定基层中医药工作先进单位创建工作实施方案,定期研究工作,纳入年度工作计划,并组织实施。

(三)县(市、区)卫生计生部门有分管中医药工作的领导,设立中医药工作管理机构,配备专职干部;分管领导和专职干部熟悉中医药政策、中医药管理知识和全县(市、区)中医药工作情况。

(四)中医药事业费近3年均占全县(市、区)政府卫生投入10%以上,或近3年均占全县(市、区)政府卫生投入8%以上且年均增长比例高于卫生事业费的增长比例;中医药事业费用于中医药基础条件建设、服务能力建设、人才培养等工作;除国家基本公共卫生服务项目经费之外,应有用于其他中医药健康管理服务项目的经费。

(五)认真贯彻落实基层中医药各项政策。

1. 在健全全民医保体系中发挥中医药的优势和作用。

(1)将乡镇卫生院、社区卫生服务中心设立中医科和村卫生室、社区卫生服务站提供中医药服务作为纳入基本医疗保险或新农合定点医疗机构的必备条件。

(2)将中医药服务项目(包括针灸、治疗性推拿等中医非药物诊疗技术及中医药适宜技术、中药饮片、中成药、医疗机构中药制剂)纳入城乡居民基本医保补偿范围。有条件的地区将乡村中医药技术人员自种、自采、自用中草药纳入基本医疗保险或新农合补偿范围。

(3)制定降低中医药报销起付线、提高报销比例等鼓励中医药服务提供与使用的政策。在实行支付方式改革或门诊慢病统筹的地区,制定鼓励城乡居民在基层使用中医药的政策。

2. 在巩固完善基本药物制度中体现中医药特点。

(1)按照基本药物制度的要求,所有基层医疗卫生机构[包括社区卫生服务中心(站)、乡镇卫生院、村卫生室,下同]配备中药饮片和中成药。

(2)中药饮片的基本药物管理执行国务院有关部

门关于中药饮片定价、采购、配送、使用和基本医疗保险给付等政策规定。

（六）加强运行管理，建立以公益性和中医药特色为核心的中医医院监管制度；在县级公立医院综合改革中，落实政府对公立中医医院的投入倾斜政策，完善有利于中医药特色优势发挥的补偿机制。

积极开展对针灸、治疗性推拿等中医非药物治疗项目财政补贴试点工作，以补偿机制改革为切入点，推进县级公立中医医院体制机制综合改革。

（七）加强对辖区内各级各类中医医疗机构和其他医疗卫生机构中医药服务的管理，严格实施国家基本药物制度，严格中药饮片、中成药、医疗机构制剂的使用管理，严格执行中医药技术标准规范。

（八）建立县级医院以及基层医疗卫生机构考核机制，并纳入其年度工作考核目标。

1. 在县级中医医院、县级综合医院中医科的绩效考核中将中医门诊占总门诊人次比例、中药处方、中医非药物处方比例作为重要指标。

2. 在乡镇卫生院、社区卫生服务机构绩效考核中，中医药内容分值占比不低于15%。

二、基层中医药服务网络建设

（九）县级医院中医药服务条件建设

1. 县级中医医院达到二级甲等标准，中药房设置达到《医院中药房基本标准》要求，信息化建设达到《中医医院信息化建设基本规范》要求。

2. 县级综合医院设置中医科、中药房，中医临床科室达到《综合医院中医临床科室基本标准》要求，中药房达到《医院中药房基本标准》要求，中药煎药室符合《医疗机构中药煎药室管理规范》要求。

（十）乡镇卫生院、社区卫生服务中心中医药服务条件建设

1.100%的社区卫生服务中心按照原卫生部、国家中医药管理局联合印发的《城市社区卫生服务机构管理办法》和《社区卫生服务中心基本标准》设置中医科、中药房，配备中医诊疗设备。

2.100%的乡镇卫生院按照原卫生部等5部门联合印发的《乡镇卫生院管理办法》，原卫生部、国家中医药管理局联合印发的《乡镇卫生院中医科基本标准》设置中医科、中药房，配备中医诊疗设备。

3.95%以上的社区卫生服务中心和乡镇卫生院建成中医临床科室集中设置、多种中医药方法和手段综合使用、中医药文化氛围浓郁并相对独立的中医药综合服务区。

4. 中医临床诊室应配备针灸、火罐、刮痧板等基本器具，其他中医诊疗设备配备不少于4类。

5. 规范设置中药房，配备中药饮片不少于300种；提供煎药服务。

（十一）社区卫生服务站、村卫生室中医药服务条件建设

1.80%以上的社区卫生服务站和75%以上的村卫生室配备针灸、火罐、刮痧板等基本器具以及TDP神灯等中医诊疗设备。

2.40%以上的村卫生室、社区卫生服务站配备中药饮片不少于100种，或者由乡镇卫生院、社区卫生服务中心统一配送；其他村卫生室、社区卫生服务站配备中成药不少于50种。

（十二）建立县级医院和城市大中型医院与基层医疗卫生机构中医药业务协作机制

县级中医医院和城市大中型中医医院应设置基层指导科，安排专人负责，采取接受进修、巡回医疗、轮流下派、技术培训等多种形式，对基层医疗卫生机构开展中医药业务指导，建立有效的双向转诊制度。与基层医疗卫生机构建立对口支援关系的县级综合医院和城市大中型综合医院，应将中医药作为技术帮扶的重要内容。

三、基层中医药人才队伍建设

（十三）95%以上的社区卫生服务中心、90%以上的乡镇卫生院中医类别医师（包括执业注册在社区卫生服务中心、乡镇卫生院执业的大中型医疗机构在职和退休中医人员）占本机构医师总数的比例达到20%以上；其中每个社区卫生服务中心至少确2名、每个乡镇卫生院至少有1名中级以上专业技术职务任职资格的中医类别医师。

（十四）80%以上的社区卫生服务站至少配备1名中医类别医师或能够提供中医药服务的临床类别医师；75%以上的村卫生室至少配备1名以中医药服务为主的乡村医生或能中会西的乡村医生。

（十五）基层医疗卫生机构的中医类别医师接受过省级以上中医药管理部门组织的中医类别全科医生岗位培训、转岗培训或规范化培训，并考核合格；中医类别全科医生占基层全科医生的比例达到20%以上，中医类别全科医生占基层中医类别医师比例达到

50%以上。

(十六)开展基层在职在岗中医药人员参加中医药继续教育或专业学历教育,培训率达到100%。开展临床类别医师和乡村医生中医药知识与技能培训,培训率达到90%以上。

(十七)开展基层老中医药专家师带徒工作。

四、基层中医医疗服务

(十八)社区卫生服务中心、乡镇卫生院能够运用6种以上中医药技术方法治疗基层常见病、多发病。

(十九)社区卫生服务中心、乡镇卫生院门诊中医处方(包括中药饮片、中成药和中医非药物处方)数占处方总数比例不低于30%。其中,中药饮片处方数占处方总数不低于5%,中医非药物处方占处方总数不低于5%。

(二十)社区卫生服务站、村卫生室中医处力(包括中药饮片、中成药和中医非药物疗法)数占处方总数比例不低于30%。

(二十一)推广应用中医药适宜技术。

1. 在县级中医医院设立基层常见病、多发病中医药适宜技术推广基地,有专门的示教室,配置视频会议会诊系统,并按照要求开展相关工作。

2. 建立中医药适宜技术推广师资队伍,并以师资为主要成员成立中医药适宜技术推广专家指导组,建立长效的业务指导机制。

3. 分层分类开展中医药适宜技术推广。推广以《基层中医药适宜技术手册》和国家中医药管理局通告的适宜技术目录为重点的中医药适宜技术。

4. 每个社区卫生服务中心、乡镇卫生院至少能够开展10项中医药适宜技术,每个社区卫生服务站、村卫生室至少开展5项中医药适宜技术。

(二十二)每个社区卫生服务中心、乡镇卫生院能应用中医药康复手段提供康复治疗。

五、基层中医预防保健服务

(二十三)落实国家基本公共卫生服务中医药健康管理项目,按照《中医药健康管理服务规范》、《中医药健康管理服务技术规范》要求,开展老年人和儿童等人群的中医药健康管理,目标人群覆盖率要达到国家要求。

(二十四)在孕产妇、高血压及2型糖尿病患者等人群的健康管理中至少选择1项开展中医药健康管理试点工作,鼓励运用中医药探索开展其他公共卫生服务项目。

(二十五)开展中医药健康教育服务。在饮食、起居、情志调摄、食疗药膳、运动锻炼等方面,基层医疗卫生机构能够运用中医药理论知识,对城乡居民开展养生保健知识宣教等中医药健康教育,健康教育中医药内容不少于50%。

(二十六)各级医疗卫生机构均充分发挥中医药特色和优势,积极参与传染病的预防工作。

六、中医药服务满意率和知晓率

(二十七)城乡居民对县级医院和基层医疗卫生机构中医药服务满意率不低于85%。

(二十八)城乡居民中医药常识知晓率不低于90%,对县级医院和基层医疗卫生机构中医药服务内容知晓率不低于85%,县级医院和基层医疗卫生机构中医药人员对中医药相关政策知晓率不低于85%。

公开方式:主动公开

柳州市城中区人民政府办公室

2017年5月9日印发

柳州市城中区人民政府办公室关于印发《城中区2017年市级层面统筹推进重大项目实施方案》的通知

城中政办〔2017〕42号

各街道办事处、区机关各有关委办局，各有关单位：

经区人民政府同意，现将《城中区2017年市级层面统筹推进重大项目实施方案》印发给你们，请结合实际，认真组织实施。

柳州市城中区人民政府办公室

2017年9月5日

城中区2017年市级层面统筹推进重大项目实施方案

为进一步加强我区市级层面重大项目的管理和组织实施，推动重大项目建设的顺利进行，发挥重大项目对投资增长的引领作用，确保完成2017年固定资产投资工作目标，特制定城中区2017年市级层面统筹推进重大项目实施方案。

一、主要目标

2017年重大项目建设推进的总体目标是：新开工项目力争年内启动；续建项目完成投资计划；预备项目有实质进展，具备开工条件。

二、工作任务

我区2017年市级层面统筹推进的重大项目包括新开工、续建两类，共12项，总投资237.94亿元，年度计划投资42.26亿元。按开工时序分：新开工项目2项，年度计划投资1.3亿元；续建项目10项，年度计划投资40.96亿元（详见附件1）。同时，做好预备项目（1项）前期工作。

三、工作措施

（一）明确责任落实。各责任部门负责对应重大项目的具体协调推进工作，对年度工作目标完成负主要责任，按照分解任务倒排计划表（详见附件2）完成项目进度，确保项目完成全年既定建设任务和目标。

（二）加强督促考核。区政府办加强对重大项目推进情况的督促检查，绩效办将任务分解表完成情况及月报执行情况列入年度绩效考核，确保各项工作任务顺利完成。

（三）实时跟踪进展。实行重大项目信息台账、月报制度，各责任部门于每月25日按时报送项目进度，掌握项目动态信息。各责任单位要指定一名信息员，负责将项目的报表、简报报送至区发改局。

附件：1. 项目进度信息员联系表

2. 城中区2017年市级层面统筹推进重大项目建设进度表

3. 城中区2017年重大项目建设分解任务倒排计划表

公开方式：主动公开

柳州市城中区人民政府办公室

2017年9月5日印发

附件1

项目进度信息员联系表

序号	部门	信息员	手机号码	职务
1				
2				
3				
4				
5				
6				

备注：每月25日按时报送项目进度

附件 2:

城中区 2017 年市级层面统筹推进重大项目建设进度表

单位:万元

序号	项目名称	项目业主	责任单位	项目地址	建设规模及内容	总投资	计划投资	资金来源	计划开竣工时间	2017 年建设内容	2017 年投资完成情况		工程或前期工作形象进度	存在的主要问题
											单月完成投资数	2017 年 1 月至 7 月累计完成投资数		
1	五指山周边土地一级开发整理	建投公司	区征地办	城中区	总用地面积为 368860 平方米	84764	10000	企业自筹银行贷款	2017—2018	完成征地拆迁及土地整理工作 30%	0	5	目前已完成征地 15 亩;完成房屋拆迁调查工作,需拆迁面积约 6 万平方米	该项目征地拆迁工作涉及河东村、牛车坪村,因该项目部分土地存在争议,土地调处难度大。此外,土地上有大量房屋,房屋拆迁基本情况正在调查中。由于河东、牛车坪现房安置房源不足,被拆迁户临时安置问题无法解决,制约动迁工作推进
2	五一路与龙城路合围片区改造	建投公司	区征地办丰鑫公司	城中区	对五一路与龙城路合围片区改造,用地面积约 6445.77 平方米。(根据柳规函〔2016〕371 号,总用地面积为 7197.45 平方米)	40000	3000	企业自筹银行贷款	2017—2018	完成征地拆迁及土地整理工作 30%	0	10	该项目已取得立项、用地预审。现按照一级开发整理重新开始启动征收工作,城中区已专门成立项目动迁工作指挥部,按照国有房屋征收程序开展了前期调查、公示、项目预算编制及项目方案征求意见公示工作,下一步将进行反馈意见回复工作	因今年该项目进入柳州市土地熟化项目库,按照旧城改造项目进行运作,项目设计方案及拆迁方案尚未确定。截至 2017 年 6 月 13 日获得 2000 万,征迁工作正在稳步推进

续表

序号	项目名称	项目业主	责任单位	项目地址	建设规模及内容	总投资	计划投资	资金来源	计划开竣工时间	2017年建设内容	2017年投资完成情况		工程或前期工作形象进度	存在的主要问题
											单月完成投资数	2017年1月至7月累计完成投资数		
3	环江滨水大道沿线地块一级开发整理项目	城投公司	区征地办	城中区	环江滨水大道沿线11宗地块开发约1600亩土地	100000	15000	企业自筹银行贷款	2015—2018	进行征地拆迁及土地整理工作	1100	5502	本月完成征地78.75亩，目前已完成征地面积约910亩。已完成沿江景区旅游接待中心项目和龙城水韵生活文化艺术服务设施及配套工程项目两个地块征地拆迁工作，并将场地移交业主单位	该项目剩余未完成地块涉及柳东、环江村拆迁。柳东、环江村大部分为山林地，可选零星安置地范围有限，加之实施滨水大道B段时已将仅有可用于安置的土地用于B段项目的拆迁安置，现有土地已很难再规划出符合安置要求的地块。此外，原规划于环江滨水大道B段鱼岩屯集中安置地共规划35块回建地，已全部用于环江滨水大道B段、莲花大道、官塘大桥项目安置，目前已无可选安置地块，导致动迁工作开展困难
4	静兰整村改造项目	土储中心	区征地办	城中区	土地整理总面积8000亩，房屋拆迁建筑面积70万平方千米	480000	50000	企业自筹银行贷款	2009—2018	完成土地征收1400亩(其中林地面积1100亩)拆迁10万平方米	86	64259	已完成征收集体土地7450亩(其中林地约3000亩)，完成房屋拆迁约40万平方米(涉及约1002户)，剩余约300户、10万平方米房屋未拆迁	目前静兰独秀苑一、二期项目已无法满足拆迁安置需求。为此，市政府2016年已批复建设静兰独秀苑三期，按建设计划，三期安置房建成交付需三到四年时间。在此期间，被拆迁户需自行租房进行临时过渡，由于临时过渡房源需求数量较大，在周边已很难找到适合被拆迁户租用的集体土地上私屋，只能在更远的地方租用多层或高层的商品房进行临时过渡。而目前市场租房费用的开销较高，被拆迁户无法承受，提出要安置房落实后才配合拆迁工作

续表

序号	项目名称	项目业主	责任单位	项目地址	建设规模及内容	总投资	计划投资	资金来源	计划开竣工时间	2017年建设内容	2017年投资完成情况		工程或前期工作形象进度	存在的主要问题
											单月完成投资数	2017年1月至7月累计完成投资数		
5	莲花山片区生态休闲旅游及配套服务项目土地一级开发整理	中房公司	区征地办	城中区	总用地面积197亩	7500	1000	企业自筹银行贷款	2011—2018	进行征地拆迁及土地整理工作	0	0	今年无进展	该项目涉及环江村七里屯整屯征地拆迁。由于环江村大部分为山林地,可选零星安置地范围有限,加之实施滨水大道B段时已将仅有可用于安置的土地用于B段项目的拆迁安置,现有土地已很难再规划出符合安置要求的地块。安置问题严重制约该项目征地拆迁工作推进
6	河东路以北片区土地一级开发整理	城投公司	区征地办	城中区	项目总用地面积6143亩,分割成17个子项目,其中经营性项目9个	450000	30000	企业自筹银行贷款	2009—2019	开展用地报批和征地拆迁	1000	23773	本月完成征地78.75亩,目前已完成征地面积约5259亩	因河东大部分剩余土地为房屋占地,涉及房屋拆迁较多,现有安置房源、户型、面积已无法满足安置需要。经多次协调,目前已落实新增60亩安置用地用于建设河东安置房三期。由于新规划的安置房需要一定的建设周期,村民不愿意租房过渡,被拆迁户临时安置问题无法解决,提出安置房交付以后才交房拆除,严重影响动迁工作推进
7	恒大华府项目	柳州恒大房地产开发有限公司	区商务局	城中区	建设商住小区	300000	150000	企业自筹银行贷款	2015—2018	主体建设	820	37174	完成整体工程的50%	
8	柳州碧桂园项目	碧桂园公司	区商务局	城中区	建设商住小区,总建筑面积25万平方米	180000	53600	企业自筹	2016—2019	主体建筑建设	4154.6	53268.98		

续表

序号	项目名称	项目业主	责任单位	项目地址	建设规模及内容	总投资	计划投资	资金来源	计划开竣工时间	2017年建设内容	2017年投资完成情况		工程或前期工作形象进度	存在的主要问题
											单月完成投资数	2017年1月至7月累计完成投资数		
9	荣和·天誉	柳州市荣和房地产开发有限公司	区商务局	城中区	总建筑面积约53万平方米，建设集高尚住宅、大型商业、办公、娱乐、旅店设施为一体的大型城市综合体	500000	25000	企业自筹银行贷款	2012—2018	对项目三期进行主体建筑建设	2000	13133		
10	城中区为民服务中心	城中区政府	区住建局	城中区	项目总用地面积为10789.42平方米(约合16.18亩)，建设内容为综合服务大楼1栋，总建筑面积19340.00平方米	10000	3000	财政资金	2016—2018	开工建设	370	1470	已完成地下车库及地上1—4层主体建设	
11	前滩景观工程	龙建公司	区发改局	城中区	总用地面积约105704平方米(合158.6亩)，建设绿化景观工程等	27140	10000	企业自筹银行贷款	2016—2018	绿化、配套设施工程	2000	8900	C、D区苗木种植、园路基础沿江苗木种植；B区清表．剩余1户集体土地待征收	

续表

序号	项目名称	项目业主	责任单位	项目地址	建设规模及内容	总投资	计划投资	资金来源	计划开竣工时间	2017 年建设内容	2017 年投资完成情况		工程或前期工作形象进度	存在的主要问题
											单月完成投资数	2017 年 1 月至 7 月累计完成投资数		
12	柳州红星国际广场	柳州市红星美凯龙置业有限公司	区商务局	城中区	总用地面积 124799.51 平方米;1 号地块 17 万平方米,建设大型综合居家商业广场,2 号地块建设 20 万平方米的高档住宅小区	200000	72000	企业自筹	2017—2019	主体建设	31865	63865	1 号地块目前处于土方清运阶段;2 号地块已开始打桩	1 号地块土方清运缓慢

公开方式:主动公开

柳州市城中区人民政府办公室

2017 年 9 月 5 日

附件 3

城中区 2017 年重大项目建设分解任务倒排计划表

单位:万元

项目名称	项目业主	责任部门	2017 年已下达工作任务	2017 年工作目标	一季度		上半年		1—5 月		1—6 月		1—7 月		1—8 月		1—9 月		1—10 月		1—11 月		1—12 月	
					累计完成投资	投资进度	投资目标任务	投资进度目标	投资目标任务	投资进度目标	投资目标任务	投资进度目标	投资目标任务	投资进度目标	投资目标任务	投资进度目标	投资目标任务	投资进度目标	投资目标任务	投资进度目标	投资目标任务	投资进度目标	投资目标任务	投资进度目标
城中区			350600	387700	38000	10.90%	182200	47%																
五指山周边土地一级开发整理	建投公司	区征地办	10000	11100	0	0%	5217	47%	2609	23.50%	5217	47%	6216	56%	7215	65%	8103	73%	9102	82%	10101	91%	11100	100%

续表

项目名称	项目业主	责任部门	2017年已下达工作任务	2017年工作目标	一季度		上半年		1—5月		1—6月		1—7月		1—8月		1—9月		1—10月		1—11月		1—12月	
					累计完成投资	投资进度	投资目标任务	投资进度目标	投资目标任务	投资进度目标	投资目标任务	投资进度目标	投资目标任务	投资进度目标	投资目标任务	投资进度目标	投资目标任务	投资进度目标	投资目标任务	投资进度目标	投资目标任务	投资进度目标	投资目标任务	投资进度目标
五一路与龙城路合围片区改造	建投公司	区征地办丰鑫公司	3000	3330	0	0%	1565.1	47%	783	23.50%	1565	47%	1865	56%	2165	65%	2431	73%	2731	82%	3030	91%	3330	100%
环江滨水大道沿线地块一级开发整理项目	城投公司	区征地办	15000	16650	2201	13.21%	7825.5	47%	6114	36.71%	7826	47%	9324	56%	10823	65%	12155	73%	13653	82%	15152	91%	16650	100%
静兰整村改造项目	龙建公司	区征地办	50000	55500	4173	7.51%	26085	47%	15129	27.25%	26085	47%	31080	56%	36075	65%	40515	73%	45510	82%	50505	91%	55500	100%
莲花山片区生态休闲旅游及配套服务项目土地一级开发整理	中房公司	区征地办	1000	1110	0	0%	521.7	47%	555	23.50%	1110	47%	622	56%	722	65%	810	73%	910	82%	1010	91%	1110	100%
河东路以北片区土地一级开发整理	城投公司	区征地办	30000	33300	5353	16.07%	15651	47%	12712	38.17%	15651	47%	18648	56%	21645	65%	24309	73%	27306	82%	30303	91%	33300	100%

续表

项目名称	项目业主	责任部门	2017年已下达工作任务	2017年工作目标	一季度		上半年		1—5月		1—6月		1—7月		1—8月		1—9月		1—10月		1—11月		1—12月	
					累计完成投资	投资进度	投资目标任务	投资进度目标	投资目标任务	投资进度目标	投资目标任务	投资进度目标	投资目标任务	投资进度目标	投资目标任务	投资进度目标	投资目标任务	投资进度目标	投资目标任务	投资进度目标	投资目标任务	投资进度目标	投资目标任务	投资进度目标
恒大华府项目	柳州恒大房地产开发有限公司	区商务局	150000	166500	3525	2.11%	78255	47%	45994	27.62%	78255	47%	93240	56%	108225	65%	121545	73%	136530	82%	151515	91%	16650	100%
柳州碧桂园项目	碧桂园公司	区商务局	53600	59496	6700.95	11.26%	27963	47%	17547	29.49%	27963	47%	33318	56%	38672	65%	43432	73%	48787	82%	54141	91%	59496	100%
荣和·天誉	柳州市荣和房地产开发有限公司	区商务局	25000	27750	5495.38	19.80%	13042	47%	10069	36.28%	13042	47%	15540	56%	18038	65%	20258	73%	22755	82%	25253	91%	27750	100%
城中区为民服务中心	城中区政府	区住建局	3000	3330	400	12.01%	1565	47%	1183	35.50%	1565	47%	1865	56%	2165	65%	2431	73%	2731	82%	3030	91%	3330	100%
前滩景观工程	龙建公司	区发改局	10000	11100	200	1.80%	5217	47%	2784	25%	5217	47%	6216	56%	7215	65%	8103	73%	9102	82%	10101	91%	11100	100%
柳州红星国际广场	柳州市红星美凯龙置业有限公司	区商务局	72000	79920	未入库	未入库	未入库	未入库	未入库	未入库	37562	0.47	44756	56%	51948	65%	58342	73%	65534	82%	72727	91%	79920	100%

柳州市城中区人民政府办公室关于印发《加快推进城中区社会信用体系建设工作方案》的通知

城中政办〔2017〕72号

区机关各有关委办局,各有关单位:

《加快推进城中区社会信用体系建设工作方案》已经区人民政府同意,现印发给你们,请遵照执行。

柳州市城中区人民政府办公室

2017年12月12日

加快推进城中区社会信用体系建设工作方案

为深入贯彻落实国务院《关于印发〈社会信用体系建设规划纲要(2014—2020年)〉的通知》(国发〔2014〕21号)、《广西壮族自治区人民政府关于贯彻落实〈社会信用体系建设规划纲要(2014—2020年)〉的实施意见》(桂政发〔2016〕6号)和《柳州市人民政府关于印发〈柳州市加快推进“十三五”期间社会信用体系建设实施方案〉的通知》(柳政办〔2016〕158号)、《柳州市人民政府关于印发〈加快推进柳州市社会信用体系建设工作方案〉的通知》(柳政办〔2017〕151号)等工作部署,全面推动城中区社会信用体系建设,营造良好的信用环境,促进城中区经济社会持续健康发展,根据《〈社会信用体系建设规划纲要(2014—2020年)〉任务分工》,结合城中区实际特制定本方案:

一、指导思想

以邓小平理论、“三个代表”重要思想、科学发展观为指导,深入贯彻党的十九大精神,按照《社会信用体系建设规划纲要(2014—2020年)》要求,从完善社会主义市场经济体制、构建社会主义和谐社会、促进经济社会持续健康协调发展的总体要求出发,紧扣城中区发展战略目标,以建立健全法规和标准体系为基础,以推进政务诚信、商务诚信、社会诚信和司法公信建设为核心,以建立守信激励与失信惩戒联动机制、推进诚信文化建设为手段,全面深入推进诚信建设,形成与城中区经济社会发展水平相适应的社会信用体系框架和运行机制,全面提升经济社会主体诚信意识和诚信水平,不断优化经济社会运行环境,在全社会广泛形成守信光荣、失信可耻的浓厚氛围,使诚信成为全民的自觉行为规范。

二、基本原则

(一)政府推动,社会共建。坚持政府统一领导,部门联合行动,社会组织积极参与。各部门及有关单位要以身作则,以政务诚信示范引领全社会诚信建设,充分发挥政府在规划引导、立法执法、资源整合、需求培育、示范带动、宣传教育等方面的推动作用,共同推进我区社会信用体系建设。

(二)统筹规划,重点突破。按照国家、自治区、柳州市的统一部署,结合城中区实际,立足现实,着眼长远,统筹全局,系统规划,有计划、分步骤地推进社会信用体系建设工作。同时,明确关键环节和领域,实施重点突破,典型示范,创新试点,以点带面,协调推进。

(三)条块结合、共建共享。利用现代信息技术,解决信息采集、共享、安全等基础性问题。在城中区门户网站上建立社会信用体系专题专栏,提高信用信息的公开和应用水平。

(四)健全法规,严格监管。建立健全信用法规体系,依法开展信用信息征集、披露和使用,加强信用信息监管,规范信用服务主体行为,切实维护信用信息安全和信息主体权益。

(五)强化应用,以用促建。建立健全社会征信体系和褒扬诚信、惩戒失信联动机制,大力宣传弘扬诚信典型,加大失信惩戒力度,在信用产品应用中促进诚信体系建设。

三、主要任务

(一)设置信用体系建设专栏

在城中区政府门户网站上设置“城中区社会信用体系”专题专栏,专栏设置相关信用专题(具体格式、内容参考“中国柳州”政府网站“社会信用体系建设”专栏设置要求 http//www.liuzhou.gov.cn/zwzt/shxytxjs/,具体要求详见“中国柳州”政府网站“信用建设专栏开设须知”)。设置“信用动态、信用公示、政策法规、典型信用事件及反馈情况”等内容,并按政府网站管理要求维护、及时更新。

牵头单位:区工信局、区发改局,责任单位:区社会信用体系建设联席会议成员单位。

完成时间:2017 年 12 月上旬区工信局负责完成“城中区社会信用体系”专题专栏的设立及系统维护,区发改局负责专栏内容持续更新。

(二)公共信用信息数据共享

1. 编制城中区公共信用信息目录。根据《柳州市发展和改革委员会关于印发〈柳州市信用信息目录(2017 版)〉的通知》(柳发改信息〔2017〕19 号)、结合城中区实际,编制《城中区信用信息目录》,明确信用信息分类,按照信用信息的属性,在依法保护个人隐私和企业商业秘密的前提下,依法推进信用信息在采集、共享、使用、公开等环节的分类管理。

牵头单位:区发改局,责任单位:区社会信用体系建设联席会议成员单位。

完成时间:2017 年 12 月完成城中区公共信用信息目录的编制,并在城中区政府网站“社会信用体系建设”专栏的“通知公告”和“信用中国”网站公示。

城中区公共信用信息目录全归集。为顺利完成柳州市对各城区共享的信用信息数据量、更新情况、覆盖领域、数据质量等工作的绩效评估,各部门要严格执行“能公开的、全部公开”“应报尽报”“谁提供、谁负责”的要求,及时、足量将履行公共管理职能过程中产生的信用信息发送至区发改局并确保数据质量。

各责任单位参照《城中区公共信用信息目录》里内容编制本部门信息发送至区发改局(涉及时效性的信息,请至少在到期日前两日发送),按每个部门每年至少实现 1334 条公共信用信息量考核,其中行政许可和行政处罚按每年至少实现 10 条信息量考核。

牵头单位:区发改局、区政府办,责任单位:区社会信用体系建设联席会议成员单位。

完成时间:持续推进。

3. 提升数据质量。要进一步提升数据质量,加强对城中区公共信用信息目录的审核并定稿。各部门要建立完善本部门信用信息目录,对信用信息目录做好分类管理,确保信息数据项的规范性、完整性、准确性和一致性,确保信用主体名称、统一代码等关键信息不缺失、不遗漏,确保数据有用、能用、好用。

牵头单位:区发改局,责任单位:区社会信用体系建设联席会议成员单位。

完成时间:持续推进

(三)行政许可、行政处罚信息“双公示”共享

按照《柳州市行政许可、行政处罚信息“双公示”目录》结合城中区实际,编制城中区行政许可、行政处罚信息“双公示”信息目录。

各责任单位除涉及国家秘密、商业机密、个人隐私及法律法规规定的其他不宜公开的信息外,其他所有的行政许可、行政处罚信息都要在 5 个工作日内发送至区发改局。

牵头单位:区发改局,责任单位:区社会信用体系建设联席会议成员单位。

完成时间:2017 年 12 月完成“双公示”目录编制并在城中区政府网站“社会信用体系建设”专栏的“通知公告”和“信用中国”网站公示。

(四)信用案例共享

守信激励和失信惩戒是社会信用体系运行的核心机制。实现跨部门、跨领域的信用奖惩联动要在惩戒上扩围,在激励上创新,在案例审核的基础上公示。

建立守信联合激励和失信联合惩戒制度。各责任单位要结合上级部门相关制度或实施方案,制定本部门、本行业守信激励和失信惩戒联合奖惩的制度,明确操作流程以及实施细则。

各责任单位每年要提供失信联合惩戒和守信激励案例至少 1 条发送至区发改局。

牵头单位:区发改局,责任单位:区社会信用体系建设联席会议成员单位。

完成时间:2017 年 12 月各责任单位完成守信激励和失信惩戒联合奖惩的制度的制定,案例报送工作持续推进。

建立行业红黑名单制度,完善守信激励和失信惩戒机制。

各责任单位要结合上级部门相关制度或实施方

案，制定本部门、本行业红黑名单相关制度或实施方案，推动诚实守信典型和违法失信典型，并采取相应的激励或惩戒措施。

各责任单位每年要提供诚信典型“红名单”和失信典型“黑名单”信息数据至少1条发送至区发改局。

牵头单位：区发改局，责任单位：区社会信用体系建设联席会议成员单位。

完成时间：2017年12月各责任单位制定完成红黑名单相关制度或实施方案，信息报送工作持续推进。

（五）加强工作信息报送

建立信用信息报送制度，各责任单位要抓好工作动态信息的编辑报送工作，争取每出台一项制度、每开展一项检查、每处理一起媒体曝光不良事件、每举办一次活动甚至每召开一次工作会议都配发相应的文字图片信息，确保更新频率和发布信息的时效性，真实反映我区各行业诚信建设工作进展。

各责任单位每年要向区发改局提供本单位信用体系建设工作动态至少1篇。

牵头单位：区委宣传部、区发改局，责任单位：区社会信用体系建设联席会议成员单位。

完成时间：持续推进

（六）加强诚信文化教育宣传

各责任单位要以社会主义核心价值观为引领，通过开展“3·15消费者权益日”“信用记录关爱日”“诚信经营示范点”“守合同重信用”“全国质量月”“食品安全宣传周”等诚信主题实践活动，把依法治信、依法建信、依法用信作为信用普法教育宣传的重要内容，营造良好的诚信法制环境，推动公民诚信意识和社会诚信水平不断提升。

各牵头单位每年要向区发改局提供诚信教育宣传活动的新闻、图片等信息至少1篇。

牵头单位：区委宣传部、文明办、文体新局、人社局、教育局、食药监局，责任单位：区社会信用体系建设联席会议成员单位。

完成时间：持续推进

（七）建立完善信用建设绩效考核

建立完善社会信用体系建设工作督查和考核制度，加大监督检查力度，研究制定社会信用体系建设工作绩效评价办法，将社会信用体系建设工作纳入相关责任单位年度目标考核内容。将各单位信用制度建设情况、信用信息公开情况等纳入各单位绩效考评任务。对工作取得明显成效的部门进行表扬，对措施不得力、工作不落实的部门进行通报批评，并督促整改。

牵头单位：区绩效办、发改局，责任单位：区社会信用体系建设联席会议成员单位。

完成时间：2017年12月完成年度绩效考核指标制定。

四、工作措施

（一）加强组织领导。区政府建立城中区社会信用体系建设工作联席会议制度和联络员制度，区发改局作为牵头部门，要加强我区社会信用体系建设的统筹规划与协调，落实相关部门责任，研究解决各部门在工作中遇到的问题，积极争取柳州市联席会议对我区社会信用体系建设工作的指导和支持。各部门要高度重视社会信用体系建设工作，切实加强组织领导，集中人力、物力、财力，配合做好我区社会信用体系建设工作。

（二）强化责任落实。各部门要进一步提高认识，强化责任意识，尽快建立社会信用体系建设组织领导机构，完善工作机制，按照城中区社会信用体系建设的总体部署要求，确保责任到人、工作到人、落实到人，积极主动开展信用建设工作，确保完成工作任务。

（三）加强绩效考核和通报。社会信用体系建设相关工作任务已纳入国家、自治区、柳州市绩效考核中，我区将考核指标任务进一步细化、分解到各部门，区发改局定期汇总各单位信用信息公开、数据共享等情况上报至区绩效办。对信用工作开展情况较差、配合不力、进展缓慢的单位，由区政府分管领导组织有关单位主要负责人进行约谈，并督促整改，确保社会信用体系建设扎实推进、取得实效。

加强舆论宣传。区委宣传部要利用各类媒体大力宣传报道国家、自治区、柳州市关于社会信用体系建设的精神，及时报道城中区信用建设工作进展情况。加大正面宣传力度，挖掘群众申报的诚实守信典范，弘扬社会主义核心价值观，在全社会广泛形成诚信的良好社会氛围。

附件：城中区社会信用体系建设联席会议制度成员单位名单

附件:

城中区社会信用体系建设联席会议制度成员单位名单

区政府办、区委组织部、区委宣传部、区文明办、区委政法委、区综治办、区编办、区人民法院、区人民检察院、市公安局城中分局、市交警支队城中大队、城中公安消防大队、区发改局、区工信局、区教育局、区科技局、区民政局、区司法局、区财政局、区人社局、区环保局、区住建局、区商务局、区农水局、区文体新局、区卫计局、区审计局、区食药监局、区统计局、区安监局、区城管执法局、区法制办、区水产畜牧兽医局、区国税局、区地税局、市工商局城中分局、市国土局城中分局、市规划局城中分局、区绩效办、区物价局、区投资促进局、区绿化所区发改局为牵头单位。

公开方式:主动公开

柳州市城中区人民政府办公室

2017年12月12日印发

2017年度城中发文件目录

序号	文件名称	发布文号	发布日期	备注
1	印发《柳州市城中区法治政府建设实施方案(2016—2020年)》的通知	城中发〔2017〕1号	2017年2月8日	中共柳州市城中区委委员会、柳州市城中区人民政府
2	关于印发金忠同志在中共柳州市城中区委十届四次全体(扩大)会议上的工作报告的通知	城中发〔2017〕2号	2017年3月10日	中共柳州市城中区委委员会
3	关于2017年全区理论学习的通知	城中发〔2017〕3号	2017年4月5日	中共柳州市城中区委委员会
4	关于印发《中共柳州市城中区委员会学习宣传贯彻党的十九大精神工作方案》的通知	城中发〔2017〕7号	2017年11月14日	中共柳州市城中区委委员会

2017年城中区人民政府办公室文件目录

文件名称	文号	制定时间
柳州市城中区人民政府关于调整城中区籍现役军人立功受奖奖励标准的通知	城中政发〔2017〕3号	2017年3月1日
柳州市城中区人民政府关于分解下达2017年上半年全社会固定资产投资和市级层面重大项目目标任务的通知	城中政发〔2017〕5号	2017年5月15日
柳州市城中区人民政府关于印发《柳州市城中区创建广西食品安全城市实施方案》的通知	城中政发〔2017〕6号	2017年5月23日
柳州市城中区人民政府关于印发《柳州市城中区人民政府作风建设年活动工作方案》的通知	城中政发〔2017〕7号	2017年5月26日
柳州市城中区人民政府关于印发《城中区行政许可事项目录》的通知	城中政发〔2017〕8号	2017年3月29日
柳州市城中区人民政府关于公布区人民政府部门权责清单的通知	城中政发〔2017〕9号	2017年6月30日
柳州市城中区人民政府关于调整区政府领导工作分工的通知	城中政发〔2017〕11号	2017年9月19日
柳州市城中区人民政府关于调整柳州市城中区安全生产委员会成员的通知	城中政发〔2017〕12号	2017年10月10日
柳州市城中区人民政府关于成立城中区知识产权局的通知	城中政发〔2017〕13号	2017年9月28日

续表

文件名称	文号	制定时间
柳州市城中区人民政府关于公布城中区人民政府部门行政权力运行流程的通知	城中政发〔2017〕16号	2017年12月29日
柳州市城中区人民政府关于印发《柳州市城中区加快推进网上政府服务工作实施方案》的通知	城中政发〔2017〕17号	2017年12月28日
柳州市城中区人民政府关于公布第三批县(区)级非物质文化遗产名录的通知	城中政发〔2017〕18号	2017年12月29日
柳州市城中区人民政府办公室关于印发《城中区政府网站管理办法》的通知	城中政办〔2017〕1号	2017年1月24日
柳州市城中区人民政府办公室关于成立城中区信息化工作领导小组的通知	城中政办〔2017〕2号	2017年1月24日
柳州市城中区人民政府办公室关于成立城中区电子政务外网建设领导小组的通知	城中政办〔2017〕3号	2017年1月24日
柳州市城中区人民政府办公室关于建立城中区困难群众基本生活保障局际联席会议制度的通知	城中政办〔2017〕4号	2017年2月17日
柳州市城中区人民政府办公室关于印发柳州市城中区食品安全工作评议考核办法的通知	城中政办〔2017〕7号	2017年3月16日
柳州市城中区人民政府办公室关于印发《2017年城中区C、D级路段户外广告、门头招牌整治工作方案》的通知	城中政办〔2017〕8号	2017年3月20日
柳州市城中区人民政府办公室关于印发《城中区2016年度土地矿产卫片执法监督检查工作方案》的通知	城中政办〔2017〕11号	2017年3月28日
柳州市城中区人民政府办公室关于成立智慧城中建设工作领导小组的通知	城中政办〔2017〕12号	2017年3月29日
柳州市城中区人民政府办公室关于成立城中区耕地和基本农田保护工作领导小组的通知	城中政办〔2017〕14号	2017年4月10日
柳州市城中区人民政府办公室关于加快推进城中区永久基本农田划定落实工作的通知	城中政办〔2017〕16号	2017年4月12日
柳州市城中区人民政府办公室关于2017环广西公路自行车世界巡回赛城中区赛段组委会成员编组及职责分工的通知	城中政办〔2017〕19号	2017年4月17日
柳州市城中区人民政府办公室关于成立“4·9”柳畔东堤小区居民房燃气爆炸事件处理工作领导小组的通知	城中政办〔2017〕20号	2017年4月1日
柳州市城中区人民政府办公室关于印发《城中区2017年安全生产工作要点》的通知	城中政办〔2017〕22号	2017年4月20日
柳州市城中区人民政府办公室关于调整城中区地质灾害调查防治工作领导小组的通知	城中政办〔2017〕23号	2017年4月20日
柳州市城中区人民政府办公室关于印发《柳州市城中区2017年度地质灾害防治方案》的通知	城中政办〔2017〕24号	2017年4月21日
柳州市城中区人民政府办公室关于推行政府部门权力清单和责任清单“两单融合”的通知	城中政办〔2017〕26号	2017年4月25日
柳州市城中区人民政府办公室关于印发《城中区创建全国基层中医药工作先进单位建设规划(2016—2018年)》的通知	城中政办〔2017〕29号	2017年5月9日
柳州市城中区人民政府办公室关于印发《城中区创建全国基层中医药工作先进单位实施方案》的通知	城中政办〔2017〕30号	2017年5月9日
柳州市城中区人民政府办公室关于印发《城中区小微企业创业创新工作方案》的通知	城中政办〔2017〕31号	2017年5月18日

续表

文件名称	文号	制定时间
柳州市城中区人民政府办公室关于印发《柳州市城中区落实市容卫生“门前三包”责任制管理工作实施方案》的通知	城中政办〔2017〕32号	2017年6月15日
柳州市城中区人民政府办公室关于印发《城中区2017年占道经营专项整治工作方案》的通知	城中政办〔2017〕33号	2017年6月21日
柳州市城中区人民政府办公室关于印发《城中区水污染防治2017年度工作计划》的通知	城中政办〔2017〕34号	2017年6月22日
柳州市城中区人民政府办公室关于印发《城中区编制和优化行政权力运行流程工作方案》的通知	城中政办〔2017〕35号	2017年6月23日
柳州市城中区人民政府办公室关于成立“6·24”死亡事故调查组的通知	城中政办〔2017〕36号	2017年6月27日
柳州市城中区人民政府办公室关于印发《柳州市城中区政府部门涉企信统一归集公示工作实施方案》的通知	城中政办〔2017〕37号	2017年7月14日
柳州市城中区人民政府办公室关于印发《柳州市城中区2017年度“双随机一公开”抽查实施方案》的通知	城中政办〔2017〕38号	2017年7月14日
关于印发《柳州市城中区开展流浪乞讨人员集中救助管理专项活动方案》的通知	城中政办〔2017〕39号	2017年6月27日
柳州市城中区人民政府办公室关于印发《柳州市城中区乡村教师支持计划实施方案》的通知	城中政办〔2017〕41号	2017年8月15日
柳州市城中区人民政府办公室关于印发《城中区2017年市级层面统筹推进重大项目实施方案》的通知	城中政办〔2017〕42号	2017年9月5日
柳州市城中区人民政府办公室关于公布城中区人民政府督学名单的通知	城中政办〔2017〕48号	2017年9月19日
柳州市城中区人民政府办公室关于实行规范性文件“三统一”制度的通知	城中政办〔2017〕50号	2017年9月27日
柳州市城中区人民政府办公室关于印发《2017年柳州市城中区开展规范性文件清理工作实施方案》的通知	城中政办〔2017〕51号	2017年9月25日
柳州市城中区人民政府办公室关于印发《城中区开展集体林地林权证发放查缺补漏纠错工作实施方案》的通知	城中政办〔2017〕55号	2017年10月25日
柳州市城中区人民政府办公室关于进一步做好政务公开工作的通知	城中政办〔2017〕57号	2017年10月31日
柳州市城中区人民政府办公室关于印发《城中区政府性债务风险应急处置预案》的通知	城中政办〔2017〕62号	2017年11月21日
柳州市城中区人民政府办公室关于印发《城中区关于全面治理拖欠农民工工资问题的实施方案》的通知	城中政办〔2017〕69号	2017年12月8日
柳州市城中区人民政府办公室关于印发2017年城中区食品安全重点工作安排的通知	城中政办〔2017〕70号	2017年12月12日
柳州市城中区人民政府办公室关于印发《加快推进城中区社会信用体系建设工作方案》的通知	城中政办〔2017〕72号	2017年12月12日
柳州市城中区人民政府办公室关于公布《城中区公共文化服务项目供给目录》的通知	城中政办〔2017〕74号	2017年12月22日
柳州市城中区人民政府办公室关于印发《柳州市城中区2017年实行最严格水资源管理制度考核工作方案》的通知	城中政办〔2017〕75号	2017年12月25日
柳州市城中区人民政府办公室关于印发《柳州市城中区突发公共卫生事件应急预案》的通知	城中政办〔2017〕76号	2017年12月27日
柳州市城中区人民政府办公室关于印发《城中区本级公共服务事项目录》的通知	城中政办〔2017〕82号	2017年12月30日

索　引

说　明

一、本索引采用主题分析索引方法。正文(包括条码、文献、资料、图片和表格)中凡具有独立检索意义的完整资料,均可通过本索引进行检索。少数条目名因语言环境需要,在名称前或者名称后酌加修饰词;有的条目名称动词置后;有的条目名称重复的动词作省略;有的条目名称作简化。为突出图片主题,有的图片文字说明作简略处理。

二、索引按汉语拼音字母(同声字按声调)升序排列。类目、分目、次分目作索引款目用黑体字排印,其余均用宋体字排印。表格、图片在其款目后分别注明“表”“图”。

三、索引款目后的阿拉伯数字和拉丁字母(a,b,c)分别表示内容所在的页码和栏别(即左、中、右栏)。

四、索引空两字位起排的款目为上一主题的“附见”。同一主题的“参见”只标页码。为便于读者检索,内容有交叉的款目,在本索引中重复出现。

五、“编辑说明”“大事记”等栏目不作索引,阿拉伯数字和拉丁字母开头的款目排在索引的前面。

E

F

G

H

R

S

T